Gerhard Ebeling

VERIFIKATIONEN

Festschrift für Gerhard Ebeling
zum 70. Geburtstag

herausgegeben von

Eberhard Jüngel · Johannes Wallmann
Wilfrid Werbeck

J. C. B. Mohr (Paul Siebeck) Tübingen 1982

CIP-Kurztitelaufnahme der Deutschen Bibliothek

Verifikationen: Festschr. für Gerhard Ebeling
zum 70. Geburtstag / hrsg. von Eberhard Jüngel
... – Tübingen: Mohr, 1982.
  ISBN 3-16-144553-8

NE: Jüngel, Eberhard [Hrsg.]; Ebeling, Gerhard: Festschrift

Printed in Germany. Satz und Druck: Gulde-Druck GmbH, Tübingen. Einband: Heinrich
Koch, Großbuchbinderei, Tübingen.

Vorwort

Der Titel der von Gerhard Ebeling fast drei Jahrzehnte hindurch herausgegebenen und auch jetzt noch mitverantworteten „Zeitschrift für Theologie und Kirche" sagt in nüchterner, aber prägnanter Weise, was wir dem theologischen Forscher und Lehrer zu danken haben, dessen 70. Geburtstag der Anlaß zu dieser Festschrift ist. Das ungewöhnlich vielseitige wissenschaftliche Oeuvre Ebelings – er hat sich als Kirchengeschichtler, Hermeneutiker, Dogmatiker und Exeget überaus fachmännisch und zugleich wohltuend fächerübergreifend betätigt – ist Ausdruck strenger Theologie. Deren Aufgabe hat er selber einmal dahin bestimmt, es dem, der sie treibt, so schwer wie möglich zu machen. Diese Strenge wissenschaftlicher Theologie hat jedoch keinen anderen Zweck als dem Wort der Wahrheit zu dienen, von dem die Kirche lebt und das sie wie immer so auch heute der Welt schuldet. De solo verbo veritatis hatte Luther einst für die Kirche gearbeitet und gestritten. De sola verbi veritate könnte über den Forschungen, der Lehre und der Verkündigung dieses dem Reformator so tief verpflichteten Gelehrten stehen. Seine Wirksamkeit will als zeitgemäße Verifikation der Wahrheit verstanden sein, die uns frei macht.

Mit Verifikationen, mit recht unterschiedlichen Verifikationen dessen, was im theologischen Werk Ebelings zur Sprache kommt, wollen ihm deshalb auch die Kollegen, Schüler und Freunde, die in dieser Festschrift zu Worte kommen, ihren Respekt und ihre Dankbarkeit bezeugen. Sie tun es zugleich stellvertretend für viele, deren Name aus sehr äußerlichen Gründen unter den Autoren dieses Bandes fehlt. Von ihnen allen sei hier Ernst Fuchs eigens genannt. Im Blick auf das ihn umhüllende Dunkel mögen den Freund die Worte trösten, mit denen Fuchs den Jubilar zu einem früheren Geburtstag grüßte und die hier, indem sie schlicht wiederholt werden, zugleich erneuert werden sollen: „ER ist der Sieg der Freude über die Angst, der Mut selbst und die herrliche Klarheit in einem Sein, das den Schrecken des Dunkels in die Natürlichkeit des Selbstverständlichen verwandelt, weil der Geist alles klärt. Daß Dir das Leben die Anschauung solcher Klarheit gewährt und Deine Seele in die Freude an Gottes überlegener Gegenwart stimmt, ist mein Geburtstagswunsch für Dich . . ."

Eberhard Jüngel   Johannes Wallmann   Wilfrid Werbeck

Inhaltsverzeichnis

Die in dieser Festschrift verwendeten Abkürzungen für Zeitschriften usw. richten
sich nach „Theologische Realenzyklopädie. Abkürzungsverzeichnis", zusammengestellt von S. Schwertner, 1976.

Die Einheit von Psalm 19

Hartmut Gese

Der verehrte Jubilar ist in seinen eindrücklichen „Meditationen"[1] über Psalmen aus dem vorderen Teil des Psalters leider nicht auf Ps 19 eingegangen, obwohl dieser Psalm besonders bekannt ist und damit als Predigttext nahegelegen hätte. Allerdings gilt dieses allgemeine Interesse an Ps 19 eigentlich nur der ersten Hälfte des Psalms (V. 2–7), dem „Naturhymnus", während die zweite Hälfte (V. 8ff), der Tora-Preis, mehr im Hintergrund bleibt. Vielleicht war das mit der auffälligen Zusammensetzung von Ps 19 gegebene Problem mit ein Grund dafür, Ps 19 nicht zu wählen.

In der letzten Behandlung des Aufbaus von Ps 19 schreibt O. H. Steck: „Die Psalmenforschung ist sich einig [!], daß Ps 19 aus zwei in vieler Hinsicht unterschiedlichen, kaum von Anfang an zusammengehörigen Teilen besteht, wie immer deren genetische und sachliche Beziehung des näheren auch bestimmt werden mag: aus Ps 19A, der die Verse 2–7 umfaßt und die Schöpfungsthematik zum Gegenstand hat, und aus Ps 19B, der in V. 8–15 die Thematik der Tora Jahwes gestaltet."[2] Immerhin gibt es auch in der neueren Literatur zu Ps 19 eifrige Verfechter der Einheit des Psalms. Eine Übersicht darüber gibt D. J. A. Clines[3], der selbst der Meinung ist, daß eine enge thematische Verbindung zwischen den beiden Psalmhälften bestehe[4]. Zu seiner Übersicht über Dürr, Eaton, Mowinckel, Aalen, van Zyl, Anderson, de Boer, die hier nicht wiederholt zu werden braucht,

---

[1] G. EBELING, Psalmenmeditationen, 1968.

[2] Bemerkungen zur thematischen Einheit von Ps 19,2–7 (in: Werden und Wirken des Alten Testaments. FS für C. Westermann zum 70. Geb., 1980, 318–324), 318.

[3] The Tree of Knowledge and the Law of Yahweh (Psalm XIX) (VT 24, 1974, 8–14), 12f Anm. 4.

[4] „Ps. xix 8–10a may thus be seen as a meditation upon the law of Yahweh as the source of wisdom, in the light of the Gen. iii narrative concerning the tree of knowledge. If so, a point of contact between the two halves of the psalm, additional to those already pointed out by others, becomes apparent: the background of Ps xixA is the creation narrative of Gen. i, that of xixB the fall narrative of Gen. ii–iii." (12f)

Hartmut Gese

sollten vor allen weiteren Namen noch Deissler[5] und Tournay[6] treten, die
insbesondere auf das weisheitliche Element verweisen, das beide Hälften
von Grund auf bestimmt und zusammenhält; denn ehe man auf mögliche
Einzelbeziehungen hinweist, die z. B. zwischen einem möglichen Verständnis der Sonne und dem Recht, zwischen Sonne und Tora als Gottes-
gaben oder sogar nur zwischen angeblichen Anspielungen auf Gen 1 und 3
bestehen könnten, sollte man bei der Frage der Zusammengehörigkeit
bzw. der Einheit auf den Grundcharakter der Formulierung verweisen, die
nicht nur bei Ps 19,8ff, wie man schon immer gesehen hat, ganz von der
Weisheit geprägt ist, sondern genauso in Ps 19,2ff, wie Steck selbst
hervorhebt[7]. Wenn nun für die nachexilische Weisheit der Zusammenhang
von Schöpfungsordnung und Tora nicht erst seit Sir 24 gilt (vgl. dort
neben V. 23 besonders V. 8–12), sondern in dem allgemeinen Sinn der
weisheitlichen Tora aufgrund von Prov 3,19f und 8,22ff in der Weisheits-
konzeption von Prov 1–9 noch in der persischen Zeit sich fassen läßt, ja
schon in Hi 28 (vgl. V. 28), was zeitlich eher vor als nach Prov 8,22ff
anzusetzen ist[8], so sollte eigentlich für eine einheitliche Interpretation von
Ps 19 eine viel größere Bereitschaft, als bisher üblich, bestehen, zumal doch
schon mit der Grundanlage der Priesterschrift, die bei der Schöpfungsdar-
stellung einsetzt und über den Noah- und Abrahambund bis zur Sinaiof-
fenbarung reicht, der Zusammenhang von Natur und Offenbarung aus der
nachexilischen Theologie nicht wegzudenken ist. Vielleicht ist es das
beliebte Vorurteil gewesen, in Ps 19,2–7 einem uralten Schöpfungspsalm
zu begegnen – wobei man selbst vor der Erklärung durch angebliche
ugaritische Parallelen nicht zurückschreckte[9] –, was die Zusammenschau
von Ps 19,2ff und dem deutlich späten Teil V. 8ff immer wieder behinderte.

Nun stünde die verbreitete Hypothese, Ps 19,2–7 sei ein ursprünglich
selbständiger Psalm, auf festerem Boden, wenn sich mit ihr nicht zwei
auffällige Probleme verbänden: das eine ist die singuläre Hymnus(?)-

---

[5] A. DEISSLER, Le Livre des Psaumes (1–75), Paris 1966, 94ff, bes. 96f.

[6] R. J. TOURNAY, Notules sur les Psaumes (Psaumes XIX,2–5; LXXI,15–16) (in: Alttestamentliche Studien F. Nötscher zum 60. Geb. gewidmet, 1950, 271–280), 273f.

[7] „Die in V. 2–5a begegnenden Ausdrücke koinzidieren sämtlich im Vokabular weisheitli-
cher Lehrterminologie, vgl. z. B. Spr 1,21; 15,2; 23,9; Hi 11,5f; 12,7–9(!); 14,17; 15,17f;
32,6ff; 36,2f; 38,4.18; Ps 78,1ff; Sir 16,25." (324)

[8] Vgl. H. GESE, Die Weisheit, der Menschensohn und die Ursprünge der Christologie als
konsequente Entfaltung der biblischen Theologie (SEÅ 44, 1979, 77–114), 82ff.

[9] Vgl. dazu die Ablehnung durch H. DONNER, Ugaritismen in der Psalmenforschung
(ZAW 79, 1967, 322–350), 327ff.

Form[10], ohne Einleitung und Abschluß, ohne Aufforderung zum Preis oder
Invocatio, das andere der inhaltliche Zusammenhang dieser Verse[11], die
wieder in zwei Teile, V. 2–5a und V. 5b–7 zerfallen, wobei man sich mit
der Feststellung begnügt, der sogenannte „Sonnen-Hymnus" V. 5b–7
stelle am vornehmsten Objekt des Himmels dessen Gesetzmäßigkeit dar,
die in V. 2–5a beschrieben werde. Dieser explikative Charakter von
V. 5b–7 im Verhältnis zu V. 2–5a wirkt eher unterordnend – die gewichtigen Aussagen liegen im ersten Teil des Psalms – und ist für den Abschluß
und damit Höhepunkt seltsam[12]. Angesichts dieser Sachlage sollte die
Möglichkeit neu geprüft werden, daß der Psalm in seiner von der Tradition
gegebenen Gesamtheit eine geschlossene Form darstellt.

Der erste Teil des Psalms ist zweifellos in den vier Distichen V. 2–5a mit
dem Metrum 3+3 gegeben. Ohne Einleitung setzt der Psalmtext ein und
beschreibt, daß der *kabôd* Gottes in einem Logos-Geschehen (man beachte
die sich steigernde Reihe *spr, ngd, nbʿ, ḥwh*) die Welt durchwaltet, das
Firmament (räumliche Kategorie, V. 2) ebenso wie den Urrhythmus von
Tag und Nacht (zeitliche Kategorie, V. 3). Der Gottes-*kabôd* ist selbstverständlich die das Universum durchdringende und in seiner Ordnung und
Kosmoshaftigkeit manifest werdende Schöpferherrlichkeit (vgl. die expli-
zierende Parallele *maʿᵃśē jadâw*), deren Preis in der jerusalemischen Tempel-
liturgie verankert ist (Jes 6,3; Num 14,21; Ps 57,6; 72,19). Die weisheitliche
Rätselform aufnehmend, beschreibt das dritte Distich den besonderen
unakustischen Transzendenzcharakter des Logos-Geschehens (V. 4), während das vierte am Schluß gerade damit die Aussage verbindet, daß die

---

[10] Vgl. H.-J. KRAUS, Psalmen (BK XV/1), 1978⁵, 299 unter Berufung auf F. CRÜSEMANN,
Studien zur Formgeschichte von Hymnus und Danklied in Israel, 1969, 306 Anm. 1.

[11] Dazu STECK (s. Anm. 2) passim mit der These, die erste Aussagereihe V. 2–5a beziehe
sich schon geheimnisvoll auf den Sonnenlauf, der dann in der zweiten V. 5b–7 explizit als
Thema erscheine: „Ps 19A ist eine thematische Einheit, der Psalm ist insgesamt ein Sonnen-
text, freilich in eigenartiger Weise. Zielaussage des Textes ist nicht die Sonne, schon gar nicht
als göttliches Wesen, sondern der Kabod Els. Was El sinnenfällig ansehnlich macht, ist das
Werk seiner Hände. Dieses Werk seiner Hände ist die Sonne, der El ein Zelt errichtet hat, in
ihrem machtvoll-zielstrebig-stetigen Tag-Nacht-Lauf und in ihrer unwiderstehlichen Glut.
Von dem so in der Sonne manifestierten Kabod Els kündet aber nicht diese von El gemachte
Sonne selbst, sondern die Himmelsfeste, der Tag und die Nacht aufgrund ihrer Schöpfungs-
funktion im Rahmen des Sonnenlaufes." (323) STECK empfindet also auch die eigenartige Ein-
und Unterordnung des zweiten Teils im Verhältnis zum ersten Teil; d. h. die alte These, die
Sonne stelle das beispielhafte Objekt dar, an der die in V. 2–5a beschriebene kosmische
Gesetzmäßigkeit erscheine, besteht weiterhin zu Recht.

[12] Daran ändert auch nichts die Feststellung, in V. 5b–6 kämen besonders alte Überlieferungen zur Sprache.

gesamte Erde bis zu ihrem Ende von diesem geheimnisvollen Logos-Maß[13] durchwaltet werde.

Die zweite Strophe V. 5b–7 handelt von der Sonne. Die Strophe knüpft mit *bahäm* direkt an das erste Wort des Psalms *hăššamăjim* (V. 2) an. Inhaltlich ging die erste Strophe in den allgemeinen Formulierungen der kosmischen Ordnung über eine bloße Beschreibung des Sonnenlaufs weit hinaus; so scheint also die in der zweiten Strophe gegebene Beschreibung des Sonnenlaufs nur eine, wenn auch die vornehmste und augenfälligste Konkretion der Kosmoshaftigkeit der Schöpfung zu sein und die Sonne das bedeutendste Wesen, in dem sich der Gottes-*kabôd* in besonderer Weise auswirkt. Die Strophe hat nur zwei Zeilen, die aber jeweils ein Tristich (3+3+3) bilden – anders läßt sich eine Parallelismus-Verteilung nicht vornehmen, und ein Kurzvers könnte höchstens am Ende stehen. Das erste Tristich, im Schema a-b1-b2 (V. 5b–6), beschreibt, die Sonne in den polaren Bildern von Bräutigam und Krieger malend, das Geschehen des Sonnenaufgangs (der Anfang V. 5b setzt noch das Verborgensein der Sonne voraus), und dieses Hellwerden am Morgen wird ja allgemein als ein kosmisches Urgeschehen verstanden. Das zweite Tristich, im Schema a1-a2-b (V. 7), beschreibt den gesamten Tageslauf mit der Wirkung der Alldurchdringung der Welt durch das Sonnenlicht[14].

Mit V. 8ff kommen wir nicht nur zur dritten Strophe, sondern auch zur zweiten Hälfte des Psalms, wie sich an dem metrischen Wechsel zum Fünfer zeigt, der bis V. 14 das durchgehende Metrum bildet[15]; eine bewußte Gegenüberstellung von V. 8–14 zu V. 2–7 mit seinem Dreier-Rhythmus ist also beabsichtigt. Dies entspricht der markanten inhaltlichen Entgegensetzung, daß nun von der Sphäre der kosmischen Natur zu der an den Menschen sich richtenden Tora-Offenbarung fortgeschritten wird.

Auch V. 8–14 teilt sich wie V. 2–7 deutlich in zwei Unterteile: War es dort das Thema des Gottes-*kabôd* und der Sonne als des vornehmsten Objekts des Logos-Geschehens, so ist es hier das Thema der Tora

---

[13] Gegenüber den zahlreichen fragwürdigen Änderungen oder Umdeutungen von *qăwwam* scheint es das Beste, Text und Bedeutung zu belassen. *qăw* ist nicht die Schnur, sondern die Meßschnur, und daß im Zusammenhang der mit der Meßschnur gemessenen Erde in einem poetischen Text metonymisch das Maß bezeichnet werden kann, ist auch dann nachzuempfinden, wenn durch das „Wort" die Messung geschieht und das Maß gesetzt wird. Zu dem für die Weisheit grundlegenden Gedanken einer logoshaften Maßsetzung bei der Schöpfung vgl. Hi 28,25–27. Das Verbum *jș*' paßt zu *qăw*, wie Jer 31,39 beweist.

[14] Man beachte auch hier am Ende die poetische Metonymie Glut für Licht (vgl. die vorige Anm.).

[15] Man skandiere V. 11 *hănnäḥ̆madím, ûmtûqím;* V.12 *găm-ʿăbdʿká, ʿeqäb-ráb;* V. 14 *găm-mizzedím, ʾăl-jímšᵉlû bí.*

(V. 8–11) und des Beters (V. 12–14). Scharf setzt sich dieser zweite Unterteil V. 12–14 mit seinem durchgehenden inhaltlichen Bezug auf den Beter von dem allgemeinen Tora-Preis V. 8–11 ab, wobei die Anknüpfung an das Vorhergehende nur durch das Wort *bahäm* („durch sie – die Tora-Satzungen – läßt sich dein Knecht warnen") am Ende des ersten Satzes V. 12a vorgenommen wird. Die gleiche Erscheinung zeigt sich in der ersten Hälfte: V. 5b–7 wird mit V. 2–5a durch das Wort *bahäm* am Ende des ersten Satzes V. 5b der zweiten Strophe verbunden. Sollte das Zufall sein? Das ist schon deswegen unwahrscheinlich, weil dieses *bahäm* jeweils genau die innere Relation der beiden Unterteile anzeigt: Der in der zweiten Strophe beschriebene Sonnenlauf wird durch seinen Ort am Himmel, der den Gottes-*kabôd* verkündet, bestimmt, und der Beter läßt sich durch die Tora-Gebote in seinem Lebenslauf bestimmen. Das Kompositionsproblem, wie der Übergang der ersten Strophe zur zweiten, der vom Thema des durch den Himmel verkündeten logoshaften Gottes-*kabôd* zu seinem vornehmsten *Objekt*, der Sonne, zu verstehen sei, wiederholt sich ganz entsprechend in der zweiten Hälfte des Psalms im Übergang von der dritten (V. 8–11) zur vierten Strophe (V. 12–14) im Übergang vom Thema der Tora zu dem des *Subjekts* des Psalms, des Beters, der sich unter diese Tora stellt. In dieser kunstvollen polaren Komposition erklärt sich also die blockhafte Nebeneinanderstellung der Teile durch die inhaltlichen Bezüge von selbst, und die ungewöhnliche äußere Form dieses Psalms muß von seinem Anliegen, dadurch umfassende weisheitlich-theologische Zusammenhänge aufzuzeigen, die vom Schöpfungs-Logos zur Tora und von dem vornehmsten Weltobjekt der Sonne bis zum demütigen betenden Subjekt reichen, verstanden werden.

Es ist eine Eigenart des Fünfer-Metrums, vom Parallelismus membrorum zum Parallelismus versuum überzugehen. In V. 8 ff zeigt sich an der Reihung *tôrat JHWH*, *ʿedût JHWH*, *piqqûdê JHWH*, *miṣwat JHWH*, *jirʾāt JHWH*, *mišpᵉṭê JHWH*, daß unbenommen einer weiteren Parallelisierung im 3+2-Schema die Fünfer die eigentlichen Parallelen bilden, also V. 8a // V. 8b, V. 9a // V. 9b usw. Das wird durch die Reihung der zweiten Prädikate *mᵉšîbāt näpäš*, *māhᵉkîmāt pätî* usw. bestätigt. Das heißt, wir haben es in der dritten Strophe V. 8–11 mit vier Distichen zu tun wie in der ersten Strophe, so daß auch in der Quantität eine äußere Entsprechung erreicht wird. Die Struktur der Strophe V. 8–11 ist höchst kunstvoll: Nach den allgemeinen Aussagen über Tora (es ist selbstverständlich, daß die Tora als Stichwort am Anfang erscheint) und Zeugnis (die Bezeugung ist die verstärkte Form der Offenbarung) in V. 8 wird über die Konkretion im göttlichen Gebot (Befehle und Gebot) in V. 9 zu den besonderen Formen, zu Frömmigkeit („Gottesfurcht") und Recht in V. 10 fortgeschritten, um mit den traditionell weisheitlichen Aussagen über den objektiven (Goldvergleich) und subjektiv-„ästhetischen" Wert (Honigvergleich) für den Menschen in V. 11 zu enden. Auch die Prädikate unterstreichen diese Struktur; man vergleiche den gesamtmenschlichen Bereich in V. 8 *(näpäš, der Tor)*, den Organbereich in V. 9 (Herz, Augen), die Sachaussagen in V. 10, die bloßen Parallelprädikate in V. 11. Der vierteilige Aufbau der dritten Strophe (Allgemeinaussage, Konkretion, besondere Formen, menschlicher Wert) erinnert an den der ersten Strophe (Allgemeinaussage, Konkretion im Einzelnen, Merkwürdigkeit, Bedeutung für die Erde), obwohl man hier im Detail keine Übereinstimmung erwarten dürfte.

Die von dem vornehmsten Objekt, der Sonne, handelnde zweite Strophe V. 5b–7 besteht im Verhältnis zur ersten Strophe nur aus der halben Verszahl, allerdings in einer Tristicherweiterung. Auch die von dem Beter, dem demütigen Subjekt, handelnde vierte Strophe V. 12–14 besteht aus derselben halben Verszahl (V. 12f 5+5, V. 14 5+5), da wir das 5+5-Metrum weiter voraussetzen dürfen. Da der Fünfer aber in 3-und 2hebige Teile zerfällt, wäre eine tristichische Bildung hier kaum noch zu durchschauen, und sie ist auch sonst im Alten Testament nicht geläufig. Um zu einer fülligeren Versform zu kommen, genügt es beim Fünfer, die Unterteilungen als volle Parallelen zu formulieren[16]. Obwohl also der Sprachrhythmus beim 5+5-Metrum der vier Verse der dritten Strophe bleibt, stellen die zwei Verse in V. 12–14 doppelt soviel Sätze dar, ein Verfahren, das man mit der Tristicherweiterung der zwei Verse in V. 5b–7 durchaus vergleichen kann.

Diese vierte Strophe bringt im ersten 5+5-Vers zum Ausdruck, daß der Beter sich von den vorher hymnisch gepriesenen Tora-Satzungen leiten läßt, wissend, welche Bedeutung ihrer Bewahrung zukommt, daß er aber seine Versehen nicht erkennen kann und darum die Lossprechung der ihm verborgenen Sünden erbittet (V. 12f). Auf das hier vorliegende eindrückliche Sündenverständnis, das ein profanes Schuldverständnis weit übersteigt, hat G. Ebeling eigens hingewiesen[17]. Der zweite Vers dieser Strophe (V. 14) erbittet demgegenüber und komplementär dazu die äußere Befreiung von der Gemeinschaft ́der Frevler, so daß dann mit dieser doppelten göttlichen Hilfe ein *tamîm*-Sein, eine gottgewollte und schöpfungsgemäße menschliche Integrität wenigstens hinsichtlich der Freiheit von einer

---

[16] Man vgl. damit die bloßen Teilparallelen (Prädikatsparallelen) in V. 8–11.
[17] Dogmatik des christlichen Glaubens III, 1979, 203.

schweren Verfehlung möglich ist. Mit dem auffälligen Verbum *tmm* wird am Ende eine Inclusio zur ersten Tora-Aussage *t^emîmā* (V. 8) ebenso erreicht wie durch die *hăššamǎjim*-Erwähnung im letzten Vers der zweiten Strophe (V. 7) zum Beginn des ersten Teils des Psalms (V. 2).

Diese vier Teile, V. 2–5a.5b–7 und V. 8–11.12–14, des Psalms 19 sind ein großartiges Beispiel für eine in der Ordnung der Komposition sich widerspiegelnde weisheitliche Erfassung und Erfahrung des göttlichen Logos in der Natur und in der Offenbarung an den Menschen, als Gottes *kabôd* und als Tora, von der Sonne bis hinab zum Beter selbst sich auswirkend, der angesichts dieses Zusammenhangs um so stärker das Herausfallen des Menschen aus seiner vom Schöpfer bestimmten Integrität empfindet[18].

Gegenüber diesem „Ganzen" von Ps 19 setzt sich V. 15 deutlich ab, wenn hier in einer besonderen Bitte dieses Gebet selbst („die Worte meines Mundes" // „das Sinnen meines Herzens") Gott anempfohlen wird. Das ist bei dem Schöpfungspsalm Ps 104 am Ende ähnlich der Fall: Nach einer an den Anfang zurücklenkenden Selbstaufforderung V. 33 wird am Ende[19] in V. 34 der Wunsch ausgesprochen, daß dieses „Gedicht" Gott wohlgefallen möge, wobei das göttliche Wohlgefallen und die menschliche Freude der die Kosmosordnung durchdringenden Erkenntnis in einen Bezug gesetzt werden, wie er am stärksten in Prov 8,30f formuliert wird, indem die Weisheit als Mittlerin dieser Gott-Mensch-Begegnung in der weisheitlichen Gnosis erscheint. Der ansonsten im Aufbau ganz von Gen 1 abhängige Psalm 104, der nichts mit einem Echnaton-Hymnus zu tun hat, stammt nach Ausweis von V. 24, der Mitte des Psalms, aus weisheitlich geprägter Theologie. Auch Ps 19 wird beendet mit einer Empfehlung dieser Meditation an Gott, und dann steht ganz am Ende die Invocatio „JHWH, mein Fels und mein Erlöser"[20]. Diese auffällige Endstellung ergab

[18] Vgl. den Aufbau der zweiten Hälfte von Gen 1, der Erschaffung der in die Räume gesetzten Wesen von der Sonne V. 14ff bis zum Menschen V. 26ff. Bei allen drei sogenannten Schöpfungspsalmen Ps 8; 19 und 104 lassen sich Beziehungen zu Gen 1 finden.

[19] Es folgt in V. 35 nur noch der Wunsch, daß die Sünder ein Ende nähmen, und die Wiederholung von V. 1a*a*. Ersteres bringt wohl die Lossagung des in V. 34 sprechenden Ich von allem Bösen wie in einem verkappten Reinigungseid zum Ausdruck.

[20] Man ist versucht, die Doppelheit der Epitheta auf die in Ps 19 vertretene Zusammenordnung von kosmischem und menschlichem Bereich zu beziehen. Weist die uralte Gottesbezeichnung „mein Fels" auf die kosmische Seinsbasis des Menschen, der seine Seinsgründung findet (vgl. Dtn 32,18; Jer 2,27), so die des Erlösers auf das heilsgeschichtliche Geschehen der Errettung. Aber ob hier in der Invocatio eine letzte Widerspiegelung der beiden Psalmhälften überhaupt beabsichtigt sein kann oder ob nicht eher nur die in dieser Duplik liegende Vollständigkeitsaussage göttlicher Zuwendung zum Menschen beabsichtigt ist, muß offen bleiben.

sich offensichtlich aus der Notwendigkeit, den strikten vierteiligen Aufbau des Psalmganzen V. 2–14 nicht zu verwirren, wird doch sonst gerade durch die Invocatio die Komposition gegliedert. Metrisch hebt sich das Abschlußgebet mit seinem 3+3+3-Metrum von dem vorhergehenden Fünfer-Rhythmus deutlich ab.

Die weihende Anempfehlung des Psalms am Ende von Ps 104 und Ps 19 läßt in der Formulierung (*śîḥî* bzw. *'imrê pî //hägjôn libbî*) noch etwas davon verspüren, daß die geäußerten Worte und Gedanken nicht einfach Selbstverständlichkeiten sind, sondern eigenen Gedankenwegen oder doch selbst nachgegangenen entstammen. Nicht das Gebet als solches wird Gott geweiht, sondern die Meditation, der besondere Gedankeninhalt. Weisheitliches Nachsinnen über die Teleologie der Schöpfung in Ps 104 und über die seinsumfassende Entsprechung von Schöpfungs- und Offenbarungs-Logos in Ps 19 ist bezeichnend für eine neue Frömmigkeit des späten Alten Testaments.

Die formale Analyse von Ps 19 hat die überlieferte Einheit des Psalms nur bestätigen können. Die beliebte Abtrennung der ersten Hälfte V. 2–7 stellt ein Fragment her, bei dem weder das inhaltliche Verhältnis seiner beiden Unterteile einsichtig wird – denn dieses wird erst voll verständlich aus dem System der vom Logos geleiteten Wesen von der Sonne einerseits bis zum betenden Menschen andererseits –, noch die bloße Form, die erst im Zusammenhang des Viereraufbaus und schließlich mit einer besonderen Anempfehlung und Gottesanrufung sich als ein Ganzes darbietet. Ps 19 ist ursprünglich in der vorliegenden Gestalt komponiert worden. Auch die Hypothese, die zweite Hälfte sei nur eine Ergänzung – aus welchen Motiven auch immer hinzugesetzt[21] –, kann eine solche Geschlossenheit des Ganzen nicht erklären und ist unangebracht.

Der Grundgedanke der Komposition von Ps 19, die Entsprechung der in der Schöpfung logoshaft wirkenden Schöpferherrlichkeit, des Schöpfungs-Logos, und der Offenbarungs-Tora, die, hier ganz weisheitlich beschrieben, von der weisheitlichen Erkenntnis nicht grundsätzlich geschieden werden kann, läßt sich in der Entwicklung von Hi 28 über Prov 8 zu Sir 24 verfolgen. Während in Hi 28 die Verbindung der Schöpfungsweisheit zur ethisch-religiösen Weisheit nur am Ende in V. 28 geschlagen wird, ist Prov 8 von vornherein als Diptychon wie Ps 19 komponiert: Dem Preis des

---

[21] KRAUS (s. Anm. 10), 306 vertritt sogar die Hypothese einer dogmatisch zurechtrückenden Ergänzung: „Der Mensch erkennt Gott nicht aus den Werken der Schöpfung... Der Kosmos feiert Gottes *kabôd*, aber er lehrt nicht seinen Willen. Darum ist Ps 19B als entscheidender Hinweis... hinzugefügt worden. In der *tôrā* – da ist Gott vernehmbar, – dort erkennt man, wer Gott ist.“

Weisheitswirkens in der menschlichen Welt V. 12 ff (die Weisheit führt sich im Ich-bin-Wort der Offenbarerrede ein) entspricht der Preis der Schöpfungsweisheit V. 22 ff. Gegenüber Prov 8 zeichnet sich dann Sir 24 durch die völlige Identifizierung der Weisheit mit der JHWH-Offenbarung an Israel aus. Der Tora-Begriff von Ps 19 setzt bei aller weisheitlichen Beschreibung auch die Offenbarungs-Tora voraus, beläßt dafür aber diese Tora in einer Entsprechung und Parallelität zur Schöpfungsordnung und vollzieht nicht den Schritt zu einer einfachen Identifizierung. Eine solche wird dagegen in Ps 147 angestrebt, und sie gelingt hier durch den Logos-Begriff:

„Er (Gott) sendet seine Rede zur Erde,
   gar eilends läuft sein Wort *(dabar)*.
Er gibt Schnee wie Wolle,
   verstreut Reif wie Asche,
wirft sein Eis wie Brocken;
   wer kann vor seiner Kälte bestehen?
Er sendet sein Wort *(dabar)* aus, und es (das Eis) zerfließt,
   er läßt seinen Windshauch wehen, es fließen die Wasser.
Er verkündet sein Wort *(dabar)* Jakob,
   Israel seine Satzungen und Rechte.
So hat er keinem anderen Volk getan,
   und die Rechte, sie kennen sie nicht." (V. 15–20)

Dieser theologischen Entfaltung entsprechen die Datierungen dieser Texte. Während Sir 24 auf Traditionen vom Ende des 3. Jahrhunderts v. Chr. zurückgehen muß, ist Ps 147 zu den spätesten Psalmen zu zählen, die am Ende zum Grundbestand des Psalmbuches erst im Verlauf des späten 3. Jahrhunderts hinzugestoßen sind; Ps 19 gehört dagegen einer frühen, wohl noch an das Ende des 4. Jahrhunderts zu datierenden Psalmensammlung an[22], kann also keinesfalls jünger sein, und Prov 8 muß noch in die spätpersische Zeit fallen.

In all diesen Zeugnissen sehen wir eine wesentliche Entwicklung der Weisheitslehre sich vollziehen, die die Theologie des Alten Testaments grundlegend prägt. Und von dieser weisheitlichen Theologie aus bestehen dann auch die engsten Verbindungen zum Neuen Testament. Wenn wir also den Gedanken, im ersten Teil von Ps 19 liege ein uralter „Schöpfungs-Hymnus" oder „Sonnen-Hymnus" vor, aufgeben und den Psalm insge-

---

[22] Zur Psalmredaktion vgl. H. Gese, Die Entstehung der Büchereinteilung des Psalters (in: Wort, Lied und Gottesspruch. FS für J. Ziegler II, 1972, 57–64), 58 ff (= Ders., Vom Sinai zum Zion, 1974, [159–167] 161 ff).

samt nicht vor dem 4. Jahrhundert ansetzen[23], so ist gerade durch diese
Spätdatierung seine große theologische Bedeutung in keiner Weise gemin-
dert.

---

[23] Dann bedürften auch die augenscheinlichen Aramaismen in der ersten Hälfte des Psalms,
ḥwh (V. 3) und millā (V. 5), keiner umständlichen Erklärung mehr (vgl. J. A. SOGGIN, The
Root ḤWH in Hebrew with Special Reference to Psalm 19,3b [in: Old Testament and
Oriental Studies, Rom 1975, 203–209]).

Theologie im Alten Testament

Rudolf Smend

I

„Es gibt keine ‚Theologie des Alten Testaments'." So sagt der Systematiker E. Brunner[1]. Sein entscheidendes Argument ist die Uneinheitlichkeit
des Alten Testaments, dessen lehrmäßig so verschiedene Teile sich nicht
durch eine „wissenschaftliche Einheitsschau"[2] auf einen Nenner bringen
lassen. Seither hat G. v. Rad dieses Problem unübersehbar ins allgemeine
Bewußtsein gerückt[3]. Wenn v. Rad trotzdem seine „Theologie des Alten
Testaments" zustande brachte, dann so, daß er sich bemühte, die Vielzahl
der „Theologien" innerhalb des Alten Testaments nicht durch unsachge-
mäße Vereinheitlichung zum Verschwinden zu bringen. Sein Verfahren
entspricht insoweit durchaus dem, das die modernen „Theologien des
Neuen Testaments", voran die von R. Bultmann, anwenden[4].

Beim Alten Testament ist indessen ein zweites Problem noch dringender, das sich beim Neuen Testament nicht in der gleichen Schärfe stellt. Es
betrifft den Begriff der Theologie selbst. Wiederum ein Systematiker,
nämlich G. Ebeling, hat die Anwendung dieses Begriffs „auf Erscheinungen des Alten Testaments, um die darin zum Ausdruck kommenden
Vorstellungs- und Denkweisen selbst zu kennzeichnen", einen Anachro-
nismus genannt[5]. Das mit dieser These recht radikal gelöste Problem ist
keineswegs nur ein terminologisches; es berührt Gegenstand und Methode
der ganzen Disziplin grundsätzlich, aber unter Umständen auch bis in

---

[1] E. BRUNNER, Offenbarung und Vernunft, 1941, 287.
[2] AaO 288.
[3] Vgl. bes. seinen Aufsatz: Offene Fragen im Umkreis einer Theologie des Alten Testaments (GSt zum AT II [TB 48], 1973, 289–312).
[4] Vgl. dazu die bei v. RAD (291 Anm. 2) zitierten Sätze H. SCHLIERS (jetzt in: G. STRECKER
[Hg.], Das Problem der Theologie des Neuen Testaments [WdF 367], 1975, 326).
[5] G. EBELING, Studium der Theologie. Eine enzyklopädische Orientierung (UTB 446),
1975, 32.

entlegene Einzelheiten hinein. Es ist, wie man das ja auch sonst kennt, im
19. Jahrhundert in seiner Schärfe erkannt, aber später wieder verwischt
worden. Wie sich zeigen wird, bietet gerade der gegenwärtige Stand der
alttestamentlichen Wissenschaft Veranlassung, es erneut ins Bewußtsein zu
rufen[6].

II

Ich wollte, ich könnte das unter Hinweis auf eine Schrift tun, die der
junge J. Wellhausen bald nach 1870 schreiben wollte, aber wahrscheinlich
nicht geschrieben und jedenfalls nicht veröffentlicht hat. Er notierte damals
auf den hinteren Innendeckel eines Buches, das sich in seinem Besitz befand
und zufällig bis heute erhalten geblieben ist[7], als möglichen Titel: „Über die
(nachträglich gestrichen: theologische) Verwerthung des A.T. zur bibl.
Theol. Von J. Wellhausen...“; daneben eine ausführlichere Variante:
„Über die Gewinnung, Ausscheidung, Erforschung und systematische
Darstellung des relig Gehaltes des A.T. Versuch einer Kritik der s. g. ATl.
Theologie als wissenschaftlicher Disciplin. Von J. Wellhausen.“ Wir können danach immerhin vermuten, in welcher Richtung Wellhausen argumentiert hätte. Ausgangspunkt ist die seit J. S. Semler eingebürgerte
Unterscheidung zwischen Religion und Theologie[8]. Das Alte Testament
enthält Religion, aber enthält es auch Theologie? Wellhausen bestreitet
zuallermindest die naive Art, in der man bis zu seiner Zeit die Theologie
aus dem „religiösen Gehalt“ zu gewinnen pflegte. Um wenigstens ein
Hauptmotiv, vielleicht das Hauptmotiv anzudeuten, das ihn dabei
bestimmt, zitiere ich einen Satz H. Ewalds, den Wellhausen sich in
demselben Buch zwei Seiten vorher notiert hat, sicherlich auch in der Zeit,
in der er seine Kritik der Theologie des Alten Testaments vorhatte: „Die
Phantasie kann was in der Vorstellung liegt nur erweitern und erhöhen,
nicht aber etwas ausspinnen dem alle Erfahrung und Vorstellung abgeht.“[9]

---

[6] Ich habe das Thema früher schon einmal in einem Vortrag vor der Theol. Fakultät der
Universität Helsinki behandelt, der in finnischer Sprache veröffentlicht wurde: Teologia
Vanhassa testamentissa (TAik 81, 1976, 217–232). Der hiesige Aufsatz ist gänzlich neu
geschrieben.

[7] Es handelt sich um F. Hitzigs Jesajakommentar von 1833 (jetzt in der Bibliothek der
Vereinigten Theol. Seminare in Göttingen).

[8] Im Blick auf den jungen Islam, aber natürlich mit dem Anspruch auf allgemeine
Gültigkeit hat Wellhausen später den Satz geschrieben: „Religion und Theologie ist bekanntlich nicht identisch, in Politik und Recht äußert sich die religiöse Überzeugung viel ursprünglicher, als in Dogmatik.“ (DLZ 1884, 839)

[9] H. Ewald, Die Propheten des Alten Bundes I, 1867², 457.

Und darunter von ihm selbst, in etwas späterer Handschrift: „In der
biblischen Theologie sind die Elemente der Vorstellung zu unterscheiden
von der Zusammensetzung, die man daraus macht." Beide Sätze sind nicht
unmittelbar gegen die Disziplin der Biblischen Theologie gerichtet, auch
der zweite nicht. Beide zeigen aber, jeder auf seine Weise, worum es geht:
um die Elemente, die die Priorität vor der Zusammensetzung haben und
behalten müssen, um Erfahrung und Vorstellung, die der Phantasie das
Material geben, aber auch das Maß setzen, und von da her um die Vorsicht
gegenüber Allgemeinbegriffen fremder Herkunft und gegenüber Kombi-
nation und System. Läßt sich dann aber aus dem, was das Alte Testament
an Religion enthält, überhaupt eine Theologie gewinnen? Die Biblische
Theologie, wie sie seit J. Ph. Gabler als vermeintlich historische Disziplin
betrieben wurde[10], ist also womöglich gar keine historische, sondern wie
die Dogmatik eine systematische Disziplin und darum nicht Sache des
Alttestamentlers, jedenfalls des Alttestamentlers, wie Wellhausen einer
war. Der „Versuch einer Kritik" dieser Disziplin „als wissenschaftlicher
Disziplin" hätte an ihre Fundamente gerührt.

Wellhausens Kritik hatte Vorläufer, und ihr Recht wurde den Einsichtigen auch ohne seine Programmschrift evident. Aus der Generation, die
ihm voranging, zitiere ich F. Hitzig, der im Vorwort zu seinem Jeremia-
kommentar schrieb: „Ich kann nichts dafür, wenn später und anderwärts
erwachsene dogmatische Sätze aus dem A.T. auf ehrlich wissenschaftli-
chem Wege sich nicht wollen beweisen lassen."[11] Wichtig ist, daß das nicht
gegen, sondern *für* das Alte Testament gesagt zu sein beansprucht. Hitzig
gibt als sein „Bedürfnis" an, „das Buch Jeremia mir selbst lesbar zu
machen". Er habe sich „ernstlich bemüht, in den Zuständen und Anschauungen einer fernen hinabgesunkenen Welt heimisch zu werden, aus ihnen
nach der Analogie des Geistes überhaupt das Denken des Autors zu
begreifen, und von da aus seine Worte aufzusuchen, zu deuten und auch zu
würdigen". Das ist der „ehrlich wissenschaftliche Weg", die vorschnelle
Herstellung eines Bezugs zu späterer Dogmatik dagegen ist „Selbsttäuschung". Hitzig überläßt es „Hrn. Repetenten Oehler in Tübingen, aus der
Vogelperspektive eines angeblich höheren theologischen Standpunctes –
welcher von jeher die Exegese verdorben hat – auf das A.T. herniederzuse-
hen"[12]. Wir brauchen jetzt nicht die Berechtigung dieser Polemik zu

---

[10] Vgl. zu ihrer Geschichte, soweit es sich um die Theologie des AT handelt, R. C.
Dentan, Preface to Old Testament Theology, 1963; W. Zimmerli, TRE VI, 426 ff.
[11] F. Hitzig, Der Prophet Jeremia (KEH III), 1866², VI.
[12] Hitzig, aaO.

untersuchen; das Beispiel soll nur zeigen, daß der Widerspruch gegen die durch Oehler über mehrere Jahrzehnte einflußreich repräsentierte theologische Erfassung des Alten Testaments[13] nachdrücklich im Interesse des Verständnisses der biblischen Schriftsteller selbst erhoben wurde. Eine Vorbedingung dieses Verständnisses ist es nach Meinung der Kritiker, die theologischen, insbesondere die dogmatischen Kategorien mindestens zunächst beiseite zu lassen. Was an ihre Stelle zu treten hat, nennt Hitzig die „Analogie des Geistes“; andere haben es anders genannt, und wieder andere haben bewußt oder unbewußt auf die hermeneutische Reflexion mehr oder weniger verzichtet und sind gerade dadurch manchmal besonders gute Exegeten und Historiker gewesen. Man muß sich auch vergegenwärtigen, daß die Männer, denen die alttestamentliche Wissenschaft im 19. Jahrhundert die entscheidenden Fortschritte verdankte, überwiegend liberale Theologen (im weitesten Sinne) waren, denen die Abneigung gegen jene theologisch-dogmatischen Kategorien im Blute lag[14] – und daß die Gegner es ihnen mit wenigen Ausnahmen sträflich leicht machten.

Auch in den Buchtiteln hieß die Disziplin immer mehr Geschichte der israelitischen Religion, nicht Theologie des Alten Testaments[15]. Das wichtigste Rückzugsgefecht auf diesem Wege lieferte 1875 B. Duhm in seiner „Theologie der Propheten“, die den Begriff der Theologie für einen Teilbereich mit der Begründung aufrechterhielt, „die Einwendungen gegen die wissenschaftliche Gestalt“ beträfen „zwar die alttestamentliche Theologie als Ganzes, aber nur zum geringsten Theile die Theologie der Propheten“[16]. Doch damit meint Duhm die Einwände, die auf die mangelnde Einheit der alttestamentlichen Schriftsteller zielen, nicht das Problem des Verhältnisses von Theologie und Religion. Die Anwendung des Wortes Theologie sei „zwar an sich nicht unbedenklich, da sie eine Verwechslung der biblischen Schriftsteller mit Dogmatikern und der Bibel mit einem Lehrbuch zur Folge haben könnte; doch würde gegen einen solchen Fehler auch der peinlichste Purismus verlorne Mühe sein. Nach

---

[13] Vgl. dazu ZIMMERLI, aaO 433 ff.

[14] Eine schöne Parallele aus einem anderen Bereich der Historiographie ist TH. MOMMSENS Beschreibung, wie sich in Rom die nationale Religion zur Theologie „verknöcherte“, die, das „Bastardkind von Vernunft und Glauben“, „geschäftig“ war, „die ihr eigene beschwerliche Weitläufigkeit und feierliche Gedankenlosigkeit in den alten Landesglauben hinein und dessen Geist damit auszutreiben“ (Römische Geschichte, Neuausgabe 1976, II, 390 ff; vgl. I, 178 f).

[15] Das einzige Buch von Rang, das um 1900 den alten Namen beibehielt, ja sich sogar „Biblische Theologie des Alten Testaments“ nannte (B. STADE, I, 1905), verwies darauf, daß der Inhalt dadurch nicht gekennzeichnet sei und daß ein Widerspruch zwischen Namen und Inhalt einer Wissenschaft sich auch sonst finde (13).

[16] 28.

seiner ursprünglichen, nur etwas erweiterten Bedeutung kann das Wort als eine Zusammenfassung alles dessen gebraucht werden, was ein oder mehrere Schriftsteller an religiösen Gedanken, Anschauungen und Vorstellungen haben..."[17]

Bei dieser Unschärfe ist Duhm nicht geblieben. In seiner Basler Antrittsvorlesung von 1889 hat er die „heillose Identifizierung von Religion und Theologie" als Grundübel der theologischen Wissenschaft gebrandmarkt und dabei auch das Verhältnis beider Größen im Alten Testament exakt zu bestimmen versucht[18]. Theologen begegnen erstmals kurz vor dem babylonischen Exil in den Gegnern des Jeremia, die sich weise nennen und auf den Besitz der schriftlichen Tora pochen (Jer 8,8). Schon vorher hat es Torot, Weisungen für alle Bereiche des Lebens gegeben, und auch eine „primitive Theologie" war schon möglich; „wenigstens verlangt Hosea von den berufsmäßigen Hütern der Kultusthora, daß sie der Volksmasse ... Erkenntnis Jahves beibringen sollen. Thatsächlich ist aber eine wirklich so zu nennende Theologie erst aus den Nachwirkungen der Prophetie des Hosea selber und seiner Geistesgenossen hervorgegangen."[19] Sie hing aufs engste mit dem Deuteronomium zusammen, das mit „Menschenverstand" komponiert war und weiter ausgebaut wurde. „In den Urhebern und Auslegern des Buches gab es seitdem eine neue Klasse von Männern, die einen Beruf auf die Religion hin in Anspruch nahmen, es gab von jetzt an Theologen."[20] Sie haben die weitere Geschichte des biblischen Israel und des Alten Testaments begleitet und wesentlich mitgestaltet, bis hin zur Herstellung des Kanons – was Duhm bedauert. Zum Buch Jona bemerkt er: „Schade, daß der alttestamentliche Kanon von Theologen zusammengestellt ist, sonst hätten wir... mehr von dieser Literaturgattung."[21] In seinen Kommentaren zu Jesaja und Jeremia hebt Duhm die beiden Propheten kräftig und mit einigem Sarkasmus gegen die Theologen ab, die sie in biblischer Zeit ergänzt und in moderner Zeit ausgelegt haben. Jesaja ist kein Theologe, sein Glaube keine Theologie, „jede theologische Ader"

---

[17] AaO 25.

[18] B. Duhm, Über Ziel und Methode der theologischen Wissenschaft, 1889 (Zitat: 27). Vgl. übrigens auch A. Kayser, Die Theologie des Alten Testaments in ihrer geschichtlichen Entwicklung dargestellt, 1886. Kayser setzt ähnlich wie Duhm den Akzent bei den Propheten (59f), gebraucht aber bei ihnen „mit Vorbedacht den Ausdruck Religionsideen und nicht den Namen Theologie" (73). Zur Zeit Esras beginnt „die theologische Reflexion über die aus dem Prophetismus ererbten Gedanken" (193).

[19] Duhm, aaO 7 ff.

[20] AaO 13.

[21] B. Duhm, Anmerkungen zu den Zwölf Propheten, 1911, 112.

geht ihm ab[22]. Und was die Gegner des Jeremia angeht: „In der That haben jene ersten Theologen, die die Geschichte der biblischen Religion kennt, wider Willen sofort den tiefen Gegensatz ans Licht gestellt, der zu allen Zeiten zwischen der Inspiration und der Gelehrsamkeit, zwischen dem lebendigen Drang der schöpferischen Geister nach vorwärts und dem Bestreben der Epigonen und der nachahmenden Laien besteht, auf den Errungenschaften einer früheren Zeit auszuruhen, das Wort eines Meisters als einen toten Schatz zu behandeln, als ein Idol, das nichts Neues, Besseres neben sich vertragen kann. Es ist recht eigentlich die Tragödie der Religion, daß der tote Prophet den lebenden tötet. Die Gedanken der älteren Propheten, eines Amos, Hosea, Jesaia, sind es, die die deuteronomistischen Theologen in ein System zu bringen glaubten, und ihretwillen mußte Jer zum Märtyrer werden."[23] Am schärfsten ist das Gesamturteil in dem Satz: „Die Religion vermenschlicht die höhere Welt, die Theologie entmenschlicht sie dann wieder."[24] Es verwundert nicht, daß Duhm es für die Hauptaufgabe hält, „die Religion in dem Stadium zu betrachten, wo sie noch keine Theologie hat oder wenigstens noch nicht ganz von ihr beherrscht wird"[25].

Duhm ist mit seiner Wertung und seinem Interesse nicht weit von Wellhausen entfernt, so viele Unterschiede sich zwischen beiden auch angeben ließen. Daß Wellhausen jene Programmschrift nicht schrieb, hängt damit zusammen, daß sein Interesse der Geschichte insgesamt, nicht nur den religiösen Vorstellungen galt. Auf diesem großen Felde war der Nachweis der exilischen Herkunft des „mosaischen Gesetzes", wie Wellhausen ihn in den „Prolegomena zur Geschichte Israels" führte[26], natürlich viel ergiebiger, als die Destruktion der „Theologie des Alten Testaments" es gewesen wäre; aber er kam dieser zugute und hat auch Duhm entscheidend angeregt. Wenn Wellhausen der „Geschichte der Tradition" in den „Prolegomena" den Satz *Πλέον ἥμισυ παντός* voranstellte[27], dann waren mit der Hälfte des Alten Testaments, die mehr ist als das Ganze, ja ziemlich genau die „vortheologischen" Partien gemeint, die er aus ihrer unter anderem „theologisierenden" Umgebung und Bearbeitung herausgehoben

---

[22] B. DUHM, Das Buch Jesaia (HK III,1), 1922[4], 226; DERS., Israels Propheten, 1922[2], 192f. Zwischendurch rutscht DUHM allerdings auch einmal der Begriff „Jes.s Theologie" heraus (Das Buch Jesaia, 221).

[23] B. DUHM, Das Buch Jeremia (KHC XI), 1901, 90.

[24] Das Buch Jesaia, 67.

[25] B. DUHM, Das Geheimnis in der Religion, 1896, 7.

[26] J. WELLHAUSEN, Geschichte Israels I, 1878; 1883[2]–1905[6] als „Prolegomena zur Geschichte Israels" (letzter Neudr. 1981).

[27] Er stammt aus Hesiod, Erga 40.

hatte – die Zeugnisse der alten Zeit, als Jahwe „noch nicht sein Testament gemacht" hatte[28].

Seit den zwanziger Jahren unseres Jahrhunderts hat die „Theologie des Alten Testaments" bekanntlich eine Renaissance erlebt. Dabei fällt auf, wie wenig im allgemeinen die Autoren, die ja aus den verschiedensten Lagern stammen, das Problem Wellhausens und Duhms beschwert. Die souveränste Darstellung beginnt mit dem Satz: „Mit Theologie des Alten Testaments kann man ein Buch bezeichnen, wenn es eine durch ihren Inhalt gerechtfertigte, in den richtigen Zusammenhang gebrachte Zusammenstellung derjenigen Anschauungen, Gedanken und Begriffe des AT bietet, welche theologisch erheblich sind oder es sein können."[29] In dieser Definition wird das Problem ebenso elegant angedeutet wie vom Tisch gewischt: Es kommt nicht darauf an, ob die Anschauungen usw. *theologisch*, sondern darauf, ob sie theologisch *erheblich* sind oder *sein können* – dies nach dem Urteil des modernen Theologen, der mit dem Stoff damit einigermaßen freie Hand hat und dessen Buch man dann als Theologie des Alten Testaments bezeichnen *kann*. Von anderer Seite wird ausdrücklich beansprucht, daß der Genetiv in „Theologia Veteris Testamenti" „im Sinne eines genetivus subjectivus" zu nehmen sei: „die Theologie, die das Alte Testament selber darstellt oder ausdrückt"[30]. Auf Klarheit in dieser Sache ist unter den Alttestamentlern bemerkenswert wenig gedrungen worden. Eine Ausnahme bildet F. Baumgärtel in seiner Kritik an G. v. Rads Theologie des Alten Testaments[31].

In der Tat hat v. Rad den Begriff der Theologie und des Theologischen weithin verwendet, wo Wellhausen und Duhm, aber auch sein näherer Vorgänger H. Gunkel ihn strikt gemieden haben[32]. Zwar könnte man bei einem Satz wie dem von der Verkündigung Jesajas als dem „gewaltigsten

---

[28] J. WELLHAUSEN, Israelitische und jüdische Geschichte, 1914[7], Neudr. 1981, 103. – WELLHAUSEN konnte sich über das übrige auch noch schärfer äußern als in jenem Motto: „Das Alte Testament an sich ist mir – wenn ich von der Hälfte der Bücher absehe – nicht verhaßt..." (Brief an J. Olshausen vom 9. 2. 1879, Deutsches Zentralarchiv Hist. Abteilung II Merseburg Rep. 92 Justus v. Olshausen B I Nr. 7.)

[29] L. KÖHLER, Theologie des Alten Testaments, 1966[4], V. Der Satz lädt mitsamt seiner Fortsetzung („Damit eine solche Zusammenstellung möglich wird, müssen eine Anzahl anderer Arbeiten vorher geleistet sein...") zu einem Vergleich mit dem Titel der von WELLHAUSEN geplanten Schrift förmlich ein.

[30] E. JACOB, Grundfragen alttestamentlicher Theologie, 1970, 14.

[31] ThLZ 86, 1961, (801–816.895–908) 803f.

[32] Für GUNKELS Gesamtsicht vgl. RGG[2] I, 1090. Ausdrückliche Kritik an GUNKEL etwa bei G. v. RAD, GSt zum AT (TB 8), 1971[4], 58. – Ich exemplifiziere im Folgenden an v. RAD, weil sein Werk das bedeutendste und einflußreichste ist. Als ein ganz anderes Beispiel vgl. G. E. WRIGHT, The Old Testament and Theology, 1969, 61 ff.

theologischen Phänomen des ganzen Alten Testaments"[33] meinen, es brauche sich hier nur um die theologische „Erheblichkeit" im Sinne Köhlers
und nicht um eigentliche Theologie zu handeln. Aber v. Rad hätte diese
Alternative schwerlich anerkannt. Schon der Autor der Erzählung von
Davids Thronfolge ist für ihn sowohl „Historiker" als auch „Theologe"[34],
„direkt theologische Aussagen" findet v. Rad nicht nur in der priesterschriftlichen, sondern auch in der jahwistischen Schöpfungsgeschichte[35];
die Beispiele wären schnell zu vermehren. Allerdings verfuhr v. Rad in
dieser Sache nicht einfach unbekümmert. Einmal stand er sozusagen in der
umgekehrten Frontstellung wie die Kritiker des 19. Jahrhunderts: Es galt
das Alte Testament der Theologie zurückzugewinnen, und dabei lag es nahe,
auch die Anwendung des Theologiebegriffs auf verlorenem oder verloren
geglaubtem Terrain wieder zu erproben. Dazu kam, daß v. Rad die alte
Zeit Israels nicht weniger liebte als Wellhausen und Duhm und daß er sich
mit den Methoden und Ergebnissen Gunkels, Alts und Noths gerade hier
im Besitz weitreichender neuer Erkenntnismöglichkeiten glaubte. Was das
Grundsätzliche anging, so hielt er sich an J. Burckhardts Satz: „Der Geist
war schon früh komplett."[36] Es sei „eine falsch angebrachte Wissenschaftlichkeit", wenn man sich scheue, „eine sublime Geistigkeit ‚schon' in der
ersten Königszeit anzuerkennen"[37]. Und schließlich ist darauf hinzuweisen,
daß v. Rad den Theologiebegriff keineswegs undifferenziert anwandte.
Vor allem das Phänomen der „Theologisierung" ursprünglich „vortheologischer" Überlieferungen war ihm wohlvertraut, und er arbeitete es
sowohl in der Exegese der Genesiserzählungen als auch in grundsätzlicher
Besinnung heraus[38]. Das „einzige theologische Werk im Alten Testament,
das eine systematische Darstellung seines Gehaltes erfordert", ist das
Deuteronomium; es will „ein Lehrganzes" sein[39]. Bei noch Späteren wie
dem deuteronomistischen Geschichtsschreiber und dem Chronisten droht
„theologische Rationalität" geradezu eine Gefahr zu werden[40]. Wichtiger, ja
für seine Gesamtdarstellung der Theologie des Alten Testaments zentral ist
v. Rads These von einem alten „Credo" (bes. in Dtn 26,5–10), das,

---

[33] G. v. Rad, Theologie des AT II, 1965⁴, 154.
[34] Theologie des AT I, 1962⁴, 327.   [35] AaO 154.
[36] J. Burckhardt, Weltgeschichtliche Betrachtungen, hg. v. W. Marx (KTA 55), 1969,
256 (Kap. 6, im Abschnitt über „das Urteil nach der Kultur"); vgl. auch ebd. 65f (Kap. 2,3 im
Abschnitt über „das wahre und das angebliche Verhältnis der Kultur zur Sittlichkeit"). – Vgl.
auch H. Gese, Zur biblischen Theologie (BEvTh 78), 1977, 22f.
[37] G. v. Rad, Das erste Buch Mose (ATD 2/4), 1972⁷, V.
[38] Vgl. Theologie des AT II, 382f.
[39] Theologie des AT I, 235f.   [40] AaO 356.361.

seinerseits eine bloße Aneinanderreihung von „Fakten", dann später in den großen Pentateuchquellen „theologisch" ausgeführt worden sei[41].

III

Diese These hat sich nicht bewährt. Jenes Credo ist kein alter, sondern ein verhältnismäßig junger Text, summierendes Spätprodukt, nicht Ausgangspunkt der Tradition von Israels ältester Geschichte. Die wichtigste Spezialuntersuchung spricht bei ihm sogar von „theologischer Systembildung"[42]. Und es ist kein Zufall, daß der Text im Deuteronomium steht, also literarisch eben in den Bereich gehört, der nach Duhm überhaupt erstmals Theologie, nach v. Rad erstmals ein „Lehrganzes" aufzuweisen hat. In der Tat dürfte eine Tendenz zum Systematischen hin zu den Kennzeichen von Theologie gehören. Dazu kommen einige weitere, die sich im Alten Testament ebenfalls beobachten lassen. Sie seien im Folgenden grob skizziert. Außer der „Systembildung" – zurückhaltender und wohl angemessener gesagt dem Denken in und der Bildung von größeren Zusammenhängen – handelt es sich um ein Denken, das sich bei den religiösen Aussagen verstärkt bestimmter Begriffe bedient, das Sätze bildet, die dahin tendieren, Lehrsätze zu sein, das argumentiert und das gegebene Texte interpretiert.

Größere *Zusammenhänge* sind in der älteren Überlieferung fast stets etwas Sekundäres. Im Bereich der Erzählungen pflegt das Einzelne am Anfang zu stehen, eine verhältnismäßig enge Begrenzung von Ort, Zeit, Handlung und beteiligten Personen wird nicht ohne Not überschritten. Erst allmählich wachsen Erzählungen zusammen, in kleinerem und dann auch in größerem Ausmaß, bis hin zu den umfassenden Werken, die die gesamte Geschichte von der Schöpfung bis zur Gegenwart oder doch einen großen Teil davon umfassen. Dabei wird das religiöse Element, das von Anfang an selten ganz fehlt, fortschreitend verstärkt. Es bildet, etwa in dem Motiv der sich steigernden Sünde oder dem des Segens oder der Verheißung, ein wichtiges Bindemittel bei der Komposition. Ihren Höhepunkt erfährt diese Entwicklung im deuteronomistischen Geschichtswerk, das, zumal in seiner ursprünglichen Gestalt, den umfangreichen Stoff unter Benutzung

---

[41] AaO 135 ff und passim, in Fortführung von G. v. RAD, Das formgeschichtliche Problem des Hexateuch (BWANT IV, 26), 1938 = v. RAD, GSt (s. Anm 32), 9–86. Vgl. auch M. NOTH, Überlieferungsgeschichte des Pentateuch, 1948, 247.

[42] W. RICHTER, Beobachtungen zur theologischen Systembildung in der alttestamentlichen Literatur anhand des „kleinen geschichtlichen Credo" (in: Wahrheit und Verkündigung. FS M. Schmaus, 1967, I, 175–212).

einer sich zusehends ausbildenden Begriffssprache durch stereotype Einzel-
bemerkungen und längere Ausführungen auch in dieser Hinsicht sehr
überlegt zusammenfügt und gliedert. Erst dann folgt die Möglichkeit, aber
auch die Nötigung zur Reduktion auf kurze Formeln und Summarien wie
jenes Credo einerseits, zur erneuten ausführlichen Gesamtdarstellung andererseits. Diese Gesamtdarstellung, in der Priesterschrift und in der Chronik
durchgeführt, zieht unter Vernachlässigung oder doch wenigstens tiefgrei-
fender Umgestaltung des älteren Traditionsgutes die redaktionellen Leitlinien der ihr vorliegenden großen Erzählungswerke mit großer Konsequenz
aus. Dabei tritt die periodisierende Gliederung noch deutlicher zutage.

Mutatis mutandis gilt Entsprechendes von der Komposition des überkommenen Stoffes aus Prophetie, Recht, Weisheit und Kultlyrik.

„Es fällt auf, daß sich Amos aller theologischen *Begriffe* enthält.“[43] Das ist
keineswegs nur Abstinenz, sondern liegt zum größten Teil daran, daß
solche Begriffe zur Zeit des Amos in erheblich geringerem Maße vorhanden waren, als uns das jetzige Alte Testament suggeriert. Die Prophetie hat
zwar auf die Herausbildung gerade der wichtigsten Theologumena einen
starken Einfluß ausgeübt[44], aber bei ihren älteren Vertretern läßt sich in
dieser Hinsicht ein doch wohl beredtes Schweigen feststellen. Um die
beiden wichtigsten und am besten untersuchten Beispiele zu nennen: von
„Erwählung“ *(bḥr)* und „Bund“ *(bᵉrît)* im geläufigen Sinn sprechen, wie
Th. C. Vriezen und L. Perlitt nachgewiesen haben[45], die Propheten des 8.
Jahrhunderts v. Chr. noch nicht, dagegen sind beide Begriffe wenige
Generationen später in der deuteronomisch-deuteronomistischen Schule
gängige Münze. Ähnlich steht es mit dem nicht weniger folgenreichen
Begriff des „Glaubens“ *(’mn* hif.) an Jahwe[46].

Die Begriffe lassen sich von den *Sätzen* nicht trennen, in denen sie
verwendet werden. G. v. Rad spricht der Feststellung, daß Abraham Jahwe
glaubte und ihm dies zur Gerechtigkeit angerechnet wurde (Gen 15,6),
„fast schon den Charakter eines theologischen Lehrsatzes“ zu[47]. Vor allem
gehört natürlich die programmatische Formulierung der Einheit Jahwes

---

[43] H. W. Wolff, Dodekapropheton 2. Joel und Amos (BK XIV/2), 1969, 121. Hervorhebung von mir.

[44] Vgl. Th. C. Vriezen, Hoofdlijnen der Theologie van het Oude Testament, Wageningen
1966³, 152f.

[45] Th. C. Vriezen, Die Erwählung Israels nach dem AT (AThANT 24), 1953; Ders., De
Verkiezing van Israël volgens het Oude Testament, Amsterdam 1974; L. Perlitt, Bundes-
theologie im AT (WMANT 36), 1969.

[46] Vgl. R. Smend, Zur Geschichte von *hᵃ’ᵃmîn* (in: Hebräische Wortforschung. FS zum 80.
Geb. v. W. Baumgartner [VT.S 16], 1967, 284–290).

[47] v. Rad (s. Anm. 37), 143f.

(Dtn 6,4) hierher, die v. Rad denn auch einen „gewichtigen theologischen Satz" nennt[48]. Aus der Fülle der weiteren Beispiele, die vor allem die deuteronomisch-deuteronomistischen, aber auch die priesterschriftlichen Texte bieten, sei nur noch die sog. Bundesformel – „Jahwe der Gott Israels, Israel das Volk Jahwes" – herausgegriffen, weil sie besonders variationsreich belegt ist und weil ihrem Inhalt für das Alte Testament zentrale Bedeutung zukommt[49].

Was diese Begriffe und Sätze aussagen, ist selten ganz neu; manchmal darf man es in der Sache bereits auf die ältesten Zeiten des Jahweglaubens zurückführen. Die entscheidende Vorarbeit haben in der Regel auch hier die Propheten geleistet, in denen Gunkel nicht ohne Grund „die ersten religiösen Denker" gesehen hat[50]. Sogar die etwas überschwengliche Behauptung, das Prophetische sei für alles, was in der Bibel „als reine lehre erscheint der schöpferische anfang und die unerschöpfliche quelle"[51], ist nicht ganz abwegig. Abwegig wäre es aber, jene Begriffe und Sätze problemlos als Formulierung von längst Bekanntem und – namentlich von den Propheten – Gedachtem zu nehmen. Sie sind ja ein Ergebnis der größten Krise, die das alte Israel erlebte, und bestimmt, diese Krise überwinden zu helfen. Nach Amos bestand das Sonderverhältnis zwischen Jahwe und Israel nur noch darin, daß Jahwe an Israel dessen Sünden heimsuchte (Am 3,2), und bei Hosea schnitt Jahwe das Band zwischen sich und dem Volk durch: „Ihr seid nicht mein Volk und ich bin nicht euer Gott." (Hos 1,9, txt.em.) Dagegen setzt die deuteronomisch-deuteronomistische Schule, mit äußerster, auch Hörer und Leser zuweilen ermüdender Anstrengung bemüht, „dem sich erfüllenden Nein des Amos ins Wort zu fallen"[52], in immer neuen Kombinationen und Anwendungen die Rede von

---

[48] v. Rad (s. Anm. 34), 240.

[49] Vgl. R. Smend, Die Bundesformel (ThSt[B] 68), 1963; Ders., Die Mitte des AT (ebd. 101), 1970, 48 ff. Aus der seitherigen Diskussion seien genannt: N. Lohfink, Dt 26,16–19 und die „Bundesformel" (ZKTh 91, 1969, 517–553); W. Thiel, Erwägungen zum Alter des Heiligkeitsgesetzes (ZAW 81, 1969, 40–73), 70 f; S. Böhmer, Heimkehr und neuer Bund (GTA 5), 1976, 89 ff; H. H. Schmid, Ich will euer Gott sein, und ihr sollt mein Volk sein (in: Kirche. FS f. G. Bornkamm zum 75. Geb., 1980, 1–25). Eine in allen diesen Arbeiten noch nicht zustande gebrachte genauere Bestimmung des Verhältnisses der Belege der Formel untereinander ist demnächst von C. Levin zu erwarten.

[50] H. Gunkel, RGG² II, 1925. Vgl. zum Problem vor allem H. W. Wolff, „Wissen um Gott" bei Hosea als Urform von Theologie (EvTh 12, 1952/53, 533–554 = GSt zum AT [TB 22], 1973², 182–205); zum hoseanischen Begriff der Gotteserkenntnis und seiner Bedeutung für die alttestamentliche Theologie auch Vriezen (s. Anm. 44), 167 f.

[51] H. Ewald, Die Lehre der Bibel von Gott II, 1873, 22. Allerdings ist für Ewald schon Mose ein Prophet, vgl. R. Smend, Das Mosebild von Heinrich Ewald bis Martin Noth (BGBE 3), 1959, 55 f.

[52] Perlitt (s. Anm. 45), 237.

Erwählung und Bund (und Gesetz usw.). Die „Nötigung zur Theologie"[53]
ergibt sich nicht nur aus dem „Drang", den der Mensch „als denkendes
Wesen" hat, „den Inhalt des Mythus, der Botschaft oder des Glaubens zu
durchdenken und in Form von Gedanken zu prägen"[54], sondern entscheidend aus „einer bestimmten Situation und deren Bedarf"[55].

Zum damaligen Bedarf hat sehr entschieden auch die *Argumentation*
gehört. Sie wandte sich nach innen und nach außen. Israel wollte und sollte
die Katastrophe verstehen, in die es geraten war, und es war immer mehr
genötigt, seinen Glauben gegen eine bedrohliche und versucherische
Umwelt abzugrenzen und zu verteidigen. Als kleines Beispiel für das eine
sei die „Gerichtsbegründung im Frage-Antwort-Stil" angeführt, die zu den
Formen des deuteronomistischen Redens bzw. Schreibens gehört[56], als
großes Beispiel für das andere die Verkündigung des Deuterojesaja. Es ist
seit langem üblich, diesen Propheten von seinen Vorgängern scharf abzuheben: er ist „mehr Theologe, er reflektirt vorzugsweise über die Resultate
der vorhergegangenen Entwicklung, deren Sauerteig die Prophetie war,
wie über gewonnene feste Güter, er heimst die Ernte ein"[57]. Wieder und
wieder findet sich bei ihm der Satz, daß Jahwe Gott ist und keiner außer
ihm, und dafür wird mit einer Art Weissagungsbeweis[58], ja beinahe einem
„kosmologischen Gottesbeweis"[59] argumentiert.

---

[53] E. JÜNGEL, Entsprechungen (BEvTh 88), 1980, 25 ff unter Berufung auf G. EBELING.

[54] Der Vorgang ist besonders als Abstraktion (etwa J. WELLHAUSEN, Prolegomena zur
Geschichte Israels, 1905⁶, 304 zum Verbum *br'*) und Verallgemeinerung (etwa B. DUHM, Das
Buch Jeremia [KHC XI], 1901, 144 zu Jer 17,5) charakterisiert worden. G. V. RAD kann sogar
von Wissenschaft sprechen (Theologie des AT I, 122). M. WEBER gebraucht für die deutero-
nomische Ethik die Doppelformel „Theologisierung des Rechts – Rationalisierung der
religiösen Ethik" (GAufs. zur Religionssoziologie III, 1921, 259). Wie so oft ist auch hier W.
M. L. DE WETTE vorangegangen (vgl. seine Beiträge zur Einleitung in das AT I, 1806, Neudr.
1971, 275 f) und hat dann W. VATKE, freilich mit sehr anderen Wertungen als vor ihm DE
WETTE und nach ihm WELLHAUSEN, die in ihrer Weise immer noch bedeutendste Gesamtgeschichte des Problems geliefert (Die biblische Theologie I. Die Religion des AT, 1835). Vgl.
aber auch H. EWALD, Die Lehre der Bibel von Gott I, 1871, 331, mit der Charakterisierung
Israels als „das vor allen anderen theologische Volk", dessen Schrifttum sich „immer einziger
und immer vollkommner zu einem solchen" ausgestaltete, „welches man mit einem Worte
sehr wohl als ein wahrhaft theologisches bezeichnen kann".

[55] S. MOWINCKEL, Religion und Kultus, 1953, 97.

[56] Etwa 1Kön 9,8f; Jer 16, 10–13; dazu W. THIEL, Die deuteronomistische Redaktion von
Jeremia 1–25 (WMANT 41), 1973, 295 ff.

[57] WELLHAUSEN (s. Anm. 54), 403. M. BUBER nennt Deuterojesaja den „Begründer einer
Theologie der Weltgeschichte" (Der Glaube der Propheten, 1950, 297 = Werke II, 1964, 456),
G. FOHRER schreibt ihm den „Entwurf einer umfassenden Theologie" zu (E. SELLIN/G.
FOHRER, Einleitung in das AT, 1965¹⁰, 420). Vgl. auch O. H. STECK, Deuterojesaja als
theologischer Denker (KuD 15, 1969, 280–293).

[58] Vgl. etwa P. VOLZ, Jesaia II (KAT IX), 1932, 25, auch 27 f.

[59] Vgl. G. QUELL, ThWNT III, 90 im Blick auf Jes 40,21–31, einen Text, bei dem auch K.
BARTH (KD IV/3, 117) das Argumentative stark empfindet.

Deuterojesajas Verhältnis zur Vergangenheit klang eben schon an. Es wird variiert und überboten durch Tritojesaja, und zwar gerade in dessen Verhältnis zu Deuterojesaja, von dem er einzelne Texte aufnimmt und interpretiert[60]. Über Tritojesaja läßt sich durchaus sagen, „daß mit ihm eine neue Epoche anbricht: die schriftgelehrte Auslegung, die die Tradition als feste, unveränderliche Größe ansieht"[61]. Aber nicht weniger und vielleicht schon früher gilt das von den deuteronomisch-deuteronomistischen „Predigern": „Mit ihnen beginnt ... in Israel die Ära der *Interpretation.*"[62] In diesem Sinne trägt die nachexilische Literatur weithin sekundären, wenn nicht sogar – wie die Chronik – tertiären Charakter[63]. Sie ist zunehmend direkt oder indirekt Exegese von Texten, die immer mehr in den Rang der Kanonizität einrücken – wohin ihnen denn auch diese Exegese zu einem großen Teil nachgefolgt ist. Wenn in neutestamentlicher Zeit das „Motiv zur Entwicklung einer christlichen Theologie" durch die Notwendigkeit einer Interpretation einerseits des Kerygmas, andererseits des Alten Testaments gegeben war[64], dann liegt darin eine bei allen Unterschieden nahe Parallele vor; und diese Nähe ist ja kein Zufall.

Die im Vorstehenden gegebene grobe Skizze bedürfte dringend der Ausfüllung und auch einer Erweiterung nach mehreren Seiten. So wären etwa die Gottesprädikationen in den Psalmen einzubeziehen, schon um das gebetsmäßig-doxologische Element sichtbar zu machen, das zu jeder Theologie gehört[65]. Vor allem müßte die Weisheit behandelt werden, die ja auch eine „Theologisierung" erfahren hat[66], auf die sie angesichts ihrer besonderen Denkweise nicht weniger gut vorbereitet war als andere Bereiche, die im Kanon stärker im Vordergrund stehen; bei der gegenseitigen Beeinflussung, die wir jetzt immer mehr erkennen, ist sie oft der gebende Teil gewesen, und das hat sich gerade auch bei der „Theologisierung" jener anderen Bereiche ausgewirkt. Das Ergebnis des Gesamtvorgangs konsta-

---

[60] Vgl. W. ZIMMERLI, Zur Sprache Tritojesajas (in: DERS., Gottes Offenbarung. GAufs. I [TB 19], 1969², 217–233).

[61] D. MICHEL, ThViat 10, 1966, 230.

[62] v. RAD (s. Anm. 33), 86 (Hervorhebung von mir). – Vgl. auch A. BERTHOLET (-K. GALLING), Hesekiel (HAT I, 13), 1936, XVIII: die Theologie kommt mit der Buchreligion auf.

[63] Vgl. TH. WILLI, Die Chronik als Auslegung (FRLANT 106), 1972, 215ff.

[64] R. BULTMANN, Theologie des NT, 1965⁵, 482f. Vgl. auch J. HEMPEL, Apoxysmata (BZAW 81), 1961, 114: „Die älteste christliche Theologie ist die Exegese des Alten Testamentes gewesen."

[65] Vgl. G. EBELING, RGG³ VI, 756.759.768; C. WESTERMANN, Theologie des AT in Grundzügen, 1978, 180ff.

[66] Vgl. v. RAD (s. Anm. 34), 454ff; H. H. SCHMID, Wesen und Geschichte der Weisheit (BZAW 101), 1966, 145 Anm. 9; GESE (s. Anm. 36), 26.69f.

tiert die Formel: „Die Offenbarung ist Lehre geworden."[67] Wie stets in der
Geistesgeschichte darf dabei die Alternative nicht überspitzt werden. Allgemein gilt: „Der Weg zum System vollzieht sich in kleinen Schritten."[68]
Und wenn dem Neutestamentler die konsequente Unterscheidung zwischen den kerygmatischen und den sie explizierenden theologischen Sätzen
nicht möglich ist[69], dann ist dem Alttestamentler im analogen Fall noch
größere Vorsicht geboten. Trotzdem: die Analogie besteht.

                                    IV

    Reicht die Analogie aber aus, um im Alten Testament geradezu von
Theologie zu reden? Ein Einzelvergleich dürfte, wo er sich durchführen
läßt, in der Regel ergeben, daß im Neuen Testament die reflektierteren,
„theologischeren" Aussagen vorliegen[70]. Die allgemeinen geistesgeschicht-
lichen Gründe dafür liegen auf der Hand. Hinzu kommt, daß die Eigenart
des christlichen Glaubens in sehr besonderer, ja einzigartiger Weise eine
Theologie erfordert und ermöglicht hat[71]. Es ist hier nicht zu untersuchen,
ob die oft geäußerte These zutrifft, daß das nachbiblische Judentum keine
der christlichen vergleichbare Theologie entwickelt hat[72]; ganz falsch ist sie
sicher nicht. Dagegen arbeitet die christliche Theologie von vornherein
wesentlich mit alttestamentlichen Motiven und erhebt den Anspruch,
gerade angesichts des radikal Neuen, dem sie nachdenkt, doch in der
legitimen Kontinuität zum Alten Testament zu stehen[73]. Eine der schärfsten

---

[67] GESE, aaO 25.   [68] SCHMID (s. Anm. 66), 196.
[69] Vgl. BULTMANN (s. Anm. 64), 586ff; auch K. RAHNER, Theologie im NT (in: DERS.,
Schriften zur Theologie V, 1964², 33–53). – Für einen genaueren Vergleich zwischen den
Tatbeständen im Alten und im Neuen Testament ist hier kein Raum. Als ein Unterschied sei
genannt, daß Theologie im Neuen Testament „jeweils individuell bestimmten Charakter hat"
(G. EBELING, Wort und Glaube [I], 1967³, 84), während ihr alttestamentliches Gegenstück
trotz der Patenschaft der Propheten nicht nur anonym (oder allenfalls pseudonym), sondern
auch in der Regel Erzeugnis von Schulen ist.
[70] So für die Rede vom Gesetz in Ps 19,8–15 oder 119 einerseits, bei Paulus andererseits G.
EBELING, Dogmatik des christlichen Glaubens III, 1979, 278.
[71] Vgl. G. EBELING, RGG³ VI, 758ff.
[72] G. V. D. LEEUW, RGG² V, 1115 (vgl. auch DERS., Phänomenologie der Religion, 1956²,
637) gibt dafür die interessante Begründung, im Judentum habe das Gesetz die Stelle der
Theologie eingenommen. – Natürlich bleibt davon unberührt, daß der etwa vom Deuteronomium an zu beobachtende Theologisierungsvorgang sich im nachexilischen Judentum fortgesetzt hat, so daß man dort mit größer werdendem Recht die Bezeichnung Theologie
anwenden kann; vgl. etwa WELLHAUSEN (s. Anm. 28), 286; (B. STADE-)A. BERTHOLET,
Biblische Theologie des AT II, 1911, IX und die Gesamtdarstellung dort und in anderen
Werken.
[73] Dieser Anspruch wird weder durch die Existenz des Judentums zunichte, das ja eine
handgreiflichere Kontinuität zum alten Israel geltend machen kann als das Christentum, noch

Bestreitungen der Möglichkeit einer Theologie des Alten Testaments argumentiert, daß das Alte Testament ohne das Neue kein Wort Gottes an uns ist und daß es daher keine isolierte Theologie des Alten Testaments geben kann, vielmehr nur eine biblische Theologie des Neuen Testaments, in die auch das Alte hineingehört[74]. Der glaubensmäßige Ausgangspunkt dieser Konzeption[75] läßt freilich die Frage ganz offen, ob es im Alten Testament das Phänomen Theologie gibt. Man wird den Neutestamentler und vollends den Systematiker, deren Texte weithin einen – überwiegend am griechischen Denken geschulten – so viel höheren Reflexionsgrad haben, nicht zwingen können, diese Frage mit Ja zu beantworten; und durch Akte gegenseitiger Generosität in solchen Dingen sollte das Verhältnis zwischen den Disziplinen ja auch nicht bestimmt sein. Immerhin scheint mir aber die – durchaus noch ergänzungsfähige – Summe der oben aufgezählten Sachverhalte auszureichen, um zumindest von einer starken Annäherung an Theologie zu sprechen[76].

Das aber ist für den Alttestamentler zumal dann nicht gleichgültig, wenn er sich nicht verschleiert, daß jene – nun also mit allem Vorbehalt so zu nennende – Theologie historisch ein verhältnismäßig spätes Produkt ist. Bei seinem eigenen Bemühen um theologisches Verstehen und theologische Darstellung seines Gegenstandes, also bei der „wissenschaftlichen Explikation dessen, was das Alte Testament enthält"[77], muß er möglichst genau den Ort, die Grenzen und die Reichweite dessen zu erfassen versuchen, was innerhalb des Alten Testaments bereits Theologie genannt werden kann. Wenn er z. B. das ganze Alte Testament vom Bundesbegriff aus oder auch nur die Propheten vom Gesetz aus interpretiert, dann übernimmt er damit deuteronomisch-deuteronomistische Konzeptionen und weitet sie seinerseits womöglich noch aus. Das ist ihm unbenommen. Er muß sich aber im klaren sein und darüber Rechenschaft ablegen, daß er einen großen Teil seiner Texte aufgrund einer alten, aber sekundären

durch den Satz, daß „das in seinem ursprünglichen Sinn verstandene Alte Testament noch nie zum christlichen Kanon gehört" habe (E. HAENCHEN, Die Bibel und wir, 1968, 19; vgl. PH. VIELHAUER, Oikodome [TB 65], 1979, 224).

[74] R. GYLLENBERG, Die Unmöglichkeit einer Theologie des Alten Testaments (In piam memoriam Alexander von Bulmerincq [Abhandlungen der Herder-Gesellschaft und des Herder-Instituts zu Riga VI, 3], 1938, 64–68).

[75] Sie verdiente es, einmal im ganzen durchgeführt zu werden. In Einzelheiten ist es faktisch oft geschehen; vgl. neuerdings etwa R. SMEND/U. LUZ, Gesetz (Biblische Konfrontationen 1015), 1981, 7.140ff.

[76] Vgl. übrigens auch G. EBELINGS Bemerkungen zur Anwendbarkeit des Theologiebegriffs im Blick auf das älteste Christentum, Wort und Glaube II, 1969, 73f.

[77] Vgl. EBELING (s. Anm. 69), 86.

Interpretation versteht, deren Verhältnis zu den Texten und also auch deren Angemessenheit jedenfalls zu prüfen ist[78].

Gegenwärtig hat es den Anschein, als drohe dieses Problem dadurch, daß die redaktionsgeschichtliche Forschung das Alte Testament in immer größerem Ausmaß als ein Produkt exilisch-nachexilischer Arbeit erweist, für diesen oder jenen Exegeten sozusagen um seinen Stoff gebracht zu werden. Wellhausen gewann die vortheologische Hälfte des Alten Testaments, die ihm mehr war als das Ganze, indem er die andere, die theologische Hälfte von ihr sonderte und in die Schranken verwies. Diese Schranken müssen, wie wir heute sehen, um einiges weiter aufgestellt werden. Das Alte Testament ist noch weniger ein „israelitisches" und noch mehr ein „jüdisches" Buch, als Wellhausen – von der Wissenschaft vor und nach ihm zu schweigen – annahm. Aber um so mehr haben wir Veranlassung, auf seine „israelitischen", namentlich seine prophetischen Bestandteile zu achten und ihnen das Recht zukommen zu lassen, das Wellhausen und Duhm ihnen erkämpft haben[79]. Dazu besteht auch eine unabweisbare theologische Nötigung. Denn der Grund und Gegenstand aller Theologie liegt ihr selbst voraus.

---

[78] G. v. RADS Satz über das alte Israel: „Seine systematisch-theologischen Bedürfnisse waren minimal." (Gottes Wirken in Israel, 1974, 320), dem sich viele ähnliche Sätze anderer Autoren zur Seite stellen ließen, bleibt zwar aufs Ganze gesehen richtig, ist aber doch einzuschränken. Eine Tendenz, ja ein Wille zum System war schon da, sowohl in den „immer neuen geschichtstheologischen Entwürfen", deren Geschichtsverständnis sich der christliche Theologe nach v. RAD „zunächst anzuvertrauen" hat, als auch außerhalb ihrer.

[79] Vgl. W. McKANE, ISOT 12, 1979, 68. Ein Versuch, das Verhältnis an einem wichtigen Beispiel redaktionsgeschichtlich präzise zu erfassen, ist H.-C. SCHMITT, Prophetie und Schultheologie im Deuterojesajabuch (ZAW 91, 1979, 43–61).

Die hermeneutischen Prinzipien in der Bergpredigt (Mt 5,17–20)

Hans Dieter Betz

In der Darstellung der Gesetzeslehre Jesu in seiner „Dogmatik des christlichen Glaubens" gibt Gerhard Ebeling mit Recht zu bedenken: „Was Jesus an Vollmacht erkennen läßt, muß sich in erster Linie am Verhältnis zum mosaischen Gesetz, dieser Verkörperung von Autorität schlechthin, und in der Konfrontation mit ihm ausweisen."[1] Nach dem Zeugnis des Neuen Testaments war sich das Urchristentum im Blick auf die Lehre Jesu historisch darüber einig, daß Jesus die Erfüllung der Tora im Liebesgebot lehrte[2]. Wie man sich diese Lehre dann im einzelnen vorzustellen hatte, vor allem hinsichtlich der Frage, wie das Liebesgebot zur Toraerfüllung dienen kann, und welche theologischen Konsequenzen aus diesen Lehren zu ziehen seien, darüber freilich bestanden in den verschiedenen Gruppen der Urchristenheit sehr geteilte Ansichten. Die scharfen Debatten, die hierüber geführt wurden, sind im Neuen Testament, wenn auch nur bruchstückhaft, noch erkennbar. Gewisse schlagwortartige Formulierungen deuten auf grundsätzliche Positionen in diesen Fragen hin, auch wenn diese nun eingebettet sind in Kontexte sekundärer Auseinandersetzungen. So enthält das von Paulus in Gal 6,2 genannte „Gesetz Christi" ohne Zweifel ein ganzes Programm zum Verständnis der Zusammenfassung der Tora im Liebesgebot, wie er es Gal 5,14 anführt[3]. Paulus selbst hätte wohl kaum diesen Begriff vom „Gesetz Christi" aufgebracht, aber da er nun einmal im Spiele ist, offenbar als gewichtige Parole seiner Gegner, bemüht er sich, ihn in seine Argumentation einzubauen. Seine eigene Auffassung ist eher in der Formel von „Christus des Gesetzes Ende" (Röm 10,4) enthalten, die er freilich dann immer wieder gegen den Vorwurf der Gesetzlosigkeit vertei-

---

[1] II, 1979, 428.
[2] Die Streuung der Belege spricht eine eindeutige Sprache: Mt 5,43–48; Lk 6,27–36; Gal 5,14; Röm 13,8–10; Jak 2,8; Mk 22,31 par; Mt 19,19. Siehe D. LÜHRMANN, „Liebet eure Feinde" (Lk 6,27–36 / Mt 5,39–48) (ZThK 69, 1972, 412–438).
[3] Vgl. dazu H. D. BETZ, Galatians, 1979, 274–276.298–301.

digen muß[4]. Im Gegensatz dazu spricht der Jakobusbrief provozierend vom
„königlichen Gesetz" (2,8) und vom „Gesetz der Freiheit" (1,25; 2,12).
Paulus wiederum kann eine Zuordnung von Begriffen wie Freiheit und
Gesetz nur in Form einer umständlich-komplizierten Definition gelten
lassen: „Das Gesetz des Geistes des Lebens in Christus Jesus hat dich vom
Gesetz der Sünde und des Todes befreit." (Röm 8,2) Was hier noch
mühsam zusammengehalten wird, wird im Johannesevangelium dualistisch gegeneinander gestellt: „Das Gesetz wurde durch Mose gegeben,
Gnade und Wahrheit geschah durch Jesus Christus." (1,17)

Sieht man die Bergpredigt in diesem theologiegeschichtlichen Zusammenhang, so muß man davon ausgehen, daß in ihr die Lehre Jesu nicht
einfach als Traditionskomplex frommer Reminiszenz wegen oder aus dem
späteren Verlangen nach moralischen Grundsätzen weitergegeben wurde.
Verglichen mit den Verfassern der Evangelien und auch mit Paulus ist die
Darstellung der Lehre Jesu in der Bergpredigt als eine durchaus eigenstän-
dige theologische Leistung anzusehen. Eigenständig ist nicht nur der kühne
Versuch, die Lehre Jesu als rechtgläubig im Sinne damaliger jüdischer
Theologie zu erweisen[5], sondern auch, diesen Nachweis in die Form einer
Epitome und somit einer Art von systematischer Theologie zu kleiden[6].
Die Bergpredigt hebt sich zunächst von fast allen anderen neutestamentli-
chen Texten dadurch ab, daß sie sich veranlaßt sieht, die hermeneutischen
Grundsätze, die Jesus bei seiner Toraauslegung geleitet haben, zu formulie-
ren. Diesen Zweck erfüllt die Zusammenstellung von vier Leitsätzen in Mt
5,17–20, zu denen ergänzend die sog. Goldene Regel und ihre Interpretation in 7,12 hinzutreten[7].

---

[4] Vgl. Gal 3,19–25 und dazu Betz, 161–180. Daß die Stellung des Paulus zur Tora bis heute
umstritten ist, beruht eben weder auf bösem Willen oder Mangel an Intelligenz, sondern auf
anders gelagerten theologischen Voraussetzungen.

[5] Wesentliche Erkenntnisse an diesem Punkte verdanke ich dem Aufsatz von H. J. Schoeps,
Jesus und das jüdische Gesetz (in: Ders., Studien zur unbekannten Religions- und Geistesgeschichte, 1963, 41–61).

[6] Siehe hierzu die näheren Ausführungen in meinem Aufsatz The Sermon on the Mount: Its
Literary Genre and Function (JR 59, 1979, 285–297).

[7] Die Zusammenstellung der Leitsätze ist meiner Ansicht nach das Werk der vormatthäi-
schen Redaktion der Bergpredigt, nicht der Endredaktion des Matthäusevangeliums. In diese
Richtung geht schon die knappe Bemerkung von R. Bultmann, Die Geschichte der synoptischen Tradition, 1957³, 146f. Nachdem D. Lührmann, Die Redaktion der Logienquelle,
1969, überzeugend nachgewiesen hat, daß schon die vorsynoptischen Quellenstoffe in Q
redaktionelle Bearbeitung aufweisen (s. zu Mt 5,17–20 bes. die Seiten 106.116–121), muß die
Forschung in dieser Richtung weitergetrieben werden (vgl. meine Rez. in ThLZ 96, 1971,
428f sowie meinen Aufsatz Die Makarismen der Bergpredigt [Matthäus 5,3–12]. Beobachtungen zur literarischen Form und theologischen Bedeutung [ZThK 75, 1978, 3–19], 3–7).
Die meisten neueren Forschungen dagegen schreiben die Komposition von Mt 5,17–20 der

Die vier Leitsätze sind sorgfältig durchdacht, formuliert und zueinander in Beziehung gesetzt[8]. In jedem einzelnen Satz werden jeweils folgende für die Hermeneutik wichtigen Größen sowohl der Sache nach als auch in ihrem Verhältnis zueinander definiert: Text, Lehrer, Lehre, sowie Empfänger der Lehre, – wobei die Empfänger der Lehre wiederum zu Lehrenden werden.

1. Über den programmatischen Charakter des ersten Grundsatzes in Mt 5,17 hat in der urchristlichen Tradition[9] nie ein Zweifel bestanden, obwohl die Interpretation des Spruches bis heute umstritten ist[10]. Schon seine literarische Form kann nur als Ergebnis einer komplizierten Auseinandersetzung begriffen werden. Die Einleitung μὴ νομίσητε im Sinne von „Haltet nicht für richtig..." oder „Teilt nicht die Meinung..." ist sowohl polemisch als auch apologetisch ausgerichtet und wohl nur sinnvoll, wenn eben naheliegt, so zu denken, wie nicht gedacht werden soll[11].

Im Namen Jesu abgewiesen wird aber nun nicht eine als falsch gekennzeichnete Meinung, sondern ein Jesusspruch, der zunächst (V. 17) in seinem vollen Wortlaut zitiert wird:

Endredaktion des Evangelisten zu, ein Verfahren, das m. E. methodisch verfehlt ist. Die derzeitig letzten Versuche dieser Art sind die Arbeiten von U. Luz, Die Erfüllung des Gesetzes bei Matthäus (ZThK 75, 1978, 398–435); I. Broer, Freiheit vom Gesetz und Radikalisierung des Gesetzes. Ein Beitrag zur Theologie des Evangelisten Matthäus (SBS 98), 1980, und C. Heubült, Mt 5,17–20. Ein Beitrag zur Theologie des Evangelisten Matthäus (ZNW 71, 1980, 143–149).

[8] Das hat M. Dibelius mit Recht hervorgehoben: „Ein paar Sätze, die am Anfang des ganzen Abschnitts an hervorgehobener Stelle stehen, enthalten in wenigen Worten die gesamte Lehre eines neuen christlichen Gesetzes: eure Gerechtigkeit soll die Gerechtigkeit der Schriftgelehrten und Pharisäer übertreffen. Man könnte fragen, ob der kurze Abschnitt Matth 5,17–20 eher die Haltung einiger judenchristlicher Gemeinden wiedergibt, als die unseres Herrn. Aber auf jeden Fall drückt die vorhin zitierte einleitende Redewendung sehr gut aus, in welchem Sinn die Gebote gegeben werden. Es ist die neue Gerechtigkeit in der Tat der Gegenstand dieses Abschnitts der Bergpredigt." (Die Bergpredigt [in: Ders., Botschaft und Geschichte I, 1953, 79–174], 94)

[9] S. die grundlegenden Arbeiten von A. Harnack, Geschichte eines programmatischen Worts Jesu (Matth. 5,17) in der ältesten Kirche (SPAW.PH 1912, 184–207); Ders., „Ich bin gekommen". Die ausdrücklichen Selbstzeugnisse Jesu über den Zweck seiner Sendung und seines Kommens (ZThK 22, 1912, 1–30); vgl. auch Bultmann (s. Anm. 7), 156 ff. 161 ff; S. Légasse, Mt 5,17 et la prétendue tradition paracanonique (in: Begegnung mit dem Wort. FS H. Zimmermann [BBB 53], 1980, 11–21).

[10] Die umfangreiche Literatur zu diesem Spruch kann hier nicht diskutiert werden. S. dazu Broer (s. Anm. 7), 11 ff; freilich halte ich Broers Methode für verfehlt.

[11] Zum Bedeutungshintergrund von νομίζω vgl. Mt 10,34; Apg 8,20; 17,29; 1Kor 7,36; 1Tim 6,5 sowie H. Kleinknecht, ThWNT IV, 1017 f. 1022; W. Fahr, ΘΕΟΥΣ ΝΟΜΙΖΕΙΝ. Zum Problem der Anfänge des Atheismus bei den Griechen (Spudasmata 26), 1969, dessen Behandlung der neutestamentlichen Stellen leider unzureichend ist (77).

ἦλθον καταλῦσαι τὸν νόμον ἢ τοὺς προφήτας.

Im folgenden Satz wird dieser falsche Jesusspruch richtiggestellt, und zwar einfach dadurch, daß ein beanstandeter Begriff (καταλύειν)[12] durch einen anderen, offenbar richtigen (πληροῦν)[13] ersetzt wird. Der Spruch müßte also in seiner richtigen Form wie folgt lauten:

ἦλθον πληρῶσαι τὸν νόμον ἢ τοὺς προφήτας.

Das Phänomen eines falschen Jesusspruches ist zwar eigentümlich, aber literarisch nicht ohne Parallelen[14]. Die Frage ist nur: Hat die Bergpredigt hier einen tatsächlich umlaufenden Jesusspruch aufgegriffen, der dann von den Tradenten als authentisch angesehen worden sein muß[15]? Oder handelt es sich um eine Imitation nach Art der ἦλθον-Sprüche, um eine künstliche Bildung also, nur dazu geschaffen, um wieder verworfen zu werden[16]? Handelt es sich gar um eine absichtlich karikierende Imitation, um eine Verballhornung tatsächlich umlaufender Jesusworte? Das letztere ist wohl am wahrscheinlichsten, denn in der außerneutestamentlichen Jesusüberlieferung finden sich eine Reihe ähnlich lautender Sprüche, mit denen verglichen Mt 5,17 sich wie eine Vergrundsätzlichung ausnimmt. Daß solche Verballhornungen tatsächlich vorkommen, zeigt auch eine von Karl Georg Kuhn[17] zu Recht als Satire gekennzeichnete Erzählung in bSchab 116ᵃ, in der einem „korrupten Philosophen" (d. h. einem christlichen Theologen) folgendes Zitat aus dem Evangelium in den Mund gelegt wird:

„Ich bin nicht gekommen, um von der Tora Moses wegzunehmen, sondern um ihr hinzuzufügen, bin ich gekommen."[18]

Die rabbinische Satire, deren Entstehungszeit nicht festzustellen ist[19], wird sich entweder auf die vormatthäische Bergpredigt oder auf das Matthäusevangelium (Mt 5,17.19) oder sogar auf noch andere judenchristliche Überlieferungen beziehen, die damit desavouiert werden sollen. Man

---

[12] Zu diesem Rechtsbegriff vgl. Gal 2,18 und meinen Kommentar (s. Anm. 3), 121 Anm. 70, sowie auch Eph 2,14f.

[13] Dieser Rechtsbegriff erscheint in gleichem Zusammenhang in Gal 5,14; vgl. auch Röm 8,4; 13,8. S. dazu BETZ (s. Anm. 3), 275.

[14] Vgl. außer Mt 10,34 auch 7,21 und dazu H. D. BETZ, Eine Episode im Jüngsten Gericht (Mt 7,21–23) (ZThK 78, 1981, 1–30).

[15] Vgl. die Sammlung der Parallelstellen bei HARNACK (s. Anm. 9).

[16] Vgl. E. ARENS, The ΗΛΘΟΝ-Sayings in the Synoptic Tradition, 1976, 91–116.

[17] K. G. KUHN, Giljonim und sifre minim (in: Judentum, Urchristentum, Kirche. FS J. Jeremias [BZNW 26], 1960, 24–61), 50–58. Vgl. auch S. PINES, The Jewish Christians of the Early Centuries according to a New Source, 1966, 5.

[18] Zitiert ist die Übersetzung in BILL. I, 241.

[19] Zur Datierung s. J. JEREMIAS, Neutestamentliche Theologie I, 1971, 87 Anm. 47.

wird überdies darauf hinweisen müssen, daß satirische Bildungen auch sonst in der Bergpredigt vorkommen[20].

Nicht satirisch, aber darum nicht weniger künstlich ist der zu bildende „richtige" Jesusspruch in 5,17b. Strenggenommen existiert dieser Spruch lediglich als theologischer Gedanke beim Leser. Der Text ist mit Absicht so abgefaßt, daß der Leser den richtigen Spruch nicht einfach ablesen kann wie den falschen, sondern daß er ihn selbst bilden muß aus den mit dem Text gelieferten Bausteinen.

Hermeneutisch gesehen ist Mt 5,17 in zweifacher Hinsicht von grundsätzlicher Bedeutung für das Verständnis der Bergpredigt. Zunächst wird in formaler Hinsicht die Textgestalt der Bergpredigt selbst bestimmt. Dem literarischen Genre der Epitome[21] gemäß besteht die gesamte Bergpredigt aus Worten Jesu, d. h. aus eigentlich gesprochenen Texten. Sie sind der Jesustradition entnommen und so formuliert, daß sie „gehört und getan" werden sollen. Im Verhältnis zur Verkündigung Jesu selber ist demnach die Bergpredigt ein sekundäres literarisches Gebilde, eine kritische Zusammenstellung von als entscheidend erkannten Jesussprüchen zwecks Anleitung zum rechten theologischen Denken und Tun. Man wird daher zu unterscheiden haben zwischen drei Textgestalten: dem vorausliegenden Text der Verkündigung des historischen Jesus, dem Bergpredigttext, der einfach abzulesen, vorzulesen und nachzusprechen ist, sowie dem Text, der sich im theologischen Denken und in der Lebensexistenz bilden soll. Der zuletzt genannte ist der eigentliche Text, auf den es in der Bergpredigt ankommt, während der auf dem Papier stehende Bergpredigttext demgegenüber nur eine Hilfsfunktion ausübt, die ihrerseits aber notwendig ist wegen der umstrittenen Bedeutung der Verkündigung Jesu.

Diese Textdefinition steht hinter der eigenartigen Bildung von Mt 5,17. Der ganz negativ zu bewertende Satz V. 17a formuliert als einfach Abzulesendes einen Nicht-Text und zwingt dann den Leser, den eigentlich gemeinten Text aus eigener Erkenntnis mit Hilfe der gegebenen Bauelemente selber zu bilden. Dieser eigentliche Text steht aber sozusagen nicht auf dem Papier, sondern entsteht und existiert als lebendiges Wort beim Leser.

Sodann ist der theologische Inhalt von 5,17 von grundsätzlicher Bedeutung. Als Definition faßt der Satz die Toraauslegung Jesu grundsätzlich ins Auge, die historisch gesehen vorausliegt. Die beiden Optionen von Jesussprüchen setzen voraus, daß diese Verkündigung Jesu umstritten war und

---

[20] Vgl. Mt 5,13.15.46f; 6,2.5.7.16; 7,3–5.21–23.26–27.
[21] Vgl. hierzu meinen in Anm. 6 genannten Aufsatz.

zu einander entgegengesetzten Schlußfolgerungen im Blick auf das
Gekommensein Jesu überhaupt geführt hat. Zu dieser Debatte über den
theologischen Sinn der Toraauslegung nimmt nun die Bergpredigt grundsätzlich Stellung.

Festgestellt wird zunächst, daß die Eigenart der Toraauslegung Jesu
Ursprung und Grundlage seiner Gemeinde ist. Das Gekommensein Jesu,
d. h. Zweck und Ergebnis seiner geschichtlichen Existenz war seine
Toraauslegung, – und sonst nichts. Wenn die Bergpredigt kein Wort
verliert über Kreuzestod, Auferstehung, Einsetzung der Sakramente und
andere wichtige Lehrgegenstände, dann liegt das nicht an Unkenntnis,
sondern hat den gleichen Grund wie die Polemik gegen Prophetie, Exor-
zismen und Wundertun (Mt 7,21–23), nämlich die Abgrenzung gegenüber
anderen urchristlichen Richtungen.

Festgestellt wird weiterhin, daß der Sinn der Toraauslegung Jesu keineswegs die Toraabschaffung, sondern deren Erfüllung war. Hinter den
technischen Begriffen καταλύειν und πληροῦν steht die innerjüdische Debatte
darüber, ob Jesus zu Recht oder Unrecht als Häretiker zu beurteilen ist. Die
Propagierung der Abschaffung des Gesetzes und der Propheten war im
Judentum zu allen Zeiten ein äußerst schwerer Vorwurf, der der Abstem-
pelung als Häretiker und Apostat gleichkam[22]. In der hellenistischen Welt
insgesamt wäre Jesus damit als Anarchist und Aufrührer abqualifiziert
worden[23]. Dem Vorwurf der Häresie gegenüber legt die Bergpredigt fest,
daß die Toraauslegung Jesu im jüdischen Sinne „orthodox" war und ist:
Wie die Lehre jedes anderen rechtgläubigen Lehrers war die Jesu nicht
selbst Tora, sondern deren Auslegung mit dem alleinigen Ziel der Erfüllung des Gotteswillens[24].

2. Das zweite hermeneutische Prinzip (V. 18) stellt fest, was im Gefolge
der Lehre Jesu über die Tora als Schriftautorität zu sagen ist[25]. Formal

---

[22] Eine Charakterisierung des Apostaten liegt vor in Abot 3.15 (= III.11 nach der Zählung
von K. Marti und G. Beer, 'Abôt [Väter], 1927, 77, deren Übersetzung hier gegeben wird):
„Rabbi 'El'azar aus Môdî'îm sprach: ‚Wer die heiligen Dinge entweiht, wer die Festtage
verachtet, wer seinen Genossen öffentlich beschämt, wer den Bund unseres Vaters Abraham
bricht und wer in der Tora seine Person hervorkehrt, der hat, auch wenn er gute Werke
aufzuweisen hat, keinen Anteil an der zukünftigen Welt'." Die Worte *weħām'gällæ panîm
bāttôrā* beschreiben eine arrogante Haltung gegenüber der Tora, die der Bergpredigt zufolge
auf Jesus gerade nicht zutrifft.
[23] S. W. Nestle, Asebieprozesse (RAC I, 1950, 735–740).
[24] Vgl. Mt 7,21; 6,10.
[25] Die Verbindung durch γάρ besagt, daß V. 18 sowohl Begründung als auch Weiterfüh-
rung von V. 17 ist. Siehe G. Bornkamm, Ges. Aufs. IV, 1971, 76.

gesehen handelt es sich in V. 18 wiederum um einen Jesusspruch, der eingeleitet wird von der aus der Verkündigung Jesu bekannten Einleitungsformel *ἀμὴν λέγω ὑμῖν*. Da diese Einführungsformel auch in sicher sekundären Jesusworten reichlich Verwendung findet, läßt sich aus ihrem Gebrauch allein kein Urteil über die Historizität von V. 18 fällen[26]. Fest steht nur, daß der so eingeleitete Spruch auf die Autorität Jesu zurückgeführt werden soll. Da aber der Inhalt des Spruches aus der jüdischen Lehrtradition stammt, kann die Autorität Jesu nur darin bestehen, daß er die genannten Bestimmungen als verbindlich erklärt hat.

Die Definition selbst besteht aus einer Komposition aus drei Bestandteilen. Ohne Zweifel befindet sich die Hauptbestimmung in der Mitte (V. 18b), eingeschlossen von zwei zeitlichen Qualifikationen (V. 18a und c):

V. 18a *ἕως ἂν παρέλθῃ ὁ οὐρανὸς καὶ ἡ γῆ*,
V. 18b *ἰῶτα ἓν ἢ μία κεραία οὐ μὴ παρέλθῃ ἀπὸ τοῦ νόμου*,
V. 18c *ἕως ἂν πάντα γένηται*.

Die Hauptbestimmung in V. 18b definiert die Tora als schriftlichen Text, und zwar in folgender Hinsicht. Die Nennung mit Hilfe von *ἰῶτα* und *κεραία* besagt, daß es sich dabei um den in hebräischer Schrift geschriebenen Text handeln muß, für den *ἰῶτα* und *κεραία* als Merkmale gelten[27]. Weiterhin muß der damit auch vorliegende Schluß a minori ad maius gezogen werden: Was für die kleinsten Schriftzeichen gilt, muß ipso facto auch für alle anderen gelten. Mit diesen Folgerungen ist somit gemäß jüdischer Theologie geklärt, daß die Schriftautorität im Gefolge der Jesusbewegung weiterhin an den hebräischen Text der Tora gebunden ist, der bis zum kleinsten Zeichen hin verbindlich ist[28]. Eine solche Aussage ist deswegen erstaunlich, weil die Bergpredigt selber griechisch verfaßt ist und sich in griechischem Sprachmilieu bewegt. Das gilt auch für die Schriftzitate, vor allem in den Antithesen (5,21–48). Dafür etwa, daß die Bergpredigt insgesamt aus dem Hebräischen übersetzt wäre, finden sich keine Hinweise, und auch sonst wird in ihr auf semitische Spracheigentüm-

---

[26] S. hierzu H. D. BETZ, Eine judenchristliche Kult-Didache in Matthäus 6,1–18 (in: Jesus Christus in Historie und Theologie. FS H. Conzelmann, 1975, 445–457), 455.

[27] *ἰῶτα* wird auf den hebräischen Buchstaben Jod zu beziehen sein, während *κεραία* auch im Griechischen sprichwörtlich ist (vgl. Philo, In Flacc. 131). Für das Vergleichsmaterial s. BILL. I, 244.247–249; BAUER, WB s. v.; G. SCHWARZ, *ἰῶτα ἓν ἢ μία κεραία* (Matthäus 5,18) (ZNW 66, 1975, 268–269).

[28] Vgl. die ganz andere Auffassung des Paulus in Gal 5,14, die von ihm in seiner vorchristlichen Zeit vertretene in 5,3 sowie die des Jakobusbriefes (Jak 2,10–11).

lichkeiten nur relativ selten aufmerksam gemacht[29]. Folglich muß die Festlegung der Schriftautorität auf den hebräischen Toratext besondere Gründe haben und aus polemischer Abgrenzung heraus erklärt werden.

Durch diese Bestimmung der Schriftautorität ist nun freilich ein Problem entstanden, das nach einer Erklärung verlangt. Wie der Begriff *παρέρχεσθαι* anzeigt, hat die Schriftlichkeit der Tora Anteil an der Geschaffenheit der Welt und ist damit auch der Vergänglichkeit unterworfen[30]. Wie aber läßt sich diese Vergänglichkeit mit der absoluten Autorität der Schrift vereinbaren?

Die Antwort der Bergpredigt geht dahin, daß die Autorität der Schrift zeitlich begrenzt wird. Scheinbar paradox gilt also für die Bergpredigt: Die Schriftautorität der Tora gilt so lange als unvergänglich wie die Bedingungen der vergänglichen Welt andauern.

Aufgabe der beiden Rahmensätze in V. 18a und c ist es, den Zeitpunkt anzugeben, an welchem diese Bedingung der Vergänglichkeit aufgehoben sein wird. Diese zeitliche Grenze wird aus apokalyptischen Erwartungen abgeleitet, wie aus zwei Lehrformeln hervorgeht. Die erste dieser Formeln nennt den bekannten apokalyptischen Topos: „bis daß Himmel und Erde vergehen" (V. 18a)[31]. Die zweite Formel wird als Parallele zu V. 18a aufzufassen sein und ist ebenfalls apokalyptischen Ursprungs: „bis daß alles geschieht" (V. 18c)[32]. Mit diesen Bestimmungen ist demnach eine Lösung angestrebt, die sich von anderen jüdischen, nach denen die Schrifttora ewig gilt[33], und auch von der paulinischen, nach der das Ende der (jüdischen) Tora mit dem Kommen Jesu zusammenfällt, radikal unterscheidet[34]. Während die paulinische Lösung aber vom nichtchristlichen Judentum aus gesehen als Häresie gelten muß, kann man dies von der Bergpredigt nicht sagen. Denn sie legt nur fest, daß die Schrifttora unter geschichtlichen Bedingungen gegeben wurde und daß diese Bedingungen mit der Geschichte selbst enden[35]. Bis dahin bleibt die Gemeinde der Bergpredigt im Religionsverbande des Judentums.

---

[29] Worte wie *ἀμήν* 5,18.26; 6,2.5.13.16; *γέεννα* 5,22.29.30; *μαμωνᾶς* 6,24 und *ῥάκα* 5,22 sind längst in die griechische Umgangssprache eingegangen.

[30] So mit Recht auch Bornkamm (s. Anm. 25), 77f. Beim Gebrauch von *παρέρχομαι* in 5,18a und b werden die kosmologisch-apokalyptische (vgl. Mk 13,30f par; 2Kor 5,17; 2Petr 3,10) und die juristische Bedeutung (vgl. Mk 13,31 par; Lk 15,29) gegeneinander ausgespielt.

[31] S. etwa Mk 13,31 par; Lk 16,17; 1Kor 7,31; Apk 21,1; für weitere Belegstellen s. Bill. III, 840ff.

[32] S. wiederum Mk 13,30 par; Apk 1,1.19; 4,1 usw.

[33] S. dazu das Material bei Bill. I, 245–247, der freilich die rabbinische Theologie in Mt 5,18 hineininterpretiert.

[34] Vgl. Gal 3,19–25 und dazu Betz (s. Anm. 3), 161–180.

[35] Philo vertritt eine ähnliche Auffassung, wenn er in De vita Mosis II,14f vom Gesetz des

3. Das dritte hermeneutische Prinzip definiert die Verbindlichkeit der Toraauslegung Jesu (V. 19). Nachdem in V. 18 die Verbindlichkeit des schriftlichen Toratextes bestätigt und in V. 17 als Ziel der Toraauslegung Jesu die Erfüllung des Gotteswillens statuiert wurde, ergibt sich logisch[36] die Frage nach der Verbindlichkeit der Toraauslegung Jesu. Aus den beiden ersten hermeneutischen Prinzipien allein könnte man ja den Schluß ziehen, daß die Toraauslegung Jesu nicht verbindlich ist, solange der Schrifttext nicht angetastet und der Gotteswille erfüllt wird. Die jeweilige Toraauslegung, d. h. dann unter Einschluß derjenigen Jesu, wäre somit eine Angelegenheit jüdischer Schulmeinungen und letztlich zweitrangiger Art.

Die Stellungnahme der Bergpredigt erfolgt in Form eines „Satzes heiligen Rechts"[37], formuliert als antithetischer parallelismus membrorum[38]:

V. 19a ὃς ἐὰν οὖν λύσῃ μίαν τῶν ἐντολῶν τούτων τῶν ἐλαχίστων καὶ διδάξῃ οὕτως τοὺς
ἀνθρώπους,
V. 19b ἐλάχιστος κληθήσεται ἐν τῇ βασιλείᾳ τῶν οὐρανῶν.
V. 19c ὃς δ᾽ ἂν ποιήσῃ καὶ διδάξῃ,
V. 19d οὗτος μέγας κληθήσεται ἐν τῇ βασιλείᾳ τῶν οὐρανῶν.

Die Protasis der beiden konditionalen Sätze (V. 19a und c) stellt jeweils zwei mögliche Rechtssituationen einander gegenüber, während die zugehörige Apodosis (V. 19b und d) jeweils Konsequenzen zieht, die sich nach dem Gesetz des eschatologischen ius talionis ergeben. Die in den beiden konditionalen Satzteilen beschriebenen Rechtssituationen haben nun Verhaltens- und Lehrweisen im Blick auf bestimmte ἐντολαί zum Thema, während die ihnen zugeordnete Apodosis jeweils die der Verhaltens- und Lehrweise entsprechenden eschatologischen Rangstufen angibt. Mit dieser formalen Beschreibung des „Satzes heiligen Rechts" ist eine Reihe schwieriger Probleme verbunden.

Zunächst stellt sich die Frage, für wen V. 19 eigentlich formuliert wurde. Die Antwort kann nach den in V. 19a und c genannten Tätigkeiten nicht zweifelhaft sein. Die Begriffe λύειν und ποιεῖν bezeichnen das der Gemeinde der Bergpredigt verbotene und gebotene Verhalten gegenüber der Lehre Jesu. Diese Lehre gilt es ja zu hören (ἀκούειν) und zu tun (ποιεῖν), wogegen bloßes Hören und Nichttun sowohl in dieser als auch in jener

---

Moses schreibt: τὸν ἔπειτα πάντα διαμενεῖν ἐλπὶς αὐτὰ αἰῶνα ὥσπερ ἀθάνατα, ἕως ἂν ἥλιος καὶ σελήνη καὶ ὁ σύμπας οὐρανός τε καὶ κόσμος ᾖ.

[36] Die Verbindung ist durch οὖν hergestellt.
[37] S. hierzu E. KÄSEMANN, Sätze heiligen Rechtes im Neuen Testament (in: DERS., Exegetische Versuche und Besinnungen II, 1964, 69–82), 79.
[38] S. dazu JEREMIAS (s. Anm. 19), 24 ff.

Welt ins Verderben führt[39]. Während diese Regel für alle gilt, wird das in
V. 19 Dargelegte darüber hinaus auf die in der Gemeinde tätigen Lehrer zu
beziehen sein[40]. Von ihrem Lehren ist gesagt, daß es in der rechten Weise als
ποιεῖν καὶ διδάσκειν geschieht, d. h. der Lehrstoff wird in erster Linie vom
Lehrer vorgelebt, so daß der Schüler zusammen mit den Worten Jesu den
Lehrer, der sie lebt, vor Augen hat. Dieses Vorgehen entspricht ja, soweit
wir wissen, der zeitgenössischen jüdischen Didaktik[41]. Als Kontrast wird
dem rechten das falsche Lehren gegenübergestellt, bei dem der Lehrer die
Lehre Jesu außer Geltung setzt und dies dann lehrt[42].

Weiter ist die Frage, was unter dem Lehrstoff der *ἐντολῶν τούτων τῶν
ἐλαχίστων* zu verstehen ist. Handelt es sich bei diesen *ἐντολαί* um die
Bestimmungen der Tora (*νόμος*) oder um die Gebote Jesu? Da aus 5,17 und
18 sowie aus 7,12 hervorgeht, daß *νόμος* in der Bergpredigt die Schrifttora
bezeichnet, die nicht selbst als Lehrstoff dienen kann, wird *ἐντολαί* auf die
Gebote Jesu zu beziehen sein, die dann den Lehrstoff der Bergpredigt
bilden[43].

Worauf aber bezieht sich *τούτων*[44]? Am wahrscheinlichsten ist, daß damit
auf die von 5,21 ab vorgetragenen Lehren Jesu verwiesen wird. Was alles
soll dann unter diese Gebote Jesu fallen? Die Frage ist kaum schlüssig zu
beantworten, weil *ἐντολή* in der Bergpredigt sonst nicht vorkommt. Sind es

---

[39] Näheres hierüber habe ich in meinem oben Anm. 6 genannten Aufsatz ausgeführt.

[40] Vgl. auch Did 4,13; Barn 19,11. Im Hintergrund scheint ein altes Rechtsprinzip zu
stehen, das schon Dtn 4,2; Spr 30,6; Pred 3,14 genannt wird. Auch Gal 1,8–9 wird zu nennen
sein (vgl. dazu Betz [s. Anm. 3], 50 ff) sowie Apk 22,18f. Vgl. W. C. van Unnik, De la regle
Μήτε προσθεῖναι μήτε ἀφελεῖν dans l'histoire du canon (VigChr 3, 1949, 1–36); W. Herrmann,
Zu Kohelet 3,14 (WZ[L].GS 3, 1953/54, 293–295); C. Schäublein, *Μήτε προσθεῖναι μήτ᾽
ἀφελεῖν...* (MH 31, 1974, 144–149). Zum überlieferungsgeschichtlichen Problem s. vor allem
H. Schürmann, „Wer daher eines dieser geringsten Gebote auflöst..." Wo fand Matthäus das
Logion Mt 5,19? (in: Ders., Traditionsgeschichtliche Untersuchungen zu den Evangelien,
1968, 126–136).

[41] Vgl. Bill. I, 527–529; H. D. Betz, Nachfolge und Nachahmung Jesu Christi im Neuen
Testament, 1967, 11 f.

[42] Sprachlich bezeichnen *λύειν* und *ποιεῖν* einander entgegengesetzte Standpunkte der Lehrenden gegenüber der Gesetzesauslegung Jesu. Diese Begriffe sind daher nicht mit *καταλύειν*
und *πληροῦν* in V. 17 zu verwechseln. So mit Recht W. Grundmann, Das Evangelium nach
Matthäus, 1971², 149 f; anders Luz (s. Anm. 7), 409 Anm. 55.

[43] Der hier vorliegende Sprachgebrauch von *νόμος* und *ἐντολή* scheint besonderer Art zu
sein, denn in der Bergpredigt bezieht sich *νόμος* auf die Tora insgesamt, während *ἐντολή*, das
nur einmal in 5,19 vorkommt, das Einzelgebot in der Auslegung Jesu bezeichnet. Dieser
Schluß liegt nahe angesichts des geprägten Gebrauchs von *ἐντολή* in älteren Traditionen, wie
z. B. Mk 12,28.31 par; 1Kor 14,37; 1Clem 13,3; 2Clem 4,5; Did 1,5; 2,1; 4,13; 13,5.7.

[44] Vgl. die Erörterung der vorgeschlagenen Möglichkeiten bei Grundmann (s. Anm. 42),
149 Anm. 41; H.-Th. Wrege, Die Überlieferungsgeschichte der Bergpredigt, 1968, 41
Anm. 3.

die sog. Antithesen (5,21–48)[45], in denen die Formel ἐγὼ δὲ λέγω ὑμῖν die jeweilige Toraauslegung einleitet? Oder sind alle in der Bergpredigt enthaltenen Gebote Jesu seine ἐντολαί und damit mit den λόγοι (7,24–27) identisch? Oder ist der Rahmen enger gespannt, so daß nur der Hauptteil (5,21 – 7,12) als ἐντολαί Jesu anzusprechen ist? Die sog. Goldene Regel und ihre Anwendung in 7,12 stellt ja wohl den Abschluß des Hauptteils dar und blickt auf ihn zurück. Das Problem wird noch dadurch erschwert, daß die genannten Gebote Jesu als ἐλάχιστα eingestuft werden, ohne daß gesagt wird, was darunter zu verstehen ist. Sicher ist, daß hier Bezug genommen wird auf eine Einteilung der Gebote in geringere und wichtigere oder in leichtere und schwerere, eine Einteilung, die ihre Parallelen vor allem in der pharisäischen und rabbinischen Theologie hat[46]. Setzt eine solche Einteilung voraus, daß die Gemeinde der Bergpredigt selbst zwischen wichtigen und weniger wichtigen Geboten Jesu unterschieden hätte[47]? Wenn dies der Fall wäre, hieße das dann, daß in der Bergpredigt nur die geringen Gebote enthalten wären, während die wichtigeren anderswo zu suchen seien? Da es hierfür sonst keine Anhaltspunkte gibt, bleibt nur die andere Möglichkeit, daß die Gebote Jesu insgesamt als „gering" eingestuft werden. Eine solche Einstufung kann aber nur ironisch gemeint sein, d. h. indirekt eine Polemik gegen die Betonung der „schweren" Gebote in der pharisäischen Theologie darstellen.

Nach pharisäischer Theologie kommt es auf die Erfüllung der „wichtigen", weil schwer zu erfüllenden Gebote der Tora an. Aus den vorsynoptischen Traditionen geht eindeutig hervor, daß Jesus und die Urgemeinde gegen diese pharisäische Lehre besonders heftig polemisiert haben[48]. In diesen Polemiken wird vor allem geltend gemacht, daß der Grad der äußerlichen Schwierigkeit bei der Gebotserfüllung, d. h. der quantitative Aufwand, nicht einfach mit der von der Tora geforderten Erfüllung des Gotteswillens gleichgesetzt werden kann[49]. Es scheint daher, als seien die

---

[45] Vgl. F. Dibelius, Zwei Worte Jesu (ZNW 11, 1910, 188–192); C. E. Carlston, The Things That Defile (Mark VII.14) and the Law in Matthew and Mark (NTS 15, 1968/69, 75–96), 76f.

[46] Zur rabbinischen Lehre vgl. die Texte bei Bill. I, 249.900–905 sowie E. E. Urbach, The Sages I, 1975, 342ff.

[47] Vgl. Dibelius (s. Anm. 45), 188–190; Grundmann (s. Anm. 42), 149f.

[48] Vgl. insbesondere die Debatten über Rein und Unrein Mk 7,1–23 par, über das größte Gebot Mk 12,28–34 par, sowie die antipharisäischen Polemiken Mt 23,1–39.

[49] Das Problem ist zunächst ein innerjüdisches, wie aus den Warnungen der Rabbinen hervorgeht. Vgl. etwa Abot 2.1: „Rabbi sagte: Sei vorsichtig beim geringen Gebot, wie bei einem wichtigen; denn du kennst den Lohn für die Gebote nicht." Zitiert nach Bill. I, 249, der auch mit Recht hervorhebt (I, 902): „Dem subjektiven Ermessen war hier jedenfalls viel freier Spielraum gelassen."

Gebote Jesu im Gegensatz zur pharisäischen Theologie ironisch und polemisch als „gering" und „leicht zu erfüllen" eingestuft worden[50].

Vom pharisäischen Standpunkt aus muß man in der Tat zu dem Schluß
kommen, daß die Gebote Jesu in der Bergpredigt als „leicht" gelten
müssen. Andererseits wird die Frage nach den Kriterien für leichtere oder
schwerere Erfüllbarkeit gerade in den Antithesen der Bergpredigt zum
Thema gemacht. Da dieses Problem hier nicht weiter verfolgt werden
kann, sei wenigstens so viel gesagt, daß dort gezeigt wird, daß die Gebote
Jesu nur auf den ersten Blick als leicht erfüllbar erscheinen und sich bei
näherer Analyse als schwer erfüllbar herausstellen. Freilich wird dabei der
Schwierigkeitsgrad nicht am äußeren, quantitativen Aufwand, sondern am
inneren, qualitativen Widerstand im Menschen, der bei der Erfüllung zu
überwinden ist, gemessen.

Ist demnach als wahrscheinlich anzusehen, daß V. 19 die Verbindlichkeit
der Toraauslegung Jesu für die Lehrer der Bergpredigtgemeinde statuiert,
so entspricht dem auch die eschatologische Einstufung dieser Lehrer. Dabei
geht es wieder nach der Regel des eschatologischen ius talionis. Der Platz
im künftigen Reich Gottes, den der urchristliche Lehrer einnehmen wird,
richtet sich nach dem Grad der Loyalität gegenüber der Lehre Jesu[51].

Nun ergibt sich bei dieser Einstufung ein merkwürdiger Widerspruch
dadurch, daß entgegen dem, was man erwarten sollte, auch dem illoyalen
Lehrer, der die Lehre Jesu außer Geltung setzt, ein Platz im Reiche Gottes
nicht verwehrt wird[52]. Wenn ein solcher Lehrer dort auch nur den gering-
schätzigen Titel ἐλάχιστος erhalten wird, so entspricht diese Einstufung
doch genau seiner Geringschätzung der Lehre Jesu als „gering" und
unwichtig für den Unterricht. Seit Johannes Weiß[53] ist mit Recht immer
wieder darauf aufmerksam gemacht worden, daß es sich bei diesem Titel
ἐλάχιστος um ein Wortspiel mit dem Namen des Apostels Paulus handeln
könnte, der ja auch selber sich nicht scheut, ihn auf sich anzuwenden (1Kor
15,9)[54]. Ist, wie auch wir meinen, an dieser Stelle tatsächlich auf den Namen
des Paulus angespielt, so ist um so auffälliger, daß ihm nicht der Eintritt ins
Gottesreich überhaupt versagt wird, sondern daß ihm nur einer der besse-

---

[50] Vgl. Mt 11,30; Apg 15,10.19–20.28–29; 1Joh 5,3; Did 6,2.

[51] Vgl. zu dieser Frage auch die Rangdiskussionen der Jünger Mk 9,35 par; 10,35–45 par.
Zur rabbinischen Lehre s. BILL. I, 249f.774.920f.

[52] So ähnlich auch E. KÄSEMANN, Exeg. Versuche und Besinnungen II, 1964, 86f; anders E.
SCHWEIZER, Das Evangelium nach Matthäus, 1973, 62; LUZ (s. Anm. 7), 410.

[53] Vgl. J. WEISS, Das Urchristentum, 1917, 585; R. BULTMANN, Theologie des Neuen
Testaments, 1953, 56; anders LUZ, 411.

[54] Der deuteropaulinische Verfasser des Epheserbriefes hält diese Selbsteinschätzung für
nachahmenswert (3,8); der Verfasser der Pastoralbriefe deutet um (1Tim 1,15f).

ren Plätze verwehrt wird, – ein Urteil übrigens, mit dem Paulus durchaus zufrieden gewesen wäre[55]. Implizit heißt das dann auch, daß ein christliches Lehren, das von anderen theologischen Grundsätzen als denen der Bergpredigt geleitet wird, als relativ berechtigt anerkannt wird, selbst wenn dies für die Lehrer der Bergpredigtgemeinde ausgeschlossen wird[56]. Für diese Gemeinde gilt als rechter Jesuslehrer der, der sich der Toraauslegung Jesu verpflichtet weiß und für den die Bergpredigt selbst das Unterrichtsmaterial darstellt. Wenn diesem Lehrer im Reiche Gottes der Ehrenname μέγας zugesprochen wird, dann wird man auch annehmen können, daß der oder die Verfasser der Bergpredigt damit ihre eigene Berufsauffassung zum Ausdruck bringen.

4. Das vierte und letzte hermeneutische Prinzip (V. 20) definiert das Ziel der Lehre Jesu, wie es von der Bergpredigt verstanden werden will. Die Lehre Jesu erfolgte ja nicht um ihrer selbst willen, sondern ihr Ziel ist, wie zu erwarten, eschatologisch ausgerichtet und ergibt sich folgerichtig aus den drei vorangehenden Definitionen[57].

Formal gesehen ist V. 20 in eine Form gekleidet, die den Sprüchen vom Eingehen in das Reich Gottes nachgebildet ist[58]:

V. 20a λέγω γὰρ ὑμῖν ὅτι
V. 20b ἐὰν μὴ περισσεύῃ ὑμῶν ἡ δικαιοσύνη πλεῖον τῶν γραμματέων καὶ Φαρισαίων,
V. 20c οὐ μὴ εἰσέλθητε εἰς τὴν βασιλείαν τῶν οὐρανῶν.

Jedoch folgt nur der letzte Teil des Spruches (V. 20c) dem Muster der Sprüche vom Eingehen in das Reich Gottes. Der erste Teil ist weitaus komplizierter strukturiert. Die Einleitungsformel λέγω γὰρ ὑμῖν ὅτι (V. 20a) enthält nicht das ἀμήν wie in V. 18 und scheint im Vorausblick auf die Antithesen formuliert zu sein, in denen es jeweils wiederholt wird[59]. Auf die Einleitungsformel folgt ein „Satz heiligen Rechts" des kasuistischen Typs, in dem die Grundbedingung für den Einlaß in das Gottesreich festgelegt wird (V. 20b)[60]. Dem Inhalte nach wird die Einlaßbedingung nur

---

[55] Der der Lehre Jesu nicht verpflichtete Lehrer darf also nicht einfach den Pseudopropheten (7,15–20) oder den Gesetzlosen (7,21–23) an die Seite gestellt werden.
[56] Das Verhältnis entspricht aber dem der beiden Versionen des Evangeliums, auf die man sich bei der Jerusalemer Konferenz einigte (Gal 2,7f). S. hierzu BETZ (s. Anm. 3), 95–99.
[57] Die Verbindung ist wiederum durch γάρ hergestellt. Vgl. V. 18.
[58] Diese Spruchform ist auch in Mt 7,21 verwendet (vgl. auch 7,13). S. dazu BETZ (s. Anm. 14), 1f.
[59] Mt 5,22.28.32.34.39.44; vgl. auch 6,25.29.
[60] Vgl. Mt 5,19.32; 6,14; 7,12. Zu dieser Form von Gesetzesworten s. BULTMANN (s. Anm. 7), 138ff; H. W. GILMER, The If-You Form in Israelite Law (SBLDS 15), 1975.

indirekt bestimmt. Zwar handelt es sich dabei um die göttliche Forderung der δικαιοσύνη, der im Einklang mit allen anderen Richtungen jüdischer und christlicher Theologie Genüge getan werden muß[61]. Es kann auch kein Zweifel daran bestehen, daß ὑμῶν ἡ δικαιοσύνη nicht eine von Gott aufgrund der Heilstat Christi zugeeignete, sondern eine vom Jünger Jesu zu erbringende Gerechtigkeit im Blick hat[62]. Jedoch ist das Entscheidende damit noch nicht gesagt, denn die Schulrichtungen im Judentum der damaligen Zeit schieden sich ja vor allem an der Frage, *wie* der Forderung Gottes entsprochen werden könne. Die Definition der Bergpredigt zeichnet sich nun dadurch aus, daß der in ihr gelehrte Weg zur Gerechtigkeit nicht einfach vom Papier abgelesen werden kann. Von dieser Gerechtigkeit kann deshalb auch nur im Vergleich und im Kontrast gesprochen werden. Es genügt festzustellen, daß sie sich quantitativ und qualitativ von der der Schriftgelehrten und Pharisäer unterscheiden und ihr überlegen sein muß[63].

Die Frage ist nun aber, warum die Bergpredigt gerade in der Lehre der Schriftgelehrten und Pharisäer ihren Antityp sieht. Der Ausdruck Schriftgelehrte und Pharisäer setzt dabei ja schon eine gewisse Stereotypisierung voraus, die wohl die seit Jesus und sogar seit Johannes dem Täufer bestehende Auseinandersetzung widerspiegelt[64]. Historisch gesehen hat Jesus offenbar seine Torauffassung vor allem in der Auseinandersetzung mit den Schriftgelehrten und Pharisäern entwickelt. Die Bergpredigt blickt auf diese Auseinandersetzungen zurück, nimmt aber selbst im Rückgriff an ihnen teil, wie sich aus den Antithesen ergibt.

Die von Gott geforderte δικαιοσύνη kann nach der Bergpredigt demnach nicht einfach durch äußerliche Beobachtung von Vorschriften erbracht werden, wie man dies bei den Schriftgelehrten und Pharisäern praktiziert sah. Was man an ihnen vor allem auszusetzen hatte, war, daß es bei ihrer Praxis nicht zu dem vor Gott allein geltenden „qualitativen Überschuß" kommen konnte. Die von der Bergpredigt aufgezeigte Gerechtigkeit setzt dagegen die Abkehr von bloß äußerlicher Beobachtung und die Hinwendung zur innerlichen Offenlegung des menschlichen Herzens Gott gegenüber voraus.

---

[61] Der Begriff δικαιοσύνη, ganz im jüdischen Sinne verstanden, liegt der gesamten Bergpredigt zugrunde (Mt 5,6.10.20.45; 6,1.33; vgl. 7,13f.21–23); er ist aufs engste mit dem Lohngedanken verbunden (5,12.46; 6,1.2.5.16).

[62] Nicht erbrachte δικαιοσύνη ist gleichbedeutend mit ἀνομία (7,21–23).

[63] Zur Häufung der Komparative in περισσεύειν πλεῖον s. F. BLASS/A. DEBRUNNER/F. REHKOPF, Grammatik des neutestamentlichen Griechisch, 1975, § 246. Vgl. auch Mt 5,47.

[64] In der Bergpredigt begegnet das Begriffspaar nur in 5,20, ist aber sonst in der synoptischen Tradition weit verbreitet. Vgl. H. F. WEISS, ThWNT IX, 39f; WREGE (s. Anm. 44), 42.

Dies ist der Hauptgrund dafür, daß die Gebote Jesu in der Bergpredigt nicht einfach als Gesetzesvorschriften gelten können, die es äußerlich zu erfüllen gilt, sondern daß sie als Lehranleitungen anzusehen sind, die den Jünger Jesu theologisch dazu erziehen sollen, die ihn treffenden Forderungen Gottes selber zu erkennen, um so in seinem Denken und Tun dem Gotteswillen gerecht zu werden. Dies allein wird nach der Bergpredigt im Jüngsten Gericht beim göttlichen Richter als δικαιοσύνη Anerkennung finden.

Zur lukanischen Christologie

Eduard Schweizer

Durch Jahre hindurch durfte ich neben Gerhard Ebeling an der gleichen Fakultät arbeiten. Im Rückblick darauf bedaure ich, die Möglichkeit des persönlichen Dialogs nicht häufiger benützt zu haben, obwohl ich in vielen theologischen Gesprächsrunden der Fakultät, in der Diskussion mit Studenten und in der Auseinandersetzung mit seinen Aufsätzen und Büchern immer wieder in diesem Gespräch stand. Vielleicht macht es Ebeling ein wenig Freude, wenn ich dieses im Blick auf meine derzeitige Fachforschung und zugleich auf seine Dogmatik des christlichen Glaubens[1] fortsetze. Auf deren zweiten Band beziehen sich im Folgenden alle eingeklammerten Seitenzahlen. Jedenfalls möchten diese Zeilen ihm für viel Anregung danken und nicht weniger für eine Lebenshaltung, in der sich etwas von dem Glauben manifestiert, in dem wir beide unseren Dienst zu tun versuchen.

I. Was ist Christologie?

1. Man müßte sich zuerst darüber einigen, was man unter Christologie versteht. Nach Ebeling ist an eine Sprachbewegung zu denken, deren Grundform die Homologie ist (19. 403). Was geschieht, wenn diese zur eigentlichen Christologie ausgebaut wird? Ein „Glaubenssatz" hat notwendig „doxologischen Charakter" (110), d. h. er ist als solcher schon Akt des Glaubens, so daß darüber nicht besonders reflektiert werden muß, z. B. inwieweit er nur für den Glaubenden gilt, oder was richtiger und lebendiger im Gegensatz zum falschen und abergläubischen Glauben ist. Der Adressat ist, jedenfalls in der eigentlichen Doxologie, Gott selbst; ihm muß die Situation des Bekenners, die die Voraussetzung zu seiner Aussage bildet, nicht notwendig erklärt werden. In der Homologie im engeren Sinn

---

[1] I–III, 1979. Bloße durch Einfügung in diesen Aufsatz bedingte Wortumstellungen werden nicht besonders angemerkt.

spricht der Mensch weder zu sich selbst noch zu anderen Menschen, sondern zu Gott. Daher muß er auch nicht einschließen, was er sich selbst und anderen an ethischer Mahnung zusprechen müßte. Ich habe andernorts[2] schon auf das lukanische Gleichnis vom verlorenen Sohn hingewiesen. Wenn dieser nach der alle Vorstellungen übertreffenden liebevollen Aufnahme durch den Vater zu diesem sagt: „Vater, Deine Liebe ist wahrhaft grenzenlos; da ist nichts, was Du nicht vergibst!", dann ist dies das, was zu erwarten wäre. Es ist Homologie, in der der von dieser Liebe Betroffene als ihr Sprecher so dabei ist, daß dieser Satz zugleich sein Verhältnis zum Vater ausspricht. Sie ist an den adressiert, der diese Liebe geübt hat. Von ihr ist daher nicht im allgemeinen die Rede, sondern so, daß darin das Verhältnis des Vaters zum Sprecher ausgesprochen wird. Sollte der Satz auf der Ebene reiner Information weitergegeben werden, z. B. an einen Bruder, der den gleichen Weg gehen und dazu möglichst viel Geld vom Vater erpressen möchte („Mach's wie ich! Die Liebe des Vaters ist wahrhaft grenzenlos; da ist nichts, was der nicht vergäbe!"), wäre er völlig falsch. Er wäre auch nicht dadurch zu retten, daß noch ein ethisch mahnender Zusatz gemacht würde („Natürlich mußt Du dann auch ebenso zerknirscht und demütig heimkommen wie ich"). Vielmehr scheint es darum zu gehen, daß es gewisse Aussagen gibt, die gewissermaßen nur doxologisch gelebt werden können, aber falsch werden, wenn sie als objektive Information oder als moralische Aufforderung, also als in allen Situationen gültiges, vom Menschen immer zu bewältigendes Gesetz gefaßt werden. Es gibt offenkundig eine „Lehrgesetzlichkeit" (24), in der „das Evangelium ... zum Glaubensgesetz erstarrt" (97). Sätze, die eine Lebenssituation interpretieren, aber ohne diese Interpretationsbewegung übernommen werden, werden in der Tat zu „Petrefakten" (405). Wenn es so wäre, wie M. Buber einmal formulierte, daß der alttestamentliche und der von Jesus hervorgerufene Glaube Vertrauen ist, während der von Paulus geprägte Glaube nur Bereitschaft ist, einen Sachverhalt als wahr anzuerkennen (258), dann hätten wir es mit einer „fides historica" zu tun, in der Christologie ihre Verwurzelung in der Homologie vergessen hätte (273).

2. Ebenso zweifellos hebt dies Recht und Notwendigkeit einer über die Homologie hinausgehenden Lehrbildung nicht auf (24). Ein grundsätzlich „antidogmatisches Interesse", das seinerseits „de facto in hohem Maße

---

[2] Der Brief an die Kolosser (EKK), 1981[2], 221; ferner: Hymnic Theology: Its Rights and its Limits (in: Imagination and the Future. FS J.D. Mc Caughey, ed. J. A. HENLEY, Melbourne 1980, 97–106), 100.

selbst dogmatischer Art" ist (375), soll also sicher nicht angemeldet werden. „Es gehört offenbar zur Erscheinung Jesu Christi, daß sie nicht in
Schrecken, Klage und Verstummen hinein erlischt, vielmehr sagbar wird
und dankbar macht." (17) Man wird aber die Sprachebenen unterscheiden
müssen, obwohl sie ineinander übergehen. Es macht einen Unterschied, ob
man primär homologisch dem nachdenken will, was Gott getan hat, und
damit den Leser in dasselbe Lob Gottes einzustimmen versucht oder ob
man primär lehrhaft eine Gemeinde vor Mißverständnissen warnen will
und also an ihren Intellekt appelliert oder ob man primär das Fehlen
praktischer Konsequenzen monieren will und sich also an den Willen
richtet. Lukas scheint mir in erster Linie das erste, Paulus das zweite zu tun
(oder doch mindestens es betont mit dem ersten zu verbinden), während
beide in verschiedener Weise der dritten Aufgabe nachkommen.

II. Die Sprachform der Erzählung

1. Homologie ist, biblisch gesehen, notwendig Erzählung; denn es geht
ja nicht um den Lobpreis eines ewig gleichen, unveränderlichen Weltgeset-
zes, sondern um den Bericht von den Taten Gottes, die lobend aufgenommen werden. Wie Markus und vielleicht noch andere vor ihm hat sich
Lukas für die Form der Erzählung entschieden. Er hat das bewußter getan
als sie, wie sein Vorwort zeigt (Lk 1,1–4). Er will betont „von allem
Anfang an, alles umfassend, genau und in richtiger Ordnung" berichten.
Dabei sieht er sich selbst aber als Nachfolger derer, die nicht einfach im
historischen Sinn „Augenzeugen" gewesen, sondern zugleich „Diener am
Wort geworden sind". Er will dem Leser Gewißheit vermitteln für die
„Wahrheit der Worte" von Jesus als dem Christus, die diesem schon
bekannt sind, ob durch eigentliche christliche Katechese oder durch Verkündigung im weiteren Sinn. Er weiß also auch, daß er nicht einfach den
Bericht der Augenzeugen repetieren kann, sondern „das traditum immer
wieder zum tradendum wird" (11). Daß Lukas das nicht nur im Sinne
besserer Zusammenstellung oder größerer historischer Genauigkeit versteht, scheint mir eindeutig zu sein. Er weiß durchaus um die Differenz
zwischen „zeitlichem" und „sachlichem Perfekt" (225), wie schon seine auf
Glauben zielende Absichtserklärung im Vorwort zeigt. Auch das berühmte
„Heute" in der Predigt an die Nazarener erfüllt sich ja „in ihren Ohren"
(4,21). Das „Heute" von 19,9 ist zwar ebenfalls das des historischen (oder
historisch vorgestellten) Besuches Jesu, aber zugleich das der Umkehr des

Zachäus[3]. Als solches ist es nicht wesentlich verschieden von dem „*uns wurde das Wort dieses Heils geschickt*" (Apg 13,26), wenn man erkennt, daß Heilsgegenwart des „Namens" identisch ist mit der Jesu Christi selbst (Apg 4,12). Der verkündigte Christus, sein „Name", ist der darin gegenwärtige auferstandene Christus selbst.

2. Nun wird man gewiß nicht alles Heil von „der Parole narrativer Theologie" erwarten, selbst wenn dabei der Bezug auf das Heute des Hörers berücksichtigt bliebe. Es bleibt ja offen, „was eigentlich durch Erzählen zur Sprache gebracht wird" (210). Es ließe sich z.B. fragen, ob die Erzählung nicht zu einem rein aktualistischen Verständnis des Handelns Gottes führt, und „was soll eine aktualistisch interpretierte Aussage über die Liebe Gottes, wenn sie nicht eine Wesensaussage über Gott ist und wenn sie nicht darüber Auskunft gibt, worauf Verlaß ist" (102)? „Inwiefern das Kreuz in das Wort eingegangen ist" (209), wird in der Tat noch zu bedenken sein. Dennoch ist zunächst positiv die „schlechterdings unentbehrliche Funktion" der „narrativen Aussageform" (21) zu sehen. Selbst wo Homologie nur als Titelprädikation erscheint („Herr ist Jesus"), wird sie doch durch narrative Aussagen gedeutet („Jesus ist auferstanden"), so daß „zwischen den beiden Ausprägungen der Homologie als einer Titelprädikation und als narrativer Aussage keine grundsätzliche Differenz besteht" (19f). „Gelebtes Leben läßt sich ... nicht auf eine zeitlose Formel bringen, sondern verlangt ein Erzählen ..." (129) Die bewußte Entscheidung für die Erzählung ist also von theologischem Gewicht.

3. Damit hat Lukas nämlich unmißverständlich signalisiert, daß „Jesus gleichsam der Text ist, ... Christologie das Entziffern, das Vorlesen und das Auslegen dieses Textes" (10), daß es also keine Christologie gäbe ohne Jesus (383f), der das Kriterium der Christologie bleibt (367). Ebenso deutlich ist, daß Gottes Handeln in Jesus immer im Kontext von Welt und Menschheit erfolgt. Es gibt keine Jesusgeschichte ohne Menschen. Wenn „die Homologie gewissermaßen auch den Adressaten hinzufügt, an den sich die Erscheinung Jesu wendet, für den sie bestimmt ist, den sie in Anspruch nimmt" (20), dann betont sie als Erzählung „die radikale Abzielung auf den Menschen" (236) in hervorragendem Maße, indem sie immer wieder differenziert und insofern die Adressaten in ihrer verschiedenartigen Vielfalt ernst nimmt. Der Adressat und seine jeweilige Situation gehören darin wesentlich mit in die christologische Aussage hinein. Die bunte Fülle

---

[3] Vgl. E. LOHSE, Lukas als Theologe der Heilsgeschichte (in: G. BRAUMANN [Hg.], Das Lukas-Evangelium [WdF 280], 1974, 64–90), 83 (Dtn 6,20ff; 26,5ff.16ff); H. SCHÜRMANN, Evangelienschrift und kirchliche Unterweisung (ebd. 135–169), 163f.

der Erzählungen zeigt, wie sehr Jesu Dasein im Reden und Wirken wie im Erleiden bestimmt ist durch die Adressaten. Ein anderer ist der angeklagte Jesus für den im Hof bitter weinenden Petrus als für den seine Verurteilung suchenden Hohenrat (Lk 22,61.66–71). Anders ist es, je nachdem ob der satte Reiche oder die verzweifelte Dirne, der sich mit Gott im Reinen fühlende Theologe oder der am Rand der Gemeinde lebende Zöllner, der an Nachfolge überhaupt nicht denkende Fischer oder der Nachfolge begehrende Geheilte die Szene bestimmen. Lukas beschreibt Christologie durchwegs als Bericht über soteriologisches Handeln; er denkt also „Gott, Welt und Mensch im Glauben zusammen" (5) und „läßt die soteriologische Relevanz (der Christologie)... unmittelbar erkennen" (13). Melanchthons berühmte Formulierung „hoc est Christum cognoscere beneficia eius cognoscere" (14) könnte geradezu als Charakterisierung des dritten Evangeliums geschrieben sein. Dabei ist das Mißverständnis ausgeschlossen, es ginge bloß um existentiale Erkenntnis, für die Jesus nur die zur Erkenntnis führende Chiffre wäre, die wie in der Gnosis auch durch Attis oder Osiris oder durch ein philosophisches Prinzip ersetzt werden könnte. Dem wehrt die ausschließliche Konzentration auf den geschichtlichen Jesus und noch stärker die Verbindung des Evangeliums mit der Geschichte der nachösterlichen Gemeinde, bei der *auch* die Kategorie der historischen Auswirkung und der über den Einzelnen hinausgehenden Veränderungen wichtig wird. Durch die Form der Erzählung ist ferner festgehalten, daß „sich Gottes Liebe nicht glaubhaft aussagen läßt als theoretisch gelehrte Liebe, sondern nur unter Hinweis auf wirklich gelebte Liebe" (223). Darum war ja auch die frühkirchliche christologische Lehrbildung „bemüht, dem ganzen Reichtum der erzählenden Evangelienüberlieferung Raum zu geben" (81). Er eröffnet ja den Weg zu jenem „Bereich von Erfahrungen, die jedem zugänglich sind" (99, vgl. 231f und I, 204), zugleich aber auch zu jener „Begegnung ..., durch die sich der übliche Verstehenshorizont verändert und weitet und das Menschsein in neuem Lichte erscheint" (84). Doch soll im Folgenden gewissermaßen am Leitseil der drei Paragraphen des 5. Kapitels bei Ebeling darüber nachgedacht werden, wie Lukas das Erzählte, Menschwerdung Gottes – Tod Gottes – Leben Gottes, christologisch erschließt.

III. Die Menschwerdung Gottes

1. Man wird wohl mit Recht davon ausgehen können, daß kein anderer im Neuen Testament Jesus so sehr als „den schlechthin menschlichen Menschen" und „den Bruder der Menschen" (529) geschildert hat wie

Lukas. Die Bilder, die sich der Christenheit eingeprägt haben, stammen weithin aus dem dritten Evangelium: die Weihnachtsgeschichte mit dem Stall als Szenerie; der Zwölfjährige unter den Lehrern; der Prediger in Nazaret; der Meister, der den enttäuschten Fischern beisteht und so Jünger beruft; der Wanderer, der bei Marta einkehrt und Maria schenkt, was sie jetzt besonders nötig hat; der Gast beim reichen Mahl, der ein Herz für die Dirne hat; der Lehrer, der von einer ganzen Schar von Frauen umgeben ist; der Erzähler der Gleichnisse vom barmherzigen Samaritaner, vom verlorenen Schaf und Groschen und Sohn, vom armen Lazarus, vom Pharisäer und Zöllner; der Gekreuzigte, der für seine Folterer betet und dem Verbrecher das Paradies eröffnet; der Begleiter der Jünger auf ihrem Weg nach Emmaus, der das Brot mit ihnen bricht. All das danken wir Lukas. Wenn D. F. Strauß' Satz gilt, daß „wer einmal vergöttert worden ist, seine Menschheit unwiederbringlich eingebüßt hat" (83f.400), dann hat Lukas immer wieder durch die Kirchengeschichte hindurch Jesus seine Menschheit zurückgegeben. Eher ist zu fragen, ob er nicht vielleicht darüber die *Christologie* vergessen habe, also nicht mehr glaubhaft und klar aussagen könne und vielleicht auch nicht wolle, inwiefern in diesem menschlichen Menschen Gott selbst gegenwärtig geworden sei.

2. Kommt es bei Lukas wirklich zur „Wortwerdung dieses Menschen Jesus" (93), d. h. wird das „vere Deus – vere homo" (77) verkündet, wird der Mensch Jesus „zum Ort der Anwesenheit Gottes" (67)? Nun ist natürlich sofort zu sagen, daß bei Lukas „die Erscheinung Jesu … als Evangelium zur Sprache gekommen ist" (93), daß also für ihn „Jesus ernsthaft überhaupt nur unter dem Aspekt der Gottesfrage in Betracht kommt" (63). Die Frage bleibt jedoch, ob das geglückt ist.

Wie Markus und Mattäus kennt Lukas keine Präexistenz Jesu. Hingegen kennt er die, wie Mt 1,18–25 zeigt, schon vorlukanisch ausgebildete Vorstellung von der Jungfrauengeburt. Doch kann man nicht sagen, daß damit das christologische Problem gelöst würde und so ein „quasidoketischer Zug" (85) eindränge; denn nie greift Lukas darauf zurück, weder in der Weihnachtsgeschichte noch in den Zusammenfassungen des Glaubens in der Apostelgeschichte. Zwar scheint Jesus nach dem von Lukas sprachlich redigierten, aber wohl vorlukanischen Vers 1,35 aufgrund der Zeugung durch den Heiligen Geist Gottes Sohn zu sein. Aber in 3,22 sieht es so aus, als ob die Taufe ihn dazu gemacht habe. Könnte man dies noch als Proklamation des in 1,35 gründenden Wunders verstehen (die Formulierung „…heute habe ich dich gezeugt" in Dit ist vermutlich sekundär), so ist doch nach 3,23–38 Jesus aufgrund der Abstammung von Adam, nach Apg 13,33 kraft der Auferstehung Gottes Sohn. Das ist alles andere als klar.

Umgekehrt ließe sich auch eine adoptianische Christologie vermuten; denn in Apg 17,28 wird ja so etwas wie eine natürliche Gotteskindschaft aller Menschen gelehrt[4], freilich wie in Lk 3,38 deutlich im Kontext der Schöpfung verstanden. Trotzdem könnte das dazu verführen, Jesu Gottessohnschaft als einen Spezialfall innerhalb der allgemeinen Gottessohnschaft der Menschen zu interpretieren. Wegen dieser Gefahr bleibt mir fraglich, ob man beim Nachdenken über Jesu Stellung davon ausgehen soll (74–76). Exegetisch läßt sich jedenfalls sagen, daß Gottessohnschaft des Menschen überhaupt für das Frühjudentum weit bezeichnender ist als für das Neue Testament, wo sie immer nur als durch Jesus vermittelte oder davon deutlich abgehobene erscheint. Lk 6,35 sieht sie wie die Apokalypse des Johannes, im Unterschied zu Mt 5,45, vermutlich erst eschatologisch verwirklicht. Abgesehen von diesen Stellen ist im Neuen Testament nur davon die Rede, daß *der* Sohn die an ihn Glaubenden zu Söhnen oder Kindern macht[5].

Zwar hat Lukas anders als seine Vorgänger schon den irdischen Jesus nicht nur in der Anrede, sondern auch in der Erzählung „Herr" genannt; aber daneben erklärt er in Apg 2,36 auch wieder, Gott habe ihn in der Erhöhung zum Herrn und Christus gemacht. Lk 22,67–70 scheinen Christus, Menschensohn und Gottessohn austauschbar zu sein. Nach Apg 2,22 ist Jesus ein von Gott durch besondere Wundertaten ausgewiesener Mann. Dann wird er als Gottesknecht verkündigt, ohne daß aber klar wird, ob als leidender (Apg 3,13.26) oder als königlicher (4,25–30). Nach Lk 4,24; 13,33 reiht er sich selbst unter die Propheten ein, nach Apg 3,22f; 7,37 ist er *der* Prophet. Was gilt? Ist er nur ein von Gott besonders begnadeter Mann, ein Prophet, *der* Prophet, der Gottesknecht oder der Gottessohn?

3. Man wird aber sehr ernstlich bedenken müssen, ob Lukas nicht gerade darum auf eine klare titulare Definition Jesu verzichtet, weil er weiß, daß Gottes Gegenwart in Jesus nicht einfach mit einem Titel umschrieben werden kann. „Vielmehr soll buchstäblich im Hinsehen auf

---

[4] Dazu J. Dupont, La rencontre entre christianisme et héllenisme dans le discours à l'aréopage (Actes 17,22–31) (in: Fede e cultura alla luce della Bibbia, Turin 1981, 261–286), bes. 282.284f (zur Forschung: 262–268).

[5] E. Schweizer, ThWNT VIII, 360,11 – 361,6; 392–395. Dahinter steht natürlich die theologische Grundfrage, wie sich das im NT zu beobachtende Gefälle (von der Christuswirklichkeit her zu der des Glaubenden hin) verbinden läßt mit der Tatsache, daß wir von Gott nur in menschlichen Worten reden können, also von unseren Denkmodellen und Erfahrungskriterien her zu Aussagen über ihn vorstoßen müssen, wie sich also die von der Geschichte der Offenbarung her geprägten Analogien zu denjenigen verhalten, in denen wir von unserer Existenz her überhaupt erst die Sprache finden, in der wir von Gott reden können.

das Menschsein Jesu bedacht werden, was denn Vereinung Gottes und des Menschen in Jesus überhaupt heiße. Wie sollte man auch anders verfahren, wenn man es ernst nimmt, daß die Christologie an Jesus selbst gewiesen ist? Und wo anders als hier, wo die Vereinung Gottes und des Menschen sich ereignet haben soll, wäre zu erfassen, was es damit auf sich hat? Deshalb soll die Vereinung Gottes und des Menschen in Jesus nicht etwa in Gedanken rekonstruiert werden, sie soll vielmehr in seiner Person angeschaut und wahrgenommen werden." (64f) Man wird also fragen müssen, ob nicht Lukas besonders gut verstanden hat, daß uns in Jesus „Gottes Wort in Person" (70.81 usw.) begegnet, daß „Gott sich in der Tat dann als menschlich zeigt, wenn seine Anwesenheit als worthaft und personhaft erfahren wird", weil er, „je menschlicher Gott erfahren wird, ... dem Menschen desto göttlicher wird" (71). Sollte es nicht wirklich so sein, daß gerade „der Zwang, am vere homo rücksichtslos festzuhalten, die unerwartete Chance in sich birgt, dadurch dem Sinn des vere Deus näher zu kommen" (79)? Lukas geht es gewiß darum, daß Jesus als „Herr" und „Christus" anschaulich wird, wie ja der Entschluß, das Evangelium in die Apostelgeschichte hinein zu verlängern, besonders deutlich macht. Aber er hat verstanden, daß Jesus „zu dem himmlischen Vater in einem unvertretbaren Verhältnis der Beauftragung und Bevollmächtigung steht. ... Wie sollte ein fertig bereitliegender Titel auf den passen, der in ganz ungewohnter Weise die Nähe Gottes ansagt?" (470) Wäre nicht denkbar, daß Lukas erkannt hat, daß Jesus selbst „nur in geringem Maße Belehrung über Gott" geboten (446) hat und daß dementsprechend auch im Neuen Testament „nur verschwindend selten ... von einem Glauben an die Worte Jesu gesprochen wird" (519)? Gerade bei Lukas ist „die Vielzahl christologischer Titel" gar „nicht darauf angelegt, ... zu einem System verbunden zu werden", so daß diese „sich – in Grenzen natürlich – gegeneinander austauschen lassen" (283). Das entspricht der Tatsache, daß Jesus keine Theologie und daher auch keine Christologie entwickelt hat, obwohl beides in seinem ganzen Handeln und Erleiden enthalten ist (471).

4. In gewisser Weise ist das christologische Problem bei Lukas das der Evangelienschreibung überhaupt. Denn es ist ja der „Zwischenraum zwischen Geburt und Tod" Jesu, „den das Credo merkwürdigerweise mit Schweigen übergeht". Das geschieht vermutlich deswegen, weil es der Raum ist, „in dem die Werke eines Menschen ihren Ort haben", während das Credo „in lauter Passiven" von dem redet, der geboren, gekreuzigt und auferweckt wurde (21). Wie ist also anschaulich zu machen, daß im Wirken Jesu, das zunächst doch einfach das Wirken eines Menschen ist, Gott selbst am Werk ist, ohne daß dabei aus Jesus ein Wunder vollbringender Über-

mensch wird? Mir scheint, daß Lukas etwas von diesem Problem erkannt hat, als er Jesu Wirken durch die Kindheitsgeschichten eingeführt hat. In ihnen ist, mindestens bis zu 2,40 hin, Jesus ausschließlich der, an dem gehandelt wird. Ja, selbst die an ihm handelnden Menschen sind die Empfangenden, die durch Engelbotschaft und Gottesgesetz Bestimmten. Zeichenhaft leuchtet dabei etwas von der Vollmacht dieses Kindes in 2,49 auf und wird von Lukas redaktionell durch den Satz von Jesu Lehren unterstrichen, der V.46 widerspricht und den Zusammenhang zu V.48 unterbricht.

5. Sicher will Lukas also, so menschlich Jesus bei ihm geschildert wird, keine bloße „Jesulogie" (11) bieten. Es wird im nächsten Abschnitt deutlich werden, wie gut er „die willige Bejahung" (nämlich der „Erniedrigung hinein in die Daseinsbedingungen innerhalb der sündigen Menschheit") „durch Jesus, die sich durch das ganze Leben hindurch erstreckt" (88) erkennt, in der „neben dem Anblick der Niedrigkeit und Ohnmacht anderseits Anzeichen der Vollmacht stehen", so daß „in der Erniedrigung selbst Ohnmacht und Vollmacht beisammen sind" (90). Seine Vollmacht ist gerade im lukanischen Sondergut als Zuwendung der Liebe beschrieben (Lk 7,11–15.37–39; 13,16; vgl. 8,42). So schildert Lukas, wie „die aus Liebe entspringende Solidarität mit der Menschheit ... keineswegs ein Anzeichen dafür ist, daß hier das Göttliche preisgegeben und Gott völlig abwesend wäre", sondern „im Gegenteil ... die Anwesenheit Gottes als Liebe erfahrbar wird" (89). Dabei hat diese Liebe für ihn nicht nur „den Charakter eines aufgeklärten Gottesbegriffs" (106). Das erweist sich schon daran, daß gerade bei ihm die Zuwendung Jesu zur Dirne oder seine Tischgemeinschaft mit Zöllnern immer andere, die das beobachten, unter das Gericht Gottes stellt (Lk 7,36–50; 15,1 f; 18,9–14; 23,39–43.48 usw.). Für Lukas stimmt sicher auch, daß „sich diese ausschließliche Beschränkung auf die Liebe gar nicht konkretisieren und durchhalten läßt ... in einer Loslösung von der Person Jesu Christi" (106). Gerade daß Lukas Jesus menschlicher schildert als die anderen Evangelien, zeigt ja, wie er die suchende Liebe Gottes nicht einfach gedanklich formulieren, sondern darstellen und damit Vertrauen hervorrufen will. Gehört also zur Menschwerdung das Gottesattribut der *Liebe*, dem als Antwort das *Vertrauen* des Menschen entspricht (230. 345; I,243 f), dann läßt sich lukanische Christologie durchaus hier einordnen.

IV. Der Tod Gottes

1. Die Frage, ob es Lukas gelingt, die Aussage des vere homo – vere Deus dort durchzuhalten, wo beides unvereinbar auseinandergerissen zu sein scheint, stellt sich am schärfsten beim Verständnis des Kreuzes. Mindestens in der Areopagrede des lukanischen Paulus findet sich eine Christusverkündigung, die nur von Auferstehung und Richterfunktion spricht (Apg 17,31). In den Reden an Juden ist zwar die Kreuzigung gewiß nicht nur bedauerlicher Unglücksfall; wohl aber scheint sie christologisch durch die Auferstehung überholt zu sein und nur noch als Anklage und Bußruf eine gewisse soteriologische Funktion zu haben. Sind also für Lukas nicht doch „Tod und Auferstehung … gegeneinander selbständige und einander ablösende Themen" (130), so daß „das Nächstfolgende das Vorangehende gar verschwinden läßt: der Tod die Menschwerdung, die Auferstehung den Tod" (131)? Ist für Lukas wirklich das Kreuz „das Herzstück der Theologie" (131.229), so daß „im Kreuz das Ganze der Erscheinung Jesu Christi versammelt ist" (151)? Spürt Lukas noch, daß der „Aufbau der Christologie in einem befremdenden Kontrast steht zu dem, was gewissermaßen der harte Kern der Christologie ist: zu einem Leben, von dessen Ende her auf dieses und alles Leben der tiefe Schatten des Kreuzes fällt" (16)?

Zunächst kann gesagt werden, daß gerade das Gefühl für diesen Kontrast das Besondere des dritten Evangeliums ausmacht. Nicht das Messias-, wohl aber das Leidensgeheimnis bestimmt ja die lukanische Schilderung Jesu. Das wird 9,45 und 18,34 ausdrücklich formuliert, zeigt sich aber auch darin, daß in Apg 2,23; 3,18; 17,3; 26,22f immer wieder Leiden und Sterben Jesu als die eigentliche Glaubensschwierigkeit angesehen wird. Vor allem betont Lukas dieses Leiden weit stärker als die andern Evangelien. Darauf weisen schon Mose und Elija hin (Lk 9,31). Gegen Mk 9,31 spricht Lk 9,44 nur davon, nicht auch von der Auferstehung. Leidensankündigungen werden 9,51[6]; 12,49f; 13,31–33; 17,25; 24,7 neu eingefügt, und die ganze Wanderung von 9,51 bis zu 19,27 ist vom Ziel Jerusalem und dem dort erfolgenden Tod Jesu geprägt. Darum erläutert auch der Auferstandene vor allem die Notwendigkeit seines Leidens und Sterbens (24,20.25–27.46f). Nur in der lukanischen Version des Gleichnisses von den Weinbergpächtern ist der Tod des Sohnes einzigartig (Lk 20,15),

---

[6] Mit G. Friedrich, Lukas 9,51 und die Entrückungschristologie des Lukas (in: Ders., Auf das Wort kommt es an, 1978, 26–55) ist in Lk 9,51 an den Tod, nicht die Erhöhung zu denken. Anders z. B. E. Kränkl, Jesus der Knecht Gottes (BU 8), 1972, 209.

während nach Mk 12,5 auch viele der vorher ausgesandten Knechte (also der Propheten), nach Mt 21,35 sogar schon einige der zu allererst geschickten dasselbe Schicksal erleiden. Man kann also nicht sagen, das Kreuz Jesu sei für Lukas nicht zentral. Die Frage ist aber von der *Soteriologie* her zu stellen, wie er dann das Kreuz Jesu versteht.

2. Bei ihm fehlt Mk 10,45, das Wort vom „Menschensohn, der nicht gekommen ist, sich dienen zu lassen, sondern zu dienen und sein Leben zum Lösegeld für viele zu geben", vielleicht auch das „für euch gegeben ... für euch vergossen" der Abendmahlsliturgie (Lk 22,19f)[7]. Jedenfalls ist weder die letztgenannte Wendung (die im Nominativ statt im Dativ steht) noch die vom „eigenen Blut" in Apg 20,28 (das sich auf Gott statt auf Jesus bezieht) wirklich in den Kontext eingegliedert, also bewußt in ihrer Bedeutung verstanden. Aber an die Stelle von Mk 10,45 tritt im gleichen Zusammenhang das vielleicht von Lukas selbst gebildete Wort vom Menschensohn, der gekommen ist, das Verlorene zu suchen und zu retten (Lk 19,10), und beim Abendmahl folgt der Satz: „Ich bin in eurer Mitte als der Dienende" (22,27). Bei beiden Worten ist zweifellos das Ende Jesu am Kreuz in Sicht, wie 19,11 und der direkte Anschluß von 19,28 einer-, 22,15–18 (und 37) andererseits zeigen. Nur ist dieses Ende als das Ende eines Lebens verstanden, das als ganzes schon Dienen, Suchen und Retten war. Aber das Kreuz könnte ja gar nicht als das Kreuz Jesu Christi verstanden werden außer in dieser Perspektive. Nur von der „Kenntnis der irdischen Erscheinung Jesu" her „wird der Tod am Kreuz eben dieser Tod und kein beliebiger" (160). Ja, „die Gestalt des Gekreuzigten hätte völlig unverständlich sein müssen, wenn gar kein innerer Zusammenhang mit demjenigen bewußt gewesen wäre, was Jesus als Verkündiger gelebt hatte" (388). Man muß sogar sagen, daß „in dem Maße, wie dabei die Orientierung an der Erscheinung Jesu verloren geht, ...nun doch eine theologia gloriae entsteht" (336).

3. Aber hat Lukas jene „extreme Provokation" (231) verstanden, daß Gottes eigentliches und zentrales Handeln gerade in der Kreuzigung gesehen werden soll? Hat er nicht den Schrei des Gekreuzigten „Mein Gott, mein Gott, warum hast Du mich verlassen?" vermieden, also jene „Erfahrung der Verborgenheit Gottes", die sich in dem zitierten Ps 22 ausspricht und ohne die „das Reden von Gott ... nicht ernstgenommen werden" kann (247f)? Weiß er also nicht mehr von jener „Gottverlassenheit, wie sie nur dem widerfahren kann, der sich ganz auf Gott verlassen hat" (188), die nur noch „zu dem entflohenen Gott sich flüchten" kann, „zu Gott gegen Gott"

---

[7] Ich halte freilich den Langtext für ursprünglich.

(192)? Daß Lukas das Skandalon des Kreuzes nicht kenne, kann man freilich nicht sagen. Er schildert die Not der beiden, die nach Emmaus wandern (Lk 24,18–21). Wie unverständlich das Ereignis der Kreuzigung für ihn ist, zeigt sich in der Lk 9,45 gegenüber Markus redaktionell verstärkten und 18,34 neu hinzugefügten Blindheit der Jünger für Jesu Leidensankündigungen, aber auch im Unglauben der Jünger gegenüber der Auferstehung, der 24,41 nach dem Bekenntnis von V.34 („Wahrhaftig wurde der Herr erweckt und von Simon gesehen") und dem Vorzeigen von Füßen und Händen (V.41) psychologisch und historisch so unbegreiflich ist, daß Lukas ihn nur durch die „Freude" der vor dem Wunder Staunenden, nichts Begreifenden erklären kann. Aber wird dann nicht doch dieses Ärgernis wegerklärt, weil die Auferstehung es aufgehoben hat und diese Folge der Ereignisse vom Alten Testament sanktioniert wird? Ist dann das Kreuz nicht doch nur notwendiges Durchgangsstadium zu der allein wichtigen Erhöhung Jesu?

Die Frage wird verschärft, wenn man (soteriologisch) fragt: Hat Lukas jenes „radikale und universale Verständnis von Sünde herausgebildet", das sich „erst zusammen mit der Behauptung der Sündlosigkeit Jesu" aussagen läßt; so nämlich, daß man versteht, daß Jesus „nicht sündlos ist für sich gegen die anderen, die er dadurch um so mehr der Sünde überläßt, vielmehr ... es für andere ist gegen sich selbst" (181)? Ist es nicht so, daß Lukas das Heil auf die Umkehr des Menschen gründet, daß es daher für ihn auch Menschen gibt, die eigentlich keiner Umkehr bedürfen, sondern nur noch der Mitteilung, daß der Gott, dem sie bisher wissentlich, nur ahnend oder unwissentlich gedient haben, sich in Jesus endgültig offenbart habe[8]? Sind nicht die Eltern des Täufers „beide vor Gott gerecht, untadelig in allen Geboten und Rechtsforderungen des Herrn wandelnd" (Lk 1,6), und handeln nicht die Eltern Jesu „nach dem im Gesetz Gesagten" und „nach dem Brauch des Gesetzes" (Lk 2,24.27)? Haben nicht auch die Athener von Apg 17,23, ohne es zu wissen, dem wirklichen Gott gedient? Findet sich nicht der Ruf zur Umkehr in den Reden des Petrus und Paulus, die sich strukturell sehr gleichen, nur in der Verkündigung an palästinische Juden und an Vollheiden, im Unterschied zu der an Diasporajuden und Gottesfürchtige[9]? Und was der lukanische Paulus Apg 13,38 f über die Rechtferti-

---

[8] So J. W. TAEGER, Paulus und Lukas über den Menschen (ZNW 71, 1980, 96–108), bes. 105–107.

[9] E. SCHWEIZER, Zu den Reden der Apostelgeschichte (in: DERS., Neotestamentica, 1963, 418–428). Daß es sich bei den Heiden nicht nur um intellektuelle Umkehr zur vernünftigen Einsicht handeln kann, dazu vgl. M. DIBELIUS, Aufsätze zur Apostelgeschichte, 1951, 53 und DUPONT (s. Anm. 4), 276.

gung lehrt, hat schon immer das Mißfallen der Exegeten hervorgerufen. Hat Lukas also wirklich Verständnis für „den radikal verstandenen Begriff des Gottlosen", der „den Widerwillen gegen Gott unter den verschiedensten Ausdrucksformen und Tarnungen als eine gemeinmenschliche Grundströmung erfaßt" (60)? Weiß er um den „Riß", „der durch die Menschheit geht" (50), in der „das Gute hart neben dem Bösen, das Schöne neben dem Häßlichen, das Bewundernswerte neben dem Abscheulichen steht" (51)?

4. Nun sind aber die Gerechten gerade bei Lukas die, die mit leeren Händen offen für Gottes unerwartetes Tun in die Zukunft schauen. Der gerechte Zacharias verstummt unter Gottes gnädigem Gericht (das also offenkundig auch über ihn kommt) und wird zum Wartenden. Maria tritt, obwohl die Ankündigung an sie strukturell parallel, teilweise sogar wörtlich derjenigen an Zacharias folgt, im Unterschied zu jenem in der Einführung nicht als Subjekt auf, sondern erst als Ziel der Sendung des Engels; auch fehlt bei ihr, wiederum im Unterschied zu jenem, jeder Hinweis auf ihre Gerechtigkeit. Sie ist völlig als Begnadete geschildert. Nicht sie, sondern der Engel des Herrn ist das eigentliche Subjekt ihrer Geschichte (1,26f). Simeon ist „gerecht und fromm", weil er „auf die Tröstung Israels wartet" (2,25). Gewiß ist das übernommene Tradition; doch ist auch in Apg 10,1–6.22.35 das Musterbeispiel für den, der „Gott fürchtet und Gerechtigkeit tut", der heidnische Hauptmann, der sich Gottes unerwartet neuen Wegen öffnet.

In den Briefen des Paulus, wo bestimmte Gefahren aufgetaucht sind und die Gemeindeglieder in der Auseinandersetzung damit mündig werden müssen, also dort, „wo es gilt, auch den einzelnen Glaubenden urteilsfähig zu machen" (III,219), kommt es freilich auf eine möglichst scharfe Präzisierung an. Dort aber, wo es wie bei Lukas „um unmittelbaren Zuspruch geht, wird ... die Terminologie der Rechtfertigungsaussage kaum eine Rolle spielen, sosehr es um deren Sache geht" (III,219), ist es doch „unmöglich, eine Vorschrift dafür aufzustellen, wie einem die Rechtfertigungsaussage aufgeht" (III,217). Die Frage ist also, ob nicht gerade in der Schilderung jener wartenden Menschen, die mit leeren Händen kommen, sich beschenken zu lassen, die *Sache* von Lukas oder jedenfalls von einer Sondertradition ausgezeichnet durchgehalten worden ist. Darum schildert das dritte Evangelium umfassender als die übrigen, wie Zöllner und Soldaten schon zum Täufer strömen (Lk 3,12.14; 7,29), erst recht zu Jesus (15,2; 19,1–10; vgl. 18,9–14; Apg 10 usw.) und wie die weithin vom Kult ausgeschlossenen Frauen Jesus umgeben (Lk 8,1–3; 10,38–42; 23,49.55; 24,10; Apg 1,14; vgl. 16,14–18). Den gefährlichen Satz von den Gerechten, die der Umkehr nicht bedürfen, hat Lukas zwar im Gleichnis vom verlorenen Schaf in 15,7 übernommen; aber er zeigt doch gerade in der redaktionellen Einleitung von V.2, daß es diese Gerechten gar nicht gibt. Wie Paulus vor dem Selbstruhm warnt, so stellt Lukas gerade in redaktionellen Zwischenbemerkungen immer wieder die bloß, die sich selbst für gerecht ansehen (15,1f; 16,15; 20,20; vgl. 18,9–14). Er huldigt also sicher nicht einem primitiven Begriff von Sünde, der diese mit moralischen Maßstäben messen zu können meint. Er weiß: „Indem sich Jesus der sogenannten Sünder annimmt, verändert er in der Tat das herrschende Verständnis von Sünde, das diese auf bestimmte Handlungen fixiert, die einem religiösen und sittlichen Verhaltenskodex zuwiderlaufen." (182)

Daß er dabei den Pharisäern gegenüber weit offener ist als die andern Evangelisten, steht schon der historischen Wahrheit näher; in der relativ frühen Tradition der Passionsgeschichte spielen sie abgesehen von Mt 27,62 (vgl. noch Joh 18,3) überhaupt keine Rolle, obwohl sie natürlich auch zum Synedrium gehörten. Daß er darum auch eher den auf seinen Besitz (Lk 12,16–21; 16,19–31) oder seine Arbeitsleistung (Lk 15,25–32) Vertrauenden anprangert oder auch den Durchschnittsbürger, der nicht weiter denkt (Lk 13,1–5; 17,28f [gegenüber Mt 24,37–39 zugesetzt]), ist darüber hinaus auch auf die seinen Lesern stärker drohenden Varianten der Selbstsicherheit und Selbstrechtfertigung ausgerichtet. Auch das sieht er eher schärfer als seine Seitenreferenten. Daß auch heidnische Gottesfürchtige umkehren müssen und nur aus der Gnade leben können, zeigen Apg 11,18; 13,38; 15,9.11.19.

5. Dabei verfällt er nicht ins andere Extrem, als ob nun die Zöllner und Dirnen die Idealtypen wären, die ihrerseits keiner Umkehr bedürften. Lukas weiß beides: Wie es Jesu „Weise ist, sich der sogenannten Gerechten in ihrer Sünde anzunehmen, daß er ihrem Urteil widerspricht und ihnen das Recht abspricht, sich auf Gott zu berufen" (183), so spricht er auch „die sogenannten Sünder keineswegs von der Sünde frei" (182). Auch ihnen muß ihre Sünde ausdrücklich vergeben werden (Lk 7,48 redaktionell), was zeichenhaft in ihrer Umkehr sichtbar werden kann (Lk 3,10–14; 19,8). Darum läßt Lk 3,7 anders als Mt 3,7 den Umkehrruf des Täufers an alle ergehen.

Lukas ist also nicht blind dafür, daß „das Wort Gottes ... als adversarius noster kommt, als etwas, was unseren Erwartungen, unseren Wünschen, unseren Vorstellungen, unserem Verstand zuwiderläuft" (61f). Daß es „rücksichtsloses Aufdecken und barmherziges Zudecken, Zerbrechen und Aufrichten, Verwunden und Heilen, Töten und Lebendigmachen" ist (73), zeigt sich Lk 2,34, wo „Fallen und Aufstehen" wohl wie im Alten Testament als einheitliches Geschehen auf dieselbe Person bezogen ist (Spr

24,16; Mi 7,7–9; vgl. Pred 4,10; Am 5,2; 8,14; Jes 24,20)[10], erst recht beim jüngeren Sohn in Lk 15,24.32. Daß Jesus selber daher „aufs äußerste im Zeichen des Widerspruchs steht" (63, ähnlich III,448, mit Verweis auf Lk 2,34), ist für Lukas gewiß nicht nur übernommene Tradition, sondern zeigt sich programmatisch schon in dem von ihm zugefügten Schluß der Erzählung von seinem ersten Auftreten in Nazaret (4,28–30). Ich meine sogar, daß die Tradition stärker als Lukas selbst im Passionsbericht das Volk von den Behörden unterschieden hat, daß also Lukas ihr gegenüber die Verwerfung Jesu durch alle verstärkt hat (23,13.18.23.35). Daß es „gerade unumgänglich ist, daß Gott solche Widersprüchlichkeit in sich aufnimmt, wenn es zur Versöhnung kommen soll" (63), hat Lukas so gewiß nicht konzipiert. Daß er aber programmatisch am Anfang und am Ende der Wirksamkeit Jesu, wahrscheinlich redaktionell, die ganze Gemeinde oder das ganze Volk gegen Jesus Stellung nehmen läßt – und zwar so, daß es dabei um Tod oder Leben Jesu geht –, zeigt, daß er um Jesus als das „Zeichen, dem widersprochen wird", und um die Widersprüchlichkeit des Menschen wohl weiß. Damit sind gewiß nicht alle an Lukas zu stellenden Fragen abgetan. Man wird zugeben, daß es ihm nicht überall gelingt, so zu erzählen, daß die Auferstehung Jesu seinen Tod nicht einfach überholt und gar verschwinden läßt. Aber man wird andererseits auch sehen dürfen, daß gerade sein Verzicht auf eine das Rätsel des Kreuzestodes lösende Formel oder Satisfaktionstheorie das Ärgernis des Kreuzes auch stehen und nicht harmlos werden läßt, eben weil man es nicht einfach theologisch erklären kann. Daß man zunächst nur still werden kann vor dem „Muß" Gottes, das ja über Mk 8,31 (par. Lk 9,22) hinaus in Lk 13,33; 17,25; 22,37; 24,7.26(46?); Apg (1,16;) 17,3; 26,23 hervorgehoben wird, und es auch nur verstehen kann, wenn man selbst den Weg hinter Jesus her geführt wird, ist mindestens als notwendiger Nebenton neben den expliziteren Aussagen z. B. des Paulus durchaus mitzuhören und im Ganzen des Neuen Testamentes notwendig.

6. Vielleicht läßt sich das noch durch eine andere Beobachtung stützen. In 23,47 läßt Lukas den römischen Offizier merkwürdigerweise nicht mehr bekennen: „Dieser Mensch war wirklich Gottes Sohn", sondern: „... ein Gerechter". Auch nach Apg 3,14 ist der, den die Menschen verleugnet und zu Tode gebracht haben, „der Heilige und Gerechte" schlechthin, und Apg 4,27 gibt dem Gottesknecht, gegen den sich Pilatus und Herodes verschworen haben, den Beinamen des „Heiligen". Diese Gott im Unter-

---

[10] Für Qumranparallelen vgl. W. Grundmann, Stehen und Fallen im qumranischen und neutestamentlichen Schrifttum (in: Qumran-Probleme, hg. v. H. Bardtke, 1963, 147–153).

schied zum Menschen zukommende Heiligkeit zeigt sich nach Lukas darin, daß Jesus sich leidend und sterbend denen zuwendet, die ihn foltern („Vater, vergib ihnen …") und als Verbrecher hingerichtet werden („Heute wirst du mit mir im Paradies sein"), und sich darin selbst in die volle Gemeinschaft mit Gott zurückgibt („Vater, in deine Hände …"). Am sterbenden Jesus zeichnet Lukas also die Heiligkeit Gottes „in der Entgegensetzung zum Unheiligen" (234), zu der „der Heiligkeit Gottes widersprechenden Unheiligkeit des Menschen" (237). Und gerade so ist Gottes Heiligkeit „radikale Abzielung auf den Menschen" (236). Daran kann einem schon, gerade bei Lukas, „die eigene religiöse Erfahrungsdefizienz bewußt gemacht" werden (232).

Wiederum ist dies nicht nur historische Reminiszenz, die zur Kenntnis genommen werden kann. Die „radikale Abzielung auf den Menschen" lebt ja darin weiter, daß seinen Jüngern in der Nachfolge geschenkt wird, die Bitten des Gekreuzigten nach-zusagen: „Herr, rechne ihnen diese Sünde nicht an" und „Herr Jesus, nimm meinen Geist auf" (Apg 7,59f). Daß an die Stelle des Rufes „Vater" jetzt der Ruf „Herr (Jesus)" tritt, zeigt, wie sehr Lukas um das Wunder dieser Gebetsanrede weiß, die nur in Jesus Christus und durch seinen Tod möglich geworden ist. Ist also „das Gottesattribut, das im Zusammenhang mit dem Kreuz neu bedacht wird, die *Heiligkeit*", die „primär der *Gebetsanrede* korrespondiert" (230; vgl. I, 241 f), dann hat Lukas in einer ihm eigentümlichen und gewiß nicht gegen alle Mißverständnisse geschützten Weise etwas davon vermittelt. Aber auch dies ist im nächsten Abschnitt nochmals aufzunehmen.

V. Das Leben Gottes

1. Es gibt kein Evangelium, das nicht vom Osterereignis her geschrieben wäre. Wenn Lukas das ebenfalls tut, steht er schon in einer festen Tradition. Doch hat er darüber in seinem Vorwort Rechenschaft abgelegt und durch die Verlängerung des Evangeliums in die Apostelgeschichte hinein demonstriert, wie bewußt er seinen Standort in der nachösterlichen Zeit gewählt hat. Das braucht an sich noch nicht mehr zu sagen, als daß Lukas als Historiker weiß, daß es historische Ereignisse nicht ohne ihre, dem Historiker schon bekannte, Zukunft gibt, weil ja erst ihre Wirkung zeigt, daß es „historische", der Erwähnung werte Ereignisse waren[11]. Daß

---

[11] Dazu H. WEDER, Das Kreuz bei Paulus. Ein Versuch, über den Geschichtsbezug des christlichen Glaubens nachzudenken (FRLANT 125), 1981, bes. 93–100 mit Anm. 172.

ein Evangelium im Licht von Ostern geschrieben ist, braucht also noch nicht über das von jedem Historiker Geforderte hinauszugehen, wobei natürlich immer zu diskutieren ist, ob diese oder eine andere Sicht des Zusammenhangs zwischen dem Wirken Jesu und der Geschichte nach Ostern richtig sei. Selbst wenn man nicht nur an historisch zufällig eingetretene Folgen denkt, sondern an das im ursprünglichen Ereignis wirklich Angelegte, bleibt das noch durchaus innerhalb der Aufgabe des Historikers. „Als ob es einen Menschen gäbe, von dem man aussagen könnte, wer und was er sei, ohne dazu genötigt zu sein, ... über ihn als abstrakt isolierte Person hinauszugehen und das einzubeziehen, was durch ihn selbst in sein Dasein einbezogen worden ist ..." (404)

Zu fragen ist also nur, ob Lukas damit im Recht ist, wenn er die nachösterliche Geschichte als die durch Jesus bewirkte, aus seinem Reden und Handeln und Geschick herausgewachsene und von ihm gewollte versteht. Aber da kein Historiker unbeteiligt, ohne eigene Interpretation schreiben kann, ist selbst dies noch im Raum des Historischen vertretbar. Anders stellt sich das Problem, wenn wir fragen, ob seine Sicht die des Glaubens ist. Zweifellos versteht Lukas seine Aussage als Glaubensaussage. Ist es aber so, daß bei ihm „die Majestätsaussagen die Bedeutung des Gekreuzigten unterstreichen" (336)? Wenn „das Ostergeschehen, die irdische Erscheinung Jesu sowie das Alte Testament ... der maßgebende Verstehenshorizont" sind, von dem her „aus dem Kreuz das Wort vom Kreuz hervorging" (210), dann hat Lk 24,47–49 genau dieses Programm klassisch formuliert. Ob es gelungen ist, wäre noch zu untersuchen. Jedenfalls hat er sich „Rechenschaft über die ontologische Verankerung von Glaubensaussagen in dem Sachverhalt geschichtlichen Geschehens und Verstehens" (404) gegeben, und die Identität des Auferstandenen mit dem Irdischen ist ihm besonders wichtig, wie ja gerade das Nebeneinander von Evangelium und Apostelgeschichte zeigt. Wenn also „in dem Maße, wie ... die Orientierung an der Erscheinung Jesu verloren geht oder nur noch als bloßer Anspruch behauptet wird, nun doch eine theologia gloriae entsteht" (336), dann trifft dies für Lukas gerade nicht zu. Aber ist nun nicht von der *Ekklesiologie* her zu fragen, ob nicht schon die Tatsache, daß er eine Apostelgeschichte neben das Evangelium stellen kann, verrät, daß die Kirchengeschichte gleichwertig neben der Jesusgeschichte, die Christen neben dem Christus stehen, daß also vielleicht doch die Osterbotschaft „Jesus ist auferstanden" im Sinne des von Ebeling zitierten Goethewortes umgeprägt wurde in die Botschaft „Sie sind auferstanden", weil „sich in ihrem Leben eine entscheidende und endgültige Wendung vollzogen hat" (301).

2. Diese Frage ist zu differenzieren. Ist es möglich, Jesus Christus zu verkünden und nicht den frommen Menschen, wenn man (ekklesiologisch) von der Gemeinde des Auferstandenen erzählt statt ihn selbst zu proklamieren? Und wenn dies möglich ist, *wie* muß dann von dieser Gemeinde gesprochen werden? Zum ersten ist festzustellen, daß die Auferstehung Jesu im ganzen Neuen Testament nie geschildert ist, sondern immer nur, wie der Auferstandene seinen Jüngern begegnet ist, was er in ihnen bewirkt hat und wie er in ihrem Wort weiterwirken will. Es „wird zusammen mit dem Leben Gottes das Leben des Menschen zum Thema" (261); denn „mit dem Nachdenken über die Glaubensaussage der Auferstehung Jesu verknüpft sich ... das Nachdenken über das Leben Gottes und über des Menschen Teilhabe daran" (279). „Was historisch in den Blick kommt, ist ... nicht das Ereignis der Auferstehung selbst, sondern die Vorgänge, in denen sich der Glaube an den Auferstandenen durchsetzt, artikuliert und Gestalt gewinnt." (294) Von diesem Gestaltgewinnen erzählt Lukas. Das ist nicht grundsätzlich verschieden von 1Kor 15,5–11, wo schon eine konzentrierte Apostelgeschichte mit dem Evangelium vom Gekreuzigten in V.3f zusammengestellt ist[12].

3. Viel schwieriger ist die zweite Frage zu beantworten. Daß Lukas von der Wirkung Jesu wie während seinem irdischen Dienst so auch in der Zeit der apostolischen Verkündigung erzählt, ist ihm nicht vorzuwerfen. Denn wenn „die Sinnesänderung des Sünders, seine *metanoia* selbst zum Heil gehört" (209), weil ja der Mensch „in die Versöhnung hineingeholt werden" muß (225), dann erzählt Lukas damit nichts anderes als das Geschehen der Gnade, in der Gott über einen Menschen kommt. So erweist sich „das Wort vom Kreuz" als „ein Wort des Umdenkens und Umkehrens, der *metanoia* in bezug auf die Kriterien, nach denen der Mensch nicht nur sich selbst, sondern sogar Gott beurteilt" (215). Ist jedoch gerade dies letzte bei Lukas wirklich zu sehen? Zeigen nicht die stupenden Wunder, daß Gott gar nicht nach dem Bild des Gekreuzigten, sondern nach den alten, üblichen Kriterien verstanden wird? Nun ist nicht zu leugnen, daß er von Gefängnistüren erzählt, die sich wunderbar öffnen (Apg 12,8–10; 16,26), und von Wunderheilungen durch den Schatten des Petrus und das Schweißtuch des Paulus (Apg 5,15; 19,12). Dennoch weiß Lukas auch um die „Ambivalenz dessen, ... was Leben heißt" (262). Es gibt ja kein Gesetz, das fixiert, wie die Bekehrung sich zeigen muß. Sie kann eindrücklich sichtbar werden wie

---

[12] Vgl. P. Borgen, Von Paulus zu Lukas (StTh 20, 1966, 140–157), 156; W. G. Kümmel, Lukas in der Anklage der heutigen Theologie (in: Braumann [s. Anm. 3], 416–436), 432; vgl. J. Ernst, Schriftauslegung und Auferstehungsglaube bei Lukas (in: Ders. [Hg.], Schriftauslegung, 1972, 177–192), 180.

bei Zachäus: „Siehe, die Hälfte meines Besitzes gebe ich den Armen ..."
(Lk 19,8)[13]. Es kann sich darin zeigen, daß einer stammelt: „Geh weg von
mir, denn ich bin ein sündiger Mensch, Herr", was freilich zu einer
Nachfolge führt, in der alles verlassen wird (Lk 5,8.11). Es kann sich in
einer überströmenden Dankbarkeit zeigen, die alle Grenzen des Anstandes
hinter sich läßt (Lk 7,37 f), wobei allerdings Lukas selbst offen läßt, wie
weit dies Ausfluß des Heils ist, wie es die Geschichte selbst versteht, wie
weit Grund des Heils (V.47 f). Es kann sich darin erweisen, daß Zöllner
nicht mehr betrügen und Soldaten nicht mehr plündern (Lk 3,13 f), daß
Zauberbücher verbrannt werden (Apg 19,19), oder auch nur darin, daß
einer fröhlich seines Weges zieht (Apg 8,39). In all dem kann sich Umkehr
zeigen. Warum sollte der Bericht von einem Menschen, der seinen Besitz
aufgibt, weil er meinte, „sein Leben komme ihm aus dem zu, was er in
seinem Überfluß besitzt" (Lk 12,15), eher suspekt sein als der von einem
Menschen, der seinen religiösen Besitz aufgibt, weil er meinte, sein Leben
in seiner perfekten Gesetzeserfüllung zu finden?

4. Es ist aber noch mehr zu sagen. Gerade in der lukanischen Darstellung des Ostergeschehens ist nicht zu „übersehen, daß sich eben diejenigen,
die es betraf, nicht als die allein Betroffenen wußten und daß sie in dem,
was ihnen geschah, keineswegs das Grundgeschehen sahen" (301). Nicht
das ist entscheidend, „was einzelne erlebt haben, vielmehr ... das, was für
alle in bezug auf den Einen, in bezug auf Jesus, geschehen ist"; darum
bleiben „die Erscheinungen ... ein bloßer Appendix zur Auferweckung
Jesu" (302), weil sie als solche auch stets zweideutig bleiben (303). Gerade
Lukas hat diese Ausrichtung auf das Osterereignis selbst besonders unterstrichen. Gerade bei ihm finden sich „Symptome handfester Leiblichkeit,
die das Identifizieren erlauben, und Symptome unverfügbaren Anwesens
und Entschwindens, die den Transzendenzcharakter unterstreichen";
gerade bei ihm ist dies „die fortgeschrittene Reflexion auf das Grundwider-
fahrnis, die sich in apokalyptischer Sprache Ausdruck verschaffende
Gewißheit, Jesus begegnet zu sein" (305). Lukas betont, daß alles an der
Wirklichkeit des Auferstandenen hängt, in Bildern, die uns Mühe machen
(Lk 24,39.42)[14], und weiß doch zugleich, daß er geheimnisvoll kommt und
entschwindet (V.31.36). Er weiß also zweifellos, daß „losgelöst von dem,
was in Jesus Christus geschehen ist, die Aussage grundlos würde" (110),
und hat damit das „glauben an", für das „Jesus Christus ... alleiniger

---

[13] Ich meine, daß der Vers sekundär, aber vorlukanisch eingefügt wurde.
[14] Vgl. E. E. ELLIS, Die Funktion der Eschatologie im Lukasevangelium (in: BRAUMANN [s.
Anm. 3], 378–397), 385 f: Lukas denkt so wenig dualistisch wie Paulus.

Grund" bleibt (I,81 f), festgehalten. Darüber hinaus weiß er, daß Glaube immer „schon die Folge zugesagter Liebe ist" (110). In höchster Konzentration kann er den „Glauben an seinen (Jesu) Namen" den „Durch-ihn (geschaffenen) -Glauben" nennen (Apg 3,16), und nach Apg 4,12 ist auch der von den Aposteln proklamierte Name nichts anderes als er selbst, Jesus Christus.

Es soll gewiß nicht geleugnet werden, daß Mißverständnisse, als ob der Weg des Auferstandenen von Wunder zu Wunder führe und Leiden als Durchgang zur Herrlichkeit seine Bitterkeit verlöre, nicht überall ausgeschlossen sind. Aber wenn das in der Auferstehung sichtbar werdende Gottesattribut „die *Doxa*", Gottes Herrlichkeit ist, und wenn dem „das Gott zukommende *Lob*" entspricht (230; I,242 f), dann ist dies beides in den Ostererzählungen des Lukas und in den Schilderungen der Apostelgeschichte zu finden.

VI. Zum Schluß

1. Man kann sagen, daß Lukas in einer manchmal einseitigen, manchmal auch mißverständlichen Weise bezeugt, daß „das Für uns sich lebensmäßig als ein Sein mit Christus, als ein Hineingenommensein in das, was an ihm und durch ihn geschehen ist, als ein Teilnehmen daran vollzieht" (220). Ist Glaube mehr als intellektuelle Zustimmung, umfaßt er wirklich Leib und Seele, Gefühl und Willen, Tun und Erleben, dann muß ja von ihm erzählt werden können. Darin prägt sich aus, daß „Gott ... nicht objektivierbar ist im Sinne des wissenschaftlichen Verfahrens", daß er „sich der beobachtenden Feststellung und der kritischen Analyse entzieht", wohl aber „erfahren wird" (I, 204). Es muß also gewisse Analogien geben zwischen dem Christusgeschehen und dem im Glauben Erfahrenen. Lukas berichtet davon in dreifacher Weise im Zusammenhang mit den Kindheitsgeschichten, wo die Menschwerdung Gottes verkündet wird, mit dem irdischen Jesus und seinem Gang zum Kreuz, wo der Tod Gottes zum Thema wird, und mit der Auferstehung, in der das Leben Gottes aufgebrochen ist.

2. Lukas stellt die Kindheitsgeschichten an den Anfang seines Evangeliums. Man gibt sich gewöhnlich gar nicht Rechenschaft darüber, wie außerordentlich dieses Vorgehen ist. Lukas greift ja nicht etwa auf eine kanonische Geschichte zurück, die in Jesus ihre Erfüllung gefunden hat. Zwar wiederholen sich die Erfahrungen Abrahams und Saras, Manoas und seiner Frau, Elkanas und Hannas mehr oder weniger bei Zacharias und

Elisabet; aber Lukas verschränkt das, was Maria widerfährt, und die Geburt Jesu mit dem Erleben eines älteren zeitgenössischen Ehepaars und der Geburt eines Propheten, an den sich manche seiner Leser noch direkt erinnern können. Auch sind es nicht schriftgewordene, sondern lebendige Propheten, die Jesus begrüßen[15]. Was mit ihm geschieht, ist also nicht in dem Sinn einzigartig, daß noch nie Menschen durch ähnliche Erfahrungen hindurchgegangen wären, so daß Jesus wie ein fremdartiger Meteor vom Himmel fiele. Wohl aber besteht die Einzigartigkeit dieses Geschehens darin, daß alles, was schon vor ihm gelitten und an Hilfe erlebt worden ist, in ihm seinen Sinn und sein Ziel findet. Es sind die Vor-Erfahrungen dieses Elternpaars, die vorbereitend Glauben eröffnen gegenüber dem Gott, der gerade dort handelt, wo menschliche Hoffnung versagt. Das lange Warten kinderloser Eheleute und die nicht mehr erwartete Gabe Gottes, worin sich Erfahrungen alttestamentlicher Gestalten wiederholen, bekommen ihren Sinn als Vorbereitung jenes Glaubens, in dem „die Menschwerdung Gottes die Menschwerdung des Menschen auf die Weise bewirkt, daß der Mensch nun sein Sein in dem Zusammensein von Gott und Mensch gewinnt" (122).

3. Alle Evangelien berichten davon, daß Jesus Jünger in die Nachfolge rief, sie also in sein eigenes Leben mit Gott hineinnahm und damit auch in seinen Gang zum Kreuz, also gewissermaßen „Mit-Erfahrungen" schuf. Lukas verändert dieses Bild in zweierlei Weise. Einmal spricht er von einer großen Menge von Jüngern, die Jesus nachfolgen, aus der dann erst die Zwölf erwählt werden (6,13.17). Dem entspricht, daß sich der Ruf zur Nachfolge an alle wendet (9,23; 14,25). Dann verschärft er die Sicht der Nachfolge zu einem Aufgeben von „allem" (5,11.28; 14,33[16]), was sonst nur spätere Abschreiber in Mk 1,18 hineinkorrigiert haben. Ähnlich redet er 9,23 vom „täglichen" Tragen des Kreuzes. Ohne diese beiden Vorbedingungen kann man nicht sein Jünger sein[17] (14,26f.33 diff. Mt 10,37f). So hat Lukas unterstrichen, daß Glaube als Teilnehmen an dem, was an Jesus geschehen ist, „sich als ein Mitsterben, ein Mitgekreuzigtwerden vollzieht" (220).

4. Schließlich schildert Lukas das Ostergeschehen so, daß es sich auf die Gabe des Geistes und die Verkündigung Jesu durch die Jünger hin öffnet, ja daß Leiden – Auferstehen – Verkündigung an alle Völker ein einziges

---

[15] Vgl. P. MINEAR, Die Funktion der Kindheitsgeschichten im Werk des Lukas (in: BRAUMANN [s. Anm. 3], 204–235), 217f, auch 221f.

[16] Auch 18,22 fügt Lukas „alles" hinzu.

[17] Vgl. K. N. GILES, The Church in the Gospel of Luke (SJTh 34, 1981, 121–146), 135–138.

Heilsgeschehen ausmachen (Lk 24,46–49; Apg 26,23 usw.)[18]. Die Apostelgeschichte schildert die Wirklichkeit des Auferstandenen in den „Erfahrungen des Geführt-, Beschenkt- und Verwirklichtwerdens" (361), in denen
„Transzendenzerfahrungen" zum „Material der Glaubenserfahrungen"
werden (317). Lukas sieht also besonders gut „die Aufgabe, die von der
Christologie her der Pneumatologie erwächst" (344). Dabei ist nicht
ausgelöscht, daß Jüngerschaft das Verlassen von allem und Sterben bedeuten kann. Stephanus stirbt hinter Jesus her; die Reise des Paulus nach
Jerusalem und der ganze Ablauf seines Prozesses werden in merkwürdiger
Parallelität zur Reise Jesu und zu seinem Prozeß geschildert[19], und nur
durch viele Trübsale hindurch gelangt man nach Apg 14,22 ins Reich
Gottes. Aber Kreuz und Auferstehung Jesu sind dem vorgeordnet, so daß
selbst das Sterben zur „Nach-Erfahrung" des Lebens Gottes wird.

5. Falsch würde das alles, wenn einerseits Jesus als der Grund nicht mehr
deutlich von den sich darauf erst gründenden Erfahrungen und andererseits
die sich im Wort der Erstzeugen aussprechenden Glaubenserfahrungen
nicht mehr deutlich von den dadurch vermittelten Erfahrungen aller folgenden Generationen unterschieden würden, wenn also nicht mehr dem
Wort selbst, sondern der jeweiligen menschlichen Erfahrung die Priorität
zukäme. Es soll nicht geleugnet werden, daß lukanische Christologie und
Soteriologie nicht immer scharf genug dagegen geschützt sind. Das Mißverständnis einer theologia gloriae und einer Rechtfertigung des Frommen
ist nicht immer scharf genug abgewehrt, und was Ebeling vor allem aus
Paulus schöpft, findet sich nicht immer genau gleich bei Lukas. Wenn es
aber darum geht, daß Glaube als „Zugehörigkeit zu ihm (Jesus Christus)
nicht ein bloßer Gedanke ist, sondern ein Lebensakt" (524), daß daher „das
Entscheidende am Kommen des Reiches Gottes dies ist, sich darauf so
völlig einzulassen wie auf die Lebenssituationen" (444), dann könnte
gerade die bunte, nicht immer vollausgeglichene Fülle lukanischer Erzählungen und Reden von unschätzbarer Hilfe sein. Darin hat Lukas etwas von
dem aufgenommen, was Jesu Parabelrede kennzeichnet (vgl. 442f), und
etwas von dem „Sprachproblem, ob und wie von Gott mit Worten unserer
Sprache angemessen geredet werden kann" (I,396), verstanden. Daher
liefert er keine fertigen Zusammenfassungen dessen, was Jesu Leben,
Sterben und Auferstehen für uns bedeutet. Lukas erzählt Geschichten und

---

[18] Darin unterscheidet sich Lukas nicht von 2Kor 5,18 – 6,2, wo die Zeit der Verkündigung
in das Jetzt des Heils eingeschlossen ist.
[19] Die Belege habe ich in meinem Aufsatz „Plädoyer der Verteidigung in Sachen: Moderne
Theologie versus Lukas" (ThLZ 105, 1980, 241–252), 246 gesammelt.

läßt in Gleichnissen und Reden Jesu wie in den Predigten der Apostel etwas davon aufleuchten. Aber letztlich muß sich der Leser in das alles mithineinnehmen lassen und dann gewissermaßen von innen heraus selbst die Antwort des Glaubens finden. Das aber, meine ich, entspricht wie meinem eigenen so auch dem Anliegen Gerhard Ebelings, und ich wüßte kaum einen besseren Wunsch an den Schluß dieses Aufsatzes zu setzen, als daß dies auch weiterhin mit und durch uns geschehe.

Exegese und Erfahrung

Peter Stuhlmacher

I

Im Kreis der klassischen theologischen Disziplinen hat die biblische Exegese die Hauptaufgabe, das Ursprungszeugnis der biblischen Schriften historisch zu erhellen und im Ansatzpunkt für das gegenwärtige theologische Verständnis zu erschließen. Über die Art und Weise, wie die Exegese diese Aufgabe zu erfüllen hat, herrscht gegenwärtig kein Einverständnis mehr. Im Kreis der Fachexegeten kann man sich zwar noch im methodischen Grundsatz darüber verständigen, was zu einer wissenschaftlich verantwortbaren historischen Erhellung des biblischen Schrifttums gehört, die exegetische Praxis zeigt dann aber sehr rasch, daß trotz dieser gemeinsamen Prämissen eine fast unerschöpflich erscheinende Vielzahl hypothetischer Lösungsversuche aller biblisch wichtigen historischen Probleme vorgelegt wird. Unter diesen Lösungsversuchen das bloß Mögliche vom Wahrscheinlichen und Wirklichen zu sondern, ist ein mühsamer Prozeß. Er ist dann erfolgversprechend, wenn sich die Exegeten untereinander kritisch beraten und dabei die Arbeitsgebiete der historischen Nachbardisziplinen mit in Erwägung ziehen. Trotz vieler negativer Gegenbeispiele gelingt es mit Hilfe solcher Beratungen im allgemeinen noch, die ausufernde Hypothesenbildung in Grenzen zu halten und gemeinsame historische Perspektiven und Ergebnisse zu erarbeiten. Vollends kontrovers werden die Dinge erst, wenn es darum geht, die Textüberlieferung für das gegenwärtige theologische Verständnis aufzuschließen. Wird diese Aufgabenstellung nicht einfach im Stile W. Wredes abgewiesen[1], sieht man sich z. Z. alsbald

---

[1] „Aus gegebenen Urkunden will die biblische Theologie einen Tatbestand erheben, wenn nicht einen äußeren, so doch einen geistigen: sie sucht ihn so objektiv, so richtig, so scharf als möglich aufzufassen – das ist alles. Wie sich der Systematiker mit ihren Resultaten abfindet und auseinandersetzt, das ist seine Sache." W. WREDE, Über Aufgabe und Methode der sogenannten Neutestamentlichen Theologie, 1897, abgedruckt in: Das Problem der Theologie des Neuen Testaments, hg. v. G. STRECKER, 1975, (81–154) 83.

in ein Mit- und Gegeneinander von existentialer, psychologischer, soziolo-
gischer, materialistischer, politischer, strukturalistischer, feministischer
u. a. Spiclarten von Interpretation verwickelt. Ein gemeinsamer hermeneutischer Rahmen für diese verschiedenen Interpretationsweisen wird kaum
sichtbar, und eine theologische Integration der verschiedenen Blickrichtun-
gen und Auslegungsinteressen erscheint fast unmöglich[2].

Unter diesen Umständen ist es m. E. von erheblicher Bedeutung, daß
G. Ebeling seine langjährige hermeneutische Erfahrung im Umgang mit
der christlichen Tradition kürzlich in einem „Dogmatik und Exegese"
überschriebenen Rechenschaftsbericht zusammengefaßt und damit einen
Rahmen skizziert hat, innerhalb dessen sich über die theologische Verantwortung der biblischen Exegese und ihre hermeneutischen Möglichkeiten
und Grenzen sinnvoll diskutieren läßt[3].

Ebeling weist in diesem Rechenschaftsbericht einleitend darauf hin, daß
„der theologischen Orientierungskrise unserer Zeit", die sich auch in der
oben angedeuteten Richtungslosigkeit der Exegese ausdrückt, „allein mit
der Konzentration auf die klassischen theologischen Disziplinen zu begegnen (ist) und innerhalb ihrer auf Exegese und Dogmatik, die beide miteinander im Medium der Kirchengeschichte verwurzelt und durch das Aufga-
benfeld herausgefordert sind, das die Ethik und die praktische Theologie
vertreten"[4]. Schon diese bündige Formulierung ist ausgesprochen hilfreich.
Ebenso wichtig ist der gleich folgende Hinweis, daß Fundamentaltheologie
und Hermeneutik theologisch nur „subsidiäre Funktion" haben, die „sie
nur so viel wert sein (läßt), wie sie in den Umgang mit dem Gegenstand
der Theologie verwickelt sind. Allerdings" – fügt Ebeling hinzu – „ist ein
selbstkritischer Umgang mit dem Gegenstand, d. h. mit den Texten und
mit den Sachen der Theologie unumgänglich von methodologischer Reflexion begleitet. Sie wird aber wohl dann am angemessensten vollzogen,
wenn sie der Aufgabe, der sie dient, ein- und untergeordnet bleibt."[5]

---

[2] Wenn man die gegensätzlichen Argumentationen und die höchst unterschiedlichen Auslegungsinteressen realistisch ins Auge faßt, die gegenwärtig sowohl auf internationalen Exege-
tentreffen als auch in der literarisch geführten hermeneutischen Diskussion hervortreten, muß
man sich ernsthaft fragen, ob eine gemeinsame Argumentationsbasis und ein gemeinsames
Interpretationsinteresse überhaupt noch vorhanden sind. Ohne den Rat von hermeneutisch
erfahrenen Systematikern wird die orientierungslos gewordene Exegese eine gemeinsame
theologisch-hermeneutische Basis nicht wiedergewinnen können (vgl. Anm. 21).

[3] ZThK 77, 1980, 269–286, im Folgenden abgekürzt: DuE. Grundlegend für EBELINGS
Ansatz ist schon der Aufsatz: Schrift und Erfahrung als Quelle theologischer Aussagen (ZThK
75, 1978, 99–116), im Folgenden abgekürzt SuE. EBELINGS Exegese des Galaterbriefes, auf die
er in DuE verschiedentlich Bezug nimmt, ist greifbar unter dem Titel: Die Wahrheit des
Evangeliums. Eine Lesehilfe zum Galaterbrief, 1981.

[4] DuE 270.   [5] DuE 270.

Ebeling macht dann mit Recht darauf aufmerksam, daß sich exegetische und systematische, historische und dogmatische Argumentation im Umgang mit der Überlieferung nicht trennen lassen, wohl aber verschiedene Schwerpunkte haben. Die historische Arbeit ist darauf konzentriert, „möglichst distinkt" zu erfassen, „was der Fall war, in Abhebung gegen das, was der Fall ist"[6], während die systematisch-theologische Aufgabe darin besteht, „über den Zusammenhang der konstitutiven Glaubensüberlieferung mit dem gesamten Wahrheitsbewußtsein und mit der eigenen Erfahrung Rechenschaft zu geben"[7]. Die historisch ausgerichtete „Überlieferungskritik, die das Ursprüngliche gegen das Spätere, das Eigentliche gegen das Vermeintliche in Schutz nimmt und zur Geltung bringt"[8], ist also von der systematisch-theologisch ausgerichteten „Sachkritik" zu unterscheiden, die „von dem, was einst galt, das (unterscheidet), was heute gilt"[9]. Beiden Interpretationsweisen ist nach Ebeling gemeinsam, daß sie einen Akt der Emanzipation von der fraglosen Gültigkeit der Tradition darstellen. Beide aber unterliegen dem Maßstab der Sachlichkeit der Kritik. „Die Sachlichkeit solcher Kritik entscheidet sich daran, ob dem, was kritisch betrachtet wird, ein Höchstmaß an Sorgfalt und Gerechtigkeit bei gleichzeitig strengster Selbstkritik zuteil wird. Was dahinter zurückbleibt oder an kritischem Urteil darüber hinausgeht, fällt außerhalb der Grenzen hermeneutischer Verantwortung."[10] Will man in der Diskussion das nach Ebeling „unglückliche Schlagwort Bibelkritik" überhaupt noch verwenden, darf dies nach seiner Auffassung nur im Rahmen der so umrissenen hermeneutischen Verantwortung geschehen: „Innerhalb solcher Verantwortung kann Bibelkritik nur bedeuten: die Sache der Bibel so klar wie nur irgend möglich zum Leuchten kommen zu lassen gegen alles, was außerhalb ihrer oder auch in ihr, auf seiten der Überlieferung oder auf seiten unseres eigenen Wirklichkeitsverständnisses verdunkelnd wirkt und Mißverständnisse erzeugt."[11]

Dieser Rahmenbestimmung für eine theologisch verantwortliche Exegese, in der sich Ebeling erstaunlich stark mit A. Schlatter berührt[12], ist

---

[6] DuE 272.   [7] DuE 272.   [8] DuE 272.
[9] DuE 272.   [10] DuE 272.   [11] DuE 272.
[12] A. SCHLATTER wird in EBELINGS „Dogmatik des christlichen Glaubens" I–III nicht zitiert. Dennoch überrascht die Gemeinsamkeit z. B. in folgender Verhältnisbestimmung von historisch-exegetischer und systematisch-theologischer Aufgabenstellung. SCHLATTER schreibt: „Die Kritik der Bibel wird ... auf zwei Stufen zu unserem Beruf, als historische und als dogmatische Kritik. Die historische Kritik stellt das Verhältnis der biblischen Aussagen zu dem sie formenden Geschichtslauf fest. Indem wir uns ihren Ort in der Geschichte verdeutlichen, machen wir uns klar, wie weit ihre Wahrheit reicht und wo sie endet, welche Geltung der uns beschäftigenden Aussage zukommt und welche ihr nicht zukommt. Wir brauchen

nachdrücklich zuzustimmen. Die Frage, wie es zum theologisch angemessenen Verständnis biblischer Texte kommt, läßt sich in diesem Rahmen m. E. mit guter Aussicht auf Erfolg diskutieren! Eben dieser Diskussion sollen die folgenden Erörterungen dienen.

II

Das sachgemäße Verständnis biblischer Texte wird heute durch einen dreifachen Tatbestand behindert. Zunächst und vor allem durch die unleugbare historische Distanz zwischen der biblischen Überlieferung dort und unserer Gegenwart hier; näherhin durch die stellenweise schon gefährlich weit fortgeschrittene Erosion der christlichen Tradition und jener geschichtlich überkommenen Sprache des Glaubens, die uns bisher mit den biblischen Texten verband und ihren Erfahrungsraum offenhielt; schließlich durch einen langjährigen fragwürdigen Gebrauch der historischen Kritik, der die Distanz zur Überlieferung und das Bewußtsein der Sprachdifferenzen vergrößert, statt eine Verstehensbrücke zwischen (biblischer) Textwelt und der gegenwärtigen Denk- und Erfahrungswelt zu schlagen[13]. Ebeling hat diesen Problemzusammenhang sehr wohl erkannt und rät, der „Neigung der zünftigen Exegese zur Anhäufung gelehrten Materials und zum Zerbröckeln in Anmerkungen" durch einen „kontinuierlichen interpretatorischen Reflexionsgang" entgegenzuwirken, „in den das Detail je an seinem Ort ausdrücklich oder stillschweigend verarbeitet wird"[14]. Man kann diesen Ratschlag nur unterstreichen.

Was die Eröffnung der biblischen Überlieferung für ein über die bloße Beschreibung von Aussagen hinausgehendes Verständnis anbetrifft, gibt Ebeling eine hermeneutische Einsicht zu bedenken, die m. E. von wegweisender Bedeutung ist: „Ein überliefertes Wort ist erst dann recht erfaßt", schreibt er, „wenn deutlich wird, woraus es entsprungen ist, was zu ihm ermächtigt hat, woraufhin es gesagt werden kann. Diese Einkehr in den Ursprung eines Wortes schließt gewiß auch die Frage nach seinen äußeren

---

aber auch dann ein messendes Urteil, wenn wir das Schriftwort auf uns selbst beziehen; da muß wieder festgestellt werden, was es im Verhältnis zu der uns selbst gestaltenden Geschichte bedeutet, und das Urteil ist auch hier nach seinen beiden Zweigen zu entfalten, so daß wir uns sowohl verdeutlichen, wann und warum das Schriftwort für uns gilt, als wann und weshalb es nicht für uns gilt." Das christliche Dogma, 1977[3], 373f.

[13] Vgl. zu diesem Problem den instruktiven Aufsatz von H. WEDER, Zum Problem einer „Christlichen Exegese" (NTS 27, 1980/81, 64–82).

[14] DuE 274.

Umständen, seiner Veranlassung und seiner Motivation mit ein, erschöpft sich aber nicht darin. Je nach dem Charakter eines Textes muß man bis zu der Erfahrung vorstoßen, die in ihm zur Äußerung gelangt ist. Je sachintensiver die Interpretation verfährt..., desto mehr kommt es darauf an, den Erfahrungsgrund einer Aussage zu erhellen. *Denn erst dann, wenn man in den Erfahrungsgrund einkehrt, erschließt sich uneingeschränkt der Zugang zum Text.*"[15]

Hält man sich an diese Einsicht, kann man über die historisch gebotene Erklärung von Struktur, Situation und traditionsgeschichtlicher Tiefendimension der Texte hinaus vordringen zur Möglichkeit der Teilnahme an dem Sprachvorgang, der in den Texten beschlossen ist. Ebeling will mit seinem Hinweis nämlich keineswegs dazu anhalten, die unverwechselbare, kanonisch fixierte Sprachgestalt der biblischen Einzeltexte und Gesamttraditionen zum bloßen Ausdruck für Erfahrungen zu erklären, die heute anders und möglicherweise besser artikuliert werden könnten. Vielmehr geht es ihm um die Einführung in die christlich unverzichtbare biblische Sprache, die uns bis in die Gegenwart herein und über sie hinaus dazu verhelfen will, unseren Erfahrungen mit Gott und der Welt gültigen Ausdruck zu verschaffen: „Die Möglichkeiten eigener Erfahrung sind durch die Teilhabe an sprachlicher Überlieferung bedingt, ohne die sich Erfahrung gar nicht erschließt. Schwindet die geschichtlich vermittelte Bildung, so verkümmert auch die Erfahrung. Lebensrelevante Überlieferung ist als solche überlieferte Erfahrung. Sie vermag die eigene Erfahrung zwar nie zu ersetzen, wohl aber zu entdecken und zu erwecken."[16] Mit dieser Sicht der Tradition sind die leidigen Exegesen, die Texte der Bibel aus zumeist vordergründigen Motiven heraus für „erledigt" erklären, zumindest im Ansatz unterbunden und ist Raum geschaffen für einen ernsthaften kritischen Dialog mit der Überlieferung.

Die komplizierte Frage, wie der Interpret über die selbstverständlich zu übende methodische Genauigkeit und den sorgfältigen Umgang mit den Texten hinaus zum Verständnis der den Text tragenden Erfahrung vordringen kann, beantwortet Ebeling dialektisch. Einerseits hält er es für „vorschnell zu behaupten", ein Text und die darin ausgesagte Sache seien

---

[15] DuE 275, Hervorhebung von mir.

[16] DuE 277 f. Oder noch deutlicher in SuE 102: „In bezug auf theologische Aussagen, zumal in elementarem Sinne, sind wir auf Vorgegebenes angewiesen. Da gibt es nichts zu erdenken und zu erfinden, sondern nur zu empfangen und zu übernehmen. Die Abhängigkeit von der Überlieferung ist hier evident – ein Anlaß zum Danken, freilich auch eine Quelle der Anfechtung." Vgl. zum Gesamtkomplex auch Ebelings „Einführung in theologische Sprachlehre", 1971, 228 ff.

erst dann verstanden, „wenn man einverstanden ist", und fügt erläuternd
hinzu: „Aber immerhin setzt ein wirkliches, nicht nur eingebildetes, sondern zuteil gewordenes Einverständnis volles Verstehen voraus. Einverständnis ist in gewisser Hinsicht tatsächlich die Krönung und Erfüllung
dessen, worum es überhaupt in einem Sprachvorgang geht. Er zielt
letztlich auf Verständigung, und das meint doch nicht nur ein Sichver-
ständlichmachen, sondern wenn möglich auch dies, daß man miteinander
zu einem Konsens gelangt."[17] Andererseits aber sieht Ebeling sehr genau,
daß der zum Einverständnis führende „Verstehensvorgang sich als ein
überaus verwickeltes Hin- und Hergehen zwischen verbum und res", d. h.
Wortgestalt und Sache des Textes, „sowie zwischen überliefertem Text
und eigenem Ausgeliefertsein an das Leben (vollzieht)"[18], und ist in diesem
Zusammenhang bereit, die eben postulierte Reihenfolge von Verstehen
und Einverständnis auch in ihrer Umkehr zu bedenken. Der Exeget wäre
für eine noch genauere Analyse (der Eröffnung) des Verstehensvorganges
dankbar gewesen. Denn für ihn gilt es ja, methodisch und praktisch endlich
den ständig wiederholten Fehler zu vermeiden, die Texte in einem ersten
Interpretationsgang nach allen Regeln historischer Kunst „rückgängig zu
machen", um sie in einem zweiten Durchgang doch noch als theologisch
maßgebliche Predigttexte anzuerkennen, deren kerygmatischer Gehalt
dann freilich von ihrer konkreten Wortgestalt beträchtlich abweicht[19].
Angesichts dieser irrigen exegetischen Praxis bleibt also noch einiges in
Ebelings Ausführungen erläuterungsbedürftig. Zur Exegese gehört nach
Ebelings einleuchtender Beschreibung aber nicht nur das methodisch
reflektierte Vorgehen, sondern auch Intuition. Der uns im Augenblick
besonders interessierende Schritt von der Textanalyse hin zum „eigenen
Erfassen und Weitergeben" der Textaussagen ist nach seinen Worten „noch
einmal etwas völlig anderes" als eine exakte historische und methodologi-
sche Erklärung. Es handelt sich um etwas „Unverfügbares", nämlich „die
Folge eines Empfangens und Erfaßtwerdens, das letztlich mit dem konvergiert", was den biblischen Text „überhaupt erst hervorgebracht ... hat"[20].
   Verstehen und Einverständnis bilden demnach einen Zirkel und prägen
einen Rezeptionsvorgang, an dem Intellekt, Wille und Gefühl gleichzeitig

---

[17] Beide Zitate DuE 274.   [18] DuE 275f.

[19] Auf eben diesen Fehler macht WEDER in seinem in Anm. 13 genannten Aufsatz aufmerksam. Meine obigen Formulierungen lehnen sich an WEDERS plastische Ausdrucksweise in
einem hermeneutischen Kolloquium an, das am 27. 8. 1981 während des 36. Studientreffens
der Studiorum Novi Testamenti Societas in Rom abgehalten wurde.

[20] DuE 276.

beteiligt sind. Ich kann dem nur zustimmen[21] und finde es ausgesprochen interessant, daß Ebeling das eigene Erfassen eines Textes allen Ernstes als

---

[21] Bei meinem Vorschlag einer Hermeneutik des Einverständnisses mit den (biblischen) Texten gehe ich mit H.-G. GADAMER, Wahrheit und Methode, 1975[4], 529, von einem weiteren Gebrauch des Wortes „Einverständnis" aus als EBELING. GADAMER hält es für eine hermeneutisch bedeutsame Einsicht, „daß Verständigung nur auf dem Boden eines ursprünglichen Einverständnisses gelingen kann und daß die Aufgabe des Verstehens und der Auslegung nicht so beschrieben werden darf, als hätte Hermeneutik die blanke Unverständlichkeit eines überlieferten Textes zu überwinden oder gar primär die Beirrung durch Mißverstand... Alle sprachliche Verständigung setzt nicht nur ein Einverständnis über die Wortbedeutungen und die Regeln der gesprochenen Sprache voraus. Vielmehr bleibt auch im Hinblick auf die ‚Sachen' in allem, was sinnvoll diskutiert werden kann, vieles unumstritten." Von hier aus erscheint „Einverständnis" als Horizont des auf Verständigung zielenden Auslegungsvorganges, und zwar ohne die kritische Gesamtbewegung dieses Vorganges zu behindern (vgl. GADAMER, 529, und mein Buch: Vom Verstehen des Neuen Testaments, 1979, 200.206 f.220 f)! Da EBELING GADAMERS Einsicht sicher nicht bestreitet und ich nicht bezweifle, daß man von „Einverständnis" auch im Sinne der „Krönung und Erfüllung dessen, worum es überhaupt in einem Sprachvorgang geht" (DuE 274), sprechen kann, sehe ich zwischen EBELING und mir keinen entscheidenden Widerspruch. – Ungelöst bleibt bei alledem freilich noch die m. E. wichtige Frage, wie man überhaupt in den Zirkel von Verstehen und Einverständnis hineinkommt. Nachdem R. BULTMANN auf die für den Auslegungs- und Verstehensvorgang konstitutive Rolle des Vorverständnisses hingewiesen hat (Das Problem der Hermeneutik [Glauben und Verstehen II, 1952, 211–235], bes. 216 ff.227 ff) und die gesamte Auslegungsgeschichte bis in die Gegenwart herein dokumentiert, daß keineswegs jede Art von Vorverständnis unseren Texten gleich gut gerecht wird, ist über das den Texten wirklich angemessene Vorverständnis entschiedener nachzudenken als bisher. Die Theologie ist der Wahrheit von Joh 4,23; 14,6 her unbedingt verpflichtet. Bei der biblischen Exegese interessiert deshalb im eigentlichen Sinne nur die von den Texten bezeugte Wahrheit, zu der wir nicht vordringen können, ohne die Sprachgestalt der Texte sorgsam zu analysieren und zu interpretieren. Da die Exegese der Gegenwart aber immer stärker in ganz gegensätzliche und willkürliche subjektive Annahmen über die Texte, ihre historische Situation und ihre Aussageintentionen zerfasert, reicht es nicht mehr hin, der Auslegung nur ein Höchstmaß an „Sachlichkeit" (DuE 272) oder „Nüchternheit" und „Unbestechlichkeit" (O. MERK, TRE VI, 472.474) abzuverlangen und im übrigen zu hoffen, daß sich die historische Auslegung in dem methodisch „unabdingbaren Ineinander von Rekonstruktion und Interpretation" bewährt (MERK, 458), sondern es muß methodologisch weitergefragt werden. „Sachlichkeit", „Nüchternheit" und „Unbestechlichkeit" sind wissenschaftsethische Verhaltensweisen, d. h. sie übergreifen Intellekt und Willen gleichzeitig. Sie signalisieren als solche, daß zur Exegese mehr als nur methodische Folgerichtigkeit gehört, nämlich der Wille, zu der historisch bezeugten Wahrheit vorzudringen, und die Bereitschaft, dieser Wahrheit nicht auszuweichen, sondern sich ihr in aller Form zu stellen. EBELINGS Einsicht in die Erfahrungsdimension der Texte erlaubt es, noch einen Schritt weiterzugehen und im Blick auf 1Joh 4,16 zu sagen, daß den biblischen Texten hermeneutisch erst ein Vorverständnis entspricht, in dem sich die Liebe zur Wahrheit und der Wille, sich dieser Wahrheit zu stellen, mit der Bereitschaft verbinden, die Wahrheit als Liebe gelten und wirken zu lassen. Und weiter: Die von diesem Vorverständnis geleitete Exegese kann es auch nicht mehr einfach dabei bewenden lassen, daß sich der Exeget im Verlaufe der Textanalyse von seinem Gegenstand nicht nur angesprochen, sondern auch befremdet sieht und, wenn er sich das Bezeugte schlecht oder gar nicht vorstellen kann, an den Texten subjektive Kritik zu üben beginnt, sondern sie muß weitergehen und fragen, welche Möglichkeiten es gibt, kontingente und analogielose Ereignisse zur Kenntnis zu nehmen, ohne sie sofort nach dem üblichen Analogiedenken als unmöglich geschehen etc.

einen Ermächtigungs- und Inspirationsvorgang beschreibt, der nicht einfach in den Möglichkeiten des Exegeten liegt. Wir stoßen hier auf die hermeneutisch weiterhin gültigen Aspekte der biblischen, altkirchlichen und reformatorischen Inspirationslehre[22]. Auf sie ist jetzt nicht im einzelnen einzugehen. Wesentlich ist es im Moment nur festzuhalten, daß in den Erfahrungsgrund der biblischen Texte nur einzudringen vermag, wer wirklich bereit und gerüstet ist, sich diesem Erfahrungsgrund zu öffnen, d. h. wer kraft seiner Geschöpflichkeit als Mensch auf die Sehnsucht nach und die Wirklichkeit von Wahrheit, Liebe, Freiheit, Treue und Gerechtig-

---

auszugeben. Es bedarf m. a. W. bei dieser Exegese nicht nur des von uns längst eingeübten Miteinanders von Kritik, Korrelation und Analogie (Troeltsch), sondern darüber hinaus einer differenzierten Wahrnehmung des Kontingenten und Einmaligen, ohne das Geschichte bis heute nicht erfahren wird und auch nicht sachgemäß beschrieben werden kann. Oder mit WEDER formuliert: „... wir (befinden) uns in der merkwürdigen Situation, *methodologisch* einen Geschichtsbegriff vorauszusetzen, den wir *inhaltlich* gar nicht mehr teilen" ([s. Anm. 13] 66 f; kursiv bei W.). All diese Fragen methodologisch zu verhandeln, heißt nicht, einem Methodenfetischismus zu huldigen, sondern nur, darum bemüht zu sein, das immer schwieriger werdende und doch theologisch unaufgebbare Unternehmen der biblischen Exegese so lang wie möglich um der dem Exegeten aufgegebenen Wahrheitssuche willen kritikfähig und korrigierbar zu halten. Die Exegese wird m. E. erst dann wieder zu überzeugenderen Ergebnissen und einem gewissen Konsens finden können, wenn sie sich dem Rat und der Kritik von hermeneutisch erfahrenen Systematikern stellt. Weist sie diesen Rat aus Allergie gegen dogmatische Bevormundung zurück und meint, an sich selbst und der historischen Methode genug zu haben, wird sie vollends zum bloßen Spiegelbild der Subjektivität herabsinken, die sich mit Hilfe der historischen Methode zum Herrn und Meister des Wahren und Wirklichen im Raum der Geschichte aufzuschwingen versucht.

[22] EBELINGS Formulierung: „Aber der Schritt zu einem ... eigenen Erfassen und Weitergeben" der Textaussagen „ist noch einmal etwas völlig anderes und Unverfügbares: die Folge eines Empfangens und Erfaßtwerdens, das letztlich mit dem konvergiert, was den Galaterbrief überhaupt erst hervorgebracht und auch eine Auslegung wie diejenige Luthers ermöglicht hat" (DuE 276) ist im Blick auf Luthers Exegese des Galaterbriefes gewonnen. Sie entspricht sachlich genau der Darstellung, die EBELING in SuE 107 f vom reformatorischen Schriftprinzip gibt: „Luther hat den theologischen Sinn des sola scriptura auf einen Begriff gebracht, der an der Frage orientiert ist, wie die Schrift zu verstehen sei und wie theologische Aussagen aus ihr entstehen. Sacra scriptura sui ipsius interpres: Die Schrift legt sich selbst aus, und zwar insofern, als aus ihr allein der Geist des rechten Umgangs mit ihr entspringt. Das ist der Sinn des sola scriptura, den die übrigen reformatorischen Exklusivformeln präzisieren, vorab das solus Christus. Nur eine solche Konzentration gewährt die Freiheit und Weite, die Luthers Umgang mit der Schrift auszeichnen." Was EBELING mit dem Empfangen und Erfaßtwerden meint, ist die lebendige Praxis des reformatorischen Schriftprinzips. Nun ist Luthers Interpretationsansatz nachweislich aus der Debatte über die (von ihm keineswegs geleugnete!) Schriftinspiration und deren hermeneutische Bedeutung heraus entwickelt worden (vgl. mein Buch: Vom Verstehen des Neuen Testaments, 52 f. 92 f). Insofern ist die oben im Text angedeutete Beziehung von Inspirationslehre und Schriftverständnis direkt aufweisbar. Daß man in der modernen Debatte über das sachgemäße Schriftverständnis auf die Lehre von der Schriftinspiration besser nicht verzichten, sondern diese Lehre im Lichte der historischen Erkenntnis über das Werden der Schrift und die Abgrenzung des Kanons neu würdigen und ernstnehmen sollte, hat P. J. ACHTEMEIER in seinem anregenden Buch: The Inspiration of Scripture, Philadelphia 1980, dargetan.

keit angesprochen werden kann und zum Adressaten der biblischen Texte geworden ist. Man wird hinzufügen dürfen, daß sich diese Ansprechbarkeit und das tatsächliche Angesprochenwerden im Horizont gelebter und erlebter jüdisch-christlicher Frömmigkeit eher ergeben als jenseits dieses Erfahrungsraumes, obwohl es auch dafür Beispiele gibt.

III

Ebelings Anweisung, die biblischen Texte unter Bewahrung ihrer unaufgebbaren Sprachgestalt auf ihren Erfahrungsgrund hin zu befragen und dementsprechend als Muster für eine erfahrungsgesättigte Sprache des Glaubens zu interpretieren, hat erhebliche Vorzüge.

Zunächst ist die hermeneutische Weite und Leistungsfähigkeit des Vorschlages hervorzuheben. Angesichts der sich in der westlichen Welt unwiderruflich verlagernden Bildungshorizonte wird es für immer mehr Studenten und Pfarrer immer schwieriger, dem klassischen exegetischen Schulbetrieb verständnisvoll und mit Interesse zu folgen. Die biblische Textüberlieferung fordert zu genauer historischer und philologischer Arbeit heraus, und doch wird gerade diese Arbeitsweise faktisch immer mehr zum elitären Unternehmen weniger Spezialisten, die ihre Thesen und Ergebnisse nur noch mit großer Mühe einer breiteren Hörer- und Leserschaft verständlich machen können. Wer in dieser hier nur anzudeutenden schwierigen pädagogischen Situation nach legitimen Möglichkeiten sucht, um den vielschichtigen Vorgang der Exegese zu elementarisieren und für möglichst viele Interessenten offenzuhalten, kann den Rat zur erfahrungsorientierten Interpretation m. E. nur dankbar begrüßen. An den in den Texten beschlossenen Erfahrungen kann man auf mancherlei Art und Weise teilhaben, und man kann sich den Texten als Erfahrungsmustern auch dann anvertrauen, wenn man nicht alle sprachlichen und historischen Aspekte der Textüberlieferung in ihren Einzelheiten durchschaut. An dem Gespräch über die erfahrungsorientierte Interpretation können deshalb Fachexegeten und Vertreter anderer theologischer Disziplinen ebenso teilnehmen wie philosophisch, musisch und religiös Interessierte überhaupt. Das Gespräch ist auch leicht über die Grenzen des abendländischen Kulturraumes hinaus zu erweitern. Daß zur wirklich verantwortlichen Auslegung der geschichtlich gewachsenen Texte ein bestimmtes Maß an historisch-philologischer Bildung unentbehrlich bleibt (und deshalb gerade auch in der Pfarrerausbildung weiterhin zugemutet werden muß!), bleibt bei alledem unbestritten.

Die Möglichkeit zur Elementarisierung und Öffnung der Exegese für den Dialog mit möglichst vielen Interessierten ist aber nur ein Aspekt der hermeneutischen Leistungsfähigkeit des zur Debatte stehenden Vorschlages. Ein zweiter nicht minder wichtiger Aspekt besteht in der Möglichkeit eines wirkungsgeschichtlich reflektierten Brückenschlages zwischen der biblischen Zeit und unserer Gegenwart, und zwar auch dort, wo die christlich-jüdische Sprachtradition verkümmert ist. Lehrt man die biblischen Texte als Erfahrungs- und Glaubensmuster verstehen, kann man überall dort in einen Dialog über diese Texte eintreten, wo die Sehnsucht nach Wahrheit, Liebe, Freiheit, Treue und Gerechtigkeit wach wird und verbindliche Antwort verlangt. In diesem Fall kann man den Versuch machen, die in der Bibel niedergelegte Texttradition und ihre Wirkungsgeschichte[23] als Ausarbeitung von immer weiter vertieften und neu formulierten Antworten auf die elementaren Lebensfragen von Wahrheit, Liebe, Freiheit, Treue und Gerechtigkeit aufzuschlüsseln. So über die wesentlichen Texte unserer christlichen Glaubenstradition sprechen zu können, scheint mir ein großer Gewinn zu sein, vor allem im Gespräch mit den vielen jungen und alten Zeitgenossen, die den christlich maßgeblichen Traditionstexten zunächst verständnislos gegenüberstehen. Hermeneutisch ist Ebelings Vorschlag also von erheblichem Gewinn.

Es handelt sich aber auch um eine Interpretationsanweisung von beachtlicher integrativer Kraft. Wenn es um den Erfahrungsgrund der Texte und das Leben der Menschen vor Gott in seiner ganzen Weite geht, ist es sinnlos, existentiale, psychologische und soziologische Exegese alternativ betreiben oder etwa den Aspekt des Politischen von diesem Leben gänzlich fernhalten zu wollen. Ideologisch gesteuerte Programme wie eine materialistische Exegese oder eine die Bibel von sexualistischen Befangenheiten befreiende feministische Textinterpretation bleiben deshalb nicht weniger fragwürdig. Um eine erfahrungsorientierte und sachintensive Textauslegung bemühen sich heute interessanterweise Exegeten und Systematiker ganz verschiedener Herkunft[24]. Der von Ebeling unterbreitete Vorschlag

---

[23] Weder (s. Anm. 13), 80: „Unter Wirkungsgeschichte ist ... nicht bloß positive Entfaltung der Texte in der ‚kirchlichen‘ Tradition zu verstehen (das wäre ja Auslegungsgeschichte), sondern ebensosehr auch die mannigfaltigen Folgen jener Texte in Dichtung und Kunst, in Weltanschauung und Wissenschaft. Ausdrücklich sei gesagt, daß auch die negativen Folgen (also die Absetzung oder die Aufgabe von wesentlichen Aussagen der Texte) hinzuzurechnen sind." Ich stimme dem gern zu, möchte aber dringend raten, die Weite der kirchlichen Tradition bis in die Gegenwart herein nicht zu unterschätzen. Dichtung und Kunst lassen sich unmöglich einfach von ihr ausnehmen, und mit Weltanschauung sowie Wissenschaft steht es ganz ähnlich.

[24] Ich nenne als Beispiele neben G. Ebeling selbst E. Jüngel, Gott als Geheimnis der Welt,

erlaubt es also, Gemeinsamkeiten in der exegetischen Praxis auch dort aufzuweisen, wo die hermeneutischen Theorien und systematisch-theologischen Entwürfe weit auseinandergehen. Angesichts der zunehmenden Verständnisschwierigkeiten nicht nur unter den Exegeten, sondern auch unter den Systematikern und zwischen den theologischen Disziplinen sollte die sich hier anbietende Möglichkeit der hermeneutischen Verständigung nicht unterschätzt werden.

Schließlich scheint mir Ebelings Vorschlag das schwierige und doch unverzichtbare Geschäft der Überlieferungs- und Sachkritik an der biblischen Tradition erheblich zu erleichtern. Wenn bei der Überlieferungskritik „das Ursprüngliche gegen das Spätere, das Eigentliche gegen das Vermeintliche" in Schutz zu nehmen und zur Geltung zu bringen ist[25], entsteht ein unvermeidbarer Widerspruch zwischen der biblischen Sprachwelt und dem, was modernes Wirklichkeitsverständnis als ursprünglich und wirklich geschehen zugestehen kann. Dem in der Exegese und der systematischen Theologie nach Ebelings eigener Feststellung „gewöhnlich nicht in die Reflexion" mit einbezogenen Umstand, daß der homo peccator Subjekt sowohl der hermeneutischen als auch der dogmatischen Reflexion ist[26], kann man mit M. Trowitzsch ein Stück weit dadurch Rechnung tragen, daß man bei der Überlieferungs- (und Sach-)kritik die Texte und ihre Autoren so lange wie nur irgend möglich gegenüber dem Interpreten stark macht[27]. Dennoch bleibt der Zwiespalt zwischen dem (nach modernen Maßstäben) wirklich Geschehenen und dem (wiederum nach modernen Maßstäben) nur Überlieferten bestehen. Die sach- und erfahrungsorientierte Interpretation erlaubt es, diesen Gegensatz zu ertragen und immer wieder aufs neue als hermeneutische Herausforderung zu bedenken. Denn selbst dort, wo der Zwiespalt am stärksten spürbar wird, im

---

1977, 430ff u. passim; DERS., Gottesgewißheit, und: Metaphorische Wahrheit (in: DERS., Entsprechungen: Gott – Wahrheit – Mensch, 1980, 103–157. 252–264); F. MILDENBERGER, Das Gebet als Übung und Probe des Glaubens, 1968; DERS., Gotteslehre, 1975, 161ff.193ff.204ff; DERS., Systematisch-theologische Randbemerkungen zur Diskussion um eine Biblische Theologie (in: Zugang zur Theologie. W. Joest zum 65. Geb., hg. v. F. MILDENBERGER u. J. TRACK, 1979, 11–32); H. BARTH–T. SCHRAMM, Selbsterfahrung mit der Bibel, 1977; J. TRACK, Erfahrung Gottes (KuD 22, 1976, 1–21); DERS., Schrift, Bekenntnis und Erfahrung (in: Lebendiger Umgang mit Schrift und Bekenntnis, hg. v. J. TRACK, 1980, 9–39); H. GESE, Die Frage des Weltbildes (in: DERS., Zur biblischen Theologie, 1977, 202–222); U. LUCK, Welterfahrung und Glaube als Grundproblem biblischer Theologie (TEH 191), 1976; D. LÜHRMANN, Glaube im frühen Christentum, 1976; H. H. SCHMID, Rechtfertigung als Schöpfungsgeschehen (in: Rechtfertigung. FS f. E. Käsemann zum 70. Geb., hg. v. J. FRIEDRICH u. a., 1976, 403–414); DERS., Unterwegs zu einer neuen Biblischen Theologie? (in: Biblische Theologie heute [BTSt 1], 1977, 75–95).
[25] DuE 272.   [26] DuE 283.
[27] M. TROWITZSCH, Verstehen und Freiheit (ThSt [B] 126), 1981, bes. 48ff.

Zusammenhang mit den Traditionen von Präexistenz, jungfräulicher
Geburt, Auferweckung und Wiederkunft Jesu, ist unbestreitbar, daß in den
maßgeblichen (biblischen) Texten Erfahrungen mit der Person Jesu artikuliert werden, in die der christliche Glaube hineinfinden muß, sofern er nicht
seine biblisch ausweisbare Identität verlieren will. Mag die Sprachgestalt
der einschlägigen Texte heute in manchem fragwürdig erscheinen, die
Erfahrung, die sie hervorgebracht hat, bleibt christlich richtungweisend
und kann sogar zu einer Erweiterung unseres eingeengten modernen
Wahrnehmungsvermögens und Wirklichkeitsverständnisses führen.
Umgekehrt kann ein hinreichend differenziertes modernes Wirklichkeitsverständnis seinerseits die allzu einfache Antithese von wirklich Geschehe-
nem und bloß Überliefertem entschärfen und überbrücken.

Ganz ähnlich steht es mit der Sachkritik, kraft deren man nach (Schlatter
und) Ebeling „von dem, was einst galt, das, was heute gilt, (unterscheidet)"[28]. Diese Sachkritik hat innerbiblisch von der Mitte der Schrift auszugehen und ist systematisch-theologisch vom Evangelium her zu vollziehen, das angesichts sich rasch verändernder Umstände des Lebens immer
neuer Verantwortung bedarf. Im Blick auf das Traditionsganze der Schrift
kann und muß kritisch zwischen zentralen und peripheren, sich bewahrhei-
tenden und fehlgehenden Überlieferungen unterschieden werden, und
zwar von der Mitte der Schrift aus, die eben jenes Christusevangelium
bezeugt, das der systematischen Theologie zur aktuellen Gegenwartsver-
antwortung anvertraut ist. Die biblischen Zeugnisse und die großen Tradi-
tionszeugnisse der Kirchen- und Christentumsgeschichte systematisch-
theologisch zu verantworten, kann nicht heißen, die Sprach-, Denk- und
Verhaltensmodelle der Vergangenheit einfach zu kopieren. Sondern es
bedeutet, in Ansehung der Textüberlieferung und in Kenntnis ihres Erfah-
rungsgrundes denkend zu entscheiden, wie das Evangelium heute klarzule-
gen und zu bezeugen ist. Maßstab dieser Entscheidung kann nur die in der
Erscheinung Jesu bezeugte Liebe und Gerechtigkeit Gottes sein, die den
Menschen aller Zeiten neue Lebensmöglichkeiten eröffnet.

IV

Für den Exegeten stellt sich nach diesen allgemeinen Überlegungen
natürlich alsbald auch die praktische Frage, was der skizzierte Interpreta-

---

[28] DuE 272.

tionsansatz im Umgang mit den biblischen Einzeltexten und Überlieferungseinheiten leistet, inwieweit es tatsächlich historisch möglich ist, bis zu den Erfahrungen vorzustoßen, die in den biblischen Texten zur Äußerung gelangen, und wieweit es gelingt, bei solcher Interpretation die konkrete Sprachgestalt der Texte wirklich durchsichtig zu machen und nicht nur schematisch zu hinterfragen. Ebeling selbst hat seine Interpretationsmethode in den drei Bänden seiner „Dogmatik des christlichen Glaubens" eindrücklich bewährt. Nachdem die von ihm praktizierte Methode damit gleichsam ihre systematisch-theologische Bewährungsprobe bestanden hat, bleibt noch zu ergründen, inwiefern die biblischen Texte selbst das zur Debatte stehende Auslegungsverfahren legitimieren. Das reformatorische Schriftverständnis lebt nach Ebelings eigener Formulierung von dem Grundsatz: „Sacra scriptura sui ipsius interpres: Die Schrift legt sich selbst aus, und zwar insofern, als aus ihr allein der Geist des rechten Umgangs mit ihr entspringt."[29] Wir fragen deshalb jetzt in Ergänzung von Ebelings Blickrichtung exegetisch, ob und inwiefern sich die biblischen Texte tatsächlich erfahrungsorientiert interpretieren lassen; mit seiner Galaterbriefauslegung hat er uns methodisch und in der Sache vorangearbeitet.

Die überlieferungs- und traditionsgeschichtliche Arbeit am Alten und Neuen Testament hat in den letzten Jahrzehnten deutlich gemacht, daß die großen, die Bibel kennzeichnenden Traditionsbildungen in Gestalt der Gesetzeskorpora und des Pentateuch, der prophetischen Überlieferungen, der Psalmen, der Weisheitsbücher und der restlichen sog. „Schriften", der synoptischen Evangelien und des Johannesevangeliums, der Apostelgeschichte, des sog. Corpus Paulinum, der katholischen Briefe und der Johannesoffenbarung aus z. T. langanhaltenden Interpretations- und Selektionsprozessen hervorgegangen sind. Wir haben in der Bibel eine sorgsam tradierte Auswahlsammlung jener Überlieferungen vor uns, die zunächst die israelitische Glaubensgemeinde und dann die aus dieser Glaubensgemeinde hervorwachsende Urchristenheit festgehalten haben, um sich in ihrem Leben vor Gott an diesen (sehr verschiedenartigen) Traditionen zu orientieren. Die ursprüngliche Entstehungssituation der einzelnen Texte ist für uns oft genug nicht mehr sichtbar. Sie war den Tradenten nur in einigen Fällen – etwa bei manchen Prophetenberufungen oder genau datierten Prophetenworten, in den Berufungs- und Erscheinungsgeschichten der Evangelien, im Falle der Bekehrung und Berufung des Paulus oder auch bei der expliziten Autorenangabe der Johannesoffenbarung – wichtig.

---

[29] SuE 107 f. Der Grundsatz Luthers findet sich in WA 7, 97, 23. Zur auslegungsgeschichtlichen Einordnung dieses Grundsatzes vgl. Anm. 22.

Aufs Ganze gesehen sind die biblischen Texte aber nicht um ihrer besonderen geschichtlichen Entstehung, sondern um ihrer bleibenden Bedeutung
für Leben und Glauben der Gemeinden willen überliefert worden.

Dieser überlieferungsgeschichtlich längst deutliche Sachverhalt stellt die
übliche historische Interpretation vor enorme Schwierigkeiten. Bei der
historischen Analyse von Texten und Traditionen wird gemeinhin nach
dem frühesten erreichbaren Überlieferungsstadium gefragt und diesem
Stadium dann für die Interpretation normative Bedeutung zugemessen.
Von hier aus erklärt es sich, daß z. B. die ursprünglichen Worte Jesajas oder
Jeremias von vornherein den Texten aus den Schülerkreisen beider Propheten überlegen gelten, daß man die Worte des sog. historischen Jesus für
gewichtiger als das johanneische Christuszeugnis hält und daß die Deutero-
paulinen gegenüber den „echten" Paulusbriefen fast grundsätzlich abge-
wertet werden. Neuerdings ist freilich mehrfach mit Recht gefragt worden, ob diese Denkweise den aus längeren Interpretationsprozessen hervor-
gegangenen biblischen Überlieferungen überhaupt gerecht wird[30]. In der
Tat stehen wir als Exegeten vor der noch keineswegs befriedigend gelösten
Aufgabe, Überlieferungsprozesse nicht nur von ihren Ursprüngen her,
sondern auch in ihren Ergebnissen angemessen zu würdigen. Kraft der
erfahrungsorientierten Interpretation könnte sich z. B. die interessante
Möglichkeit ergeben, angesichts solcher Überlieferungsprozesse von
Ursprungserfahrungen zu sprechen, die im Verlaufe der Weiterinterpreta-
tion und Ergänzung der Anfangstexte zu Erfahrungsmustern von grundsätzlicher Bedeutung ausgestaltet worden sind. Im Blick auf diese Ausformung von Anfangstexten zu erfahrungsgesättigten Traditionskomplexen
ließe sich dann auch Ebelings weiterer Ratschlag für die Exegese fruchtbar
machen, nach der in den Texten beschlossenen Erfahrung nicht nur im
Sinne ihrer geschichtlichen Kontingenz zu fragen, sondern bei der Interpretation vor allem auf die „Grundsituation" des Menschen, d. h. sein „Sein
vor Gott" abzuheben[31]. Nur bleibt auch angesichts solch einladender
Interpretationsmöglichkeiten noch immer die Frage offen, ob es einen
exegetisch gangbaren Weg gibt, um in die erfahrungsorientierte Interpretation biblischer Texte überhaupt hineinzukommen.

Ich wage es, diese Frage zu bejahen. Für die alt- und neutestamentlichen
Weisheitstraditionen, die auf allgemeinen Lebenserfahrungen fußen und zu

---

[30] B. Childs, Introduction To The Old Testament As Scripture, Philadelphia 1980[2], 72–83;
H. Gese, Tradition und biblische Theologie (in: Zu Tradition und Theologie im AT, hg. v.
O. H. Steck [BTSt 2], 1978, 87–111), 98 f. Zum hermeneutischen Problem in seiner
Gesamtstruktur vgl. H.-G. Gadamer, Wahrheit und Methode, 1975[4], 355 f.

[31] Ebeling nennt dies „die situationsbezogene Interpretation": DuE 281 ff.

bestimmten Lebens- und Glaubenserfahrungen verhelfen wollen, leuchtet der Vorschlag der erfahrungsorientierten Interpretation ganz unmittelbar ein. Aber wie steht es mit den anderen Überlieferungskomplexen? Was diese Traditionssammlungen anbetrifft, ist auf jene wenigen, aber höchst gewichtigen Textpassagen zu verweisen, die den Hörern und Lesern bewußt teilgeben an den Glaubenserfahrungen einiger besonderer biblischer Zeugen, um eben dadurch in das Verständnis des Ganzen der unter dem Namen dieser Zeugen überlieferten Texte einzuführen. Beispiele dafür gibt es, wie schon gesagt, in der Prophetenüberlieferung des Alten Testaments, und im Neuen Testament sowohl in den Evangelien als auch in den Paulusbriefen. In jedem der genannten Fälle geht es zunächst um ganz bestimmte Menschen, die von Gott zu Offenbarungszeugen erwählt werden. Gott beansprucht diese Menschen in ihrer geschichtlichen Einmaligkeit, um seine Offenbarung auf konkrete geschichtliche und menschlich verständliche Weise zur Sprache zu bringen. Indem sich die Offenbarung in diesen Einzelnen inkarniert und sie zu Zeugen erhebt, die aus dem Geiste Gottes heraus reden und handeln, rücken diese Männer für ihre Zeitgenossen und deren Nachkommen ganz von selbst auf zu Ur- und Vorbildern des Ergriffen- und Beanspruchtseins von Gott. Die Petrusüberlieferung der Evangelien oder die Ausarbeitung der paulinischen Berufungsberichte von Gal 1,13–17 bis hin zu 1Tim 1,12–17 sind Dokumente solcher Stilisierung und Typisierung. Sie wird von der im Alten wie im Neuen Testament üblichen personalen exemplarischen Geschichtsbetrachtung befördert und ist ein ebenso verständlicher wie überlieferungsgeschichtlich legitimer Vorgang. Wir kommen in die erfahrungsorientierte Interpretation der biblischen Texte m. E. am leichtesten hinein, wenn wir uns an die von der Bibel selbst angebotenen Modellgestalten der prophetischen oder apostolischen Offenbarungszeugen halten und den Erfahrungen nachspüren, die für diese Offenbarungszeugen religiös bestimmend waren.

Das paulinische Rechtfertigungsevangelium galt schon in nachpaulinischer Zeit als schwerverständlich und mißdeutbar (vgl. 2Petr 3,15f). Es ist bis heute ausgesprochen umstritten geblieben. Wir können traditionsgeschichtlich sehen, daß die sprachliche Ausgestaltung, die dieses Evangelium im Galater-, Philipper- und im Römerbrief erfahren hat, auf der alttestamentlich-jüdischen und vorpaulinisch-christlichen Gerechtigkeitsüberlieferung basiert und daß dem Apostel mit dieser Überlieferung auch ein denkbar weiter Erfahrungsraum für das Sein vor Gott erschlossen worden ist[32]. Dies zu sehen und die überlieferungsgeschichtlichen Voraus-

---

[32] Vgl. zu diesen Zusammenhängen die drei zusammengehörigen Aufsätze in meinem

setzungen des paulinischen Rechtfertigungsevangeliums zu beschreiben, heißt freilich noch nicht, dieses Evangelium wirklich zu verstehen und denen zu erschließen, die nicht mehr ohne weiteres mit den alttestamentlichen, frühjüdischen und frühchristlichen Gerechtigkeitsüberlieferungen vertraut sind. Interessanterweise macht nun aber Paulus selbst schon im Präskript des Galaterbriefes (Gal 1,1–5) und des Römerbriefes (Röm 1,1–7) auf seine Legitimation als berufener Apostel aufmerksam, verweist in Gal 1,10–17 auf den Ursprung seines Evangeliums in seiner Berufung zum Apostel des gekreuzigten und zum Sohn Gottes erhöhten Christus und schildert in Phil 3,2–11 eben diese Berufung exemplarisch als Rechtfertigungsereignis. Damit wird von Paulus selbst die Spur zur erfahrungsorientierten Interpretation seines Rechtfertigungsevangeliums gelegt. Dieses Evangelium verdankt sich wesentlich der Berufungserfahrung des Apostels. Es ist Ausdruck jener Ermächtigung zur Christuspredigt, die Paulus vor Damaskus erfahren hat.

Der Berufungserfahrung des Paulus kann man mit Hilfe der von Paulus gegebenen Hinweise ein gutes Stück weit auf den Grund gehen: Sowohl Gal 1,16 als auch 1Kor 9,1 und 2Kor 4,5f zeigen, daß Paulus Gottes Macht und Herrlichkeit auf dem Angesicht des aus dem Fluchtod am Kreuz zur Rechten Gottes erhöhten Christus erkannt hat. Inhaltlich handelt es sich bei der paulinischen Ermächtigung zur Christuspredigt also um die Erkenntnis der wahren Würde Jesu als des von Gott gegenüber seinen Todfeinden ins Recht gesetzten Christus. Eben diese Christuserkenntnis ist wesenhaft verbunden mit der Annahme des Christenverfolgers Paulus zum Apostel. Oder anders ausgedrückt: Hand in Hand mit der Christuserkenntnis ging für Paulus vor Damaskus die Erfahrung eines völlig überraschenden, ihn aber zutiefst neuprägenden Angenommen- und Beanspruchtseins. Paulus sah sich vor Damaskus plötzlich und ohne jede subjektive Vorleistung trotz seiner bis zu jener Stunde andauernden Christusfeindschaft von Gott in Christus angenommen, von seiner Vergangenheit befreit und neu beansprucht (Gal 1,13–17). Christuserkenntnis und Versöhnungserfahrung gehören für Paulus wesenhaft zusammen (vgl. 2Kor 5,17–21). Das paulinische Evangelium ist vom Apostel mündlich und schriftlich entfaltet worden aus der für ihn lebensbestimmend gewordenen Erfahrung heraus, daß Gott ihn in der Person seines Christus trotz aller gegenüber der Gemeinde

---

Aufsatzband: Versöhnung, Gesetz und Gerechtigkeit, 1981, über „Die neue Gerechtigkeit in der Jesusverkündigung" (43–65), „Jesu Auferweckung und die Gerechtigkeitsanschauung der vorpaulinischen Missionsgemeinden" (66–86) und „Die Gerechtigkeitsanschauung des Apostels Paulus" (87–116).

geäußerten Feindschaft zur Gemeinschaft angenommen, ihm seine Schuld vergeben und ihn in die Freiheit des Geliebt- und Beanspruchtseins versetzt hatte. Diese aus den Paulustexten selbst zu erhebende Einsicht bedeutet, daß man das paulinische Evangelium in seiner Entfaltung bis hin zum Römerbrief als immer umfassender ausgearbeitetes Muster jener ursprünglichen und exemplarischen Versöhnungserfahrung und Christuserkenntnis interpretieren darf, die Paulus vor Damaskus zuteil geworden sind. Der mehrdimensionale, Paulus schon vorgegebene Ausdruck „Gottesgerechtigkeit" läßt sich z. B. von hier aus als eine von Paulus aufgegriffene Wortbildung verstehen, die im Horizont des Gerichtes, d. h. letzter Verbindlichkeit, in die Tragweite der im Evangelium mitgeteilten Christuserkenntnis und Versöhnungserfahrung einweisen soll; die in 1Kor 1,30 festgehaltene (an Jer 23,5 f orientierte) Formulierung, Christus sei „uns von Gott her zur Gerechtigkeit und zur Heiligung und zur Erlösung geworden", will ihrerseits in ein Leben aus der Versöhnung unter der sich in Christus ereignenden Zuwendung Gottes einführen usw. Am paulinischen Evangelium läßt sich zeigen, daß die erfahrungsorientierte Textinterpretation im Blick auf die Grundsituation des menschlichen Seins vor Gott exegetisch durchgeführt werden kann, ohne die Paulustexte in ein ihnen wesensfremdes Auslegungsschema zu pressen.

Es ist nicht unwichtig, sich klarzumachen, daß das paulinische Evangelium nur ein bedeutsamer Testfall für die Brauchbarkeit des uns interessierenden exegetischen Verfahrens ist. Es läßt sich auch anderen Textkomplexen gegenüber anwenden. Als zweites neutestamentliches Beispiel dafür bietet sich die vielschichtige Petrusüberlieferung an. Sie reicht von der vorösterlichen Berufungserzählung (Mk 1,16–18 Par.) über genau lokalisierte biographische Wundererzählungen (Mk 1,29–31 Par.; Lk 5,1–11), den ebenfalls genau lokalisierten Bericht vom Messiasbekenntnis (Mk 8,27–30 Par.) und die Erzählung von der Zeugenschaft des Petrus bei der sog. Verklärung (Mk 9,2–10 Par.) hin zu der eindrücklichen Darstellung der im ganzen unrühmlichen Haltung des Apostels während der Passion Jesu. Nachösterlich wird die Tradition fortgesetzt zunächst in ganz knappen Formeln über Petrus als ersten Auferstehungszeugen (vgl. 1Kor 15,5; Lk 24,34), dann in den Petruserzählungen aus Apg 1–12, in ausgeführten Erscheinungsgeschichten (vgl. Joh 21,1–25) und in Weiterinterpretationen der synoptischen Berichte (vgl. vor allem Mt 16,17–19). Zur Petrusüberlieferung gehören aber auch die Notizen über Petrus aus den Paulusbriefen (z. B. Gal 1,18; 2,1–10.11–21 und 1Kor 9,5; 15,10) und die beiden dem Apostel zugeschriebenen Petrusbriefe. Es ist hier nicht möglich, diese in ganz verschiedenen Zusammenhängen und Textsorten auf uns gekommene Überlieferung insgesamt zu analysieren. Nur folgendes soll in unserem Zusammenhang hervorgehoben werden: Die Offenheit, mit der in den synoptischen Texten vom Versagen des im Jüngerkreis von Anfang an eine beherrschende Rolle spielenden Apostels berichtet wird, läßt sich am leichtesten verstehen, wenn die diesbezüglichen Berichte einen von vorösterlicher Erinnerung abgesicherten festen Platz in der Überlieferung hatten, so daß eine nachösterliche Retuschierung nur sehr begrenzt möglich war. Petrus war für die Gemeinde von Anbeginn an das Musterbeispiel des von Jesus eigens erwählten, fehlsamen und dennoch von Jesus gehaltenen, geliebten und zum Auferstehungszeugen erhobenen Jüngers. In der ihm vor allen anderen zuteil gewordenen Ostererscheinung erfuhr er trotz seines Versagens in der Verratsnacht die Wiederaufnahme in die Gemeinschaft mit seinem gekreuzigten und auferstandenen Herrn und wurde kraft dieser Berufung zum Begründer der Urgemeinde und zum Bahnbrecher der Mission. Petrus war also in seinem von Ostern her neu begründeten apostolischen Amt getragen von einer ganz ähnlichen elementaren Versöhnungserfahrung, wie wir ihrer bei Paulus ansichtig geworden sind[33]. Sofern auch Petrus ein Zeuge des von Paulus in 1Kor 15,3ff kurz skizzierten Evangeliums war – und nach 1Kor 15,11 ist daran nicht gut zu zweifeln –, haben wir also im Blick auf Paulus und Petrus das Recht, dieses Evangelium erfahrungsbezogen zu interpretieren. Es spricht in seinem Zentrum von der durch Jesu Preisgabe in den Tod und seine Auferweckung begründeten Versöhnungserfahrung.

Die Reflexion auf die Gestalt des Petrus und die an seinem Namen haftende Überlieferung führt uns aber noch einen Schritt über die eben gewonnene Bestätigung der erfahrungsbezogenen Interpretation hinaus. Während Paulus sich die heute in den Synoptikern zusammengefaßte Jesusüberlieferung erst nach seiner Berufung in Damaskus, Jerusalem und Antiochien aneignen konnte[34], war Petrus aus eigenem Erleben heraus mit dieser Überlieferung von den frühesten Anfängen der vorösterlichen Tra-

---

[33] Auf die beide Apostel verbindende Grunderfahrung der „Vergebungsgewißheit" macht auch G. EBELING, Dogmatik des christlichen Glaubens II, 1979, 300f aufmerksam.

[34] Bedenkt man den anfänglichen christlichen Wirkungsraum des Paulus zwischen Jerusalem, Damaskus und Antiochien und seine wiederholten Begegnungen mit Petrus, dem Herrenbruder Jakobus, Barnabas und anderen Jerusalemern, halte ich es für ausgeschlossen zu behaupten, Paulus habe die Evangelienüberlieferung überhaupt nicht gekannt. Auch die noch weiterreichende Annahme, der Apostel habe von der Jesustradition nichts wissen wollen, läßt sich unmöglich aufrechterhalten. Die spärliche Verwendung von Jesusüberlieferung in den Paulus- (und allen anderen Apostel-)briefen ist im Blick auf die Gattung der Briefe zu erklären (vgl. L. GOPPELT, Theologie des Neuen Testaments II, hg. v. J. ROLOFF, 1976, 370f).

ditionsbildung an vertraut. Er rückte deshalb mit seiner österlichen Berufung zum Christusapostel ganz von selbst zu einem der Hauptgaranten und Tradenten der Jesusüberlieferung für die nachösterliche Gemeinde auf. Texte wie Mt 16,17ff; Lk 22,31f; Joh 21,15ff und die Bezeichnung des Petrus als eine der „Säulen" der Urgemeinde in Gal 2,9 halten u. a. auch diesen Umstand ebenso fest wie die sekundäre Tradition 2Petr 1,16ff, nach der Petrus als Augenzeuge der Verklärung erscheint. Nachdem Petrus vom auferstandenen Christus neu angenommen und zu seinem Apostel berufen worden war, konnte und mußte ihm die von seiner persönlichen Erinnerung getragene Jesustradition als geeignetes Mittel erscheinen darzulegen, wer eigentlich jener Christus war, den die Gemeinde als den von Gott zu seiner Rechten erhöhten und wiederkehrenden Christus bekannte. Oder anders formuliert: Im Lichte und unter dem Eindruck seiner österlichen Berufungserfahrung erschien Petrus sein eigener Weg mit Jesus und die von ihm selbst und anderen Begleitern Jesu bewahrte Jesustradition als besonders überlieferungswürdig, weil die Geschichte Jesu von Ostern her als Geschichte der messianischen Offenbarung durchsichtig wurde. Nicht nur die Bezeugung des nachösterlichen Auferstehungsevangeliums, sondern auch die Fixierung und Strukturierung der Jesusüberlieferung als Offenbarungszeugnis verdankt sich der apostolischen Grunderfahrung, daß Gott in der Gestalt des gekreuzigten und auferstandenen Christus erschienen ist, um die Menschen trotz aller Schuld in die Gemeinschaft mit sich aufzunehmen und ihnen ein neues freies Leben im Zeichen der Versöhnung zu ermöglichen. Von hier aus legt es sich nahe, nicht nur das Christusevangelium der Apostel und das Rechtfertigungsevangelium des Paulus, sondern auch die Jesusüberlieferung in den synoptischen Evangelien erfahrungsorientiert zu interpretieren.

Wenn die Jesusüberlieferung unter dem Eindruck der österlichen Versöhnungserfahrung und Christuserkenntnis als Offenbarungsgeschichte begriffen und weitererzählt worden ist, erhebt sich die interessante Frage, ob ihr diese Verstehens- und Erfahrungsdimension erst nachträglich zugefügt wurde, oder ob das österliche Verständnis der Geschichte Jesu und die österliche Versöhnungserfahrung schon in der vorösterlichen Überlieferung vorbereitet worden sind. In diesem Falle würde sich eine gewisse Kontinuität von vorösterlicher Überlieferung und nachösterlichen Verstehenshorizonten sowohl auf der Ebene des Jesusverständnisses als auch der von Jesus ausgehenden Erfahrungen ergeben. Es ist hier nicht der Ort, um die Überlieferungsgeschichte der synoptischen Tradition im einzelnen nachzuzeichnen. Ich möchte nur kurz darauf hinweisen, daß ich entgegen den in Hinsicht auf die Authentizität recht kritischen Annahmen der

Formgeschichte mit B. Gerhardsson[35], H. Schürmann[36], G. Delling[37] und R. Riesner[38] davon ausgehe, daß hinter der synoptischen Tradition ein gepflegtes Traditionskontinuum steht, welches sekundäre sog. „Gemeindebildungen" in weit geringerem Maße begünstigt und in sich aufgenommen hat, als bisher vermutet. Unter diesen Voraussetzungen läßt sich von einer Kontinuität zwischen vorösterlichem und nachösterlichem Jesusverständnis genauso wohlbegründet sprechen wie von einem Kontinuum der Versöhnungserfahrung vor und nach Ostern. Nimmt man nämlich die Berichte von Jesu Tischgemeinschaften mit Sündern und Zöllnern, von seiner Zuwendung zu den Armen und Kranken und die klassischen großen Gleichnisse von den Arbeitern im Weinberg (Mt 20,1–16), vom verlorenen Schaf, vom verlorenen Groschen und vom verlorenen Sohn (Lk 15,3–7.8–10.11–32) sowie von Pharisäer und Zöllner (Lk 18,9–14) ernst, kann man nicht gut leugnen, daß von Jesu Verhalten und Botschaft für die positiv Betroffenen die Erfahrung des heilsamen Wiederangenommen- und Aufgenommenseins in die Gemeinschaft mit Gott ausgegangen ist. Für die von Jesus berufenen Jünger war diese Erfahrung nach Mk 1,16–20 Par., Lk 5,8–10 von Anfang ihres Weges mit Jesus an lebensbestimmend. Daß sie nicht nur die Jünger allein betraf, zeigt die Begegnung Jesu mit Zachäus (Lk 19,1–10) und die Geschichte von der Ehebrecherin (Joh 7,53 – 8,11). Die Berufungserfahrung von Ostern konnte und mußte für Petrus und den Rest der Zwölf die alte Grunderfahrung, die sie in der Nähe Jesu bereits gemacht hatten, neu bestätigen und vertiefen. Nicht anders steht es mit ihrem österlichen Bekenntnis zu Jesus als dem Christus Gottes. Dieses z. B. in 1Kor 15,3–5 knapp zusammengefaßte Bekenntnis weist zurück auf die Begegnungen der Jünger mit Jesus beim Abschiedsmahl in Jerusalem, auf seine Todesdeutung nach Mk 10,45 Par., auf die Gespräche mit ihm über seine wahre Würde bei Cäsarea Philippi (Mk 8,27–30 Par.) und sein messianisches Auftreten als Neuinterpret des Gesetzes und als Zeuge der heilschaffenden Gerechtigkeit, wie es sich in den Antithesen der Bergpredigt und in Mt 11,2–6 Par. spiegelt. Nimmt man ursprüngliche Menschensohnworte wie Lk 12,8 f und die schwerlich erst nachösterlich konstruierte

---

[35] Memory and Manuscript, Uppsala 1961, fortgeführt und modifiziert in DERS., Die Anfänge der Evangelientradition, 1977.

[36] Die vorösterlichen Anfänge der Logientradition (in: DERS., Traditionsgeschichtliche Untersuchungen zu den synoptischen Evangelien, 1968, 39–65).

[37] Geprägte Jesus-Tradition im Urchristentum (in: DERS., Studien zum NT und zum hellenistischen Judentum, hg. v. F. HAHN u. a., 1970, 160–175).

[38] Jesus als Lehrer. Eine Untersuchung zum Ursprung der Evangelienüberlieferung (Diss. theol. Tübingen), 1980 (Masch.). Die Arbeit soll in nächster Zeit bei J. C. B. Mohr (Paul Siebeck) in Tübingen im Druck erscheinen.

Bejahung der messianischen Sendung Jesu vor dem Synhedrium nach Mk 14,61 f Par. hinzu, ergibt sich für den Jüngerkreis auch eine Kontinuität des Jesusverständnisses, ohne daß man die fundamentale Bedeutung der Begegnung mit dem auferstandenen Christus für die Ausformulierung der Christologie leugnen müßte. Für uns bedeuten diese Überlegungen, daß es sehr wohl berechtigt ist, die synoptische Jesusüberlieferung in die erfahrungsorientierte Interpretation einzubeziehen. Die synoptische Tradition leitet ihre Adressaten zu einer Christuserkenntnis an und bezeugt Erfahrungen mit Jesus, die sich im Lichte von Ostern bestätigt und so bleibende Wichtigkeit für den christlichen Glauben gewonnen haben.

Interessanterweise bietet auch die johanneische Tradition Hinweise genug, die eine Interpretation nach dem von Ebeling vorgeschlagenen Modell rechtfertigen. Daß wir im Johannesevangelium und in den drei Johannesbriefen das Zeugnis einer christlichen Schulbildung vor uns haben, ist heute weitgehend anerkannt[39]. So umstritten nach wie vor das Verhältnis des Johannesevangeliums zur synoptischen Tradition und so schwierig die Stellung der johanneischen Schule im Rahmen des Urchristentums auch zu bestimmen ist, so wenig lassen sich folgende Tatbestände bestreiten: Für das Johannesevangelium in seiner heutigen Gestalt ist es grundlegend, daß es sich auf den sog. Lieblingsjünger als seinen Traditionsgaranten stützen kann (vgl. Joh 19,25–27; 21,24). Dieser Lieblingsjünger ist Jesus genauso eng verbunden wie Jesus selbst seinem himmlischen Vater verbunden ist (vgl. Joh 1,18 mit 13,23). Das 4. Evangelium ist das Evangelium von der sich in der Sendung Jesu vollendenden Liebe Gottes (Joh 3,16). Es verdankt sich als Tradition der Bezeugung durch den von Jesus in besonderem Maße geliebten Jünger. Das Zeugnis von der Liebe Gottes in Christus und die Erfahrung des Geliebtseins durch Jesus auf seiten des (oder der) Tradenten bedingen sich in der johanneischen Tradition gegenseitig. Was die Ausgestaltung und Strukturierung der johanneischen Tradition zum Christuszeugnis anbetrifft, geben die Parakletensprüche in Joh 14,15 ff; 15,26 f; 16,12 ff aufs deutlichste zu erkennen, daß erst der nach Jesu Weggang der Gemeinde geschenkte Geist, d. h. der Geist des österlichen Christusverständnisses, die vollständige Sammlung und Ausgestaltung der johanneischen Evangeliumstradition motiviert und ermöglicht hat. Die johanneische Schule reflektiert in den Parakletensprüchen hermeneutisch explizit auf genau dieselben überlieferungsgeschichtlichen Tatbestände, auf die wir schon im Blick auf Petrus und die synoptische Tradition gestoßen sind. Vorösterliche Überlieferung und nachösterliche

---

[39] Vgl. vor allem R. A. Culpepper, The Johannine School, Missoula 1975.

Durchdringung des Überlieferten gehören zusammen und ergeben gemeinsam die Erzählung von der Geschichte der rettenden Offenbarung Gottes in der Sendung Jesu von Nazareth. Nachdem in Joh 20,3–10 und in 21,1–25 ausdrücklich betont wird, daß der von Jesus besonders geliebte Jünger für den Johanneskreis auch der maßgebliche Osterzeuge ist, dem sich in der Begegnung mit dem Auferstandenen der Sinn der Sendung Jesu endgültig bestätigt hat, schließt sich der Kreis. Das Johannesevangelium ist das Zeugnis von der Offenbarung der Liebe Gottes in der Sendung Jesu, das aus der Erfahrung dieser Liebe heraus tradiert worden ist. Nach 1Joh 1,1–4 gilt für die Johannesbriefe dasselbe. Es ist deshalb legitim, die johanneische Tradition auf beides zu befragen: auf ihr Verständnis und auf die Erfahrung der Liebe Gottes in Christus.

Unser kurzer Durchgang hat gezeigt, daß die wesentlichen neutestamentlichen Traditionsbildungen: die synoptische und die johanneische Evangeliumstradition, das Christusevangelium der Apostel vor und neben Paulus und das paulinische Rechtfertigungsevangelium legitimerweise erfahrungsorientiert interpretiert werden dürfen. Für die konkrete Paraklese des Hebräerbriefes, den weisheitlich fundierten Jakobusbrief und die Johannesoffenbarung gilt dasselbe. Die von Ebeling vorgeschlagene Interpretationsweise zwängt die (neutestamentlichen) Texte nicht in ein vorgefaßtes Auslegungsschema hinein, sondern entspricht ihrem eigenen Überlieferungsansatz.

V

Zum Beschluß seines Rechenschaftsberichtes weist Ebeling darauf hin, daß heute „der echten Kontinuität theologischer Arbeit sowie der theologischen Konsensbildung" mit dem Bemühen, die hermeneutischen Probleme neu zu durchdenken und sich über eine gemeinsame legitime Interpretationsrichtung klarzuwerden, eher gedient werde als mit dem Versuch, das imponierende und doch auch irritierende Programm der existentialen Interpretation direkt fortzusetzen[40]. Ich halte diesen Rat für weise und ausgesprochen sachdienlich.

Wir haben uns klargemacht, daß Ebelings Vorschlag, die biblischen Texte erfahrungs- und sachorientiert zu interpretieren und dabei die Grundsituation des menschlichen Seins vor Gott ins Auge zu fassen, hermeneutisch ausgesprochen hilfreich ist. Steht dies fest, dann ist es

---

[40] DuE 286.

erlaubt und dem Ansatz Ebelings gemäß, mit dem Hinweis auf eine noch unerledigte hermeneutische Aufgabe zu schließen: Wenn die erfahrungs- und sachorientierte Interpretation biblischer Texte durch die Exegeten erfolgreich weitergeführt werden soll, muß die Exegese auf das Phänomen und die Vielfalt der Glaubens- und Lebenserfahrung genauer achten lernen. Die von uns im exegetischen Teil dieses Aufsatzes bevorzugte Rede von der „Versöhnungserfahrung" ist nur ein erster pauschaler Versuch, in die Schichten der Glaubens- und Lebenserfahrung hineinzufinden, die die biblischen Texte in ihrer differenzierten Sprachgestalt erschließen wollen. Dem Wechselspiel von Sprachgestalt und Erfahrung sollte unsere weitere exegetische und hermeneutische Aufmerksamkeit gelten. Je gründlicher und differenzierter wir in dieses Wechselverhältnis eindringen, desto leichter wird es uns fallen, die Texte nicht nur in ihrer historischen Besonderheit zu beschreiben, sondern auch dem Verständnis der Gegenwart zu erschließen.

Martin Luther
Vorläufer der Reformation

Heiko A. Oberman

I. Reformation als gescheiterte Transformation

Historische Wissenschaft wird vorangetragen durch Detailanalyse und geduldig tastendes Fragen. Urplötzlich wird sie immer wieder beschleunigt, beflügelt oder auch beirrt von großen Antworten. Diese Antworten werden allerdings nur dann Gehör finden und sich Eingang in die Forschung verschaffen können, wenn sie nicht nur neues Beweismaterial anbieten, sondern auch versprechen, neben der Vergangenheit zugleich ein Stück Gegenwart zu bewältigen.

Karl Holls Untersuchung „Luther und das landesherrliche Kirchenregiment" (1911) wurde zur Klassik, weil sie beide Aufgaben erfüllte[1]. Zu einer Zeit, in welcher der Kulturprotestantismus noch gesellschaftlich angesehen und geistig vital war, in der die Verbindung von Thron und Altar gelockert, aber keinesfalls für immer gelöst erschien, stellte Karl Holl die Frage nach der reformatorischen Legitimation dieser Verbindung, und zwar mit neuem Zugriff auf die Quellen. Die rechtsetzende Instruktion vom Jahre 1527, kraft derer Kurfürst Johann der Beständige (1525–1532) eben als Landesherr die Visitatoren mit „macht und gewalt" ausgestattet hatte[2], ist für Holl die Geburtsstunde des landesherrlichen Kirchenregiments. Es ist Luther gewesen, der sich in seiner Vorrede zu dem von Melanchthon verfaßten „Unterricht der Visitatoren" (1528)[3] weitsichtig einer solchen landesherrlichen Amtsdeutung entzogen hat. Denn der Kurfürst erfüllt nicht eine Amtsobliegenheit, er handelt vielmehr als „christlicher Bruder"[4]. Von einer solchen Sicht weicht die landesherrliche Begrün-

---

[1] Ges. Aufs. zur KG I: Luther, 1948[7], 326–380.
[2] EKO I/1, 1902, 148a.   [3] WA 26, 195–201.
[4] HOLL (s. Anm. 1), 366. „Das S.K.F.G. aus Christlicher liebe (denn sie nach weltlicher öberkeit nicht schuldig sind) und umb Gotts willen dem Euangelio zu gut und den elenden Christen ynn S.K.F.G. landen zu nutz und heil gnediglich wolten etliche tüchtige personen zu solchem ampt foddern und ordenen." WA 26, 197, 25–29.

dung ab, ja, sie tritt zu Luthers Vorrede „in einen offenkundigen Gegensatz"[5]. Der Reformator verteidigte mit seinem stillschweigenden Protest
die Eigenständigkeit der Kirche gegenüber dem Staat[6]. Es könnte leicht
überschen werden, daß Holl auch in diesem Aufsatz der Auseinandersetzung mit Ernst Troeltsch nicht ausweicht: Die Visitation bedeutet keinen
Rückfall ins Mittelalter, und der Ausdruck „Zwangskultur" für die Reformation und ihr Zeitalter ist als verfehlt zu betrachten[7].

Offenbar ohne sich der Debatte zwischen Holl und Troeltsch bewußt zu
sein und auch wohl ohne Kenntnisnahme der von Holls Interpretation
ausgelösten Diskussion[8], hat der Reformationshistoriker Gerald Strauss
eben zur Frage der Visitation eine „große Antwort" gewagt[9]. Gleichsam in
höherer Synthese werden Anliegen von Holl und Troeltsch dahingehend
vereinigt, daß nach einer ersten, von Luther bestimmten „heroischen
Phase" die reformatorische Bewegung bürokratisiert und versteinert ist.
„Von oben" aufgezwungen, hat sie bereits um die Mitte des Jahrhunderts
ihren Schwung verloren. Seit 1600 ist sie dann völlig „verstaatlicht" und im
Staatsdienst zum Instrument repressiver Indoktrinierung geworden.

Zu dieser Konsequenz zwingen Strauss die Visitationsprotokolle. Sie
belegen ihm, daß die anfangs mit so hohen Erwartungen angefaßte Aufgabe der Bildung in Familie und Schule, vor allem aber der Glaubenserzie-
hung durch Katechismus und Katechismusunterricht im Sande verlaufen
ist[10]. Unmerklich weitet der Verfasser diese These aus. Nicht nur eine
pädagogische Methode erwies sich als verfehlt, die Reformation als solche
ist gescheitert. Was in der ersten Periode in den Städten mit Begeisterung
als Befreiung und Erneuerung gefeiert wurde, verflüchtigt sich zur Routine
und versteift zur Apathie[11]. Die Reformatoren waren angetreten im Vertrauen auf die unerzwungene Heiligung als spontan erwachsene Frucht aus

---

[5] HOLL, 373.

[6] Vgl. ebd. 375. E. THIELE vermeidet in seiner Einleitung zum „Unterricht der Visitatoren"
den denkbaren Ausweg, hier eine Differenz zwischen Luther und Melanchthon einzubauen:
Luther hat die Instruktion immer als „sein geistiges Gut" betrachtet. Er bezeichnet Luther
ausdrücklich als „im Grunde die treibende Kraft der Kirchenvisitation". WA 26, 176.

[7] HOLL, 370 f Anm. 2; 372 Anm. 1.

[8] Vgl. ST. E. OZMENT, The Reformation in the Cities. The Appeal of Protestantism to
Sixteenth-Century Germany and Switzerland, New Haven/London 1975, 216 f Anm. 74.

[9] G. STRAUSS, Luther's House of Learning. Indoctrination of the Young in the German
Reformation, Baltimore/London 1978.

[10] „. . . the hopes occasioned by the pedagogical endeavor early in the century had not been
fulfilled." Ebd. 299. Sein Beweismaterial, nämlich die Berichte aus Visitationsprotokollen in
33 Archiven (so 371 Anm. 1), bietet STRAUSS auf nur 32 von 308 Seiten (268–299). 20 Berichte
betreffen lutherische Territorien, je ein Kontrollbeispiel entstammt altgläubigem und refor-
miertem Gebiet.

[11] „Later in the century one finds mostly apathy." Ebd. 308.

Glauben allein[12]. Die Visitationsprotokolle lassen aber keinen Zweifel daran, daß „die erhoffte Transformation des Individuums und der Gesellschaft" mißlungen ist[13].

Aus der Perspektive einer reformationsgeschichtlichen Forschung, die den theologischen Faktor nur als zeitbedingte Randerscheinung wertet, kann es nicht überraschen, daß diese These Zuspruch gefunden hat. Sie liegt im Erwartungshorizont und ist dennoch unerhört: Die in unserem Jahrhundert ständig wiederholte Mahnung, Visitationsmaterial als historische Quelle nur mit Umsicht zu benutzen[14], hat einem solchen Gesamtfazit zur Reformation bislang im Wege gestanden. Obwohl die protokollierten Klagen über Glaubensignoranz und moralische Vergehen uns in keinem Fall so neu sind[15] wie nahegelegt, erweist sich der Beitrag des Verfassers als Spiegel, daß wir bislang zu zögernd, wissenschaftlich vornehm, ja sogar ängstlich mit den Visitationsberichten umgegangen sind. Aber nicht deshalb läßt sich das Buch in die großen Antworten einreihen, sondern weil es letzte Hindernisse einzureißen sucht auf dem Wege des vielerorts geprobten Nachweises, daß das „offizielle Christentum" (organised religion[16]) die Jahrhunderte hindurch sich nur vordergründig und innerhalb einer dünnen Oberschicht gegen die Popularkultur im Untergrund hat behaupten können: Die Rede vom christlichen Abendland ist eine hagiographische Projektion und moralische Illusion. Das Großziel der Reformation bestand in dem letzten Versuch, nach früheren mißlungenen Anläufen nun endlich die

---

[12] „They believed in the sanctifying virtue of voluntary action by freely choosing Christians..." Ebd. 300.

[13] „...the hoped-for universal transformation of the individual and society." Ebd. 307; vgl. 308.

[14] Vgl. Georg Müller, Visitationsakten als Geschichtsquelle (Deutsche Geschichtsblätter 8, 1907, 287–316; 16, 1915, 1–32; 17, 1916, 279–306); A. Franzen (Hg.), Die Visitationsprotokolle der ersten nachtridentinischen Visitation im Erzstift Köln unter Salentin von Isenburg im Jahre 1569 (RGST 85), 1960, 86–89. G. Strauss ist sich dieser Problematik durchaus bewußt (262–267), beschließt seine Ausführungen aber mit dem moralischen Kernsatz (267): „...we are left with no honest choice but to read them as a reliable statement of what people did and failed to do in performing their Christian duties."

[15] Vgl. die Liste der gedruckten Visitationsquellen (257; in der 2. Aufl. bereits 321 an der Zahl!) aufgeführt in: Die Visitation im Dienst der kirchlichen Reform, hg. v. E. W. Zeeden/ H. Molitor (KLK 25/26), 1967, 49–81; 1977², 49–140.

[16] Strauss (303) redet von „a vigorous religious subculture". „The deep current of popular life nourishing this subterranean religion was beyond the theologian's grasp, the preacher's appeal, or the visitor's power to compel." Für Strauss ist der hartnäckige „popular"-Aberglaube zugleich Beweis und Symptom des Scheiterns der Reformation (Success and Failure in the German Reformation [PaP 19, 1975, 30–63], 62f). Umsichtiger verfolgt L. Rothkrug dieselbe Fragestellung: Popular Religion and Holy Shrines. Their Influence on the Origins of the German Reformation and Their Role in German Cultural Development (in: Religion and the People, 800–1700, hg. v. J. Obelkevich, Chapel Hill, NC 1979, 20–86).

gesamte Gesellschaft zu durchdringen, jene Transformation zu erzielen[17], die der Kunstbegriff Corpus Christianum, als für das Mittelalter bereits erzielt, irrigerweise zu suggerieren suchte.

Es geht somit um viel mehr als um die Auswertung von Visitationsprotokollen; es geht um die Ermittlung des reformatorischen „Großziels". Daß dazu als Kronzeuge Luther gehört werden muß, kann seit Karl Holl nicht mehr strittig sein. Die Grundlagenfrage lautet, mit welchem Verständnis von Reformation Luther angetreten ist und welche Erwartungen er mit der Durchführung von Visitationen verbindet[18]. Hat Luther „Reformation" als Transformation je gewollt und getragen[19]? Oder: Hat die Reformation durch die Visitation, das Instrument der Transformation, ihre eigene Sache verraten und sich von Luthers tiefsten Überzeugungen abgewendet?

II. Die „heroische" Phase: Non est nostrum remorari eum

Mit Luther dem Heros, dem unerschrockenen Propheten, ist nicht nur das Auftreten auf dem Wormser Reichstag (April 1521) angesprochen samt der öffentlichen Weigerung, sich von seinen Schriften zu distanzieren. Gewiß ist „Luther vor dem Kaiser in Worms" zu einem Symbol reforma-

---

[17] „... if it was its central purpose to make people – all people – think, feel, and act as Christians, to imbue them with a Christian mind-set, motivational drive, and way of life, it failed." STRAUSS, 307. Das Wörtchen „if" sollte nicht als offene Frage gedeutet werden: Der Verfasser ist sich seiner Sache ganz sicher. Für ihn ist klar, daß die Beweislast nunmehr nicht bei ihm, sondern bei allen liegt, die behaupten wollen, „that the Reformation in Germany aroused a widespread, meaningful and lasting response to its message" (307f.).

[18] Für STRAUSS ist allerdings die Rückfrage an Luther keineswegs zwingend: „Luther himself blurred the division between secular and ecclesiastical competences, and – in any case – events soon passed him by." Ebd. 313 Anm. 50.

[19] Als Bejahung dieser Frage deute ich die Schlußbetrachtung von ST. E. OZMENT, in der er ebenfalls den Begriff „Transformation" einsetzt und in seine Generalkritik Luther einschließt: „The great shortcoming of the Reformation was its naïve expectation that the majority of people were capable of radical religious enlightenment and moral transformation, whether by persuasion or by coercion." The Age of Reform 1250–1550. An Intellectual and Religious History of Late Medieval and Reformation Europe, New Haven/London 1980, 437. Obwohl B. MOELLER um eine Differenzierung zwischen Luther („der Christ steht als Einzelner vor Gott") und der städtischen Reformation („Gemeinwohl") bemüht ist, meint auch er, daß Luther „in den optimistischen ersten Jahren" tatsächlich „den allmählichen allgemeinen Sieg des Worts für möglich" hielt; „er lebte wohl noch soweit in der mittelalterlichen Gedankenwelt, daß er diesen Sieg zum Ziel machen konnte" (Reichsstadt und Reformation [SVRG 180], 1962, 37). Unverständlich ist MOELLERS Beleg dieser These mit dem Verweis auf die Schrift an die Böhmen „De instituendis ministris Ecclesiae" (1523; WA 12, 169–196) als „kennzeichnend für diese Gedanken Luthers" (ebd. Anm. 17).

torischen Bekennermuts geworden[20], das auch viele von denen erreicht hat, die nicht lesen konnten[21]. Es läßt sich feststellen, daß die reformatorische Tat dem reformatorischen Wort die Wege weit ins Volk gebahnt hat. Sogar die „literati" haben – bis in unsere Zeit hinein – von der Tat her die frühen Schriften Luthers gelesen. Das reformatorische Wort hat diese frühe Personalisierung und Heroisierung immer wieder steuern, korrigieren und zur Sache der Reformation treiben müssen. Mit diesen Augen gelesen, gelten die Schriften des Jahres 1520 zu Recht als reformatorisches Programm und krönender Abschluß der Entwicklung des jungen Luther. Wenn das Wormser Edikt weitere Lutherschriften hätte unterbinden können[22], so stünde dennoch die Grundstruktur seiner Theologie auch uns Heutigen klar vor Augen.

Die Faszination durch die reformatorische Tat birgt in sich die Gefahr der – donatistischen – Mischung von Person und Amt, welche Luther selbst nicht anzulasten ist. Er hat vielmehr sein Programm als wissenschaftlich überprüfbare Entdeckung verstanden, die gerade losgelöst von der Person Bestand haben sollte. Diese Unterscheidung von Person und Amt fällt keineswegs leicht, da sie genau dort, wo die Person zur geschichtsmächtigen Gestalt wird, entfallen muß. Aus der Sicht des mitgerissenen Zeitgenossen ist es voll gültig, die Jahre 1519–1521 als die „Hoch–zeit" des Charismatikers zu beschreiben: „Es ist jene wunderbare Zeit, da Luther... in nachtwandlerischer Sicherheit vorwärts stürmt, wie besessen von der Unausweichlichkeit seines Geschicks und preisgegeben dem Willen seines Gottes."[23]

Was sich in dem publizistisch überschäumenden Jahr 1520 als sprudelnde Neuschöpfung Luthers gibt, ist jedoch nicht „nachtwandlerische Sicherheit", sondern Aufbereitung seiner wissenschaftlichen Ergebnisse, gewon-

---

[20] Siehe dazu Luthers eigene, rückblickende Deutung in seinem Brief an Melanchthon vom 9. 7. 1530 (WA.B 5, 456, 3–9).
[21] Auch die Kulturelite ist von der Symbolkraft dieser Tat erfüllt, wie Albrecht Dürers Klage um Luther enthüllt. Vgl. Albrecht Dürer, Tagebuch der Reise in die Niederlande (Dürer, Schriftlicher Nachlaß, hg. v. H. RUPPRICH, I), 1956, 170–172.
[22] Vgl. WA.B 2, 336, 10f.
[23] H. FRHR. V. CAMPENHAUSEN, Reformatorisches Selbstbewußtsein und reformatorisches Geschichtsbewußtsein bei Luther, 1517–1522 (1940; in: DERS., Tradition und Leben. Kräfte der Kirchengeschichte. Aufsätze und Vorträge, 1960, 318–342), 330. Dort finden sich (331 Anm. 67) Kritik an H. PREUß (Martin Luther. Der Prophet, 1933, 112–119) sowie (329 Anm. 58; 339 Anm. 125) Korrekturen gegenüber K. HOLL (Luthers Urteile über sich selbst [Ges. Aufs. I, 381–419]). VON CAMPENHAUSENS anschauliche und mitreißende Beschreibung stimmt in jedem ihrer Teile, und dennoch ist ihre Gesamtperspektive verschoben: Luthers eigene Vorstellung von „reformatio" und die davon bestimmte „Erfolgserwartung" kommen nicht zum Tragen.

nen in sieben Jahren biblischer Exegese. Seine Kampfthemen sind fest verankert in dem am hebräischen Psalmtext gewonnenen exegetischen Befund, nach jahrelanger zünftig wissenschaftlicher Erschließung des Bibeltextes breit entfaltet in den „Operationes in Psalmos", jenem Psalmenkommentar (1519–1521), den Luther der Vorladung nach Worms wegen jäh abzubrechen gezwungen war. Die reformatorische Klärung begegnet uns konzentriert in der detaillierten Auslegung von Psalm 10 (9b), die er am Jahresanfang 1520 in akademischen Vorlesungen seinen Studenten vorgetragen hatte[24]. Hier werden die Grundgedanken der Schrift „An den christlichen Adel" (Mitte August) entwickelt, hier wird auch jene heilshistorische Sicht der captivitas am Text festgemacht, in deren Rahmen „De captivitate Babylonica" (Anfang Oktober) zu deuten ist. Eindeutig wird hier entfaltet, was „Reformation" allein bedeuten kann. So erschließt sich, was Aufgabe eines Reformators ist und wie Luther sein Amt interpretiert.

Es ist alles daran gelegen zu unterstreichen, daß dieser „Reformationspsalm" zugleich die Charakteristik und Ansage der endzeitlichen Bedrohung ist. Er bot ihm mit seinen Staccatoversen ein Psycho-, ja Pneumogramm der Kirche seiner Tage: „Nam si mihi ecclesiasticorum et dominantium in ecclesia administratio hodierna esset oratione propria, apta, commoda, plena perfectaque disserenda, hunc psalmum recitarem... "[25] Die Kirchenführung will das Evangelium nicht hören, denn das würde „Reformation" für sie unausweichlich machen: „ecclesiam et ecclesiasticos oportere reformari"[26]. Reformation aber heißt Abwendung von Macht und Prunk sowie Zuwendung zu Verkündigung und Gebet, sie zwingt zurück zur apostolischen Nachfolge in Armut und führt in die Lebensgefahr, ungeschützt für die Wahrheit eintreten zu müssen[27]. Dieses Thema ist nicht neu. Schon in einer frühen Predigt und in den „Dictata" begegnet uns Luthers Überzeugung, daß die Reformation der Kirche nur durch die Verkündigung des Wortes erzielt werden kann[28]. Das Zeitalter der Kir-

---

[24] W. MAURER hat die Auslegung von Ps 13 (14) auf März 1520 datiert. Vgl. Von der Freiheit eines Christenmenschen. Zwei Untersuchungen zu Luthers Reformationsschriften 1520/21, 1949, 78.

[25] Ps 10,7; Archiv zur Weimarer Ausgabe (abgek.: AWA) 2, 588, 8–10; WA 5, 336, 37 – 337, 1.

[26] AWA 2, 588, 14; WA 5, 337, 4f.

[27] „... positis pompa, fastu, regnis et mundi negotiis, ministerio verbi et orationi instandum sit et apostolorum exemplo in penuria et periculo vitae pro veritate vivendum; quod ne fiat, potius omnia praedicemus, sive hinc populorum animae maledicionem capiant sive quid peius." AWA 2, 588, 14–18; WA 5, 337, 5–8.

[28] Siehe WA 1, 13, 24–40 (1512?). Im Hinblick auf die papalistischen Thesen des Sylvester

chenreform ist jetzt vorbei, keine Reformatoren sind mehr zu erwarten, Gott selber muß[29] und wird „Reformation" durchführen[30]. Nur ihm gebührt die Bezeichnung „Reformator", denn er wird die Reformation am Weltende, am Tage des Gerichts vollziehen[31].

Welches Amt und welcher Auftrag kann dann noch einem Luther übrigbleiben? Wie hat er sein eigenes Auftreten deuten können? Die bislang angebotenen Deutungskategorien des „Heros" oder auch des „deutschen Propheten", ja sogar des erfolgreichen „Reformators der Kirche" entspringen einem Fortschrittsglauben, der „Eschatologie" als unmittelbaren Lebenskontext theologiegeschichtlich zurückgelassen hat. Wir werden Luthers Sendung nicht näher kommen können, wenn wir uns nicht auf seine plastische und drastische Eschatologie einlassen. Sie ist nicht einfach abzustreifen, um zum Bleibenden, zur forthin reformatorisch verbindlichen Geschichtstheologie durchzudringen[32]. Für unsere Frage können wir

---

Prierias sagt Luther im Kommentar zu Gal 6,6 („catechisatur verbo"): „Et, ut dicam libere, impossibile est, scripturas posse elucidari et alias ecclesias reformari, nisi universale illud reale, Rhomana curia, quam primum reformetur. Haec enim verbum dei audire non potest nec sustinere ut pure tractetur: verbo autem dei non tractato neque caeteris ecclesiis succurri potest." WA 2, 609, 10–14 (1519). „Succurri" bezieht sich auf den Petrusauftrag in Lk 22,32: „... so stärke deine Brüder". Die Irreformabilität Roms blockiert „Reformation" diesseits des Jüngsten Tages.

[29] „Ecclesia indiget reformatione, quod non est unius hominis Pontificis nec multorum Cardinalium officium, sicut probavit utrumque novissimum concilium, sed tocius orbis, immo solius dei. Tempus autem huius reformationis novit solus ille, qui condidit tempora. Interim vitia tam manifesta negare non possumus. Claves sunt in abusu et servitute avaritiae et ambitionis, et gurges accepit impetum: non est nostrum remorari eum. Iniquitates nostrae respondent nobis, et onus est unicuique sermo suus." Resolutiones disputationum de indulgentiarum virtute, 1518; WA 1, 627, 27–34.

[30] „Non vincitur Satanas et Christianorum hostis nobis operantibus, sed dumtaxat patientibus et clamantibus." AWA 2, 571, 28f; WA 5, 327, 13–15.

[31] „Ita vides psalmum hunc finem suum in finem mundi et iudicii diem constituere." AWA 2, 619, 19f; WA 5, 352, 25f. Die Aussage „immo solius dei" (oben Anm. 29) ist in der Forschung keineswegs übersehen worden, nur wird sie – soweit ich sehe, ohne Ausnahme – im Rahmen der Rechtfertigungslehre gedeutet und nicht in ihrer ekklesiologischen Dimension erkannt. So schließt W.-E. PEUCKERT: Luther „fühlt sich zum Reformator berufen, zu dem, der die von Gott gestellte Aufgabe lösen muß" (Die große Wende II: Geistesgeschichte und Volkskunde, 1966, 568). W. MAURER deutet Luthers Absage an den Titel „Reformator" moralisch als „demütige Haltung" und seine Erwartung – „frei von allen apokalyptischen Erwartungen" – als Resignation (Was verstand Luther unter der Reformation der Kirche? [Luther 28, 1957, 49–62], 54f). R. STUPPERICH wertet den Passus „immo solius dei" ganz im Sinne der Rechtfertigung: „Luther weiß, daß Menschen Entscheidendes nicht zu leisten vermögen." (Luther und die Reform der Kirche [in: Reformatio Ecclesiae. Festg. f. E. Iserloh, hg. v. R. BÄUMER, 1980, 521–534], 524.)

[32] Mit verschiedener Akzentsetzung ist das einschlägige Material bereits gesammelt und gesichtet worden. Übereinstimmung besteht in der These, daß die Apokalyptik für Luther keine konstitutive Funktion hat. PEUCKERT findet sie erst nach 1531, zurückgeführt auf Luthers „bäuerliches Denken", in das er eingebunden ist und von dem er immer wieder

uns nicht damit begnügen, zeitbedingt spätmittelalterliche apokalyptische
Vorstellungen aufzuweisen, die man schlicht zu durchstoßen hätte. Was an
Luther apokalyptisch erscheint, ist keineswegs dem Herbst des Mittelalters
als phantasiegeladener, angstumwogter Zeit zuzusprechen, der nur jener
Ausweg blieb, die Zeitenwende zu ersehnen. Gewiß gehört das zum
Zuschnitt der Zeit[33]. Aus joachitischen, lollardischen und hussitischen
Quellen gespeist, hat sich im späten Mittelalter in den verschiedensten
Teilen Europas eine Neuerungserwartung festgesetzt, die an häretischer
Anstößigkeit schon eingebüßt hatte. Als zentrales Merkmal ist der Ein-
bruch des Dritten Reiches greifbar, das Zeitalter der Ausgießung des
Heiligen Geistes: In dieser Zeit vollzieht sich die umfassende Transforma-
tion, die das Corpus Christianum endlich mit dem Corpus Christi zur
Deckung bringt.

Es ist aber entscheidend, daß Luther diesem Verständnis von Reformation energisch und in allen Phasen seines Lebens widerspricht. Es ist
vielmehr überraschend, wie weitgehend seine Eschatologie im Rahmen
derjenigen Endzeiterwartung bleibt, die Augustin in „De civitate Dei"
entwickelt hat[34], und wie er zugleich noch hinter den Kirchenvater zurück-
greift, indem er die urchristliche Naherwartung neu zur Erfahrung bringt.
Mit Augustin[35] hält er sich fern von jeder Form des Chiliasmus. Die Parusie
Christi wird *nicht* vorbereitet durch eine Transformation der Gesellschaft
oder durch eine Theokratie, die von „Propheten", „Richtern" oder
„apostolischen Sendboten" initiiert wird. Von vornherein ist somit auch
jene militante Apokalyptik ausgeschlossen, die etwa mit Thomas Müntzer,

---

überfallen wird ([s. Anm. 31] 544). Im Vergleich zu Peuckert bedeutet M. Greschats
Darstellung (Luthers Haltung im Bauernkrieg [ARG 56, 1965, 31–47]) einen erheblichen
Fortschritt. Mit Recht wird von ihm der apokalyptische Kontext der Bauernkriegsschriften
hervorgehoben, der jedoch nicht erst vom 20. 11. 1524 an (Luthers Predigt über die
synoptische Apokalypse, Mt 24,15ff; WA 15, 738–758) datiert werden darf (32). Wie noch zu
zeigen ist, berücksichtigt Greschat nicht Luthers Zwei-Reiche-Lehre bei der Schlußfolge-
rung (35): „Angesichts der Schrecken des kommenden Gerichtes wird alles Ringen und
Feilschen um irdische Vorteile und Rechte bedeutungslos." Die überzeugende Neudatierung
des Weingartener Vertrages durch J. Wallmann unterstreicht vielmehr Luthers Interesse an
einem weltlichen Friedensschluß (Ein Friedensappell – Luthers letztes Wort im Bauernkrieg
[in: Der Wirklichkeitsanspruch von Theologie und Religion. FS Ernst Steinbach, hg. v. D.
Henke u. a., 1976, 57–75]).
[33] Siehe die angeführte Lit. und eigene Darstellung von H. Gülzow, Eschatologie und
Politik. Zum religiösen Pluralismus im 16. Jh. (in: Das „Augsburger Bekenntnis" von 1530
damals und heute, hg. v. B. Lohse u. O. H. Pesch, 1980, 32–63).
[34] Siehe Augustin, De Civ. Dei XX, 7–13; CChr 48, 708–723.
[35] Vgl. Augustin, ebd. XX, 7; CChr 48, 708–712.

Hans Hut, Melchior Hofman oder Jan Matthijs die Ausrottung der Gottlosen *vor* dem Jüngsten Tag ansetzt[36].

Ebenfalls mit Augustin deutet Luther Apk 20,3 – „danach muß er [Satan] eine kurze Zeit freiwerden" – als die letzte Phase der Geschichte, in der Gott dem Antichrist erlaubt, die Auserwählten zu versuchen und die wahre Kirche mit entfesselten Kräften anzugreifen. Allerdings hebt Augustin hervor, daß diese Zeit, durch Gottes Erbarmen abgekürzt, nur drei Jahre und sechs Monate dauern wird[37]. Für Luther hingegen ist die Länge dieser Frist unbekannt. Er rechnet mit einem Vorspiel von drei bis vier Jahrhunderten und läßt sich von den Zeichen der Zeit immer wieder neu in seiner Endzeitberechnung bestimmen; doch die Zeichen bleiben Zeichen und werden nie zur Offenbarung. Der Deus absconditus ist keinesfalls nur Kontrastchiffre zum Deus revelatus[38]: Der richtende, Recht setzende Gott ist nicht dadurch weniger real, daß man ihm nichts vorrechnen kann; und *seine* Zeit ist nahe herbeigekommen.

Augustins Interesse richtet sich auf das große „Interim", das tausendjährige intervallum zwischen dem ersten und dem zweiten Advent Christi[39]. Er spricht futurisch von der Drangsal der letzten Tage und bekennt sich noch unsicher, ob der Antichrist in der Kirche selber erscheinen wird oder außerhalb ihrer als Gegenkirche (2Thess 2,1–4)[40].

Luther dagegen schaut auf Augustins intervallum als nahezu abgeschlossene Epoche zurück. Er lebt bereits am Ende des „Interim", wie er die Zeit der Entfesselung des Satans bis zur Wiederkunft Christi bezeichnet: „Das einzige, was dich somit in diesem Interim tröstet, ist das kommende Gericht und dein Glaube, daß der Herr regiert in Ewigkeit – letztlich werden alle Gottlosen vergehen."[41] Für ihn ist zu Anfang des Jahres 1520 schon sicher geworden, daß jetzt am Ende der Zeit der Antichrist die

---

[36] Vgl. H.-W. KRUMWIEDE, Glaube und Geschichte in der Theologie Luthers. Zur Entstehung des geschichtlichen Denkens in Deutschland, 1952; J. M. HEADLEY, Luther's View of Church History, New Haven/London 1963; U. ASENDORF, Eschatologie bei Luther, 1967; K. DEPPERMANN, Melchior Hoffman. Soziale Unruhen und apokalyptische Visionen im Zeitalter der Reformation, 1979; M. REEVES, The Influence of Prophecy in the Later Middle Ages. A Study in Joachimism, Oxford 1969. Zur Vorgeschichte der spätmittelalterlichen Apokalyptik s. H. D. RAUH, Das Bild des Antichrist im Mittelalter: Von Tyconius zum Deutschen Symbolismus, 1979².

[37] Vgl. Augustin, De Civ. Dei XX, 8.13; CChr 48, 713, 37–40; 722, 1f; 723, 47f.

[38] Siehe G. EBELING, Existenz zwischen Gott und Gott. Ein Beitrag zur Frage nach der Existenz Gottes (1965; in: DERS., Wort und Glaube II, 1969, 257–286), bes. 282.

[39] Augustin, De Civ. Dei XX, 13; CChr 48, 722, 13–17; vgl. XX, 8; CChr 48, 712, 21 – 713, 27.

[40] Augustin, De Civ. Dei XX, 19; CChr 48, 731, 26–52.

[41] Ps 10(9b),16; AWA 2, 615, 1–3; WA 5, 350, 7–9.

Kirche von innen her, aus ihrem Zentrum vom heiligen Stuhl in Rom aus, unterwandert. War diese letzte und verschlagenste Verstellung des Satans schon von Augustin als möglicher Ausgang der Geschichte benannt, so ist bei Luther neu hinzugetreten, daß Gott im Interim sein Evangelium – bereits seit drei- bis vierhundert Jahren verdunkelt – wiederbringen muß, um die Erwählten gegen diesen teuflischen Betrug zu schützen. Während Augustin mit getauften und im Glauben unterrichteten (bei Gerald Strauss: die „indoktrinierten"!) Christen rechnet, die ohne Wortverkündigung durch heimliche Taufe und Schriftmeditation vom Geiste getragen jene dreieinhalb Schlußjahre ausharren können[42], greift für Luther Gott mit seinem Worte öffentlich ein, um die pauperes, den erwählten „Rest Israels" mit seinem Wort gegen die Blendung durch den Antichrist zu schützen. Hatte Luther in seinen Dictata den Psalm 10(9b) (1513) noch als Ruf der Urgemeinde um Gottes Einschreiten contra Iudaeos interpretiert[43], so erweitert er jetzt die Perspektive ausdrücklich auf die nun eingebrochene endzeitliche Bedrohung durch den Antichrist[44]. Nur darin ist sich Luther Anfang 1520 noch nicht restlos sicher, ob der Antichrist bereits leibhaftig gekommen ist, so daß auch die Endzeit binnen kurzem ihr Ende findet; es ist aber unverkennbar, daß alles, was die Exegeten ihm unisono zugeschrieben haben, „hodie impletum esse usque ad minimum apicem et iota"[45]. Es ist kaum zu glauben, daß noch ein anderer Antichrist zu erwarten ist, der Schlimmeres (peiora) anrichten könnte[46]. Unbezweifelbar ist die seit Jahrhunderten wachsende Unterdrückung des Evangeliums in Kirche und Theologie das Präludium, das unmittelbare Vorspiel zu seinem Advent: Die letzten Vorläufer des Antichrist, das ist sicher, sind bereits eingetroffen[47]. *Die Gegenreformation geht der Reformation voraus.*

---

[42] „...adiuuante Dei gratia per considerationem scripturarum..." De Civ. Dei XX, 8; CChr 48, 715, 117f.

[43] „Contra Iudeos, qui apostolos et discipulos Christi persequebantur, hic Psalmus proprie loquitur et respicit in tempus apostolorum et discipulorum Christi, licet aliqui de Antichristo exponant." WA 55/I, 76, 16–18; vgl. WA 4, 478, 20f.

[44] AWA 2, 567, 13ff; WA 5, 324, 23f. Im Zuge der mittelalterlichen Zusammenschau von Juden, Häretikern, Türken und „Antichristiani" ist dies keineswegs eine Frontverlagerung, sondern die vorausgesagte und erwartete Zuspitzung der Endzeit. Vgl. AWA 2, 571, 19–29; WA 5, 327, 5–15.

[45] AWA 2, 589, 2f; WA 5, 337, 13f.

[46] Siehe AWA 2, 590, 13f; WA 5, 337, 36f.

[47] „...fortiter tamen Antichristo praeludunt..." AWA 2, 593, 7; WA 5, 339, 12. Für die zunächst typologische, dann eschatologische Dimension von „praeludere" und „praeludium" s. WA 4, 200, 29–38 (confractio der Juden); 605, 26; WA 9, 461, 11; WA 13, 646, 35; WA 25, 282, 7; WA 31/II, 337, 12. 28. Zu WA 4, 605 (Predigt vom 6. 11. 1519) s. E. VOGELSANG, Zur Datierung der frühesten Lutherpredigten (ZKG 50, 1931, 112–145), 127.

Etwa ein halbes Jahr vor Veröffentlichung der Bannandrohungsbulle (15. Juni 1520) deutet Luther deren Eröffnungsworte „Exsurge Domine" (Ps 10[9b],12) als den letzten Aufschrei der vom Antichrist verfolgten Kirche Christi: „Erhebe dich, Herr! Strecke die Hand aus!" Niemand anders wird mehr korrigierend eingreifen, kein anderer Reformator ist mehr zu erwarten als Christus selbst im Jüngsten Gericht. In dieser *vor*reformatorischen Zwischenzeit werden die Gottlosen immer weiter um sich greifen: „Interim proficient impii in peius semper usque in finem."[48] Zum größten Teil, zumal in ihrer Spitze (pars nobilior et melior), ist die Kirche bereits in die babylonische Gefangenschaft geführt[49]. Es ist eindeutig, daß alles, was in diesem Psalm über die Endzeit vorausgesagt ist, heute (nostro saeculo) in vollem Lauf, ja teilweise bereits gelaufen ist[50].

Nur noch dringender wird jetzt die Frage: Welches Amt und welcher Auftrag verbleiben Luther? Es ist das „vorreformatorische" Amt des Auslegers der Schrift, mit dem Auftrag, dem überschrienen und verschrienen, ja verketzerten Ruf des Propheten weit über den Hörsaal hinaus wieder Stimme zu verleihen[51]. Nur so vorbereitet auf die Listen des Antichrist und so gefestigt im Evangelium der Rechtfertigung, werden die Kinder Gottes dem teuflischen Zugriff entrinnen können[52]. Da der Antichrist auch die weltliche Macht usurpiert, ist es lebensgefährlich, Christus öffentlich zu bekennen[53]. So schreibt er zwei Jahre später dem Kurfürsten: „Dieser Sachen soll noch kann kein Schwert raten oder helfen, Gott muß hie allein schaffen, ohn alles menschlich Sorgen und Zutun. Darumb: wer am meisten gläubt, der wird hie am meisten schützen."[54] Kein Mensch wird dem Evangelisten in der Zeit des Antichrist Schutz und Schirm bieten

---

[48] AWA 2, 605, 12f; WA 5, 345, 19f. Vgl. AWA 2, 609, 10f; WA 5, 347, 18f.

[49] Vgl. AWA 2, 600, 9f; WA 5, 343, 7f.

[50] „...non sit dubium nostro saeculo, immo iam plusquam tribus saeculis huius psalmi rem pleno cursu geri et gestam esse." AWA 2, 606, 2–4; WA 5, 345, 28–30.

[51] Vgl. AWA 2, 580, 17–19; WA 5, 332, 34–36.

[52] „...quae [die Wahrheit] quam primum revelata fuerit, omnium animos in se rapit et fraudem nudam et ignominiosam relinquit." AWA 2, 597, 9f; WA 5, 341, 10f. Die „Optimismusthese" (vgl. Anm. 19) hätte einen Beleg in dem hier ausgesprochenen Vertrauen, daß sogar der Satan weiß, die Wahrheit werde *omnium animos* mitreißen – wäre nicht *pauperum* hinzuzufügen. Die Wahrheit des Evangeliums wird eben nicht ohne Unterschied „alle", sondern „alle Erwählten" sammeln. Vgl. auch AWA 2, 610, 16 – 611, 5; WA 5, 348, 6–15.

[53] Vgl. AWA 2, 599, 32f; WA 5, 342, 37–39.

[54] WA.B 2, 455, 80 – 456, 2; 5. 3. 1522 Luther an Kurfürst Friedrich auf der Rückreise von der Wartburg.

können, „nisi solus Deus"[55]. Dieser „Evangelista" ist Luther[56], als Doktor der Heiligen Schrift berufen, „den Geist des Propheten" zu verkündigen[57], mit der doppelten Aufgabe, die Erwählten[58] mit der Schrift gegen Irreführung zu wappnen und Gott um sein Einschreiten anzurufen[59], zum Abschluß der Heilsgeschichte der Unheilsgeschichte ihr Ende zu setzen: Exsurge, Domine!

Gewiß verleiht das unerschrockene Auftreten in der gottlosen Endzeit Martin Luther „heroische Züge". Er ist aber nicht ein prometheischer Fackelträger oder ein germanischer Heerführer, er ist nicht einmal ein alttestamentlicher Richter, der unerschrocken, nur auf Gott gestellt, die Reformation „einführt"; er ist schon gar nicht ein Theokrat, der aufgetreten ist, um Reformation als „Transformation" zu bewirken. Vor dem Gerichtstag gibt es nur _eine_ Transformation, nämlich der schnell fortschreitende Siegeszug des Satans. Sein weltlicher Glanz und seine Macht garantieren, daß „totus orbis ruat in obsequium Antichristi"[60]. Weit entfernt, „Reformation" durchzusetzen, beschleunigt der Evangelist Luther vielmehr durch die Verkündigung des Wortes die satanische Vergewaltigung und Verknechtung der Welt: „Non est nostrum remorari eum."[61]

---

[55] AWA 2, 611, 8f; WA 5, 348, 18f. Die Verbindung von „Vorreformation" und Reformation wird noch einmal ausgesagt in einem Brief an Staupitz vom 27. 6. 1522: „Destruendum est mihi, mi Pater, regnum illud abominationis et perditionis Papae, cum toto corpore suo. Atque id agit iam sine nobis, sine manu, solo verbo: finis eius venit coram Domino." WA.B 2, 567, 19–21.

[56] v. CAMPENHAUSEN (s. Anm. 23), 331 findet diese Selbstbezeichnung erst im Jahre 1522 belegt. Doch schon Anfang 1520 beschreibt Luther die Aufgabe des „Evangelista", und zwar genauso, wie er selbst bereits als Ausleger der Schrift amtiert.

[57] Luther kann sich auch den „Deutschen Propheten" nennen (WA 30/III, 290, 28) oder einen zweiten Jeremias (WA.TR 5, 24,5). Vgl. HOLL (s. Anm. 23), 392. Nicht an der Bezeichnung „Evangelista" als fester Titel, sondern an dem „Interimsamt" vor der „Reformation" ist alles gelegen.

[58] „Sed Antichristus nostris episcopis et ecclesiasticis rectoribus utetur, sicut in haereticis coepit, quibus cum in omnibus oboediendum sit vice Christi, periculosissimum erit non oboedisse, rursum idem periculum oboedisse, cum et electi hic in errorem duci queant." AWA 2, 610, 16–19; WA 5, 348, 6–9.

[59] „Non quod deus his indigeat, ut moveatur, sed nos, ne in fide et spe succumbamus, his artibus nos armemus et roboremur." AWA 2, 607, 5–7; WA 5, 346, 16–18. Gott muß zwar angerufen werden, doch solange er das Böse zuläßt – so Luther an Staupitz am 31. 3. 1518 über die Verirrung der Schultheologie –, gibt es keinen Einhalt: „Sed, si Deus operatur, nemo est, qui avertet. Si quiescit, nemo suscitabit." WA.B 1, 160, 25f. Vgl. drei Jahre später: „Sed non est, qui surgat et teneat Deum, aut opponat sese murum pro domo Israel, in hoc die novissimo irae eius. O dignum regnum Papae fine et faece saeculorum! Deus misereatur nostri!" WA.B 2, 333, 15–17; 12. 5. 1521 an Melanchthon.

[60] AWA 2, 611, 3f; WA 5, 348, 12f.

[61] WA 1, 627, 33. Siehe auch die enthüllenden, auf den gleichen Zielpunkt zulaufenden Bemerkungen über Kursachsen in einer Predigt des Jahres 1531: „...persequimur eius

III. Praeludium Lutheri: Das Vorspiel zur „Reformation"

Mit welchem Recht dürfen die Schriften des Jahres 1520, die nun schnell aufeinanderfolgen, angesichts des satanischen Einbruchs in Kirche und Welt als Programm zur Durchführung von „Reformation" bezeichnet werden? Denn falls es sich hier tatsächlich um ein „Reformationsprogramm" handelt, kann die Frage nicht ausbleiben, ob sich für Luther seit der Auslegung von „Exsurge Domine" (Ps 10,12) im Januar 1520, also im Verlauf von wenigen Monaten, das letzte „Interim" nun zeitlich so gedehnt hat, daß Reformation, wie zeichenhaft und örtlich begrenzt auch immer, zur geschichtlichen Möglichkeit wird im Vorgriff auf Gottes Reformation am Jüngsten Tag.

Ein solcher Bruch ist aber nicht gegeben. Der Sermon von den guten Werken (März 1520) und der Traktat von der Freiheit eines Christenmenschen (Ende Oktober 1520), die die große Schriftenreihe eröffnen und beenden, sind nicht nur zeitgleich mit der Psalmexegese, sie haben auch ihre gemeinsame Wurzel in den Operationes in Psalmos[62]. In beiden Programmschriften geht es um das Evangelium der Befreiung und um das Christenleben der Befreiten, denen jetzt der Zuspruch der Gerechtigkeit Gottes und die Einung mit Christus im Glauben öffentlich verkündet werden kann. Für beide Schriften gilt, was Luther vom Freiheitstraktat ausgesagt hat: „Es ist eyn kleyn buchle, ßo das papyr wirt angesehen, aber doch die gantz summa eyniß Christlichen leben drynnen begriffen, ßo der synn vorstandenn wirt."[63] Diese Worte sind keine Floskel, sondern mit ihrer ganzen Spannung zwischen Buchstabe (Papier) und Geist (Sinn) ein erheblicher Vorbehalt: Nur die pauperes, die erwählten Kinder Gottes, werden den Evangelisten verstehen können.

Freilich spricht Luther in beiden Schriften als „öffentlicher" Seelsorger, aber nur, um den „Rest Israels" zu sammeln, der unter dem moralischen Gesetz der scholastischen Theologie seufzt und von der papalen Kirche unter dem kanonischen Recht geknechtet ist. Für ihn will er den spiritus prophetae zum Tragen bringen, zur Sammlung leuchtet das Evangelium wieder auf; nur in der gesammelten Gemeinde schließlich kann der Befreite bis zum Ende den Stricken des Satans entgehen und im Glauben beharren.

---

ministros, quos mittit, ut nos mit gnaden visitir. Ideo sol die scharhansen [Adel] komen und die Cives et rusticos auffressen, post ipsi seipsos. Sed non hilfft: quando dicitur, non creditur, es wil sich erfarn. Rustici et Cives colligunt pecuniam, stelen, hat kein not, und Scharhansen habent arma. Quicquid dicitur, ut timeamus et deum in ehren halten, nihil fit, wir konnens nicht auffhalten." WA 34/II, 87, 10 – 88, 5; 13. 8. 1531 über Lk 19,41–44 (Zerstörung Jerusalems). Für das räuberische „Scharren" des Adels s. WA 22, 192, 35f (1532).

[62] Siehe MAURER (s. Anm. 24), 78.   [63] WA 7, 11, 8–10.

Ohne diesen heilsgeschichtlichen Rahmen wird der „Sermon" zur reinen
Apologie gegen den Vorwurf des Laxismus, dann wird der „Traktat" zur
Quelle einer neuen evangelischen Mystik, zum Sprungbrett für eine
moderne Anthropologie oder für eine protestantische Ethik. Alle vier
Gesichtspunkte haben ihre Gültigkeit angesichts gewichtiger Textstellen
und fließen auch zusammen in dem Schluß des Traktats: „Aus dem allenn
folget der beschluß, das eyn Christen mensch lebt nit ynn yhm selb,
sondern ynn Christo und seynem nehstenn, ynn Christo durch den glauben, ym nehsten durch die liebe: durch den glauben feret er uber sich yn
gott, auß gott feret er widder unter sich durch die liebe, und bleybt doch
ymmer ynn gott und gottlicher liebe."[64]

Luther ist ebensowenig zu den passiven wie zu den militanten Apokalyp-
tikern zu rechnen. Er entfaltet nämlich als die Folge der Freiheit eine
„Interimsethik", die gerade auf die Erhaltung der Welt abzielt und nicht auf
ihr baldiges Ende: „Darumb wie uns gott hatt durch Christum umbsonst
geholffen, alßo sollen wir durch den leyp und seyne werck nit anders den
dem nehsten helffen", ihm „zu willen und besserung"[65]. Diese Besserung
ist nicht nur individualistisch gemeint, sie zieht institutionelle und rechtli-
che Reformen nach sich, wie bereits ausgesagt im Titel der Adelsschrift –
„von des christlichen Standes Besserung" (Mitte August 1520). Da durch
die päpstlichen Übergriffe das ordentliche Bischofsamt (die Verkündigung!) nahezu ausgeschaltet ist und den armen Seelen (pauperes!) geschadet
wird, „ist der keyszer mit seinem adel schuldig, solch tyranney zu weeren
und straffen"[66].

Luther nimmt sehr wohl das gängige Reizwort „Reformation" auf,
benutzt es aber als Äquivalent für weltliche „Besserung" und eben nicht für
„endzeitliche Transformation". So kann er als Historiker mittelalterliche
Reformversuche als gescheiterte Versuche der Besserung beschreiben und
werten. Spätmittelalterliches Konzilsvokabular einsetzend, vertritt er die
These, daß der römische Stuhl nur deshalb die Bettelorden gemehrt habe,
um mit diesen Hilfstruppen eine episkopale Reformation zu verhindern[67].
Die Mächte der Endzeit haben sich bereits im Rom des 15. Jahrhunderts so
tief festgesetzt, daß Reformation als Selbstreform im geistlichen Bereich
nicht mehr möglich ist.

Auf die akademische, in Wittenberg statutengemäße, weltliche Institution der „reformatores"[68] kann er zurückgreifen, wenn er schreibt: „Die

---

[64] WA 7, 38, 6–10. [65] WA 7, 36, 6–8.30.
[66] WA 6, 433, 24f. [67] Vgl. WA 6, 438, 30–34.
[68] „Magistri deputentur ad lecciones ordinarias per reformatores." Urkundenbuch der

universiteten dorfften [bedürfen] auch wol eyner gutten starken reformation."[69] Reformation als Besserung ist also nicht in eins zu setzen mit dem geschichtsmächtigen mittelalterlichen Traum der Transformation durch Engelspapst und Friedenskaiser[70]. Weltliche Besserung ist allerdings möglich und notwendig, sie ist der Kampf des Erhaltens[71] gegen jene satanische Hochkonjunktur, in deren Folge die Zeiten schlimmer und ärger (peiora) werden. Es handelt sich dabei nicht um Transformation, sondern um ein weltliches Geschäft, um Besserung als Schutz der bedrohten Schöpfung, um „ein nottige ordnung, beszondern zu unsern ferlichen zeytten"[72].

Neu gegenüber dem Jahresanfang ist die Entfaltung des Gedankens, daß der Satan durch seine Mischung der zwei Reiche beide verdirbt, indem er in Gottes Schöpfung teuflisches Chaos verursacht[73]. Wo das Evangelium

---

Universität Wittenberg, hg. v. W. FRIEDENSBURG, I, 1926, 56. S. auch Geschichtsquellen der Provinz Sachsen und angrenzender Gebiete, bearb. v. K. PALLAS, Bd. 41: Die Registraturen der Kirchenvisitationen im ehemals sächsischen Kurkreise II/2, 1906, 1. Für die Reformation der „series lectionum" s. Luthers Brief vom 11. 3. 1518 an Spalatin. Luther berichtet hier über seine Besprechung mit Karlstadt „de lectionibus studii nostri initiandis vel instituendis" (WA.B 1, 153, 5) und meint, daß der beigelegte Plan eine „vera occasio omnium universitatum reformandarum" biete (Zl. 11 f). Der detailliertere Vorschlag vom 23. 2. 1519 direkt an den Kurfürsten ist neben anderen gemeinsam von Luther und Karlstadt unterschrieben (WA.B 1, 350, 43 f).

[69] WA 6, 457, 28 f.

[70] Zur Vorgeschichte s. G. B. LADNER, The Idea of Reform. Its Impact on Christian Thought and Action in the Age of the Fathers, Cambridge, Mass. 1959, bes. 284 ff. 402 ff. Vgl. L. Graf zu DOHNA, Reformatio Sigismundi. Beiträge zum Verständnis einer Reformschrift des fünfzehnten Jahrhunderts (Veröffentl. des Max-Planck-Instituts f. Gesch. 4), 1960, 68. 82. 135 f.

[71] Vgl. „... ich hofft, es solt schier besser werden" (WA 6, 457, 12).

[72] WA 6, 439, 33 f. Als Aufruf zur „reformatz" hat Hans Kotter, reformatorisch gesonnener Dichter († 1541 in Bern) die Adelsschrift gelesen. Sein Brief an Bonifatius Amerbach vom 22. 10. 1520 bietet uns ein einmaliges Zeugnis der unmittelbaren Wirkung Luthers: „Deßglichen hab ich nie gelesen noch gehört; alle mönschen verwonderen sich dorab, etzlich meinen, der tufel redt vß im oder der heilig geist. Er riert den boden [= Dreck], dz dem heiligen vatter vnd der römer wesen nit wol schmecken wirt. ... Also kumbt herfurer die boßheit, so zü Rom furgath.

> Eß mag in die leng nit bestan,
> ein reformatz missen si han,
> Carolus wurdt dz fahen an."

Die Amerbachkorrespondenz, hg. v. A. HARTMANN, II: Die Briefe aus den Jahren 1514–1524, 1943, 260, 36–39. 51–53.

[73] Als Beispiel der Besserung führt Luther eine Versöhnungspolitik mit den Böhmen an, die absieht von Kreuzzügen zur gewaltsamen Rückführung unter die Oberhoheit des Papstes. Vgl. WA 6, 454, 17 – 457, 27. „Besserung" erwartet Luther auch von der Erneuerung des weltlichen Rechts, das „besser, kunstlicher, redlicher ist, den[n] das geystlich" (ebd. 459, 31). Das Bild eines rechten Regiments, die paradiesische Wiederherstellung, bietet ihm im Jahre 1530 Kursachsen: „... ein großes Teil des Himmelreichs Christi in E. K. F. G. Land ist durch das heilsam Wort erbauet ohn Unterlaß; das weiß er [der Satan] und siehet seinen Unwillen

wieder aufgerichtet wird, kommt es, diesem Chaos entgegen, zur weltlichen Besserung, weil die Mischung der Reiche beseitigt wird und die Welt nun zu ihrem Recht kommen kann. Das Evangelium wird demjenigen Lande Besserung bringen, in dem es Schutz findet, da das weltliche Reich dann in seiner gottgewollten Würde und Macht anerkannt und wiederhergestellt wird. Jetzt wird den Klöstern und Stiften wiederum die Aufgabe übertragen, wie einst als Schulen zu dienen, „darynnen man leret schrifft unnd zucht nach Christlicher weysze, unnd leut auff ertzog, zu regieren unnd predigen"[74]. Jene Zucht ist also keineswegs ein Spätprodukt schleichender Versteinerung oder ungewolltes Ergebnis der Einführung des landesherrlichen Kirchenregimentes[75].

Haben wir bislang in der Forschung die weltliche „Besserung" im Gegensatz zu Luther als endzeitliche Wende in Welt und Kirche gedeutet, so ist umgekehrt das echte endzeitliche „Praeludium Lutheri" im Titel der „Captivitas Babylonica" zum agitatorischen Spottlied verharmlost und verweltlicht worden. Es wird nämlich generell als das Vorspiel Luthers übersetzt, als die Verballhornung der Papisten[76]. Damit wird aber jene eschatologische Dimension überspielt, innerhalb derer diese Schrift gedeutet werden will. Das „Praeludium Lutheri" ist das Vor-Spiel auf Gottes Gericht, die Vorentlarvung vor der Apokalypse am Jüngsten Tage, wenn die um sich greifende Unterdrückung der wahren Christen schlagartig durch Gottes große Reformation enthüllt und zugleich aufgehoben wird.

Es ist insofern tatsächlich ein „Spiel", als die Weisheit Gottes mit weltlichen Augen betrachtet nur als Narrheit erscheinen kann. Erasmus hatte dieses Thema bereits eloquent in seiner Schrift „Moriae Encomium" (1511/1514) ausgearbeitet[77]. Was dort aber satirisch angeprangert und damit geistig „durchschaut", d. h. bereits zurückgelassen ist, wird von

---

dran." WA.B 5, 327, 101–103. Vgl. aus derselben Zeit die Vorlesung zum Hohen Lied (4,13): WA 31/II, 697, 4–16.

[74] WA 6, 439, 38 f; vgl. 461, 11–23.

[75] Der Gegensatz zwischen „Spontaneität" des frühen Luther zu der späteren „Sittenüberwachung" ist somit nicht am Text festzumachen. Es wäre zu kurz gegriffen, „Zucht" allein mit „Disziplin" im Sinne individueller Lebensführung zu übersetzen. Es geht um die gesamte äußere Ordnung, um Maßnahmen gegen Luxus (ubirflusz), Handel (specirey), Wucher (zynsz kauff), Monopole (Fuckern) und Prostitution (frawenheuszer). WA 6, 465, 25 – 467, 26. Aber auch „Disziplin" ist angesprochen, wenn Luther Fressen und Saufen als das „szondern laster" der Deutschen anprangert. Mit der Predigt ist diesem Laster nicht mehr beizukommen: „Es mag das weltlich schwert hie etwas weren…" Ebd. 467, 8. 12.

[76] Vgl. die Einleitung zu „De Captivitate", WA 6, 486.

[77] In seiner überzeugenden Darstellung hat M. A. Screech diese „Aufklärung" als Verklärung und raptus zu deuten gewußt: Ecstasy and the Praise of Folly, London 1980, bes. 218–222.248 f.

Luther auf die Endzeit bezogen und mit dem vollen Ernst der letzten Warnung vorgetragen[78]. Die Warnung gilt nicht „Babylon", der herrschenden Kirche, dem Papsttum oder der Kurie, sondern bezweckt die Berufung, Bekehrung und Sammlung der Gläubigen, die sonst ohne das Wort der Wahrheit beirrt und ohne die zu Trost und Stärkung gestifteten Sakramente hoffnungslos geschwächt in der Gefangenschaft zurückbleiben würden[79].

Der „Sendbrief" an Papst Leo X. (Ende Oktober 1520), etwa gleichzeitig mit dem Freiheitstraktat verfaßt und als dessen Begleitschreiben gemeint, entspringt nicht der Angst vor der eigenen Courage, nicht einer listigen Verstellung oder sogar einer ironischen Inkonsequenz[80]. Er illustriert vielmehr, wie Luther den Papst als Person pastoral zu betreuen und dem Antichrist zu entreißen sucht, ihn dabei von der babylonischen Institution des Papsttums zu unterscheiden weiß: Deine Heiligkeit wird „yn aller welt beruffen [gerühmt]", „widder deyne person" habe ich nichts vorzubringen[81]. Die allenthalben angeprangerten Sitten Roms stehen überhaupt nicht zur Debatte. Aber unter dem Namen des Papstes und der römischen Kirche wird „das arm volck ynn aller welt" betrogen und geschädigt[82]. „Es ist auß mit dem Romischen stuel, gottis tzorn hatt yhn ubirfallen on auffhoren. Er ist feynd den gemeynen Conciliis, er will sich nit unterweyßen noch reformieren lassen, und vormag doch seyn wuttends unchristlichs weßen nit hindernn, damit er erfullet, das gesagt ist von seyner mutter, der alten Babylonen, Hiere. [Jer 51,9]: ,Wyr haben viel geheylett an der Babylonen, noch [dennoch] ist sie nit gesund wordenn, wyr wollen sie faren lassenn'."[83] Dieses Jeremiawort wird Luther bis zum Ende seines

---

[78] Dieser eschatologische Bezugspunkt des „Vorspiels" schließt nicht aus, sondern ein, daß – gemäß der bisherigen Deutung – dem Widersacher Spottlieder gesungen werden: „Huttenus et multi alii fortiter scribunt pro me, et parantur indies cantica, quae Babylonem istam parum delectabunt." WA.B 2, 264, 51 f; 9. 2. 1521 an Staupitz. S. dazu auch den Schluß der Adelsschrift, WA 6, 469, 1–4. Doch dieses Spiel ist todernst, da in der babylonischen Gefangenschaft Christus lächerlich gemacht wird: „Verum seria res est ... quando per totum orbem ipse optimus salvator, qui sese pro nobis dedit, ludibrium iactatur..." WA.B 3, 263, 27–29.

[79] Ähnlich wie Augustin stellt Luther die Schrift ins Zentrum. Sie wird öffentliches Ereignis, geöffnet in der Wortverkündigung. Augustin hingegen hatte sich nach einigem Zögern, ob in der Drangsal der Endzeit überhaupt noch Neuchristen hinzugewonnen werden, dafür entschieden, daß Kinder von bekennenden Christen durch *heimliche* Taufe und Erwachsene durch *private* Schriftmeditation in den letzten Tagen gerettet werden. Vgl. De Civ. Dei XX, 8; CChr 48, 715, 115–118.

[80] Vgl. dagegen R. BÄUMER, Martin Luther und der Papst (KLK 30), 1970², 61 f.

[81] WA 7, 4, 8 f.38.   [82] WA 7, 5, 14 f.

[83] WA 7, 5, 37 – 6, 3. Siehe M. BRECHT, Curavimus enim Babylonem et non est sanata (in: Reformatio Ecclesiae [s. Anm. 31], 581–595).

Lebens begleiten. Es formuliert zugleich den Auftrag zur Verkündigung und die erwartete Erfolglosigkeit der Reformation[84].

Noch einen Schritt weiter zwingt uns Luther zu gehen. Weit entfernt, voller „Optimismus" jene Reformation in Gang zu bringen, die eine Transformation initiieren sollte, hat die Wiederentdeckung und Wiederverkündigung des Evangeliums als „Praeludium" die gegenteilige Wirkung, daß der Satan zur Gegenoffensive gereizt, nahezu herausgefordert und von Gottes wegen gezwungen wird, seinen Zugriff auf die Welt zu beschleunigen. Durch Gottes Gnade wird so das Interim seiner Entfesselung gekürzt und das Jüngste Gericht näher gebracht[85].

Die apokalyptischen Vorstellungen, die Luther hier verwendet, sind nicht nur Instrumente, damit er sich seiner Zeit verständlich mache, sondern sie sind zugleich sein eigener, erfahrener Denk- und Lebenskontext. Der Satan richtet sich gegen das Zentrum des Widerstandes und versucht, Martin Luther selbst physisch und psychisch einzukreisen. Der Endkampf trägt deshalb auch sehr persönliche Züge, die in nahezu jedem Brief aufbrechen. Der Wartburgaufenthalt ist eine Zeit besonderer Anfechtungen – wie neun Jahre später die Zuschauerrolle auf der Veste Koburg –, weil Luther, aus der Frontlinie genommen, damit des Endkampfs nicht mehr wert zu sein scheint: „Es gibt nichts, was ich inniger wünsche, als mich dem Gegner entgegenzuwerfen."[86] Das ist nicht die Anzeige einer psychisch bedingten, des Lebens überdrüssigen Martyriumssehnsucht[87], sondern die Konsequenz der Erwartung, daß die Zerschlagung des „Evangelisten" den letzten Übergriff des Satans markieren könnte und damit das Ende seines Wütens, das Jüngste Gericht, näher rücken wird[88].

---

[84] „... dixi Prophetam loqui hoc psalmo de his, qui extremo iudicio apprehendentur in fine mundi, postquam impietas eorum praevaluerit per orbem in desperatam usque emendationem." AWA 2, 609, 9–11; WA 5, 347, 17–19. Vgl. für das Jahr 1533 WA 38, 73, 28f. 38–40.

[85] „... at ego indies magis provoco Satanam et suas squamas, ut acceleretur dies ille Christi destructurus Antichristum istum." WA.B 2, 567, 35f; 27. 6. 1522 an Staupitz.

[86] „Nihil magis opto, quam furoribus adversariorum occurrere obiecto iugulo. ... Sed non est, qui surgat et teneat Deum, aut opponat sese murum pro domo Israel, in hoc die novissimo irae eius. O dignum regnum Papae fine et faece saeculorum! Deus misereatur nostri! Quare tu verbi minister interim insta, et munito muros et turres Hierusalem, *donec et te invadant.*" WA.B 2, 332, 8f; 333, 15–19; 12. 5. 1521 an Melanchthon. Vgl. den Brief vom selben Tag an Agricola: „... optem in publico stare pro verbo, sed dignus nondum fui." Ebd. 336, 10f.

[87] So könnte ein „psycho-historisch" ausgerichteter Interpret Luthers Wunsch, isoliert betrachtet, verstehen: „Iam in christiana libertate ago, absolutus ab omnibus tyranni istius legibus, quamquam mallem, ut ille porcus Dresdensis publice praedicantem dignus esset interficere, si Deo placeret, ut pro verbo eius paterer; fiat voluntas Domini." WA.B 2, 338, 62–66; 14. 5. 1521 an Spalatin.

[88] In diesem Sinne deute ich auch die Todeserwartung, als Luther ein halbes Jahr vor seiner

Der breite Zuspruch im Volk, von dem Luther seit Mai 1521 auf der Wartburg ständig unterrichtet wird, scheint jedoch aller Endzeit ungemäß eine Neuzeit anzukündigen. Drei Überlegungen lassen sich bei Luther in den zwanziger Jahren unterscheiden, die das bei allen seinen Endzeiterwartungen völlig Unvorhergesehene, nämlich „Erfolg", zu bewältigen erlauben.

Einmal verwirft er jedes gewaltsame Vorgehen im Namen des Evangeliums. Sein Erfolg, seine Popularität als Freiheitskämpfer ist ein sarkastischer Witz des Teufels: „Vehementer enim me offendit ista gratia hominum in nos..."[89] Es ist seine Absage an alles, was in Richtung militanter Apokalyptik tendiert, sie gilt nicht erst den Bauern im Jahre 1525, sondern schon vier Jahre zuvor ganz anderen sozialen Gruppen, den gewalttätigen Studenten in Erfurt, den raubsüchtigen Rittern oder den ausbeuterischen Amtsleuten in Kursachsen.

Eine andere Überlegung verbindet sich mit der traditionellen Glaubensdefinition aus dem Hebräerbrief, die ihn seit seinen Anfängen beschäftigt hatte: Der Glaube bezieht sich auf das, „was man nicht sieht" (Hebr 11,1). Schon immer war für ihn hiermit der qualitative Unterschied zwischen Himmel und Erde ausgesagt[90], so daß die Glaubenshoffnung sich auf das in der Zukunft Unsichtbare, Verborgene bezieht. Jetzt, in der Endzeit, charakterisiert es christlichen Glauben, mit dem zu rechnen, was unerwartet ist und was sich gegen alle errechenbaren Abläufe durchsetzt[91]. Das könnte bedeuten, daß seine Rolle als „Evangelista" schon ausgespielt ist und daß ein anderer, etwa Melanchthon, an seine Stelle berufen wird: „Ego etiam si peream, nihil peribit euangelio, in quo tu nunc me superas..."[92] Es kann aber auch so ausgehen, daß der Antichrist sein Ansinnen, die Opposition im Geheimen abzuwürgen – „es geht unter dem hudlin zu"[93] –, angesichts

---

Hochzeit den Gedanken an eine Ehe noch abweist: „...animus alienus est a coniugio, cum expectem quotidie mortem, et meritum haeretici supplicium. Itaque nec Deo figam terminum operis in me, nec in corde meo nitar. Spero autem, quod non sinet me diu vivere." WA.B 3, 394, 23–26; 30. 11. 1524 an Spalatin.

[89] „...ex qua liquido videmus, nondum esse nos dignos coram Deo verbi sui ministros, et Satanam in nostra studia ludere et ridere." WA.B 2, 332, 5–7; ca. 8. 5. 1521 an Melanchthon. Vgl. an Spalatin im Juli 1521: „Sed nihil proficiet; non sunt nostri, qui haec faciunt." Ebd. 367, 16.

[90] Siehe G. EBELING, Luther. Einführung in sein Denken, 1964, 272f.

[91] „Toties de fide et spe rerum non apparentium locuti sumus; age, semel vel in modico eius doctrinae periculum faciamus, quando id vocante Deo, non nobis tentantibus ita contingit." WA.B 2, 348, 45–48; 26. 5. 1521 an Melanchthon. Vgl. WA 4, 322, 16–24; 324, 1–4 (Schol. Ps 119,31.34).

[92] WA.B 2, 348, 48. Im nächsten Brief an Melanchthon bezeichnet Luther seinen akademischen Kollegen als (Wittembergensis Ecclesiae) „Evangelista" (ebd. 356, 1).

[93] AWA 2, 597, 1; 595, 25; WA 5, 341, 1f; 340, 20.

von Luthers schnell wachsender Gefolgschaft wird aufgeben müssen
zugunsten des offenen Schlagabtauschs. Dann wird Gewalt nicht zu vermeiden sein: „Habet Germania valde multos Karsthansen."[94] So sehr
Luther darauf bestehen wird, daß er „die Sache" angefangen hat[95], so lernt
er im Laufe der Zeit zu rechnen mit einer wachsenden Zahl von evangelischen Prädikanten, wenn auch während der Wartburgzeit zunächst nur
Melanchthon und er in der vordersten Kampflinie stehen[96]. An Erzbischof
Albrecht von Mainz schreibt Luther am Ende des Jahres 1521 in der
Gewißheit, nicht mehr allein zu stehen: „Schweigen werde ich nicht, und
ob mir's nicht würde gelingen, hoffe ich doch, ihr Bischoffe sollt euer
Liedlin nicht mit Freuden hinaussingen. Ihr habt sie noch nicht alle
vertilget, die Christus wider euer abgöttische Tyrannei erweckt hat."[97]
Erfolg bedeutet somit Fortschritt im Sammeln der Gläubigen.

Die dritte Deutung des unerwarteten Erfolges setzt seit 1525 die Lösung
der früheren Fragen voraus. Mit der Unüberwindlichkeit der Wahrheit ist
nunmehr das Bild vom „fahrenden Platzregen"[98] und von der Gnadenfrist
verbunden[99]. Die Wahrheit hat den Boden urbar gemacht, das Evangelium
ist gepflanzt, jetzt soll es gehegt und gepflegt werden. In diesem Sinne
kann tatsächlich vom erfolgreichen „Lauf des Evangeliums"[100] gesprochen
werden. Und im Rückblick aus dem Jahre 1531 kann mit Freude darauf
hingewiesen werden, daß Gott dem evangelischen Bekenntnis auf dem
Reichstag zu Augsburg eine Tür aufgestoßen hat[101]. Die Ausführung aus
der Gefangenschaft und die Reinigung der Papstkirche, die wir gemeinhin
als „Reformation" bezeichnen, bleibt für Luther aber bezogen auf das
befristete Vorspiel zur Reformation Gottes. Erst am Jüngsten Tage, wenn
das Evangelium seinen Lauf vollendet hat, wird die „Captivitas" samt
ihren Mauern zerstört[102].

---

[94] WA.B 2, 348, 64f; 26. 5. 1521 an Melanchthon.

[95] Vgl. v. CAMPENHAUSEN (s. Anm. 23), 328.

[96] „Nos soli adhuc stamus in acie; te quaerent post me." WA.B 2, 333, 21f; 12. 5. 1521 an
Melanchthon.

[97] WA.B 2, 408, 100–103; 1. 12. 1521.

[98] WA 17/II, 179, 28–31.

[99] Vgl. WA 41, 220, 5f.

[100] Vgl. WA 30/III, 477, 7–13; allgemein für das Werk des Evangeliums: WA 49, 269, 30f
(Gal 5,7; Apg 20,23).

[101] Vgl. WA.B 5, 480, 29f; 15. 7. 1530 an Jonas, Spalatin, Melanchthon und Agricola.

[102] „Er hat, Gott lob, jitzt auch angefangen, unsern Götzen und Larven, des Bapstumbs
lesterlichen treudelmarck nider zu legen und seine Kirchen zu reinigen durch sein Euangelium, auch zum vorspiel, das man sehe, das er es mit jnen auch ein ende machen wil. Wie es
fur augen schon angefangen zu fallen und teglich mehr und mehr fallen mus. Und viel
greulicher wird zu bodem gestossen werden und ewiglich zu grund gehen müssen, denn die

Nicht erst aus Enttäuschung und nur im Rückblick auf die Erwartungen der Frühzeit, sondern bereits in den Tagen des größten sichtbaren „Erfolgs" weiß Luther um den kurz bemessenen Aufschub von Gottes Zorn, der über das undankbare Deutschland hereinbrechen wird, in dem das Evangelium gehört, aber abgelehnt wird: „... suspicor enim fore, ut cito visitet Dominus Germaniam, sicut meretur eius incredulitas, impietas et odium evangelii."[103] Was spätere Erklärung verlangt, ist nicht Widerstand und Scheitern, sondern Durchbruch und Erfolg. Das Gerichtswort des Jahres 1520 – „non est nostrum remorari eum" – wird am Ende der größten Erfolgsjahre der Wittenberger Reformation, im Jahre 1531, jetzt in der Landessprache noch einmal unmißverständlich wiederholt: „Wir konnens nicht auffhalten."[104]

Der für Luther unerwartete Fortgang der Geschichte spitzt die frühen Wartburgfragen auf das eine Thema zu, daß die evangelische Sammlung der Gläubigen nun bald abgeschlossen sein wird. Das Vorspiel hat schon begonnen und ist nicht mehr aufzuhalten „umb weniger fromen willen". Das Vorspiel wird sein Ende finden, sobald „der kleinest hauffe, so Christum kennen", „das heubt legen" wird[105].

IV. Auf dem Wege zur Visitation: Cito visitet Dominus Germaniam

Es wäre für uns durchaus verständlich, wenn Luthers eschatologischer Erwartungshorizont des Kampfes der letzten Tage in dem Maße verschwinden würde, in dem die evangelische Bewegung Geschichte „machen" konnte. Das ist aber keineswegs der Fall, im Gegenteil! In den Jahren 1530/31 ist sogar eine nochmalige Steigerung festzustellen im Wissen um den „furor finalis Dei", um die Zeichen des Zornes Gottes, der es zuläßt, daß die Mächte der Endzeit sich zum letzten Mal gegen das

---

Jüden zustört und vertilget sind. Dieweil es auch viel ein schendlicher grewel ist. Das sol sich erst recht anfahen, wenn nu das Euangelium hinweg ist, umb der schendlichen, greulichen lesterung willen. Aber zu letzt mit dem Jüngsten tag erst recht sein endliche und ewige zerstörung nehmen." WA 22, 193, 12–21. Crucigers Postille nach der Predigt über Lk 19,41–48; 13. 8. 1531. Vgl. WA 34/II, 96, 5–10.

[103] WA.B 2, 372, 75–76; 1. 8. 1521 an Melanchthon. Von „Optimismus" kann keine Rede sein: „At haec plaga tum nobis imputabitur, quod haeretici Deum provocaverimus, erimusque opprobrium hominum et abiectio plebis, illi vero apprehendent excusationes in peccatis suis, et iustificabunt semetipsos, ut probet, reprobos neque bonitate neque ira bonos fieri, et scandalisabuntur multi. Fiat, fiat voluntas Domini, Amen." Ebd. 372, 76–81.

[104] WA 34/II, 88, 4f; Predigt vom 13. 8. 1531; s. o. Anm. 61 und 86.

[105] WA 22, 194, 6; WA 21, 324, 1f; WA 22, 194, 12.

Evangelium zusammenballen und über das undankbare Deutschland hereinbrechen[106].

Um so dringender stellt sich die Frage nach der Einführung des landesherrlichen Kirchenregiments. Welche Aufgabe kann einem solchen Regiment in der Kirche der Endzeit überhaupt noch zufallen? Sollte etwa die
Visitation erreichen, was der Reformation verwehrt war? Um diesem
Verdacht nachzugehen, werden wir die Entwicklung seit dem Aufenthalt
auf der Wartburg zu deuten haben. Den Schutz und Schirm, den Junker
Jörg auf der Wartburg genossen hat, konnte er akzeptieren als weltliches
Handeln der Obrigkeit, genauso wie später die Durchführung der Visitation. Die Sache der Reformation aber kann von der weltlichen Obrigkeit
nicht gesichert oder beschleunigt werden. Aus dem Schutz der Wartburg
von der Gemeinde in Wittenberg herausgerufen, wagt sich der Geächtete in
die Öffentlichkeit zurück, ohne den Schirm des Landesherrn in Anspruch
zu nehmen. Eindeutig und feierlich erklärt Luther am 5. März 1522, „daß
ich das Evangelium nicht von Menschen, sondern allein vom Himmel
durch unsern Herrn Jesum Christum habe, daß ich mich wohl hätte mügen
(wie ich denn hinfort tun will) einen Knecht und Evangelisten rühmen und
schreiben". „. . . ich komme gen Wittenberg in gar viel einem höhern
Schutz denn des Kurfürsten. . . . Dieser Sachen soll noch kann kein Schwert
raten oder helfen, Gott muß hie allein schaffen, ohn alles menschlich
Sorgen und Zutun."[107] Was Luther braucht, was er von Brief zu Brief von
den Freunden erbittet, ist nicht Schutz, sondern Fürbitte, die Gemeinschaft
der Gesammelten. Dieser Schutz des Evangelisten ist nämlich genauso
allein Sache Gottes wie die Durchführung der großen Reformation.

Für die weltliche Besserung benutzt Gott jedoch seine Mittel: Es sind
Christen und Nichtchristen in allen Ämtern, einschließlich und vor allem
der Kurfürst. Hier, im weltlichen Bereich, liegen die Wurzeln der Visitation[108]. Bereits vor dem Bauernkrieg, seit Ende 1524, kamen die Vorbe-
sprechungen und Anläufe zur Visitation in Gang[109], ihre Durchführung

---

[106] Siehe dazu meinen Beitrag: Die Juden: Ahnen und Geahndete (erscheint in: Leben und
Werk Martin Luthers von 1526 bis 1546. Festgabe zu seinem 500. Geburtstag. Im Auftrag des
Theol. Arbeitskreises für Reformationsgeschichtliche Forschung hg. v. H. JUNGHANS, 1983).

[107] WA.B 2, 455, 40–43; 455, 76f; 455, 80 – 456, 82; 5. 3. 1522 an Kurfürst Friedrich. Vgl.
den Brief sieben Wochen später, 27. 6. 1522, an Staupitz (oben Anm. 55).

[108] Siehe vor allem oben Anm. 75.

[109] Siehe H. BORNKAMM, Martin Luther in der Mitte seines Lebens. Das Jahrzehnt zwischen
dem Wormser und dem Augsburger Reichstag, 1979, 425–442. Neben der von BORNKAMM
zitierten und kommentierten Arbeit von H.-W. KRUMWIEDE, Zur Entstehung des landesherrlichen Kirchenregimentes in Kursachsen und Braunschweig-Wolfenbüttel, 1967, ist auf den
Beitrag von I. HÖß hinzuweisen: The Lutheran Church of the Reformation: Problems of its
Formation and Organization in the Middle and North German Territories (in: The Social

hingegen wurde durch die Aufstände eher verzögert als beschleunigt. Am achten Jahresfest des Thesenanschlages, am 31. Oktober 1525, richtet Luther an seinen neuen Kurfürsten Johann, den Bruder des mitten im Bauernkrieg verstorbenen Friedrich († 5. Mai 1525), einen Dringlichkeitsantrag, der zugleich als Reformprogramm bezeichnet werden muß. Ausdrücklich verweist Luther dabei auf den inzwischen vollzogenen Plan, „die universitet zu ordiniren"[110], wozu Gott den Kurfürsten „zum wergzeug gebraucht hat"[111]. Einen Monat zuvor spricht Luther im Zusammenhang mit den Wirren in Kirche und Regiment von „Reformation" und hätte dies auf deutsch auch als „Besserung" oder „gute Ordnung" bezeichnen können, denn es handelt sich um strukturelle Maßnahmen, die seit langem in die Zuständigkeit der weltlichen Obrigkeit fielen. Hierzu gehört auch die neue Gottesdienstordnung, die Luther sich in seiner Vorrede zur Deutschen Messe als territorial einheitlich gestaltet vorstellt[112]. So bleiben jetzt nach der Liturgiereform „noch zwey stuck furhanden", welche „eynsehen und ordenung" durch den Kurfürsten erfordern, und zwar wiederum „als welltlicher oberkeyt"[113].

Der erste abzustellende Mißstand ist, daß Pfarreien, Schulen und Prädikaturen aus Geldmangel dahinsiechen, „und also gotts wort und dienst zu boden gehen"[114]. Der zweite Mißstand ist das „bose regiment, beyde ynn stedten und auff dem lande"[115]. Auch dieses weltliche Regiment sollte der Kurfürst „visitirn" lassen. Von einer Appellation an den Landesherrn als „Notbischof" ist nicht die Rede. Es sind allesamt das Gemeinwohl tangie-

---

History of the Reformation, hg. v. L. P. Buck/J. W. Zophy, Columbus, Ohio 1972, 317–339). Speziell zur Frühgeschichte der Visitationen s. I. Höß, Humanismus und Reformation (in: Geschichte Thüringens, hg. v. H. Patze/W. Schlesinger, III: Das Zeitalter des Humanismus und der Reformation, 1967, 1–145), 71–84.

[110] WA.B 3, 594, 11; vgl. 595, 36f; 31. 10. 1525 an Kurfürst Johann. Für die Verbindung von „Reformatio" und Universitätsreform s. o. Anm. 68.

[111] Ebd. 595, 33.

[112] Vgl. WA 19, 73, 6–8. Genau wie die Universitätsreform und der Schutz der Pfarrkirchen ist die einheitliche Liturgie ein öffentliches Anliegen und fällt somit in den Zuständigkeitsbereich des Kurfürsten: „Scio reformatione parochiarum opus esse et institutis uniformibus ceremoniis, iamque hoc saxum volvo, et principem sollicitabo." WA.B 3, 582, 5–7; 27. 9. 1525 an Nikolaus Hausmann. Auch hier fehlt der signifikante Zusatz nicht: „Satan est in medio" (582, 11). Das angebliche Zögern bei dem organisatorischen Aufbau der evangelischen Kirche wird oft damit erklärt, daß ihm organisatorische Fragen fernlagen. Dazu paßt das Argument: „Luther hatte ja keine neue Kirche schaffen, sondern die bestehende erneuern wollen." Höß, Humanismus und Reformation (s. Anm. 109), 71. Die erste, die psychologische Deutung scheint mir verfehlt: Luther hat einen überraschend feinen Sinn für das Erreichbare im Dreieck von politischen Sachzwängen, finanziellen Abhängigkeiten und menschlich Zumutbarem. Die zweite Deutung sollte auf das geistliche Regiment zugespitzt und um die Dimension der Wirksamkeit Gottes „in den letzten Tagen" bereichert werden.

[113] WA.B 3, 595, 38f.   [114] Ebd. Zl. 45f.   [115] Ebd. Zl. 59f.

rende und somit obrigkeitliche Pflichten. Im mittelalterlichen Sprachgebrauch sind es „Reformationen", in modernem Deutsch Reformen, die
„gut ordnung" herstellen sollen in Kirchenverwaltung und politischem
Regiment.

Die Verbindung zwischen diesen beiden Visitationsbereichen ist offensichtlich: Die eigennützigen Amtsleute, voran der „räuberische Adel",
vergreifen sich am Kirchengut, aus dem Schulen und Pfarrgehälter bezahlt
werden sollten[116]. Die Reformen bezwecken neben der Förderung von
Bildung und Beamtennachwuchs vor allem die Sicherstellung der Verkündigung[117]. Diese zielt auf die Sammlung der Gläubigen[118], ohne daß Luther
dabei an eine große Ernte denkt. In jeder Gemeinde werden sich nur
wenige an Christus halten: „Quotos, quaeso, Christus in tanto suo populo
proprio habuit adhaerentes?"[119] Am zehnten Jahrestag des Thesenanschlags
– mit Pokalanstoß gefeiert[120] –, als eben jene Visitation in Gang gebracht
wird, für die Luther sich bereits so lange beim Kurfürsten eingesetzt hatte,
erwartet er keineswegs die Transformation der Gesellschaft und erfüllt ihn
nicht die „Hoffnung besserer Zeiten". Im Gegenteil: „Wir haben nur *einen*
Trost dem wütenden Satan entgegenzustellen, nämlich, daß wir immerhin
das Wort Gottes haben, mag er auch den Leib verschlingen."[121]

---

[116] Vgl. die Klage über den nachlassenden Respekt des niederen Adels vor Kurfürst Johann
(WA.B 3, 634) mit der katastrophalen Folge der „rapina monasteriorum" (WA.B 4, 150, 32;
160, 8–11).

[117] „Ich tröste sie aber alle [die evangelischen Pfarrer ohne Gehalt] mit der zukünftigen
Visitation." Es gibt jedoch „etliche große Hansen", die der Visitation entgegenwirken: „Wo
dem so ist, so ist's aus mit Pfarren, Schulen und Evangelio in diesem Land; sie müssen
entlaufen." WA.B 4, 168, 6–9; 3. 2. 1527 an Kurfürst Johann.

[118] Mit „Sammlung" meint Luther nach wie vor die Ausleitung der Erwählten und deren
Zusammenführung zur „Kerngemeinde", die „durch die Visitation soll angericht werden"
(WA.B 4, 181, 10f; 29. 3. 1527 an Nikolaus Hausmann). Diese Gemeinde kann christliche
Zucht ausüben, die aber nicht mit jener öffentlichen Sittenzucht zu identifizieren ist, für die
das weltliche Regiment verantwortlich ist. Siehe vor allem WA.B 4, 159, 7f; 181, 20f. So
schon in der Vorrede zur „Deutschen Messe"; WA 19, 75, 18–30 (1526).

[119] WA.B 4, 167, 18; 2. 2. 1527 an Johannes Draco (Drach, † 1566), einer der Unterzeichner
der Schmalkaldischen Artikel (vgl. BSLK 464 Anm. 6).

[120] So am Schluß des Briefes an Amsdorf die Datumsangabe: „Wittembergae die Omnium
Sanctorum, anno decimo Indulgentiarum conculcatarum, quarum memoria hac hora bibimus
utrinque consolati, 1527." WA.B 4, 275, 25–27; 1. 11. 1527. E. Iserloh meint, daß dieser
Festtrunk hinreichend erklärt wird, „wenn wir annehmen, daß Luther am 31. 10. die Thesen
den zuständigen Vertretern der Kirche zugesandt hat" (Luther zwischen Reform und Reformation. Der Thesenanschlag fand nicht statt [KLK 23/24], 1968³, 57). Siehe hierzu jedoch
meine Ausführungen in: Werden und Wertung der Reformation. Vom Wegestreit zum
Glaubenskampf, 1979², 190–192.

[121] „Sic sunt foris pugnae, intus pavores, satisque asperae, Christus nos visitat. Unum
solatium est, quod Satanae furenti opponimus, scilicet verbum saltem Dei nos habere, pro
servandis animabus credentium, utcunque corpora devoret. Proinde nos fratribus commendes

V. Der Antichrist: Mysterium oder Mythos?

Unsere Nachzeichnung dürfte deutlich gemacht haben, daß es Luther gewesen ist, der – allerdings nicht allein, sondern als Sprecher einer Reihe von Stadtpfarrern – dem anfangs noch zögernden Kurfürsten Johann konsequent ins christliche Gewissen geredet und ihn bei seinem weltlichen Amt behaftet hat, mit Visitationen einzugreifen zur Ordnung beider Regimente. Das „ius circa sacra" ist von Luther für den christlichen Landesfürsten sogar als „munus circa sacra" interpretiert und vertreten worden. Längst vor Einführung der Visitationen ist der Fürst für Wohl-Stand des Landes und Besserung der Kirche in Amtspflicht genommen und so das Fundament gelegt worden, auf dem sich in territorial unterschiedlichem Verlauf das landesherrliche Kirchenregiment bilden sollte[122]. Die reichsrechtliche Lösung vom Jahre 1555 gemäß dem Prinzip „cuius regio eius religio" setzte das ius reformandi des Territorialherrn voraus[123], das Luther bereits im sächsischen Teilungsvertrag (1484) verankert sieht[124]. In Einklang mit Kurfürst Johann haben Luther und Melanchthon gemeinsam die Visitationen vorbereitet und ihrer Durchführung mit Instruktionen für die Visitatoren die Basis verliehen.

Die Einigkeit der beiden Wittenberger Reformatoren sollte eine weitreichende Divergenz jedoch nicht verdecken. Luthers ur-christliche Naherwartung im Wissen um die endzeitliche Bedrohung des Evangeliums durch den Antichrist (2Thess 2,4; Apk 20,3) ist – im Gegensatz zur Strategie der Visitationen – von Melanchthon nicht übernommen und mitgetragen worden[125]. Als Luther in den Schmalkaldischen Artikeln (1537) ausdrück-

---

et tibi ipsi, ut pro nobis oretis, ut feramus fortiter manum Domini, et Satanae vim et dolum vincamus, sive per mortem, sive per vitam, Amen." WA.B 4, 275, 19–25.

[122] Vgl. G. FRANZ, Die Kirchenleitung in Hohenlohe in den Jahrzehnten nach der Reformation (QFWKG 3), 1971, 149 f.

[123] Zur cura religionis und zum Augsburger Religionsfrieden s. M. HECKEL, Staat und Kirche nach den Lehren der evangelischen Juristen Deutschlands in der ersten Hälfte des 17. Jahrhunderts (JusEcc 6), 1968, 205–216; hier ist die einschlägige Literatur aufgeführt.

[124] „... weil es geteilte Fürstentum wären, und Vertrag geschehen, daß ein jeglicher in seinem Fürstentum sollt gläuben lassen [= zulassen], wie er möcht..." WA.B 4, 306, 19 f; 28. 12. 1527 an die Gebrüder von Einsiedel, deren Besitz teilweise im kurfürstlichen und herzoglichen Sachsen lag. Wie weitgehend die Herren von Sachsen sich für die cura religionis verantwortlich machten, läßt sich neben ihrer Ablaßpolitik auch an der Unterstützung jener Observanz illustrieren, aus der Luther hervorging. Siehe die Einleitung von F. GESS (Hg.), Akten und Briefe zur Kirchenpolitik Herzog Georgs von Sachsen I: 1517–1524, 1905, XXI–LXXXVIII. Vgl. den grundsätzlichen Brief an Melanchthon vom 21. 7. 1530 zum Thema: „... sequitur, quod eadem persona non possit esse episcopus et princeps, nec simul pastor et paterfamilias." WA.B 5, 492, 17 f.

[125] Vgl. WA.B 5, 496, 7 f; 21. 7. 1530 an Justus Jonas.

lich vom Papst sagt, er sei „der rechte Endechrist oder Widerchrist"[126], will
Melanchthon nur unter dem Vorbehalt unterschreiben, daß der Papst, falls
er das Evangelium zuläßt, als Oberhaupt anerkannt wird, um so „pax und
tranquillitas", Ruhe und Ordnung, in der Christenheit zu sichern: Friede
mit denen, die künftig (!) unter dem Papsttum sein werden[127].

In Melanchthons „Tractatus de Potestate et Primatu papae" (1537),
zusammen mit den Schmalkaldischen Artikeln in das Konkordienbuch
aufgenommen, fehlt jeder eschatologische Bezug, und der Gedanke des
„Endechrist" wird umsichtig, aber merklich entmythologisiert. Zwar „rei-
men sich auch alle Untugend, so in der heiligen Schrift vom Antichrist sind
weisgesagt, mit des Bapsts Reich und seinen Gliedern"[128], doch die wahren
Christen brauchen sich nur so vor dem Papst zu hüten, *als wäre* er der
Antichrist – „imo necesse est ei *tanquam* Antichristo adversari"[129]. Hier ist
das Papsttum zur Chiffre für „Widerstand gegen Gott" geworden. Hinter
dem scheinbar unverfänglichen „tanquam" steckt eine radikal andere
Eschatologie, nämlich die „Hoffnung besserer Zeiten"[130]. Das Wissen um

---

[126] BSLK 430, 14f.
[127] „De pontifice autem statuo, si evangelium admitteret, posse ei propter pacem et
communem tranquillitatem christianorum, qui jam sub ipso sunt et in posterum sub ipso
erunt, superioritatem in episcopos, quam alioqui habet jure humano, etiam a nobis permitti."
BSLK 463, 13 – 464, 13–16.
[128] Ebd. 484, 19–21.
[129] Ebd. 489, 1–3. Vgl. auch 485, 28f.
[130] Lukas Cranachs „Passional Christi und Antichristi" (März [?] 1521) wurde von Luther
begrüßt als „bonus pro laicis liber" (WA.B 2, 283, 24f; 7. 3. 1521 an Spalatin). Die
Bildlegende für das 26. Bild, wie die anderen ebenfalls wohl von Melanchthon in Zusammen-
arbeit mit Johannes Schwertfeger besorgt (ebd. 347, 23f), lautet: „... der herr Jesus... wirdt
yn [den Antichrist] stortzen durch die glori seyner tzukunfft." WA 9, 714, 7f. Luther
versteht darunter die Wiederkunft Christi. Wie leicht jedoch der Sturz des Antichrist mit der
Wiederentdeckung des Evangeliums in eins gesetzt werden konnte, wird aus den Schlußzeilen
des Passionals ersichtlich: „Nembt alszo vorgut: Es wirdt baldt besser werden." Ebd. 715, 9f.
– Diese letzte, bis hin zu Spener weiterentwickelte Deutung wird in der von Andreas
Osiander herausgegebenen und von Hans Sachs mit Merkversen erläuterten „Wunderliche
Weissagung" (Nürnberg 1527) den Laien zugänglich gemacht: Der „heldt Martinus Luther"
hat mit dem Evangelium angefangen, dem Papstregiment ein Ende zu bereiten. „Denn wirdt
Gott selber setzen eyn / Getreue knechte seyner gemeyn / Und wirdt sie stercken durch seyn
geyst, / Das sie die wayden machen feyst." (Andreas Osiander d. Ä., GA, hg. v. G. Müller,
II, 1977, [403–484] 463.479.) Die Reformationshoffnung ist getragen von der Erwartung, daß
das Reich Christi bereits *jetzt* beginnt und am Ende der Tage sich dann voll seinen
Durchbruch verschafft: „Die [Diener des Wortes] eeren wirdt die christlich schar, / Seyt das
sie Christum leren klar, / Den edlen hymelischen schatz, / On menschenleer und all zusatz."
„Das weren [= dauern] sol, biß Christus kum / Und richten wirdt bayd, pöß und frum. /
Dem wirdt der gwalt gantz ubergeben; / Mit dem wir ewig herschen werden. Amen." (Ebd.
481.483) Ich betrachte die Anfragen von K. Aland an J. Wallmann von diesem überzeugend
beantwortet. K. Aland, Spener – Schütz – Labadie? Notwendige Bemerkungen zu den
Voraussetzungen und der Entstehung des deutschen lutherischen Pietismus (ZThK 78, 1981,

des Satans Wüten in seinem letzten Ansturm auf das Evangelium weicht dem Vertrauen auf evangelische Aufklärung in Predigt und Schule. Bei Melanchthon konnte die „Besserung", die für Luther die Sammlung der Gläubigen in den Wehen der Endzeit ermöglicht, zu jener „Reformation" werden, die unseren Sprachgebrauch bis heute bestimmt[131]. Erasmianische Bildung und reformatorische Theologie sind hier zur Geschichtsmacht zusammengewachsen, die den neuzeitlichen Protestantismus bis tief in dessen Selbstverständnis hinein geprägt und Luther als „Vorreformator" zurückgelassen hat.

Diese Synthese hat auch die städtische Reformation in ihrer kurzen Blüte getragen. Der Zürcher Reformator Huldrych Zwingli unterscheidet sich in dieser zentralen Frage nicht von Melanchthon[132]. Martin Bucers Zugeständ-

---

206–234); J. WALLMANN, Pietismus und Chiliasmus. Zur Kontroverse um Philipp Jakob Speners „Hoffnung besserer Zeiten" (ebd. 235–266). Allerdings sollte WALLMANNS These von der „neuen Eschatologie" bei Spener im Lichte des Obenstehenden überprüft werden.

[131] Dieser moderne Zug – keineswegs vereinzelt im Gesamtdenken des Praeceptor Germaniae – findet sich in einer anderen, wohl noch geschichtsmächtigeren Gattung wieder, nämlich in der ältesten Reformationsgeschichte seines jüngeren Verehrers Johannes Sleidanus. Für Sleidan ist der Papst eine gefährliche, allen concordia-Bestrebungen in Europa entgegenstrebende, unter frommem Schein agierende weltlich-politische Macht, aber eben nicht der „Endchrist". Siehe vor allem seine aufgrund der Eindrücke während des Hagenauer Religionsgesprächs (1540) geschriebenen zwei Warnungsreden an den Kaiser und die Deutsche Nation vor der Einmischung des „römischen Nebenhauptes": Zwei Reden an Kaiser und Reich, hg. v. E. BÖHMER (BLVS 145), 1879, bes. 122–135.249–252. Am Schluß der „Oration an alle Stende des Reichs, Vom Römischen Nebenhaupt, im Keyserthumb erwachsen" (1541) wird jene „Fürsorgepflicht" der Obrigkeit dargestellt, welche Luthers Begründung der Visitationen um einiges erweitert: „Gott der Herr drewet gar ernstlich denjhenigen, so in vor den menschen verleugnen. Wie vil mehr will er dann von denen bekant sein, denen er land und leut bevolhen hat, dieselbigen, nit alleyn in zeit und burgerlichen sachen zů regiren, und vor gewalt zů beschützen, sonder auch im zwang zů halten. Und fürsehung zů thůn, das sie eyn erbar leben fůren, und mit keyner falschen lere verfůret werden?" Ebd. 133. Melanchthons „tanquam" wird politisch übertragen in der Fortschreibung des mittelalterlichen Streits zwischen Sacerdotium et Imperium: „Es sihet doch E. M. mehr dann augenscheinlich, das sie mit dem Bapstumb keinen nützlichen bestendigen raht noch anschlag annemen kan. Es wil ja kein glück dabei sein. Es hat ine und seine herrschung der prophet Daniel so hell und klar abgemalet, das einem billich grausamen solt, einige gemeinschafft mit ime zů haben." Oration an Keiserliche Majestat. Von dem, das der jetzige Religionshandel kein menschlich, sonder Gottes werck und wunderthat seie... (1544), ebd. 250.

[132] G. W. LOCHER weist darauf hin, daß für Zwinglis Eschatologie noch eine genaue Untersuchung aussteht (Die Zwinglische Reformation im Rahmen der europäischen Kirchengeschichte, 1979, 200). Sein eigenes, gut belegtes Ergebnis ist aber, daß „die von Zürich aus geprägte Reformationsbewegung weniger von der Spannung als von der Verbindung zwischen göttlicher und menschlicher Gerechtigkeit getragen bleibt" (618). Faber Stapulensis steht mit den städtischen Reformatoren in Verbindung. Er deutet die Entfesselung des Teufels (Apk 20,7) zwar auf die diabolische Unterwanderung der Kirche seiner Zeit, vertraut aber auf das baldige Kommen Christi, und zwar per suum verbum – durch Europa und die ganze Welt. Praefatio, Commentarii Initiatorii in quatuor Evangelia (vor 2. 4. 1522), Correspon-

nisse bei den Religionsgesprächen am Anfang der vierziger Jahre sind begründet in seiner Erwartung einer erfolgreichen deutschen – und später englischen – Flächenreformation wie auch in der Beurteilung des Papsttums als weltliche Macht. „Rom" steht bei ihm für eine teuflisch gefährliche Politik, nicht aber für die Phalanx des Antichrist[133]. Johannes Calvin und die von ihm bestimmte Tradition betonen eher die fortschreitende Machtergreifung Christi und das wachsende Sichtbarwerden seiner Königsherrschaft[134], weniger aber die Umwertung aller Werte durch die um sich greifende Macht des Satans in diesen letzten Tagen. In der lutherischen Orthodoxie blitzen Aspekte von Luthers Endzeittheologie immer wieder auf – wohl unter dem Eindruck der Katastrophe des Dreißigjährigen Kriegs[135]. Es ist künftig der Frage nachzugehen, inwieweit die Debatte über den Kryptocalvinismus der Philippisten den fundamentalen Dissens in der Eschatologie zwischen Luther und Melanchthon damals verdeckt und für uns heute damit verschüttet hat[136].

---

dance des Réformateurs dans les pays de langue française, hg. v. A.-L. HERMINJARD, I, (Genf-Paris 1866) Nachdr. Nieuwkoop 1965, 94.

[133] Siehe C. AUGUSTIJN, Die Religionsgespräche der vierziger Jahre (in: Die Religionsgespräche der Reformationszeit, hg. v. G. MÜLLER [SVRG 191], 1980, 43–53), 47f. Auf der gleichen Linie wie Bucer liegt Kaspar Hedios Beurteilung des Papsttums. Vgl. H. KEUTE, Reformation und Geschichte. Kaspar Hedio als Historiograph (GTA 19), 1980, 239.384 Anm. 9.

[134] Siehe Calvins politisches Testament in: Supplementa Calviniana I: Sermones de altero libro Regum, hg. v. H. RÜCKERT, 1936–1961, 104, 42 – 105, 10; 105, 33–44. Vgl. meinen Beitrag: Die „Extra"-Dimension in der Theologie Calvins (in: Geist und Geschichte der Reformation. Festg. H. Rückert zum 65. Geb., hg. v. H. LIEBING/ K. SCHOLDER [AKG 38], 1966, 323–356), 328–330.

[135] Vgl. Johann Matthäus Meyfart, Tuba novissima, das ist von den vier letzten Dingen des Menschen, Coburg 1626, hg. v. E. TRUNZ, 1980. Urteilend im Vergleich mit einer modernen, stark reduzierten, individualistischen oder auch „gnostischen" Eschatologie, findet H. E. WEBER die Naherwartung gewahrt „auf den verschiedensten Seiten": wie bei Luther so bei Melanchthon und seiner Schule, bei den Gnesiolutheranern wie bei den Reformierten (Reformation, Orthodoxie und Rationalismus I: Von der Reformation zur Orthodoxie, 2. Halbband, [1940] 1960², 243).

[136] In der lutherischen Orthodoxie wird der Chiliasmus mit Augustin zurückgewiesen, neben einer Vielzahl von „antichristi" der Papst als „antichristus magnus" bezeichnet, der – so Johann Gerhard mit Luther – etwa seit dem Jahre 1300, tausend Jahre nach Konstantin, zusammen mit den Türken „entfesselt" ist. Vgl. HEINR. SCHMID, Die Dogmatik der evangelisch-lutherischen Kirche dargestellt und aus den Quellen belegt, neu hg. v. G. PÖHLMANN, 1979⁹, (401–407) 405 f. Die „conversio Judaeorum universalis" als eines der letzten Zeichen vor Einbruch des Jüngsten Tages wird mehrheitlich verworfen, wenngleich von Gerhard mit der Einschränkung angenommen, daß nicht alle, aber doch viele Juden bekehrt werden (404). In der reformierten Orthodoxie scheint mir der Locus de novissimis weniger ausgeführt und vor allem weniger anschaulich zu sein. Bei Polanus werden die „antichristi revelatio" und die „Iudaeorum conversio" als die ersten zwei Zeichen aufgeführt, ohne irgendein Indiz, daß die Einlösung der Zeichen bereits „im Gange" und diese Zukunft nahe ist. H. HEPPE, Die

In seiner Vorrede zum „Unterricht der Visitatoren" benennt Luther mit dem Grund auch die Grenzen der Visitation als Instrument der Reformation. Reformatorische Eschatologie weiß um „des teuffels und Endechrists spot und gauckelwerck"[137]; schon einmal, im Mittelalter, ist das Visitationsamt zur Tyrannei verwandelt worden. Auch die weltliche, evangelische Visitation wird den Widersacher nicht in der babylonischen Gefangenschaft als Geschichte zurücklassen: „Der teuffel ist nicht frum noch gut worden dis iar, wirds auch nymer mehr."[138]

Es steht noch viel ärger um die Reformation Luthers, als mit der These vom Scheitern ausgesagt werden kann. Die moralische Reformation als Transformation ist nicht gescheitert, sie ist nicht einmal erwartet, ja, wo „der ethische Fortschritt mit dem Reich Christi gleichgesetzt wird, hat der Antichrist seine Hand im Spiel"[139]. Das rechte Verständnis der Zwei-Reiche-Lehre, von Gerhard Ebeling als tragfähige Brücke zwischen Luthererbe und weitsichtigem Neubau moderner Theologie ausgewiesen, zeigt sich als „Not-wendig" in der Unterscheidung zwischen Reformation und Visitation, zwischen Sammlung und Besserung, zwischen illusionslosem Glaubenskampf und vernünftiger Besserung der Welt. Der Neuprotestantismus hat mit der Neuzeit den „Endechrist" im geistlichen Bereich entmythologisiert und Luther aufgeklärt. Der Preis dafür ist hoch: die mythologische Aufladung in der Ideologisierung einer weltlichen Besserung, gefolgt von herben Enttäuschungen. Luthers weltliche Weisung zerschlägt die teuflische Alternative von Transformation oder Resignation.

Dogmatik der evangelisch-reformierten Kirche. Dargestellt und aus den Quellen belegt, neu hg. v. E. Bizer, 1958², (557–570) 562.

[137] WA 26, 196, 31; EKO I/1, 150a.
[138] WA 26, 201, 4f; EKO I/1, 151b.
[139] W. Elert, Morphologie des Luthertums I, 1958², 451.

Luthers Vers
„Eyn spott aus dem tod ist worden"

Gerhard Krause

I. Vorüberlegungen

Im Bauplan des wahrscheinlich um Ostern 1524 gedichteten Liedes „Christ lag in Todesbanden" kommt diesem Vers eine eigentümlich hervorgehobene Stellung zu[1]. Er ist der applikative 7. Schlußvers der die Mitte bildenden IV. von insgesamt VII Strophen. Diese sieben Strophen zu je sieben Versen (= Zeilen) sind noch in eine dritte Sieben gefügt, indem auch jeder Vers aus sieben Silben gebaut ist, – mit Ausnahme der Strophenschlußverse, die um eine unbetonte Endsilbe erweitert sind. Die dreimalige Sieben erreicht ein Höchstmaß heiliger Zahlen, dessen unauffällig-kunstvolle Komposition aus dem Heptadenvorrat von Antike, Patristik und Mittelalter nicht ohne bewußte Absicht und mit gekonnter Dichtkunst gestaltet wurde, wie die fast reibungslose Deckung der natürlichen Wortakzente mit den Tonsilben beweist[2]. Wir wissen nicht, ob Luther dabei an den septenarius numerus plenus (Ambrosius) gedacht hat oder an die summa perfectionis (Gregor d. Gr.), an das Weltschöpfungssymbol aus der Drei der Trinität und der Vier der Schöpfungselemente, das göttliche Vollkommenheit und kreatürliche Unvollkommenheit verbindet (Cyprian, Augustin), oder an den spiritus septiformis, der nach Jes 11,2 auf

---

[1] WA 35,155–160.443f.506f. – Fʀ. Spɪᴛᴛᴀ, „Ein feste Burg ist unser Gott". Die Lieder Luthers in ihrer Bedeutung für das ev. Kirchenlied, 1905, 255–266. – O. Dɪᴇᴛᴢ, Martin Luther, Geistliche Lieder. Sonderausgabe aus Bd. 3 der Münchener Ausgabe der Ausgew. Werke Luthers (Ev. Lehr- u. Trostschriften 2), 1950, 29f.81–84. – Gᴇʀʜ. Hᴀʜɴ (Hg.), M. Luther, Die deutschen geistlichen Lieder, 1967, 14–16. – EKG Nr. 76.

[2] O. Zöᴄᴋʟᴇʀ, Art. „Siebenzahl": RE[3] XVIII, 1906, 310–317. – E. R. Cᴜʀᴛɪᴜs, Zahlenkomposition (in: Dᴇʀs., Europ. Literatur und Lat. Mittelalter, [1948] 1965[5], 491–498). – F. Tsᴄʜɪʀᴄʜ, Figurale Komposition in mittelalterlicher deutscher Dichtung (in: Dᴇʀs., Spiegelungen. Unters. vom Grenzrain zwischen Germanistik und Theologie, 1966, 167–276). – Hᴇɪɴz Mᴇʏᴇʀ, Die Zahlenallegorese im Mittelalter, Methode u. Gebrauch (Münstersche Mittelalter-Schriften 25), 1975. – Hinweise auf Luthers Zahlenallegorese bei G. Eʙᴇʟɪɴɢ, Evangelische Evangelienauslegung, (1942) Nachdr. 1962, 162–164.

dem Messias ruhen wird. Sicher kannte er die liturgische Zuordnung der sieben Tage der Oster- (und Pfingst-)Woche zu den sieben Gaben des heiligen Geistes[3]. Die Übereinstimmung seiner 49 Liedverse mit den 49 Tagen der Osterzeit entsprach dem Thema eines Osterliedes, und dem Augustiner dürfte der Nachweis seines Ordensgründers für die besondere Vollkommenheit der 28 vertraut gewesen sein[4]; jedenfalls ist der hier thematisierte Vers der 28. im Kontext des ganzen Liedes. Neben der zweifachen Hervorhebung durch die Architektur des Liedes ist diejenige durch das dreimalige o und die Melodie des Abgesangfinales nicht zu übersehen. Zweifellos ist unser Vers in einer uns weithin fremden Welt beheimatet. Mögen solche Verweise auf die durch Zahlensymbole, Kosmologie und Theologie zu vielgestaltiger Harmonie verbundene Schönheit der Wort- und Liedgestalt auch unerkannt der singenden Gemeinde im Unterbewußten wirksam werden, so scheint doch eines von den das Lied beherrschenden Baugesetzen selbst für Kinder zum Greifen auffällig genug herausgestellt: die Parallelität der Aussagen gleichrangiger Verse in mehreren Strophen. Ihr viel häufigeres Vorkommen sei hier nur an unserm Vers exemplifiziert. Die Schlußverse der III. bis V. Strophe, also der drei mittleren und ausgesprochen christologischen Strophen, variieren das durch Ostern veränderte Sein des Todes: „Die stachel hat er verloren" – „Eyn spott aus dem tod ist worden" – „Der wurger kan vns nicht ruren". Von diesen Variationen desselben Themas spricht die erste (III,7) in überlieferter Bibelsprache, die letzte (V,7) sagt den Trost zu für „vns", die mittlere Variante aber in unserm Vers (IV,7) springt aus dem Rahmen ihrer Nachbarn, ungewöhnlich, befremdend und irritierend.

Damit ist schon von Formbeobachtungen zum Aussagegehalt des Verses übergeleitet. Er provoziert geradezu die Frage, was denn „Spott" eigentlich sei, dies allbekannte Sprach- und Weltphänomen, das unerwartet plötzlich in jede individuelle oder soziale Lebenslage einbrechen und sie zu Lust oder Leid verwandeln kann. Selten ist er Scherz (iocus), heiteres Spiel (ludus) und freundlicher Humor, selten auch dialektisch wie Ironie, häufiger übermütiges Lästern und überheblich verachtender Hohn. Er kennt alle Grade von unterhaltsamer Spöttelei in lustiger Posse, grobem Schwank, witziger Karikatur in Kabarett und Komödie, über mokante Gesprächsglossen zu beißender Persiflage und schneidendem Sarkasmus in Zynismus

---

[3] F. OHLY, Schriften zur mittelalterlichen Bedeutungsgeschichte, 1977, 371.378.

[4] H. MEYER (s. Anm. 2), 155 nennt als Hinweis Augustins für die perfectio der 28, daß sie die Summe ihrer eigenen Divisoren sei $(1+2+4+7+14 = 28)$. Beda erkannte, daß 28 die Summe der ganzen Zahlen von 1–7 sei. – 28tägig ist der Mondmonat, Otfried deutete die 28 auf Maria (TSCHIRCH [s. Anm. 2], 218ff).

und Satire; von erotischer Anspielung über geistreiche Travestie und Parodie bis zur Wahrheit unter der Narrenkappe, tendenziell anprangernde Lüge und blutige Geißelhiebe. Er kommt poetisch verschönt, pädagogisch dosiert, politisch getarnt, rhetorisch gezielt, bald als Florettstich, bald als Dolchstich von hinten, bald als Schlag schwerer Säbel. Wenige Worte nur, die nicht schnell verfliegen sollen, sondern „sitzen", Situationen und Existenz „treffen", enthüllen und verändern. Martin Buber apostrophierte Gunkels Übersetzung von vier verschiedenen hebräischen Wortstämmen durch nur das eine Wort „Spott" als Verarmung[5], aber kann der Hinweis auf die Weite des Wortfeldes und die Vielschichtigkeit des Begriffes mehr, als die ubiquitär lauernde Macht des in aller Mannigfaltigkeit doch einheitlichen Spottes andeuten? Welche Gestalt des Spottes aber hat der Dichter des reformatorischen Osterliedes dem Tode zugedacht[6]?

Es ist weniger der Widerspruch unseres Verses zur alltäglichen Erfahrung, nach der umgekehrt gerade der Tod ständig über Lebende spottet, der ihn befremdlich macht; denn an Widersprüche zur Welterfahrung ist man bei Gesangbuchliedern gewöhnt, wenn auch mit trügerischem Vertrauen auf die Interpretationshilfe der Selbstverständlichkeit des Gewohnten. Viel befremdlicher ist jedoch, daß der Vers die in Eph 5,4 untersagten stultiloquia aufzunehmen und den Christen eine Verspottung des Todes nahezulegen scheint, die menschliches Sein zum Tode in vermessener Weise überspielt und den Ostergesang gar dahin plaziert, „wo die Spötter sitzen". Protestantische Scheu, zu den Spöttern zu gehören, kann sich auf deren von Luther oft definiertes biblisches Verständnis berufen: Leute, „die es für eitel Narrheit halten, was Gott redet und tut", „die Gott nichts achten noch sein Wort", „Verächter und Widerspenstige der Wahrheit", „die Weisheit nicht mit Ernst suchen, sondern zu ihrem Nutz, Ruhm und Pracht", und direkt auf Atheisten bezogen: „unsere Epikureer und Sadduzäer, die weder dies noch das glauben"[7]. Bedeutende Partien alt- und neutestamentlicher Leidensfrömmigkeit zeigen, wie die Gläubigen unter solchen Spöttern leiden, klagen und zu Gott flehen, obwohl und weil sie wissen, wie am Extrem der Verspottung Christi erkennbar, daß eben dies Gott selber will. Nicht aber will er, daß sie selbst Spötter werden.

---

[5] M. Buber, Werke II: Schriften zur Bibel, 1964, 1160 Anm.

[6] Theol. Lit. über Spott: F. Blanke, Luthers Humor. Scherz und Schalk in Luthers Seelsorge, (Furche-Bücherei 102, 1954) 1957. – W. Nigg, Der christliche Narr, 1957. – H. v. Campenhausen, Christentum und Humor (ThR NF 27, 1961, 65–82). – R. Voeltzel, Das Lachen des Herrn. Über die Ironie in der Bibel, 1961. – W. Vischer, „Der im Himmel Thronende lacht" (in: Freude am Evangelium. FS f. A. de Quervain [BEvTh 44], 1966, 129–135). – H. D. Preuss, Verspottung fremder Religionen im AT (BWANT V,12), 1971.

[7] Randglossen zur Deutschen Bibel 1545/46 zu Ps 1,1; Spr 3,34; 9,8; 14,6; 2Petr 3,3.

Angesichts dieser hier aufleuchtenden und sozusagen transzendenten Dimension des Spottes ist davor zu warnen, Luthers Definitionen der Spötter für eine Folge kulturethischer Disqualifikation des Spottes im Alten Testament und im Mittelalter zu halten. Im Gegenteil: Im Wissen um diese Dimension, daß also Gott über Tyrannen, Sünder und sogar Unschuldige spottet, aber „seiner selbst nicht spotten läßt"[8], haben jene Epochen über die Modi, Funktionen und die geheimnisvolle Ambivalenz des Spottes wohl gründlicher nachgedacht – man verzeihe den sehr pauschalen Vergleich – als die Neuzeit. Luther selbst hat seine Bestimmung der Spötter in Vorlesungen und Predigten ausführlicher begründet, indem er die Todesverachtung und -verspottung hochweiser Heiden, der Epicurei und Pliniani, untersuchte, deren Meinung er gelegentlich auf die Formel der Stele des Assyrerkönigs Asar-Haddon (681–669 v. Chr.) brachte: „Ede, bibe, lude, post mortem nulla voluptas." Da diese Philosophen weder Gott noch sich selbst kennen, wissen sie auch nicht, was der Tod und seine wirklichen Schrecken seien. Sie verharmlosen ihn mit der Lehre, daß Lebensgenuß zur Todesverachtung helfe, oder mit euphemistischen und komödiantischen Umbenennungen wie „finis malorum", „ultima linea rerum" (Horaz) oder „sicherer Hafen vor Widrigkeiten und Unglück" (Cicero). Es sei aber „ein schlechter trost, wenn man einem ynn tods nöten vom tantz, freuden, gut, ehre, gewalt, kunst, weib und kind singen wil". Vor allem leugne die Verabsolutierung des vom Genuß erfüllten Jetzt die Vergangenheit und die Zukunft, beseitige sie aber ebensowenig wie etwa kraftprotzende Todesverachtung den Tod schon besiege. Bloß verbaler Spott ändere nicht die Realität des Todes, „das bedarf einer anderen Kunst und anderer Hilfsmittel". Dieser wirkungslose Spott sei zugleich immer Gottesverachtung. Daher verspotteten solche „scharff-vernünftigen Weisen" auch die Auferstehung und das ewige Leben. Ihnen gegenüber sehe Moses in Ps 90 den Tod mit dem Zorn Gottes zusammen und wolle nicht Verachtung, sondern Überwindung des Todes[9]. – Wenn unser Osterliedvers tatsächlich auf Todesverspottung durch Menschen zielen sollte, dann müßte sie aufs deutlichste von atheistischem Spott über den Tod unterschieden werden.

Allerdings ist bisher nur ein biblischer Aspekt über Spott und Spötter bedacht. Es fragt sich daher, ob ein anderer mehr zum Verständnis des Osterverses beitragen kann. In der Tat kennt Luthers Deutsche Bibel, auf

---

[8] Ps 2,4; Dtn 28,37; Hi 9,23; Gal 6,7.
[9] WA 40/III,485,9 – 487,17 Dr.; 517,12f; 524,12 – 525,16; 567,24f. – 43, 373,35 – 374,7. – 31/I,90,9f. – 36,539,30 – 540,19 Dr. – 49,396,24–27; 398,19–24; 439,19–33. – 34/I,273,1–7.

die ich mich hier beschränke, eine Reihe von Aussagen über Spott, deren heute ungewöhnliche grammatische und syntaktische Form (zum bzw. ein Spott werden) derjenigen in Luthers Osterlied gleicht. Moab und Babel sind „zum Spott worden" (Jer 48,39; 50,12), die Berge Israels durch einen Edomiter-Einfall „zum Raub und Spott worden" (Hes 36,4). Der abtrünnige Fürst Ephraims soll in Ägypten und die falschen Propheten sollen alle „zum Spott werden" (Hos 7,16; Mi 3,7). Gott selbst sagt dem ungehorsamen König Jojakim: „da mußt du doch zu Spott und zu Schanden werden", aber auch die vom Exil Verschonten „sollen zum Fluch, zum Wunder, zum Hohn und zum Spott unter allen Völkern werden" (Jer 22,22; 29,18). Ein heidnischer Weiser erkennt, daß der Gott Israels für sein Volk streitet, solange es gehorsam bleibt, so daß es siegt und seine Angreifer geschlagen und „zu Spott werden dem ganzen Lande" (Jdt 5,23). Wie der Psalmbeter klagt, daß Gottes Knecht „seinen Nachbarn ein Spott worden ist" (Ps 89,42), so auch der fromme Tobias: Wir sind wegen unseres Ungehorsams „zu Schanden und Spott und Hohn worden den Fremden" (3,4) und ebenso Asarja im Feuerofen: wegen unserer Sünden „sind wir zu Schanden und zu Spott worden vor deinen Knechten" (ZusDan 3,33). – Die Beispiele zeigen, „ein Spott werden" ist feste Formel Lutherscher Bibelsprache für Gottes in der Geschichte angedrohte oder schon vollstreckte und noch anhaltende Strafgerichte. Diese sind nicht nur eine tiefgreifende Verschlechterung der bisherigen Lebenslage, sondern so wesentlich zugleich Schmach und Schadenfreude von Nachbarn und Feinden darüber, daß „Zum-Spott-werden" zur Bezeichnung des ganzen Wandels der geschichtlichen Position wird, den Gottes Gericht hervorruft und den das Geschmähtwerden empfindlich und kund macht. – Eine solche in der Geschichte geschehene Positions- und Existenzänderung verkündet Luthers Osterlied offenbar vom Tode. Christus hat „dem tod genomen / All seyn recht vnd seyn gewalt" (III,4f). Inwiefern das aber vom Tode gelten soll, der seine Macht über alle Kreatur mit unverändert absoluter Souveränität ausübt, das bedarf noch genauerer Klärung.

Sehe ich recht, so hat der Osterliedvers zur Zeit der sogenannten Luther-Renaissance im ersten Drittel unseres Jahrhunderts eine sehr wirksame Interpretation erfahren, an die hier erinnert sei, weil sie die Studienzeit des Jubilars berührt, dem diese Überlegungen gewidmet sind. Friedrich Gogarten hatte 1927 in einer viel gelesenen Auswahl von Luther-Predigten eine späte Predigt des Reformators, gehalten am letzten Trinitatis-Sonntag seines Lebens über 1Kor 15,54–57, abgedruckt. Heinrich Vogel setzte ein entscheidendes Stück aus ihr 1932 als Motto vor sein Buch „Gottes Hoffnung am Sarge", ein anderes nahm Karl Witte 1934 in die von ihm aus

Lutherworten zusammengestellten Lese-Andachten. Vermutlich hatte
Dietrich Bonhoeffer eine dieser Stellen im Sinne, als er 1943 im Tegeler
Gefängnis schrieb: „Wer von ihnen lästert oder höhnt denn noch den Tod?
Lästern und verhöhnen sie nicht viel eher das Leben?"[10] In jener Lutherpre-
digt nun wird das Schlachtlied des Todes sehr eindrucksvoll so vorgeführt:
„Jo Triumph! Ich, Tod, bin König und Herr über alle Menschen, ich habe
den Sieg und liege oben." Dagegen wird das Siegeslied des Auferstandenen
gestellt: „Jo Triumph! Das Leben ist König und Herr über den Tod, der
Tod hat verloren und liegt unter." Dann wird ausgeführt, daß wir Christen
dies Lied Christi in der Zeit des noch mächtigen Todes zwar in der Person
Christi und im Geist singen, aber in der Auferstehung und Offenbarung
auch in unserer Person, leiblich und sichtbar. „Dann werden wir auch für
uns des Todes lachen, sein spotten und sagen: Tod, wo bist du nu?"[11]
Demnach wäre das Spottgewordensein des Todes in Christi Person geschehen und für die Christen eine im Glauben und heiligen Geist ergriffene
Verheißung, die erst in der Auferweckung der Toten erfüllt werden soll.
Das Befremdliche der in Luthers Liedvers nahegelegten Todesverspottung
wäre gemildert. – Die von Gogarten aus der Erlanger Luther-Ausgabe
abgedruckte Predigt ist nun aber in der Weimarer Lutherausgabe als eine
umfänglich paraphrasierende Bearbeitung einer Nachschrift Rörers nachgewiesen, angefertigt für ihren 1564 erstmalig erfolgten Druck[12]. Als
Luthers eigenes Wort kann sie nicht gelten. Das verdeutlicht, daß die
theologische Frage nach dem Sinn des Lutherschen Osterliedverses die zur
Beantwortung in erster Linie heranzuziehenden Osterpredigten Luthers
nur nach kritischer Klärung ihrer Überlieferungsechtheit benutzen darf.
Zwar sind uns in Nachschriften, Einzeldrucken und Postillen über 100
Osterpredigten Luthers erhalten, aber nur zwei von ihnen gelten als
nachweisbar von Luther selbst verfaßt oder doch korrigiert, und viele
Predigten der beiden letztgenannten Gruppen sind wegen der Glättungen
und Zusätze der sie edierenden Lutherschüler nicht mehr im strengen Sinne
als Luthertexte verwendbar[13].

---

[10] Martin Luther, Predigten. Ausgew. u. mit einem Nachwort versehen von F. GOGARTEN,
1927, 312–323, Nr. 26. – K. WITTE, Nun freut euch lieben Christen gmein, 1934, 295. – D.
BONHOEFFER, Fragmente aus Tegel, hg. v. R. u. E. BETHGE, 1978, 56. – Spätere Abdrucke von
Teilen der Predigt bei K. IHLENFELD, Angst vor Luther?, 1967, 119ff; E. ELLWEIN, D. Martin
Luthers Epistel-Auslegung II, 1968, 305–310.
[11] In GOGARTENS Auswahl 316 u. 323 = WA 49,768,31 – 769,38 u. 779,28–30 Dr.
[12] Über die Druckausgabe der Predigt: WA 49,XXXIVf (zu Predigt Nr. 14 vom Jahre
1544). Zur Wiedergabe in WA 49 s. dort XLIX, Nr. 15.
[13] Zur Einführung in den Überlieferungsstand der Predigten Luthers vgl. EBELING (s.
Anm. 2), 14–37.

II. Traditionen

1. Das Lied „Christ lag in Todesbanden" wurde zu Luthers Lebzeiten in fast seiner gesamten Überlieferung gekennzeichnet durch die Überschrift „Eyn lobesang Christ ist erstanden gebessert". Daher sind mancherlei Vermutungen über sein Verhältnis zur ältesten und beliebtesten deutschen Osterleise „Christ ist erstanden" mit ziemlich gegensätzlichen Ergebnissen angestellt worden. Dies hymnologiegeschichtliche Kapitel hat Gerhard Hahn, der schon 1967 Luthers Liedwerk als „größtenteils Übersetzung und Bearbeitung" beurteilt hatte, etwas später durch Korrekturen, Widerlegungen und vor allem durch strengere philologische, historische und theologische Methodik zu neuen und überzeugenderen Erkenntnissen geführt. Sein vornehmlich auf die ersten drei Strophen des Osterliedes bezogenes Ergebnis lautet: „Luther hat tatsächlich alle Motive der Osterleise, sowohl die Inhalte wie ihre gedankliche Wendung, aufgegriffen und aufgearbeitet, nur eben in gerichteter, in sich konsequenter Umgestaltung, die zu neuem Wortlaut zwingt", der summarisch beschrieben wird als „stärkere Theologisierung oder theologische Präzisierung..., als Aufschließung des Themas für eine bewußte und verstehende Aneignung im Glauben"[14].

Die Annahme scheint absurd, daß die bald zum Osterlied ersten Ranges gewordene Leise die Liedaussage Luthers vom Zum-Spott-Gewordensein des Todes beeinflußt haben könne. Aber Spitta hat, wenn auch in ganz anderer Absicht, auf zwei Liedtexte des 15. Jahrhunderts hingewiesen, in denen die Leise zum Spottlied parodiert wurde. Die eine Spottvariation („Christ ist erstanden / von des Todes Banden / Judas ist derhangen / Halleluja") könnte nach Spittas Vermutung Luthers Tischredenbemerkung erklären, daß die Juden „dem Liedlein ,Christ ist erstanden' überaus feind sind"[15]. Die andere Parodie wurde nach Sebastian Münsters „Cosmographey" (1544[1]) zum Frieden des Erzherzogs Sigmund von Österreich mit den Eidgenossen im April 1474 im Breisgau folgendermaßen gesungen: „Christ ist erstanden / der Landvogt ist gefangen / des sollen wir alle froh

---

[14] Hahn (s. Anm. 1), XIV, dort auch zu Varianten der Überschrift: 14 Anm. zu Nr. 8. – Zitat: Gerh. Hahn, „Christ ist erstanden gebessert". Zu Luthers Stellung in der Geschichte des deutschen Gemeindeliedes (in: Werk-Typ-Situation. Studien zu poetologischen Bedingungen in der älteren deutschen Literatur. H. Kuhn z. 60. Geb., hg. v. I. Glier, G. Hahn u. a., 1969, 326–345), 337. – Dazu im Forschungsbericht von W. Blankenburg, Die Entwicklung der Hymnologie seit etwa 1950: ThR 42, 1977, 362.390f.396f. – Zur Gesch. der Leise: W. Lipphardt, „Christ ist erstanden" (JLH 5, 1960, 96–114).
[15] Spitta (s. Anm. 1), 257.259. Text des Spottliedes: Wackernagel II, Nr. 39–42. Luthers Tischrede von 1541/42 ist dreimal überliefert: WA.TR 4,517f, Nr. 4795; 523, Nr. 4804; 5,131, Nr. 5415.

seyn / Sigmund soll vnser trost seyn / Kyrioleison. // Wer er nicht
gefangen / so were es vbel gangen / seyd das er nun gefangen ist / so hilfft
jhn nichts sein böser list."[16] Wir wissen nicht, ob Luther diese Umdichtung
kannte, aber sie bestätigt, daß die Leise auch zu aktueller politischer
Parodie verwandt wurde. Zwar weiß man von Luthers gelegentlichen
Ausfällen in groben Humor und uns Heutigen manchmal blasphemisch
erscheinende Satire[17], aber aus ihnen läßt sich die Vermutung auf einen
Zusammenhang der Leise-Parodien mit dem Schlußvers seiner IV. Osterliedstrophe nicht begründen. Denn eindeutig verläßt diese Strophe vollständig den Motivkreis der deutschen Osterleise, und Luthers exklusiv
christologische Begründung des Spottes, zu dem der Tod geworden ist,
weist in ganz andere Dimensionen als diejenigen, aus denen die populär-
parodistischen Abwandlungen der Osterleise kamen.

2. Die uns besonders interessierende IV. Strophe des Lutherliedes
schließt sich erkennbar und eng an die lateinische Ostersequenz „Victimae
paschali laudes" an, die auf den Geschichtsschreiber und Dichter Wipo von
Burgund (ca. 990 bis nach 1048) zurückgeführt wird[18]. Der Vorgang ist
nicht ungewöhnlich, wenn man bedenkt, daß in der Osterzeit vielfach nach
der vom Chor gesungenen Sequenz von der Gemeinde die Leise ange-
stimmt wurde. Luther hätte dann diese traditionelle Reihenfolge umgekehrt, falls ihm nicht schon bei der Abfassung des Liedes eine ähnliche
Aufführungspraxis vorschwebte, wie sie die Wittenberger Kirchenordnung 1533 als Wechselgesang „vers umb vers" zwischen der Sequenz und
„Christ lag in Todesbanden" vorsah[19]. Von da her könnte sich auch ein
gewisses Interesse Luthers an der Bekanntmachung seiner Verarbeitung

---

[16] SPITTA, 260, zitiert nach HOFFMANN VON FALLERSLEBEN (Gesch. d. deutschen Kirchenlie-
des bis auf Luthers Zeit, 1861[3], 182f) eine Ausgabe der Cosmographey, in der als Landvogt
Joh. Wernher von Pforr genannt wird, im oben zitierten Reprint der Ausgabe von 1585
(Kölbl: Grünwald b. München 1977, p. 612) ist Landvogt Peter von Hagenbach gemeint. W.
LUCKE hat die Parodie abgedruckt WA 35,157.

[17] O. ALBRECHT, Ergänzungen in WA 35,568–575. 597–601; 48,280 Anh. IX, F III und dazu
RN (1972) z. St.; 60,173–179. 198 Anm. 25. – Zur Interpretation solcher Äußerungen: K.
IHLENFELD, Grobian Luther (in: DERS. [s. Anm. 10], 32–41).

[18] Über Wipo: RGG[3] VI, 1734; RDL[2] II, 1965, 362f. Text der Sequenz: PH. WACKERNAGEL,
Das deutsche Kirchenlied I, 1864, Nr. 199, S. 130; ebenfalls bei G. HAHN (s. Anm. 14), 345
nach Analecta hymnica 54,12f: 7. – Übersetzung bei L. SCHÖBERLEIN, Schatz des liturgischen
Chor- und Gemeindegesangs II, 1868, Nr. 353, S. 576f. Ebenfalls in: Der große Sonntags-
Schott für die Lesejahre A-B-C, 1975, 257f, leider unter Fortlassung der VI. Strophe sowohl
im lateinischen Text als auch in der Übersetzung. – Zum Zusammenhang von Liturgie und
Drama: E. ROSENSTOCK-HUESSY, Tutilo von St. Gallen (in: DERS., Die Sprache des Menschengeschlechts II, 1964, 212–219).

[19] Zum Wechselgesang: W. BÄUMKER, Das kath. deutsche Kirchenlied in seinen Singweisen
I, 1886, 541f. – DIETZ (s. Anm. 1), 82. – HAHN (s. Anm. 14), 336.

der Sequenz in seinem Osterlied erklären; denn während sich Predigthin-
weise auf die Osterleise erst seit 1529 finden[20], kommt Luther auf den
Zusammenhang seines Liedes mit der Sequenz gleich vom Entstehungsjahr
des Liedes (1524) an ziemlich häufig zu sprechen. Da er am auffälligsten die
III. Strophe der Sequenz („Mors et vita duello / conflixere mirando; / dux
vitae mortuus / regnat vivus.") mit den Bildern vom „wunderlichen
Krieg" und Sieg des Lebens über den Tod in die Eingangsstollen seiner IV.
Strophe übertrug, werden eben diese am meisten in Predigten angeführt[21].
Was Luther sonst noch aus der Sequenz „gebessert" und übernommen
haben könnte, bleibt mehr oder minder wahrscheinliche Vermutung, sei es
die Siebenstrophigkeit, die Übertragung von Wipos „victimae paschali" (I)
in „das recht Osterlamm" (V,1), von Spitta bestritten und von Hahn für
möglich gehalten, sei es die Wiedergabe von „gloriam resurgentis" aus der
Sequenz (IV) durch „seyner gnaden glantz" (VI,5) oder die Korrektur von
Wipos antijüdischer Polemik (VI) in das polemische „alleyn" der Rechtfer-
tigungstheologie (VII,6). Aber schon im Abgesang der Strophe IV,5–7
scheint sich Luther nicht mehr an den Text der Sequenz zu halten,
jedenfalls nicht in der ins Auge springenden Weise der ersten vier Verse.

---

[20] In den beiden Ostermontagspredigten von 1526 hat Luther „Christ ist erstanden" nach
Ausweis der Nachschrift (WA 20,323–327.336–340) nicht zitiert, sondern der Berliner Propst
Georg Buchholtzer hat die Zitate seiner Druckbearbeitung 1552 eingefügt (WA 20,335,20–22;
343,17–19). Dagegen sind für beide Ostersonntagspredigten von 1529 zwei Hinweise auf die
Osterleise glaubwürdig und z.T. doppelt bezeugt (WA 29,262,15f; 270,11; 271,14f). Die
Meinung, Luthers Äußerungen zur Osterleise setzten erst nach 1530 ein (HAHN [s. Anm. 14],
343 Anm. 59), ist entsprechend zu modifizieren.
[21] Ob die Predigthinweise Wipos Sequenz oder Luthers IV. Liedstrophe meinen, bzw.
beide zugleich, bleibt meist unentscheidbar. Osterpredigt v. 27. 3. 1524: „loquitur de pugna
mirabili" (WA 15,518,4f). Die andern von LUCKE zitierten Anklänge sind nicht zwingend
(WA 35,159). Anfang August 1524 hält eine Kollegnachschrift zu Joel 4,9 die Übersetzung
„wunderlichr krigk" fest (WA 13,85,21f). Von der Osterpred. 1525 bringt die Nachschrift
nur „vide canticum", aber der noch 1525 erfolgte Druck könnte richtig erinnern: „Also singen
wir auch heut, wie der tod und das leben mit ain ander gerungen und sich in ainander
geflochten haben... Darumb singen wir: der tod ist verschlunden im leben, die unschuld hat
die schuld verschlunden, der segen alle maledeyung" (WA 17/I,189,17f; 190,2.17f). Karfrei-
tagspred. 1531: „der todt, ßunde, teuffel ist verschlungen"; Osterpred. 1531: „ut canitur in
sequentia", „mors et vita duello", „mors et vita etc." (WA 34/I,233,20f; 273,11f.26; 275,23f).
Die Galaterbriefvorlesung 1531 nennt mehrmals „duellum iucundissimum" oder „mirabile
duellum" (WA 40/I,279,25; 439,11; 565,2; 566,18), und der Druck von 1535 zitiert die 3.
Strophe der Sequenz (439,31–35). Osterpred. 1540: „Das ist das wunderlich, hoch werck in
scriptura: ‚vita et mors' etc. Triumphus etc." (WA 49,99,16f). – Das von HAHN (s. Anm. 14),
336 Anm. 41 beigebrachte Zitat aus Dietrichs Hauspostille von 1544 erweist ein Vergleich mit
der (nach WA 52,XVI, Nr. 35) benutzten Predigtnachschrift als paraphrasierende Bearbeitung, zu der sich Veit Dietrich als Autor einer 1543 erschienenen Nachdichtung der Sequenz
(BÄUMKER [s. Anm. 19], 542f) in Sachen des Kirchengesangs besonders berufen fühlen
mochte.

Der Vers vom Spottgewordensein des Todes ist in der Forschung nicht mit der Sequenz in Verbindung gebracht worden.

3. Einen anderen historischen Zusammenhang der Aussagen Luthers vom Sieg des Auferstandenen über Sünde, Tod und Teufel hat Bruno Jordahn 1955 angedeutet: „Luther bringt den ganzen Vorgang in einem sehr plastischen Bilde zum Ausdruck, das den in mittelalterlichen Mysterienspielen (risus paschalis) häufig vorkommenden Gedanken, der Teufel sei geprellt worden, zum Gegenstand hat."[22] Die hier angedeutete Vermengung der Mysterienspiele mit dem von der spätmittelalterlichen Osterpredigt durch Schwank- und Witzerzählungen hervorgerufenen Ostergelächter ist freilich allzu pauschal und irreführend. Denn Luther verurteilte, wie übrigens auch Erasmus, den risus paschalis, „das man auffs osterfest eyn nerrisch lecherlich geschwetz unter die predigt gemengt hat, die schlefferigen damit wacker zu machen", als die Eph 5,4 untersagten „narren teidinge"[23]. Aber über die Mysterienspiele urteilte er differenzierter und positiver. Neben der gelegentlichen Bezeichnung „affenspil" und dem Bedauern des Aberglaubens, wohl daß sie ein verdienstliches Werk seien, gibt es eine Fülle von Äußerungen Luthers, die antike und geistliche Schauspiele loben und besonders als Schulbildung empfehlen, allerdings „rite et pure", womit die Beseitigung der im 15. Jahrhundert eingedrungenen Burlesken und satirisch-komischen Zusätze gemeint sein kann. Zur Verteidigung der Schauspiele gegen bilderstürmerische Kritik, die solche „neutralia damnabilia schelte", hat er unverkennbar theologische Argumente bereit[24]. Die von Jordahn erwähnte Beziehung der Osterpredigt Luthers auf Osterspiele wäre also auch in seinem Osterlied denkbar und besonders naheliegend auf das seit dem frühen Mittelalter immer reicher ausgestattete „Visitatio sepulchri"-Spiel der Ostersonntagsmatutin, da in

---

[22] B. JORDAHN, Die Auferstehung Jesu Christi von den Toten in Luthers Osterpredigten (Luther 26, 1955, 1–19), 9.

[23] Als erster Reformator schrieb Oekolampad gegen die Possenreißerei der Osterpredigt 1518 „De risu paschali" (RE[3] XIV, 288,15). – Luther 1525: WA 17/II,208,33; 1527: WA 25,47,31 u. ö. – Erasmus, Ecclesiastes (1535), lib. II, p. 126.129. – TH. HARNACK, Luthers Theologie II, 1927, 312 betont Luthers „schroffsten Gegensatz zu der blasphemischen Gewohnheit des Mittelalters, das Volk am Osterfeste von der Kanzel aus zu erheitern". – Über den risus paschalis: W. SCHÜTZ, Gesch. d. christl. Predigt, 1972, 75; H. WOLF, Art. „Predigt": RDL[2] III, 233; G. BEBERMEYER, Art. „Schwank": ebd. 695.

[24] WA 34/I,289,28; WA.TR 4, 476,10ff, Nr. 4761. Vgl. die Materialsammlung von H. STEINLEIN, Luthers Anlage zur Bildhaftigkeit (LuJ 22, 1940, 9–45), 37–40. Dazu: WA.B 5,272,2 (an N. Hausmann, 2. 4. 1530, Nr. 1543); 10,286,15f (an Georg von Anhalt, 5. 4. 1543, Nr. 3862). – Komik im Mysterienspiel: RE[3] XVIII, 643,3–24 und die Artikel „Passionsspiele" in RGG[1-3]. Beispiele bei H. MÖBIUS, Passion und Auferstehung in Kultur u. Kunst des Mittelalters, 1978, 82–85. Hier auch 276–283 ein gegliedertes Verzeichnis der Literatur.

ihm Wipos Sequenz und die vom Volk gesungene Leise „Christ ist erstanden" ihren liturgisch angemessenen Ort gefunden hatten[25]. Aber dafür gibt Jordahn keine Belege, und auch hier muß der Nachweis solcher Beziehungen berufeneren Kennern der Materie vorbehalten bleiben.

Als Bild für den Sieg über den Teufel durch Täuschung zitiert Jordahn aus einer Luther-Predigt das Köder-Gleichnis: Christi Menschheit ist nach Ps 22,7 das elende Würmlein, in dem seine Gottheit, der Angelhaken, dem Teufel verborgen blieb, so daß dieser beim Verschlingen des Köders von Gott, dem Fischer, gefangen wird und den stillhaltenden Köder wieder hergeben muß, wie einst der Walfisch den Propheten Jona. Das Gleichnis nennt das Zum-Spott-Werden zwar nicht ausdrücklich, aber die Handlung impliziert es und könnte, auf den Tod angewendet, als illustrierende Erklärung gelten für den Liedvers „eyn spott aus dem tod ist worden".

Das in der älteren Lutherforschung als Betrugstheorie vom betrogenen Betrüger bezeichnete Köder-Gleichnis war aus der Patristik überliefert. Der Ambrosius zugeschriebene Osterhymnus „Hic est dies verus Dei" bringt das „mysterium mirabile" unter der Frage „was kann geheimnisvoller sein?" in Strophe VII als: „Dass Tod die Angel selbst verschlingt / Und sich im eigenen Stricke fängt, / Dass aller Leben sinkt und stirbt / Und aller Leben aufersteht." Ausführlicher erläutert Gregor von Nyssa: „Um den Teufel nicht von vornherein stutzig zu machen, verbirgt sich die Gottheit im Fleisch. Mit dem Köder des Fleisches schluckt der Teufel auch den Angelhaken der Gottheit hinab (nach Hi 40,20f, heute V.25f: „Kanstu den Leviathan ziehen mit dem hamen..., jm einen Angel in die nasen legen?"). Indem nun das Leben im Tode erscheint, wird der Tod vernichtet. Der Teufel ist überlistet." Nach Augustin hat sich der Teufel ohne Rechtsanspruch am Fleisch des gerechten Christus vergriffen, und das wurde ihm zur Mäusefalle; so habe Christus die Menschen aus des Teufels Gewalt befreit. Auch bei Gregor d. Gr. ist Christi in die Menschheit gehüllte Gottheit der Köder, den Gott dem Teufel vorhielt[26].

---

[25] LIPPHARDT (s. Anm. 14). – J. A. JUNGMANN, Missarum solemnia I, 1962⁵, 562f. – HAHN (s. Anm. 14), 330f.339f.

[26] Ambrosius: WACKERNAGEL I, 17f, Nr. 14, Übers. nach: FR. WOLTERS, Hymnen und Lieder der christlichen Zeit II, 1922, 20. Str. VII lautet: „Hamum sibi mors devoret / suisque se nodis liget: / Iam mortua est vita omnium, / resurgat ut via omnium." – Gregor von Nyssa: R. SEEBERG, Lehrbuch d. Dogmengeschichte II, Nachdr. 1959, 345. – Augustin: ebd. I, 561, Anm. 1. – Gregor d.Gr.: ebd. III, 40. – Als Erster hat wohl Origenes das Moment der Täuschung in die soteriologische Loskauftheorie eingefügt, vgl. W. SCHMITZ (Hg.), Der Teufelsprozeß vor dem Weltgericht nach Ulrich Tennglers „Neuer Layenspiegel" von 1511, 1980, 63; dort auch weitere Quellenangaben. Auf Gregor d. Gr. beruft sich Luther 1517 in der frühesten ausführlichen Darstellung des Ködergleichnisses WA 57 Hebr 129,6.

Luthers Übernahme dieser Betrugstheorie hat Jordahn zwar der bereits oben aus quellenkritischen Gründen ausgeschiedenen, sehr freien Druckbearbeitung Buchholtzers entnommen[27], wir besitzen aber zahlreiche und weit bessere Zeugnisse dafür, daß Luther diese Illustration des Werkes Christi schon in frühreformatorischer Zeit und bis in seine letzten Lebensjahre hinein in Schriften, Vorlesungen und Predigten immer wieder angeführt hat[28]. Dabei wird das Ködergleichnis oft nur mit wenig Worten angedeutet. Seine Bekanntheit durch Liturgie, Bilder und Teufelsliteratur war vorausgesetzt. Luther geht aber über die patristische Tradition hinaus, indem er die Elemente der Erzählung nicht nur vom Tod und Teufel aussagt, sondern auch vom Gesetz (n), der Sünde und der Hölle. Sie alle „versehen", „vergreifen", „verschlucken", „ersticken" und „erwürgen" sich an dem ihnen unbekömmlichen Würmlein. Offenbar soll die Ausweitung die Gesamtheit der Mächte des Bösen in den Blick bringen: „Lex hat sich verbrant, Mors hat sich beschissen, Diabolus, infernus, peccatum haben sich vergriffen." (s) Aber nicht nur ihre Selbsttäuschung verlief nach gleichem Schema, sondern vor allem ihre wunderbare Unterwerfung, denn Christus wurde „captivitas captivitatis, mors mortis, infernus inferni, peccatum peccati" (k). Der schon früh bezeugten Erkenntnis, daß die Täuschung nicht von Gott ausgehe (a), widmet Luther wenig Raum, er verweilt auch nicht bei der Komik des Verschlungenwerdens vom Verschlungenen, die niemals als „Spott" bezeichnet wird; vielmehr lenkt er den Sinn der Täuschung auf den rechtlichen Aspekt: Indem Christus sein Recht fahren läßt (p), setzen sich die Mächte mit ihren Angriffen auf den sündlosen Gottessohn selbst ins Unrecht und müssen ihn dann „stricto iure" freilassen und sich selbst „summo et pleno iure ac iustissime" für besiegt erklären (s). Der Hörer soll sehen, daß im Gegensatz zur patristischen Erzählung kein Rechtsbetrug vorliegt, sondern alles nach höchstem Recht und unwiderruflich geschah[29]. Neu gegenüber der patristischen

---

[27] JORDAHN zitiert WA 20,334,8 – 335,2. Zu dieser Predigt s. o. Anm. 20.

[28] Die benutzten Texte sind chronologisch geordnet und zu besserer Auffindbarkeit der Belege zum folgenden Abschnitt alphabetisch gekennzeichnet. – a) 1513/14: WA 9,114,2f. – b) (1515/17: 1,59,29ff.) – 1517: 57 Hebr 128,9 – 129,15. – c) 1522: 10/III,100,24–34. – d) 1523/24: 14,146,8–14. – e) 1527: 24,109,23–25. – f) 23,714,1–6. – g) 32,243,31–36. – h) 1531: 34/I,233,19 – 234,25. – i) 34/I,271–277. – k) 1531/35: 40/I,267,1–11. – l) 40/I,417,30 – 418,10. – m) 40/I,439,9–11. – n) 40/I,565,2 – 569,26. – o) 1533: 37,243,12–28. – p) 1537: 45,635,12 – 636,1. – q) 1538: 46,423,23–25. – r) 47,80,1 – 81,36. – s) 1545: 44,697,24–35. – Folgende Erwähnungen des Ködergleichnisses wurden aus textkritischen Gründen nicht berücksichtigt: WA 9,661,10–35; 7,808,19–25; 20,334,8ff; 32,41,12 – 43,5; 46,556,25–40; 52,245–253.

[29] H. OBENDIEK, Der Teufel bei Martin Luther, 1931, 76f hat die Rechtsbeziehung im Interesse der Makellosigkeit Gottes apologetisch gedeutet. Seine in Anm. 276 an TH. HAR-

Tradition ist endlich auch Luthers Begründung und Beleuchtung des ganzen Vorgangs zwischen Tod und Auferstehung Christi durch die Zweinaturenlehre. „Der Teuffel sol uberwunden... werden nicht durch macht und krafft..., sondern durch gehorsam und demut jnn der höchsten schwacheit, creutz und tod", „das man an mir sehe... des Vaters willen, das ich euch durch mein blut und tod erlösen sol" (p). Denn „mit der nidrigkeit reist er den Teufels bauch und zerbricht hel, schleust celum et endert totum mundum" (o). Die Menschheit verbirgt zugleich die Gottheit, so daß „der Teuffel rang mit einer andern Creatur denn er meynete, versahe sich nicht, das Gott da were, der Herre Teuffels und aller ding" (e). Das klingt wie holzschnittartige Popularisierung, hält aber die Einheit der Person fest, wenn auch mit gewagten Unterscheidungen: Tod und Teufel greifen „ein person an, quae mori non potuit, quia impossibile, et tamen moritur, sic quod leichnam tod ist und tamen persona vivit. Et ista persona ist gleich tod und lebend" (i 273). Die Menschheit allein hat nicht Sünde und Tod besiegt, sondern der im Würmlein verborgene Angelhaken, „divinitas, quae coniuncta humanitati; illa sola fecit" (l).

Alle Passagen der Gleichniserzählung gehen von der Frage aus, wie es zugegangen sei mit der Überwindung des Todes (f), und zielen darauf hin, im Miterleben des Sieges Christi über die Mächte des Bösen zu glauben, daß er die eigene Sünde und den je eigenen Tod einschließt, und in dieser Gewißheit den noch währenden Anfechtungen der Mächte mit dem Verweis auf das Werk Christi zu begegnen[30]. – Das Ergebnis der Durchsicht dieser Traditionen für das Verständnis des Osterliedverses scheint freilich gering. Das ist insofern verwunderlich, als Luther mit dem Ködergleichnis ja demselben unanschaulichen Heilsgeschehen nachspürt, das sich zwischen Christi Kreuzestod und seinen Erscheinungen als Auferstandener ereignete und das er, weil es in der Osterleise „Christ ist erstanden" zwischen „Marter" und „Trost" ausgespart blieb, in den Strophen II–VI seines Osterliedes nachzuholen bemüht ist[31].

NACK geübte Kritik geht an dessen häufigen Hinweisen auf das an der lex orientierte Recht vorbei (HARNACK II [s. Anm. 23], 307–318).

[30] Vgl. G. JACOB, Der Gewissensbegriff in der Theologie Luthers, 1929, 50f.

[31] HAHN (s. Anm. 14), 331. – Denselben Zusammenhang dokumentiert die Übereinstimmung der meisten Belege zu „mirabile duellum" und zum Ködergleichnis in Anm. 21 und 28.

III. Interpretation

Wir kehren zurück zu Luthers Osterliedstrophe vom „wunderlichen
Krieg". Die letzte Beobachtung enthält schon die Frage, ob er wirklich
seine augenfällige Aufnahme der (III. Strophe aus Wipos) Osterliedsequenz
in die ersten vier Verse schon mit dem fünften Vers, der den Abgesang mit
lebhafter Betonung eröffnet (wie ein Vergleich aller fünften Verse in den
sieben Strophen zeigt), abrupt abgebrochen haben sollte. Die Ostersequenz
hatte in der III. und IV. Strophe die Glaubwürdigkeit der Osterbotschaft
mit der Frage an Maria („quid vidisti in via?") thematisiert und mit deren
Antwort („Sepulchrum Christi... gloriam resurgentis... Angelicos testes,
/ sudarium et vestes") im Sinne des Heiligen- und Reliquienglaubens
erklärt durch den Aufweis sichtbarer und handgreiflicher Zeugnisse[32]. Eben
dieser Problemlösung gilt offenbar Luthers 5. Vers, indem er mit dezidiert
theologischer Kritik an die Stelle der Sequenzstrophen IV und V in
lapidarer, programmatischer Kürze das (damals) jedermann bekannte
Glaubenspanier, Trost und Trotz der Evangelischen setzt: *„Die schrifft hat
verkundet das."* Glaubwürdigkeitsgrund der Osterbotschaft ist kein Indi-
zienbeweis, sondern die Bibelbotschaft. In allen Liedern Luthers findet sich
im Unterschied zu häufigen Anführungen des Gotteswortes die Berufung
auf „die schrifft" nur dies eine Mal, wo der Grund des in Christi Auferstehung geschehenen Heils entfaltet wird. Wie wenig damit ein formales
Prinzip dogmatisierter Autorität des Bibelbuches gemeint ist, signalisiert
das Wort „verkundet", das über die bloße Schriftlichkeit hinaus das aus
eigener Notwendigkeit „viva voce" gepredigte Gotteswort bezeichnet.
Doch im Vordergrund steht hier der sachliche Zusammenhang zwischen
Schriftverkündigung und Ostern. Von der Auferstehung, heißt es in einer
Predigt, findet sich nichts in „Turcken, Bapsts, Juden Buch, ... Aber in der
Christen Buch stehts". Luther selbst empfing die Gabe Gottes „lectione
scripturarum et ea auditione, qua nonnunquam audivi dulcissimum nun-
cium nempe per Christum pro me passum, resurrexisse". In seinem
„Carmen in laudem" auf „Dis buchlein" heißt es: „Wir mussen doch von
dieser weldt, / Als dan das wort fest bey vns heldt / Vnd sterckt vns in des
sterbens noth / Vnd hilfft vns aus dem ewigen todt."[33] Aber mit der
Berufung auf das Wort im Gegensatz zum Zeichen und auf das durch

---

[32] Möbius (s. Anm. 24), 45 bemerkt, daß viele Handschriften der „Visitatio sepulchri"-
Spiele dazu die Anweisung „ad populum" geben.
[33] Pred. üb. 1Kor 15,54ff, 1545: WA 49,763,16f. – Pred. üb. d. 2. Buch Mose, 1524–27:
WA 16,598,13–16; WA.TR 5,358,12–15, Nr. 5793.

seinen Hauptinhalt qualifizierte „sola scriptura" klingt noch ein drittes Unterscheidungsmoment in diesem 5. Verse an. Während nämlich im Osterspiel bei dieser Passage der Sequenz die beglaubigenden Osterzeugnisse der Gemeinde vom Klerus und Chor vordemonstriert wurden und sie selbst lediglich akklamieren konnte, ist jetzt, dank Luthers liturgisch-theologischer Neubewertung des Gemeindeliedes, die Bezeugung des Ostergeschehens zum von der Gemeinde selbst gesungenen Glaubensbekenntnis geworden[34].

Das alles will freilich nicht übersehen lassen, daß der 5. Vers hauptsächlich eine hinweisende und begründende Funktion hat für den Inhalt der Bibelbotschaft, der, zugleich die Art und Weise des wunderlichen Krieges und Sieges präzisierend, erst im 6. Vers mit den höchsten Tönen der Melodie geradezu ausgerufen wird: *„wie eyn tod den andern fras"*. Das Bild komprimiert das Ködergleichnis mit unüberbietbarer Drastik und Paradoxie zur prägnanten Kurzformel: Der Tod wollte Christus fressen („essen" läßt sich da nicht gut sagen), wurde aber vom toten Christus selber gefressen[35]. Luther braucht die Wendung in Predigten und Vorlesungen verbal oder substantivisch, ganz natürlich und nicht so selten, wie man vermutet[36]. Eine Überschau dieser Aussagen relativiert den modernes Todes- und Sprachverständnis zunächst schockierenden Eindruck des Drastischen vom Sachverhalt her. Denn der Ausdruck „fressen" erweist alsbald seine bibelsprachliche Legitimität, sofern er neben das in der Bibelübersetzung zentrale Wort „verschlingen" tritt (1Kor 15,55 für absorbeo, Jes 25,8 für devoro) in praktisch synonymer Bedeutung. Vermutlich hatte die Wortverbindung „den Tod fressen" aber auch lateinische Vorformen theologischer Sprachtradition; jedenfalls braucht Luther das Verb mordeo, dessen Grundbedeutung (beißen, stechen, verzehren) er nachweislich 1516/17 im Kolleg zu Röm 11,8 behandelte, in zwei frühen Aussagen über Christus mit der Bedeutung „fressen", so als wäre sie geläufig: „per mortem suam mortem momordit" (a), „Deus eum suscitavit a morte et inferno Et sic momordit infernum" (b)[37]. In erster Linie gehört das Bild

---

[34] Darauf hat HAHN (s. Anm. 14), 339f hingewiesen.

[35] E. JÜNGEL, Tod (ThTh 8), 1971, 147: „Man wird diese drastische Redeweise gelten lassen, solange man es nicht besser sagen kann. Und das dürfte schwerfallen."

[36] Die Belege werden wie in Anm. 28 in chronologischer Folge und mit alphabetischer Kennzeichnung aufgeführt. a) ca. 1509: WA 9,18,27. – b) 1516/17: 56,392,12. – c) 1525: 17/I,78,32. – d) 17/I,189,1.10. – e) 1527: 23,713,16. – f) 1531: 40/I,267,4. – g) 1532: 36,242,4. – h) 36,531,13. – i) 1535: 41,44,27.30. – k) 41,372,26. – l) 1536: 41,690,11. – m) 41,731,13. – n) 1537: 45,43,13. – o) 1544: 22,287,21.

[37] Vgl. WA 56,108,6.18 u. Anm. mit 57 Röm 96,3.22 u. Anm., dazu 41,391,7 die Reihe „neiden, hassen, beissen, fressen".

jedoch zur liturgisch-seelsorgerlichen Sprachtradition. Johannes Ficker hat
auf die Präfation der Osterzeit-Messe im Augustinermissale hingewiesen:
„verus agnus, qui mortem nostram moriendo destruit"[38], und auf dieser
Bedeutung für uns liegt bei Luther das Schwergewicht, „daß alßo seyn todt
eyn fraß sey des todes und anfang des lebens" (c). Nach nur einer
Predigtnachschrift sagte Christus zum Tode: „ich hab dich gessen" (d),
nach einer Mitschrift der Judika 1535 gehaltenen Passionspredigt aber
ebensogut: man wird „fressen Osterlam, ja ich sold gefressen werden",
und schon bei der Einsetzung des Abendmahls „hat er bereit angefangen in
corde suo pure den tod zu fressen und beissen und uberwinden" (i). Nicht
nur Luther oder Christus nennen das Ostergeschehen so, sondern auch
Gott selbst fragt nichts nach dem, was die fünf Sinne vom Tod wahrnehmen, „sed dicit: Tod, ich wil dich fressen, dein Tod sein, quod vorasti, wil
ich vivificare vel non ero deus" (h). Er selbst „vult iterum iuvare homines,
et conclusit, ut Christus sit todfresser" (l). Und da Christus nicht nur Tod
und Hölle, sondern auch die Sünde „frißt" (d), prägt Luther zum Aufweis
der Überwindung aller Mächte ganze Reihen neuer Substantivkomposita:
er ist „der einige Gesetzwürger, Sündentreger, Todfresser und Teuffels-
mörder" (n), „der recht Sünden würger und des Tods fresser" (o)[39].

Die Aussagen vom wechselseitigen Fressen zwischen Tod und Christus
sind „mythologische und kraftvolle Vorstellungen, die Luther von jeher in
die Wirkungen des Todes Christi hineinbezogen hat"[40]. Ohne den sie
erklärenden Kontext des Ködergleichnisses, in dem sie vorkommen, müßten sie und auch der Liedvers „wie eyn tod den andern fras" unverständlich
bleiben, obwohl sich beide ausdrücklich als Wiedergabe der Schriftverkündigung einführten. Wo aber spricht die Bibel von dem menschgewordenen
Gottessohn, der als Gestorbener den Tod frißt und über ihn triumphiert?
Von den wenigen Bibelstellen, die Luther in diesem Zusammenhang nennt
(Gen 3,15; Ps 118,17; Jes 25,8; Hos 13,14; 1Kor 15,54ff; Kol 2,15; Hebr
2,14), kann hier nur auf Hos 13,14 hingewiesen werden, ohne auf alle
exegetischen und theologischen Einzelprobleme dieser Schriftbegründung
einzugehen. Hos 13,14 gehört im ganzen Werk Luthers zu den am häufigsten zitierten Prophetentexten und wird bei Ausführungen über den wunderlichen Krieg und Sieg Christi in den drei Tagen des Grabes absolut am

---

[38] WA 57 Hebr 130,17 Anm.
[39] Die Herausgeber der WA halten die 4 Wörter von n für „wohl von Luther gebildet" (WA
45,43 Anm. 5). Die ausführlichste sprachgeschichtliche Anmerkung der WA bringt der Rev.-
Nachtrag zu WA 41,690,11 (l).
[40] E. Seeberg, Luthers Theologie II: Christus – Wirklichkeit und Urbild, 1937, 116, ähnlich
83f.197.263f.

häufigsten, wenn auch nicht jedesmal genannt[41]. Der zumeist von Luther zitierte Vulgatatext lautet: „De manu mortis liberabo eos, de morte redimo eos: ‚Ero mors tua o mors‘, morsus tuus ero inferne, consolatio abscondita est ab oculis meis. "

Als Luther dem Monogrammisten MS der Cranachwerkstatt die Thematik der 1534 im Bibeldruck erscheinenden Propheten-Holzschnitte angab, „das man auffs einfeltigst den inhalt des Texts solt abmalen", muß er ihm für Hosea den Vers 13,14 erklärt haben, denn das Bild zeigt, was der im Vordergrund predigende Prophet predigt, auf der Verkündigungsebene des Hintergrundes: die drei Gekreuzigten auf Golgatha und vor dem mit versiegelter Platte geschlossenen Grab den Auferstandenen, stehend auf dem am Boden liegenden Tode und mit dem Schaft seines Banners auf dessen Kopf zielend, also „wie eyn tod den andern fras"[42]. Wie lebhaft Luther nicht nur den Text, sondern auch die Person Hoseas im Lichte dieses Verses sah, sagt die 1532 geschriebene Vorrede. Für seine Strafpredigt „widder die abgötterey" des Volkes und Königs hat er „den tod gewislich gefressen, vnd als ein Ketzer... vnd als ein auffrürer... müssen sterben, Denn das ist ein Prophetisscher vnd Apostolisscher tod, So hat Christus selbs müssen sterben"[43]. Nicht zufällig nennt Luther das bei fast allen Propheten vermutete Märtyrerschicksal im Fall Hoseas „den Tod fressen". Aber auf den merkwürdigen Kern des Verhältnisses Luthers zu Hos 13,14 stößt man erst, wenn man zu verstehen sucht, daß Luther seit 1521 mehrfach zwei Jahrzehnte hindurch in aller Öffentlichkeit den Hosea-Vers auf sich selbst bezog: „Mein epitaphium sol war bleyben: Pestis eram vivens, moriens ero mors tua, papa."[44] Die Belege dieses ungenau „Vaticinium ad papam" genannten Wortes dokumentieren, daß Luther mit dem Hosea-Wort lebte, mit seiner Hilfe sein eigenes reformatorisches Selbstbewußtsein aussprach, und das nicht nur im Blick auf mögliche Analogie zum Martyrium, sondern auch als Verschlüsselung der im Spruch Hoseas sich kristallisierenden reformatorischen Christuspredigt.

Davon lassen allerdings Luthers oft ganz formale Bibelstellenverweise auf Hos 13,14 nichts erkennen. Die 1528/29 geäußerte Meinung, daß Jesaja das „dictum Oseae" in 25,8 aufgegriffen habe, wird in der berühmten „Additio in locum Hoseae cap. 13", die er noch in seinem letzten Lebens-

---

[41] Vgl. meine Studien zu Luthers Auslegung der Kleinen Propheten (BHTh 33), 1962, 3f.
[42] WA.DB 6,LXXXVII u. 11/II,CVII. Leider ist das Bild weder in der WA wiedergegeben noch in H. Volz, Martin Luthers deutsche Bibel, 1978.
[43] WA.DB 11/II,182,17–22.
[44] WA.TR 3,390,17, Nr. 3543 A. Die übrigen Belege sind kritisch zusammengestellt in den Revisionsnachträgen zu WA 30/II,339,33 u. 48,280 Anh. IX F,III.

jahr (1545) der stark bearbeiteten zweiten Edition seines Hosea-Kollegs
von 1524 durch Veit Dietrich anzufügen sich genötigt sah, feierlich widerrufen[45]. Charakteristischer ist Luthers ständiges Bemühen, die im Wortlaut
differierende Zitation von Hos 13,14 bei Paulus 1Kor 15,54 als sachliche
Übereinstimmung zu erweisen. Im Kolleg 1524 erklärt er die freie, auch
von der Septuaginta unabhängige Formulierung des Apostels: „apostoli
rem spectabant nihil superstitiosi in verbis." 1533 überspielt er die sprachlich nicht nachweisbare Kontinuität: Paulus „citat secundum suum divitem
spiritum, das er omnes locos scripturae auff 1 hauffen nimpt et facit
sententiam generalem, quae gilt in tota scriptura". Seit 1539 will Luther das
Wort aus dem Kontext bei Hosea nicht mehr wie bisher als Drohwort,
sondern als Gnadenverheißung verstehen[46]. Aber unverändert geht es um
das christologisch-geistliche Verständnis, „quod Christus abstulit omnia
mala non sibi sed aliis i. e. iis, qui fide Christum suscipiunt", „quod Mors
omnium devoratrix potentissima sit devorata ... Ut haec victoria non sit
Christi victoria activa, sed nostra victoria passiva, quam nobis Christus sua
victoria peperit."

Das Zentrum aber für Luthers Verständnis des Hosea-Verses liegt neben
diesen Beobachtungen und Operationen in einer (öfter bei ihm auftretenden) zugleich sprachlichen und theologischen Einsicht. Was die Ankündigung „Ero mors tua o mors" meint, ist der Tod des Todes und „Mors
mortis est agere contra mortem, i. e. vita". Mit dieser Wortfügung hat er
sich schon in der 1. Psalmenvorlesung befaßt, in der Römerbriefvorlesung
nennt er sie „negativae orationes... multo quam affirmative dulciores", in
der Galaterbriefvorlesung von 1516/17 „modus loquendi apostolicus i. e.
theologicus", und während er sich sonst für die Fülle biblischer und
besonders paulinischer Exempla dieser „oppositionis vices" (Ficker) mit
der Aufzählung von 3–7 theologischen Grundbegriffen begnügt (lex legis,
peccatum peccati, diabolus diaboli, infernum inferni, captivitas captivitatis
und nach Hos 13,14 mors mortis, venenum veneni), weiß er im Galater-
Kommentar von 1519 für diesen „tropus" gleich eine 14fache Serie dieser
Begriffsgestalt vorzuführen, die auch dem Bibelkundigsten den Atem
verschlägt[47]. Fast immer, wenn er auf den wunderlichen Krieg, das Köder-

---

[45] WA 31/II,139,24 (Vorlesung über Jesajas, 1527–30) und 40/III,762,17 (Additio in
loc.Hos.cap. 13, 1545).

[46] WA 13,63 Anm. zu Zl. 21 u. S. 64,3–5; 36,681, 4; 40/III,755f. 770ff.

[47] Wieder in der Art der Anm. 28: a) 1513–15: WA 3,400,27ff. – b) 1515/16: 56,322,10 –
324,3 (obenstehendes Zitat: 323,12). – c) 1516/17: 57 Gal 72,27 – 74,18. – d) 1519: 2,498,14 –
499,19.– e) 1527: 23,705,14 – 706,4; 711,1ff; 714,7ff. – f) 1531: 40/I,266,8 – 268,6; 277,8 –
280,2; 438,5 – 440,12.

gleichnis, den Todfresser oder auf Hos 13 zu sprechen kommt, verbindet diese bisher erörterten Aspekte der IV. Osterliedstrophe die „seltzam wunderlich rede" (e) und „quasi inversio rhetorica" (f), die der ratio unverständlich und doch dem Glauben „fein lieblich" und ein „seer schon phrasis" ist (e,f). Er hält sie für eine Redeweise des heiligen Geistes „ad expressionem aeternitatum eorum, de quibus loquitur", die „feiner lautet" als positive Ausdrücke, wie „Freiheit" (b,f), Gerechtigkeit, ewiges Leben. Von Christi Person gilt: „Gesetz zerreist das gesetz, sund nimpt sund weck, Tod uberwind den tod, Gifft vertreibt gifft" und sogar, daß er „diabolus est contra meum diabolum" (e,f). Das veranlaßt eindringende Erörterungen über die Art und Weise des Heilsgeschehens. Aber das alles gilt gerade nicht für die Person Christi, die dessen nicht bedurfte, sondern für uns. Denn Christi „mirabile duellum" geht in den Glaubenden unter Ausschluß aller Eigenwerke weiter, unvergleichlich in der 2. Antinomer-Disputation am 12. Januar 1538 von Luther beschrieben: „Hoc per fidem recepto statim initur duellum maximum, committuntur invicem fortissimi gigantes, qui vel totum mundum devorarent, scilicet duae mortes, mors ipsa et mors Christi. Sed statim exclamat Christus: Mors mortis, infernus inferni, diabolus diaboli ego sum, noli timere, fili mi, ego vici." Dem folgt eine längere Ansprache an „junge leuthe" über Arten und Gefahren des Tröstens durch Pastoren und Seelsorger, das notwendig ist, weil jetzt Sünde, Tod und Teufel noch da sind[48]. In dem Widerspruch, daß sie trotz des Sieges Christi „dennoch bleiben", ist es allein Christus selber, der im Glauben seine und meine Auferstehung „zusammen kopelt", so daß die Christen nicht verzweifeln, sondern den Anklagen des Gesetzes, Drohungen des Teufels und Schrecken des Todes antworten: „habeo aliam mortem, mortificantem te meam mortem"[49].

In der so skizzierten Situation liegt der theologische Ort des Verses „Eyn spott aus dem tod ist worden". Es mag verwundern, daß von diesem „Spott" in den zur Interpretation der Liedverse IV,5–6 herangezogenen Luthertexten gar nicht, im Bereich gut überlieferter Osterpredigten wenig und am meisten in den paraphrasierend erweiterten Einzeldrucken und Postillen die Rede ist[50]. Dennoch ist Luthers Sicht des Todes unter der Kategorie des

---

[48] WA 39/I,427,4–8 (Zitat); 430,11 (Ansprache).

[49] Hierher gehört die Auslegung von Gal 2,19 im großen Galater-Kommentar, aus der die Abschnitte 40/I,269,20–27 u. 276,13–23 zitiert sind. Über die fides als „medium", das „zusammen reime": Osterpredigt 1540 WA 49,99,8.

[50] Zu den aus quellenkritischen Gründen nicht zu berücksichtigenden Texten über Verspottung des Todes rechne ich außer dem in Anm. 11 u. 12 angeführten: WA 16,108,31 – 109,27; 20,250,31 – 252,31; 21,144,11–13; 22,104,1–12; 52,248,37 – 250,9.

Spottes so gut bezeugt, daß hier weder auf seine bekannten Ratschläge, den Anfechtungen des Teufels nicht mit Disputationen, sondern mit Verachtung, Trotzen, Spielen und Trinken zu antworten, noch auf seine während des Augsburger Reichstags in der Auslegung des „Licdlcin der Heiligen" (Ps 118,17f) vorgetragene Theologie der Teufelsverspottung zurückgegriffen werden muß[51].

Was man in der ausführlichen, aber das Wort „Spott" nicht gebrauchenden Scholie zu Hebr 2,14f „De morte contemnenda" allenfalls „Spott" nennen kann, ist die ausschließliche Eigenart des Schöpferhandelns, die den Teufel mit dessen eigenem Schwert schlägt und „opus suum promovet et implet per opus alienum et mirabili sapiencia cogit diabolum per mortem nihil aliud operari quam vitam"[52]. Dieser „Spott" ist für den Menschen unnachahmbar, weil sie nicht Böses in Gutes wandeln können. Da Gott jedoch „auch in uns durch Christum den Tod und die Werke des Teufels vernichten will" (129,14), zerstört er den Teufel ein zweites Mal durch ihn selbst, indem er, so wie Christus durch seine Einheit mit der unsterblichen Gottheit „sterbend den Tod überwand", auch den Christen durch die im Glauben geschlossene „unio" mit dem unsterblichen Christus sterbend den Tod überwinden läßt; das bedeutet: „Lernen, daß wir mit Freude sterben" (129,16.21). Todesfurcht ist daher Glaubensmangel, Todesliebe, -wunsch und -verachtung dagegen Ziel und Vollendung christlichen Lebens (131,5; 132,8.24). Dafür das Gebet „Dein Reich komme", dazu wird „in den Tod Christi getauft", damit die allein von der Sünde gemachten Schrecken des Todes überwunden werden durch den uns gegebenen Sieg Christi, der sie zur compassio und zu Exerzitien des Glaubens wandelt, in denen er „stark wie der Tod und fest wie die Hölle" wird (Cant 8,6. – 132,3; 134,1). Zwar sind sehr wenige so vollkommen, und die noch unter Todesfurcht leidenden Gläubigen „sind" von ihr erst anfänglich befreit, aber zu stetem Fortschreiten. Denn zu unserm Trost hat Christus uns den Tod durch Erleiden und Besiegen verächtlich (contemtibilem) gemacht und die Todesfurcht als „vere peccatum" schon dem schwächsten Glauben abge-

---

[51] Vgl. die Briefe an Hieronymus Weller (WA.B 5,518–520, Nr. 1670), an Luthers kranke Mutter (6,103–106, Nr. 1820), aus „Das schöne Confitemini" WA 31/I,140–160, dazu Th. Knolle, Luthers Liedlein der Heiligen (Luther 8,1926,68–77), die Beispiele aus Tischreden (1, Nr. 669; 4, Nr. 4836; 6, Nr. 6977f) und die Belege bei Jacob (s. Anm. 30), 51f.

[52] WA 57 Hebr 127,20 – 135,14; Zitat: 128,9–15. Vgl. unsere Anm. 26, 28b u. 38. Der Verweis auf das opus Dei impliziert Luthers Auffassung der Geschichte unter der Initiative Gottes in Christus, deren für uns schwer akzeptierbarer Spielgedanke, in einer Passionspredigt von 1525 festgehalten, für unsern Zusammenhang lautete: Christus sagt zu den Seinen „Ich wil dich todten und widder lebendig machen und mit dyr spielen, du solt meyn spielvögele seyn" (WA 17/I,80,26).

nommen und im Weltgericht unvorwerfbar gemacht (133,9–15), wie denn seine Befreiung von dieser Knechtschaft nicht darin besteht – so wiederholt Luther abschließend jeweils für lex, diabolus et mors –, „ut non sit, sed ut non timeatur" (135,8–11).

So hat Luther 1517 die Todesverachtung unter Zuhilfenahme des Ködergleichnisses, zweier Anführungen von Hos 13,14 und einiger Zitate aus Chrysostomus und Cyprian dargestellt als ein Kriterium des Glaubens, der das Wachsen der Christusgemeinschaft ausmacht und noch teilweise in mönchisch-asketischer Terminologie beschrieben wird. Wollte man diese Todesverachtung „Spott" nennen, so schloß diese Qualifikation das Mißverständnis als Volksbelustigung oder philosophischer Heroismus schlechthin aus und ermöglichte zugleich einen Übergang vom Spottgewordensein des Todes durch Gott zu einer dem Christusglauben eigenen Verspottung des Todes, deren Notwendigkeit nicht vergessen werden sollte. Luther jedenfalls hat später die Todesverachtung in verkürzter, aber ihre wesentlichen Momente festhaltender Form auch „Spott" genannt[53]. Die Frage nach den diese Umbenennung ermöglichenden sprachgeschichtlichen Voraussetzungen wäre eine weitere Untersuchung wert, wenn der Spitzensatz IV,7 seines einzigartigen Osterliedes nicht zunehmender Mißverständlichkeit anheimfallen soll.

---

[53] Als Belege seien auswahlweise genannt: WA 17/II,105,5–33 (1525); 40/II,175,21–31 (1535); 46,353,1 – 354,9 (1538).

Gott und das Leben

Bemerkungen zur Aktualität von Luthers Gottesbegriff
nach De servo arbitrio (1525) im 20. Jahrhundert

Christof Gestrich

Wer wie der Verfasser dieses Beitrags die Gelegenheit hatte, bei Gerhard
Ebeling ein Seminar über Luthers De servo arbitrio zu besuchen, spürte
bald, daß er nicht nur ins Innerste der Gottesanschauung des Reformators
eingeführt wurde, sondern daß er auch die Brunnenstube von Ebelings
eigener Theologie betrat. Die gewichtigen und zahlreichen Beiträge Ebelings zur Lutherforschung[1] verdanken wir seinem Urteil, Luthers Theologie sei – aus vielschichtigen historischen Gründen – gerade im 20. Jahrhundert sehr aktuell[2].

Der Streit zwischen Erasmus und Luther über die Willensfreiheit hat
mich unter allen „Lehrgegenständen" meines Studiums vor rund 20 Jahren
am intensivsten in die evangelische Theologie eingeführt. Gleichzeitig
faszinierte mich aber auch die merkwürdige Erscheinung der „historischen
Wiederkehr" dieser Debatte im 20. Jahrhundert. Warum schienen sich hier
erneut die Geister zu scheiden, auch sogar innerhalb der evangelischen
Kirche? Warum wurde nicht nur bei meinem Lehrer Ebeling, für den die

---

[1] U. a.: G. EBELING, Evangelische Evangelienauslegung. Eine Untersuchung zu Luthers
Hermeneutik, (1942) 1962²; DERS., Art. „Luther, Martin II. Theologie", in: RGG³ IV,
495–520; DERS., Luther. Einführung in sein Denken, (1964) 1978³; DERS., Lutherstudien I,
1971; DERS., Disputatio de homine. Erster Teil: Text und Texthintergrund (Lutherstudien II/
1), 1977.

[2] Von EBELING z. B. gerade mit der „Luthervergessenheit unserer Tage" begründet (so in:
Luther, 14), die sich äußere als *mangelnde Gottesgewißheit:* Es fehlt die „Überzeugung, daß der
Mensch unzweifelhaft und unausweichlich Mensch ist vor Gott und darum Sein oder
Nichtsein, Heil oder Verderben am Urteil Gottes hängt". G. EBELING, Gewißheit und
Zweifel. Die Situation des Glaubens im Zeitalter nach Luther und Descartes (1967; in: Wort
und Glaube II, 1969, 138–183), 178. – Vgl. DERS., Luther und der Anbruch der Neuzeit (1972;
in: Wort und Glaube III, 1975, 29–59): Luther war „mit einem Sachverhalt beschäftigt, der
Mittelalter und Neuzeit transzendiert" (56). Das könnte festgemacht werden an Luthers Lehre
von der *Sünde,* die sowohl zu mittelalterlichem wie zu neuzeitlichem Sündenverständnis im
Gegensatz steht, aber von uns aufgegriffen werden sollte (46 ff). Denn ohne das (von EBELING
Luther im Grundsatz zugebilligte) „rechte Verständnis von Sünde versinkt die Theologie
überhaupt in Moralismus. Darauf lief in der Aufklärung und läuft heute wieder eine schlechte
Anpassung an die Neuzeit hinaus." (58 f)

Unterschiede der Jahrhunderte hermeneutisch bedeutsam sind, sondern auch schon bei einer ganzen Reihe von an dieser Stelle nicht so sensiblen Theologen, die eine, zwei Generationen früher gelehrt haben, die Wand zwischen dem 16. und dem 20. Jahrhundert oft so dünn, daß man, wenn Luther zitiert und ausgelegt wurde, oft einen philosophisch und theologisch auf höchster Höhe des 20. Jahrhunderts Stehenden zu hören meinte?

Daß es auch für uns entscheidend sei, *nicht* von „Erasmus" die „forma Christianismi"[3] zu empfangen, war die Überzeugung, mit der ich vor 20 Jahren aus der ersten Begegnung mit De servo arbitrio herausgegangen bin. Inzwischen hatte ich selber in Tübingen und in Berlin Theologiestudenten in diesen Text einzuführen. Dabei ergaben sich erneut theologische Meinungsbildungsprozesse, die die Studierenden sehr tief berührten; die „Siegespalme" wanderte öfters zwischen Erasmus und Luther hin und her, um aber am Ende auch von den meisten heute Studierenden doch am ehesten Luther zugesprochen zu werden[4]. Für mich selbst rückte die Frage in den Vordergrund: Besteht eigentlich noch die geschichtliche Lage, daß die Wand zwischen dem 16. und dem 20. Jahrhundert in bezug auf Luther wie abgetragen erscheint? Geht es noch immer um „Luther oder Erasmus"[5]? Ist die Tradition der besonderen systematisch-theologischen Gegenwärtigkeit Luthers noch fortsetzbar, die in der Generation vor Ebeling ja auch schon beispielsweise bei Friedrich Gogarten (1887–1967) und Paul Althaus (1888–1966) bestand und die begründet worden ist in der sog. Luther-Renaissance zur Zeit des 1. Weltkriegs vor allem durch Karl Holl (1866–1926)? – Gibt es inzwischen nicht schon einen „Luther der systematischen Theologie des 20. Jahrhunderts", der eigentlich gar nicht mehr gegen den „historischen Erasmus" kämpft, sondern der zunächst einmal als der Geburtshelfer einer Theologie figuriert, die die im 19. Jahrhundert entstandenen Bindungen an die Philosophie des deutschen Idealismus und dessen metaphysisches Gottesbegreifen zu überwinden sucht? (Als dieser Geburtshelfer dient der „moderne Luther" doch schon bei Holl, mehr aber bei Gogarten und noch über die dialektische Theologie hinaus[6]!) Wurde und wird man Erasmus gerecht, wenn er als ein Repräsen-

---

[3] Vgl. Luther, BoA 3, 104,23 – 105,11 = WA 18, 611,1–24.
[4] Allerdings wurden mir auch andere Erfahrungen bekannt!
[5] Vgl. K. SCHWARZWÄLLER, sibboleth. Die Interpretation von Luthers Schrift De servo arbitrio seit Theodosius Harnack (TEH 153), 1969, 106: „An Dsa. scheiden sich auf jeden Fall die Geister. Hier gibt man Luther entweder ganz recht – oder man hat bereits sich mit Erasmus identifiziert; tertium non datur."
[6] Hierzu: K.-H. ZUR MÜHLEN, Reformatorische Vernunftkritik und neuzeitliches Denken. Dargestellt am Werk M. Luthers und Fr. Gogartens (BHTh 59), 1980, 189ff (zu Holl und Gogarten). – Für sehr wesentlich für die ganze folgende Entwicklung halte ich HOLLS

tant der Moralphilosophie des Idealismus genommen wird[7]? (Gewiß nicht; denn erstens ging der Idealismus des 18. und 19. Jahrhunderts gar nicht in gerader Folge aus dem Humanismus hervor, sondern er stand gerade auch auf Luthers Schultern, wie mit Recht schon Holl feststellte[8]. Zweitens war Erasmus, im Unterschied zum Idealismus, noch in die römisch-katholische Kirche und ihre Lehre weitgehend eingebunden, wodurch sein Denken einen anderen Sinn und eine andere Wirkung hatte, als das bei entsprechenden Gedanken ohne diese Einbindung der Fall wäre.)

Im Durchgang durch das Gestrüpp aller dieser Fragen gelangte ich – vieles wohl erwogen – zu dem Ergebnis, De servo arbitrio biete noch immer eine ausgezeichnete theologische „Einübung ins Christentum" und insbesondere in die *Gotteslehre.* Auch sehe ich eine *neue* „Aktualität" der Kontroverse Erasmus-Luther, die mit den heutigen Fragen nach den Grenzen des technisch Machbaren und nach einer friedensträchtigeren und umweltschonenderen Lebensweise zusammenhängt. So wie Luther „Gott", „Mensch" und „Leben" zusammen wahrnimmt, könnte eine Entlastung von lebensfeindlichen Zwängen der menschlichen Selbstver-wirklichung im privaten und gesellschaftlich-politischen Bereich sichtbar

---

Beobachtung von 1917 zu Luthers „Theozentrik" (K. HOLL, Was verstand Luther unter Religion? [in: GAufs. zur KG I, 1948[7], 1–110]): „Gott ist ihm [Luther] nicht wie dem Philosophen der Grenzbegriff, den er als Letztes hinter der Welt und dem Menschen erreicht, sondern umgekehrt der Ausgangspunkt, von dem aus er die Welt und den Menschen überhaupt erst wahrnimmt." (37f) – Daran ließen sich dann die vornehmlich gegen die Theologie (und Philosophie) des 19. Jh.s gerichteten Lehren der dialektischen Theologie vom „unendlichen qualitativen Unterschied" zwischen Gott und Mensch, vom Voraus-Sein des Schöpfers vor seinem Geschöpf und auch von der möglichen Fremdheit, von der möglichen Verborgenheit, vom möglichen Zorn Gottes anknüpfen. Diese neue Perspektive des Redens von Gott ließ auch immer klarer werden, daß sämtliche in einem strengen Sinne theologi-schen Sätze zugleich *eschatologisch* geprägt sein müssen. – Für GOGARTENS Idealismuskritik sei hier lediglich hingewiesen auf die 1924 als Nachwort zur Münchner Ausgabe der Lutherschrift „Vom unfreien Willen" verfaßte Arbeit: F. GOGARTEN, Protestantismus und Wirklichkeit (jetzt in: Anfänge der dialektischen Theologie II, hg. v. J. MOLTMANN [TB 17], 1963, 191–218). Darin heißt es, nach dem Glauben Luthers könne „nicht das Subjekt den Anspruch machen, das eigentliche Prinzip der Wirklichkeit zu sein. Sondern Wirklichkeit sind hier Subjekt *und* Objekt, Ich *und* Du in ihrer *Gegebenheit* und in ihrer gegebenen… *Gegensätz-lichkeit.* Und der ungeheure Anspruch des Ich, das eigentliche Prinzip der Wirklichkeit zu sein, wird hier erkannt als die widergöttliche Überheblichkeit des Geschöpfes, das sich zum Schöpfer machen will." (204f)

[7] Bekanntlich ist vom „Idealismus" des Erasmus in der Forschung oft unbefangen die Rede. So auch noch in der hilfreichen Arbeit von M. HOFFMANN, Erkenntnis und Verwirklichung der wahren Theologie nach Erasmus von Rotterdam (BHTh 44), 1972.

[8] Briefe Karl Holls an Adolf Schlatter (1897–1925), hg. v. R. STUPPERICH (ZThK 64, 1967, 169–240), 229 (Brief vom 8. 1. 1920). Es finde sich in Luthers Theologie aber auch noch, fügte HOLL hinzu, über diese Philosophie Hinausreichendes, „worauf der deutsche Idealismus zu seinem Schaden verzichten zu können meinte".

werden! Wie weit diese Vermutung trägt, soll nachfolgend erörtert
werden.

Dabei setze ich ein bei der Situation der geistigen „Wiederkehr" Luthers
zur Zeit des 1. Weltkriegs. Beleuchtet wird, wie Luther damals neben
Nietzsche (!) als der Anwalt einer neuen, „trans-moralischen" Sicht des
Menschenlebens gehört wurde (I). Weiter wird der fundamentale Zusam-
menhang zwischen Moral und Leben überdacht (II). Dann werden die
Ergebnisse bezogen auf den Streit zwischen Erasmus und Luther (III).
Schließlich soll von der These aus, daß Luthers Schrift über den unfreien
Willen eigentlich ein einziger „Midrasch" ist zur eschatologischen neutesta-
mentlichen Erwartung eines neuen Himmels und einer neuen Erde, gefragt
werden nach der aktuellen Lebensbedeutung des Glaubens und Denkens
Luthers vom uns jetzt schon bewegenden „künftigen Leben" her (IV).

I

Vieles weist darauf hin, daß das 20. Jahrhundert in verschärfter Weise
unter den gleichen bedrückenden Erkenntnissen und Fragen enden könnte,
mit denen es schon um den 1. Weltkrieg herum begann, seine Lage zu
erfassen. Bekanntlich erhielt damals der im 19. Jahrhundert noch häufiger
anzutreffende Glaube an den unaufhaltsamen zivilisatorischen und moralischen Fortschritt der Menschheit einen Schock. Was ist es um den Menschen, fragte man unter dem Eindruck der Kriegskatastrophe, *muß* er sich
etwa selber in den Rücken fallen, ist die Freiheit, die er zu sich selbst zu
haben meinte, Illusion, ist eine in der Neuzeit in Vergessenheit geratene
„Dunkelheit" im Menschen, die ein ruhiges zivilisatorisches und moralisches Fortschreiten unmöglich macht? Zwar ließen die marxistisch-lenini-
stische Revolution in Rußland, später auch die faschistischen Aufbrüche
und noch später der Wohlstandsmaterialismus des Westens diese Fragen
zunächst wieder in den Hintergrund treten. Heute aber sind sie weltweit
und verstärkt im Zusammenhang ökologischer, ökonomischer und
rüstungspolitischer Ängste wieder aufgebrochen.

Zur Zeit des 1. Weltkriegs galten Friedrich Nietzsches Vision von der
„Heraufkunft" eines trans-moralischen „Übermenschen", aber auch Martin Luthers Bilder von einem verborgenen, furchterregend fremden Gott
als sehr gegenwartsnah[9]. Karl Barth schlug während der Anfänge der

---

[9] Vgl. K. BARTH, Der Römerbrief. Zweiter Abdruck der neuen Bearbeitung (von 1921),
1923, 18: „Gott! Wir wissen nicht, was wir damit sagen. Wer glaubt, der weiß, daß wir es
nicht wissen. Wer glaubt, liebt ... den Gott, der in seiner unerforschlichen Höhe nur zu

dialektischen Theologie vor, den Christentumskritiker Nietzsche neben
Luther zu der Frage zu hören, was eine wirklich evangelische Lehre von
Gott und vom Menschen auszusagen habe. Es ist sehr instruktiv, nachzule-
sen, wie bei Barths damaliger Auslegung der paulinischen Hoffnung auf
Gottes Ersetzung der jetzigen Schöpfung durch eine neue Welt und einen
neuen Menschen (vgl. Röm 8,18 ff) ständig Nietzsche- und Lutherzitate
einander ablösen[10]. Luther und Nietzsche konnten für einen Augenblick
zusammen gebraucht werden, um eine vom deutschen Idealismus her
nachwirkende Gleichsetzung Gottes mit dem „Höheren" im Menschen
bzw. mit der geistig-moralischen menschlichen Persönlichkeit zu zerschla-
gen[11]. Nietzsche hat 1888 allerdings folgende Kritik am „christlichen
Gottesbegriff" vorgebracht:

> Die Christen verehren Gott als den Herrn aller Völker, den Herrn des Univer-
> sums. Aber: „Ein Volk, das noch an sich selbst glaubt, hat auch noch seinen eignen
> Gott. In ihm verehrt es die Bedingungen, durch die es obenauf ist..." Es projiziert
> „sein Machtgefühl in ein Wesen, dem man dafür danken kann". Freilich: „Ein
> solcher Gott muss nützen und schaden können, muss Freund und Feind sein
> können, – man bewundert ihn im Guten wie im Schlimmen. Die *widernatürliche*
> Castration eines Gottes zu einem Gotte bloss des Guten läge hier ausserhalb aller
> Wünschbarkeit. Man hat den bösen Gott so nöthig als den guten: man verdankt ja
> die eigne Existenz nicht gerade der Toleranz, der Menschenfreundlichkeit... Was

---

fürchten ist, liebt mit Luther den deus absconditus." – Zu Barths Weiterbildung der
verschiedenen Unterscheidungen Luthers zwischen deus absconditus und deus revelatus s. W.
Härle, Die Theologie des „frühen" Karl Barth in ihrem Verhältnis zu der Theologie Martin
Luthers (Diss. Bochum), 1969, 138 (Anm. 85).
    [10] Barth, 289 ff.
    [11] Bei Nietzsche ist zu berücksichtigen, daß er das Denken angesichts der *naturwissenschaftli-
chen Fortschritte* seiner Zeit voranbringen wollte. Die Natur wurde von ihm im Gegensatz zum
Idealismus als über das bloß Menschliche (jedenfalls: das jetzige Menschliche) hinausreichend
empfunden. Naturwissenschaftler wurden von den entsprechenden Gedanken Nietzsches oft
besonders angesprochen. Wie eine originelle Verbindung von Einflüssen Nietzsches und
genuin lutherischer Tradition liest sich folgendes Bekenntnis des alten Max Planck (Religion
und Naturwissenschaft, 1938, 15 f): Auf die Frage, ob Gott lediglich im Geiste des Menschen
sitze, sage er: „Der religiöse Mensch beantwortet die Frage dahin, daß Gott existiert, ehe es
überhaupt Menschen auf der Erde gab, daß er von Ewigkeit her die ganze Welt, Gläubige und
Ungläubige, in seiner allmächtigen Hand hält und daß er auf seiner aller menschlichen
Fassungskraft unzugänglichen Höhe unveränderlich thronen bleibt, auch wenn die Erde mit
allem, was auf ihr ist, längst in Trümmer gegangen sein wird. Alle diejenigen, die sich zu
diesem Glauben bekennen und sich, von ihm durchdrungen, in Ehrfurcht und hingebendem
Vertrauen unter dem Schutz des Allmächtigen vor allen Gefahren des Lebens gesichert fühlen,
aber auch nur diese, dürfen sich zu den wahrhaft religiös Gesinnten rechnen." – Wer die
christologische Durchdringung vermißt, sollte nicht übersehen, daß hier gerade Gottes über-
menschliche Seinsweise Planck das Geborgenheitsgefühl, das Gottvertrauen ermöglicht.

läge an einem Gotte, der nicht Zorn, Rache, Neid, Hohn, List, Gewaltthat kennte?"[12]

Das Christentum, meint Nietzsche, ließ Gott in einer „*Reduktion* des Göttlichen" zum Allgütigen verkommen. Es hat damit „die Voraussetzungen des *aufsteigenden* Lebens" („alles Starke, Tapfere, Herrische, Stolze") „aus dem Gottesbegriffe eliminirt"[13]. Es schmälerte Gott zu einem „Krankengott" und schuf damit einen „der corruptesten Gottesbegriffe, die auf Erden erreicht worden sind": „Gott zum *Widerspruch des Lebens* abgeartet, statt dessen Verklärung und ewiges *Ja* zu sein! In Gott dem Leben, der Natur... die Feindschaft angesagt!"[14]

Nietzsche tritt – gegen das Christentum – für das Leben im Vollsinn (einschließlich der „aufsteigenden" Formkräfte!) und für die Natur ein. Sein Bild vom Christentum, das gewiß Anhalt hat an einigen seiner Erscheinungen, läßt sich natürlich gerade bei Luther selbst keineswegs verifizieren! Denn der Rede des Erasmus vom „deus natura clementissimus"[15] setzt De servo arbitrio ja entgegen, Gott handele auch im Satan[16], er wirke nur in „Guten" Gutes, aber in „Bösen" Böses[17]. Trotzdem ist Luthers Gott in einem ganz anderen Sinn „trans-moralisch" als Nietzsches „Volksgott", der das Leben im Vollsinn bei sich hat. Auch widerspricht die Art, wie Gott nach Luther Leben erhält und erneuert, vollständig Nietzsches Vorstellungen von der Regeneration. Nur oberflächlich kann man Luther und Nietzsche übereinstimmen sehen etwa bei der Aussage: Um das Leben zu retten, stellt sich der, der wirklich Gott zu heißen verdient, dem moralischen Menschen, der sein Leben auf die eigenen sittlichen Kräfte baut, entgegen. Aber dann wäre doch als Differenz sogleich festzuhalten, daß Nietzsche – jenseits der Metaphern – wohl gar keinen starken „Gott, sondern nur einen starken, einen auch und vor allem das „aufsteigende Leben" genießenden zutiefst *natürlichen* Menschen wünschte. Er suchte den nicht lebenskranken Menschen und das nicht am Menschen krankende Leben.

---

[12] F. NIETZSCHE, Der Antichrist. Fluch auf das Christentum (SW. Kritische Studienausgabe in 15 Bänden, hg. v. G. COLLI u. M. MONTINARI [dtv], 1980, VI, 165–254), 182 (Nr. 16).
[13] AaO 183 f (Nr. 17).   [14] AaO 185 (Nr. 18).
[15] Erasmus von Rotterdam, De libero arbitrio..., 1524, Ia8 (ich benütze den von W. LESOWSKY herausgegebenen Text, in: Ausgew. Schriften. Ausg. in 8 Bden, lat. u. deutsch, hg. v. W. WELZIG, 1969, IV, 2–195). – Vgl. hierzu Luthers Bemerkung, „fidei summus gradus" sei es, auch *den* Gott noch für „gütig" zu halten, „der so wenige rettet, so viele verdammt", „der seine ewige Güte und Barmherzigkeit unter ewigem Zorn, seine Gerechtigkeit unter Ungerechtigkeit verbirgt" (BoA 3, 124,26–29 = WA 18, 633,15–17).
[16] BoA 3, 204,12–14 = WA 18, 709, 21 f.
[17] Vgl. BoA 3, 204,21 ff = WA 18, 709,28 ff.

Nun ist für die christliche Theologie, wie z. B. die erwähnte paulinische Eschatologie von Röm 8,18 ff lehrt, die „höhere Einheit" von Mensch und Natur gerade kein von unserem Willen abhängiges Ziel. Diese „höhere Einheit" – Nietzsches Leben im Vollsinn – wird als Gottes Neuschöpfung der Welt erhofft und geglaubt. Dies ist auch ein wesentlicher gedanklicher Ausgangspunkt in De servo arbitrio.

Luther versteht den Menschen im Unterschied zu Nietzsche als das Wesen, das des Lebens im Vollsinn, der „höheren Einheit" mit der Natur, *nicht* mächtig ist. Der Mensch, wie Luthers Theologie ihn sieht, ist nämlich nicht in der Lage, über sich selbst hinaus zu gelangen. Er könnte dies auch auf der Linie eines „Willens zur Macht" nicht. Denn auch mit ihm könnte er nur sich selber wollen. „Satan und Mensch... können ausschließlich das Ihrige suchen." Denn ihr Wille ist von Gott abgewandt[18]. Oder anders: Was den Menschen einzig und allein über sich selbst hinausbringen kann, das ist *Gott*. Nur in Gott und aus Gott wächst dem Menschen zu, was mehr als bloß menschlich, was über-menschlich ist.

De servo arbitrio ist nicht nur eine ganz *christologische*, sondern auch eine durchgehend *eschatologisch* bestimmte Schrift – eigentlich ein einziger Kommentar zu Röm 8,18 ff und verwandten Stellen des Inhalts: „Wir warten aber eines neuen Himmels und einer neuen Erde nach seiner Verheißung, in welchen Gerechtigkeit wohnt." (2Petr 3,13)[19]

Es wäre weder sittlich erlaubt noch notwendig, vom *unfreien* Willen des Menschen zu reden, reichte der Mensch nicht, sobald seine Stellung vor Gott mit bedacht wird, von viel weiter her und auch viel weiter über sich selbst hinaus als er mit seiner irdischen Persönlichkeit gleichsam selber in Händen hält. In der Hand Gottes ist der Mensch mit allem und trotz allem, was er in seiner eigenen partiellen Freiheit verwirklicht, „Baustein" für ein jetzt noch verborgenes Ganzes, für eine künftige Form des Lebens[20]. Der Mensch ist, so betrachtet, ein winziges aber nicht wertloses Element einer in ihrer Qualität und Richtung von unserer Vernunft gar nicht übersehbaren Entwicklung.

Der „verborgene Gott" in De servo arbitrio ist nicht der, der etwa einen Teil seines Wesens nicht mit Christus identifizieren wollte, sondern der, der an uns etwas tut, was wir *noch nicht* verstehen, was wegen seiner eschatologischen Zielbestimmtheit den Zielsetzungen unserer Vernunft und unseres Willens zuwiderläuft. Weil Gott hierbei gleichwohl nur das

---

[18] BoA 3, 204,2–5 = WA 18, 709,12–15.
[19] Vgl. Luthers Anspielung auf diese Bibelstelle und seine große Sicherheit, daß er aus dieser Perspektive heraus alles „recht sehe" (BoA 3, 118,11–14 = WA 18, 627,21–23).
[20] Vgl. die 35. These von Luthers Disputation De homine (1536): WA 39/I, 177,3 f.

eine Werk an uns tut, das er am gekreuzigten und auferstandenen Christus als seinen Willen mit uns bekannt gemacht hat[21], darum rät Luther, man solle sich in der Anfechtung durch den verborgenen Gott ganz an Christus halten[22].

Das Leben im vollen Sinn ist zuerst am gekreuzigten und auferstandenen Christus erschienen. *Sein* Kreuz will allen unseren Anläufen zu einem Sich-selber-Kreuzigen (unter denen moralische Motive die größte Rolle spielen dürften!) widersprechen. *Sein* Kreuz ist nämlich nicht ein Höhepunkt von Selbstverwirklichung in der völligen altruistischen Entsagung (die ja wohl den Gipfel jedweder Moral darstellt!), sondern es ist das genaue Gegenteil: Scheitern von Selbstverwirklichung, ein dem eigenen Willen zuwiderlaufendes Zur-Geltung-Kommen des Willens Gottes, der sich hier an diesem Kreuz auswirkt als ein Sich-selbst-entzogen-Werden und ein Verlassen-werden des Menschensohns. – *Dieses* Kreuz führte zur Auferweckung aus dem Tode, eröffnete Leben im Sinne der neuen Schöpfung.

Wir stehen somit vor der Frage, was es für unsere Lebensgestaltung bedeutet, daß Christen nicht im Sinne Nietzsches, sondern im Sinne Luthers und der theologia crucis über das Moralische hinausblicken auf das „Leben im Vollsinn". Als Differenz ist wichtig, daß Nietzsche über das Moralische hinaus *will* und hinaus *strebt*, während Christen dies nicht *wollen*, sondern vom Geber ihres Glaubens ihrer moralischen Stützen beraubt werden. Es ist darum eigentlich immer voreilig, die christliche Existenz *gegen* die Moral auszuspielen. *Das* Christentum, das mehr ist als Moral, „gibt" es nicht als vorfindliche Größe, als institutionalisierte Lebensordnung. Das muß auch gegen vorschnelle „Erledigungen" des Erasmus gesagt werden. Christlicher Glaube wird über die Moral hinausführen, sofern der Glaubende dorthin geführt wird, wohin er nicht will. Darin liegt aber keine programmatische Möglichkeit im Sinne der Devise „Luther oder Erasmus". Darin liegt vielmehr dies, daß gegenüber dem servum arbitrium – und „Glaube" ist das bejahte servum arbitrium! – Nietzsches „Übermensch" und der „moralische Mensch" (nun auch der des Erasmus) auf *eine Linie* geraten! Sie stehen beide noch *vor* dem Machtwechsel, der den Glaubenden *nötigt*, sich selbst zu verlieren und sich als Neuschöpfung aus dem Nichts, also als eschatologische Gabe Gottes, neu zu empfangen. – Aber was bedeutet nun solcher Glaube für die Lebensführung inmitten der durchaus moralischen Pflichten, die jeder hat, und der alltäglichen Aufgaben, vor denen es kein Ausweichen gibt? Um weiter zu

---

[21] S. u. S. 158.
[22] BoA 3, 182,8ff = WA 18, 689,18ff u. ö.

kommen, muß der Grundzusammenhang von Moral und Leben untersucht werden.

II

Moral bedeutet die Gesamtheit der sittlichen Anschauungen und Normen, von denen sich Menschen in ihrem Verhalten und in ihrem Bewerten
von Verhalten leiten lassen. Moral orientiert sich nicht am theologischen
Problem der menschlichen Sünde, sondern an den Möglichkeiten eines von
Vernunft, Sitte und Liebe angeleiteten menschlichen Gemeinschaftslebens.

Alle Moral ist Binnenmoral. Alle Moral regelt und stärkt Leben in einem
bestimmten Lebens*kreis*, etwa „Familie" oder „Staat" oder „freier Westen"
oder „zivilisierte Menschheit". Es gibt Moralen, die über den kleineren
Kreis noch hinausreichen in umfassendere Kreise hinein. Aber das ändert
nicht, daß alle Moral nur innerhalb gewisser Grenzen in Kraft steht.

Wir haben keine Moral für das Universum. Wir haben noch nicht einmal
eine hinlängliche Moral für die Menschheit als ganze. Wir haben erst recht
noch keine Moral, die Mensch, Tier, Pflanze und unbelebte Natur miteinander umgriffe.

Es ist notwendig, Moralen ständig noch zu erweitern. Aber auf gesetzte
Grenzen des Geltungsbereichs, innerhalb dessen (menschliches) Leben
gefördert werden soll, ist doch jede Moral angewiesen. Jenseits dieser
Grenzen ist dann freilich auch noch Schöpfung, auch noch Leben! So sehr
eine Moral geeignet sein kann, in ihrem Bereich (menschliches) Leben
mindestens zu schützen, so offenkundig ist das Problem des „Unrechts"
gegenüber dem Leben außerhalb des Hoheitsgebiets einer Moral. Es muß
zu Rückwirkungen und Rückforderungen kommen! Jeder menschliche
Lebenskreis, der sich auf moralische Weise selbst stärkt, muß im Interesse
der Gesamtnatur auch wieder aufgehoben und rück-vermittelt werden mit
dem Leben, gegen das er sich abgegrenzt hat.

Moral ist für den Menschen ebenso lebensnotwendig wie der versuchte
Schritt über sie hinaus! Der Mensch braucht Moral, um sich neben und mit
anderen menschlich entfalten zu können. Er braucht einen begrenzten,
schützenden Raum, in dem er wachsen und auf den er in einiger Freiheit
Einfluß nehmen kann. Aber darüber hinaus braucht der Mensch auch die
persönliche Begegnung mit dem Ganzen der Wirklichkeit[23].

---

[23] Hiermit ist der Ort bezeichnet, wo G. EBELING m. E. das Problem der Verifikation des
Redens von Gott aufgreift – nicht ohne bewußten Kontakt zu Schleiermacher! EBELINGS
Wendung „Gott ist das Geheimnis der Wirklichkeit" (Dogmatik des christlichen Glaubens I,

Das läßt sich noch immer an Schleiermachers Versuchen, die Dialektik des Lebens zu formulieren, gut durchdenken. Schleiermacher pflegte in seinen Entwürfen zu einem System der Sittenlehre „Leben" als eine Synthese zweier gegenläufiger, ja, widersprüchlicher Kraftäußerungen der Natur zu beschreiben. „Leben" sei das merkwürdige Ereignis der „Identität" eines „relativen Für-sich-Gesetztseins" *und* eines „In-Gemeinschaft-Gesetztseins". Leben sei auch „Ineinander und Nacheinander von In-sich-Aufnehmen und Aus-sich-Hinstellen"[24]. Demnach befinde sich alles Leben in einer „Oszillation", womit Schleiermacher sagen wollte, das Leben sei eine *Widerspruchseinheit* aus dem Drang, daß ein individuelles Geschöpf heranwächst und sich ausbildet und dabei fremdes Leben in sich hineinnimmt, und aus dem anderen Drang, daß jedes individuell heranreifende Geschöpf sich wieder zurückbewegen muß und zu einer Gabe an die (vermeintlich) „allgemeinere" Natur werden muß. Auf den Menschen bezogen bedeutet in diesem Sinne „Leben" paradoxerweise gleichzeitig das „Setzen eines Persönlichen und Zeitlichen" *und* das „Aufheben der Persönlichkeit und der Zeit darin"[25].

Der Mensch müßte demnach zwei gegenläufige Bewegungen in seinem Lebensvollzug vereinbaren können: die Entfaltung oder Herausstellung der eigenen Individualität *und* deren Rücknahme. Er müßte gleichzeitig ein liebendes Ja und ein liebendes Nein zu sich selber haben. Denn sonst muß alles, was ihm zunächst zu nützen schien – seine Wissenschaft und seine Technik, sein erworbenes Gut, seine Freunde und nicht zuletzt seine solches alles gewinnende Moral –, sich an einem bestimmten Punkt gegen ihn kehren.

Doch der Mensch kann offenbar nicht, was er hier können müßte. Vielmehr beherrscht ihn der Wunsch, es möchte sein *ganzes* Leben in jener ersten, jener gleichsam immer zum Individuum hinführenden aufsteigenden und konsumptiven Bewegung des Lebens bestehen. Er verleugnet vor sich den Zusammenhang der Wirklichkeit. „Wir weigern uns dem Zusammenhang, wollen nur von anderem Leben leben, uns bewahren, unser Leben steigern. Und wir entziehen uns der Hinwendung zu Gott, der im Geben und Nehmen geehrt werden will. Wir blenden den Tod ebenso ab wie die Ewigkeit Gottes."[26]

1979, 187; vgl. Wort und Glaube II, 1969, 419) begreift Gott und Gottes Wort als uns dort betreffend, wo wir durch die Sünde gehemmt sind, uns der Wirklichkeit *ganz* zu stellen.

[24] F. D. E. Schleiermacher, Werke. Auswahl in 4 Bden, hg. v. O. Braun u. J. Bauer, II, 1913, 259; vgl. 90.

[25] AaO 89.

[26] H. R. Müller-Schwefe, Materie, Opfer, Sakrament (in: Frieden mit der Natur, hg. v. K. M. Meyer-Abich, 1979, 196–217), 215.

Daß wir uns so dem Lebenszusammenhang und dem eschatologisch Künftigen bzw. dem göttlich Anderen verweigern, zeitigt störende destruktive Eingriffe in die terrestrische Ökologie – zumal seit der industriellen Revolution.

Aber genau hier liegt auch der Punkt, wo nicht nur Nietzsches, sondern auch Luthers „Antworten" einsetzen. Formal gesehen sind alle diese „Antworten" Äußerungen, die den *Übergang* vom einen zum anderen Aspekt unseres Lebens betreffen. Bei Luther ist von Gott die Rede als von dem, der solchen Übergang gewährt. Freilich geschieht ein Übergang vom Ein-Individuum-Werden zum Wieder-Aufgehen-in-der-Natur einfach auch durch den Tod. Weil das jeder weiß und fürchtet, sucht jeder sein Heil in einem Übergang, der vielleicht „kontinuierlicher" sein könnte, der das Gewordene bewahrt und den Tod möglichst umgeht oder vorweg entkräftigt. Luthers Lehre läuft auf ein Drittes hinaus: Gottes Gnade schafft einen Übergang und schafft Heil durch den *Glauben* eines Menschen. Aber dieser Übergang schon jetzt ist nicht weniger schmerzlich als der Tod. Er stiftet keinerlei „Kontinuität". Es gibt keine andere Brücke zwischen unserem „alten" und unserem „neuen" Menschen als nur Gott allein. Wohl ist dieser unser Untergang ein Übergang zum unzerstörbaren göttlichen Leben. Aber er geschieht auf eine Weise, die kein Mensch wollen kann! Jedermann – so Luthers die mittelalterliche Gnadenlehre gänzlich infragestellende Auskunft – ist ein natürlicher Feind der Gnade Gottes[27].

Erasmus verstand Gottes Gnade ganz anders: als etwas Wünschbares, als willkommene Unterstützung angesichts der Schwächen unserer Natur[28]. Gnade war für ihn, was dem Menschen Kontinuität ermöglicht! Er hatte die Zuversicht, das eigene Wollen und Tun mit Hilfe der Gnade Gottes so formen zu können, daß es wenigstens zum Teil vor Gott Bestand haben könnte. Er hoffte, daß wenigstens das gut Geratene nicht wieder zurückgenommen werden muß, sondern in die Erlösungsgestalt des Lebens Eingang findet. – Gnade wäre demnach eine Milderung unseres Loses, *ganz* zunichte werden zu müssen. Sie wäre auch eine Gehilfin des freien Willens, indem sie diesen auf Gottes Zielsetzungen mit der Welt hinwiese.

Luther lehnt die Möglichkeit einer solchen Milderung des menschlichen Loses durch das „Christsein" ab! Der Glaube bewahrt nicht vor dem Äußersten! Keineswegs aber verneint Luther die Existenz eines freien

---

[27] BoA 3, 124,13 = WA 18, 633,5. – Eine Grundaussage auch in K. Barths Theologie!

[28] Erasmus ist überzeugt, daß der freie Wille und die Gnade zusammen dasselbe Werk tun (De libero arbitrio IIa10; vgl. auch die Abhandlung über die herkömmliche Unterscheidung verschiedener Arten von Gnaden IIa11; vgl. ferner den Schluß von IIIa13).

menschlichen Willens[29]. Er verneint vielmehr, daß sich seine Betätigung verknüpfen ließe mit dem, was Gott an dem, was wir lenken und gestalten, seinerseits im Verborgenen lenkt und gestaltet in der Absicht auf Erlösung und Neuschöpfung des Lebens. Auch ein Christ leistet diese Verknüpfung nicht über den tertius usus legis. Denn der Gesetzesgebrauch der Wiedergeborenen, der sich übrigens schlecht mit der Theologie von De servo arbitrio vereinbaren läßt, bedeutet keinesfalls ein freiwilliges und einsichtsvolles Mitwirken der Christen mit dem Erlösungshandeln Gottes. Unfreiwillige Mitarbeiter sind in *dieser* Hinsicht *alle* Geschöpfe, auch die wiedergeborenen: Sie wirken nicht, sie „werden gewirkt" – „aguntur"[30]!

Luther konnte in De servo arbitrio allerdings zu wenig sichtbar machen, daß Gottes eschatologisches Erlösungshandeln im letzten Grund gerade nicht die Diskontinuität des Menschen bedeutet, sondern im Gegenteil das Geschenk der für uns unerreichbaren *Einheit des Lebens.* Von Gott reden, muß ganz im Sinne Luthers doch *auch* heißen: von gewährter Kontinuität reden[31]! Gegenüber dem totalen Kontinuitätsverlust, den schon die Natur allen Lebewesen durch den Tod bereitet, bedeutet Gottes Gnade Bergung, Rettung und *die Ermächtigung, von einer verzweifelten, insgesamt destruktiven Totalisierung des „aufsteigenden" Aspektes unseres Lebens abzulassen.* Darin liegt doch der Gewinn der *mit Luther* verstandenen Gnade für die Ethik, für eine „lebensdienlichere Lebensgestaltung". Dies herauszustellen, hätte vielleicht auch das Gespräch mit Erasmus erleichtert, der ja tatsächlich nicht einfach der „Anwalt von Vernunft und Moral" war, sondern offenbar vieles im Sinne des tertius usus legis sagen wollte.

---

[29] Vgl. z. B. BoA 3, 285,27–33 = WA 18, 781,8–12: Scimus, quod homo dominus est inferioribus se constitutus, in quae habet ius et liberum arbitrium, ut illa obediant et faciant, quae ipse vult et cogitat. Sed hoc quaesimus, an erga Deum habeat liberum arbitrium…, vel potius, an Deus in hominem habeat liberum arbitrium, ut is velit et faciat, quod Deus vult… Vgl. auch die wichtige Stelle BoA 3, 264,28 – 265,3 = WA 18, 763,41 – 764,12 über die moralischen Bemühungen der hervorragendsten Menschen kraft ihres freien Willens; vgl. ferner BoA 3, 200,25–27 = WA 18, 706,11–13.

[30] BoA 3, 252,35 – 253,5 = WA 18, 753,28–36.

[31] Die These, daß dies *im Sinne* Luthers tatsächlich zu sagen ist, wäre der Ausgangspunkt für eine kritische Auseinandersetzung mit der Luther- (und Ebeling-) Kritik von R. LORENZ, Die unvollendete Befreiung vom Nominalismus. Martin Luther und die Grenzen hermeneutischer Theologie bei G. Ebeling, 1973. – LORENZ meint (sicher keineswegs zu Recht), daß bei Luther „der Mensch aufhören muß, er selbst zu sein, will er in den rechten Bezug zu Gott eintreten" (110). „Der wahre Bezug des Menschen zu Gott kann nur durch die Aufhebung des natürlichen Menschen zustande kommen, die ihrerseits nur *gegen* ihn von *außen* erfolgen kann." (112) – LORENZ ist – wie z. B. auch alle grundsätzlichen Kritiker der Theologie BARTHS – nicht bereit, das theologische Motiv für die Rede vom „unendlichen qualitativen Unterschied" zwischen Natur und Gnade zu akzeptieren; und er ist vor allem nicht bereit, die – der Dimension nach! – „ganz andere" Gnade als eine dem Menschen sogar *zugute kommende* Gnade zu verstehen.

III

Im Streit zwischen Erasmus und Luther ging es um die Frage, was es für den Menschen bedeutet, daß er vor Gott gestellt ist. Luther meinte: Dieses im Glauben wahrnehmen bedeutet, daß nun die Frage des freien Willens überhaupt erst zum Problem wird! Daß hier *die* Frage der Theologie sitzt, hat immerhin auch Erasmus gesehen[32].

Der Gegensatz brach daran auf, daß Luther behauptete, selbstverständlich bedeute die gläubige Wahrnehmung Gottes das umfassende Infragegestelltwerden unserer Person. Luther bestritt, daß ein Mensch die „Gottesbeziehung" bruchlos in sein moralisches Wollen integrieren könnte. Selbstverständlich gerate der, dem der lebendige, heilige Gott offenbar wird, in extreme Not. Selbstverständlich sei es *Gott* gegenüber schlechterdings töricht, auf einem eigenen Freiheitsspielraum für den Menschen zu bestehen. Selbstverständlich sei auch der Mensch ganz einfach nur „Material" in der Hand des Schöpfers und Erlösers der Welt. Selbstverständlich könne Gott auch für nichts angeklagt werden, was uns jetzt ungerecht trifft, denn wir wissen gar nicht, wozu dies innerhalb des Erlösungshandelns notwendig ist[33].

Für Erasmus sind dies alles durchaus *keine* „selbstverständlich" im Glauben anzuerkennenden und sogar noch als Grund unserer wahren Freiheit zu erfassenden Tatsachen und Geltungen. Daß Luther überhaupt den Menschen und die ganze Natur solchermaßen aus der Perspektive *Gottes*[34] und *seines* freien Willens[35] sieht, bedeutet eine Argumentationsebene, auf der sich Erasmus im Verein mit den meisten Theologen vor, neben und nach ihm von vornherein *nicht* bewegt. Keiner seiner theologischen Gedanken ist aus dieser Perspektive heraus entwickelt! Erasmus kennt nur eine christliche Frömmigkeit, die die von Natur aus in uns steckenden Ansätze zur Moral, zum Guten, fortentwickelt. Seine Theologie hat aber keine Möglichkeit, die Grenzen der Lebensdienlichkeit des Moralischen festzustellen. Vielleicht liegt das daran, daß er mit Gott zusammen zwar die eigene Freiheit, aber nicht die eigene Nichtigkeit tragen lernen will!?

---

[32] Was Luther ihm auch anerkannte! BoA 3, 292,16–18 = WA 18, 786,30–32.

[33] BoA 3, 207,3–5 = WA 18, 712,1–3 (Abweisung der Theodizeefrage für den Glaubenden – Gott muß sich nicht entschuldigen!). Ferner: BoA 3, 289,4 – 291,19 = WA 18, 784,1 – 785,38. Vgl. BoA 3, 202,15–30 = WA 18, 707,32 – 708,9.

[34] Vgl. BoA 3, 100,8f = WA 18, 605,13f (Luther sagt von Gott: …quem qui non assequitur, nullam partem creaturae unquam assequitur).

[35] Vgl. BoA 3, 127,30 = WA 18, 636,28.

Der Humanist Erasmus betrachtet – freilich in großer Nähe zur mittelalterlichen Theologie – das Leben der Menschen als einen geforderten *Aufstieg zu Gott*[36]. Zu Beginn dieses Weges braucht der Mensch Gottes Gnade, um ihn überhaupt einschlagen zu können. Auch während des Aufstiegs bedürfen unsere schwachen Kräfte stärkender Gnadengaben. Am Ende des irdischen Lebenswegs erwarten wir Gottes gnädige Verzeihung und Ergänzung des Fehlenden[37]. *Bildung* und christliches Leben sind nicht zu trennen: Die Überwindung des Fleisches ist eine fortwährende „eruditio"[38], sie erfordert auch ein ständiges „eniti" und „proficisci"[39]. Das Christenleben steht nach Erasmus unter der Erwartung, in durchsichtiger und geradliniger Weise Schritt für Schritt und in Übereinstimmung mit der eigenen moralischen Lebensbemühung zur ewigen Vollendung aufsteigen zu können[40].

De servo arbitrio beschreibt das Leben nicht als einen solchen geradlinigen Weg. Luther lehnte ein Glaubensverständnis unter dem Vorzeichen der *Erziehung* vollständig ab[41]. Dies aber geschah theologisch und, wie ich meine, sogar kulturgeschichtlich wohl begründet. Denn die von Erasmus für biblisch und lebensdienlich gehaltene Form des Christentums konnte im Fortgang der Neuzeit mehr und mehr als ein auch ohne den christlichen Glauben an Gott möglicher Humanismus gelebt werden. Erasmus ist in seinem Glaubens- und Gottesverständnis (falls folgendes Prädikat überhaupt etwas Vernünftiges besagt) zweifellos nicht „moderner" gewesen als Luther, sondern er verfolgte eine zum kulturgeschichtlichen Absterben verurteilte Linie, wie wir gerade an seiner Verbindung von „fides" und

---

[36] Hierzu: HOFFMANN (s. Anm. 7), 211–227; hier wird auch die bekannte Metapher des Erasmus aus dem „Enchiridion" wiedergegeben, die den Tugendweg als „Jakobsleiter" darstellt (218).

[37] Vgl. auch Erasmus, De libero arbitrio Ia8; IV 2; IV 8: Am Schluß des Lebenswegs *endet* das liberum arbitrium, der Mensch ist wieder *ganz* auf Gottes Gnade angewiesen.

[38] Vgl. HOFFMANN (s. Anm. 7), 54: „Der platonische Paideiagedanke, von Origenes aufs Christliche übertragen, ist auch für Erasmus maßgebend."

[39] Erasmus, De libero arbitrio Ia8: ... didicimus e sacris literis: si in via pietatis sumus, ut alacriter *proficiamus* ad meliora relictorum obliti; si peccatis involuti, ut totis viribus *enitamur*, adeamus remedium paenitentiae...

[40] Vgl. das Vater-Kind-Beispiel des Erasmus, De libero arbitrio IV 9 u. IV 10. – Ferner IIb 6: Vult [deus] nostram sollicitudinem iungi gratiae divinae, ut per gradus virtutum perveniamus ad perfectionem.

[41] Die, denen Gott Macht gab, Gottes Kinder zu werden (vgl. Joh 1,12f), werden hierzu nicht *erzogen*, sondern aus Gott neu geboren: BoA 3, 280,8–26 = WA 18, 776,30 – 777,5. – Zum ganzen Problem auch: I. ASHEIM, Glaube und Erziehung bei Luther. Ein Beitrag zur Geschichte des Verhältnisses von Theologie und Pädagogik (PF 17), 1961. ASHEIM zeigt, wie Luther „Erziehung" einerseits als Sache der weltlichen Vernunft betrachtet, wie andererseits aber doch aus Luthers neuem Evangeliumsverständnis *auch* spezifische pädagogische Einsichten hervorgehen.

„eruditio" sehen können. Ein historisches Problem, vor dem Erasmus und Luther im 16. Jahrhundert standen, war nämlich die unhaltbar gewordene Synthese, in der sich Glaube und kulturelle Erziehung (Bildung) zumal bei den germanischen Völkern seit Beginn der Christianisierung befanden. Ursprünglich mußten und durften ja, mit dem neuen Glauben irgendwie verknüpft, auch die aus der südlicheren antiken Kultur vermittelten Güter wie Rebe und Recht, Baukunst und Bildung als ein einheitliches corpus Christianum übernommen werden. Aber der Widerspruch, der darin lag[42], ließ im 16. Jahrhundert gerade Luthers Reformation zur Krise dieser mittelalterlichen Einheit werden[43]. Die Wege von Erasmus und Luther gehen an dieser Stelle so auseinander, daß Erasmus in der Krise des corpus Christianum die *Bildung* gefährdet sah und ihr darum die Kräfte der Religion erhalten wollte, während Luther die Macht und den Anspruch *Gottes* auch über die Bildung, die durch den Glauben an ihre Grenzen gewiesen werden kann, deutlicher als bisher herauszustellen suchte.

Der erasmische Weg ist in gewisser Weise durch die neuzeitliche Geschichte desavouiert worden. Aber Luthers Herausstellung des Glaubens als einer Bildung, Wissenschaft, Technik, Industrie, Kapital usw. begrenzenden Macht ist im Gang der neuzeitlichen Geschichte noch nicht hinreichend deutlich geworden!

Müßte nicht die Existenz der *Kirchen* davon zeugen, daß der Gott des Christentums nicht ein Gott ist, der allein unserer Vernunft, Wissenschaft und Moral die Erhaltung des Lebens auf der Erde überläßt, was ja bedeuten würde, daß er die Menschheit und viele Mitgeschöpfe der völligen Zerstörung anheimgäbe?

Die Konzeption des Erasmus kam zwar von einer großen kirchlichen Tradition her – aber sie *verlor die Kirche* auf ihrem weiteren geschichtlichen Weg. Luther hat auf eine Bemerkung des Erasmus hin, dessen Lehre vom *freien* Willen habe die kirchliche Tradition für sich, geantwortet: „Die Kirche ist verborgen, die Heiligen sind unbekannt!"[44] Luthers Herausarbeitung des *unfreien* Willens hat aber bis heute die zugehörige *Kirche noch nicht so recht gefunden!* Vorerst wird man darum nur mit großer Zurückhaltung sagen dürfen, wir könnten von Luther her Kräfte gegen die Zerstörung des Lebens auf der Erde gewinnen.

---

[42] Vgl. Luthers Ausspruch BoA 3, 117,39f = WA 18, 627,12: Quae enim comparatio temporalium ad aeterna?
[43] Hierzu: H. BOEHMER, Der junge Luther, (1925) 1951[4], 268–270.
[44] BoA 3, 141,1f = WA 18, 652,23.

IV

De servo arbitrio ist ein theologischer Entwurf, in dem der Kosmos als im Umbruch zwischen Schöpfung und Neuschöpfung befindlich begriffen wird. Die Neugestaltung ist nach Form und Inhalt christologisch. Gottes Mittel, die sie bewirken, sind sein Wort und der hl. Geist[45]. Gott erhält einerseits noch in unablässigem Wirken das Gefüge und den Gang der bisherigen Schöpfung aufrecht, andererseits arbeitet er sie bereits um zur neuen Schöpfung[46]. Daß er zugleich der Gott des Alten und der Gott des Neuen ist, zeitigt die Problematik des *verborgenen Gottes*. Von diesem redet Luther bekanntlich auf verschiedene Weise, obwohl er in De servo arbitrio nicht geradezu verschiedenartige Begriffe vom verborgenen Gott einführt. Dieser Eindruck entsteht nur, weil Menschen nicht immer in gleicher Weise mit Gott konfrontiert werden: Glaube, Unglaube, Anfechtung usw. machen da einen Unterschied. Auch die müßigen Diskussionen darüber, ob die an den „Nominalismus" erinnernden Unterscheidungen zwischen offenbarem und verborgenem Gott hier überhaupt noch auf einen „einheitlichen Gottesbegriff" Luthers schließen lassen, entfallen, macht man sich klar, daß die hier auftretenden Disparatheiten erstens eine eschatologische Auflösung finden, zweitens sich aus den verschiedenartigen Standorten der jetzt auf Gott blickenden Menschen ergeben. „Verborgenheit" ist keine in Gott selber liegende Qualität oder Eigenschaft. Wichtigen Aufschluß in dieser Frage gibt am Schluß von De servo arbitrio Luthers Drei-Lichter-Lehre:

> „Setze mir drei Lichter, das Licht der Natur, das Licht der Gnade, das Licht der Herrlichkeit... Im Licht der Natur ist es unlösbar, daß das gerecht ist, wenn der Gute heimgesucht wird und es dem Bösen gut geht. Aber das löst das Licht der Gnade. Im Licht der Gnade ist es unlösbar, wie Gott den verdammen kann, der aus allen zur Verfügung stehenden Kräften gar nichts anderes tun kann als sündigen und schuldig werden. Hier behaupten sowohl das Licht der Natur wie das Licht der Gnade, die Schuld liege nicht beim unglücklichen Menschen, sondern beim ungerechten Gott. Denn sie können nicht anders über Gott urteilen, der einen gottlosen Menschen ohne Verdienste gnadenhalber krönt, gleichzeitig aber einen anderen, der vielleicht weniger oder wenigstens nicht immer gottlos ist..., verdammt. Aber das Licht der Herrlichkeit behauptet etwas anderes: Es wird (sich noch) zeigen, daß Gott, dessen Gericht eben noch eine höchst unbegreifliche Gerechtigkeit in sich birgt, von höchst gerechter und höchst offensichtlicher Gerechtigkeit ist ..."[47]

---

[45] BoA 3, 117,7f = WA 18, 626,26f: Sermo enim Dei venit mutaturus et innovaturus orbem, quoties venit. – BoA 3, 253,2ff = WA 18, 753,33ff u. ö.

[46] BoA 3, 253,11–27 = WA 18, 754,1–13.

[47] BoA 3, 291,4–17 = WA 18, 785,26–37.

Wir sollen einstweilen darauf vertrauen, daß das Licht der Herrlichkeit „dereinst" diese Aufklärung der Prädestinationsfrage bringen wird, da wir als Christen ja auch bereits jetzt wahrnehmen, wie *das* Dunkle in Gott, das die Nichtglaubenden empfinden, beim Empfang der Gnade gelichtet wird[48]. Luthers Schrift selbst aber ist als ein Entwurf geschrieben, der *alle Aussagen* über Gott, die Welt und den Menschen unter dem Blickwinkel der uns jetzt im Evangelium zugesprochenen *Gnade* macht. Eben dies ist aber bei Erasmus anders, weil seine Theologie von der *Natur* ausgeht[49].

Gewiß lassen sich an Luthers Drei-Lichter-Schema auch kritische Rückfragen richten, etwa an die implizit ausgesprochene Meinung, Gott strafe, verdamme und verstocke sehr viele Menschen für immer, die zwar durchaus nicht anders können, aber doch schuldig seien[50]. Dennoch enthält das genannte Schema auch den Schlüssel zu einem theologisch angemessenen Verständnis des „verborgenen Gottes".

Die in De servo arbitrio hervorstechende Verborgenheitsaussage ist zweifellos: „Wenn Gott lebendig macht, tut er es durch ein ‚Töten', wenn er rechtfertigt, tut er es, indem er schuldig macht, wenn er zum Himmel befördert, führt er hinab in die Hölle…"[51] Dieses Verborgensein der Güter des Glaubens unter „Gegensatzerfahrungen" ist nur vom fundamentalen eschatologischen Ausgangspunkt der Lutherschrift her recht zu verstehen, nämlich daß sich der Kosmos im Übergang befindet und daß eine neue Gestalt des Lebens heraufzieht, die vor allem das jetzige Menschsein bedrängt. Luther spricht sogar von heilsnotwendigen Tumulten und Blutvergießen, die das Wort Gottes und der hl. Geist im Zusammenhang ihres Angriffs auf das Alte verursachen[52]. Sie erschüttern und entzweien die ganze Welt. Sie wirken in den Prädestinierten Glauben, formen sie zu neuen „gottförmigen" Menschen[53], doch dabei werden die Prädestinierten durch Erfahrungen geführt, die sie nicht wollen. Sie werden dieser Welt entnommen („‚Welt' ist dasjenige von der Welt, was nicht in den hl. Geist

---

[48] BoA 3, 291,17–19 = WA 18, 785,37f.

[49] BoA 3, 285,25–27 = WA 18, 781,6–8: Nos non de natura, sed de gratia disputamus, nec quales simus super terram, sed quales simus in coelo coram Deo, quaerimus. – Erasmus wird von Luther vorgeworfen, er „krieche am Boden dahin" und bedenke nichts, „was über den menschlichen Verstand hinausreicht" (BoA 3, 118,6f = WA 18, 628,17f). Für zweierlei herrsche bei Erasmus Unverständnis: für das „Wort Gottes" und für das „zukünftige Leben" (BoA 3, 116,18 = WA 18, 626,2).

[50] Besonders kraß: BoA 3, 204,26–28 = WA 18, 709,31–33: Vitium ergo est in instrumentis, quae ociosa Deus esse non sinit, quod mala fiunt, movente ipso Deo…

[51] BoA 3, 124,16–21 = WA 18, 633,7–12.

[52] BoA 3, 117,2ff = WA 18, 626,22ff.

[53] BoA 3, 238, 28f = WA 18, 741,9f: … credentes ex Deo nasci ac filios Dei fieri, imo Deos et novam creaturam.

transferiert ist"[54]), aber nicht nur zu ihrer Erleichterung, sondern auch unter großer Angst. Luther tröstet oder mahnt: „... um wieviel besser ist es, die Welt zu verlieren als Gott..., der unzählige Welten von neuem schaffen kann und der besser ist als unendliche Welten."[55] – Die Heimat des Menschen ist Gott.

Erasmus wird von Luther vorgeworfen, nach der Weise der Kelten fürchte er bei den jetzt im Gefolge der Reformation entstandenen Unruhen, der Himmel stürze ein. Ob er denn gar nicht, wie Luther selbst, durch die Gestalt dieser Dinge und Vorgänge hindurchsehe auf auf uns zukommende ganz andere, größere Welten[56]? – Unserem heutigen Geschmack steht Erasmus als Mann des Friedens, der Ordnung und der Ruhe trotzdem wohl zunächst näher als Luther. Zutiefst problematisch wurden uns „künftige Welten", die hinter „gegenwärtigem Blutvergießen" auftauchen. Auch wurden längst zynische Verwendungen des Slogans von der „Seelenrettung" bei gleichzeitiger Lebensberaubung[57] bekannt. Auf den ersten Blick scheint die Moral-Theologie des Erasmus wirklich eher zu lebenserhaltendem oder lebensförderndem Handeln anzuleiten als Luthers Glaubens-Theologie, die vor die Lebenserneuerung ein Sterben setzt.

Aber man sehe genauer zu: Es kann sich bei diesen Passagen ja z. B. schwerlich um ein eiskaltes[58] Zuschauen Luthers beim Untergang der aufständischen Bauern 1525 handeln, wenn es, Luther zufolge, nur *einen* heilsnotwendigen Tumult gibt: den, den das Evangelium erregt. Dessen „Angriff" aber auf diese vergehende „Welt" kann schlechterdings nicht anders geschehen als so, wie auch das Kreuz von Golgatha die Welt angreift: als Beschämung der Mächtigen und Weisen, als Ermutigung für alle Geschöpfe in der Tiefe. Keineswegs jeder Krieg oder Tumult ist also theologisch gerechtfertigt als notwendige Folge des Neubaus der Welt durch Gottes Wort und Geist! Allerdings nimmt Luther die weltverändernde Kraft der Christusbotschaft vollkommen ernst; er rechnet mit ihren Wirkungen auf allen Ebenen des Lebens, auch auf der politischen. Auf der

---

[54] BoA 3, 279,37f = WA 18, 776,21f.
[55] BoA 3, 117,37–39 = WA 18, 627,10–12.
[56] BoA 3, 118,11f = WA 18, 627,21f.
[57] Vgl. BoA 3, 117,40 – 118,4 = WA 18, 627,12–16.
[58] Vgl. BoA 3, 116,10–16 = WA 18, 625,25–29. Luther zu Erasmus: „... meinst du allein ein Herz zu haben, das durch jene Getümmel in Unruhe versetzt wird? Auch wir sind nicht steinern oder von marpesischen Felsen geboren. Aber weil es anders nicht geschehen kann, haben wir es vorgezogen, fröhlich in der Gnade Gottes um des Wortes Gottes willen, das mit unüberwindlicher und unvergänglicher Leidenschaft bekannt werden muß, in zeitlichem Getümmel miteinander feindlich zusammenzustoßen, als in ewigem Getümmel unter dem Zorn Gottes durch eine unerträgliche Qual zerrieben zu werden."

anderen Seite ist Erasmus' persönliche Friedfertigkeit noch kein Beweis für die Friedenstauglichkeit seiner Theologie. Wer kann sicher wissen, daß nicht gerade sie (die das Menschenleben schon in seinem ersten, „aufsteigenden", unserer Moral und Freiheit anvertrauten Aspekt ungebrochen mit dem *absolutum* der Gnade, dem neuen Gottesleben verknüpft) Elemente enthält, die zu tragischen Gefährdungen des Friedens werden können? Die christologisch-eschatologische Grundlegung von De servo arbitrio jedenfalls zielt auf eine Unruhe, ja, auf „Angriffe", die sich ereignen müssen, damit sich nicht die innere Auflösung und daraufhin der äußere Untergang der Menschengemeinschaft und ihres irdischen Hauses ereignen muß!

Eine weitere Bearbeitung dieser Theologie in der Gegenwart müßte vordringlich nach den Konsequenzen für die *Ekklesiologie* fragen. Neu zu finden wäre, was das Neue Testament κοινωνία nennt: das verbindliche Aneinandergewiesensein einer überschaubaren Anzahl von Menschen kraft ihrer gemeinsamen Verbindung mit Christus. Die „trans-moralische" oder eschatologische reformatorische Predigt von der Rechtfertigung des Sünders, von unserer gnädigen Entlastung von destruktiver „Selbstrechtfertigung", sollte eingebettet sein in eine Praxis, in der zwischenmenschliche Entlastung tatsächlich geschieht. Zwar steht das „Sterbenkönnen" des „alten Menschen" unter der Bedingung der bedingungs*losen* Ergebung in einen uns fremden Willen Gottes. Aber warum nicht in einem damit auch unter der Bedingung freundlichst erfahrener menschlicher Nähe und Güte? Haben diese denn mit dem heilsnotwendigen „Aufgehobenwerden" des Ego nichts zu tun? Das als Grundgeschehen von Kirche wichtige Begrenztwerden des Ichs vom Du her ist jedenfalls nicht nur, wie Gogarten es im Sinne seines Verständnisses von De servo arbitrio beschrieben hat[59], das Ergebnis eines gottgewirkten Zwingens und Beschneidens, sondern auch das Ergebnis eines durch Gottes neuschöpferischen Geist bewegten Liebesempfangs und Gesättigtwerdens. – Von diesem Punkt aus, meine ich, wären die noch immer wegweisenden Gedanken der Lutherschrift heute „weiter zu bewegen".

---

[59] S. Anm. 6 sowie den Abschnitt über Gogartens Lehren von Gemeinschaft, Autorität und Kirche in meinem Buch: Neuzeitliches Denken und die Spaltung der dialektischen Theologie (BHTh 52), 1977, 85–94.

Die Revision der Lutherbibel als Aufgabe und Problem

Eduard Lohse

Als Martin Luther Anfang Dezember 1521 von der Wartburg, die ihn vor der Vollstreckung der über ihn verhängten Reichsacht schützen sollte, für wenige Tage zu einem heimlichen Besuch nach Wittenberg gekommen war, erbaten seine Freunde von ihm eine deutsche Übersetzung des Neuen Testaments. In knapp 80 Tagen hat er nach der Rückkehr auf die Wartburg diese Aufgabe erfüllt – eine staunenswerte Leistung, die nicht genug bewundert werden kann. Bis dahin war in der Kirche die lateinische Übersetzung der sog. Vulgata, d. h. der Allgemeinen (Bibel), gebräuchlich. Es gab freilich schon einige Versuche, ihren Text ins Deutsche zu übertragen. Doch Luther ließ sie beiseite, ohne sie zu beachten. Er stützte sich auch nicht auf die Vulgata, sondern ging auf den Urtext zurück, wie er ihm im griechischen Neuen Testament in der zweiten Auflage des Erasmus von Rotterdam vorlag. Nur wenige Bücher standen ihm als Hilfsmittel zur Verfügung. Aber seine hervorragende Kenntnis der ganzen Bibel, sein theologisches Urteilsvermögen und seine sprachschöpferische Kraft führten ihm die Feder. Er las die biblischen Schriften, wie er selbst sagte, als wären sie gestern geschrieben[1], und formte den deutschen Text, indem er sich nach der Sprache der sächsischen Kanzlei richtete. Das neue Hochdeutsch, dessen er sich bediente, hat er nicht selbst schaffen müssen, sondern er konnte in eine im Fluß befindliche Entwicklung eintreten[2]. Denn im ostdeutschen Siedlungsraum „hatten Niederdeutsche und Niederländer, Rheinfranken, Mainfranken und Bayern ihr Sprachgut ausgetauscht und unter Vorherrschaft der schon an der Mainstraße erwachsenen Einheit miteinander eine gemeinsame Sprache, das meißnische Deutsch gefunden"[3]. Indem Luther, den man mit Recht als größten Bildner der deutschen Sprache bezeichnet hat[3], die Bibel in dieses sich neu formende

---

[1] WA 12,444.
[2] Vgl. hierzu und zum Folgenden H. BORNKAMM, Martin Luther in der Mitte seines Lebens, 1979, 55.
[3] BORNKAMM, ebd.

Deutsch übertrug, lehrte er sein Volk, aus der Bibel und mit der Bibel seine gemeinsame Sprache zu sprechen.

In seinem Sendbrief vom Dolmetschen gab Luther Rechenschaft darüber, wie er vorgegangen war. Man muß – so sagte er – „die mutter jhm hause / die kinder auff der gassen / den gemeinen man auff dem marckt drumb fragen / und denselbigen auff das maul sehen / wie sie reden / und darnach dolmetzschen / so verstehen sie es den / und mercken / das man Deutsch mit jn redet"[4]. Wie schwer es jedoch ist, für die im Urtext gebrauchten Wendungen den treffenden deutschen Ausdruck zu finden, deutet er an, indem er im Blick auf seine Arbeit an der Übersetzung des Alten Testaments sagt: „Ich hab mich des geflissen ym dolmetzschen / das ich rein und klar teutsch geben möchte. Und ist uns wol offt begegnet / das wir viertzehen tage / drey / vier wochen haben ein einiges wort gesucht und gefragt / habens dennoch zu weilen nicht funden... Lieber / nu es verdeutscht und bereit ist / kans ein yeder lesen und meistern / Laufft einer ytzt mit den augen durch drey vier bletter und stost nicht ein mal an / wird aber nicht gewar welche wacken und klötze da gelegen sind / da er ytzt über hin gehet / wie uber ein gehoffelt bret / da wir haben müssen schwitzen und uns engsten / ehe den wir solche wacken und klotze aus dem wege reumeten / auff das man kündte so frei daher gehen."[5] Diesem Ziel sollte die Übersetzung dienen: daß die reine, klare Stimme des Evangeliums deutlich vernommen werden kann.

Weil Luther sich dieser Aufgabe verpflichtet wußte, darum konnte er mit unermüdlicher Sorgfalt stets aufs neue den sprachlichen Ausdruck seiner Bibelübersetzung überarbeiten. Auf das Septembertestament von 1522 folgte bereits im Dezember desselben Jahres eine zweite Ausgabe, die an mehreren hundert Stellen Korrekturen aufweist. Diese betreffen nicht nur die Ausmerzung von Versehen und Druckfehlern, sondern auch zahlreiche stilistische Veränderungen in Wortwahl, Wortfolge und Satzbau. Luther nahm sich auch das Recht, der Auslegung eines biblischen Textes eine ganz neu gefertigte Übersetzung zugrunde zu legen, wenn es ihm nützlich und der Förderung der Gemeinde dienlich erschien. Denn nicht auf einen ein für allemal feststehenden Wortlaut gründen sich Wahrheit und Überzeugungskraft des biblischen Textes, sondern allein auf den Erweis des Geistes und der Kraft, der aus dem gepredigten Wort kommt.

Noch ehe Luther die Übersetzung des Alten Testaments vollendet hatte, machte er sich von 1531 an mit einem Kreis von Freunden und Schülern an

---

[4] WA 30/II,637. [5] Ebd. 636.

die Arbeit, laufend Verbesserungen an der deutschen Bibel vorzunehmen. Er bediente sich gern des Rates seiner Kollegen, allen voran Philipp Melanchthons, dessen Sachkunde und Urteil er stets bewunderte. Zeit seines Lebens war Luther darum bemüht, bessere Ausdrücke und Redewendungen für die Bibelübersetzung zu finden. Ihm ging es nicht darum, ein Werk zu schaffen, das unveränderlich bleiben sollte. Sondern er wollte die gegenwärtige Anrede des biblischen Wortes den Gemeinden nahebringen. Mit seinem Tod kam dieses Bemühen zum Stillstand. Der 1545 veranstaltete Druck der Bibel Alten und Neuen Testaments war die letzte Ausgabe, die zu seinen Lebzeiten erschien.

I

Mehr als drei Jahrhunderte lang hat man Luthers Übersetzung ohne wesentliche Veränderungen nachgedruckt. Dabei wurden hier und da kleinere Eingriffe in den Text vorgenommen, aber zu einer gründlichen Überprüfung des ganzen Werkes kam es nicht. Um die Mitte des vergangenen Jahrhunderts wurde man sich jedoch zunehmend der Einsicht bewußt, daß die Umgangssprache sich inzwischen so weit fortentwickelt hatte, daß es immer schwerer wurde, Luthers Bibel zu verstehen. Auch erwies es sich als unumgänglich, später vorgenommene Veränderungen einzelner Stellen zu korrigieren. Man wollte einen Text der Lutherbibel herstellen, der in der gesamten Christenheit deutscher Sprache Verwendung finden sollte. Die evangelischen Landeskirchen und Bibelgesellschaften kamen daher überein, Luthers Übersetzung einer sprachlichen Revision zu unterziehen, um altertümliche Ausdrücke zu ersetzen und erforderliche Korrekturen anzubringen. Dabei ging man behutsam ans Werk, blieb zaghaft im Verändern des Textes und war bemüht, Luthers Erbe sorgsam zu wahren. Zwar kam das Unternehmen nur langsam voran und wurde durch zwei Weltkriege für längere Zeit unterbrochen, aber es ist doch das unbestreitbare Verdienst der Revision, dafür gesorgt zu haben, daß Luthers Übersetzung bis heute die Bibel der evangelischen Christenheit deutscher Sprache geblieben ist.

Die Aufgabe, die mit einer sprachlichen Fortentwicklung der Lutherbibel gestellt ist, schließt außergewöhnliche Schwierigkeiten in sich. Muß es sonst das Bemühen jedes Herausgebers sein, den von seinem Autor einst niedergeschriebenen Text auf das genaueste festzustellen und ihn von etwaigen späteren Abwandlungen zu befreien, so ist hier gefordert, in respektvoller Achtung vor dem überkommenen Werk dieses so zu überarbeiten, daß es das Evangelium mit heute verständlichen Worten aussagt. Nur im Zusammenwirken von Theologen und Philologen, Praktikern, Liturgiewissenschaftlern, Kennern der Literatur und der Rhetorik kann es gelingen, diese Aufgabe zu meistern. Dabei muß man vermeiden, Urteilen des individuellen Empfindens den Ausschlag zu geben, um des Wohlklangs willen altertümliche Wendungen unangetastet zu lassen oder aber zu rasch einer Modernisierung zu erliegen. Vielmehr gilt es, den Urtext genau zu beachten, Luthers Sprache mit größter Sorgfalt zu studieren und mit geschärftem Ohr auf die gegenwärtige Redeweise zu hören, um zu begründeten Entscheidungen zu gelangen.

Im vollen Bewußtsein der Schwierigkeiten, die die Aufgabe einer Revision der Lutherbibel in sich birgt, haben Bibelgesellschaften und Kirchenleitungen 1928 acht Grundsätze zur Bibelrevision verabschiedet, die für deren Durchführung bis heute maßgebend geblieben sind. Ziel des gemeinsamen Bemühens ist es, daß die Lutherbibel als der lebendige Ausdruck des reformatorischen Evangeliums in der deutschen Sprache „das Einheitsband der ganzen deutschen evangelischen Christenheit bleiben" muß (1). Die kritische Durchsicht soll sowohl ihre Fassung von 1545 als auch das gesamte neuere Revisionswerk berücksichtigen (2). Die beste wissenschaftliche Ausgabe des griechischen Urtextes soll zugrunde gelegt werden (3). Daraus folgt: „Offenbare, den Sinn wesentlich alterierende Unrichtigkeiten der lutherischen Übersetzung sind zu berichtigen. An Luthers philologischer Auffassung des Urtextes ist festzuhalten, wo sie heute noch wissenschaftlich vertretbar ist." (4) Wo neu übersetzt werden muß, soll dies möglichst nicht in wörtlicher Wiedergabe, sondern im Geist von Luthers freier Umdeutschung geschehen (5). Die letzten drei Regeln sind für die sprachliche Überarbeitung besonders wichtig: „Veraltete Wörter, Wortformen, Wendungen und Satzgebilde, deren Sinn für die Gemeinde mißverständlich oder nicht mehr verständlich ist, sowie sonstige schwere Archaismen sind zu beseitigen. Der Ersatz ist möglichst aus Luthers Bibelsprache zu nehmen." (6) „Bei Änderungen ist auf Rhythmus und Wohlklang nach Möglichkeit Rücksicht zu nehmen." (7) Und schließlich: „‚Kernstellen' sind besonders pfleglich zu behandeln." (8)

Diese Grundsätze sind bei der Entscheidung im einzelnen nicht immer leicht zu handhaben. Denn was soll es heißen, veraltete Ausdrücke möglichst aus Luthers Bibelsprache zu ersetzen? Ist die gebotene Rücksichtnahme auf Rhythmus und Wohlklang durch ästhetische oder aber theologische Erwägungen begründet? Und wie weit reicht die Verpflichtung, Kernstellen möglichst wenig zu verändern, wenn doch auch bei ihnen bisweilen – wie etwa bei dem Wort vom Licht unter dem Scheffel – zwar eine sprichwörtliche Ausdrucksweise, aber kaum noch eine deutliche Anschauung dem heutigen Bibelleser geläufig ist?

Nach jedem Versuch, der mit einer neuen Ausgabe des revidierten Luthertextes unternommen wurde, wurde ihm widersprochen und teilweise scharfe Kritik geübt. Dabei meldeten sich kaum diejenigen zu Wort, die mit dem Unternehmen einverstanden waren, sondern mit Bedenken äußerten sich die Kritiker, die die Revision als einen Abfall von Luthers Erbe oder gar als einen Verrat seiner Sache beurteilten[6]. Auch Dichter und Schriftsteller erhoben Einspruch und erklärten den Versuch einer Revision als ein zum Scheitern verurteiltes Unterfangen[7]. Die vielfältigen Bedenken, die jeden Versuch der Revision begleiteten, führten dazu, daß der 1956 vorgelegte revidierte Luthertext nur eine sehr zaghafte Erneuerung brachte. Zwar fand auch diese Ausgabe gelegentlich Kritik, sie habe sich zu weit von Luther entfernt[8]. Tatsächlich aber war die Überarbeitung des Textes so vorsichtig erfolgt, daß er schon bei seinem Erscheinen altertümlich und fremdartig wirkte. Dieser Abstand, der den zuletzt festgestellten Text des Neuen Testaments nach Martin Luthers Übersetzung von Sprache und Verständnis der Gegenwart trennt, hat sich von Jahr zu Jahr vergrößert. Er hatte zur Folge, daß verschiedene neue Übersetzungen des Neuen Testaments entstanden, die rasch weite Verbreitung fanden und die Gefahr heraufziehen ließen, daß die Lutherbibel in Kürze aus dem gottesdienstlichen Gebrauch der Gemeinden verschwinden würde.

Dem Rat der Evangelischen Kirche in Deutschland und den Bibelgesellschaften wurde durch ein leidenschaftlich formuliertes Gutachten nahegelegt, ihre Bedenken zu überwinden und einer Nachrevision des Neuen Testaments zuzustimmen[9]. Wer könne Wendungen verstehen wie „Das

---

[6] So trat z. B. als scharfer Kritiker der Revision E. HIRSCH hervor. Er forderte, den Text von 1892 wiederherzustellen: Über eine bisher unbekannt gebliebene Bibelrevision. Noch einmal: Die Bibelrevision (ZNW 26, 1927, 26–39.152–157); DERS., Luthers deutsche Bibel. Ein Beitrag zur Frage ihrer Durchsicht, 1928.

[7] So nahmen zu dem sog. Probetestament von 1938 Dichter und Schriftsteller kritisch Stellung: K. IHLENFELD (Hg.), Das Buch der Christenheit. Betrachtungen zur Bibel, 1939. R. A. SCHRÖDER äußerte sich darin als entschiedener Gegner „jeder Verbesserung des Luthertextes" (7). Die Gefahr einer Verwässerung des Luthertextes sei insbesondere deshalb gegeben, weil die Kommission offenbar geglaubt habe, ohne die Beratung durch „den Sprachfachmann, also den Dichter" auskommen zu können (6). H. LIETZMANN setzte sich dagegen als Exeget für die Herstellung eines Luthertextes ein, der dem Stand der exegetischen Wissenschaft entspreche.

[8] Vgl. z. B. H. GOLTZEN, Weib, was habe ich mir dir zu schaffen? Eine Einzelbemerkung zur Revision des Neuen Testaments (ZW 29, 1958, 391–397).

[9] F. TSCHIRCH, Die Frage einer Nachrevision des Neuen Testaments von 1956. Antwort eines Laien auf die Ablehnung durch den Rat der EKD (in: Die Bibel in der Welt. Jahrbuch der Evang. Bibelgesellschaften in Deutschland 12, 1969, 44–70).

Gesetz ist neben eingekommen" (Röm 5,20); „des Fleisches Geschäfte töten" (Röm 8,13); „des Leibes warten" (Röm 13,14); „noch völliger werden" (1 Thess 4,10) u. a. m.[10]? Nicht nur einzelne Wörter oder Wendungen seien für den heutigen Bibelleser unverständlich geworden, auch die Struktur der Sätze bedürfe einer eingehenden Überprüfung. Leser und Hörer des 20. Jahrhunderts seien an kurze, übersichtliche Satzgebilde gewöhnt und verhakten sich daher im Dickicht der oft unklaren Abhängigkeiten in Kettensätzen der paulinischen Briefe[11]. Luther kam es in seiner Zeit darauf an, deutliche und jedermann verständliche Rede zu geben[12]. Wolle man dieser Aufgabe treu bleiben, so sei bei gründlicher Untersuchung der unbefriedigenden Revision von 1956 der Beschluß ebenso unumgänglich wie unaufschiebbar, eine Nachrevision des Neuen Testaments vorzunehmen[13].

Dieses gewichtige Votum und die unbestreitbare Erfahrung, daß der Gebrauch der Lutherbibel in Gottesdienst und Bibellese in erschreckendem Umfang zurückging, veranlaßten Bibelgesellschaften und Rat der EKD zu dem Beschluß, die ihnen vorgeschlagene Nachrevision des Neuen Testaments vorzunehmen. Als sich die hierzu berufene Kommission an die Arbeit machte, verdeutlichte sie sich zunächst, welche Aufgabe ihr gestellt war und wie sie sie lösen könnte. Bei der Durchführung der Revision dürfe nicht der persönliche Geschmack des einzelnen bestimmend sein. Der Maßstab, nach dem die Revision zu erfolgen habe, müsse vielmehr sein „die heutige, ungezwungen-natürlich fließende durchschnittliche Umgangssprache mittlerer Höhenlage, wie sie… jeden Tag gehört und gelesen werden kann in allen öffentlichen Kommunikationsmitteln"[14]. Die 1928 beschlossenen Grundsätze für die Durchführung der Revision blieben unbestritten in Geltung. Ihre Anwendung sollte jedoch entschlossener den Schritt von einer altertümlich wirkenden Sprache einer vergangenen Zeit zur Redeweise der Gegenwart ermöglichen.

Das 1975 fertiggestellte Neue Testament in der nachrevidierten Fassung ist das Ergebnis der in diesem Sinn von der Kommission geleisteten Arbeit. Zustimmung und Kritik, Lob und Tadel waren die Antwort, die in einem vielstimmigen Chor gegeben wurde[15]. Eingewandt wurde, die Fassung des

---

[10] TSCHIRCH, 46.   [11] Ebd. 47.
[12] Schluß der Vorrede zum 3. Teil des Alten Testaments.
[13] TSCHIRCH, 64.
[14] So ein Referat von F. TSCHIRCH am 25. 2. 1971 in der konstituierenden Sitzung der NT-Nachrevisionskommission.
[15] Übersicht über die Stimmen, die sich nach Vorlage der Nachrevision des Neuen Testaments meldeten, in: G. HAMMER (Hg.), Die Luther-Bibel. Entstehung und Weg eines Volksbuches. Ausstellungskatalog, 1980, 76–80.

Textes habe sich zu weit von Luther entfernt. Es wurde geltend gemacht, dem Bibeltext müsse ein feierlicher, gelegentlich altertümlich wirkender Klang eignen, um der in ihm enthaltenen Botschaft zu entsprechen. Ein Bibeltext, der sich fortlaufend lesen lasse und nicht schon durch seine Sprachgestalt einen gewissen Widerstand biete, werde der christlichen Botschaft nicht gerecht, weil diese nun einmal nicht leicht eingängig sei[16].

Wenn auch ein gebildeter Bibelleser mit dieser Schwierigkeit des Verstehens einigermaßen zurechtzukommen weiß, so würde doch der ganzen Gemeinde damit eine nicht zu rechtfertigende Zumutung auferlegt, der sie sich überdies nicht beugen, sondern durch Ausweichen auf andere Bibelübersetzungen entziehen würde. Das Ärgernis der Predigt vom Kreuz liegt im Evangelium selbst begründet, nicht in zusätzlichen Erschwernissen, die in der Gestalt einer Bibelübersetzung ihre Ursache haben[17]. Zweifellos gilt in der Religionsgeschichte weithin die Erfahrung, daß sog. heilige Texte unverändert tradiert werden und infolgedessen mit fortschreitender Zeit immer schwerer verständlich werden. Dieser Charakter, der ihnen durch Alter und Fremdheit der Rede zuwächst, scheint ihnen besondere Verehrungswürdigkeit beizulegen. Mag man sich in anderen Religionen – vielleicht sogar auch in einigen christlichen Gemeinschaften und Gruppen – mit dieser Erscheinung abfinden oder sie sogar begrüßen, für evangelisches Verständnis der biblischen Botschaft wäre eine solche Haltung unverantwortlich. Deshalb muß der Text der Bibel in einer Sprachgestalt dargeboten werden, die der Mensch der Gegenwart begreifen kann.

Sucht die Revision der Lutherbibel in einer gehobenen Umgangssprache zu reden, die sich sowohl von abgeschliffenen Alltagswendungen als auch von allzu komplizierter Ausdrucksweise fernhält, so bedeutet das keineswegs, daß man sich einer bestimmten Sprachtheorie verschrieben oder sich auf einen zu eng gefaßten Begriff heutiger Umgangssprache festgelegt hätte[18]. Die Sprache der Gegenwart zu suchen, heißt vielmehr, mit Behutsamkeit und Umsicht die rechte Mitte zu finden zwischen „der Scylla, dem

---

[16] So vor allem W. JENS in seinem Vortrag „Martin Luthers Bibelübersetzung 1545 und 1975" vor der Mitgliederversammlung der Vereinigung Evang. Buchhändler, Stuttgart 1. 5. 1980: die Lutherübersetzung müsse „mit aller Widerborstigkeit" erhalten bleiben. Vgl. DtPfrBl 80, 1980, 303.
[17] So mit Recht bereits H. STRATHMANN in seiner Entgegnung auf die Kritik am sog. Probetestament: Probe des Probetestaments, 1940, 85.
[18] Zu diesem Vorwurf vgl. u. a. J. ANDEREGG, Zur Revision der Lutherbibel („NT 75"). Eine Kritik der sprach- und literaturwissenschaftlichen Leitlinien für die Revisionsarbeit (ZThK 76, 1979, 241–260), bes. 251–253. Zur Auseinandersetzung mit ANDEREGG vgl. L. SCHMIDT, Das Neue Testament der Lutherbibel in der Fassung von 1975 (ZThK 77, 1980, 345–380).

Abfall in den ungepflegten, rüden, roh-vulgären Ton der Gassensprache",
und „der Charybdis, dem gestelzten, steifleinenen Bürokratendeutsch oder
der ‚Sprache der verwalteten Welt'"[19].

Kritische Abwägung von Aufgabe und Problem, die die Revision der
Lutherbibel darstellt, muß sich deshalb zwischen zwei Möglichkeiten
entscheiden. Kommt man – gerade auch in Kritik der jüngsten Versuche
einer Revision des Bibeltextes – zu der Ansicht, für den Großteil der
heutigen Bibelleser sei Luthers Übersetzung weithin unverständlich oder
mißverständlich geworden[20], dann kann die zu treffende Entscheidung nur
lauten: entweder die Lutherbibel als ein geschichtliches Dokument mehr
oder weniger unverändert lassen[21] und für den kirchlichen Gebrauch eine
neue zeitgemäße Übersetzung erarbeiten – oder aber den Versuch unternehmen, die Lutherbibel sprachlich so zu überarbeiten, daß sie weiterhin
die Bibel der evangelischen Christenheit deutscher Sprache sein kann. Der
Rat der EKD war und ist mit dem Evangelischen Bibelwerk der Überzeugung, der Sprache Luthers wohne eine so starke Dynamik inne, daß sie
eine Fortschreibung in die Gegenwart nicht nur vertrage, sondern auch
ermögliche.

II

Das Bestreben der Revision, Luthers Erbe treu zu bleiben und zugleich
den Bibeltext in heute verständliche Redeweise zu bringen, läßt sich am
besten verdeutlichen, wenn Luthers ständiges Bemühen, den Text seiner
Übersetzung zu verbessern, mit den Fassungen verglichen wird, die die
letzte Revision vorgelegt hat. Dabei läßt sich überprüfen, ob im konkreten
Vollzug verantwortbare Entscheidungen getroffen oder aber Schritte getan
wurden, die zu weit von Luthers Bibel fortführen. Da bei der Revision den
sog. Kernstellen mit Recht besondere Beachtung zugewandt wird, sollen
zwei zentrale Abschnitte aus dem Neuen Testament einer genaueren
Prüfung unterworfen werden. Dabei soll einerseits für die Weihnachtsgeschichte Lk 2,1–20, andererseits für den Abschnitt Röm 3,21–31, an dem
Luther einst seine reformatorische Theologie entfaltet hat, jeweils einander

---

[19] So TSCHIRCH in seinem Referat in der konstituierenden Sitzung der Nachrevisionskom-
mission; vgl. o. Anm. 14.

[20] So ANDEREGG (s. Anm. 18), 258.

[21] Die Deutsche Bibelgesellschaft wird in Kürze eine Ausgabe herausbringen, die Luthers
Übersetzung des Neuen Testaments in der Fassung von 1545 in heutiger Schreibweise
darbietet. Dadurch wird es dem Leser ermöglicht, sich selbst zur Frage nach der Notwendigkeit einer Revision ein Urteil zu bilden.

gegenübergestellt werden, wie Luther von 1522 bis 1545 seine Übersetzung verändert hat und auf welche Weise die Revision die sprachliche Überarbeitung fortgeführt hat.

Lukas 2,1–20

1522

[1]Es begab sich aber zu der zeytt / das eyn gepott von dem keyser Augustus aus gieng / das alle wellt geschetzt wurde / [2]und dise schetzung war die aller erste / und geschach zur zeytt / da Kyrenios landpfleger yn Syrien war / [3]unnd es *gieng yderman* das er sich schetzen lies / eyn iglicher ynn seyne stadt. [4]Da macht sich auff / auch Joseph von Gallilea / aus der stadt Nazareth / ynn das Judisch land / zur stad Dauid / die da heyst Bethlehem / darumb dz er von dem hauße und geschlecht Dauid war / [5]auff das er sich schetzen ließe mit Maria seynem vertraweten weybe / die *gieng* schwanger.

[6]Unnd *es begab sich / ynn dem* sie daselbst waren / kam die zeyt das sie geperen sollte / [7]unnd sie gepar yhren ersten son / unnd wickelt yhn ynn windel / und leget yhn ynn eyn krippen / denn sie hatten sonst keynen raum ynn der herberge.

[8]Unnd es waren hirtten ynn der *selben* gegend auff dem feld / bey den hurtten / unnd hutteten des nachts / yhrer herde / [9]unnd sihe / *der engel des herrn* trat zu yhn / und die klarheyt des herren leuchtet umb sie / unnd sie furchten sich seer / [10]unnd der Engel sprach zu yhn / furcht euch nicht / *Sehet* / ich verkundige euch grosse freude / die allem volck widderfahren wirt / [11]denn euch ist heutte der heyland geporn / wilcher ist Christus der herre / ynn der stadt Dauid / [12]unnd das habt zum zeychen / yhr werdet finden das kind ynn windel gewickellt / und ynn eyner krippen

1545

[1]Es begab sich aber zu der zeit / Das ein Gebot von dem Keiser Augusto ausgieng / Das alle Welt geschetzt würde. [2]Und diese Schatzung war die allererste / und geschach zur zeit / da Kyrenius Landpfleger in Syrien war. [3]Und *jederman gieng* / das er sich schetzen liesse / ein jglicher in seine Stad. [4]Da machet sich auff auch Joseph aus Galilea / aus der stad Nazareth / in das Jüdische land / zur stad Dauid / die da heisst Bethlehem / Darumb das er von dem Hause und geschlechte Dauid war / [5]Auff das er sich schetzen liesse mit Maria seinem vertraweten Weibe / die *war* schwanger.

[6]Und *als* sie daselbst waren / kam die zeit / das sie geberen sollte. [7]Und sie gebar jren ersten Son / und wickelt jn in Windeln / und legte jn in eine Krippen / Denn sie hatten sonst keinen raum in der Herberge.

[8]Und es waren Hirten in der *selbigen* gegend auff dem felde / bey den Hürten / die hüteten des nachts jrer Herde. [9]Und sihe / *des Herrn Engel* trat zu jnen / und die Klarheit des Herrn leuchtet umb sie / Und sie furchteten sich seer. [10]Und der Engel sprach zu jnen. Fürchtet euch nicht / *Sihe* / Ich verkündige euch grosse Freude / die allem Volck widerfaren wird / [11]Denn Euch ist heute der Heiland geborn / welcher ist Christus der Herr / in der stad Dauid. [12]Und das habt zum Zeichen / Jr werdet finden das Kind in windeln gewickelt / und in einer Krippen

ligen / [13]Unnd als bald war da bey
dem engel / die menge der hymlischen
heerscharen / die lobeten Gott / und
sprachen / [14]*Preys* sey Gott ynn der
hohe / und frid auff erden / und den
menschen eyn wolgefallen.

[15]Und *es begab* sich / da die Engel
von yhn gen hymel furen / sprachen
die hirrten unternander / last uns
nu gehen gen Bethlehem / und *sehen
die geschicht* / die da geschehen ist /
die uns der herre kund than hat /
[16]und sie kamen eylend / unnd funden
beyde Marian unnd Joseph *und* das
kind ynn der krippen ligen. [17]Da sie
es aber gesehen hatten / breytten sie
das wortt aus / wilchs zu yhn von di-
sem kind *geredet* war / [18]unnd alle
fur die es kam / wunderten sich der
rede / die yhn die hirten gesagt
hatten / [19]Maria aber behielt alle
diese wortt / und bewiget sie ynn
yhrem hertzen / [20]und die hirtten
kereten widderumb / preyseten und
lobten Gott umb alles / das sie ge-
horet und gesehen hatten / wie denn
zu yhn gesagt war.

ligen. [13]Und als bald ward da bey
dem Engel die menge der himelischen
Heerscharen / die lobten Gott / und
sprachen / [14]*Ehre* sey Gott in der
Höhe / Und Friede auff Erden / Und den
Menschen ein wolgefallen.

[15]Und *da* die Engel von jnen
gen Himel furen / sprachen
die Hirten unternander / Lasst uns
nu gehen gen Bethlehem / und *die
Geschicht sehen* / die da geschehen ist /
die uns der Herr kund gethan hat.
[16]Und sie kamen eilend / und funden
beide Mariam und Joseph / *dazu* das
Kind in der krippen ligen. [17]Da sie
es aber gesehen hatten / breiteten sie
das wort aus / welchs zu jnen von diesem kind *gesagt* war. [18]Und alle /
für die es kam / wunderten sich der
Rede / die jnen die Hirten gesagt
hatten. [19]Maria aber behielt alle
diese wort / und beweget sie in
jrem hertzen. [20]Und die Hirten
kereten widerumb / preiseten und
lobten Gott umb alles / das sie ge-
höret und gesehen hatten / wie denn
zu jnen gesagt war.

Beim Vergleich dieser beiden Fassungen können kleinere Unterschiede außer Betracht bleiben. Diese betreffen die Rechtschreibung, die bekanntlich damals nicht nach genauen Regeln gehandhabt wurde, aber auch die Einfügung eines e zur besseren Lesbarkeit – wie in V.8: feld (1522) wird zu feld*e* (1545) oder V.17: breytten (1522) heißt später breiteten (1545) – oder auch geringfügige Abwandlungen – wie in V.8: ynn der *selben* (gegend) (1522) lautet dann: in der *selbigen* (gegend) (1545). Es kommt vielmehr darauf an, die Änderungen in den Blick zu nehmen, die in Wortwahl, Wortfolge und Satzbau vorgenommen wurden, weil sich aus der Zusammenstellung dieser Beispiele erkennen läßt, in welcher Richtung Luther selbst seine Wiedergabe des biblischen Textes fortentwickelt hat.

Die feierlich klingende Einleitung „Es begab sich aber" steht am Anfang der Weihnachtsgeschichte. Ursprünglich fand sie sich – in zutreffender Übersetzung der im Urtext gleichlautenden Wendung – auch in V.6 und V.15: „Und es begab sich ynn dem sie daselbst waren, kam die zeyt das sie geberen sollte" und: „Und es begab sich, da die Engel von yhn gen hymel furen". 1545 ist diese Einführung an beiden Stellen durch die temporale

Konjunktion „als" bzw. „da" ersetzt worden: „Und als sie daselbst waren"
bzw. „Und da die Engel von jnen gen Himel furen". Der fortlaufende Fluß
der Erzählung wird auf diese Weise nicht unterbrochen. Nur zu Beginn
wird der Leser darauf aufmerksam gemacht, daß eine Erzählung einsetzt,
der er besondere Beachtung zuzuwenden hat. Auch an anderen Stellen
werden einzelne Wörter ausgewechselt. So heißt es statt „Maria ging
schwanger" (1522) später in V.5 schlichter: „Sie war schwanger". „Sehet"
(V.10) wird in genauerer Wiedergabe des griechischen Wortes zu „sihe".
Die Doxologie in V.14 begann ursprünglich mit „Preys sey Gott" und
wird dann abgeändert zu „Ehre sei Gott" (V.14). Und statt „reden" wird in
V.17 von „sagen" gesprochen: das Wort, „welchs zu jnen von diesem kind
gesagt war".

Was die Wortfolge angeht, so war zunächst in der Verbindung „der
engel des herrn" (V.9) der abhängige Genitiv nachgestellt; später wird er
vorgezogen: „des Herrn Engel". Und statt „sehen die geschicht" (V.15)
heißt es später „die Geschichte sehen", so daß die Hirten einander zurufen:
„Lasst uns nu gehen gen Bethlehem und die Geschicht sehen". In der
Struktur des Satzes wird in V.8 die Verknüpfung „und" durch „die"
ersetzt: „Unnd es waren hirtten... auff dem feld bey den hurtten *unnd*
hutteten des nachts yhrer herde" wird verändert zu: *„die* hüteten des nachts
jrer Herde". Sie fanden Maria und Joseph „und das kind ynn der krippen
ligen" (V.16) lautet 1545: Maria und Joseph „dazu das kind".

Nimmt man diese Beobachtungen zusammen, so handelt es sich um eine
nicht unbeachtliche Zahl von Eingriffen, die Luther in Wortwahl, Wortfolge und Satzbau an seiner Übersetzung vorgenommen hat. Er sucht
dadurch den sprachlichen Ausdruck deutlicher zu fassen, dem Urtext
genauer zu entsprechen und den Fluß der fortlaufenden Erzählung zu
verbessern. Jede dieser Korrekturen soll dazu beitragen, die Verständlichkeit der Rede zu heben oder einen neuen Ausdruck zu finden, der der
Botschaft des Textes besser entspricht.

Die Bemühung, einen revidierten Text der Lutherbibel zu gewinnen, der
der Dynamik lutherischer Sprache folgt und zugleich kraftvoll in die
Gegenwart hineinspricht, wird sich an der Bewegung zu orientieren haben,
die Luther selbst in mehr als zwei Jahrzehnten ständiger Arbeit in die
Gestalt seiner Übersetzung hineingegeben hat. Geht es darum, zu einer
kritischen Beurteilung der letzten Revision des Neuen Testaments zu
kommen, so brauchen nicht die vorangegangenen Revisionen im einzelnen
betrachtet zu werden. Sondern es kann sogleich die Fassung von 1975/77
betrachtet werden, um sie daraufhin zu prüfen, ob sie trotz der vorgenom-
menen Veränderungen zu Recht als Übersetzung nach Martin Luther

bezeichnet werden darf. Nicht übersehen werden darf dabei freilich, daß
auch die Revision von 1956 keineswegs eine nur geringfügig veränderte
Gestalt der Fassung von 1545 darstellte. Sondern sie enthielt in ihrer
Wiedergabe der Weihnachtsgeschichte bereits eine große Anzahl sprachlicher Veränderungen. Die letzte Revision hat jedoch in weitaus stärkerem
Umfang in die Textgestalt eingegriffen, um der Forderung zu entsprechen,
der Lutherbibel eine heute verständliche Gestalt zu geben. Welche Konsequenzen hat man aus diesen grundsätzlichen Überlegungen für die Weihnachtsgeschichte gezogen?

Lukas 2,1–20

1956	1975/77
¹Es begab sich aber zu der Zeit, daß ein *Gebot* von dem Kaiser Augustus ausging, daß alle Welt *geschätzt würde.* ²Und diese *Schätzung* war die allererste und geschah zur Zeit, da Cyrenius *Landpfleger* in Syrien war. ³Und *jedermann* ging, *daß er sich schätzen ließe,* ein jeglicher in seine Stadt.	¹Es begab sich aber zu der Zeit, daß ein *Befehl* von dem Kaiser Augustus ausging, alle Welt sollte *sich für die Steuer eintragen lassen.* ²Diese Eintragung war die erste, und sie geschah zur Zeit, als Quirinius *Statthalter* in Syrien war. ³ Und *alle* gingen hin, *um sich eintragen zu lassen, jeder* in seine Stadt.
⁴Da *machte sich auf* auch Joseph aus Galiläa, aus der Stadt Nazareth, in das *jüdische Land* zur Stadt Davids, die *da* heißt Bethlehem, *darum daß* er von dem Hause und Geschlechte Davids war, ⁵*auf daß er sich schätzen ließe* mit Maria, *seinem vertrauten Weibe,* die war schwanger.	⁴Da *ging* auch Josef aus Galiläa aus der Stadt Nazaret nach *Judäa hinauf* zur Stadt Davids, die Betlehem heißt, *weil* er aus dem Haus und Geschlecht Davids war, ⁵*um sich eintragen zu lassen* mit Maria, *seiner Braut;* die war schwanger.
⁶Und als sie *daselbst* waren, kam die Zeit, daß sie gebären sollte. ⁷Und sie gebar ihren ersten Sohn, *und* wickelte ihn in Windeln und legte ihn in eine Krippe; denn sie hatten sonst keinen *Raum* in der Herberge.	⁶Als sie *aber dort* waren, kam die Zeit, daß sie gebären sollte. ⁷Und sie gebar ihren ersten Sohn, wickelte ihn in Windeln und legte ihn in eine Krippe; denn sie hatten sonst keinen *Platz* in der Herberge.
⁸*Und* es waren Hirten in derselben Gegend auf dem Felde *bei den Hürden,* die hüteten *des Nachts* ihre Herde. ⁹Und *siehe, des Herrn Engel* trat zu ihnen, und die Klarheit des Herrn *leuchtete um sie;* und sie fürchteten sich sehr.	⁸Es waren *aber* Hirten in derselben Gegend auf dem Felde, die hüteten *nachts* ihre Herde. ⁹Und *der Engel des Herrn* trat zu ihnen, und die Klarheit des Herrn *umleuchtete* sie; und sie fürchteten sich sehr.
¹⁰Und der Engel sprach zu ihnen: Fürchtet euch nicht! Siehe, ich	¹⁰Und der Engel sprach zu ihnen: Fürchtet euch nicht! Siehe, ich ver-

verkündige euch große Freude, die
allem Volk widerfahren wird;
[11]denn euch ist heute *der Heiland
geboren, welcher ist Christus, der
Herr, in der Stadt Davids.* [12]Und
das habt zum Zeichen: ihr werdet
finden *das* Kind in Windeln gewickelt und in einer Krippe liegen. [13]Und *alsbald* war *da* bei dem
Engel die Menge der himmlischen
Heerscharen, die lobten Gott und
sprachen: [14]Ehre sei Gott in der
Höhe und Friede auf Erden *und den
Menschen ein Wohlgefallen.*

[15]Und *da* die Engel von ihnen *gen*
Himmel fuhren, *sprachen* die Hirten
untereinander: Laßt uns nun *gehen
nach Bethlehem* und die Geschichte
sehen, die da geschehen ist, die
uns der Herr kundgetan hat. [16]Und
sie kamen eilen*d* und fanden *beide,*
Maria und Joseph, dazu das Kind
in der Krippe liegen. [17]*Da* sie es
aber gesehen hatten, *breiteten* sie
das Wort *aus, welches* zu ihnen von
diesem Kinde gesagt war. [18]Und alle,
vor die es kam, wunderten sich *der
Rede,* die ihnen die Hirten gesagt hatten.

[19]Maria aber behielt alle diese
Worte und bewegte sie in ihrem
Herzen. [20]Und die Hirten *kehrten
wieder um,* priesen und lobten
Gott *um* alles, was sie gehört
und gesehen hatten, wie *denn*
zu ihnen gesagt war.

kündige euch große Freude, die *dem
ganzen* Volk widerfahren wird;
[11]denn euch ist heute *in der Stadt
Davids der Heiland geboren; das ist*
Christus, der Herr. [12]Und das habt zum
Zeichen: ihr werdet *ein* Kind finden
in Windeln gewickelt und in einer
Krippe liegen. [13]Und *plötzlich* war
bei dem Engel die Menge der himmlischen Heerscharen, die lobten Gott
und sprachen: [14]Ehre sei Gott in der
Höhe und Friede auf Erden *bei den
Menschen seines Wohlgefallens.*

[15]Und *als* die Engel von ihnen *zum*
Himmel fuhren, *sagten* die Hirten
zueinander: Laßt uns nun *nach Betlehem
gehen* und sehen, was geschehen ist,
wie es uns der Herr *verkündet* hat.
[16]Und sie gingen eilen*ds* und fanden
Maria und Josef, dazu das Kind in der
Krippe liegen. [17]*Als* sie es aber gesehen hatten, *verbreiteten* sie das Wort,
das zu ihnen über das Kind gesagt *worden* war. [18]Und alle, vor die es kam,
wunderten sich *über die Worte,*
die ihnen die Hirten gesagt hatten.

[19]Maria aber behielt alle diese
Worte und bewegte sie in ihrem
Herzen. [20]Und die Hirten *kehrten
zurück,* priesen und lobten Gott
für alles, was sie gehört und
gesehen hatten, wie *es* zu ihnen
gesagt war.

Unverändert geblieben ist die feierlich klingende Einleitung: „Es begab
sich aber zu der Zeit". Statt von einem Gebot des Kaisers ist dann jedoch
von seinem Befehl die Rede, der sich darauf bezieht, „alle Welt sollte sich
für die Steuer eintragen lassen". Die alte Wendung, die von einer weltweiten Schätzung sprach, ist durch festlichen Klang ausgezeichnet. Hätte sie
stehen bleiben sollen, um die geschlossene Gestalt des Satzes so zu erhalten,
wie Luther ihn einst geformt hatte? Gegen diese Erwägung spricht die
Überlegung, daß kaum verständlich ist, was denn mit der Schätzung
gemeint sein sollte, derentwegen sich Josef und Maria auf die Reise nach
Betlehem begeben mußten. Schon zu Luthers Zeit war offenbar diese

Ausdrucksweise erklärungsbedürftig. Denn Luther hat am Rande seiner Bibelausgabe eine Anmerkung angebracht, die diesen Begriff erläutert: „Schetzen ist hie, das in jglicher hatt müssen an zeygen wie viel er vermocht am Gutt." (1522) Später ändert Luther die Erläuterung: „ein jglicher hat müssen ein Ort des gülden geben von jglichem Heubt." (1545) Die Revision war bestrebt, möglichst keine Anmerkungen zu verwenden, um den Text so zu fassen, daß er der Gemeinde ohne zusätzliche Hinweise vorgetragen werden kann. Die präzise Wiedergabe des griechischen Wortsinns „sich für die Steuer eintragen zu lassen" ist zutreffend und für den heutigen Bibelleser ohne Erklärung verständlich. Sie ist gewählt worden, obwohl nicht zu bestreiten ist, daß der musikalische Klang der ursprünglichen Fassung schöner bleibt.

Im einzelnen sind durch die Revision eine ganze Reihe älterer Ausdrücke ersetzt worden. Statt „Landpfleger" heißt es „Statthalter" (V.3). „Jedermann" ist durch „alle" (V.3), „ein jeglicher" durch „jeder" (V.3), „sich aufmachen" durch „hinaufgehen" (V.4), „das jüdische Land" durch „Judäa" (V.4) ersetzt worden. Diese geringfügigen Veränderungen, die heutigem Sprachgebrauch entsprechen, werden kaum strittig erscheinen. Ebenso mußten einige Konjunktionen verändert werden, um den Fortgang der Sätze deutlicher zu fassen. Wurde einst gesagt, Joseph und Maria machten sich auf, „darum daß er von dem Hause und Geschlechte Davids war" (V.4), so wird die Begründung nun schlichter durch „weil" eingeleitet. Und das Ziel ihres Weges wird nicht mehr durch „auf daß er sich schätzen ließe", sondern durch „um sich eintragen zu lassen" (V.5) angegeben. Auch hier ist getragene Rede in eine nüchterne Sprache verwandelt worden – zweifellos eine schwierige Entscheidung, die doch im Blick auf die anzustrebende Deutlichkeit des Ausdrucks zu rechtfertigen ist. „Daselbst" ist zu „dort" geworden (V.6), statt eines verbindenden „und" ist in V.7 ein aufreihendes Komma gesetzt. Nicht vom „Raum", sondern genauer vom „Platz" in der Herberge ist nun die Rede (V.7). Der erläuternde Hinweis „bei den Hürden" wurde fortgelassen (V.8). „Des Nachts" wurde in das schlichtere „nachts" verändert (V.8). Hatte Luther 1522 vom „Engel des Herrn" gesprochen, so wurde diese Genitivverbindung jetzt wiederhergestellt. Von der Klarheit des Herrn wird nun nicht mehr berichtet, sie habe um die Hirten geleuchtet, sondern: sie „umleuchtete sie". Aus „allem Volk" wurde „das ganze Volk" (V.10), aus „alsbald" „plötzlich" (V.13). Der Verständlichkeit halber wurde auch in V.11 die Satzfolge genauer gefaßt. Sie vermeidet nun die ineinander geschachtelte Aussage: „Denn euch ist heute der Heiland geboren, welcher ist Christus, der Herr, in der Stadt Davids" und sagt nun: „Denn euch ist heute in der

Stadt Davids der Heiland geboren; das ist Christus der Herr." Damit ist jedoch in die Folge, wie sie im griechischen Satz steht, zugunsten des logischen Ausdrucks stark eingegriffen. Vielleicht könnte man die verschiedenen Gesichtspunkte am ehesten zum Ausdruck bringen, wenn der Satz lauten würde: „Denn euch ist heute der Heiland geboren – der ist Christus der Herr – in der Stadt Davids."

Eine Reihe kleinerer sprachlicher Veränderungen findet sich auch im letzten Teil der Weihnachtsgeschichte. Die Konjunktion „da" wurde durch „als" ersetzt, „Die Hirten sprachen untereinander" durch: „Die Hirten sagten zueinander" (V.15). Die Aufforderung, die sie einander zurufen, ist mit: „Laßt uns nun nach Betlehem gehen" reichlich nüchtern gehalten und würde besser klingen wie bisher: „Laßt uns nun gehen nach Betlehem". Sie werden dort sehen, „was geschehen ist" – statt: „die Geschichte". In V.16 ist „eilend" verdeutlicht zu „eilends", das von Luther hinzugefügte „beide" aber fortgelassen worden. Die Hirten „verbreiteten" das Wort – statt: „sie breiteten es aus". Die Hörer „wunderten sich der Rede" – so hieß es einst, nun aber: „Sie wunderten sich über die Worte" (V.18). Am Schluß sind wiederum kleine Glättungen vorgenommen: Von den Hirten wird berichtet, daß sie „zurückkehrten" – statt: sie „kehrten wieder um". Sie loben Gott nicht „um" alles, sondern „für alles". Und das hinzugesetzte „denn" im letzten Nebensatz ist durch ein „es" ersetzt worden: „wie es zu ihnen gesagt war" (V.20).

Mustert man diese lange Reihe von textlichen Veränderungen, so sind die weitaus meisten durchaus gut begründet und in Fortführung der Sprache Luthers sorgfältig getroffen. Die neu gewählten Wörter sind möglichst in enger Anlehnung an die Vorlage eingesetzt worden: „jedermann" wurde zu „jeder", „daselbst" zu „dort", „des Nachts" zu „nachts", „alles Volk" zum „ganzen Volk", „da" zu „als", „eilend" zu „eilends", „ausbreiten" zu „verbreiten", „wieder umkehren" zu „zurückkehren" – um die Reihe der im einzelnen vorgeführten Beispiele noch einmal zusammenzufassen. Damit ist durchweg der Duktus der Rede beibehalten, aber deutlicher gefaßt worden.

Über die bisher erörterten Veränderungen des Textes hinaus sind nun noch einige Stellen zu nennen, die auf Grund des griechischen Urtextes neu gefaßt wurden. Hier gibt die genauere Textgestalt, die die neutestamentliche Textkritik hergestellt hat, den Ausschlag. Luther hatte sich einst auf den Text des Erasmus gestützt, der im wesentlichen auf der späten byzantinischen Überlieferung beruhte. Überall da, wo die kritische Wiederherstellung des Urtextes von Luthers Vorlage abweicht, muß daher verbessert werden. Deshalb ist ein zusätzliches „siehe" in V.9 entfallen und heißt es in V. 12 nicht mehr „das", sondern „ein" Kind. Neben diesen kleinen Korrekturen fallen zwei weitere stark ins Gewicht. Luther hatte einst gesagt, auch Joseph habe sich aufgemacht mit Maria, „seinem vertrauten Weibe" (V. 5). Der älteste Text aber spricht nicht von Maria als der Joseph angetrauten Ehefrau, sondern von „Maria, seiner Braut". Diese – nicht erst heute – anstößig erscheinende Aussage darf nicht zugunsten des vertrauten Klangs, den Luther dem Satz verliehen hat, entschärft werden, sondern muß auch im Deutschen zum Ausdruck gebracht werden. Zwingend ist aber auch die Neufassung der Doxologie in V. 14 geboten. Denn im Urtext ist nicht eine dreigliedrige Aussage „Ehre sei Gott in der Höhe / und Friede auf Erden / und den Menschen ein Wohlgefallen", sondern ein Doppelzeiler bezeugt, der Himmel und Erde, Ehre und Friede, Gott und die von ihm erwählten Menschen einander gegenübergestellt und miteinander verbindet. Deshalb heißt es zutreffend: „Ehre sei Gott in der Höhe / und Friede auf Erden bei den Menschen seines Wohlgefallens." Zweifellos ist auch der dreigliedrigen Aussage, die in die liturgische Überlieferung eingegangen ist, ein guter Sinn abzugewinnen. Aber die deutsche Übersetzung der Weihnachtsgeschichte muß dem Urtext genau folgen und deshalb von den Menschen sprechen, die Gottes Wohlgefallen erwählt hat. Bei ihnen ist der endzeitliche Friede, den Gott in seiner Barmherzigkeit schafft, schon hier und jetzt Wirklichkeit.

Betrachtet man die Fassung des Textes, wie sie die letzte Revision der Lutherbibel für die Weihnachtsgeschichte erarbeitet hat, im ganzen, so können sowohl die kleineren sprachlichen Glättungen als auch die Verbesserungen, die auf Grund des genauen Urtextes erforderlich waren, durchweg als überzeugend beurteilt werden. Weiterer Prüfung bedürfen nur wenige Fragen, die als noch nicht endgültig beantwortet erscheinen: Soll von Schätzung oder von Eintragung für die Steuer die Rede sein? Würde V. 11 nicht besser lauten, wenn es heißt: „Denn euch ist heute der Heiland geboren – der ist Christus der Herr – in der Stadt Davids"? Und sollte man schließlich nicht bei Luthers Fassung bleiben, nach der die Hirten sagen: „Laßt uns nun gehen nach Betlehem und sehen"? Die kritische Analyse des nachrevidierten Textes, wie er zur Weihnachtsgeschichte vorgelegt wurde, führt damit insgesamt zu dem Ergebnis, daß seine Fassung durchaus Sprachduktus und Erzählgestalt der Übersetzung Martin Luthers bewahrt hat.

III

Dieses Ergebnis, wie es aus der Betrachtung von Lk 2,1–20 gewonnen wurde, soll nun einer erneuten Überprüfung unterzogen werden, indem die zentrale Perikope Röm 3,21–31 in den verschiedenen Fassungen der Lutherbibel untersucht wird.

1522	1545
[21]Nu aber ist / on zuthun des gesetzs / die gerechtickeyt die fur got gilt / offinbart / betzeuget durch das gesetz und die propheten. [22]Ich sage aber von solcher gerechtickeyt fur got / die da kompt / durch den glawben an Jhesum Christ / zu allen und auff alle / die da glewben. Denn es ist hie keyn unterscheyd / [23]sie sind alle zumal sunder / unnd mangeln des *preyses den got an yhn haben solt* / [24]und werden on verdienst *gerechtfertiget* / aus seyner gnad / durch die erlosung / so durch Christo geschehen ist / [25]wilchen gott hat furgestellt zu eynem gnadestuel / durch den glawben ynn seynem blut / da mit er die gerechtickeit die fur yhm gilt / *beweyse* / ynn dem / das er *vergibt die sund / die zuvor sind geschehen* [26]unter gotlicher gedult / *die er trug* / das er zu disen zeyten *beweysete* die gerechtickeyt / die fur yhm gilt / Auff das er alleyne gerecht sey / und *rechtfertige* den / der da ist des glawbens an Jhesu. [27]Wo *ist* denn nu *deyn* rhum? er ist *auszgeschlossen* / durch wilch gesetz? durch der werck gesetz? Nicht also / sondern durch des glawbens gesetz. [28]So halten wyrs nu / das der mensch *gerechtfertiget* werde / on zuthun der *werck des gesetzs* / alleyn durch den glawben / [29]Odder ist Got alleyn der Juden Got? Ist er nicht auch der heyden Got? [30]Ja freylich auch der heyden Got / syntemal es ist *eyn* Got der da *rechtfertiget* die beschneyt-	[21]Nu aber ist on zuthun des Gesetzes / die Gerechtigkeit / die fur Gott gilt / offenbaret *und* bezeuget / durch das Gesetz und die Propheten. [22]Ich sage aber von solcher gerechtigkeit fur Gott / die da kompt durch den glauben an Jhesum Christ / zu allen und auff alle / die da glauben. Denn es ist hie kein unterscheid / [23]Sie sind allzumal Sünder / und mangeln des *Rhumes / den sie an Gott haben sollen* / [24]Und werden on verdienst *gerecht* aus seiner Gnade / durch die Erlösung / so durch Christo *Jhesu* geschehen ist / [25]Welchen Gott hat furgestellet zu einem Gnadenstuel / durch den glauben in seinem Blut / Da mit er die Gerechtigkeit / die fur jm gilt / *darbiete* / in dem / das er *Sunde vergibt / welche bis an her blieben war* / [26]unter göttlicher gedult / *Auff das er* zu diesen zeiten *darböte* die Gerechtigkeit / die fur jm gilt / Auff das er allein Gerecht sey / und *gerecht mache* den / der da ist des glaubens an Jhesu. [27]Wo *bleibt* nu *der* Rhum? Er ist *aus* / Durch welch Gesetz? durch der werck gesetz? Nicht also / Sondern durch des glaubens gesetz. [28]So halten wir es nu / Das der Mensch *gerecht* werde / on *des Gesetzes werck* / alleine durch den Glauben. [29]Oder ist Gott alleine der Jüden Gott? Ist er nicht auch der Heiden Gott? [30]Ja freilich auch der Heiden Gott. Sintemal es ist *ein einiger* Gott der da *gerecht machet* die Beschnei-

tung aus dem glawben/und die vor-   dung aus dem glauben/und die Vor-
haud durch den glawben.   haut durch den glauben.
[31]Wie? heben wyr   [31]Wie? Heben wir denn
denn das gesetz auff durch den   das Gesetz auff/durch den glauben?
glawben? das sey ferne *von uns*/son-   Das sey ferne/sondern wir richten
dern wyr richten das gesetz auff.   das Gesetz auff.

Aus diesen Sätzen des Apostels hatte Luther einst die entscheidende Einsicht gewonnen, daß dem Glauben allein aus Gottes Barmherzigkeit das Heil geschenkt wird. An der particula exclusiva des sola fide / sola gratia hat er deshalb an seiner Übersetzung mit aller Entschiedenheit festgehalten und sie gegen Einreden mit überzeugender Begründung verteidigt: „Nu hab ich nicht allein der sprachen art vertrawet und gefolget/das ich Roma.3. solum (Allein) hab hinzu gesetzt/Sonder der text und die meinung S.Pauli foddern und erzwingens mit gewallt/denn er handelt daselbs das hauptstück Christlicher lere/nemlich das wir durch den glauben an Christum/on alle werck des gesetzs gerecht werden/Und schneit alle werck so rein abe/dz er auch spricht/des gesetzes (das doch Gottes gesetz und wort ist) werck nicht helffen zur gerechtigkeit/Und setzt zum exempel Abraham/das der selbige sey so gar on werck gerecht worden/das auch das höhest werck/das dazu mal new gepoten ward von got fur und uber allen andern gesetzen und wercken/nemlich die beschneidung/yhm nicht geholffen hab zur gerechtigkeit/sonder sey on die beschneidung und on alle werck gerecht worden durch den glauben wie er spricht Cap. 4. Ist Abraham durch werck gerecht wordenn/so mag er sich rhümen/aber nicht fur Gott. Wo man aber alle werck so rein abschneit/und da mus ja die meinung sein/das allein der glaube gerecht mache/und wer deutlich und durre von solchem abschneiden der werck reden wil/der mus sagen/Allein der glaube/und nicht die werck machen uns gerecht/dz zwinget die sache selbs neben der sprachen art."[22] Die Aussage „allein durch den Glauben" bleibt daher in allen Ausgaben von Luthers Bibelübersetzung die tragende Mitte des Abschnitts[23].

Im einzelnen hat Luther auch in diesem Abschnitt in Wortwahl, Wortfolge und Satzbau eine größere Zahl von Änderungen vorgenommen, durch die sich die Ausgabe des Jahres 1545 vom Septembertestament unterscheidet. Spricht Luther 1522 von „rechtfertigen" (V.24.26.28), so ersetzt er später dieses Wort durch „gerecht werden" bzw. „gerecht

---

[22] WA 30/II, 640f.

[23] „Daß *pistei* exklusiven Sinn hat, worauf die Reformatoren so nachdrücklich bestanden, ist auch in der neueren katholischen Exegese anerkannt." U. WILCKENS, Der Brief an die Römer I (Röm 1–5) (EKK), 1978, 247.

machen". An die Stelle des blassen „ist" tritt das vollere „bleibt": „Wo bleibt nu der Rhum?" (V.27) Dabei ist 1545 die bessere Fassung des griechischen Textes zugrunde gelegt und deshalb nicht mehr „deyn rhum" gesagt. Hieß es 1522, der „rhum" sei ausgeschlossen, so lautet es 1545 kurz und scharf: „Er ist aus." Aus „beweisen" wird „darbieten": daß Gott „die Gerechtigkeit / die fur jm gilt / darbiete" (V.25; vgl. auch V.26). Wie in der Doxologie von Lk 2,14 wird auch in V.23 „preys" durch „Rhum" ersetzt. Der abhängige Genitiv „Gottes" war ursprünglich als Gen.subj. aufgefaßt worden: „den got an yhn haben solt". Er wird dann aber wiedergegeben durch: „den sie an Gott haben sollen"[24]. Statt der volleren Wendung, der Mensch werde gerechtfertigt „on zuthun der werck des gesetzs" wird dann kürzer gesagt: „on des Gesetzes werck" und dabei der abhängige Genitiv vorgezogen. Unterstreichend wird in V.30 statt „eyn Got" die vollere Wendung „ein *einiger* Gott" eingesetzt. Dagegen wird die Zurückweisung in V.31 von „das sey ferne *von uns*" zu „Das sey ferne" verkürzt.

Nicht nur in V.28, sondern auch in V.25 wechseln Prädikat und Objekt ihren Platz: daß Gott „vergibt die sund" wird geändert zu „das er Sunde vergibt". Die beiden Verben „offinbart" und „betzeuget" (V.21) werden später nicht mehr unverbunden nebeneinander gestellt, sondern durch „und" miteinander verknüpft. Die Konjunktion „das" in V.26 wird zu: „Auff das er zu diesen zeiten darböte". Dem Urtext wird genauer Folge geleistet, wenn am Ende von V.24 nicht von Christus, sondern von Christus Jesus die Rede ist. Besonders gemüht hat sich Luther schließlich mit der Wiedergabe der kompakten Aussage in V.25. 1522 lautet die Übersetzung, daß Gott die Sünden vergibt, „die zuvor sind geschehen unter gotlicher gedult / die er trug". 1545 aber heißt es kürzer: „welche bis an her blieben war / unter göttlicher gedult". Ursache für dieses Schwanken bietet das schwierige Problem, wie die gehäuft aneinandergereihten Begriffe der bekenntnisartigen Aussage einander zuzuordnen sind. Luther hat also gerade bei der Wiedergabe dieses zentralen paulinischen Textes nicht nur sprachliche Überlegungen an die Verbesserung der Übersetzung gewandt, sondern vor allem auch exegetische Gründe die Wiedergabe des Textes bestimmen lassen.

Die kritische Prüfung, die sich der Fassung im nachrevidierten Luthertext zuwendet, wird sich wiederum an den Gesichtspunkten zu orientieren haben, die Luthers eigene Überarbeitung seiner Übersetzung geleitet haben.

---

[24] Vgl. das Problem der Wiedergabe der Begriffsverbindung „Gerechtigkeit Gottes".

Römer 3,21–31

1956	1975/77

[21]Nun aber ist *ohne Zutun* des Gesetzes die Gerechtigkeit, die vor Gott gilt, offenbart, bezeugt durch das Gesetz und die Propheten. [22]Ich rede aber von *solcher* Gerechtigkeit vor Gott, die *da kommt* durch den Glauben an Jesus Christus *zu allen*, die *da* glauben.

Denn es *ist* hier kein Unterschied: [23]sie sind *allzumal Sünder* und *mangeln des Ruhmes*, den *sie bei Gott haben sollten*, [24]und werden ohne Verdienst gerecht aus seiner Gnade durch die Erlösung, die durch Christus Jesus geschehen ist. [25]Den hat Gott für den Glauben hingestellt in seinem Blut *als Sühnopfer*, damit Gott *erweise* seine Gerechtigkeit. Denn er hat die Sünden vergangener Zeiten getragen in göttlicher Geduld, [26]um nun *zu diesen Zeiten* seine Gerechtigkeit zu erweisen, *auf daß* er *allein* gerecht sei und gerecht *mache* den, der *da ist des Glaubens an Jesus*. [27]Wo bleibt nun der Ruhm? Er ist ausgeschlossen. Durch welches Gesetz? Durch *der Werke Gesetz*? *Nicht also!* Sondern durch des *Glaubens Gesetz*. [28]So halten wir nun *dafür*, daß der Mensch gerecht *werde* ohne *des Gesetzes Werke*, allein durch den Glauben. [29]Oder ist Gott allein *der Juden Gott*? Ist er nicht auch *der Heiden Gott*? Ja freilich, auch der Heiden Gott.

[30]Denn es ist der eine Gott, der *da gerecht macht die Juden* aus dem Glauben und die Heiden durch den Glauben.

[31]Wie? Heben wir denn das Gesetz *auf durch den Glauben*? Das sei ferne! Sondern wir richten das Gesetz auf.

[21]Nun aber ist *unabhängig* vom Gesetz die Gerechtigkeit, die vor Gott gilt, offenbart worden, bezeugt durch das Gesetz und die Propheten. [22]Ich rede aber von *der* Gerechtigkeit vor Gott, die aus dem Glauben an Jesus Christus *kommt* und *allen zuteil wird*, die glauben.

Denn es *gibt* hier keinen Unterschied: [23]*Alle haben gesündigt* und die *Herrlichkeit verloren, die Gott ihnen zugedacht hatte*, [24]und werden ohne Verdienst gerecht aus seiner Gnade durch die Erlösung, die durch Christus Jesus geschehen ist. [25]Den hat Gott für den Glauben *als Sühne* hingestellt *in seinem Blut zum Erweis* seiner Gerechtigkeit, indem er die Sünden vergibt, die früher, [26]in der Zeit seiner Geduld, begangen wurden, um nun *in dieser Zeit* seine Gerechtigkeit zu erweisen, daß er *selbst* gerecht ist und den gerecht *macht*, der *aus dem Glauben an Jesus lebt*. [27]Wo bleibt nun das Rühmen? Es ist ausgeschlossen. Durch welches Gesetz? Durch *das Gesetz der Werke*? *Nein*, sondern durch *das Gesetz des Glaubens*. [28]*Denn* wir *sind überzeugt*, daß der Mensch gerecht *wird* ohne *die Werke des Gesetzes*, allein durch den Glauben. [29]Oder ist Gott allein *der Gott der Juden*? Ist er nicht auch der *Gott der Heiden*? Ja sicher auch der Heiden.

[30]Denn es ist der eine Gott, der *die Juden gerecht macht* aus dem Glauben und die Heiden durch den Glauben.

[31]Wie? Heben wir denn das Gesetz *durch den Glauben auf? Keineswegs!* Sondern wir richten das Gesetz auf.

Stellt man beide Fassungen einander gegenüber, so darf wiederum nicht vergessen werden, daß sich die Revision von 1956 in nicht unerheblichem Umfang von Luthers Ausgabe von 1545 unterscheidet. Durch die Nachrevision aber ist erheblich stärker in den Textbestand eingegriffen worden als in allen vorhergehenden Revisionen. Gleichwohl sind Sprachduktus und Fluß der Rede, wie Luther ihn einst geprägt hat, durchaus erhalten geblieben. So lautet der gewichtige erste Satz, der von der Offenbarung der Gerechtigkeit Gottes handelt, unverändert gleich – mit einer Ausnahme: Es heißt nicht mehr, sie sei „ohne Zutun des Gesetzes", sondern sie sei „unabhängig vom Gesetz" geschehen. Übereinstimmend ist auch in beiden Fassungen in V.24 gesagt, daß alle ohne Verdienst gerecht werden aus seiner Gnade durch die Erlösung, die durch Christus Jesus geschehen ist. Und schließlich heißt es hier wie dort am Ende: „Sondern wir richten das Gesetz auf."

Zwischen Anfang und Ende aber sind manche Änderungen vorgenommen worden, die kleinere stilistische Eingriffe betreffen. So wurde das füllende „da" in V.22 und 30 fortgelassen. Von der Gerechtigkeit Gottes wird nicht mehr gesagt, daß sie „da" kommt zu allen, die „da" glauben, sondern: daß sie „aus dem Glauben an Jesus Christus kommt und allen zuteil wird, die glauben". Dadurch ist der Satz durchsichtiger wiedergegeben. Und in V.30 wird Gott als der eine beschrieben, „der die Juden gerecht macht aus dem Glauben". An das füllende „da" hatte Luther das Verb sogleich angeschlossen: „der da gerecht macht die Juden". Nun lautet die Satzfolge: Subjekt – Objekt – Prädikat. Die betonte Endstellung von „durch den Glauben" ist mit Recht erhalten geblieben. Sie sollte jedoch auch in V.31 nicht angetastet werden, wo die Frage etwas pedantisch klingt: „Heben wir denn das Gesetz durch den Glauben auf?" Sprachlich besser und nicht minder verständlich war: „Heben wir denn das Gesetz auf durch den Glauben?" V.22b stellt lapidar fest: „Es ist – nunmehr: es gibt – hier kein(en) Unterschied." Die alte Wendung, sie seien allzumal Sünder und mangeln des Ruhmes, den sie bei Gott haben sollten, ist nun geändert zu: „Alle haben gesündigt und die Herrlichkeit verloren, die Gott ihnen zugedacht hatte." Damit ist der Sinn des Urtextes genauer wiedergegeben. Er handelt von der doxa, die Gott den Menschen im Paradies verliehen hatte, die sie aber durch den Sündenfall vertan haben.

In V.25 hatte Luther das griechische Wort *hilastērion* mit „Gnadenstuhl" übersetzt und dabei an den Deckel der Bundeslade gedacht, an den das entsühnende Opferblut gesprengt wurde. 1956 hat man statt dessen vom Sühnopfer gesprochen und den griechischen Begriff damit genauer, aber auch einseitiger festgelegt. Die exegetische Diskussion hat zwar wahr-

scheinlich machen können, daß in V.25 ein vorpaulinisches Zitat zugrunde
liegt, das der Apostel aufgenommen und seinerseits erweitert hat[25]. Die
Frage aber, ob in diesem vorgegebenen urchristlichen Satz mit *hilastērion*
der Deckel der Bundeslade, ein Sühnopfer oder allgemeiner ein Sühnemit-
tel gemeint ist, ist nach wie vor offen. Sie kann schwerlich schlüssig
beantwortet werden, da der Kontext des vorgegebenen Fragments nicht
erhalten ist und deshalb für eine sichere Entscheidung Anhaltspunkte
fehlen[26]. Darum ist es richtig, daß die Nachrevision vorsichtiger nicht vom
Sühnopfer, sondern allgemeiner von der Sühne spricht, die Gott hingestellt
hat „in seinem Blut zum Erweis seiner Gerechtigkeit". Damit schließt sich
der deutsche Satz genau der griechischen Wortfolge an. In der Textfassung
von 1956 wird dann ein neuer Hauptsatz angehängt, der davon handelt,
daß Gott die Sünden vergangener Zeiten getragen habe in göttlicher
Geduld. Die gedrängte Häufung der Substantive hat Übersetzern und
Revisoren immer Schwierigkeiten bereitet. Sie hatten die Revision von
1956 bereits zu stärkeren Eingriffen veranlaßt, ohne daß die exegetischen
Probleme hinlänglich geklärt worden wären. Erst mit der Einsicht in den
vorpaulinischen Charakter des Satzes wird deutlich, was gemeint ist.
Entsprechend sagt die Nachrevision mit Recht: „indem er (d.h. Gott) die
Sünden vergibt, die früher, in der Zeit seiner Geduld, begangen wurden"
und kann nun in V.26 hervorheben, wie der Apostel Paulus das Zitat
erweitert. Paulus spricht seinerseits von Gottes Vergebung „in dieser Zeit"
– genauer als: „in diesen Zeiten" –, die sich in seinem Erweis der Gerechtigkeit vollzieht. Ob dann freilich in der zweiten Hälfte des Verses geändert
werden mußte, läßt sich fragen. Daß „auf daß" zu „daß" verkürzt wurde,
ist sicherlich richtig. Berechtigt ist wohl auch, daß der Konjunktiv
„mache" dem Indikativ „macht" weichen mußte (vgl. auch die Konjunk-
tive in V.28 und 30). Aber warum sollte es nicht mehr heißen, daß Gott
„allein gerecht sei"? „Daß er selbst gerecht ist", klingt nicht verständlicher.
Und weshalb ist nicht mehr betont an das Ende gesetzt, daß der die
Gerechtigkeit empfängt, der seine Existenz hat „aus dem Glauben an
Jesus"? Denn darauf liegt bei Paulus der Nachdruck: Im Glauben und auf

---

[25] Vgl. E. KÄSEMANN, Zum Verständnis von Römer 3,24–26 (1950/51; in: DERS., Exegeti-
sche Versuche und Besinnungen I, 1970[6], 96–100); E. LOHSE, Märtyrer und Gottesknecht
(FRLANT 64), 1963[2], 149–154; J. REUMANN, The Gospel of the Righteousness of God (Interp.
20, 1966, 432–452).
[26] P. STUHLMACHER, Zur neueren Exegese von Römer 3,24–26 (in: Jesus und Paulus. FS f.
W. G. Kümmel, hg. v. E. E. ELLIS u. E. GRÄSSER, 1975, 315–333) tritt wieder für die
Auffassung ein, es sei an den Deckel der Bundeslade zu denken. Vgl. auch WILCKENS (s.
Anm. 23), 190–193.233–243.

keine andere Weise wird die Offenbarung der Gerechtigkeit Gottes begriffen und angenommen. Also wäre vorzuschlagen: daß Gott „allein gerecht ist und den gerecht macht, der lebt aus dem Glauben an Jesus". Der wichtige Hauptsatz in V. 28 wird jetzt nicht mehr durch „So halten wir nun dafür" eingeleitet, sondern durch: „Denn wir sind überzeugt" – sachlich wie sprachlich überzeugend.

In den folgenden Versen hat Luther mehrfach bei Genitivverbindungen zweier Substantive den abhängigen Begriff vorangestellt und gesagt: „der Werke Gesetz", „des Glaubens Gesetz", „des Gesetzes Werke" sowie „der Juden Gott" und „der Heiden Gott". Diese feierlich klingende Redeweise ist in allen Fällen in die Folge Nominativ-Genitiv abgeändert worden: „das Gesetz der Werke", „das Gesetz des Glaubens" usw. Diese Änderungen waren aus Gründen der Verständlichkeit nicht zwingend geboten. Sie legen sich aber nahe, weil der Bibeltext nicht unnötig altertümlich erscheinen sollte. In V. 30 wäre jedoch die Voranstellung des Verbs nach wie vor zu rechtfertigen, zumal sie auch der Wortfolge im Urtext entspricht: „der gerecht macht die Juden aus dem Glauben".

Faßt man die einzelnen Beobachtungen, die zu den Veränderungen des Textes anzumerken waren, zusammen, so ergibt sich, daß die Nachrevision aus guten Gründen ältere Ausdrücke ersetzt hat. Dem heutigen Hörer und Leser des Textes soll die ohnehin nicht leicht zu verstehende paulinische Argumentation nicht unnötig zusätzlich erschwert werden. Deshalb werden altertümlich anmutende Ausdrücke wie die Voranstellung des abhängigen Genitivs oder auch die nicht mehr gebräuchliche Verwendung des Konjunktivs auch da vermieden, wo sie zwar heute verständlich sein können, aber ungebräuchlich wirken und deshalb als Ausdrücke einer vergangenen Zeit empfunden werden. Wo die Nachrevision ein wenig zu pedantisch verfahren ist – wie z. B. in der konsequenten Endstellung des Verbs –, da lassen sich kleinere Korrekturen unschwer vornehmen.

Die Entscheidungen, die die Nachrevision bei ihrer Überarbeitung des Luthertextes zu treffen hatte, sind von der Absicht geleitet, das Skandalon nicht an falscher Stelle entstehen zu lassen und dadurch eine ernsthafte Beschäftigung mit dem Text überhaupt zu verhindern. Deshalb mußte die Übersetzung Martin Luthers sorgfältig überarbeitet werden, um die biblische Botschaft eindeutig und verständlich zur Sprache zu bringen. Das Bemühen der Revision bleibt an den vorgegebenen Text gebunden. Es kann und darf daher nicht auf eine Neuübersetzung hinauslaufen oder Luthers Übersetzung so umgestalten wollen, daß sie als ein heute gefertigter Text erscheinen könnte. Der ihr eigene Charakter in Wortwahl, Wortfolge und Satzstruktur muß so weit als möglich erhalten bleiben, aber auch

so weit wie erforderlich behutsam verändert werden[27]. Daß diese Aufgabe
nicht einfach zu lösen ist, haben die beispielhaft angestellten Analysen
gezeigt. Es bedeutet kein negatives Urteil über das bisher geleistete Werk
der Revision, wenn hier und da Korrekturen anzumerken sind. Sie zu
sammeln, zu sichten und das mögliche Maß erreichbarer Verbesserungen
vorzunehmen, ist als Aufgabe gestellt, um die Revision der Lutherbibel zu
einem Abschluß zu bringen, der als dauerhaft gelten und möglichst allgemeine Zustimmung in der evangelischen Christenheit deutscher Sprache
finden kann.

---

[27] Zum Problem vgl. die Übersicht bei W. GUNDERT, Bibelübersetzungen IV, in: TRE VI,
bes. 266–271.

Zwischen Reformation und Pietismus

Reich Gottes und Chiliasmus in der lutherischen Orthodoxie

Johannes Wallmann

„Die eschatologische Frage in der Zuspitzung auf das Problem des Reiches Gottes auf Erden ist das heimliche Thema der Neuzeit, das nicht nur alle Generationen ergriffen hat, sondern selbst die säkularen Bewegungen umtreibt."[1] Wenn diese Charakterisierung der Neuzeit zutrifft, dann haben sich im Prozeß des Werdens der Neuzeit nicht diejenigen Kräfte durchgesetzt, die das Erbe der reformatorischen Theologie zu wahren suchten, sondern eher die Nachfolger der von den Reformatoren bekämpften Täufer und Spiritualisten. In der Auseinandersetzung mit dem „Schwärmertum" hatten die Reformatoren jeder innergeschichtlichen, irdischen Reichgotteshoffnung, wie sie im Gefolge der mittelalterlich-chiliastischen Tradition von Thomas Müntzer bis zu den Münsteraner Täufern vertreten wurde, widersprochen. Die reformatorischen Bekenntnisse verwarfen den Chiliasmus. Reich Gottes war nicht das Thema der reformatorischen Theologie, schon gar nicht das Reich Gottes auf Erden.

Die Auseinandersetzung der Reformation mit einem chiliastischen „Schwärmertum" hat die kirchengeschichtliche Forschung schon lange bewegt und findet immer erneut Interesse. Dagegen ist noch wenig erforscht, wie es zur Auflösung der reformatorischen Positionen im Übergang zur Neuzeit gekommen ist, wurde noch kaum gefragt, warum der nachreformatorische Protestantismus die dezidierte Absage der Reformation an den Chiliasmus nicht durchgehalten und, wohl zuerst im Pietismus, die eschatologische Frage in der Zuspitzung auf das Problem des Reiches Gottes zu einem theologischen Zentralthema gemacht hat. Wir besitzen keine Geschichte der Eschatologie des Protestantismus. Die großen Darstellungen der protestantischen Theologiegeschichte lassen uns hier im

---

[1] Diese These von ALFRED ADAM (Lehrbuch der Dogmengeschichte I, 1977³, 33) zitiert in ihrem Kontext und diskutiert CARL ANDRESEN im Vorwort zu: Handbuch der Dogmen- und Theologiegeschichte II: Die Lehrentwicklung im Rahmen der Konfessionalität, 1980, XX. Vgl. zur Sache auch § 40 „Das Reich Gottes" bei G. EBELING, Dogmatik des christlichen Glaubens III, 1979, 477 ff.

Stich. Sie sparen die Eschatologie aus. Die monumentale Quellensamm-
lung von Ernst Staehelin „Die Verkündigung des Reiches Gottes in der
Kirche Jesu Christi" ist in ihren letzten Bänden ein respektabler Anlauf zu
einer solchen Geschichte der protestantischen Eschatologie. Staehelin hat
reiches, zum Teil entlegenes Quellenmaterial aus dem reformierten und
anglikanischen Protestantismus gesammelt[2]. Man erkennt, daß es hier
schon im 16. Jahrhundert nicht an Verkündern einer irdischen Zukunftshoffnung fehlte. Mit dem frühen 17. Jahrhundert setzt dann ein ununter-
brochener Strom chiliastischer Zukunftshoffnung ein (Johann Heinrich
Alsted, Joseph Mede u. a.). In der lutherischen Tradition dagegen begegnen zwischen Reformation und Pietismus nur Vertreter einer Eschatologie
des Jüngsten Tages und der Hoffnung auf das himmlische Jerusalem
(Johann Gerhard, Johann Matthäus Meyfart, Paul Gerhardt u. a.). Philipp
Jakob Spener erscheint als der erste, der innerhalb des Luthertums mit der
Hoffnung auf ein herrlicheres Reich Christi auf Erden hervorgetreten ist.

Ist das Bild, das Staehelin vermittelt und das auch sonst in der Literatur
verbreitet wird[3], zutreffend oder spiegelt es nur ein Forschungsdefizit
wider? Im folgenden soll der Blick auf „Reich Gottes und Chiliasmus in der
lutherischen Orthodoxie" gerichtet werden. Mangels jeglicher Vorarbeiten
kann hier nur eine Skizze vorgelegt werden, kann nicht mehr getan
werden, als einige Bausteine zu einer Geschichte der Eschatologie im
lutherischen Protestantismus zusammenzustellen[4]. Ihre Einordnung und
Wertung muß einer größeren Darstellung vorbehalten bleiben.

Daß chiliastische Hoffnungen auf ein künftiges irdisches Gottesreich mit
dem Zusammenbruch des Münsteraner Täuferreichs im Ausbreitungsge-
biet des Luthertums erloschen sind, trifft sicherlich nicht zu. Chiliasmus
lebte in der zweiten Hälfte des 16. Jahrhunderts fort, in kleinen täuferi-
schen Gruppen, bei den Schülern des Paracelsus, schließlich bei Valentin
Weigel, der sich ausdrücklich zur Hoffnung auf ein neues Jerusalem hier
auf Erden bekannte. Allerdings scheint in den Jahrzehnten nach der Refor-

---

[2] E. Staehelin, Die Verkündigung des Reiches Gottes in der Kirche Jesu Christi IV: Von
Beginn des 16. bis zur Mitte des 17. Jh.s, 1957; V: Von der Mitte des 17. bis zur Mitte des
18. Jh.s, 1959.

[3] Dieses Bild vermittelt außer Staehelin und der älteren Literatur (Paul Althaus, Walter
Nigg u. a.) auch der einseitig das angelsächsische Schrifttum in den Vordergrund rückende
Art. „Chiliasmus IV. Reformation und Neuzeit" von R. Bauckham in TRE VII, 1981,
(737–745) 738 ff. Vgl. aber auch G. Seebass, Art. „Apokalyptik VII. Reformation und
Neuzeit", TRE III, 1978, (280–289) 283.

[4] Mein Beitrag fußt durchweg auf Quellen, die sich im Besitz der Herzog August
Bibliothek Wolfenbüttel befinden. Ich kann mir deshalb Angaben des Fundorts für die
teilweise sehr seltenen und in der bisherigen Forschung zum Teil noch nie herangezogenen
Werke ersparen.

mation das Luthertum nicht merklich durch den Chiliasmus irritiert worden zu sein. Der Schlußartikel der Konkordienformel von 1577 „Von andern Rotten und Sekten" dürfte ein ziemlich getreues Abbild der nach dem Augsburger Religionsfrieden das Luthertum beunruhigenden religiösen Randgruppen abgeben. Spiritualisten, Schwenckfelder sind hier genannt, auch die Antitrinitarier. Die Verwerfung des Chiliasmus, wie sie Melanchthon in Artikel 17 der Confessio Augustana vorgenommen und seit 1535 innerhalb seiner Loci theologici im Locus „De Regno Christi" begründet hatte, ist in der Konkordienformel nicht wiederholt worden. Um die Jahrhundertwende bietet der Lutheraner Konrad Schlüsselburg in den dreizehn Bänden seiner „Catalogi haereticorum" (1597–1601) eine umfassende Übersicht über die „errores grassantes". Die „Chiliastae" hat Schlüsselburg einer Aufnahme in seine Ketzerkataloge nicht für wert gehalten.

Zwanzig Jahre später ist die Situation im Luthertum völlig verändert. Seitdem Valentin Weigels Schriften mit ihrem offenen Eintreten für den Chiliasmus im Druck erscheinen (seit 1609), seitdem die Rosenkreuzerschriften eine Generalreformation der ganzen Welt und ein aureum saeculum verkünden, seitdem schließlich mit Beginn des Dreißigjährigen Krieges in den verschiedensten Teilen des Reiches chiliastische Propheten ihre Stimme erheben, steht die lutherische Orthodoxie in einer erneuten Auseinandersetzung mit einem spiritualistischen und chiliastischen Schwärmertum. Johann Valentin Andreä spricht 1619 von der großen Zahl der Bücher über das neue Jerusalem, die derzeit von den Buchhändlern feilgeboten würden[5]. In den folgenden Jahren entwickelt sich eine heftige literarische Auseinandersetzung der lutherischen Orthodoxie mit Spiritualismus und Chiliasmus, die 1622 ihren ersten Höhepunkt erreicht. In Rostock kämpft Georg Rostius gegen die „neuen himmlischen Propheten, Rosenkreuzer, Chiliasten und Enthusiasten"[6]. In Wittenberg tritt Nicolaus Hunnius den „Herolden" entgegen, „die mit ernst und eifer vorgeben, es sei ein neues seculum, welches sie seculum Spiritus sancti . . . genennet, vorhanden"[7]. In Tübingen streitet Theodor Thumm gegen die Weigelianer[8], und in Ostpreußen widerlegt Philipp Arnold die Hoffnung auf ein

---

[5] J. V. Andreä, Mythologiae christianae III, Straßburg 1619, 259.
[6] G. Rostius, Heldenbuch vom Rosengarten oder gründlicher und apologetischer Bericht von den neuen himmlischen Propheten, Rosenkreuzern, Chiliasten und Enthusiasten welche ein neu irdisch Paradies und Rosengarten auf dieser Welt erträumen, Rostock 1622.
[7] N. Hunnius, Christliche Betrachtung der neuen Paracelsischen und Weigelianischen Theology, Wittenberg 1622, Vorrede o. S.
[8] T. Thummius, Impietas Wigeliana, Tübingen 1622.

„tertium Saeculum"[9]. Johann Gerhard führt schließlich in dem 1622 erscheinenden neunten Band seiner „Loci theologici" die umfassende Auseinandersetzung mit der chiliastischen Zukunftshoffnung, in der richtungweisend für die lutherische Orthodoxie bis hin zu den pietistischen Streitigkeiten die antichiliastische Position in der Eschatologie festgelegt wird[10]. Johann Gerhard ist es wohl, der für die bis dahin mit verschiedenen Ketzernamen (Chiliastae, Millenarii, Milliastae, Cerinthiani u. a.) belegten Hoffnungen auf ein irdisches Gottesreich vor dem Jüngsten Tag den Abstraktbegriff „Chiliasmus" in Umlauf gebracht hat. Der Begriff begegnet in den Quellen des 16. Jahrhunderts nicht[11]. Ebenso wie der Begriff „Eschatologie", mit dem erstmals bei Abraham Calov die Lehre von den letzten Dingen (de novissimis) zusammengefaßt wird[12], dürfte der Begriff „Chiliasmus" eine Prägung der lutherischen Orthodoxie des 17. Jahrhunderts sein.

Die lutherische Orthodoxie ist schrittweise in die Auseinandersetzung mit der neuen Welle des Chiliasmus eingetreten. Wenn man dem Weg nachgeht, der von Ägidius Hunnius, dem Begründer der Wittenberger Orthodoxie, zu Johann Gerhard, dem für die Folgezeit maßgebenden Dogmatiker des orthodoxen Luthertums, führt, so erkennt man, wie innerhalb von zwei Jahrzehnten ein anfangs sehr einfach scheinendes Problem sich immer stärker differenzierte und immer ausführlicherer Auseinandersetzung bedürftig war. *Ägidius Hunnius* (1550–1603) hat in seinem „De regno Christi", einer Zusammenstellung von 338 Thesen über die Lehre vom Reich Christi[13], den Chiliasmus noch sehr schematisch behandelt. Er beschreibt ihn als die irrige Meinung, daß die Erwählten vor dem Jüngsten Tag hier auf Erden tausend Jahre herrschen werden, und widerlegt ihn knapp und im engen Anschluß an Melanchthon mit dem Hinweis, Christus werde in der ganzen Heiligen Schrift nicht ein irdisches, sondern ein geistliches Reich zugeschrieben[14]. Nach Hunnius stützen sich die Chiliasten auf Apk 20. Dem hält Hunnius entgegen, man müsse nach

---

[9] P. Arnold, Antinagelius. Das ist: Gründlicher Beweisz / Daß nach dieser Welt Zustande nicht ein tertium Seculum oder dritte jrrdische Zeit / in welcher die Heiligen allein mit Christo dem Herrn noch allhie tausent Apocalyptischer Jahre / in grossen Frewden herrschen sollen / zu hoffen sey, Königsberg 1622.

[10] J. Gerhard, Loci theologici IX, Jena 1622 (die Auseinandersetzung mit dem Chiliasmus im Locus „de consummatione seculi").

[11] Vgl. G. List, Chiliastische Utopie und radikale Reformation. Die Erneuerung der Idee vom tausendjährigen Reich im 16. Jh., 1973, 35 Anm. 1.

[12] A. Calov, Systema locorum theologicorum XII, ΕΣΧΑΤΟΛΟΓΙΑ sacra, Wittenberg 1677.

[13] Ä. Hunnius, De Regno Christi Propositiones, Wittenberg 1597.

[14] Zur Widerlegung des Chiliasmus vgl. bei Hunnius die Thesen 65–100.

dem Beginn des in Apk 20 geweissagten Reiches forschen. Für Hunnius hat das Millennium von Apk 20 um das Jahr 300 begonnen, als Konstantin zur Herrschaft kam. Luthers Berechnung auf die Zeit der Abfassung der Johannesapokalypse, wie sie als Randglosse zu Apk 20 in der Lutherbibel stand, erwähnt Hunnius nicht. Mit der kirchengeschichtlichen Auslegung von Apk 20 kann nach Hunnius der Chiliasmus für widerlegt gelten.

Daniel Cramer (1568–1637), Schüler des Ägidius Hunnius und Freund von Johann Gerhard, Verfasser des ersten Lehrbuchs der aristotelischen Metaphysik im Luthertum[15], befindet sich zwei Jahrzehnte später in einer anderen Situation. Cramer veröffentlichte 1614 ebenfalls eine Schrift „De regno Christi" – keine Thesensammlung, sondern eine stattliche Monographie von über 400 Seiten[16]! Im Unterschied zu Hunnius erblickt Cramer im Chiliasmus ein differenziertes Phänomen. Er weiß, daß es neben dem bisher bekannten Chiliasmus, der Hoffnung auf ein irdisches Messiasreich, auch eine „nova et subtilis opinio Chiliastica" gibt[17]. Cramer beschreibt sie als Hoffnung auf einen glücklichen Zustand der Kirche vor dem Jüngsten Tag, in dem alle Häresien und Verfolgungen, Krieg, Tyrannis abgeschafft sind; ein Zustand, der tausend Jahre, das heiße eine hinlänglich lange, aber nur Gott genau bekannte Zeit, dauern werde. Hier bahnt sich die Unterscheidung zwischen Chiliasmus crassus und subtilis an, die wir später in der lutherischen Orthodoxie finden. Im Unterschied zu seinem Lehrer Hunnius, der von den Chiliasten nur wußte, daß sie sich auf Apk 20 stützen, kennt Cramer vier verschiedene Arten von Beweisgründen der Chiliasten: 1. Prophetische Weissagungen des Alten Testaments, 2. Die Sibyllinischen Weissagungen, 3. Die Tradition der frühen Kirche, 4. Die Johannesapokalypse[18]. Woher Cramer seine Vierquellentheorie hat, ob aus

---

[15] M. WUNDT, Die deutsche Schulmetaphysik des 17. Jh.s, 1939, 51.

[16] D. Cramer, De Regno Jesu Christi Regis Regum & Domini Dominantium semper invicti, Stettin 1614.

[17] AaO 310: „Porro memini & alicubi novam & subtilem quandam opinionem Chiliasticam commentatoris cujusdam in Apocalypsin de Regno Evangelico. Qui statuit, futuram esse omnimodam Antichristi, tum Turcici tum Romani, Panolethriam, ante finem mundi: Et Ecclesiam futuram esse oecumenicam, & Catholice Evangelicam, deletis omnibus Haeresibus, cessantibus omnibus Persecutionibus, pressuris, bellis, Tyrannide; idque per mille annos, h. e. tempus bene longum, sed praecise Deo notum. In quo Regni Evangelici statu tamen rejicit quicquid Judaismum sapit."

[18] AaO 311: „Fundamenta, quibus Chiliastae innituntur, Quatuor sunt genera Rationum, quibus in hunc errorem seducti sunt 1. Vaticinia quaedam Prophetica male intellecta 2. Carmina Sibyllina 3. Traditiones 4. Apocalypsis Joannis." Diese Vierquellentheorie wird später von Johann Gerhard leicht abgewandelt: „Quidam ex sacris literis, quidam ex Sibyllarum oraculis, quidam ex traditionibus apostolicis, quidam ex libris apocryphis, maxime ex 4. libro Esrae, de hoc regno disputant." (J. Gerhard, Loci theologici IX, 1875, 189)

eigenen Beobachtungen oder aus fremder Literatur, muß vorderhand offen bleiben.

Dieser differenzierteren Sicht des Chiliasmus entspricht, daß sich Cramer bei Apk 20 mit der kirchengeschichtlichen Auslegung seines Lehrers Hunnius nicht zufrieden geben konnte. In seinem knapp gefaßten Kommentar der Johannesapokalypse von 1619 geht Cramer bei Kap. 20 ausführlich auf den „alten Irrtum der Chiliasten" wie auch auf die „neuen Phantasien" von einem in Kürze anbrechenden „Seculum perfectionis" ein[19]. Bei der Erörterung des Terminus a quo für das tausendjährige Reich führt Cramer sowohl die Berechnung Luthers auf die Zeit der Abfassung der Johannesapokalypse als auch diejenige von Ägidius Hunnius auf die Zeit Konstantins des Großen an. Cramer führt sie als „zwo meinungen" an, „die beyd nicht gar ungereimt sein"[20]. Er schließt sich aber keiner der beiden an, sondern entwickelt eine eigene Theorie, nach welcher „wir eben jetzo schon von der zeit der Predigt Lutheri an / diß Regnum gratiae angefangen haben / vnd sitzen Gottlob in diesem Evangelischen Reich". Cramer holt also das tausendjährige Reich aus der Vergangenheit, in die es durch die kirchengeschichtliche Auslegung der Reformatoren und der Frühorthodoxie gesetzt worden war, in die Gegenwart hinein. Es hat mit der Reformation begonnen. Dem Argument, der Text rede nicht nur von hundert, sondern von tausend Jahren, hält Cramer entgegen: „Wer hat hie Gott jemahln in seinen Calender geguckt / das man genau sagen kann, was er hie für Jahre wollte verstanden haben."[21] Die tausend Jahre sind nach 2Petr 3,8 (vgl. Ps 90,4) nicht im wörtlichen Sinn zu verstehen. „Darum wenn uns Gott nur einen einigen Tag über den Teuffel gebunden und Halcyonia gegeben hette / so wäre es für Gott tausend Jahr."

Diese erstaunliche Auslegung von Apk 20 steht nicht nur im Apokalypsekommentar des Daniel Cramer, sie ist aus diesem Kommentar wörtlich in die große Ausgabe der Lutherbibel aufgenommen worden, die 1620 in Straßburg erschien[22]. Diese Lutherbibel druckt nach Apk 20,1f zunächst Luthers kurze Randglosse ab, dann folgt über mehrere Spalten Cramers ausführliche Auseinandersetzung mit dem Chiliasmus. Erstmals wird der Leser der Lutherbibel mit der chiliastischen Zukunftshoffnung bekanntge-

---

[19] D. Cramer, Apocalypsis, Oder Offenbarung S. Johannis Samt einer richtigen Erklerung, Stettin 1619, Bl. 79v: „Vnd noch heutigs tages solche Cabalistische Phantasten gefunden werden / welche fürgeben / es werde nun bald / nach gar wenig Jahren / ein Seculum perfectionis angehen . . ."

[20] AaO Bl. 81r.　　　　　　　　　　　　　　　[21] AaO Bl. 81v.

[22] Biblia. Das ist die gantze H. Schrifft . . . Vorreden und Marginalien D. Lutheri . . . Besambt newer Summarischer Außlegung . . . Durch Danielem Cramer, Straßburg 1620.

macht. Luthers Bibelvorreden und Randglossen schlossen zwar jede chiliastische Hoffnung aus, machten den Bibelleser aber auch nicht mit ihr
bekannt. Eben dies tut Cramer. Indem er dem Bibelleser drei verschiedene
Berechnungen des Millenniumsanbruchs anbot, wahrte er zwar das Erbe
reformatorischer Freiheit in der Auslegung der Heiligen Schrift, konnte
aber den Anspruch seines Lehrers Hunnius, den Chiliasmus durch eine
richtige Exegese von Apk 20 zu widerlegen, kaum noch glaubhaft machen.

Cramer hat bei seiner Auseinandersetzung mit dem Chiliasmus noch
etwas weiteres getan. Er hat das 4. Buch Esra, auf das sich die chiliastischen Schriften des frühen 17. Jahrhunderts mit Vorliebe berufen, und das
aus der Bibel herausgenommen zu haben, der Chiliast Paul Felgenhauer der
lutherischen Kirche zum Vorwurf machte[23], wieder in die Lutherbibel
aufgenommen. Cramers Ausgabe der Straßburger Lutherbibel enthält
erstmals in der Reihe lutherischer Bibelausgaben die von Luther in die
Vollbibel von 1534 nicht aufgenommenen Bücher 3. und 4. Esra sowie
3. Makkabäer. Sie sind den alttestamentlichen Apokryphen nachgeordnet
als „Zugabe", und sie bleiben seitdem Bestandteil der meisten großen
Bibelausgaben, von der Weimarer Bibel („Kurfürstenbibel") bis zu den
ersten beiden Auflagen der Cansteinbibel[24]. Was Cramer zur Aufnahme
bewog, waren keine theologischen Gründe, sondern der Druck einer
offenbar breiten Öffentlichkeit, die in der umlaufenden Literatur ständig
das 4. Buch Esra zitiert fand, die Stellen in der eigenen Bibel aber nicht
auffinden konnte und somit auf den Gedanken kam, ihr würden wesentliche Teile der Bibel vorenthalten[25]. Hier können wir einmal die Macht jener
im frühen 17. Jahrhundert auf die lutherische Kirche anprallenden chiliastischen Welle mit Händen greifen.

Sah sich Daniel Cramer genötigt, zwischen dem von Melanchthon
verworfenen Chiliasmus crassus und einer „nova et subtilis opinio Chiliastica" zu unterscheiden, so geht bald darauf der Rostocker Theologe *Johann*

---

[23] Vgl. E. G. WOLTERS, Paul Felgenhauers Leben und Wirken (JGNKG 54, 1956, 63–84),
66.

[24] B. KÖSTER, Die erste Bibelausgabe des Halleschen Pietismus (Pietismus und Neuzeit.
JGP 5, 1980, 105–163), 119 Anm. 68.

[25] Als Grund für die Aufnahme nennt Cramer „nichts anderes als etlicher Leute Curiosität /
welche / ich weiß nicht was für Geheimniß und Weissagungen auß diesen / zumal auß dem
vierten Buch Esra suchen / und unter die Leute auch in Teutscher Sprache außsprengen / da
denn mancher einfältige Leser irre gemacht wird / wenn er die Allegaten sieht / und dieselbe
in der Bibel nach seiner Sprach nicht lesen oder finden kann: Ja wol in die Gedancken kömpt /
als were etwas darinn Lutheri Lehr zuwider / oder aber als wolte man dem gemeinen Mann
solche Geheimnissen nicht gönnen / und auß der Griechischen und Lateinischen Bibel
mittheilen. Denen hiemit zum Überfluß gedienet seyn soll." (Biblia, Straßburg 1620. . . .
Ander Theil: Die Propheten, 1169)

Affelmann (1588–1624) noch weiter und benennt fünf verschiedene Arten chiliastischer Hoffnung[26]. Neben der Erwartung der leiblichen Wiederkunft Christi als Herrn eines irdischen Reichs vor dem Jüngsten Tag, neben der Erwartung einer Rückführung der Juden in das Land Kanaan, neben der geistlich verstandenen tausendjährigen glücklichen Zeit der Kirche kennt Affelmann auch den joachitischen Chiliasmus der Dreizeitalterlehre, nach der auf die Zeit des Vaters und des Sohnes ein Zeitalter des Heiligen Geistes folge, sowie die Hoffnung auf eine Wiederherstellung des paradiesischen Zustandes (quanta ante lapsum in Paradiso fuit) vor dem Jüngsten Gericht. Affelmanns Unterscheidung von fünf Arten des Chiliasmus ist von der späteren lutherischen Orthodoxie meist beibehalten worden. *Matthias Hoe von Hoenegg* (1580–1645) zitiert Affelmanns Distinktionen in seinem großen Apokalypsekommentar, einem Hauptwerk der lutherischen Orthodoxie aus der Zeit des Dreißigjährigen Krieges[27]. *Abraham Calov* (1612–1686) führt Affelmanns Unterscheidungen an zum Beweis, daß es auch noch andere Formen von Chiliasmus gibt außer dem, der sich auf das falsch verstandene 20. Kap. der Johannesoffenbarung beruft[28].

Es soll hier nicht weiter untersucht werden, wie die lutherische Orthodoxie die Distinktion verschiedener Formen von Chiliasmus weitergetrieben hat. Es wäre eine Aufgabe für sich, für die ungefähr ein Dutzend verschiedenen Formen von Chiliasmus, die *Johann Gerhard* kennt[29], die Repräsentanten in der zeitgenössischen chiliastischen Literatur aufzuspüren. Wir versagen uns dieser ins Uferlose führenden Aufgabe und fragen, ob der lutherischen Orthodoxie die Abwehr jener zu Beginn des 17. Jahrhunderts aufbrechenden Welle des Chiliasmus gelungen ist oder ob sich Einbruchstellen zeigen, an denen lutherische Theologen bereits vor Spener und dem Pietismus chiliastische Hoffnungen rezipiert haben.

---

[26] J. Affelmann, Illustrium Quaestionum theologicarum heptas, Rostock 1618, Qu. 6 Th. 12.

[27] M. Hoe von Hoenegg, Commentariorum in Beati Apostoli et Evangelista Johannis Apocalypsin libri, I–VIII, Leipzig 1610–1640. Die Auseinandersetzung mit dem Chiliasmus führt Hoe in den beiden letzten Bänden von 1638 (Kommentar zu Apk 19–20) und 1640 (Kommentar zu Apk 21).

[28] Calov (s. Anm. 12), 158.

[29] Gerhard unterscheidet zwischen Chiliasmus subtilis, der auf friedliche Zeiten der Kirche hofft, und Chiliasmus crassus, zwischen einem Chiliasmus ante resurrectionem und post resurrectionem (sc. martyrum), zwischen einem theoretischen, in Büchern verbreiteten Chiliasmus und einem praktischen, gesellschaftsumstürzenden Chiliasmus nach Art der Münsteraner Täufer, zwischen einem Chiliasmus, der die Dauer des tausendjährigen Reiches offen hält, und einem anderen, der sie präzis auf tausend Jahre berechnet; zwischen einem Chiliasmus, der als Bürger des tausendjährigen Reiches alle Frommen annimmt, und einem Chiliasmus, der hierzu nur die Juden rechnet oder nur die Märtyrer. Vgl. zu diesen und weiteren Unterscheidungen Gerhard (s. Anm. 18), 188.

Da der Chiliasmus im Pietismus, also in einer Frömmigkeitsbewegung, ins Luthertum eingedrungen ist, wird man nach Einbruchstellen vor allem in der Frömmigkeitsliteratur, der sogenannten Erbauungsliteratur, suchen. Hier bestätigt sich zunächst unsere anfängliche Beobachtung, daß bis zum Beginn des 17. Jahrhunderts chiliastische Hoffnungen keine Rolle im Luthertum gespielt haben. *Stephan Prätorius* (1536–1603), der älteste unter den lutherischen Erbauungsschriftstellern, die man unter die Vorläufer des Pietismus zählt, hat zwar einen Traktat „Von der gülden Zeit" geschrieben[30]; Prätorius verbindet mit der Rede von der „gülden Zeit" aber keine Zukunftshoffnungen. Er redet von der Gegenwart, in der wir dank des von Luther wiederentdeckten Evangeliums trotz Elend, Krieg und Pestilenz die rechte güldene Zeit sehen können[31]: „Wer nun das Wort rein hat / vnd lebet in Gottes Gnade / der lebet recht in der Gülden Zeit."[32] Ebenso findet sich bei *Philipp Nicolai* (1556–1608), der 1597 ein ganzes Buch „De Regno Christi" geschrieben hat, das 1610 unter dem Titel „Historia des Reiches Christi" auch in deutscher Übersetzung auf den Markt kam, nichts von chiliastischer Hoffnung[33]. Nicolai wurde durch seine Berechnung des Weltendes auf das Jahr 1670 bekannt. Dieses Datum markiert aber nicht den Anbruch einer güldenen Zeit oder eines aureum saeculum wie bei anderen das Weltende berechnenden Chronologen (z. B. bei Johann Heinrich Alsted). In dieses Jahr fällt nach Nicolai das Jüngste Gericht und die Erschaffung eines neuen Himmels und einer neuen Erde. Nicolais Zukunftshoffnung ist Jenseitshoffnung, wie sein im frühen 17. Jahrhundert vielgelesener „Freudenspiegel des ewigen Lebens" (1599) zeigt.

Schließlich auch bei *Johann Arndt* (1555–1621), dem meistgelesenen lutherischen Erbauungsschriftsteller, finden sich keine Andeutungen auf

---

[30] S. Prätorius, Schöne / Außerlesene / Geist- vnd Trostreiche Tractätlein / Von der gülden Zeit & ec. . . . Von M. Stephano Praetorio . . . stücksweise an den Tag gegeben. Anjetzo aber widerumb zusammen gesucht / mit einer neuen Vorrede gezieret / vnd zum Druck verordnet / Durch Joannem Arndt, Lüneburg 1622.

[31] AaO 12 ff: „Obwol . . . alle Strafe vnd Plage Gottes mit macht vber die Welt kommen . . . Also / daß man jetzt nichts / denn thewer Zeit / Pestilentz / Krieg vnd Kriegesgeschrey / an allen Enden und Ecken höret / Dennoch so ist jetzt gleichwol die rechte güldene Zeit / vnd der Tag des Heyls / wegen des thewren / werthen / vnnd hochgelobten H. Evangelij / so vns Gottes liebreiches Hertz / Gnade / Güte / vnnd Barmhertzigkeit verkündiget . . . Ist das nun nicht eine rechte Güldene Zeit / daß wir ein rein / fest / prophetisch Wort haben / 2. Petri 1 (19) . . . Ist das nicht eine güldene Zeit / daß GOtt jetzt / in den letzten Tagen / seinen H. Geist so reichlich . . . außgeust / Joel 2 . . . Ist das nicht eine Güldene Zeit / daß wir Gott durch Christum ins Hertz sehen . . . Deswegen ist nun offenbar / daß diese Zeit / in welcher wir jetzt leben . . . die fürtreffliche / angenehme güldene Zeit sey / von welcher die Propheten geweissaget haben . . ."

[32] AaO 13.

[33] Zu Philipp Nicolais Eschatologie vgl. STAEHELIN (s. Anm. 2) IV, 89 ff.

ein zukünftiges herrliches Reich Christi auf Erden. Zwar steht in Arndts
„Wahrem Christentum" der Satz, auf den sich später die Chiliasten berie-
fen: „Die Offenbarung Johannis hat viel mit der Zeit und Zahl zu tun, und
stehen darin die größten Geheimnisse."[34] Arndt selbst hat jedoch nirgendwo in seinen Schriften einer irdischen Zukunftshoffnung Raum gegeben. Das Reich Gottes ist bei ihm das Gnadenreich, das Christus in der
Seele des Gläubigen aufrichten will. Der Reichsgedanke, in Philipp Nicolais „Historia des Reiches Christi" geschichtlich entfaltet, ist hier völlig aus
der Dimension der Geschichte herausgenommen und im mystischen Sinn
individualistisch verinnerlicht. Im übrigen teilt Arndt die gängige orthodoxe Anschauung von der Nähe des Jüngsten Tages. In seinem „Paradiesgärtlein" weist Arndt die Christen an, täglich des Endes der Welt und des
Jüngsten Tages gewärtig zu sein[35]. Die Pietisten, Philipp Jakob Spener und
Johann Wilhelm Petersen, haben gewußt, daß sie mit ihrer chiliastischen
Zukunftshoffnung nicht nur von Luther, sondern auch von Johann Arndt
abwichen[36]. Die lutherische Spätorthodoxie hat es sogar unternommen,
den pietistischen Chiliasmus mit Johann Arndt zu widerlegen[37].

Daß sich in Arndts „Wahrem Christentum" und in seinem „Paradiesgärtlein" keine Spuren chiliastischer Zukunftshoffnungen fanden, hat ihrer
Verbreitung im Pietismus keinen Eintrag getan. Offensichtlich vertrugen
Arndts Schriften eine Ergänzung durch den Chiliasmus, anders als diejenigen Philipp Nicolais, die, im frühen 17. Jahrhundert häufig nachgedruckt,
vom Pietismus nicht rezipiert wurden. Eine Ergänzung Arndts durch
chiliastische Zukunftshoffnung taucht sehr früh auf, schon in den Anfangs-
jahren des Dreißigjährigen Krieges. Die Suche nach Einbruchstellen des
Chiliasmus ins Luthertum führt uns unmittelbar in den Kreis der Schüler
Johann Arndts.

Ein erster Schritt zur Öffnung des „Arndtianismus" auf den Chiliasmus
findet sich bei dem Danziger Pfarrer *Hermann Rahtmann* (1585–1628).

---

[34] J. Arndt, Vier Bücher vom wahren Christentum, Buch II, Kap. 58.
[35] Vgl. das „Gebet wider die Furcht des Jüngsten Gerichts" in Arndts Paradiesgärtlein:
„Ach mein Herr Jesu Christe! Du wahrhaftiger Prophet, du hast uns das Ende der Welt
verkündiget . . . laß mich alle Tage auf deine Zukunft mit Freuden warten, denn du wirst
plötzlich kommen wie ein Blitz, und unversehens wie ein Dieb in der Nacht, und in deiner
Zukunft werden die Himmel zergehen mit grossem Krachen, und die Elemente für Hitze
zerschmelzen. Wir warten aber eines neuen Himmels und einer neuen Erden . . ." (J. Arndt,
Paradiesgärtlein, Nürnberg 1762, 186)
[36] J. WALLMANN, Philipp Jakob Spener und die Anfänge des Pietismus (BHTh 42), 1970,
307.
[37] So wird von Erdmann Neumeister (Kurtzer Auszug Spenerischer Irrthümer II, 1728) der
„Chiliasmus subtilis Spenerianus aus Arndii wahrem Christenthum" widerlegt (nach: Fortge-
setzte Sammlung von alten und neuen theologischen Sachen, Leipzig 1732, 1106).

Dieser veröffentlichte im Todesjahr Johann Arndts eine Schrift „Vom Gnadenreich Christi"[38]. Der sich hieran entzündende „Rahtmannsche Streit", theologiegeschichtlich nach dem Hauptstreitpunkt (Verhältnis von Wort und Geist) herkömmlich der Pneumatologie zugeordnet, berührt auch die Eschatologie. Zwar lehrt Rahtmann kein zukünftiges Reich Christi auf Erden. Er bleibt mit seinem Reichsgedanken in den Bahnen Arndts, wenn er angesichts der kriegerischen Verwirrungen in der Welt den Menschen Trost geben will durch den Hinweis auf „ein geistliches innerliches Reich / das in Gott bestehet / und die Pforten der Höllen nicht überwältigen" können[39]. Gleichwohl hat Rahtmann sich von der lutherischen Orthodoxie entfernt, indem er die Widerlegungsschriften, mit denen lutherische Theologen gegen die neue chiliastische Bewegung reagierten, öffentlich für falsch und nutzlos erklärte. Was derzeit an Weissagungen von einem nahe bevorstehenden Reich Christi umlaufe, könne besser widerlegt werden, wenn man abwarte, ob sie zur angesagten Zeit in Erfüllung gingen. Die Widerlegung durch die Zeit sei wirksamer als die durch Bücher. Auch hätten ja viele der alten Kirchenväter den Glauben an ein künftiges Reich Christi auf Erden geteilt[40]. Eine heimliche Sympathie Rahtmanns für den Chiliasmus kann schwerlich geleugnet werden[41].

Im Unterschied zu Johann Arndt, der der erst in seinen letzten Lebensjahren aufbrechenden chiliastischen Bewegung noch entgegentrat[42], ist Rahtmann dem neuen Chiliasmus mit einer bemerkenswerten Aufgeschlossenheit begegnet. Die Deutung von Apk 20 auf die Zukunft hat Rahtmann nicht aufgenommen. Sie taucht nur wenig später bei einem anderen Schüler Arndts auf.

Paul Egard (gest. 1643), Pfarrer im holsteinischen Nortorf, ist bekannt als literarischer Verteidiger Arndts gegenüber den Angriffen des Tübinger

---

[38] H. Rahtmann, Jesu Christi. Deß Königs aller Könige und Herrn aller Herren Gnadenreich beschrieben, Danzig 1621. Vorrede o. S.

[39] Ebd.

[40] So Rahtmann in der Vorrede zum „Gnadenreich". Das Gutachten der Wittenberger Theologischen Fakultät über Rahtmanns „Gnadenreich" setzte dem entgegen: „Wir halten dafür / daß solche Chiliastische Meinungen vom tausentjährigen weltlichen Reich Christi auff Erden / aus heiliger Schrifft gar wohl können und sollen refutiret werden." (G. Dedekenn, Thesauri Consiliorum et Decisionum, Hamburg 1671[2], III, 156)

[41] Noch in der Leichpredigt des Danziger Pfarrers Michael Blanckius auf Rahtmann (1697 während der pietistischen Streitigkeiten in Danzig erneut gedruckt) wird dieser vor dem Vorwurf des Chiliasmus in Schutz genommen.

[42] Die von Arndt kurz vor seinem Tod besorgte Ausgabe der Schriften des Stephan Prätorius unter dem Titel „Von der gülden Zeit" (vgl. oben Anm. 30) muß von den Zeitgenossen als eine indirekte, aber deutliche Absage Arndts an die umlaufenden Erwartungen einer bevorstehenden güldenen Zeit verstanden worden sein und war wohl auch von Arndt so gemeint.

orthodoxen Theologen Lucas Osiander. Egard ist nicht nur als Apologet
Arndts hervorgetreten[43]. Ein Jahr vor seiner „Ehrenrettung Arndts" hatte
er es bereits unternommen, die Frömmigkeitsanschauung Arndts durch die
Hoffnung auf ein tausendjähriges Reich zu ergänzen.

„Posaune der Göttlichen Gnade und Lichts: das ist Offenbarung und
Entdeckung des göttlichen Geheimnisses in Apocalypsi von den tausend
Jahren" – so der Titel der Schrift Egards, die 1623 erschien, zwei Jahre nach
Arndts Tod[44]. In der Vorrede gibt Egard an, die Weissagung von den
tausend Jahren in Apk 20 sei bisher im dunkeln geblieben, „weil die Zeit
der Erfüllung nicht da gewesen" sei. Egard grenzt sich ab von den
zeitgenössischen Propheten, die sich auf neue Offenbarungen und Visionen
stützen. „Hier ist keine neue Offenbarung und Weissagung, sondern eine
göttliche Erklärung."[45] Auch mit den Rosenkreuzern und ihren Plänen
einer Generalreformation der Welt will Egard nichts zu tun haben[46]. Egard
will Ausleger der Heiligen Schrift sein. Es geht um „die letzte Prophezei-
ung, die nu noch vor dem Ende der Welt soll erfüllet werden "[47]. Eigenartig
die Verknüpfung dieser Zukunftshoffnung mit dem Wirken Johann
Arndts: „Kürtzlich, was durch Ampt und Dienst des erleuchteten und
gottfürchtigen S. Johann Arnd ist angefangen, das wird durch den Geist
Christi herrlicher werden."[48]

Egards aus Apk 20 herausgelesene Zukunftserwartung ist vom Chiliasmus, wie er später im Pietismus begegnet, eigentümlich unterschieden.
Die tausend Jahre sind – hierin folgt Egard einer seit Joachim von Fiore
lebendigen Tradition – nicht im wörtlichen Sinn zu nehmen. Tausend ist
numerus perfectionis, Zahl der Vollkommenheit. Die tatsächliche Dauer
des tausendjährigen Reiches errechnet Egard nach Dan 12,12 auf 1335
Tage, also drei Jahre und neun Monate. Für den Millenniumsanbruch
bestimmt Egard das Jahr 1625[49]. Das tausendjährige Reich dauert von 1625
bis 1629. In das Jahr 1629 fällt das Jüngste Gericht. Egards tausendjähriges
Reich ist demnach nur eine kurze Szene im apokalyptischen Enddrama[50].

---

[43] P. Egard, Ehrenrettung Johannis Arndten, Lüneburg 1624.
[44] P. Egard, Posaune der Göttlichen Gnade vnd Liechtes: Das ist / Offenbahrung vnnd
Entdeckung deß Göttlichen Geheimnüß im Apocalypsi, von den tausend Jahren / darinn die
lebendig gemachten Heiligen / mit Christo sollen herrschen. Oder Erklärung deß Zwanzig-
sten Capittels der Offenbarung Jesu Christi / dessen wunderbahre Geheimnüsse von Erscheinung eines grösseren Gnaden Liechtes / wie auch vom Außgang vnd Ende aller Dinge / auß
Göttlichem Liechte eröffnet vnd entdecket, Lüneburg 1623.
[45] AaO 7.
[46] AaO 12: „Darnach soltu wissen / das diß werck keine Verwantnis mit dem nichtigen . . .
fürgeben der Brüder deß Rosen Creutzes habe."
[47] AaO 9.   [48] AaO 13.   [49] AaO 91 f.
[50] Spener nennt in der Vorrede zu einer 1678 von ihm besorgten Neuausgabe der Schriften

Egards Erwartung des herrlichen Reichs Christi ist außerdem eigentümlich verquickt mit der spiritualistischen Erwartung einer „dritten Zeit" des Heiligen Geistes. Obwohl sich Egards Buch als ein Kommentar zum 20. Kapitel der Johannesapokalypse vorstellt, wird der Gedanke vom künftigen Reich Christi ständig überdeckt vom Gedanken der Ausgießung des Heiligen Geistes oder einem zu erwartenden größeren Licht der göttlichen Gnade[51]. Eine Zentralstelle bei Egard, geradezu der Schlüssel zu seiner Interpretation von Apk 20, bildet Sach 14,7, daß es am Abend der Welt Licht sein werde. Egard erklärt: „Dieser Abend ist die letzte Zeit der Welt . . . da dann zu guter letzt ein heller Schein wie der Blitz . . . wird auffgehen."[52] Konkrete Vorstellungen über ein Herrschen Christi mit seinen Heiligen im tausendjährigen Reich entwickelt Egard nicht. Eher wehrt er sie ab. Christus wird kein weltliches Reich aufrichten, denn er herrscht in den Gläubigen. Christi Reich ist im Menschen. Hier bleibt also Egard in den Bahnen Johann Arndts. „Er wird aber eine sondere grosse Gnade kurtz vor dem Ende der Welt lassen auffgehen und sein Licht heller hie zuvor lassen leuchten und über die Welt wie ein Blitz scheinen."[53] Egard erwartet, daß Christus in dieser letzten Zeit besser erkannt wird, daß die Geheimnisse der Natur, die bisher versiegelt waren, eröffnet werden, daß nach Sach 14,9 Gott nur einer sei und sein Name nur einer, also Streitigkeiten und konfessioneller Hader aufhören werden.

Soweit erkennbar, ist Paul Egard der erste lutherische Theologe, der die Deutung von Apk 20 auf die Zukunft vertritt und den Anbruch eines tausendjährigen Reiches erwartet. Ob seine Zukunftshoffnung Anspruch auf Originalität erheben kann, sei dahingestellt. Jedenfalls unterscheidet sich Egard von den zeitgenössischen spiritualistischen Chiliasten dadurch, daß er ein im öffentlichen Predigtamt der lutherischen Kirche stehender Theologe war. Für Egard war deshalb auch die Versicherung wichtig, die

---

Egards dessen Zukunftshoffnung „eine sonderbahre und zwar durch den außgang selbs widerlegte / aber durchauß nicht mit der so genanten Chiliastischen meynung übereinkommende erklärung des 20. Cap. der Offenbahrung Johannis" (Spener, Erste Geistliche Schriften, 1699, II, 132). Die Vorstellung von einer kurzen Dauer des tausendjährigen Reiches ist aber der chiliastischen Tradition nicht fremd. Schon Joachim von Fiore hielt das von ihm angekündigte Zeitalter des Heiligen Geistes für eine *kurze Zeit* (vgl. B. Töpfer, Das kommende Reich des Friedens. Zur Entwicklung chiliastischer Zukunftshoffnungen im Hochmittelalter, 1964, 83).

[51] In der Vorrede bestimmt Egard seinen Hoffnungsgegenstand zweifach, nämlich als „Weissagung von den tausend Jahren, darin die lebendig gemachten Heiligen mit Christo sollen herrschen oder von einem grösseren Gnadenlicht, das noch vor dem Ende der Welt soll aufgehen und sich bald danach verlieren". Vgl. auch den eigentümlichen Doppeltitel der Schrift (oben Anm. 44).

[52] AaO 24.   [53] AaO 128 f.

wir später bei Spener und dem Pietismus wiederfinden werden, mit der futurischen Deutung von Apk 20 stehe man in keinem Widerspruch zur unveränderten Augsburgischen Konfession[54].

Egard blieb mit seiner Lehre vom tausendjährigen Reich unbehelligt. Es ist nicht bekannt, daß er seitens der lutherischen Orthodoxie ihretwegen jemals angegriffen wurde. Der nächste erkennbare Fall einer Rezeption des Chiliasmus durch einen lutherischen Theologen[55] sieht erheblich anders aus. Er datiert erst aus der Zeit nach dem Dreißigjährigen Krieg. Es ist der Fall des thüringischen Pfarrers Seidenbecher.

Georg Lorenz Seidenbecher (1623–1663)[56], Pfarrer in Unterneubrunn bei Eisfeld, trat wie Egard mit einer eigenen Schrift über das 20. Kap. der Johannesapokalypse hervor. Unter einem Pseudonym und, wegen der Zensur, nicht in Deutschland, sondern in Amsterdam erschien 1660 Seidenbechers „Chiliasmus sanctus", ein umfangreiches, fast 500 Seiten starkes Buch[57].

Seidenbecher gehört wie Egard zu den Anhängern Arndts. Er beruft sich auf Arndts Satz: „Die Offenbarung hat viel mit der Zeit und der Zahl zu tun und stehen darinnen die größten Geheimnisse."[58] Seidenbecher steht

---

[54] AaO 12.

[55] Ich klammere aus die im Luthertum während und nach dem Dreißigjährigen Krieg nicht selten auftretenden chiliastischen „Laientheologen". Für die andauernde Auseinandersetzung der lutherischen Orthodoxie mit dem Chiliasmus zeugt eine ansehnliche Literatur. Ich nenne nur: J. Gerhard, Tractatus theologicus in quo praecipue chiliasmi fundamenta solide destruuntur (hg. J. G. Gerhard), Jena 1647; N. Baring, Treuhertzige Warnung . . . für den newen Propheten / Darinnen . . . in specie gehandelt wird von deren aureo seculo, Ob noch für dem Jüngsten Tage eine Tausendjährige güldene Zeit auff Erden zu hoffen sey, Hannover 1646; J. H. Ursinus, Richtiges Zeigerhändlein Oder Christliche . . . Einleitung in das göttliche Buch der heimlichen Offenbahrung S. Johannis / darinnen sonderlich das erdichtete tausendjährige Friedensreich auff / Erden / gründlich widerleget . . ., Frankfurt a. M. 1654.

[56] Der Fall Seidenbecher ist ausführlich und mit dem Abdruck zahlreicher Akten dargestellt bei Gottfried Arnold, Unparteiische Kirchen- und Ketzerhistorie (Teil IV, Sect. III, Num. XXIV = Ausgabe Frankfurt a. M. 1715, II, 1089–1112). Arnolds Quellenauswahl ist jedoch einseitig und vermittelt nichts von den vielfältigen Beziehungen zu nichtorthodoxen Kreisen, in denen Seidenbecher stand. Eine noch ausstehende Untersuchung des Falls Seidenbecher wird das umfangreiche Quellenmaterial (Tagebücher, Briefwechsel Seidenbechers etc.) auswerten müssen, das – offensichtlich aus dem Nachlaß Friedrich Brecklings stammend – in der Forschungsbibliothek Gotha Schloß Friedenstein liegt und das ich ohne besondere Anführung im folgenden mitberücksichtige. Ich verdanke den Hinweis darauf Gertraud Zaepernick.

[57] Waremundus Freyburger (= G. L. Seidenbecher), Chiliasmus sanctus: qui est Sabbatismus populo Dei relictus. Das ist Schrifftmäßige Erörterung der Frage: Was von den Tausend Jahren in der Offenbahrung Johannis Cap. 20 und von denen so genandten Chiliasten heutigs Tages . . . zu halten sey, Amsterdam 1660 (= J. Bruckner, A bibliographical catalogue of seventeenth-century German books published in Holland [Anglica Germanica XIII], 1971 [im folgenden: Bruckner], Nr. 284). – Eine 2. Aufl. erschien Amsterdam 1673 (Bruckner Nr. 415).

[58] AaO 48.

zudem fest auf dem Boden der lutherisch-orthodoxen Lehre von der Verbalinspiration. Bei dem tausendjährigen Reich von Apk 20 handelt es sich um eine vom Heiligen Geist offenbarte Wahrheit. Seidenbecher geht aus von Luthers hermeneutischem Grundsatz, daß klare Stellen nicht tropologisch ausgelegt werden dürfen. Von daher verwirft er die Auslegung, die sich in Daniel Cramers Bibelwerk findet. In einer über 200 Seiten starken Argumentation weist Seidenbecher nach, daß die tausend Jahre von Apk 20 noch nicht als erfüllt angesehen werden können. Demnach sei noch „ein herrlicher Zustand der Kirche Christi auf Erden" zu erwarten[59]. Der Chiliasmus sei eine fest in der Bibel gegründete Anschauung. Mit Betonung spricht Seidenbecher von einem „Chiliasmus sanctus".

Worin Seidenbecher mit Egard übereinstimmt und worin er von ihm abweicht, kann hier nicht vollständig aufgezählt werden. Übereinstimmend mit Egard lehrt Seidenbecher den nahen Anbruch des tausendjährigen Reiches[60]. Aber er enthält sich jeder chronologischen Berechnung[61]. Auch macht er keine Angaben über die Dauer des tausendjährigen Reiches. Ganz fehlt Egards Gedanke von der „kurzen Zeit". Seidenbecher ist kein Apokalyptiker. Anders als Egard verwirft Seidenbecher die Weltverbesserungspläne der Rosenkreuzer nicht. Im Gegenteil. Er beruft sich auf die Rosenkreuzer, die schon vor vielen Jahren die Meinung vom „Reich Christi auf Erden" hatten. Obwohl ihre Reformpläne noch nicht ins Werk gesetzt seien, seien doch die rosenkreuzerischen und anderer Leute Hoffnungen noch nicht „in den Brunn gefallen"[62]. Anders als Egard, der ein von Gott erleuchteter Ausleger der Heiligen Schrift sein will und sich auf niemanden beruft, ist Seidenbecher auch kein Einzelgänger. Durch Reisen u. a. in die Niederlande und durch Briefwechsel ist er in Beziehung zu Spiritualisten wie dem Böhmeanhänger Abraham von Franckenberg, Ludwig Friedrich Gifftheil, Joachim Betke und Friedrich Breckling getreten. Er steht mit dem niederländischen Chiliasten Petrus Serrarius in Verbindung, der nach Seidenbechers Tod postum seine zweite Schrift, eine lateinische Begründung des Chiliasmus, herausgibt[63]. Seidenbecher beruft

[59] AaO 158.
[60] AaO 279: „Daß der Anfang solchen Millenarii Sacri nicht mehr weit sei / das halten wir an unserem Ort selbst dafür."
[61] AaO 279 führt Seidenbecher aus der Literatur unterschiedliche Terminberechnungen an, u. a. Alsteds Berechnung 1694, ohne sich einer von ihnen anzuschließen.
[62] AaO 422.
[63] G. L. Seidenbecher, Problema theologicum de Regno Sanctorum in terris Millenario, octo rationibus adstructo, Amsterdam 1664. – Der sich mit P. S. unterschreibende „Posthumi Operis Editor", der in der Vorrede über die Schicksale Seidenbechers nähere Auskunft gibt, ist Petrus Serrarius.

sich auf reformierte Theologen (Johann Heinrich Alsted, Patrick Forbesius, Andreas Rallius). Einflüsse reformierter chiliastischer Schriftausleger sind es offensichtlich, die Seidenbecher von der Position der lutherisch-orthodoxen Eschatologie abgedrängt haben.

Der Hauptunterschied zwischen Egard und Seidenbecher liegt jedoch im Schicksal. Während Egard mit seiner Lehre vom tausendjährigen Reich unangefochten blieb, wurde vierzig Jahre später Seidenbecher zum ersten chiliastischen Ketzer des Luthertums. Herzog Ernst von Gotha, dem man den Beinamen „der Fromme" gegeben hat, verfügte nach langwierigen Verhandlungen Seidenbechers Amtsenthebung. Das Gutachten der Theologischen Fakultät Jena vom 25. 11. 1661 erklärt, chiliastische Lehren könnten in der Kirche nicht geduldet werden: „denn was solche geisterei für unglück gestiftet, ist aus der Wiedertauffer geschichten und denen Engelländischen exemplen leider mehr denn zuviel bewußt und offenbar worden."[64] Die puritanische Revolution in England übernimmt nun für das 17. Jahrhundert die gleiche Abschreckungsfunktion wie das Täuferreich von Münster im Jahrhundert davor.

Der Seidenbecherprozeß hat abschreckend gewirkt. Spener hat Seidenbechers Schriften gekannt und von seinem Schicksal gewußt[65]. Er hat sich ebensowenig auf Seidenbecher berufen wie auf dessen Brieffreund Friedrich Breckling, der als chiliastisch lehrender lutherischer Theologe hier gleichfalls aufgeführt werden könnte. Da *Friedrich Breckling* (1629–1711) nach seiner Amtsenthebung und seinem Fortgang nach den Niederlanden eher dem Spiritualismus als der lutherischen Orthodoxie zuzuzählen wäre, Breckling außerdem kein Unbekannter ist[66], mag hier ein Hinweis auf sein im Todesjahr Seidenbechers erschienenes chiliastisches Hauptwerk „Christus Judex" genügen[67].

Wenige Jahre nach dem Seidenbecherprozeß veröffentlicht erneut ein lutherischer Pfarrer chiliastische Schriften. *Heinrich Ammersbach* (gest. 1691), Pfarrer in Halberstadt, publiziert 1665 anonym zwei Traktate, in

---

[64] Abgedruckt bei Arnold (s. Anm. 56), 1096 ff.

[65] Vgl. Ph. J. Spener, Consilia et Iudicia theologica latina III, 1711, 197 f (1678).

[66] Vgl. die Artikel über „Breckling" in RGG³ und TRE.

[67] F. Breckling, Christus Judex In & cum Sanctis contra Gentes . . . Das Geheimniß des Reichs von der Monarchi Christi auff Erden. Oder Von der wunderbahren und herrlichen Erscheinung Christi / in und mit seinen Heiligen / zum Gericht wieder die Heyden / und ihre Häupter dem Thier und Antichristen. Und zur erlösung / vereinigung und erhöhung seiner Juden und Christenheit / in seinem herrlichen Triumphreiche / welches noch alhier auff Erden vor dem Jüngsten Tage alle Reiche der Welt wie Sprew zermalmen / und zum grossen Berg oder Reich werden soll / welches die gantze Welt erfüllen wird, o. O. (= Amsterdam) 1663 (BRUCKNER Nr. 320). – Eine 2. Aufl. erschien 1666 (nicht bei BRUCKNER).

denen offen der Glaube an ein künftiges tausendjähriges Reich vertreten wird. Es handelt sich um einen kleinen, nur vier Quartblätter zählenden Traktat „Geheimnis der letzten Zeiten"[68] sowie um eine umfangreichere Schrift „Betrachtung der gegenwärtigen und zukünftigen Zeiten"[69]

Zieht man die Fülle chiliastischer Literatur in Betracht, die sich außerhalb der lutherischen Orthodoxie im Spiritualismus, aber auch im reformierten Raum anfindet, so ist erstaunlich, wie eng Ammersbach sich im Zusammenhang mit den drei bisher von uns benannten Chiliasten sieht. Im ersten der beiden Traktate bezieht sich Ammersbach auf Paul Egard und zitiert ausführlich aus dessen „Entdeckung des göttlichen Geheimnisses in Apocalypsi"[70]. Den zweiten Traktat kann man geradezu als eine Apologie für Seidenbecher und Breckling ansehen. Die Argumente beider für den Glauben an das tausendjährige herrliche Reich Christi auf Erden seien von der Orthodoxie noch nicht widerlegt. Ammersbach will zeigen, „daß diese Meinung Seidenbechers und Brecklings gantz und gar nicht wider die Analogie unseres Christlichen Glaubens läufft . . . Bitte deswegen, so jemand von dieser Materie schreiben wil, er wolle zuvor Brecklings und Seidenbechers Schrifften vornehmen und sehen, wie darin die Einwürffe der Analogie des Glaubens erörtert seyn."[71] Ammersbach will also auf eine Revision des Urteils über Seidenbecher hinaus und dem Chiliasmus Eingang ins Luthertum verschaffen. Geschickt weiß er die Widersprüche der orthodoxen Exegese von Apk 20 für seine Zwecke auszubeuten. Einige Theologen datierten den Anbruch des tausendjährigen Reiches auf die Zeit der Johannesapokalypse, andere auf die Zeit Konstantins, wieder andere auf die Reformation Luthers. Wer in sich so uneins sei, könne kaum recht haben. Es sei an der Zeit, zum Konsens der Kirchenlehrer der ersten drei Jahrhunderte zurückzukehren, die ein künftiges tausendjähriges Reich erwartet hätten.

Um Ammersbach, der auch für das allgemeine Priestertum und für das Recht der mystischen Theologie eintrat, einen der wortgewaltigsten, zugleich durch die Heftigkeit seiner Polemik gröbsten innerlutherischen Kirchenkritiker vor dem Pietismus, tobten langanhaltende Kämpfe[72]. Seine

---

[68] Geheimniß der letzten Zeiten. Betreffend die Sprüche H. Schrifft Joel 3. Apoc. 20. Zach 14. und vieler anderen mehr / darinn von sonderbahrer Leuterung und Erleuchtung der übrigen Frommen / wie auch von Offenbahrungen und Gesichtern dieser letzten Zeiten / von dem tausendjährigen Reich / vom Tal Josaphat / und andern . . . Geheimnissen gehandelt wird, o. O. 1665.

[69] Betrachtung der Gegenwärtigen und künfftigen Zeiten / Zum Schlüssel der Gegenwärtigen und künfftigen Zeiten, o. O. 1665.

[70] AaO Bl. A 2.   [71] AaO Bl. B 1.

[72] Gottfried Arnold hat die Ammersbachschen Streitigkeiten in seiner Unparteiischen

Gegner, denen die Autorschaft Ammersbachs an den anonymen chiliastischen Traktaten nicht entgangen war, holten umgehend Gutachten bei
mehreren Universitäten ein. Die theologischen Fakultäten Helmstedt,
Marburg und Rinteln erklärten sich, wenn auch mit unterschiedlicher
Schärfe, gegen Ammersbach, verurteilten chiliastische Lehre und forderten
zum Teil Ammersbachs Landesverweisung[73]. Das Schicksal Seidenbechers
ereilte Ammersbach jedoch nicht. Halberstadt gehörte seit dem Westfäli-
schen Frieden zu Brandenburg-Preußen. Der Große Kurfürst, der gegen
den Widerstand der lutherischen Orthodoxie eine Politik des Kirchenfrie-
dens und der Toleranz betrieb, hielt seine schützende Hand über Ammersbach[74]. Ammersbach erfuhr die Wohltat der brandenburgischen Toleranz-
politik zu eben dem Zeitpunkt, zu dem in Berlin der orthodoxe Pfarrer und
Kirchenlieddichter Paul Gerhardt ihr Opfer wurde.

In Brandenburg-Preußen war es also einem lutherischen Theologen
möglich, öffentlich den Chiliasmus zu propagieren, ohne sein Kirchenamt
zu verlieren. Wir sind mit Heinrich Ammersbach unmittelbar an die
Schwelle des Pietismus gelangt[75]. Der Kampf gegen Ammersbachs Chilias-

---

Kirchen- und Ketzerhistorie Teil III Kap. XIV „Von Johann Melchior Stengern und Henrico
Amersbachen" (Ausgabe Frankfurt a. M. 1715, II, 137 ff) sehr summarisch dargestellt. Offensichtlich war ihm Ammersbach wegen seiner Grobheit nicht sympathisch. In Arnolds Liste
der Schriften Ammersbachs fehlen die chiliastischen.

[73] Die Gutachten, sämtlich vom Februar 1666 datierend, sind gedruckt in: Abdruck Derer
Von unterschiedenen Theologischen Facultäten über M. Henrich Ammersbach Predigers zu
SS. Petri und Pauli in Halberstadt . . . ausgegebenen so genanten Geheimniß der letzten
Zeiten / Und Betrachtung der gegenwärtigen und künfftigen Zeiten / etc. Und darin
statuirten tausentjährigen Reich / eingekommener Bedencken und Antworten, Helmstedt
1666.

[74] „Und weil der Churfürst von Brandenburg Amersbachen wider seine feinde und
ankläger beschützet / und ihm in außbreitung seiner schrifften beförderlich gewesen / wie er
selbst im Mosis-stul p.C.1. rühmet. So haben sie ihn nicht völlig heben noch außstossen
können / sondern biß an seinen tod noch viele jahre lang im Ministerio leiden müssen." So
Arnold über den Ausgang der Ammersbachschen Streitigkeiten (aaO 139).

[75] Als ein weiterer chiliastisch lehrender lutherisch-orthodoxer Theologe wäre noch der
Braunschweiger Superintendent Johann Schindler zu nennen, Verfasser einer Reihe zwischen
1670 und 1680 erschienener eschatologischer Traktate, in denen einerseits der Chiliasmus
crassus bekämpft wird, andererseits aber einem Chiliasmus subtilis, d. h. einer noch vor dem
Jüngsten Tag zu erwartenden Ruhezeit der Kirche und der bevorstehenden Bekehrung der
Juden, das Wort geredet wird. Ich übergehe hier Schindler, einmal, weil ich an anderer Stelle
von ihm gehandelt habe (J. WALLMANN, Pietismus und Chiliasmus [ZThK 78, 1981,
235–266], 250f, wo die Schriften Schindlers aufgeführt sind), sodann, weil er mit Spener
ungefähr gleichzeitig auftritt. Spener hat sich 1678 im Anhang zu seinen Pia Desideria für
seine Hoffnung auf die noch ausstehende Judenbekehrung auf Schindlers „Geistliche Hall-
Posaune" von 1674 berufen. Er hat diese Schrift aber erst im Herbst 1675 kennengelernt und
also bei der Abfassung seiner Pia Desideria nicht gekannt (vgl. Spener, Consilia et Iudicia
theologica latina III, 534).

mus, in seiner Heftigkeit eher ein Beweis für die Ohnmacht als für die Macht der Orthodoxie, dauerte noch an, als Spener 1675 seine Pia Desideria veröffentlichte und darin in vorsichtiger Form die pietistische „Hoffnung besserer Zeiten" darlegte. Spener ist also nicht der erste lutherische Theologe, der chiliastisch lehrte[76]. Die lutherische Orthodoxie stand das ganze 17. Jahrhundert hindurch in Auseinandersetzung mit einem Chiliasmus, der stellenweise auch in ihre eigenen Reihen einbrach. Spener ist der erste gewesen, der sich mit seiner chiliastischen Zukunftshoffnung gegenüber der lutherischen Orthodoxie behauptet und, was wichtiger ist, für den Chiliasmus innerhalb der lutherischen Kirche breiten Anhang gefunden hat. Dabei hat Spener aus dem Fall „Ammersbach" möglicherweise Lehren gezogen. Jedenfalls ist auffällig, daß Spener mit einem offenen Bekenntnis zum Chiliasmus nicht in Frankfurt am Main und Dresden, wo die Orthodoxie herrschte, sondern erst in der brandenburgischen Hauptstadt Berlin hervorgetreten ist.

---

[76] Deshalb würde ich Bedenken haben, bei Speners *Hoffnung besserer Zeiten* von einer „neuen Eschatologie" zu reden, wie das wiederholt MARTIN GRESCHAT getan hat (M. GRESCHAT, Zwischen Tradition und neuem Anfang. Valentin Ernst Löscher und der Ausgang der lutherischen Orthodoxie, 1971, 218 Anm. 432; vgl. DERS., JVWKG 65, 1972, 231 und Pietismus und Neuzeit. JGP 1, 1974, 160). Vgl. meine Bemerkungen zum Begriff „neue Eschatologie" in meinem Anm. 75 genannten Aufsatz, 247f.

Vocatio interna

Zur Vorgeschichte des Schleiermacherschen Bildes vom Kirchenfürsten

Dietrich Rössler

Die persönliche Eignung für den Pfarrerberuf bildet in der evangelischen Kirche sowohl eine theologische Frage wie ein immer wieder diskutiertes praktisches Problem. Gegenwärtig ist eine solche Diskussion von verschiedenen Seiten her veranlaßt. Einmal stellt der erwartete Zustrom zum kirchlichen Dienst die Kirchenleitungen vor die Aufgabe, für einen solchen Fall Auswahl- oder Aufnahmekriterien zu erwägen. Sodann aber ist dadurch, daß Pfarrer sich mit ihrer eigenen Lebensführung in Widerspruch zu Herkommen und traditionellem Standesverhalten gesetzt haben, die Frage nach Verpflichtungen und nach Gründen für sachgemäße Anforderungen an die Lebensform des evangelischen Pfarrers auch in der kirchlichen Öffentlichkeit aufgeworfen worden. Diese Aufgaben kirchenleitender Praxis lassen sich zwar großenteils im Rahmen bestehender Kirchengesetze regeln. Dennoch sind sie Anlaß, den dabei zugrunde liegenden theologischen Themen erneute Aufmerksamkeit zuzuwenden.

Schleiermacher hat den persönlichen Gaben und Fähigkeiten des evangelischen Pfarrers mit dem Bild des Kirchenfürsten eine gewissermaßen ideale Figur vorgegeben. Sie symbolisiert auf ihre Weise das von Gerhard Ebeling als „Lebensthema Schleiermachers" bezeichnete Verhältnis von Frömmigkeit und Bildung[1]. „Denkt man sich religiöses Interesse und wissenschaftlichen Geist im höchsten Grade und im möglichsten Gleichgewicht für Theorie und Ausübung vereint: so ist dies die Idee eines Kirchenfürsten."[2] Mit diesem Satz hat Schleiermacher nicht nur das Bild des Kirchenfürsten, sondern auch das Begriffspaar „religiöses Interesse" und „wissenschaftlicher Geist" in die „Kurze Darstellung des theologischen Studiums" eingeführt. Freilich sollen diese Begriffe nicht allein das Ideal darstellen und erläutern. Sie bezeichnen vielmehr den Normalfall der

---

[1] Frömmigkeit und Bildung (in: DERS., Wort und Glaube III, 1975, 60–95).
[2] Kurze Darstellung des Theologischen Studiums zum Behuf einleitender Vorlesungen, hg. v. H. SCHOLZ, 1961⁴, § 9.

Anforderungen, die an einen Bewerber für den kirchlichen Dienst zu richten sind. Keine der beiden Seiten darf fehlen. „Wenn demzufolge alle wahren Theologen auch an der Kirchenleitung teilnehmen, und alle, die in dem Kirchenregiment wirksam sind, auch in der Theologie leben: so muß ungeachtet der einseitigen Richtung beider doch beides, kirchliches Interesse und wissenschaftlicher Geist, in jedem vereint sein."[3] Kirchliches Interesse und wissenschaftlicher Geist sind danach von jedem Pfarrer zu erwarten. Schleiermacher hat diese Begriffe geprägt. Er hat damit jedoch an eine ältere und breite theologische Tradition anknüpfen können[4].

I

Die reformatorische Theologie hat in der Frage nach den Voraussetzungen für die Übertragung des geistlichen Amtes zunächst einen kritischen Standpunkt vertreten. Er besagt, daß die geistliche Legitimation dessen, der das kirchliche Amt innehat, wie die Legitimation seines Wirkens, gerade nicht durch persönliche Qualitäten begründet wird.

Diese Kritik war anfänglich Ausdruck der Unterscheidung vom mittelalterlich-katholischen Amts- und Kirchenverständnis. Der römische Begriff des Priesters ist primär an der Befähigung zum sakramentalen Handeln orientiert[5]. Priester ist, wer die Sakramente wirksam zu spenden vermag. Diese Befähigung wird zur persönlichen Qualifikation, die als „Charakter"[6] die bleibende und irreversible Differenz zwischen Kleriker und Laien ausmacht. Im sacramentum ordinis findet zugleich die Aufnahme in den ordo und die Vermittlung derjenigen Qualifikation statt, die die priesterliche Vollmacht und priesterliches Handeln begründet, das sacerdotium externum vel visibile ist in der Hierarchie versammelt und gegliedert. Ihm kommt die potestas iurisdictionis wie die potestas ordinis zu[7]. In der potestas ordinis aber zeigt sich der leitende Begriff des Priester-

---

[3] Ebd. § 12. „Religiöses" und „kirchliches Interesse" werden von Schleiermacher synonym gebraucht.

[4] Schleiermacher hat nicht ganz selten ältere Begriffe aufgenommen und umgeprägt; so findet sich z. B. seine Formel „schlechthinnige Abhängigkeit" als „prorsus dependere" bei J. F. Buddeus, Institutiones theologiae dogmaticae, 1723, 6.

[5] „Sacrificium et sacerdotium ita Dei ordinatione conjuncta sunt, ut utrumque in omni lege exstiterit." Conc. Trid. Sess. XXIII Kap. I, zit. nach M. Chemnitz, Examen Conc. Trid., ed. E. Preuss, 1861, 473 (DS 1764). Vgl. ferner Conc. Trid. Sess. XXIII can. 1–7 (DS 1771–1777) sowie Catech. Roman. I cap. 1 q. 1 ff.

[6] Conc. Trid., ebd. can. 4 (DS 1774).

[7] Ebd. can. 1 (DS 1771).

tums: „Er findet seine Abzweckung nicht in der Erbauung des christlichen Volkes, sondern er besteht aus mittlerischen Handlungen, in denen ,der Priester Gott anbetet und versöhnt, dankt und bittet und für das Volk Gnaden vom Himmel herabzieht'..."[8] Der Priesterbegriff „war gefordert durch den Opferbegriff des Abendmahls"[9]. Der einzelne Priester bezieht seine Legitimation aus der Qualität, die ihn befähigt, am Opferhandeln der Hierarchie teilzunehmen.

Die Kritik der reformatorischen Theologie war also in mehrfacher Hinsicht begründet und herausgefordert. Sie betraf den zugrunde liegenden Opfergedanken ebenso wie alle Vorstellungen einer priesterlichen Mittlerschaft durch Menschen und also alle Vorkehrungen und Einrichtungen, die einem solchen Priestertum dienen sollten. Dem waren vielmehr die Konsequenzen der Rechtfertigungslehre entgegenzustellen, die keine Korrekturen oder Veränderungen im einzelnen zuließen, sondern den gesamten Zusammenhang von Sakramentslehre, Ekklesiologie und Priesterbegriff in Frage stellten. Die Frage nach der geistlichen Legitimation dessen, der in der reformatorischen Kirche das Amt innehaben sollte, mußte deshalb auf ganz andere Weise beantwortet werden.

Luther hat an dieser Stelle den Begriff der vocatio eingeführt. Auch Calvin[10] hat diesen Begriff gründlich behandelt, während er dem Mittelalter und der römisch-katholischen Dogmatik offenbar fremd ist[11]. Es handelt sich danach also um eine eigene und selbständige Lehrbildung reformatorischer Theologie.

Nach Luther ist eine ausdrückliche Berufung Vorbedingung und einzige Legitimation für die Ausübung des geistlichen Amtes[12]. Er unterscheidet die vocatio immediata der Propheten und Apostel, die direkt durch Gott berufen waren, von der vocatio mediata, die durch Menschen geschieht. Subjekt der Berufung bleibt aber auch hier Gott selbst. Die Berufung ist ein äußerer und objektiver Akt, dessen Dokumentation ein ständiger Ausweis für den Berufenen bleibt: Man kann ihn daraufhin befragen[13]. In der Äußerlichkeit und Objektivität dieses Aktes liegt einmal der Grund für den Trost des Predigers in der Anfechtung: Er verbürgt ihm die Gewißheit seines Auftrages. Sodann aber liegt darin die kritische Distanzierung von schwärmerischer Selbstbeauftragung und bloß subjektiver Überzeugung, die ohne äußere Vokation Anmaßung bleibt. Luther hat diesen Irrtümern

---

[8] A. HAUCK, Art. Priestertum, RE³ XVI, (47–52) 51,23–26.
[9] Ebd. 50,26f.   [10] Instit. IV, 3,11.
[11] W. CASPARI, Art. Geistliche, RE³ VI, (463–473) 469,54–56.
[12] Vgl. W. BRUNOTTE, Das geistliche Amt bei Luther, 1959, 174ff.
[13] WA 30/III, 518; vgl. BRUNOTTE, 174.

eine ganze Schrift gewidmet. Die Begriffe vocatio externa und vocatio interna werden dabei von Luther nicht verwendet[14].

Der Sache nach tritt hier die vocatio an die Stelle der Priesterweihe, die evangelische Ordination nur, sofern sie mit der vocatio identisch ist oder vielmehr deren äußere Form bildet. Daß „Ordinieren" dieselbe Bedeutung hat wie „Berufen", gilt für Luther zumindest bis 1535[15]. Die Differenz zur katholischen Auffassung tritt dadurch noch einmal deutlich hervor. Es verhält sich so, „daß nach der römischen Lehre die Fähigkeit zum Vollzug der Gnadenmittel durch die Aufnahme in den Ordo gewonnen wird, und nach der protestantischen umgekehrt derjenige, der mit der Verwaltung der Gnadenmittel betraut wird, eben dadurch in den Ordo ecclesiasticus aufgenommen worden ist"[16]. Ein wesentliches Interesse der reformatorischen Lehrbildung liegt zweifellos darin, eben jede persönliche Qualifikation des Amtsinhabers für die Vollmacht seiner Predigt auszuschließen. Luther geht soweit, das am Teufel selbst zu exemplifizieren:

> „Sondern so sage ich: Wenn gleich der Teuffel selbs keme (wenn er so from were, das ers thun wolte odder kündte), Aber ich setze, das ichs hernach erfüre, das der teuffel so herein jnn das ampt geschlichen were odder hette sich gleich lassen als jnn mans gestalt beruffen zum Pfarrampt, und offentlich jnn der Kirchen das Euangelion gepredigt, getaufft, Messe gehalten, Absolvirt, Und solche ampt und Sacrament als ein Pfarrher geübt und gereicht nach dem befelh und ordnung Christi, So musten wir dennoch bekennen, das die Sacrament recht weren, wir rechte tauffe empfangen, recht Euangelion gehört, recht Absolutio kriegt, recht Sacrament des leibs und bluts Christi genomen hetten."[17]

Die Konsequenz, mit der dieser Standpunkt hier vertreten wird, scheint für die Frage, nach welchen Kriterien denn die Auswahl von Amtsbewerbern im Einzelfall tatsächlich vorgenommen werden sollte, wenig Raum zu lassen. Aber das Exempel von dem das Amt begehrenden Teufel enthält selbst schon den Hinweis: er müßte „fromm" sein. Und eben dieses Argument ist für Luthers Äußerungen zur praktischen Frage der Wählbarkeit von Anwärtern auf das Amt leitend geworden:

> „Du wirst nicht eitel Salomones, David, Mose und Aaron finden, sondern hast du etwan ein fromen, ehrlichen man, als auff dem Dorff oder in der Stad, so nime denselbigen Redlichen, vernünfftigen Man, der sein leben fein zu gebracht hat und befiel im ein Ampt, Gott wird zu seiner Regirung wol gedeien und segen geben."[18]

---

[14] Von den Schleichern und Winkelpredigern, 1532; WA 30/III, 518–527. Gelegentlich spricht auch Luther von einer vocatio interna, WA 16, 33.

[15] BRUNOTTE, 187.   [16] CASPARI, 467,55–59.

[17] Von der Winkelmesse und Pfaffenweihe, 1533; WA 38, 240,35 – 241,5 = BoA 4, 280, 1–11.

[18] Predigten über das 5. Buch Mose, 1529; WA 28, 532,14–18; vgl. BRUNOTTE, 193.

Luther verwies für die Frage nach der Eignung zum Amt auf die iustitia civilis: fromm, redlich, vernünftig, gottesfürchtig[19], das sind die Eigenschaften, die nicht etwa den ernsthaften Christen, sondern jeden guten Bürger auszeichnen. Auch für das geistliche Amt gibt es keine anderen Kriterien.

II

Die Unterscheidung von vocatio externa und interna in Hinsicht auf die Berufung in das geistliche Amt entstammt nicht dem Pietismus[20], wenngleich sie dort erst ihr größeres Gewicht erhielt, sondern der reformierten Tradition. Bereits Calvin nennt neben der öffentlichen Berufung (externa vocatio) die geheime (arcana vocatio) als bonum cordis nostri testimonium, daß einer aus aufrichtiger Gottesfurcht und nicht etwa aus böser Begierde das Amt annehme[21]. Diese Unterscheidung ist offenbar derjenigen nachgebildet, die im Blick auf die Berufung des Christen in den Glaubens- und Gnadenstand getroffen war. Freilich spricht Calvin hier von der vocatio universalis einerseits und von der vocatio specialis andererseits[22]. Aber die allgemeine Berufung durch Predigt und Wort wird auch als externa bezeichnet[23], und von der speziellen Berufung heißt es, daß sie vermittels der innerlichen Erleuchtung durch den heiligen Geist bewirkt sei[24]. Der Sprachgebrauch der reformierten Tradition unterscheidet sich darin nicht grundsätzlich von dem des Luthertums. Auch hier wird zur Erläuterung der Wirkungen des heiligen Geistes im Zusammenhang von Rechtfertigung und Glaubensbegründung im einzelnen Christen die vocatio indirecta oder generalis von der vocatio directa oder specialis unterschieden[25]. Aber das Verständnis der vocatio ist auf reformierter und auf lutherischer Seite jeweils deutlich anders geleitet. Der reformierte Lehrbegriff sieht in der Berufung des Christen die Durchführung des in der Prädestination gefaßten göttlichen Entschlusses. Dadurch gewinnt die vocatio specialis das eigentliche Gewicht, und der vocatio universalis kommt am Ende bloß instrumentelle Bedeutung dafür zu. Die lutherische Lehre dagegen sieht die vocatio generalis schon in der natürlichen Gotteserkenntnis und im natürlichen Gewissen gegeben, während Predigt und Wort die vocatio specialis bilden, die im Fall eines jeden einzelnen Men-

---

[19] WA 28, 533,15f.   [20] BRUNOTTE, 176.   [21] Instit. IV, 3,11.
[22] Instit. III, 24,8.   [23] Ebd.   [24] Ebd.
[25] H. SCHMID, Die Dogmatik der evangelisch-lutherischen Kirche, 1893[7], 320.

schen als ernst und wirksam bezeichnet wird (seria et efficax)[26]. Die reformierte Theologie hat dann später im Sinne weiterer Präzisierung die vocatio universalis als externa und die vocatio specialis als interna bestimmt[27]. Gerade diese Begriffsbildung aber konnte von den lutherischen Theologen nicht akzeptiert werden. Denn die vocatio specialis wäre nach lutherischem Verständnis gerade nicht als vocatio interna zu bezeichnen, sondern, wenn überhaupt, als vocatio externa, nämlich als Berufung durch das äußere Wort. Entsprechend hat Quenstedt diese Unterscheidung ausdrücklich verworfen[28].

Der erste und früheste Beleg für die Begriffsbildung vocatio externa und interna findet sich nun allerdings nicht im Zusammenhang des Lehrstücks von der Berufung des Christen, sondern bei der Erörterung der Berufung in das geistliche Amt. Wilhelm Bucanus ist offenbar der erste Autor, der sich dieser Unterscheidung bedient. Er übernimmt fast wortgetreu den Text aus Calvins Institutio und gebraucht dabei die Formel vocatio interna synonym mit Calvins vocatio arcana[29]. Weitere Folgen haben sich daraus zunächst nicht ergeben.

Die praktischen Fragen der Eignung zum geistlichen Amt sind von Calvin mit einiger Ausführlichkeit behandelt worden. Er tut das unter der Fragestellung, „welche Leute man zu Bischöfen erwählen soll", und also im Zusammenhang seiner Explikation der vocatio externa. Im wesentlichen referiert Calvin hier Texte aus den Pastoralbriefen, und zwar besonders 1 Tim 3,1 ff. Erwähnung findet auch, daß nach 1 Kor 12 die Charismen für die Erfüllung der Amtspflichten von Bedeutung sind[30]. In diesem Zusammenhang, wie überhaupt in den Ausführungen zur vocatio externa, überwiegen die Übereinstimmungen zwischen reformierter und lutherischer Lehre.

III

Eigenes Gewicht hat das Lehrstück von der vocatio interna erst nach der Mitte des 17. Jahrhunderts gewonnen. Bei Gisbert Voetius findet sich die

---

[26] SCHMID, 320 f.
[27] So offenbar zuerst Leonhard van Rijssen, vgl. H. HEPPE-E. BIZER, Die Dogmatik der evangelisch-reformierten Kirche, 1958[2], 413.
[28] J. A. Quenstedt, Theologia didactico-polemica III, 466; vgl. SCHMID, 323.
[29] Wilhelm Bucanus, Institutiones theologicae, 1609, Loc. XLII q. XXXV, p. 498; cf. Calvin, Instit. IV,3,11.
[30] Instit. IV,3,11.

folgende Definition: „Est autem Vocatio ad ministerium interna, interna Summi Numinis ad Sacrum hoc officium invitatio, quae partem ex castissima pariter atque inexplicabili erga ministerium propensione et desiderio (quo de Paulus 1Tim III,1.) et ex donorum ad munus illud idoneorum collatione clare agnoscitur."[31] Es handelt sich hier um einen der ersten Belege für eine derartig ausführliche und inhaltsreiche Bestimmung der vocatio interna. Voetius ist mit dieser Definition häufig zitiert worden. Seine Erklärungen zur vocatio interna gehören in den größeren Zusammenhang eines Programms, das das gesamte kirchliche Leben neu ordnen soll. Voetius gilt zu Recht als bedeutender Vertreter der Reformbewegung. Er ist einerseits eng dem Puritanismus verbunden und von ihm beeinflußt, andererseits aber dringlich an innerer Frömmigkeit und an der praxis pietatis interessiert. So versteht sich, daß seine Aufmerksamkeit, wie das auch bei Spener der Fall war, in besonderer Weise dem Pfarrerstand gilt. Der Reformwille des frühen Pietismus hat der Person des Pfarrers erhebliche Bedeutung für die Erneuerung zugeschrieben.

Die Bestimmung der vocatio interna durch Voetius ist in verschiedener Hinsicht bemerkenswert. Vor allem und zuerst muß auffallen, daß die „innere Berufung" hier äußerlich „klar erkannt werden kann". Sie ist keineswegs mehr nur verborgen, sondern wird, im Gegenteil, durch bestimmte Merkmale nachweisbar. Während Calvin, wie Luther, vor allem um die persönliche Gewißheit des Amtsinhabers besorgt war, tritt hier das Interesse verantwortlicher Kirchenleitung hervor. Die Befähigung zum Amt wird kontrollierbar. Darin zeigt sich die eigentümliche Konvergenz von reformierter Tradition und pietistischem Programm. Die Frage nach Zeichen oder Zeugnissen der Erwählung war seit Calvin ein etabliertes Thema[32]. Neu ist hier offenbar der Schritt, solche Zeugnisse der inneren Berufung zum Amt zu objektiv einsichtigen Zeichen zu machen. Nicht weniger bemerkenswert ist allerdings der Sachverhalt, daß diese Zeichen von vornherein in zweifacher Gestalt auftreten: als propensio erga ministerium und als dona ad munus. Hier ist zweifellos die Formel Schleiermachers bereits vorgebildet. Die „Neigung zum Dienst" entspricht dem „kirchlichen Interesse" ebenso wie die „Gaben für das Amt" dem „wissenschaftlichen Geist". Voetius hat für seine Bestimmung der vocatio interna nicht eigentlich neue Inhalte erschließen müssen. Der Sache nach decken sich seine Aufstellungen durchaus mit den Eignungskriterien, die Calvin im Anschluß an die biblische Tradition dargestellt hat. Der eigene und neue

---

[31] G. Voetius, Politica ecclesiastica, 1663–1676, 530.
[32] Vgl. Instit. III,24,4.

Schritt ist darin zu sehen, daß Voetius die Kriterien der Eignung für das geistliche Amt aus dem Zusammenhang der vocatio externa in den der vocatio interna übernommen hat. Dadurch verändern sich Gewicht und Funktion der Kriterien: sie sind nicht mehr allein allgemeine Richtlinien, sondern konkrete Eigenschaften und Fähigkeiten eines bestimmten Menschen. Sie werden im Einzelfall kontrollierbar und begründen die Entscheidung über die Befähigung zum geistlichen Amt, und zwar sowohl für die kirchenleitenden Instanzen wie für den Bewerber selbst.

IV

Voetius ist auch von lutherischen Theologen mit Zustimmung aufgenommen worden. Eine besonders eingehende Beschäftigung mit der vocatio interna findet sich bei Johann Friedrich Mayer in dessen „Museum Ministri Ecclesiae", einem praktisch-theologischen Werk, das in gleicher Weise von gelehrten und von seelsorgerlichen Zielen geleitet ist[33]. Mayer ist zunächst für Spener eingetreten, hat sich aber dann ganz vom Pietismus abgewandt und sich auf die Seite der Orthodoxie gestellt, freilich um auch hier Reformen zu fördern[34]. Das „Museum" ist praktischen Fragen des geistlichen Amtes gewidmet und stellt die Aufnahme in den Kirchendienst an den Anfang. Der vocandus muß sich vor allem seiner interna vocatio gewiß sein[35], – damit ist das Thema eingeführt, das dann auf vielen Seiten mit einer Fülle von historischen und gelehrten Belegen verhandelt wird.

Mayer geht von der Definition des Voetius aus, die er wörtlich zitiert, und wendet sich dann den beiden Hauptthemen zu: der propensio und den dona ad munus. Zuerst sei zu sprechen, nicht von der allgemeinen Liebe und Zuneigung und Verehrung dem heiligen Amte gegenüber, welche alle Hörer des Wortes haben sollen; „sed de intimo et aestuante quasi erga hoc munus affectu, ita ut absque arcano cordis motu et gaudio spiritus actionum ministerialium et Ministro verbi propriarum ne recordari quidem valeas ut quicquid loquares cogitis, desideres sacrum ministerium sit"[36].

---

[33] Johann Friedrich Mayer, Museum ministri ecclesiae, (1690) 1712⁴. J. F. Mayer 1650–1712, 1684 Professor in Wittenberg, 1686 Hauptpastor in Hamburg, 1701 Professor in Greifswald; vgl. zu Person und Werk W. Nagel, D. Johann Friedrich Mayer (in: FS zur 500-Jahrfeier der Univ. Greifswald, 1956, 34–47).

[34] Vgl. Nagel, aaO; Mayer ist in viele antipietistische Streitigkeiten verwickelt gewesen. In Greifswald hat er die Vorform eines Seelsorge-Seminars begründet, in dem „Fälle" besprochen wurden (Nagel, 41 f).

[35] Museum, 1712⁴, 3.					[36] Ebd. 4.

Diese unwiderstehliche Neigung zum geistlichen Amt gilt hier als eines der beiden Zeichen, durch die man zur Berufungsgewißheit gelangt. Die Entstehung dieser Neigung stellt freilich einen ganz und gar individuellen und in der Lebensgeschichte begründeten Vorgang dar. Eltern und Kindheit spielen dabei eine Rolle[37], vor allem aber gilt: „Ingeneratur autem illa propensio hominum animis quandoque coelitus modo singulari."[38] Die Berufungsgewißheit enthält die Legitimation der Subjektivität im Zusammenhang des geistlichen Standes. Sie ist gewissermaßen nur an sich selbst zu messen und läßt – im Blick auf die propensio erga ministerium – einen Vergleich mit anderen nicht zu.

Zweitens ist die vocatio interna zu erkennen „ex idoneitate, tum sufficientis eruditionis, tum donorum ad ministerium verbi necessariorum"[39]. Der zweite Teil der Berufungszeichen wird ganz und gar unter das Thema Wissenschaft und Studium der Theologie gestellt. „Optime" wird die vocatio interna erkannt „ex amore erga sacram theologiam summo"[40]. Jedoch wird dabei zwischen der Bildung im allgemeinen Sinne und der Zuwendung zur theologischen Wissenschaft unterschieden. Beide treten als Ziel intensiver Neigungen hervor für denjenigen, der das geistliche Amt anstrebt. Aber sie haben dabei nicht dieselbe Bedeutung. Selbstverständlich ist das Studium der Theologie die wichtigste Voraussetzung für den Eintritt in das Amt. „Ist er allein from, so nützet er ihm allein, und nicht andern... wer nicht wohl studiret, der kan auch nicht wohl predigen."[41] Bildung im weiteren Sinne aber gehört zu den Gaben, die ihm noch darüber hinaus nötig sind. Die Gelehrten und die Redner der Antike müssen dem künftigen Geistlichen Vorbild sein. Die Geschichte, fremde Sprachen, die Sitten der Völker und vieles andere muß er heranziehen können, um seinen Unterricht und seine Predigt sachgemäß auszustatten. Wenn diese Bildung schon den Alten nötig schien, „um wieviel mehr" ist sie nicht von dem zu fordern, der an heiliger Stätte und im Angesicht Gottes zu reden hat[42]?

Im Grunde also sind es bei Mayer Tugenden und Fähigkeiten aus dem bürgerlichen Leben, die von einem Pfarramtsbewerber erwartet werden sollen. Die Grenzen lutherischer Lehre sind durchaus gewahrt. Die vocatio interna ist keineswegs an die Stelle der äußeren Berufung getreten. Sie bildet vielmehr deren Voraussetzung. Unter ihrem Titel werden die Bedingungen formuliert, die ein Kandidat erfüllen muß. Die propensio erga ministerium allein genügt dafür nicht. Der amor erga theologiam muß

---

[37] Ebd. 29 ff.   [38] Ebd. 4.   [39] Ebd. 6.
[40] Ebd. 20.   [41] Ebd. 9; Mayer zitiert Dannhauer.   [42] Vgl. ebd. 27.

hinzukommen. Daraus ergibt sich dann die dem Theologen eigene Lebens-
gestalt, die aus der Übereinstimmung von persönlicher Lebensführung mit
Inhalt und Auftrag des geistlichen Amtes erwächst.

V

Schleiermacher hat die Formel „kirchliches Interesse und wissenschaftlicher Geist" mehrfach in der „Kurzen Darstellung" wieder aufgenommen.
Ihr Zusammenhang mit der Lehre von der vocatio interna scheint dabei
von ihm selbst vorausgesetzt zu werden: „Jeder, der sich zur leitenden
Tätigkeit in der Kirche berufen findet, bestimmt sich seine Wirkungsart
nach Maßgabe, wie eines von jenen beiden Elementen in ihm überwiegt.
Ohne einen solchen inneren Beruf ist niemand in Wahrheit weder Theologe noch Kleriker..."[43] Es kann kein Zweifel sein, daß der „innere Beruf"
auf das traditionelle Lehrstück verweist. Hauptsächlich ist dann innerhalb
der „Kurzen Darstellung" dort von kirchlichem Interesse und wissen-
schaftlichem Geist die Rede, wo die Beschäftigung mit dem gegenwärtigen
Zustand des Christentums behandelt wird, also im Kapitel über die Kirchliche Statistik und im Zusammenhang der Praktischen Theologie. Die
entsprechenden Paragraphen verweisen vor allem auf den Schaden, der
durch das Fehlen eines der beiden notwendigen Elemente entstehen
müßte[44]. Gerade für die Praktische Theologie müßte dieser Schaden besonders groß sein, weil das Handeln ohne religiöses Interesse äußerlich bliebe
und ohne wissenschaftlichen Geist keine besonnene Tätigkeit zustande
käme[45]. Ebenso aber sind beide Elemente gerade dort unbedingte Voraussetzung, wo die akademische und die publizistische Arbeit der Kirche
dienen sollen[46].
Eingehender behandelt Schleiermacher kirchliches Interesse und wissenschaftlichen Geist in den Vorlesungen über Praktische Theologie, und zwar
als „Forderungen die an einen Kirchenlehrer gestellt werden können und
müssen"[47]. Die Formulierungen und Argumentationen dieses Abschnitts
sind nicht ohne Anklänge an die theologische Tradition. Manches scheint
geradezu direkt mit den Aufstellungen und Erklärungen bei Johann Friedrich Mayer vergleichbar. Das gilt etwa für den Satz, „daß die Neigung sich
dem Geschäft des Kirchendienstes zu widmen ein Interesse an demselben

---

[43] Kurze Darstellung (s. Anm. 2), § 13 mit Anm.
[44] § 247 f.   [45] § 258.   [46] § 329 ff.
[47] Praktische Theologie, hg. v. J. Frerichs, 1850, 577.

voraussezt"[48], oder für die Unterscheidung von formeller und materieller Bildung, die beide als für den Geistlichen unverzichtbar beschrieben werden[49].

Das Bild des Kirchenfürsten scheint Schleiermachers eigene Prägung zu sein und hat so augenscheinlich keine Vorgänger. Die Aufstellung eines Ideals, das dem eigenen Streben eines jeden Pfarrers die Richtung geben soll, scheint jedoch auch bereits Johann Friedrich Mayer beschäftigt zu haben. „Im übrigen bleibt bestehen, was wir vorher gesagt haben, (nämlich) daß zur Liebe des Menschen gegen die heilige Theologie gewisse höchst wirksame Mittel der göttlichen Vorsehung hinzutreten müssen, durch welche dasjenige, wozu ein Mensch dieser Art, aus der unendlichen Masse der Übrigen ausgesondert und geheiligt, sozusagen eigens bestimmt ist, als bei ihm vorhanden angenommen werden und er selber stets auf das glücklichste voranschreiten könne, zum Fortschritt für die Kirche und zur Zierde eines so göttlichen Amtes."[50] Die „Kurze Darstellung" enthält eine ganz parallele Bestimmung: „... so beruht nun alle eigentliche Kirchenleitung auf einer bestimmten Gestaltung des ursprünglichen Gegensatzes zwischen den Hervorragenden und der Masse", und dieser Gegensatz ist Grundlage für den „Fortschritt zum besseren"[51] in der Kirche. Auch Schleiermachers Kirchenfürst bedarf neben der Liebe zur Theologie besonderer Gaben in besonderem Maß. Zweifellos ist gerade er eine „Zierde des Amtes".

---

[48] Ebd.   [49] Ebd. 579 ff.

[50] „Caeterum manet illud, quod antea nobis dictum est, ad amorem hominis adversus SS. theologiam accedere oportere providentiae divinae efficacissima quaedam media, quibus id, ad quod homo ejusmodi ex infinita reliquorum massa separatus et sanctificatus quasi seorsim destinatus est, ratum de eo habeatur, isque semper proficiat felicissime, ad ecclesiae emolumentum diviniorisque decus officii." Mayer (s. Anm. 33), 29.

[51] § 267 mit Anm.

Peter Christian Kierkegaard

Versuch einer Grundlegung der Theologie

Leif Grane

Unter denen, die sich intensiver mit Søren Kierkegaard beschäftigt haben, dürfte es bekannt sein, daß der dänische Denker einen älteren Bruder hatte, der im kirchlichen Leben und in der dänischen Theologie eine ziemliche Rolle spielte. Außerhalb Dänemarks wird es wahrscheinlich nicht viele geben, die die Schriften dieses Bruders studiert haben. Das kann man gut verstehen, was aber nicht heißt, daß es so bleiben muß. Um wenigstens über Peter Kierkegaard zu informieren, soll hier über seinen Platz in der Theologie- und Kirchengeschichte des 19. Jahrhunderts berichtet werden. Besonderes Gewicht wird auf die Abhandlung gelegt, womit er unter gewissen Schwierigkeiten die Würde eines theologischen Lizentiaten an der Kopenhagener Fakultät erwarb. Die Schwierigkeiten beruhten darauf, daß er es in dieser Arbeit wagte, die Fragen der Grundlegung einer evangelischen Theologie aufzunehmen. Daß dieses Thema gerade in dieser Festschrift berührt wird, bedarf wohl kaum einer näheren Begründung. Um zu Peter Kierkegaard zu kommen, müssen wir jedoch unvermeidlich den Weg über Grundtvig nehmen.

I. Der Anfang des dänischen Kirchenkampfes

Im ersten Drittel des 19. Jahrhunderts herrschte an der Kopenhagener Fakultät immer noch die Aufklärungstheologie. Die Professoren waren fast unberührt von den geistigen Strömungen, die sonst am Anfang des Jahrhunderts in den intellektuellen Kreisen Kopenhagens dominierend waren, etwa die Romantik und die Philosophien Schellings und Fichtes. Auch die volkstümliche Erweckungsbewegung, die sich sonst schon zu regen begann, blieb den Theologen und den Theologiestudenten im allgemeinen fern. Seit 1820 jedoch machte sich eine konfessionalistisch-lutherische Opposition bemerkbar. Im Jahre 1821 trat ein junger Mann, der Anlaß zu neuen Hoffnungen gab, in die Fakultät ein. *Henrik Nicolai Clausen*

(1793–1877) war Sohn des rationalistischen Dompropsts zu Kopenhagen, H. G. Clausen. Er hatte aber bei Schleiermacher studiert und einen tiefen Eindruck von ihm erhalten. Es war jedoch mehr seine persönliche Haltung zum Christentum als seine theologische Ausrichtung, die von Schleiermacher beeinflußt wurde. Das zeigte sich deutlich, als er im Jahre 1825 ein großes Buch über Katholizismus und Protestantismus veröffentlichte[1]. Jahrelang hatte er Material für diese Arbeit gesammelt, und das Buch war eine eindrucksvolle Leistung. Aber wenige Tage später erschien eine kleine Erwiderung, die für die ganze theologische und kirchliche Entwicklung Dänemarks von größter Bedeutung wurde.

Es war eine kleine Schrift von dem Kopenhagener Pfarrer *Nikolai Frederik Severin Grundtvig*. In diesem Zusammenprall hat Grundtvig zum ersten Mal literarisch Anschauungen präsentiert, die für sein weiteres Wirken entscheidend wurden. Grundtvig, 1783 in einem altlutherischen Pfarrhof Seelands geboren, hatte sich als Student der Theologie rationalisierende Ansichten angeeignet, wurde aber bald von der Romantik ergriffen, um dann 1810/11 – vor seiner Ordination stehend – eine christliche Bekehrung zu erleben. Als er Pfarrer wurde, wandte er sich somit wieder dem Luthertum zu und verwarf den deutschen Idealismus, vor allem in der Gestalt Schellings. Als vielversprechender Dichter hatte er eine Zeitlang in den besten Kreisen Kopenhagens verkehrt, verlor aber durch seine „Verdenskrønike" (Weltchronik) 1812 alle Sympathie, indem er hier nicht nur dem Rationalismus, sondern auch der neuen Naturphilosophie des deutschen Idealismus den Krieg erklärte. Der hochangesehene Physiker Hans Christian Ørsted setzte sich mit Grundtvig auseinander, und danach kehrte man ihm den Rücken. Man war allgemein der Auffassung, Grundtvig habe den Verstand verloren.

Nachdem der Vater, dessen Kaplan Grundtvig war, 1813 gestorben war, lebte er acht Jahre ohne geistliches Amt in Kopenhagen. Er arbeitete als Historiker, gab eigene Zeitschriften heraus und besann sich vor allem darauf, wie das Christentum dem Unglauben der Zeit gegenüber zu behaupten und zu beleben war. 1821 erbarmte sich der König über ihn. Er wurde Pfarrer in einer Kleinstadt auf Seeland, ein Jahr später erhielt er sogar eine Pfarrstelle und damit auch die ersehnte Kanzel in Kopenhagen. Die neue Tätigkeit als Pfarrer gab ihm neue Hoffnungen. Ein neuer Durchbruch bahnte sich langsam den Weg, und gleichzeitig begannen die „Altgläubigen" auf ihn zu hören. Bis zum Jahre 1825 (und bei einigen noch Jahre danach) galt Grundtvig als ein orthodoxer Lutheraner. Im Lichte der

---

[1] Catholicismens og Protestantismens Kirkeforfatning, Lære og Ritus, Kjøbenhavn 1825.

Bibel wollte er die seiner Meinung nach unchristlichen Synthesen von Christentum und Kultur, die er im Rationalismus wie auch im deutschen Idealismus zu finden meinte, durch eine wahrhaft christliche Kultur ersetzen. Allmählich entdeckte er jedoch, daß er selbst immer noch im falschen Synthesedenken steckengeblieben war. Anfang der zwanziger Jahre bemühte er sich deshalb um die Kriterien des Christentums. Verschiedene Versuche, diese festzulegen, scheiterten zwar, aber während dieser Arbeit bahnte sich eine „Entdeckung", wie er meinte, den Weg. Die Mittel der Bekanntmachung, ebenso auch die Reihenfolge ihrer Anwendung, sind typisch für Grundtvig. Zuerst wurden seine Gedanken in Predigten vor der Gemeinde verbreitet, dann wurden sie durch polemische Tätigkeit der Öffentlichkeit vorgelegt und zuletzt mit großer Präzision in poetischer Form, d. h. in Kirchenliedern, zum endgültigen Ausdruck gebracht.

Den Anlaß zum Erreichen des zweiten Stadiums dieses dreigliedrigen Erkenntnisweges gab ihm Clausens schon erwähntes Buch. Seine Erwiderung, „Widerspruch der Kirche gegen Professor theologiae, Dr. H. N. Clausen", erregte ein kolossales Aufsehen[2]. Es wird erzählt, daß die Börse am Tag des Erscheinens ihre Geschäfte einstellen mußte. Dieses große Interesse war jedoch nicht durch die Sache, noch weniger durch Sympathie für Grundtvig, sondern ganz vom Wittern eines Skandals, von der Freude über die Sensation bestimmt.

Es war tatsächlich ungewöhnlich, was hier passierte. Grundtvig erklärte im Namen der Kirche rundheraus Clausen für einen falschen Lehrer. Es sei ihm völlig klar, welchen Anstoß er mit dieser „Ketzermacherei", wie er selbst sagt, erwecken werde, aber es gehe hier nicht um theologische Meinungen, sondern darum festzustellen, daß ein Theologe – Clausen – sich selbst außerhalb der Kirche gestellt habe. Hier, wie auch sonst, unterscheidet Grundtvig zwischen „Kirche" und „Schule". In der Schule, d. h. unter Theologen, könne und dürfe es Streit um die Auslegung der heiligen Schrift geben. In der Kirche aber, d. h. wo das Fundament der Kirche betroffen sei, könne es keinen Streit geben, denn über die Kirche habe die Schule gar keine Macht. Diese Distinktion bezieht sich also auf das Schriftprinzip: Grundtvig meint – wie früher auch Lessing –, daß die durch wissenschaftliche Forschung zu interpretierende Bibel als Fundament der Kirche notwendigerweise die Christen von dem jeweiligen Standort der Exegeten abhängig machen würde. Damit habe aber das exegetische Papsttum die Stelle des römischen übernommen.

Der Haupteinwand Grundtvigs gegen Clausen bestand deshalb darin,

---

[2] Kirkens Gjenmæle mod Professor Theologiae, Dr. H. N. Clausen, Kjøbenhavn 1825.

daß dieser einerseits – gut protestantisch – die Schrift zur einzigen Quelle der Offenbarung mache, andererseits aber – als moderner Theologe – von der Unklarheit der Schrift spreche und demzufolge die Vernunft zum obersten Richter über Inhalt und Sinn der Schrift erhebe. Der Gedanke, daß die protestantische Kirche sich direkt und unmittelbar zur Schrift verhalte, scheint Grundtvig nicht bloß unmöglich und lächerlich, so daß er fragen muß: „Wie kommen wir denn zu Christus und zur Schrift, es sei denn auf einem Besenstiel durch die Luft, indem wir die ganze dazwischen-liegende Geschichte *absichtlich überspringen*, die ja der einzige wirkliche Weg durch die Zeit ist."[3] Nein, es ist noch schlimmer: gleichzeitig bedeutet diese Auffassung nach Grundtvig eine Verneinung der Kirche als gegenwärtige Wirklichkeit.

Wolle man die Kirche als geschichtliche Größe in diesem Zusammen-hang außer acht lassen, so führt dies in Grundtvigs Augen dazu, daß der Glaube seinen Grund verliert. Geht der Glaube an Christus als die Offenba-rung Gottes nicht von der Kirche aus, die schon mit ihrem Zeugnis da ist, das wieder auf dem Zeugnis der Väter baut, so schwebt sie in der Luft, und auch die Annahme der Autorität der Schrift wird völlig willkürlich. Einen solchen Schriftglauben nennt Grundtvig einen „Köhlerglauben", d. h. Aberglauben. Er sagt: „Ein so närrischer Glaube ist kaum je in der Welt gewesen, wie dieser, daß ein Buch auf einmal die Quelle der Erkenntnis und die Glaubensregel seiner Leser sein kann *und* gleichzeitig ihr Schuh-wisch."[4] Mit einer solchen Ansicht können verschiedene, einander bestrei-tende Auffassungen als gleich christlich und gleich biblisch bezeichnet werden. So sei es bei Clausen, und so müsse es sein, wenn man nicht sehe, daß die Kirche eine Tatsache sei, die schon mit einem bestimmten Inhalt da sei, angegeben im Glaubensbekenntnis und geschenkt in den Sakramenten, bevor die Theologen überhaupt mit ihren Forschungen begonnen haben.

Grundtvig ist sich völlig bewußt, daß dies wider das sogenannte lutherische Schriftprinzip streitet, und geht deshalb auf die Reformatoren ein. Soweit ich sehen kann, unterscheidet er nicht ohne Recht zwischen dem Pochen auf die Schrift in einer bestimmten polemischen Situation, wo gerade vom Glauben aus die Schrift als Zeuge wider den Papst angeführt wird, und einer *Lehre* von der Schrift, die als eine ewige dogmatische Wahrheit dargestellt wird. Will man – wie Clausen – die Schrift vom Bekenntnis der Kirche losreißen, müsse die Vernunft, d. h. das Belieben eines jeglichen Christen, entscheiden, was das Christentum sei. Solle aber

---

[3] N. F. S. GRUNDTVIG, Udvalgte Skrifter IV, 1906, 414.
[4] Ebd. 412.

das exegetische Papsttum herrschen, würde das Volk von den Professoren und den Pfarrern abhängig werden. Demgegenüber weist Grundtvig auf die Gemeinde hin, die sich im gemeinsamen Glauben um Taufe und Abendmahl, um Bekenntnis und Lobgesang versammelt, denn nur dort sei der Herr *selbst*, zu dem sich die Gemeinde bekennt, mit seinem Geiste und in seinem Worte gegenwärtig. Für Grundtvig ist daher sein Gegensatz zu Clausen mit dem Gegensatz zwischen einer ausgeklügelten Theorie über die durch das Bibelstudium zu erschaffende Kirche und der wirklichen, lebendigen Gemeinde identisch.

In den leitenden Kreisen Kopenhagens war man über diesen, wie man meinte, maßlosen Angriff empört. Mit einem Injurienprozeß, der ihn für alle Zukunft unter Zensur stellte, wurde Grundtvig bestraft. Aber das Ende der Sache war dies keineswegs. Man fing an, auf Grundtvig zu hören, auch nachdem er 1826 sein Pfarramt enttäuscht niederlegte. Allmählich hat er auch unter jungen Theologen Anschluß gefunden. In Selbstvergessenheit nahmen sie teil an Grundtvigs Kampf wider den Rationalismus und wider die unchristliche Vormundschaft der Theologen in der Kirche. Durch diese Teilnahme haben sich mehrere von ihnen jeden Weg zu einer akademischen Laufbahn versperrt. Einer von diesen jungen Theologen war Peter Christian Kierkegaard.

II. Peter Christian Kierkegaard

Peter Kierkegaard wurde im Jahre 1805 geboren. Mit 21 Jahren absolvierte er das theologische Examen mit den allerbesten Zeugnissen. 1828–30 war er im Ausland. Über ein Jahr verbrachte er in Berlin, wo er besonders Neander, Schleiermacher und Hegel hörte. Über Hegel, dessen Genie er nicht verneinte, schrieb er nach Hause, es wäre interessanter gewesen, wenn er sich *gegen* das Christentum gerichtet hätte, statt es zu verdrehen in der Meinung, es festzuhalten[5]. Im Dezember 1829 erwarb Kierkegaard in Göttingen die philosophische Doktorwürde. Nach seiner Heimkehr – die Reise hatte ihn über Löwen nach Paris geführt, wo seine Studien durch die Julirevolution unterbrochen wurden – lebte er einige Jahre vom Unterrichten, indem er auf eine akademische Laufbahn hoffte. Anscheinend stand er mit den Autoritäten sehr gut, und seine Göttinger Dissertation verschaffte ihm dank ihrer Qualität einen angesehenen Namen, obwohl es sonst nicht

[5] O. HOLMGAARD, Peter Christian Kierkegaard, København 1953, 20f.

gerade eine Empfehlung war, akademische Würden im Ausland zu erlangen; es herrschte die allgemeine Annahme, sie wären dort leichter zu erwerben als in Kopenhagen.

Schon während der Reise scheint sich Kierkegaard von der rationalistischen Theologie seiner Studienzeit abgewandt zu haben, was aber nur bedeutete, daß er die damals auch in Dänemark allgemeine Kursänderung mitmachte. Schlimmer war es aber, daß er sich allmählich Grundtvig und seinen Freunden annäherte. Schon durch einen kleinen Beitrag zu einer grundtvigschen Zeitschrift verpaßte Kierkegaard seine Chancen in der akademischen Welt. Wir können aus guten Gründen nicht wissen, ob man ihm trotzdem vergeben hätte, z. B. wenn er seinem ursprünglichen Plan, eine theologische Dissertation als Fortsetzung der philosophischen zu schreiben, treu geblieben wäre; denn nach langem Schwanken entschied er sich dafür, offen auf die Seite Grundtvigs zu treten. Dazu benutzte er gerade eine Arbeit, die der theologischen Fakultät zur Erlangung der theologischen Lizentiatenwürde vorgelegt wurde.

Die Dissertation trug den Titel: „De theologia vere christiana, praecipue autem philosophica eius parte, rite construenda"[6]. Kierkegaard hat es also unternommen, die theologische Lizentiatenwürde mit einer Arbeit erwerben zu wollen, die erst einmal die Fakultät darüber aufzuklären beabsichtigt, wie sie überhaupt ihr Geschäft treiben sollte. Dies geschieht in der Weise einer ablehnenden Kritik an der ganzen Art des Theologisierens, wie sie bisher an dieser Fakultät versucht wurde. Kein Wunder, daß die Fakultät damit nicht einverstanden war. In den Gutachten der einzelnen Fakultätsmitglieder war das Urteil hart und kompromißlos. Kierkegaard wurde nicht nur als unwissenschaftlich und konfus, sondern auch als bizarr, banal und katholisierend bezeichnet. Das Erstaunliche ist nun, daß die Fakultät trotzdem die Abhandlung zur Verteidigung annahm, um nicht der Verfolgung eines Grundtviganhängers beschuldigt zu werden. Untereinander haben sich die Professoren damit getröstet, daß die öffentliche Disputation die Schwächen der Arbeit bloßstellen werde. Es kam jedoch ganz anders. Möglicherweise war es der Fakultät nicht klar, mit welchem Erfolg Kierkegaard in Deutschland an Disputationen teilgenommen hatte. In Berlin und Göttingen hatte man ihn „den Disputierteufel aus dem Norden" genannt! Am 29. Januar 1836 fand die Disputation statt. Im Verlauf von neun Stunden erledigte Kierkegaard nicht nur sechs Opponenten ex auditorio, sondern auch die beiden Fakultätsmitglieder, die ex officio opponierten. Danach gab es gar keine andere Möglichkeit, als ihm

---

[6] Havniae MDCCCXXXVI.

die Würde zu verleihen[7]. Als Privatdozent hatte er großen Erfolg. Die Fakultät verstand es aber, ihn beim Ministerium so mißliebig zu machen, daß ihm ein weiterer akademischer Aufstieg versperrt blieb. Im Jahre 1842 wurde er Pfarrer, 1857 Bischof in Aalborg, 1888 starb er.

III. *Theologia vere christiana*

In seiner Dissertation, einem Büchlein von 122 Seiten, will Kierkegaard zeigen, in welcher Weise die Einheit der Theologie zu begründen sei. In groben Zügen ist das Buch folgendermaßen aufgebaut: Zuerst versucht er, das fundamentum der Theologie festzustellen (§§ 1–5), um danach die adjumenta, die Arbeitsformen oder modi der Theologie zu beschreiben (§§ 6–8). Nach dieser allgemeinen Grundlegung beschäftigt er sich im zweiten Teil des Buches ausschließlich mit der philosophischen, d. h. mit der systematischen Theologie. Er stellt Anzahl und Benennung der Disziplinen fest (§ 9) und sucht ihre Einheit näher zu begründen (§§ 10–12). Zuletzt skizziert er, wie eine so vorgestellte Theologie aufzubauen wäre (§§ 13–16).

Kierkegaard schließt sich denen an, die die Theologie als eine positive Wissenschaft beschreiben, deren objectum und materia die christliche Religion sei. Von Schleiermachers „Kurzer Darstellung", auf die er hinweist, rückt er damit bewußt ab[8]. Es ist für seinen ganzen Versuch einer Grundlegung der Theologie charakteristisch, daß er von nichts wissen will, das nicht einen notwendigen Zusammenhang mit der ratio des theologischen Studiums aufzeigen kann. Das heißt, daß der Zusammenhang in der Theologie *theologisch* begründet sein muß; um Geltung zu haben, müsse dieser Zusammenhang in der Natur der Sache selbst liegen. Von Künsten und Wissenschaften, die nur um eines Zweckes willen zusammen*gebracht* wurden, will er nichts hören. Auf dieser Grundlage hätte wohl Kierkegaard auch nicht die dialektisch-theologische Korrektur von Schleierma-

---

[7] Zum ganzen Verlauf des Verfahrens s. L. GRANE, Omkring Peter Christian Kierkegaards teologiske disputats (KHS [14] 1976, 122–149).

[8] De theologia, 1: Theologiam Christianam recte definire videntur, qui scientiam positivam esse dicunt, cujus objectum sit atque materia religio Christiana, subtilem igitur intelligunt atque eruditam de ea doctrinam. Quam sententiam licet non ignorem a recentioribus quibusdam theologis . . . evitari et vi sua ea ratione privari, ut doceant, theologiam esse conjunctionem quandam scientiarum atque artium ad religionem Christianam et necessitatem regendae ecclesiae relatarum, quae vero neque e religione nascantur et demto illius conjunctionis vinculo per se possint subsistere . . . Hinweis auf Schleiermacher, Kurze Darstellung, §§ 1–8.

chers Ansatz gutheißen können, also die Begründung der Theologie mit dem Hinweis auf die Aufgabe der Predigt. Eine Wissenschaft sollte ausschließlich vom Gegenstand her, nicht von der Anwendung her, begründet werden[9]. Von diesem Standpunkt aus muß man Kierkegaards Ablehnung der Zugehörigkeit der praktischen Theologie zum theologischen Studium verstehen, obwohl er ihre Nützlichkeit, ja ihre Unentbehrlichkeit für werdende Pfarrer voll anerkannte[10]. Wenn die Theologie als Frucht des christlichen Lebens zu verstehen sei, ergeben sich daraus wichtige Folgen für die Grundlegung der Theologie. Das heißt erstens, daß die Theologie vom Christentum abhängig ist und nicht das Christentum von der Theologie[11]. Wie verheerend es nach Kierkegaard wäre, die Theologie als eine praxisbezogene Verbindung verschiedener Künste und Wissenschaften, die auch je für sich fungieren können, zu verstehen, kann man sich durch einen Rückschluß klarmachen. Eine solche Auffassung würde bedeuten, daß das christliche Leben selbst – der einzige Gegenstand der Theologie – ebenfalls ein Durcheinander von zufällig zusammengeknüpften Vorstellungen und Handlungen wäre. Eben weil dies unannehmbar ist, verlangt Kierkegaard, daß die Theologie ein System ausmachen solle. Wie wenig er sich dabei etwas Abgeschlossenes vorstellt, wird aus dem Folgenden hervorgehen. Über die tatsächlich vorkommenden theologischen „Systeme" sagt er im Gegenteil, daß sie in der Regel vor ihren Verfassern sterben[12].

Noch eines muß man sich nämlich nach Kierkegaard klarmachen, bevor man das fundamentum der Theologie beschreiben kann. Da die Theologie also vom Objekt her ihren Inhalt empfängt, könne folglich die Theologie nicht vollständiger und vollkommener sein, als es das Christentum zur gegebenen Zeit sei. Die Theologie kann deshalb ihre Vollendung nicht erreichen, bevor das Christentum die seine erreicht, d. h. erst am Ende der Zeiten. Was die Theologen einer gegebenen Zeit zu sagen haben, hat darum nur den Rang von Zeugnissen über den status religionis ihrer Zeit[13].

---

[9] 3: Quid enim est aliud vel scientia vel doctrina de aliqua re, quam ejusdem rei, qualem se ipsa manifestavit, accurata descriptio?

[10] 45 Anm. 1.

[11] Dies wird immer wieder betont. Als selbständiges Thema kommt es in § 4 zur Sprache (26–35). Die Priorität des Glaubens vor der Theologie soll natürlich nicht so verstanden werden, als ob es keine Wechselwirkung gäbe. Im Gegenteil: „discendi docendique commercium" ruht nie (31).

[12] 36.

[13] 8: Sequitur enim ex illa doctrina necessario, nihil aliud esse posse vel optimas quasque ingeniosissimorum virorum theologiae praecipue systematicae expositiones, nisi de statu religionis Christianae, qualis auctorum tempore obtinuerit, testimonia quaedam, non potuisse igitur unquam ad consummatum theologiae systema propius pervenire, quam ille ad perfectam Christianae manifestationem accessisset.

Auf dieser Erde ist also die Theologie notwendigerweise *fragmentarisch*, weil sie *historisch* sei, d. h. abhängig von dem, was der einzelne Theologe und die einzelne Periode der Kirchengeschichte zu verstehen fähig sei. Wir können also die vollkommene Theologie nicht etablieren, sondern nur vorbereiten. Als einen Beitrag zu einer solchen Vorbereitung will Kierkegaard denn auch sein Verständnis vom System der Theologie verstanden haben.

Die fragmentarisch-historische Beschränkung heißt nun nicht, daß wir dem Belieben der Theologen überlassen sind. Die Theologie muß von *dem* Christentum, das seiner Natur nach am vollkommensten sei, ausgehen. Danach brauchen wir aber, meint Kierkegaard, nicht erst lange zu suchen[14]. Hier knüpft denn Kierkegaard klar und bewußt an Grundtvig an. Was das Christentum sei, hat es selbst in unzweideutigen Worten und Handlungen vorgelegt. Es ist ein *Leben*, das in der Taufe geboren und durch das Abendmahl mit geistlicher Speise bis zur Vollreife genährt wird[15]. Erkennen wir nun mit Augustin und Luther, daß das Wort die Sakramente konstituiert, und glauben wir mit Johannes, daß der eingeborene Sohn des Vaters, in dem das Leben ist, selbst das Wort ist, brauchen wir nicht lange zu überlegen, wo wir die Ursache und die Substanz des christlichen Lebens finden. Das lebendige Wort, das Wort des Glaubens und der Sakramente, in dem der Herr, das ewige Wort des Vaters, für die Seinen gegenwärtig ist, das eben ist das Fundament der Kirche[16]. Die christliche Religion, das Objekt der Theologie, ist darum die unauflösliche Einheit zwischen dem göttlichen, lebendigmachenden Wort und dem daraus fließenden Leben in den Herzen der Menschen[17].

---

[14] 9: Nobis jam capessenda erit, ad quam ultro invitare videntur, quae hactenus disputavimus, quaestio, quid sit tandem in religione Christiana ex ipsius natura summum, quando maturitatem merito dicenda sit esse assecuta. Quae res non adeo erit difficilis judicatu.

[15] 9f: Religio nimirum Christiana, . . . quaenam sit et qualis, non obscuris verborum ambagibus, verum aperte et rebus et verbis haud ambiguis ostendit, omnes quippe, qui beneficiorum per Christum hominibus oblatorum participes fieri cupiunt ad sacrum lavacrum invitans, ubi ad vitam aeternam renascantur. – 16: . . .concludimus, religionem Christianam, siquidem ipsam ecclesiae suae de se testantem audiri oportet, esse vitam in baptismo nascentem, in sacra coena, donec maturuerit, victu spirituali sustentandam.

[16] 17: Ceterum illius vitae quaenam sit causa et substantia, non erit longe repetendum. Etenim, si cum Augustino et Luthero fatemur, verbum esse, quod sacramenta constituat, Johanni autem apostolo credimus, unigenitum Dei Filium aeternum esse Patris, in quo vita sit, Verbum (Joh 1,1.4.14.18): non videtur posse dubitari, quin, sicuti subjective, ut loquuntur, considerata et singulorum fidelium et universae ecclesiae sit vita, in sacro lavacro nata, in sacra coena confirmata, ita objective spectata divina sit vivificans vis et natura, Patris omnipotentis Verbum, in verbis sacramentorum praesens et agens.

[17] 39: Quae cum ita sint, concludimus, sicuti religio nostra essentialiter sit verbi divini vivificantis, sive vitae, quae insit in verbo Dei, (religionis objectivae), cum ea, quae inde

Diese Einheit zwischen Wort und Glauben ist nach Kierkegaards Auffassung in der Theologie seiner Zeit völlig vernachlässigt. Um sie zu behaupten, muß Kierkegaard nicht nur die Spekulation (Hegel), den Rationalismus (Kant) und die im Gefühl gründende Religion (Schleiermacher), sondern auch den Intellektualismus der Orthodoxie ablehnen[18]. Man könnte fast sagen, daß Kierkegaard, was die Theologie nach der Reformation betrifft, mit einem theologischen Modell arbeitet, das an Luthers Modell des Verfalls (seit etwa 1200) erinnert. Man könnte vielleicht auch Kierkegaards Auffassung als eine Ablehnung der Alternative bezeichnen, die nicht zuletzt aufgrund von Schleiermachers Theologie aktuell geworden war: entweder sei die Theologie im klassischen Sinne Wissenschaft von Gott – Gottesgelehrtheit, wie die Alten sagten – oder sie sei Glaubenskunde, Wissenschaft vom christlichen Bewußtsein. Nach Kierkegaard ist diese Alternative – auch mit den Nuancierungen, die Schleiermacher daran hindern, bei reiner Psychologie zu landen – ganz falsch, da das Wort und der Glaube beide sinnlos sind, wenn man auch nur einen Augenblick von ihrer Relation zueinander absieht. Man könnte auch auf den Titel des Buches hinweisen: De *theologia* . . . construenda. Es ist entscheidend, daß allein die Theologie, nicht das Christentum, zu konstruieren ist. In Kierkegaards Augen würde dieses Grundprinzip verletzt, wenn man meinte, das Gefühl oder das Urteil der Vernunft wäre der Ausgangspunkt der Theologie. Im Wort des Glaubens, das wir predigen und bekennen, im Wort der Taufe, wodurch wir wiedergeboren werden, und im Wort des Abendmahls, das uns mit dem Leib und dem Blut des Herrn vereint, will Christus, das ewige Wort des Vaters, in seinen Gläubigen gegenwärtig sein, und sonst in keiner Weise[19].

---

nascatur in cordibus mortalium, (religione subjectiva), inseparabilis quaedam conjunctio atque unitas, ita theologiae, ut quae sit de religione scientia, nullum aliud subesse fundamentum, quam eandem illam unitatem, verbum igitur vitae in sacramentis sonans, mortalibus per fidem inhabitans.

[18] 16: Gegen die, die den Sitz der Religion in der Erkenntnis (orthodoxia magis florente quam fide), im Willen (vigente philosophia Kantiana) oder im Gefühl (. . . ii nostrae aetatis theologi, qui religionem in sensu quodam ponendam esse docent . . .) sehen wollen. – 21: Gegen die, die per meram speculationem, ratiocinando ac philosophando, glauben, daß sie zum Verständnis des Christentums kommen können.

[19] 36–37: (Wenn die christliche Religion, wie gezeigt, das Leben Christi in den Gläubigen – und umgekehrt – ist) quid tandem restat, nisi eo, quo tendit et ecclesiae vox et sacrae scripturae auctoritas, eo, inquam, conversis oculis, agnoscamus, sicuti promiserit, ita revera semper cum suis Dominum fuisse (Matth 28,20; 18,20) et fundamentum fuisse semel positum nunquam convellendum (1Cor 3,11) tum fidei tum ecclesiae in verbo suo vivo (1Pet 1,23–25). Id est autem verbum fidei, quod praedicamus et confitemur (Rom 10,8.9), verbum baptismi, quo regeneramur (Joh 3,5; Tit 3,5; Jac 1,18; 1Pet 1,23), verbum in sacra coena sonans, quo communio efficitur corporis et sanguinis Domini (1Cor 10,16; 11,23–29). Et in illo quidem

Da also dieses Wort des Glaubens das Fundament der Theologie bildet, kann die heilige Schrift es natürlich nicht sein. Wir glauben nicht an die Schrift, und der Herr wohnt ebensowenig in Büchern und Buchstaben wie in Basiliken und Kapellen. Kierkegaard lehnt in keiner Weise die Autorität der Schrift ab. Im Gegenteil, er beruft sich energisch darauf, aber das Neue Testament, das er als eine fragmentarisch-historische Beschreibung des apostolischen Christentums betrachtet, könne nicht die Grundlage der Theologie bilden. Damit wäre man nämlich auf eine Beschreibung einer Beschreibung angewiesen. Dann wäre es nicht mehr das Christentum als das Leben in Christus – das wirkliche Objekt der Theologie –, mit dem man sich beschäftigte, sondern nur mit einem Schatten dieses Lebens in einer bestimmten Periode der Vergangenheit[20]. Nach Kierkegaard führt die Lehre von der Schrift als dem Fundament des Christentums und des Glaubens fast unweigerlich zu dem Irrtum, der Glaube sei die Tochter der Theologie, speziell der exegetischen Theologie[21].

Kierkegaard ist sich natürlich bewußt, daß er hiermit die traditionelle Bahn der protestantischen Theologie verlassen hat. Er meint aber, die Erfahrung zeige zur Genüge, wo man endet, wenn man seinen Glauben nach den Gelehrten richtet, nämlich in beliebigen, untereinander streitenden Richtungen[22]. Um ihn hier recht zu verstehen, muß man sich aber klar machen, daß er nicht die Schrift, sondern nur die herkömmliche Lehre von der Schrift ablehnt. Er findet seine Überzeugung gerade in der Schrift bestätigt – und bei Luther. Das Verhältnis zwischen Wort und Glaube wird zwar in der Schrift beschrieben, aber nur als lebendige Wirklichkeit kann es das Fundament der Theologie ausmachen. Es versteht sich von selbst, daß

---

verbo Dominum, cum sit aeterni Patris aeternum Verbum (Joh 1,1), voluisse et velle suis adesse, quis est, qui miretur? Quis est, qui alio modo inter adventum primum et secundum adfuisse credat eum, qui non magis quam Pater habitat in templis manu fabricatis (Act 17,24 coll. Joh 4,21.24; 1Cor 3,17), in libris igitur et literis non magis quam in basilicis et sacellis? Quis est, qui non intelligat, quod Deus, et Pater et Filius (Joh 14,23), habitare dicatur in cordibus mortalium (Jes 57,15), id fieri per verbum fidei, cui corde credamus ad justitiam, quod ore profiteamur ad salutem (Rom 10,8–10)? Quis est tandem, qui non sentiat, quas hic celebramus, auctoritatem sacrae scripturae secuti, verbi sacramentorum et verbi fidei laudes, eas ad verum verbum pertinere, ore prolatum, auribus accipiendum (Rom 10,14; Gal 3,2.5), ad ejusdem autem umbram literis consignatam, sacram dico scripturam, non debere, cum ipsa nihil ejusmodi de se praedicat, accomodari?

[20] 21–22.
[21] 26. Obwohl nur wenige offen diese Meinung vertreten, ergibt sie sich doch als notwendige Konsequenz, meint KIERKEGAARD, bei allen, die mit Hilfe ihrer Auslegung der Schrift die apostolische Tradition und die Worte des neuen Bundes und der Sakramente meinen ändern zu können (27–28).
[22] 29–30.

dies eine Ablehnung jeder Theologie bedeutet, die behauptet, christlicher Glaube im objektiven Sinne – auch wenn er unseren Herzen fremd ist – könne eine genügende Grundlage für die Theologie bilden. Aber ebenso energisch richtet sich Kierkegaard gegen die, die das Wesen der christlichen Religion irgendwie *im* Menschen finden, im Gefühl oder im Urteil der Vernunft. Eine theologische „Wissenschaft", die sich auf eigene „Neutralität" beruft, wäre ihm also ebenso unverständlich wie jeder Spiritualismus. Die christliche Theologie muß zwar ihren Anfang im christlichen *Leben* nehmen, aber das ist ein Leben, das auf dem *Wort* beruht.

Nimmt man seinen Ausgangspunkt im Zeugnis der Kirche vom Wort, dem Wort, das sowohl die Kirche konstituiert wie auch dem Einzelnen das Leben schenkt, dann wird nach Kierkegaards Überzeugung die Theologie auf dem rechten Wege sein. Auf dem rechten Wege zu sein, heißt aber nicht, daß man schon am Ziel ist. Es darf nicht vergessen werden, daß die Theologie fragmentarisch ist. Schutz gegen Irrtum – und das ist für Kierkegaard diese christologische Grundlegung der Theologie – ist darum nicht notwendigerweise Schutz gegen Mangel, da die Theologie niemals weiter kommen kann, als das Leben zur selben Zeit und am selben Ort gekommen ist. So muß es sein, weil das Leben primär, die Erkenntnis sekundär ist.

Ist somit die Theologie für Kierkegaard eine geistige Tätigkeit, die nur unter der Voraussetzung des Glaubens stattfinden kann, so bedeutet das nicht, daß die theologische Arbeit einfach als eine Zusammenstellung von Glaubensäußerungen aufgefaßt werden kann. Bisher war nur vom Fundament der Theologie die Rede. Wenn wir zur Ausführung kommen, zeigt es sich, daß es sich durchaus um diskursive, vernünftige Erkenntnis handelt.

1. Die Erkenntniswege der Theologie

Jetzt gilt es, auf dem Fundament des Glaubenswortes das Gebäude der Theologie zu errichten. Bevor Kierkegaard sich darauf einläßt, Anzahl und Art der Disziplinen, die die Theologie enthalten muß, zu untersuchen, berichtet er über die Weisen oder Wege, deren sich die menschliche Vernunft in ihrem Streben nach vollkommener Erkenntnis bedienen kann. Diese Wege oder modi sind zwei, und *nur* zwei. Der eine ist der *modus historicus*. Er verfolgt sein Thema, indem er untersucht, wie es wirkt und beeinflußt wird von Anfang an, macht also auf die Entwicklung, die Reihenfolge der Ereignisse, aufmerksam. Der andere, der *modus philosophicus*, sucht überall nach der Einheit in der Vielfalt, nach der Identität in den

Variationen, von welcher die einzelnen Teile zu erklären sind. Keiner von beiden hat an sich Priorität. Sie sind füreinander unentbehrlich, da jeder das Komplement des anderen ausmacht. In jedem Erkenntnisakt sind sie verbunden, bald als Hauptakteur, bald als Begleiter[23]. Den zweiten modus nennt Kierkegaard „philosophisch" und nicht „systematisch", weil er nicht mehr als der historische modus Anspruch auf die Bezeichnung „System" habe, d. h. wenn dieser Begriff in einer weiten Bedeutung verwendet wird. Im strikten Sinne verstanden sei dagegen keiner der beiden modi dieses Namens würdig. Es gibt historische Darstellungen, die mit dem gleichen Recht „Systeme" genannt werden können wie viele philosophische Gedankengebäude. Vor allem gilt aber, daß man von System (large dictum) nur reden darf, wo der historische und der philosophische modus vereint sind[24].

Diese Sicht der theologischen Erkenntnis prägt nun die ganze Vorstellung Kierkegaards vom Aufbau des theologischen Studiums. Historisch gesehen soll man sich nicht nur für das Zeugnis vom Wort durch die Propheten und Apostel interessieren, sondern auch für alles, was von Menschen durch die ganze Kirchengeschichte hindurch über das Leben des Wortes überliefert wurde[25]. Kierkegaard kann keinen zwingenden Grund sehen, um die Exegese und die Kirchengeschichte als zwei voneinander getrennte Disziplinen zu betrachten. Sie sind nur Unterabteilungen der historischen Theologie. Mit diesem Studium der Offenbarungsformen und ihrer Kraft im Menschengeschlecht in der Schrift und durch die Zeiten soll, wie erwähnt, eine philosophische Behandlung derselben Dinge eng verbunden sein. Die philosophische Theologie sucht die Einheit in den einzelnen Graden der Offenbarung, in den Perioden der einzelnen Kirchen und in den einzelnen Elementen der christlichen Frömmigkeit. Kurz gesagt, sie sucht nach Erkenntnis der wahren menschlichen Natur und des wahren und vollkommenen Christentums[26].

---

[23] 42–43: Duo sunt modi, per quos ad plenam et perfectam . . . cognitionem, sive ad veram, sed discursivam intelligentiam, tendat ratio humana. Eorum modorum alter *historicus* est, qui rem, de qua quaeritur, agentem et patientem, a primis inde initiis per varios casus sese evolventem, inter secunda et adversa naturam suam undecunque manifestantem, considerando sequitur; alterum *philosophicum* merito vocaveris, utpote qui, rationem in omnibus requirens ad ejusque judicium omnia revocans, phaenomena a noumenis, speciem ab essentia discernere laboret, et, in eo, quod, quantumvis varium adspectum praebeat, mutationis tamen expers manet, defixis oculis, unitatem in multitudine, identitatem in varietate agnoscere conetur, ex qua singula sint explicanda.

[24] 48–49.   [25] 44–45.   [26] 48.

2. *Die philosophische Theologie*

Die zweite Hälfte des Buches konzentriert sich auf die philosophische Theologie. Kierkegaard diskutiert verschiedene neuere Eintcilungcn. Als Arbeitshypothese entscheidet er sich für die Auffassung, daß sie aus drei Teilen besteht: Dogmatik, Ethik und Apologetik. Es wird erwähnt, daß einige auch die natürliche Theologie dazu rechnen, aber er meint, sie gehöre eher zur Philosophie, obwohl sie für die Theologie sehr nützlich sei[27]. Sobald Kierkegaard mit seiner Untersuchung anfängt, muß er aber die Arbeitshypothese revidieren. Dazu nötigt die Feststellung, daß der Name „Dogmatik" erst seit dem 17. Jahrhundert üblich geworden sei. Er wurde eingeführt, als man anfing, die Ethik selbständig zu behandeln. Nun bestreitet Kierkegaard nicht, daß ethische Probleme gesondert erwogen werden können. Dagegen sei es, meint er, etwas Neues, die Dogmatik ohne die Ethik darzustellen. Zwar nennt er als Beispiele aus älterer Zeit Origenes und Johannes Damascenus, bemerkt aber mit Recht, daß man in der westlichen Theologie bis zum 17. Jahrhundert mit Selbstverständlichkeit Dogmatik und Ethik gemeinsam behandelt hat. Es scheint also nötig, zwei Arten von Dogmatik zu unterscheiden: 1. cognitio de fide, die auch die Wirkung des Glaubens einbezieht; 2. cognitio de fidei mysteriis ohne gleichzeitige Behandlung der conversatio Christiana. Welche Art man bevorzugen soll, ist natürlich für Kierkegaard keine Geschmackssache. Die Entscheidung muß getroffen werden, indem man untersucht, was „ex ipsa studii theologici natura et ratione" deduziert werden könne[28].

Nach Kierkegaard ist es nicht schwierig, die ältere Auffassung, die er als „summistische Theologie" bezeichnet, von der Sache der Theologie her zu deduzieren. Was ihre Vertreter leitet, ganz abgesehen von ihren individuellen Verschiedenheiten, ist der Glaube der Christen als das, was erkannt werden soll[29]. *Alle* Theologie hat nämlich dieselbe Materie: die christliche Religion oder das Leben des Glaubens[30]. Da aber der Glaube nicht stärker nach Erkenntnis (oder Spekulation, wie „sie" sagen) als nach Praxis strebt,

---

[27] 66.

[28] 70–74. 74: . . . utrum ex ipsa studii theologici natura et ratione deduci possint et summisticae illius doctrinae . . . et dogmaticae et moralis genuinae sibique constantes notiones . . .

[29] 74–75: si non tam, quid singulis doctoribus vel adjiciendum vel omittendum sit visum, quam, quae sint cunctis communia, quaesiverimus . . .: vix quemquam fallet, opinor, nihil aliud esse polarem illam stellam, cujus praelucente splendore cursus eorum dirigatur, . . . nisi fidem Christianorum, nihil aliud esse finem cursus instituti, nisi explicitam ejusdem cognitionem atque expositionem . . .

[30] 78–79.

wäre es nicht ratsam, die Wirkung des Glaubens auszulassen. Also gehören Dogmatik und Ethik zusammen[31]. Kierkegaard ist sich bewußt, daß diese Bestimmung noch unvollständig ist. Bevor er in einer Skizze über den Inhalt und den Erkenntnisweg der summistischen Theologie näher begründet, daß seine Auffassung am besten mit dem Wesen des theologischen Studiums übereinstimmt, geht er auf einige Einwände dagegen ein. Von diesen Einwänden soll wenigstens einer erwähnt werden, der sehr geeignet ist, um zu zeigen, wie entscheidend für Kierkegaard die Auffassung von dem zweiteiligen, aber auf ein gemeinsames Ziel strebenden Erkenntnisweg ist.

Gegen die Behauptung von der unauflöslichen Einheit zwischen der historischen und der philosophischen Theologie könnte man sich folgenden Einwand vorstellen: Innerhalb jedes der beiden Gebiete (historica und philosophica) muß doch etwas übrigbleiben, das von dem anderen modus nicht behandelt werden und darum auch nicht in die angestrebte (obwohl erst in der Vollendung erreichte) Erkenntniseinheit eingehen kann. In diesen Zeiten, wo alles, was sich Philosophie nenne – diese Diana unseres Zeitalters –, so viel wie überhaupt möglich an sich reißen wolle, sei man vielleicht bereit zu akzeptieren, daß die philosophische Erkenntnis, die aus dem Glauben entsteht, die Geschichte der Offenbarung und der Kirche erhellen könne. Daß aber Elemente ex historicis für die vollkommene Theologie wesentlich sein sollten, duldet man nicht[32]. Darauf antwortet Kierkegaard, daß man den Zusammenhang zwischen der historischen und der philosophischen Theologie nicht beiseite schieben kann, ohne damit die Einheit der Theologie als *eine* Wissenschaft aufzuheben. Statt dessen müsse man dann eine conjunctio subjektiver Art zwischen *zwei* Wissenschaften behaupten, die einfach dadurch entstanden sei, daß dieselben Menschen beide betreiben[33]. Es sei zwar richtig, daß wir noch nicht imstande seien, die Bedeutung jedes kleinen Ereignisses in der Kirchengeschichte für die christliche Lehre aufzuzeigen, aber wir sind ja auch nicht schon zur Vollendung gekommen. Man kann aber schon mit überzeugenden Beispielen behaupten, daß sogenannte „rein historische Auskünfte" sich als notwendig für die Lösung philosophisch-theologischer Fragen ausgewiesen haben[34].

Auch hier meldet sich aber ein Einwand: Wenn dies der Fall ist, was hindert uns dann daran, die Kraft und Wirkung solcher Ereignisse auszu-

---

[31] 75 (Fortsetzung des Zitates von Anm. 29): . . . in qua igitur, cum non ad speculationem, quam vocant, magis quam ad praxin tendat fidei natura . . .
[32] 80–81.   [33] 82.   [34] 83.

nutzen, die Ereignisse selbst jedoch geringzuschätzen? Nichts, antwortet
Kierkegaard – abgesehen davon, daß man bisher von keinem Menschen
wisse, der die lebendige Kraft aus einem Ereignis herausziehen und an
einen anderen Ort bringen konnte, während er das factum selbst wie eine
Art von Kadaver der Verwesung überließ. Im Gegenteil, je besser der
historische Verlauf in seinem eigenen Recht verstanden wird, desto mehr
Bedeutung wird er erhalten, und desto weniger könne man ihn im theologischen System selbst vernachlässigen[35].

Nach Kierkegaard sollte es hiermit deutlich sein, daß die summistische
Theologie in keinem Fall die Exegese auf hebräische und griechische
Vokabeln oder die Kirchengeschichte auf Jahreszahlen und Namen reduziert[36]. Um seinem Begriff von der Einheit der Theologie zu entsprechen,
muß sie aber nicht nur mit der historischen Theologie vereinbar sein,
sondern auch eine innere Einheit aufweisen. Allzu lange sei das, was man
systematische oder spekulative Theologie nannte, ein wüstes Durcheinander gewesen, das jeder behandelte, wie es ihm paßte[37]. Wie läßt sich nun
diese Einheit der summistischen Theologie beschreiben?

Das ewige Leben sei es, Gott und Christus zu erkennen (Joh 17,3).
Sowohl das ewige Leben als auch die Erkenntnis des Vaters sei allein im
Sohn. Die Einheit der summistischen Theologie ist darum in ihrem
Zentrum zu finden, d. h. in der Person Jesu Christi, von dem die Erkenntnis aller göttlichen und menschlichen Dinge ausgeht und von dem die
Liebe ausgegossen wird. Das christliche Leben sei gleichzeitig eine reale
und intuitive Erkenntnis und eine Liebe in vollkommener Form. Nach
diesem strebt sowohl die historische als auch die philosophische Theologie,
soweit es auf dieser Erde möglich ist, d. h. sie streben nach einer wahren,
aber diskursiven intelligentia. Indem sie sich nach den einzelnen und
kleinsten Dingen streckt, präfiguriert die historische Theologie die Liebe,
während die philosophische Theologie durch die Einheit des Begriffes nach
der Intuition strebt[38]. Es sei vergeblich, wenn die Mystiker uns auf die

---

[35] 85: Nihil sane, praeterquam quod nec fuit unquam nec erit is homo, qui ex evento aliquo
ita, empusae instar, vim vitalem exsugere alioque transferre possit, ut ipsum factum tanquam
cadaver putredini relinquere liceat, in quo nec ipse posthac nec alii quicquam intelligibile
invenire queant.

[36] 76.   [37] 77.

[38] 87–92. 89: Ad realem autem illam et intuitivam Dei cognitionem et epignosin quamquam
non directe, ut loquuntur, tendere concedimus aut historicam aut philosophicam theologiae
partem, quippe quae ad intelligentiam veram sed discursivam, summam illam quidem, quae
his in terris mortalibus contingere queat, sed quae sit ea, quam diximus, cognitione non gradu
verum specie inferior, proxime tendant: non videtur tamen fieri posse, quin, sicuti historicum
cognoscendi genus, dum ad singula extenditur nec minima temnit, amorem veluti praefigu-
ret, philosophicum contra per unitatem notionis ad unitatem intuitionis quodammodo

„visionis unitas" hinweisen, denn nur Gott erkennt Gott auf direkte Weise. Wir kennen ihn nur in dem, in dem die „vera et genuina humanitas" gegenwärtig ist: in Jesus Christus, dem Ebenbild Gottes. Also, entweder existiert die Einheit der summistischen Theologie gar nicht, oder sie wird in der Person Jesu Christi gefunden, in welcher die vollkommene Menschlichkeit mit dem adäquaten Bild Gottes verbunden ist[39].

3. Der Aufbau der summistischen Theologie

Kierkegaard stellt fest, daß eine solche Konzentration nicht unter den Bedingungen der üblichen Dogmatik möglich ist, denn sie enthält nur einen Locus bzw. ganz wenige Loci darüber, verschleiert also eher die Einheit. Die folgende Skizze vom Aufbau der summistischen Theologie kann hier nur mit wenigen Worten dargestellt werden.

Das erste Kapitel muß mit dem Menschen anfangen, der zur Taufe kommt. Hier ist der Ort, wo die Fragen, die man sonst zur natürlichen Theologie rechnet, erörtert werden, indem die Spuren der Wahrheit nicht nur in Israel, sondern im ganzen Menschengeschlecht verfolgt werden. Das Apostolikum soll – als Taufbekenntnis – ausgelegt werden, und letztlich wird die Taufe selbst als regeneratio erklärt[40].

Da wir aber wiedergeboren werden, um nicht mehr für uns selbst, sondern für und in Christus zu leben, muß dann im zweiten Kapitel die conversatio Christianorum folgen. Zuerst kehren wir zurück zum Credo, denn für den Wiedergeborenen gilt jetzt alles, was über Christus gesagt wird: Gott ist unser Vater, wir müssen mit Christus leiden und sterben. Der neue Mensch muß auch ins Reich des Todes heruntersteigen, aber schon hier haben wir Anteil an der Ewigkeit. Das zweite Kapitel muß also den Lebenslauf behandeln, in dem man durch das Kreuz zum Licht kommt. Alles, was zur christlichen Ethik gehört, hat hier seinen Ort. Wir sind ja in den Kampf zwischen Fleisch und Geist gestellt. Gegenüber dem Urteil des Gesetzes steht die Liebe, an der wir – als Wiedergeborene in der Wahrheit – Anteil haben. In diesem schweren Kampf kommt Gott uns zur Hilfe, wovon dann im dritten Kapitel die Rede ist[41].

Den Ausgangspunkt bildet hier das Abendmahl. Besonders sollen drei Dinge behandelt werden, die erst mit dem Genuß des Abendmahls recht

adspiret, ita in philosophica studii theologici parte, h. e., ut supra diximus, in theologia summistica, nullum aliud unitatis, quo omnia revocentur, obtinere debeat, nisi idem illud, quo realem cognitionem contineri diximus, centrum, quod sit in persona Jesu Christi.
[39] 90–92.   [40] 93–98.   [41] 98–104.

verstanden werden können: der Tod des Herrn, die Vergebung der Sünden, die Gemeinschaft der Heiligen. Hier wird nun auch, zuletzt, der Ort sein, wo das mysterium trinitatis untersucht wird. Im ersten Kapitel wurden die drei Personen gesondert erörtert (in Verbindung mit dem Credo), jetzt geht es um die Einheit[42].

Nach dem Umriß der summistischen Theologie kann Kierkegaard zurückkehren zu dem Problem, mit dem er seine Behandlung der philosophischen Theologie begann: Kann die Trennung der Ethik von der Dogmatik aus dem Wesen des theologischen Studiums deduziert werden? Es ist deutlich, daß Kapitel 1 und 3 des Umrisses zur sogenannten dogmatischen Theologie gehören. Wird aber Kapitel 2, das Bindeglied zwischen 1 und 3, einer besonderen Ethik überlassen, so erhalten wir eine Beschreibung vom ersten Anfang und vom absoluten Abschluß des göttlichen Lebens, während die conversatio der Gläubigen auf dem Wege vom Anfang zur Vollendung entweder ausgelassen oder nur kurz berührt wird. Deshalb geht es nicht an, die Ethik zu einer selbständigen Disziplin zu machen, denn damit verliert die Dogmatik ihren Zusammenhang „ex rei ipsius natura". Man wird sie dann entweder bloß mit Hinweis auf die Tradition festhalten, oder sie wird nach der Willkür jedes nach Scharfsinn strebenden Kopfes geändert. Kurz, sie wird dann nicht des Namens einer Wissenschaft würdig sein[43].

4. *Die apologetische Theologie*

Übrig bleibt noch die nähere Bestimmung der apologetischen Theologie, die ja nach der traditionellen Auffassung, bei der Kierkegaard seinen Ausgangspunkt nahm, auch zur philosophischen Theologie gerechnet werden muß. Er kann aber nicht billigen, daß die Apologetik sich hauptsächlich des modus philosophicus bedienen sollte. Ebenso wichtig sei die Verteidigung der Wahrheit des Christentums, die sich aus einem Vergleich der Menschheitsgeschichte mit der Kirchengeschichte ergibt. Sehr glücklich findet er jedoch die Versuche vieler protestantischer Theologen nicht, die durch Zeugnisse kirchlicher, heidnischer und ketzerischer Verfasser die Wahrheit des Glaubens beweisen wollten, indem sie sich auf die Authentizität, Integrität und Axiopistie der heiligen Schrift konzentrierten. Wolle man die Geschichte in der Apologetik verwenden, solle man aufpassen, daß man nur das „certissimum" anführe. Der Ausgangspunkt sollte die Kirche als geschichtliche Tatsache sein. Kierkegaard argumentiert hier auf

---

[42] 104–110.   [43] 111–114.

einer Linie mit Grundtvig, d. h. er baut auf den Grundsatz des Widerspruchs: Die Kirche existiert seit 18 Jahrhunderten und hat immer mehr Fortschritte gemacht. Nur wenn man behauptet, die Erde sei ganz und gar Reich des Teufels, oder wenn man bestreitet, daß *eine* Wahrheit genügt, um alle Lügen zu bekämpfen, könne man bezweifeln, daß das Wort der Wahrheit von Anfang an bis zur Gegenwart bei der Kirche gewesen sei, d. h. das Wort des Glaubens und der Sakramente, ohne welches es unmöglich wäre, die Kirche von der Welt zu unterscheiden. Akzeptiert man aber dies (und etwas anderes kommt für Kierkegaard nicht in Frage), so wird man einräumen müssen, erstens, daß der Glaube der Christen wahr und göttlich sei, zweitens, daß man das Zeugnis von denen glauben müsse, die um die göttliche Wahrheit wie Soldaten um die Fahne versammelt seien. Das wird aber dann auch heißen, daß man jetzt – sozusagen in zweiter Runde – guten Grund habe, mit der Authentizität und Integrität der Schrift zu rechnen[44].

Wir brauchen uns hier nicht bei der Verwendung des Grundsatzes vom Widerspruch aufzuhalten. Was dagegen eingewandt werden könnte, trifft nicht ohne weiteres die grundlegende Betrachtung, die bei Grundtvig, und also auch bei Kierkegaard, zu seiner Verwendung geführt hat. Dazu gehört nicht nur, daß jede Beschäftigung mit dem Historischen, die sich nicht ihres Ausgangspunktes im Gegenwärtigen bewußt sei, in einem leeren Raum stattfindet und darum nur zu leblosen Konstruktionen führen kann, sondern ebensowohl, daß jeder Versuch, im Gegenwärtigen zu bleiben, zur inhaltlosen Spekulation gerät, wenn er nicht vom Bewußtsein des historischen Zusammenhangs getragen wird.

Die ästhetisch recht befriedigende Abrundung, die Kierkegaard zuletzt seiner Darstellung der „wahren Theologie" geben kann, bricht darum auch nicht zusammen, nur weil man seine Argumentation aufgrund des Widerspruchs nicht akzeptieren kann. Das bisher Dargestellte hat nämlich nach ihm Konsequenzen in zwei Punkten:

a) *Historisch* werden unweigerlich, zusammen mit den Momenten, die den Sieg des Wortes aufzeigen, auch die Mängel aufgezeigt werden. Darum wird die historische Darlegung erst dann die Kraft des Arguments erhalten, wenn philosophisch bewiesen wird, daß kein anderes Wort stärker als das Wort der Wahrheit ist, und daß keine Lüge, kein Irrtum, den Zusammenhang mit sich selbst durch die Jahrhunderte hat bewahren können.

b) Das *philosophische* Argument für die Wahrheit der Religion, womit

---

[44] 116–120.

gezeigt wird, daß die Offenbarung, die Wunder, der Heiland, die Erlösung usw. begrifflich in Übereinstimmung mit sich selbst sind und daß sie nicht gegen die Vernunft streiten, kann in gleicher Weise erst dann Geltung erhalten, wenn mit historischen Zeugnissen bewiesen wird, daß diese Begriffe christlich *sind*, d. h. entweder vom Herrn und seinen Aposteln dargelegt oder als klare Folgen ihrer Lehre aufgezeigt worden sind[45].

In dieser Weise erscheint die Apologetik als eine Vorbereitung und Präfiguration der Vereinigung des Historischen und des Philosophischen, nach der die beiden modi des theologischen Studiums gemäß Kierkegaard streben, eine Vereinigung, die notwendig ist, wenn es zu *einer* theologischen Wissenschaft kommen soll, und nicht nur zu einer Zusammenstellung von an sich getrennten Fragmenten. In der Apologetik bündeln sich somit die gesammelten Intentionen der Theologie. Wenn die christliche Theologie am Ende der Zeiten ihre Vollkommenheit erreicht, wird sie die Apologie der göttlichen, in Christus geoffenbarten Wahrheit sein, worin alle Begriffe und Ideen und alles, was in der Kirche durch die Jahrhunderte passiert ist, in vollem Lichte erscheinen werden[46].

IV. Peter Kierkegaard und die theologische Debatte seiner Zeit

Obwohl Peter Kierkegaard nie die Gelegenheit hatte, sein Programm des theologischen Studiums zu verwirklichen, kann man nicht sagen, daß sein Versuch einer Grundlegung der Theologie vergeblich war. Während seiner mehrjährigen Tätigkeit als Privatdozent und theologischer Berater fanden seine Ideen Eingang unter den Studenten. In der Theologie des Glaubenswortes sahen viele Theologen einen Standort gegenüber der Unsicherheit der üblichen akademischen Theologie. Kierkegaard versuchte weiter die grundtvigschen Einsichten zu untermauern. In dieser Arbeit konzentrierte er sich jedoch auf die historische Theologie. Als Privatdozent las er ausschließlich über das Neue Testament; später hat er versucht, seine Ideen über die Kirchengeschichte weiter zu entwickeln. Im kirchlichen Raum, d. h. unter den Amtsbrüdern, spielte er durch sein erhebliches Gelehrtentum und außergewöhnliche dialektische Fähigkeiten eine große Rolle jedesmal, wenn die grundtvigschen Ideen debattiert wurden.

---

[45] 120–121.
[46] 121–122. 121 redet KIERKEGAARD von . . . eam historici generis cum philosophico conjunctionem atque unitatem, ad quam utramque studii theologici partem, ut cum altera coalescat, tendere monstravimus, sine qua non una scientia futura sit theologia, sed fragmentorum male cohaerentium coacervatio . . .

Als Peter Kierkegaard disputierte, war sein Bruder Søren noch theologischer Student. Peter hatte sich gegen die prinzipienlose „Schrifttheologie" der Fakultät aufgelehnt. Seinem Bruder gab der nächste Stern am theologischen Himmel, Hans Lassen Martensen, der im Jahre 1837 disputierte, mehr zu schaffen[47]. Mit Martensen begann an der theologischen Fakultät der hegelsche Rausch. Die spekulative Theologie und die hegelsche Nachschwätzerei trugen wahrscheinlich erheblich zu Sørens späterer Wut auf „das System" (Hegels) bei. Als Martensens „Christliche Dogmatik" im Jahre 1849 erschien, zeigten sich die bitteren Früchte seiner Vorlesungstätigkeit: er wurde von Leuten angegriffen, die er selbst zu Hegel geführt hatte, und auch von solchen, die von Søren Kierkegaard beeinflußt waren. Besonders enttäuscht war Martensen über Professor Rasmus Nielsen, seinen früheren Mitkämpfer für die Spekulation, der sein Buch einer vernichtenden Kritik unterwarf, indem er die Position von Johannes Climacus (in der „Abschließenden, wissenschaftlichen Nachschrift") einnahm. Es erwies sich zwar nicht als schwierig, mit den Waffen Søren Kierkegaards Martensen zu erledigen[48]. Nur war es, wie Bruder Peter bald bemerkte, für den Fürsprecher „jenes Einzelnen" schon eine heikle Sache, Anhänger zu bekommen. Hier wurde der Hinweis auf die Existenz, der Protest des Lebens gegen eine Theorie, wie Peter sagte, zu einer neuen Theorie verwandelt; aber während eine Theorie ihrer Natur nach wiederholbar ins Unendliche sei, wird dagegen ein Protest des Lebens wider alle Theorie jede Wahrheitsgestalt verlieren, wenn man ihn nur aufnimmt, um sich damit in der polemischen Literatur geltend zu machen[49].

Diese Bemerkungen fielen in einem Vortrag, worin Peter seinen Bruder und Martensen einander gegenüberstellte. Søren Kierkegaard war über diesen Vortrag tief verletzt. Es war ihm natürlich schon widerlich, daß Peter mit Grundtvig und dessen Freunden zusammenstand[50]. Als Søren Kierkegaard 1854/55 zum Angriff auf die Kirche überging, hielt Peter wieder einen Vortrag. Diesmal sagte er deutlich, daß er seinem Bruder nicht folgen könne. Es sei wahr, daß das Christentum Existenz, nicht Lehre sei. Aber identifiziere man diese Existenz mit einer unendlichen Forderung, so bedeute dies, daß „das Christentum des Neuen Testa-

---

[47] JOHANNES LASSEN MARTENSEN, De autonomia conscientiae sui humanae, in theologiam dogmaticam nostri temporis introducta, Hauniae MDCCCXXXVII.

[48] Siehe dazu: Københavns Universitet 1479–1979 V: Det teologiske Fakultet, København 1980, 360–378.

[49] Dansk Kirketidende 1849, 171–193.

[50] C. WELTZER, Peter og Søren Kierkegaard, København 1936, beleuchtet das Verhältnis zwischen den Brüdern mit diesbezüglichen Auszügen aus den Papieren Søren Kierkegaards und aus dem Tagebuch seines Bruders.

ments", von dem Søren spricht, sich eigentlich nur in den Reden des Herrn finden lasse. Sonst zeigt sich im Neuen Testament ein ganz anderes Bild. Was Søren vom Glauben verlangt, ist dort eine Frage der Liebe. Der Glaube, gerade als Existenz, könne nicht außerhalb der Form alles Menschenlebens vorkommen, d. h. er müsse sich als Entwicklung und Entfaltung vom Keim der Empfängnis bis zur Reife des Mannes zeigen. Nach Peters Meinung ist es ein Irrtum, wenn sein Bruder immer nur den Glauben in all seiner Kraft und in der höchsten Spannung erwähnt, indem er voll Hohn den Stab über den kindlichen und ungeprüften Glauben bricht[51]. Nach diesem Vortrag brach Søren die Verbindung mit seinem Bruder ab. Später hat Peter es soweit wie möglich vermieden, sich öffentlich über seinen Bruder zu äußern. Er hat allem Anschein nach, trotz seines Standortes im grundtvigschen Lager, vieles beim Bruder nur allzu gut verstehen können.

Die Auseinandersetzungen sowohl um Grundtvig als auch um Søren Kierkegaard, mit der Diskussion über Martensen als Zwischenspiel, woran Peter Kierkegaard auf markante Weise teilgenommen hat, stellten mit sachlichem Recht die theologische Fakultät völlig in den Schatten. Die Universitätstheologie berief sich immer noch auf die Schrift, konnte aber keine Antwort geben auf die seit der Aufklärung brennende Frage, die Grundtvig wie auch Søren Kierkegaard je in ihrer Weise beantworten wollten: Wie kommt man von der Geschichte zur Gegenwart, von Jesus von Nazareth zu Jesus Christus, dem Herrn? Eine Antwort auf diese Frage hatte Grundtvig weder im Rationalismus noch im Deutschen Idealismus noch in der überlieferten lutherischen Theologie finden können. Darum war es ihm eine Befreiung zu entdecken, daß in der Gemeinde Jesus Christus in seinem Wort gegenwärtig *ist*. Für Søren Kierkegaard war die Antwort eine andere. Ihm galt es, mit Christus gleichzeitig zu werden, was nur in der Nachfolge zu vollziehen sei. Beide mußten es aber ablehnen, das Christentum aus der Arbeit der Theologie mit den „Quellen" erst einmal zu konstruieren. Die akademische Theologie mußte von ihren Bedingungen aus die Frage ablehnen oder wenigstens die Beantwortung der Verkündigung oder der persönlichen Frömmigkeit überlassen. Schon Peter Kierkegaards Dissertation hätte dies aufgezeigt. Eben darum hatte sie so wenig Verständnis gefunden.

Grundtvig und Søren Kierkegaard verstanden sich gegenseitig nur schlecht, und Peter Kierkegaard vermochte nicht, zwischen ihnen zu vermitteln. Das Fragezeichen, mit dem sie alle drei die übliche Universi-

---

[51] Aus einem späteren Bericht Peter Kierkegaards, Dansk Kirketidende 1881, 337–345.

tätstheologie versehen hatten, blieb aber bestehen. Sie haben es, je in ihrer Weise, auf einem solchen Niveau getan, daß die Auseinandersetzung mit ihnen immer noch lebendig ist, während die akademische Theologie des 19. Jahrhunderts wesentlich historisches Interesse zu erwecken vermag. Die protestantische Theologie übernahm einerseits ein Theologiekriterium, das die Bibel als einzige Autorität behauptete, andererseits wurde sie seit dem Durchbruch des Historismus gezwungen, dieses Kriterium so zu behandeln, als ob seine Gültigkeit von der approximativen, historischen Wahrheit abhängig war. Für viele Theologen ist diese Situation in dem Maße Gewohnheit geworden, daß sie nicht einmal ein Problem darin sehen konnten. Man könnte die Problemlage vielleicht auch in einer Weise ausdrücken, die ziemlich präzise wiedergeben würde, was Peter Kierkegaard sowohl in seiner Dissertation als auch in seinem späteren Schrifttum u. a. betonen wollte: Seit dem Untergang der Orthodoxie ist die Auslegung der heiligen Schrift nicht nur in den Details, sondern *grundsätzlich* diskutabel. Gerade darum *kann* sie nicht die Grundlage des Christentums sein, denn das Christentum würde seine Glaubwürdigkeit verlieren, wenn es zugeben müßte, diskutabel zu sein. Um *Wort und Glaube* geht es, um die unauflösliche Einheit zwischen beiden. Wo das vergessen wird, ist die Theologie nicht nur diskutabel, was nur begrüßenswert ist, sondern dann wird sie gleichgültig.

Christlicher Umgang mit der Geschichte[1]

Erwägungen im Anschluß an Reinhard Wittram

Karin Bornkamm

„Betrachte die Herde, die an dir vorüberweidet: sie weiß nicht, was Gestern, was Heute ist, springt umher, frißt, ruht, verdaut, springt wieder, und so vom Morgen bis zur Nacht und von Tage zu Tage, kurz angebunden mit ihrer Lust und Unlust, nämlich an den Pflock des Augenblicks, und deshalb weder schwermütig noch überdrüssig. Dies zu sehen, geht dem Menschen hart ein, weil er seines Menschentums sich vor dem Tier brüstet und doch nach seinem Glücke eifersüchtig hinblickt – denn das will er allein, gleich dem Tiere weder überdrüssig noch unter Schmerzen leben, und will es doch vergebens, weil er es nicht will wie das Tier ... So lebt das Tier *unhistorisch:* denn es geht auf in der Gegenwart, wie eine Zahl, ohne daß ein wunderlicher Bruch übrigbleibt... Der Mensch hingegen stemmt sich gegen die große und immer größere Last des Vergangenen: diese drückt ihn nieder oder beugt ihn seitwärts, diese beschwert seinen Gang als eine unsichtbare und dunkle Bürde... Deshalb ergreift es ihn, als ob er eines verlorenen Paradieses gedächte, die weidende Herde oder, in vertrauter Nähe, das Kind zu sehen, das noch nichts Vergangenes zu verleugnen hat und zwischen den Zäunen der Vergangenheit und der Zukunft in überseliger Blindheit spielt."[2]

---

[1] Vortrag am 2. 11. 1980 in Berlin vor der Arbeitsgemeinschaft evangelischer Akademikerinnen im Rahmen der „Berliner Gespräche". – Die Ausführungen des Vortrages gelten nicht in erster Linie wissenschaftstheoretischen Problemen, sondern der Frage, was es für den Umgang mit der Geschichte bedeutet, wenn der christliche Glaube in ihn eingebracht wird. Daß sich von hier aus auch Konsequenzen für eine Theorie der Geschichtswissenschaft ergeben, ist selbstverständlich, kann hier aber nur unvollständig und ansatzweise in den Blick kommen. Ich orientiere mich dabei vornehmlich an Reinhard Wittram. In der derzeitigen Hochkonjunktur geschichtstheoretischer – und geschichtstheologischer – Konstruktionen mag eine Erinnerung an den Historiker am Platze sein, der sich wie kaum ein anderer Historiker der jüngsten Zeit über die Bedeutung des christlichen Glaubens für die Beschäftigung mit der Geschichte Rechenschaft gegeben hat und der damit nicht nur dem Berufshistoriker Verstehenshilfen für den im christlichen Glauben beschlossenen Zugang zur Geschichte zu geben vermag.

[2] Fr. Nietzsche, Unzeitgemäße Betrachtungen. Zweites Stück: Vom Nutzen und Nachteil

Nietzsches Protest gegen die Überbürdung des Menschen mit der Last des Vergangenen, die schwermütig und überdrüssig macht, erfolgte im Namen des Lebens, der Tatkraft, der Hoffnung auf eine neue Zeit. Die Rückwendung zum Gewesenen und das Bewußtsein der Vergänglichkeit allen Daseins, das durch solche Rückschau genährt wird, schädigen nach seiner Überzeugung die ungebrochene Lebenskraft, der allein der Aufbruch aus dem Vergangenen gelingen kann. „Vergessen" heißt deshalb die Parole[3]. Und das geschichtslose Tier wie das noch geschichtsblinde Kind werden zum unerreichbaren Inbegriff verlorener Übereinstimmung mit sich selbst und mit dem Augenblick.

Unser Angerührtsein von dem Bild, das Nietzsche an den Anfang seiner Betrachtungen über den „Nutzen und Nachteil der Historie für das Leben" gestellt hat, dürfte aus einer anderen Grundstimmung erwachsen. Jedoch läßt sie uns die Einbindung unseres Lebens in die Geschichte ebenfalls als niederdrückende Last und „unsichtbare und dunkle Bürde" empfinden. Und die Sehnsucht nach nicht-geschichtsbewußter Existenz mag dieser unserer Grundstimmung ebenfalls nicht fremd sein. Was Theodor Litt im Jahre 1961 als Stimmungsbild skizzierte, hat durch die geschichtlichen Ereignisse, deren Zeuge wir seither geworden sind, an Wahrheit nicht verloren, sondern eher noch hinzugewonnen: „Es ist kein Wunder, daß die Frage nach dem Sinn der Geschichte sich dem Geschlecht der heute Lebenden unwiderstehlich aufdrängt. Es kann ebensowenig in Erstaunen setzen, daß die Antwort auf diese Frage in der Mehrzahl der Fälle verneinend ausfällt. Können wir uns doch nicht der Einsicht verschließen, daß der weitaus größte Teil der Nöte, die uns heimsuchen, der Sorgen, die uns plagen, in jenen Verwicklungen seinen Grund hat, die wir im Hinblick auf die zeitlichen Dimensionen ihrer Entstehung und die räumliche Weite ihrer Ausstrahlungen als geschichtliche Umwälzungen bezeichnen. Und wenn wir gar nach dem Verhältnis fragen zwischen den Opfern, die diese Verwicklungen der Menschheit abgefordert haben, und dem Ertrag, der durch so viel Leid eingebracht worden ist, dann scheint sich erst recht die Sinnlosigkeit dieses ganzen Treibens mit greller Klarheit zu offenbaren. Daß wir Menschen uns unserer Geschichtsverhaftung in keiner Form entziehen können, darin [lies: darein] müssen wir uns wohl oder übel finden. Aber ihr einen Sinn zuzubilligen – dazu können wir uns nicht

---

der Historie für das Leben, Vorwort; Werke in drei Bänden, hg.v. K. SCHLECHTA, 1962[3], I, 211f.

[3] AaO; vgl. auch ebd.: „Bei dem kleinsten aber und bei dem größten Glücke ist es immer eins, wodurch das Glück zum Glücke wird: das Vergessenkönnen oder, gelehrter ausgedrückt, das Vermögen, während seiner Dauer *unhistorisch* zu empfinden."

verstehen."[4] Nicht so sehr das lähmende Bewußtsein der Vergänglichkeit allen Daseins, wie es bei Nietzsche der Fall war, als vielmehr die lebensbedrohende Anfechtung einer letzten Sinnlosigkeit allen Geschehens läßt für uns den Umgang mit der Geschichte so problematisch werden, daß auch wir von ihr nicht Hilfe erwarten, sondern nur stärkere Belastung fürchten. So besitzt auch für uns das Bild, das Nietzsche – freilich als unerreichbar – vor unserem Blick ausbreitet, eine tiefe Verlockung.

Solche Anfechtungen erwachsen freilich nicht ohne weiteres aus der Geschichte. Sie entspringen den Erfahrungen der Gegenwart, in deren Perspektive dann auch die Geschichte für uns rückt. Eine als erhebend und zukunftsträchtig erfahrene Gegenwart hat immer auch ein entsprechendes Geschichtsbewußtsein entzündet. Und die Forderung, sich von der Geschichte abzukehren aus Furcht vor ihr, war einer solchen Gegenwart von jeher fremd. Doch wie beherrschend auch immer, so oder so, die unmittelbaren Erfahrungen der Gegenwart unser Verhältnis zur Geschichte beeinflussen: In keinem Falle können wir uns darüber täuschen, daß die Bedingungen, Ereignisse und Entscheidungen unserer Zeit in hohem Maße aus Bedingungen, Ereignissen und Entscheidungen der Vergangenheit hervorgegangen sind. Der Macht der Gegenwart über die Geschichtsbetrachtung entspricht die Macht der Geschichte über die Gegenwartserfahrung.

Die Gegenwartsmacht der Geschichte ist die erste und unmittelbar gegebene Perspektive, in der die Geschichte in unserem Blick auftaucht, unseren Erfahrungsbereich berührt und uns zum Umgang mit ihr auffordert. Nach ihr fragen wir deshalb zuerst.

I. Umgang mit der Gegenwartsmacht der Geschichte

Eine Tagung an diesem Ort ist schon allein durch ihre äußeren und inneren Umstände dazu angetan, uns der Gegenwartsmacht der Geschichte mit besonderer Schärfe bewußt zu werden. Die Abhängigkeit und Bedingtheit der uns übergreifenden staatlichen und gesellschaftlichen Gegebenheiten von der vorausgegangenen Geschichte treten dabei ebenso ins Licht wie die Einbindung unserer persönlichen Lebensbedingungen und Lebensschicksale in ein Geflecht von Geschehnissen und Entscheidungen, deren Wurzeln in der Vergangenheit liegen. Die bedingende Geschichte

---

[4] TH. LITT, Die Selbstbesonderung des Sinns der Geschichte (in: Der Sinn der Geschichte, hg. v. L. REINISCH, 1970⁴, 66–82), 66.

färbt auf unsere Gegenwartserfahrungen durch, sei es, daß wir die Kontinuität wahrnehmen, sei es, daß wir den Gegensatz zur Geltung bringen. Ob wir mit dieser Abhängigkeit hadern, ob wir sie hinnehmen oder ob wir sie begrüßen – immer sind wir Erben. Und in der Gegenwart, an der wir selbst als Zeitgenossen an unserem kleinen Teile handelnd und erleidend teilnehmen, bilden sich bereits die Vorgegebenheiten, in bezug auf die unsere Kinder und Enkel ihre Geschichtsabhängigkeit erfahren werden. Die Abhängigkeit zwischen den Generationen reicht tief, tiefer, als es uns bewußt zu sein pflegt, und tiefer, als es unseren Wünschen nach Eigenständigkeit und Selbstbestimmung entsprechen mag. Im Stolz auf Geschichte und Gegenwart verbinden wir uns leicht und gern mit denen, die vor uns waren. Sind unserer Zeit jedoch die Züge einer Geschichte von Schuld und Verhängnis eingezeichnet, so wird es uns schwer, als Erben in diesen Zusammenhang einzutreten. Und doch widerfährt es uns, daß nicht nur andere uns bei diesem Zusammenhang behaften, sondern daß auch wir selbst dieses Zusammenhanges innewerden; daß in uns eine Bedrängnis, ja eine Scham aufsteigt, deren Anlaß nicht einfach in unserem eigenen begrenzten Leben liegt; daß wir bereit werden, die Einbettung auch in diesen Geschichtszusammenhang als für unser Leben unabweisbar zu übernehmen. Als Anlaß für Stolz wie für Anfechtungen, für Abwehr wie für Übernahme erstreckt sich die Gegenwartsmacht der Geschichte bis ins Innerste unseres Lebens.

Mit solcher Geschichtserfahrung stehen wir selbst auf dem Spiel. Wollen wir uns nicht als Person aufgeben, die zu Rechenschaft und Verantwortung gerufen ist, so können wir die Verlockung des Bildes, das Nietzsche uns vor Augen stellt, nur als tiefste Gefährdung unserer Existenz empfinden. Ein „Vergessen" reicht nicht aus, um der Resignation zu begegnen, die aus der Erfahrung unseres Bedingtseins durch die Geschichte erwachsen kann und die in dunklen Stunden in ein Gefühl des Preisgegebenseins und der Sinnlosigkeit umschlägt.

Als stärkste Hilfe, uns gegen Irritationen dieser Art zu behaupten, bietet uns unsere Zeit die Perspektive des an der Zukunft orientierten Handelns an. Der Blick in die Zukunft eröffnet Aufgaben, der Aufruf zum Handeln ermöglicht es, uns selbst in verantwortlicher und sinnvoller Weise in den Gang der Dinge einzubringen, und sei es an unserem noch so begrenzten und bescheidenen Platz. Eine solche Lebensauffassung gewinnt ihre eigentlich tragende Kraft dann, wenn sie sich mit einem Geschichtsbild verbindet, das in der Geschichte trotz aller Rückschläge und Dunkelheiten einen aufwärtsführenden, zielgerichteten Prozeß sieht, einem Geschichtsbild also, für das der Lauf der Geschichte verschmilzt mit dem Fortschritt der

Menschheit. Erinnern wir uns an die Herkunft dieses Geschichtsverständnisses. Der Gedanke, oder besser: der Glaube, die Geschichte sei ein unumkehrbarer, zielgerichteter Prozeß, entstammt jüdisch-christlicher Tradition. Ungeachtet aller Unterschiede der Geschichtsentwürfe im einzelnen hat diese Vorstellung das abendländische Geschichtsdenken seit der Christianisierung bestimmt. Die gesamte Geschichte war in die eine große Heilsgeschichte Gottes mit der Welt einbezogen. Dies allein ermöglichte überhaupt den Gedanken einer „Weltgeschichte". Ihre Orientierung erhielt sie durch die großen geschichtlichen Stationen der göttlichen Heilstaten. Begrenzung und Ziel fand sie im Hereinbrechen des Gottesreiches, das aller Zeit ein Ende setzt, sie richtet und erfüllt. Als der Handelnde galt in allem Gott. Natürlich wurde auch der Mensch zu einem Handeln angehalten, das unter dem Vorzeichen dieser Enderwartung stand und für ihn und sein eigenes Heil ausschlaggebendes Gewicht besaß. Doch auf den Gesamtablauf der Geschichte hatte sein Tun keinen Einfluß. An diesem Punkte setzte bei der Säkularisierung des christlichen Geschichtsdenkens in der Neuzeit die entscheidende Veränderung ein. Jetzt geraten der Mensch und sein Handeln in das Zentrum des Geschichtsprozesses. Dessen Zielbestimmung verschmilzt nun mit der gesellschaftlich-politischen Zielsetzung. Auch wo dieser Gedanke nicht in methodischer Engführung und mit ideologischer Ausschließlichkeit ausgearbeitet wird, steht die Frage nach der vom Menschen zu gestaltenden Zukunft, auf die der Gang der Geschichte hinführen soll, im Mittelpunkt des Geschichtsbewußtseins. Die Übernahme der Aufgabe, die Welt zum Besseren zu verändern, und die optimistische Einschätzung des Menschen, der diese Veränderung bewirken soll, verbinden sich mit der Auffassung der Geschichte als zielgerichteter Entwicklung und verleihen dieser Entwicklung die Grundfigur des aufsteigenden Fortschritts.

Im Rahmen solcher Gesamtauffassung kommt der Geschichte eine doppelte Bedeutung zu: Sie erläutert die Gegenwart, und sie leitet an zum Handeln. Das Interesse an ihr ist gelenkt durch das Interesse an der Gegenwart und zielt auf die Bewältigung der Zukunft. Diese Geschichtsperspektive erlaubt eine mannigfache Ausgestaltung der Geschichtsbetrachtung im einzelnen. Die Spannweite reicht von pragmatischer Offenheit, die ihre Gesichtspunkte und Ziele je nach dem Bedarf der Gegenwart und ihrer Zukunftsplanung verändern kann, bis zum ideologisch geschlossenen Konzept, dessen Gesichtspunkte und Ziele durch die unterstellte Gesetzmäßigkeit der gesellschaftlich-geschichtlichen Entwicklung festliegen. Die vielseitige Verwendbarkeit eines solchen Geschichtsmodells liegt auf der Hand, vermittelt es doch anwendungsfähiges Wissen. Die so auf

Gegenwartserklärung und Handlungsanleitung hin befragte Geschichte
dient der Erhellung der gegenwärtigen Welt. Vor allem aber kann sie dazu
herangezogen werden, bestehende Zustände oder aber bewirkte Veränderungen, erreichte Ziele wie auch in Gang befindliche gesellschaftliche
Umbildungsprozesse zu legitimieren, die in diesem Lichte als Vollstreckung geschichtlich begründeter Forderungen, ja Notwendigkeiten erscheinen sollen. In solcher Verwendung zur Legitimation gegenwärtigen Handelns werden der Geschichte nicht allein Lehren abgewonnen, sie muß
darüber hinaus auch die moralische Rechtfertigung liefern für als notwendig erachtete Maßnahmen. Damit gerät die Geschichtsbetrachtung in den
Dienst gesellschaftlich-politischer Praxis, und der so verstandene
Geschichtsunterricht wird deshalb stets als bevorzugtes Erziehungsmittel
im Dienste einer totalitären Idee oder eines ideologisch begründeten
Systems eingesetzt[5].

Gegenwartserklärung und Handlungsanweisung – hier wird ein tiefes
Verlangen des Menschen befriedigt. Anders ist der Siegeslauf dieses
Geschichtsverständnisses in der Neuzeit nicht zu begreifen, das dort, wo es
das gesamte persönliche und gesellschaftliche Leben durchdringt, Züge
eines religiösen Glaubens trägt. Und doch ist zu fragen, ob diese
Geschichtsauffassung unser Verhältnis zur Geschichte nicht tief gefährdet
und uns um das bringt, was in der Geschichte beschlossen liegt und was der
Umgang mit der Geschichte für uns bedeuten könnte. Im Blick auf die
Geschichte liegt die Gefährdung zutage: Der Geschichtsverlauf erscheint
gleichsam als Pappelallee, die auf die Gegenwart hinführt[6], der Mensch der
Gegenwart gleichsam als Spinne im Netz, auf die alle Fäden zulaufen[7].
Jacob Burckhardt karikiert von Basel aus in einem Brief vom Silvestertage
1872 die kurzschlüssige Art solcher Geschichtsbetrachtung: „Die Darstellung der neueren Geschichte ist ja in einer großen allgemeinen Mauserung
begriffen und man wird einige Jahre warten müssen mit Anschaffungen,
bis die ganze Weltgeschichte von Adam an siegesdeutsch angestrichen und
auf 1870/1 orientiert sein wird."[8] Reinhard Wittram formuliert die Frage
grundsätzlich: „Ist das historische Interesse, mit dem wir es heute vor-

[5] Vgl. dazu etwa D. Riesenberger, Geschichte und Geschichtsunterricht in der DDR (KVR
376/377), 1973, bes. 24–29.42–46.
[6] K. v. Raumer, Ewiger Friede, 1953, 72; zit. bei R. Wittram, Das Interesse an der
Geschichte (KVR 59/60/61), 1958, 15.
[7] H. Rückert, Personale Geschichtsbetrachtung (in: Ders., Vorträge und Aufsätze zur
historischen Theologie, 1972, 1–11), 4. Vgl. auch Nietzsches Bezeichnung des historisierenden modernen Menschen als „die große Kreuzspinne im Knoten des Weltall-Netzes", aaO
267.
[8] An Friedrich v. Preen; Briefe, ausgew. u. hg. v. M. Burckhardt, 1965, 321.

nehmlich zu tun haben, entweder vom Zukunftsplan oder vom Gegen-
wartserlebnis bestimmt und gar nicht oder gar nicht mehr vom Vergangenen als dem Toten?"[9] Er hält dagegen: „... können wir auch der toten, der
ganz vergangenen Vergangenheit Interesse abgewinnen, ohne daß wir der
Gegenwart den Rücken kehren? Können wir unser Geschichtsinteresse so
an der Vergangenheit orientieren, daß wir sie nicht als Vorgeschichte von
Gegenwart oder Zukunft verstehen und uns doch nicht dem Heute und
Morgen entziehen?"[10]

Hier kommt ein anderer Umgang mit der Geschichte in den Blick –
nicht ein Umgang, der die Geschichte nur auf Erklärung der Gegenwart
und Anleitung zu zukunftsgerichtetem Handeln hin befragt, sondern ein
Umgang mit der Geschichte, der ihr Eigengewicht und ihr Eigenwesen[11]
zu erfassen sucht und dabei doch der Gegenwart nicht den Rücken kehrt,
sondern gerade von solcher Geschichtsbetrachtung Hilfe zur Bewährung in
der heutigen Welt erwartet. Denken wir an das bekannte Wort Rankes, so
deutet sich die Nähe solcher Geschichtsbetrachtung zum christlichen Glauben an: „Jede Epoche ist unmittelbar zu Gott, und ihr Wert beruht gar nicht
auf dem, was aus ihr hervorgeht, sondern in ihrer Existenz selbst, in ihrem
eigenen Selbst."[12]

II. Umgang mit dem Eigenwesen der Geschichte

Wollen wir an dem Geschehen unserer Gegenwart verstehend teilhaben,
so sind wir über unsere eigenen, unmittelbaren Erfahrungen hinaus auf das
berichtende, kommentierende, auswählende, abwägende Wort anderer
angewiesen, das unseren Erfahrungsbereich erweitert, vertieft, korrigiert
und ergänzt. In unvergleichlich höherem Maße ist dies bei unserer Annäherung an die Vergangenheit der Fall. Hier sind wir uneingeschränkt abhängig von den überliefernden Zeugnissen. Galt das für alle Zeiten, so hat
diese Situation durch die Wissenschaftsgeschichte der letzten 200 Jahre
doch eine Verschärfung erfahren, die eine Epoche markiert und hinter die
wir nicht mehr zurückkönnen[13]. Seit der Entwicklung der historisch-

---

[9] WITTRAM, Interesse, 9.   [10] Ebd. 11.   [11] Ebd. 15.
[12] L. v. RANKE, Über die Epochen der neueren Geschichte, Hundertjahr-Gedächtnisausgabe
1954, 7. Zum idealistischen Hintergrund dieser Aussage vgl. C. HINRICHS, Ranke und die
Geschichtstheologie der Goethezeit, 1954, 165 f.
[13] Vgl. die Hervorhebung dieses Gesichtspunktes bei R. WITTRAM, Die Verantwortung des
evangelischen Historikers in der Gegenwart (ILRef 5, 1962, 26–43), 27 f. 35–37. Vgl. auch H.
HEIMPELS Formulierung von der „schuldigen Legende", zit. bei WITTRAM, Interesse, 18.

kritischen Methode gibt es für uns keinen Weg mehr, Vergangenes in seiner Vielschichtigkeit und vielfachen Bedingtheit zu erfassen, der an der wissenschaftlichen Forschung vorbeiführte. Läßt man der Überlieferung unkontrolliert Raum, ohne nach der Richtigkeit des Vermittelten zu fragen, so können Vorstellungen über Geschehnisse und Zusammenhänge entstehen, die mit der vergangenen Wirklichkeit nur noch sehr wenig gemein haben und sich auf gegenwärtiges Denken und Tun verhängnisvoll auswirken können. Die Gefährlichkeit tendenziöser Geschichtslegenden und schiefer historischer Analogien ist bekannt – erinnert sei an die Kriegsschuldlüge wie an die Dolchstoßlegende nach dem ersten Weltkrieg, an die Vereinnahmung Luthers für ein deutsch-völkisches Christentum wie an die Inanspruchnahme Thomas Müntzers für ein sozialistisch-revolutionäres Engagement der Christen. Hier liegt eine unabdingliche Aufgabe historischer Arbeit: unkontrollierten Einstellungen und tendenziösen Verfälschungen entgegenzuwirken – um der Gegenwart, aber auch um der Vergangenheit willen.

Die unwiderrufliche Verpflichtung der neuzeitlichen Geschichtswissenschaft auf die historisch-kritische Methode hat weitreichende Konsequenzen auch für unsere Fragestellung. Dem Eigenwesen einer Zeit können wir uns nur zu nähern hoffen, wenn wir in der Anwendung des kritischen Instrumentariums nicht erlahmen und die Lücken und Unklarheiten, die die kritische Wissenschaft konstatieren muß, nicht durch Wunschbilder und gewagte Kombinationen beseitigen, auch nicht im Dienste eines angeblich übergreifenden Interesses. Die Entwicklung ihrer Arbeitsmethoden hat die Geschichtswissenschaft dazu gebracht, daß sie der Vorstellung von einer kontinuierlichen, geschlossenen und zielstrebigen Darstellung der Weltgeschichte den Abschied geben mußte. Die Geschichte der historischen Wissenschaft in der Neuzeit ist nicht zuletzt eine Geschichte des Abbaues der weltgeschichtlichen Visionen, angefangen beim Geschichtsbild der Bibel. Und es ist kein Zufall, daß die großen modernen Entwürfe, die eine Gesamtkonzeption der Menschheitsgeschichte anbieten, fast alle nicht von Historikern, sondern von Philosophen, Soziologen und Theologen stammen. Wittram urteilt: „...die Geschichtswissenschaft ist auch durch die großartigsten unter ihnen nicht befriedigt worden, so dankbar sie für viele Anregungen sein muß."[14] Er spricht von der „nie abstumpfenden Skepsis", mit der der Historiker derartige Totaldeutungen der Geschichte betrachtet[15]. Wird ein solcher Gesamtentwurf dennoch mit den Mitteln

---

[14] WITTRAM, Interesse, 129.
[15] R. WITTRAM, Zukunft in der Geschichte (KVR 235/236), 1966, 57. Vgl. zu diesem

historischer Wissenschaft verteidigt, so ist ein vorgegebener Glaube im Spiel, der nicht aus der Geschichte selbst erwächst.

Ein Lebensverhältnis zur Geschichte hervorzubringen, in dem Gegenwartserfahrung und Geschichtsbewußtsein einander durchdringen, vermag die historisch-kritische Methode nicht. Doch sie schafft an ihrem Teile Bedingungen der Erkenntnis. Eben damit aber eröffnet sie Zugänge zum Verstehen, in die das lebendige Interesse fragend eintreten kann. In dieser Eigenschaft leistet die historisch-kritische Methode einen unentbehrlichen Dienst. Erst dann, wenn die Vergangenheit von dem ihr aufgezwungenen Deutungsschema oder auch von unseren herrischen Fragen befreit wird, darf vergangenes Leben es selbst sein, ohne als Mittel zum Zweck zukünftiger Entwicklungen gewogen, benutzt oder beiseite geschoben zu werden. Erst so erschließt die Vergangenheit uns ihre unerschöpfliche Fülle von Erscheinungen und Gestalten. Jede große geschichtliche Leistung trägt hier ihre Würde in sich; jede verbrecherische Machtausübung wird ihrer angeblichen Rechtfertigung durch übergreifende geschichtliche Notwendigkeiten entkleidet; und auch dem uns unbekannt bleibenden, namenlosen Leben wird sein einmaliger, unvertretbarer Platz zuerkannt. Die Vielfalt und Kontingenz geschichtlicher Entwicklungen tritt in unseren Blick: die Offenheit geschichtlicher Situationen, in denen neue Weichenstellungen erfolgen; die Unberechenbarkeit menschlichen Verhaltens, das zu unerwarteten Entwicklungen führt; der geschichtliche Zufall, der scheinbar gesicherte Pläne umstürzt und angebahnte Möglichkeiten abschneidet. Und Sprache und Erfahrung wachsen uns zu: Welche Fülle an politischer Erkenntnis enthält der lange Prozeß der Volk- und Staatwerdung der Deutschen; welcher Reichtum an christlicher Einsicht liegt in dem Weg beschlossen, den die Christenheit seit 2000 Jahren gegangen ist. All dies schafft ein Geflecht von Geschehnissen, Entwicklungen und Umbrüchen, das sich nicht in ein einziges Deutungsschema pressen läßt. Wohl können wir Kausalitäten erkennen, aber doch nur bruchstückhaft, und die Zahl ineinandergreifender Ursachen wächst, je mehr wir uns mit einer historischen Erscheinung beschäftigen. Wir stoßen auf ausfasernde Linien, auf scheinbar auslaufende Entwicklungen, die keine Verbindung zu unserer Gegenwart mehr zeigen und dem allgemeinen Vergessen anheimgefallen sind. Und wir beobachten allenthalben die Gleichzeitigkeit des Ungleich-

---

ganzen Zusammenhang auch den Aufsatz von L. Perlitt, Auslegung der Schrift – Auslegung der Welt (in: Europäische Theologie, hg. v. T. Rendtorff, 1980, 27–71), der erst nach der Fertigstellung dieses Vortrages erschien; hier bes. 34–41 und die darin verarbeiteten reichhaltigen Lesefrüchte.

zeitigen: Neben fortschrittlichen Tendenzen machen sich bewahrende geltend, Aufgeklärtheit verbindet sich mit Aberglauben, Religionskritik und pseudoreligiöse Durchdringung weitester Lebensbereiche finden sich auf engem Raum beisammen. Die Bestimmung dessen, was eine Epoche ausmacht, ist eine historische Kardinalfrage, und der so häufig bemühte Zeitgeist stellt sich von unterschiedlichen Positionen her recht unterschiedlich dar.

Die neuzeitliche Entwicklung der historischen Wissenschaft, die uns eine Annäherung an die geschichtliche Wirklichkeit ermöglicht, wie sie früheren Jahrhunderten verschlossen war, versperrt uns zugleich den Weg zu einem universalen Entwurf, sei er religiös oder ideologisch, philosophisch oder soziologisch begründet. Ja, wir müssen noch einen Schritt weitergehen. Jeder Entwurf dieser Art, und trete er mit methodischem und ideologischem Absolutheitsanspruch auf, ist für die Geschichtswissenschaft eine zeitbedingte, eine historische Größe. Auch er ist Gegenstand historisch-wissenschaftlicher Untersuchung und muß auf seine geschichtlichen Voraussetzungen, Abhängigkeiten und Implikationen hin analysiert werden. Das am Gedanken aufsteigenden Fortschritts orientierte Geschichtsverständnis der Neuzeit ist daraufhin zu befragen, wo der Ursprung des so gefärbten Fortschrittsgedankens liegt und welches die geschichtlichen Bedingungen seiner Überzeugungskraft waren bzw. sind. Das gleiche gilt für die Vorstellung vom Ablauf der geschichtlichen Entwicklung nach ihr innewohnenden Gesetzmäßigkeiten – auch hier sind die zeitbedingten Wurzeln zu untersuchen. Und nicht zuletzt muß das Menschenverständnis historisch durchsichtig gemacht werden, das sich mit solchem Geschichtsbild verbindet und es überhaupt erst ermöglicht. Kein Deutungsentwurf der Geschichte kann sich der Relativierung entziehen, die in der Erkenntnis seiner Zeitgebundenheit und damit seiner Geschichtlichkeit liegt. Auch er ist der Vergänglichkeit unterworfen und hebt die „unüberwindliche Fraglichkeit des Daseins" nicht auf. „Die Geschichte ist kein festes Haus und bietet kein bergendes Dach."[16]

Je rückhaltloser wir uns dem Eigenwesen der Geschichte zuwenden und das dafür erforderliche Instrumentarium gebrauchen, desto mehr verlassen wir das schützende Dach eines sinnerschließenden Gesamtgefüges: „Das ›Gefühl der ‚Geborgenheit' im Gang der Geschichte‹ geht verloren." Dies wird vom Standpunkt einer fortschrittlich-gesetzmäßigen Totaldeutung der Geschichte aus folgerichtig als ein „Geschichtspessimismus" beurteilt,

---

[16] WITTRAM, Interesse, 67. Vgl. auch DERS., Anspruch und Fragwürdigkeit der Geschichte (KVR 297–99), 1969, 21–24; sowie DERS., Zukunft, 26f.

der denjenigen richte, der ihn ausspricht[17]. Der christliche Glaube kann dies anders sehen. Wer das bergende Dach verläßt, um sich der Weite und Widersprüchlichkeit der Welt auszusetzen, tritt unter den Himmel. Nicht, daß er damit einen Ersatz für sein Dach erhielte – der freie Himmel schützt weder vor Sonne noch vor Regen und Sturm. Ohne Bild gesagt: Der christliche Glaube ist kein Ersatz für eine Totaldeutung der Geschichte, mit der die Sinnfrage schlüssig beantwortet werden könnte. Eher ist an die Antwort zu denken, die Luther 1518 einem Gefolgsmanne des päpstlichen Legaten Cajetan gab, der den Ketzer vor dem Verhör in Augsburg fragte, wo er denn bleiben wolle, wenn er nicht widerrufe: „Sub coelo – unter dem Himmel"[18], unter dem Schutz und der Regierung Gottes. In dem Verzicht auf die Herstellung einer Geborgenheit, die aus der Menschheitsgeschichte selbst erwächst, berührt sich der christliche Glaube mit den Konsequenzen der neuzeitlichen Geschichtswissenschaft, die sich nicht zufällig im kulturellen Umkreise des Christentums ausgebildet hat und ausbilden konnte.

III. Umgang mit der Geschichte im Horizont christlicher Hoffnung

Der christliche Glaube stellt die Geschichte in einen eschatologischen Horizont. Er spricht damit eine Hoffnung über ihr aus, die selbst nicht mehr der Geschichte entspringt, sondern die von Gott kommt. Die menschliche Sprache vermag sich im Blick auf diese äußerste auf sie zukommende Begrenzung nur andeutend auszudrücken, nur im Anhalt an die Erfahrungen, die der Mensch in dieser Welt im Glauben an Gott macht. Der Zugang zu ihnen liegt vor allem anderen im Gebet: „Dein Reich komme – erlöse uns von dem Bösen."[19] Die Gewißheit, die sich zu dieser eschatologischen Hoffnung bekennt, übersteigt alle nur mögliche Gewiß-

---

[17] Art. „Geschichte" in: Marxistisch-leninistisches Wörterbuch der Philosophie, hg. v. G. KLAUS u. M. BUHR, I (rororo 6155), 1972, 404, zu der hier zitierten Äußerung W. MOMMSENS und einer entsprechenden Formulierung von H. ROTHFELS. Vgl. dazu auch das schöne Zitat von EMMANOUEL MOUNIER bei WITTRAM, Interesse, 94: „Das Gegenteil des Pessimismus ist nicht der Optimismus, sondern eine unbeschreibliche Ausstrahlung von Schlichtheit, Mitleid, Beharrlichkeit und Gnade in einem."

[18] WA.TR 5, 79, 13; Nr. 5349 (1540). Vgl. zum Ganzen auch G. EBELING, Dogmatik des christlichen Glaubens I, 1979, 289: „Auf die Geschichte gesehen, erscheint es angemessener, das Fragmentarische und das undurchdringliche Dunkel in aller Geschichtserkenntnis zu wahren und sich auf denjenigen Zuspruch zu verlassen, der auch einem Zusammenbruch universalgeschichtlicher Hypothesen gewachsen ist."

[19] Vgl. WITTRAM, Interesse, 93; DERS., Verantwortung, 40.

heit, die aus einer Deutung des Geschichtsverlaufes erwachsen könnte. Denn sie gründet im Glauben an Gott, „der die Toten auferweckt und dem Nichtseienden ruft, daß es sei", ja, sie ist selbst nichts anderes als der Glaube, der hofft, wo nach menschlichem Ermessen nichts zu hoffen ist, der „eine gewisse Zuversicht ist des, das man hofft, und ein Nichtzweifeln an dem, was man nicht sieht"[20]. Die Bibel legt diese Hoffnung inhaltlich aus als Reich Christi und Reich Gottes, als ewiges Leben und neue Schöpfung[21]. Diese Begriffe sollen nach biblischem Verständnis nicht dazu dienen, unsere Phantasie zur Erzeugung von Vorstellungen anzuregen. Vielmehr weisen sie, wie Gerhard Ebeling ausführt, hinein in den Erfahrungsgrund und den Hoffnungsinhalt des Glaubens. So liegt im Begriff des ewigen Lebens „das definitive Nein zum ewigen Tod, die Verneinung dessen, daß der Tod von Gott zu trennen vermag". Im Blick auf das zeitliche Leben ist damit zunächst der Gegensatz ausgesagt: „Alles ist zu negieren, was den Anschein einer nur etwas veränderten Fortsetzung dieses zeitlichen Lebens vorspiegeln will." Und doch gibt der Begriff des ewigen Lebens auch eine Verstehenshilfe. Denn in ihm liegt die Entsprechung zu dem, „was durch den Glauben bereits im zeitlichen Leben zuteil wird. Wie uns im Tode nichts als Gott erwartet, so auch nichts als das, was elementarster Inhalt des Glaubens ist: das Ja Gottes, der Gottesfriede." Ebenso drückt der Begriff der neuen Schöpfung die Absage an alles aus, was uns bekannt ist. Er weist hin auf „das Ende aller gottwidrigen Herrschaft und damit das Ende aller Anfechtung". Doch auch im Reden von der neuen Schöpfung liegt eine Verstehenshilfe. Es weist ein in den Glauben, der den Anbruch der neuen Schöpfung schon jetzt erfährt: Wer in Christus ist, ist eine neue Kreatur[22]. Solches „Sein in Christus" durchbricht die Herrschaft der Sünde, der Adam verfallen ist und unter der die Schöpfung seufzt, und gibt dem Glaubenden Anteil an der Freiheit der Kinder Gottes. Freilich ist das neue Sein noch verborgen, das Offenbarwerden der neuen Schöpfung steht noch aus. Dieser Verborgenheit unterliegt im christlichen Glauben jeder Hoffnungsinhalt. So heißt es bei Ebeling: „Was dies positiv besagt, daß Gott allein und widerspruchslos herrscht, ist dem Vorbehalt zu unterstellen, daß noch nicht offenkundig geworden ist, was wir sein werden. ‚Doch wir wissen: Wenn es erscheinen wird, werden wir ihm gleich sein; denn wir werden ihn sehen, so wie er ist.' (1Joh 3,2)" Ebeling schließt: „Bei diesem Wort des Glaubens darf es der Glaube bewenden lassen."[23]

---

[20] Röm 4,17; Hebr 11,1.
[21] Vgl. zum folgenden G. Ebeling, Dogmatik des christlichen Glaubens III, 1979, 477–508.
[22] 2Kor 5,17.   [23] Ebd. 507 f.

Gehen wir in diesem Horizont mit der vergangenen Geschichte um, so wird sie uns nicht durchsichtiger und verliert nicht ihre Schrecken. Doch sie gerät in ein anderes Licht: das Licht der Herrschaft Gottes, wie sie in Christus offenbar geworden ist[24]. Damit erhält auch alles Vergangene eine neue Gewichtung: „... alles einzelne, Unzusammenhängende, Steckengebliebene, Ausgelebte bekommt den gleichen Schein und Abglanz wie das Zukunftsreiche. Über jedem Grab steht die Auferstehungshoffnung. Alles erhält den Charakter des Vorläufigen und Bedürftigen. Jedes Heute ist der Ewigkeit näher als das Morgen.“[25] Solche Gewißheit spricht der Vergangenheit auch in ihren fernsten Winkeln das gleiche Gewicht und die gleiche Würde, aber auch die gleiche Gebrechlichkeit zu wie all dem Geschehen, in das unser Leben und Planen verstrickt sind.

Wenn auch die Herrschaft Gottes nicht von der Geschichte abgelesen werden kann, so erfährt doch der Glaube in aller Anfechtung ihre Gegenwart und erwartet ihr Kommen. Ja, diese Herrschaft erfaßt Menschen, die in ihrem Reden, Leben und Tun Zeugnis von ihr ablegen und Spuren von ihr hinterlassen. Die Herrschaft Christi beschränkt sich nicht auf den sogenannten religiösen Bereich, vielmehr umgreift sie den ganzen Menschen in der vollen Weite seiner Lebensbezüge. Doch sie ist geistlich und verborgen[26]. Nicht anders sind die Spuren, die sie hervorbringt. Für den unbeteiligten Beobachter sind sie nur selten auszumachen. Wer jedoch selbst in einem Lebenszusammenhang mit der Gemeinde Christi steht und einen Blick gewinnt für das, was christliches Leben in dieser Welt heißt, der lernt auch in der Geschichte Zeugnisse dieser Art wahrzunehmen, die von Glauben und Liebe, Freude und Freiheit zeugen und damit von dem, was von Gott zuteil wird. So kann der Historiker, der mit dem Blick des Christen in die Geschichte sieht, schreiben: „Was der christliche Glaube – soweit er nicht pervertiert war – bewirkt oder auch nur indirekt veranlaßt hat, beschränkt sich keineswegs auf die Parolen, Opfer und erkämpften Reformen von Revolutionären – bei denen manches gewiß umgesetzter oder säkularisierter Glaube gewesen sein kann –, es fand seinen Niederschlag auch in den Gesetzen weiser Könige und einsichtiger Parlamente, in den Werken hilfsbereiter Herzen und noch mehr in Diensten und Verhal-

---

[24] Vgl. auch die Wendung bei PERLITT (s. Anm. 15), 71, der in etwas anders gewendetem Gedankenzusammenhang von dem „Schritt“ spricht, „der das Aufatmen bewirken kann: von der Summe, vom System, von der Theorie, vom Kommentar zur Schrift selbst“. Er fügt hinzu und beschließt so seinen Aufsatz: „Luther hat diesen Schritt ein Leben lang geübt und darum unser Thema mit einem Halbvers bewältigt: ‚Das ewig Licht geht da herein, gibt der Welt ein’ neuen Schein.‘“

[25] WITTRAM, Zukunft, 57.   [26] Dazu EBELING, aaO 491–501.

tensweisen, von denen kein Aktenstück und keine Chronik berichtet, die
aber Unheil abgewandt, Bitterkeit verhütet, gute Entschlüsse ausgelöst,
Menschen glücklicher gemacht haben und deshalb zur Geschichte gehören."[27] Wahrnehmungen dieser Art lassen sich nicht zu einer universalge-
schichtlichen Konstruktion hochstilisieren, die anderen Totaldeutungen an
die Seite zu setzen wäre. Sie sind auch nicht als zwingend einsehbar zu
machen. Aber sie bringen zeichenhaft zum Ausdruck: Der eschatologische
Horizont, in dem der Glaube die Geschichte sieht, nimmt ihr nichts von
ihrer unübersehbaren Vielfalt, ihrer Bruchstückhaftigkeit und ihrer Unberechenbarkeit. Und dennoch verleiht er ihr eine Einheit – eine Einheit, die
allem Vergangenen sein Eigenwesen läßt und es doch mit dem gegenwärtigen Betrachter zusammenschließt im Gegenüber zu Gott. Das Gegenüber
zu Gott aber meint den Menschen. Umgang mit der Geschichte, der im
Horizont des Glaubens geschieht, erweist sich deshalb letztlich im Umgang mit dem Menschen in der Geschichte.

IV. Umgang mit dem Menschen in der Geschichte

Vergangene wie gegenwärtige Geschichte ist Geschichte des Menschen.
Sie ist es auch dann, wenn wir nach Institutionen und Traditionen, nach
Sozial- und Wirtschaftsstrukturen fragen. Denn auch dort wird menschliches Dasein geordnet und menschliches Schicksal bestimmt – von Menschen, wie hoch wir auch ihre geistige und materielle Bedingtheit und ihre
Einbindung in Strukturen und Zwänge veranschlagen mögen. Der christliche Glaube spricht von der Erschaffung des Menschen zum Ebenbilde
Gottes und von der Menschwerdung Gottes in Jesus Christus. Er erkennt
dem Menschen damit eine Würde zu, die sich allen Versuchen widersetzt,
den Menschen als bloße Funktion materieller Bedingungen oder als bloßen
Funktionär gesetzmäßig-gesellschaftlicher Prozesse zu sehen und zu behan-

---

[27] WITTRAM, Zukunft, 57 f. „Dem Erfahrenen ist dies genug." (Ebd.) Ebenso EBELING, aaO
506: „Wird die Herrschaft Gottes als Ziel und Ende der Geschichte geglaubt, dann werden in
der Geschichte selbst die Spuren ihres Kommens wahrgenommen und auch Zeichen der
Hoffnung darauf gesetzt. Wo immer sich eine Hilfe zu wahrem Leben ereignet, wo eine echte
Erneuerung einsetzt, wo unnötige Ärgernisse aus dem Wege geräumt werden, wo in Leid
getröstet und die Ursache von Leid bekämpft wird, wo man sich gegenüber dem Schrei nach
Gerechtigkeit und Frieden nicht taub stellt, sondern sich ihn zu Herzen gehen läßt, so daß
daraus Taten hervorgehen, wo man bei aller Ohnmacht gegenüber dem menschlichen Elend
doch nicht darin nachläßt, Tränen abzuwischen, Wunden zu verbinden und Sterbende zu
geleiten, überall da wird man an das Reich Gottes erinnert, nimmt man sein Kommen wahr
und wird in der Hoffnung auf seine schließliche Vollendung bestärkt."

deln[28]. In dieser Hinsicht stimmt aller abendländische Humanismus, auch der atheistische, mit dem christlichen Menschenverständnis zusammen. Das Interesse am Menschen bedarf von hier aus keiner Begründung, es ergibt sich aus dem Verständnis unseres eigenen Menschseins: Auch wir fragen aus unserer Geschichte heraus als Menschen, die Erklärung suchen und die Verantwortung zu tragen bereit sind. In der Art jedoch, wie wir uns dem Menschen in der Geschichte zuwenden, geben wir uns selbst zu erkennen.

Im 18. Jahrhundert, in dem das optimistische Menschenbild und der ungebrochene Fortschrittsglaube eine so bezwingende Kraft entfalteten, schrieb der Außenseiter Johann Gottfried Hamann: „Ein Kind muß mehr gewöhnt werden, das Verderben seines eigenen Herzens aus der Geschichte kennen zu lernen" (als andere zu richten)[29]. Was damals befremdete Ablehnung hervorrief, kann heute auf mehr Verständnis rechnen: In der Geschichte des Menschen bekommen wir es in furchtbarer Weise immer wieder mit dem Bösen zu tun. Zu diesem Thema erübrigen sich alle Einzelbeispiele. Die bis zum Beweis des Gegenteils unüberwindliche Skepsis gegen die Zuversicht auf einen qualitativen Fortschritt der Menschheit im Sinne der Steigerung des Menschen zu einem „Gemeinschaftswesen höherer Art", zum neuen, zu sich selbst befreiten Menschen, nährt sich von der immer neuen Anschauung alles dessen, was solcher Erwartung ins Gesicht schlägt. Und doch ist die Diskussion darüber schwierig, wenn die andere Seite auf die Notwendigkeit langer Umwandlungsprozesse hinweist und wenn deshalb in der Näherbestimmung von Gut und Böse in der Geschichte keine Einigung erzielt wird. Unsere Feststellung und Erfahrung des Bösen im geschichtlich-menschlichen Miteinander bleiben so lange theoretisch, d. h. anschauend und prinzipiell mit Gründen widerlegbar, wie wir unsere Erfahrung mit uns selbst aus dieser Betrachtung heraushalten. Insofern wäre das Wort Hamanns mit Wittram abzuwandeln: Nicht in erster Linie aus der Geschichte lernen wir uns selbst kennen. Zuvor und gleichzeitig bedarf es der Erkenntnis unseres eigenen Gewissens. Das Zeugnis des christlichen Historikers stehe hier stellvertretend für die Erfahrung des Christen überhaupt: „Das stärkste Argument gegen die Annahme der Perfektibilität des Menschengeschlechts ist nicht die trübe Bilanz aller geschichtlichen Veranstaltungen – der ja immer entgegengehalten werden kann, daß das sozialistische Hauptexperiment noch nicht zu

---

[28] Vgl. dazu die Erwägungen über „Der historische Prozeß und die Biographie", in: Wittram, Anspruch, 57–71.
[29] Schriften III, 1822, 138; zit. Wittram, Interesse, 121.

Ende geführt ist und daß man aus Zwischenstadien nicht voreilige Schlüsse
ziehen darf –, sondern die autobiographische Erfahrung des einzelnen, die
Beobachtung des eigenen Selbst, nicht die der andern; die Gewißheit, die
durch nichts wankend gemacht werden kann, daß dieses Wesen, das ich als
Mensch habe, insuffizient ist, daß mir das eigene Gewissen über die
Unverbesserlichkeit des natürlichen Menschen ein Leben lang hinreichend
Aufschluß gibt. Das Bewußtsein der Schadhaftigkeit und Schuldhaftigkeit
des Selbst ist so durchdringend, daß es im eigenen Ich das genus humanum
erfährt, ohne jegliches Verlangen, den persönlichen Befund durch Reihen-
untersuchungen zu bestätigen oder zu verifizieren. Das Gewissen hat
repräsentierende Kraft. Man kann es nicht aus der Fassung bringen, wenn
man ihm sagt: sehr wohl, dein bourgeoises Gemüt mag solche Wallungen
kennen, blick auf die neu herausgeformte fortschrittliche Jugend, sie
leuchtet von der Kraft einer Moral, der das dumpfe Sündengefühl fehlt.
Die Diskussion hierüber ist müßig: unsere Anthropologie ist nicht nur eine
Wahrheit der Erkenntnis, sondern zugleich ein Modus des Existierens, die
Evidenz zwingend durch den stets gegenwärtigen Anruf des Gewissens.
Der christlich Glaubende wird hinzufügen müssen, daß seiner Einsicht
nach das eigentlich Böse alles Moralische transzendiert und in der Trennung von Gott zu suchen sein wird."[30]

Wo wir es mit dem Menschen in der Geschichte zu tun bekommen,
kommt unser Gewissen ins Spiel. Damit wird keineswegs der ganze
Umgang mit der Geschichte auf die Frage nach Gut und Böse hin kanali-
siert. Ein waches Gewissen ist ein waches Ohr, das die unterschiedlichsten
Stimmen auffängt und an uns heranträgt. Je wacher das Ohr, desto größer
und differenzierter der Reichtum, den es bringt. Alles, was dem Menschen
möglich ist und widerfahren kann, ist in der Geschichte aufgehoben – weit
mehr, als der Einzelne in der ihm zugemessenen Lebensspanne je erfahren
kann. Daran ändert auch die Fremdheit nur wenig, die wir an den
geschichtlichen Gestalten in zunehmendem Maße erfahren, je tiefer wir in
die Vergangenheit zurückgehen. Wenden wir uns der Welt der Vergangenheit zu und betrachten wir ihre Gestalten nicht in erster Linie als Träger
von Ideen oder als Durchgangspunkte von Entwicklungen, sondern als
Menschen, so begegnet uns stets Interessantes, Beglückendes wie Bestür-
zendes, Nobles wie Gemeines, Tapferes wie Erbärmliches, Großes wie
Menschlich-Allzumenschliches. Doch so wenig wir die Geschichte des
Menschen in einer Geschichte von Strukturen oder Gesetzmäßigkeiten,
Ideologien oder Religionen aufgehen lassen können, so wenig können wir

---

[30] WITTRAM, Interesse, 91.

unseren Umgang mit dem Menschen in der Geschichte auf das Ästhetische, auf die Freude an der Fülle und am Interessanten beschränken, so sehr
dies alles zur Beschäftigung mit der Geschichte hinzugehört und sein Recht
hat. Menschliches Leben, unser eigenes wie das anderer, vollzieht sich
nicht allein in diesen Kategorien. In der Tiefe stoßen wir immer auf die
Frage nach Entscheidung und Verantwortung, nach Tun und Unterlassen,
nach ethischer Norm und Gewissen. „Wenn die Geschichte vom Menschen
handelt, ist Sittliches im Spiel, mit einem Ernst im Spiel, der uns überall
anblickt, bei den Unglücksmännern, den Schicksalsträgern, den hybriden
Verderbern, den Segenstiftern, bei den halbdunklen Helden und bei allen
denen, die gleich uns Schritt um Schritt betretbare Pfade suchten."[31]
Nehmen wir die Menschen der Vergangenheit als Menschen ernst und
bringen wir uns selbst unverkürzt in die Beschäftigung mit ihnen ein, so
werden wir nicht in beschaulicher Betrachtung oder besserwisserischer
Einordnung und Beurteilung verharren können. Sondern die Betrachtung
wird sich unmerklich verwandeln in eine Begegnung, in der wir nicht
mehr nur fragen, sondern gefragt werden, in der wir nicht nur unsere
Meinung vorbringen, sondern in der uns Neues und Fremdes zu bedenken
gegeben wird[32]. Hier können wir beides erfahren: das Hineingerissenwer-
den in fremde Schuld wie das Gewahrwerden immer erneuerter Offenheit
der geschichtlichen Situation. In fremde Schuld werden wir hineingerissen,
wenn uns aufgeht, daß wir aus keinem andern Stoffe gemacht sind als
Adam vor uns, und daß wir teilhaben an dem, was die Menschheit
angesichts ihrer Geschichte zu verantworten hat. Der immer neuen Offenheit der geschichtlichen Situation werden wir gewahr, wenn wir unsere
eigene Gegenwart im Großen wie im Kleinen gebrauchen als Ort des
Glaubens und der Liebe, der Übernahme von Verantwortung wie der Bitte
um Vergebung.

Wir fragten: „Können wir unser Geschichtsinteresse so an der Vergangenheit orientieren, daß wir sie nicht als Vorgeschichte zur Gegenwart

---

[31] Ebd. 121. Vgl. auch DERS., Anspruch, 71: „Die Luft der Geschichte ist eiskalt, die großen
Prozesse sind Abläufe von unbarmherziger Präzision; es gab nie eine heile Welt, es kann sie
nicht geben. Aber es gab immer in der Geschichte die Menschen, mit ihnen das Böse und die
Schwäche und doch auch – gratia Dei – selten, aber beglückend den Mut, die Klugheit, die
Aufrichtigkeit und die Barmherzigkeit. Sollte man darauf nicht achten dürfen, wenn man
fleißig genug gewesen ist, die Täuschungen aufzudecken, dem Bösen nachzuspüren, die
Antagonismen zu beschreiben und die objektiven Bedingungen der Freiheit zu erforschen?"
[32] Vgl. dazu die schönen Ausführungen von RÜCKERT (s. Anm. 7), 9f.

oder Zukunft verstehen und uns doch nicht dem Heute und Morgen entziehen?" Suchen wir in der Vergangenheit den Menschen in der Gemeinschaft, die durch das uns gemeinsame Gegenüber Gottes gestiftet wird, so tut sich der Weg auf, der Gestern und Heute in das rechte Verhältnis zueinander bringt. In ihm erhält jedes sein eigenes Gewicht und sein eigenes Wesen, und aus ihm erwachsen Klärung und Hilfe für das Morgen.

Klärung und Hilfe: Sie bestehen nicht in einer aus der Geschichte gewonnenen Gesamtdeutung der Geschichte und einer davon abgeleiteten Handlungsanweisung im Dienste der Zukunft – ob diese nun als determiniert oder als programmierbar gesehen wird. Der Gang der Geschichte bleibt uns verhüllt. Luther spricht von Gottes Mummerei und dem Wirken des deus absconditus. In der Frage, was wir zu tun haben, werden wir zurückverwiesen auf Vernunft und Gewissen und müssen es nach unserem Ermessen wagen. Beide Erkenntnisse, die Undurchsichtigkeit der Geschichte wie die Verweigerung praktikabler Verhaltensregeln, können uns den Zugang zur Geschichte verschließen, weil wir anderes erhofften. Verbinden wir sie aber mit dem, was uns selbst im Glauben aufgeht, so öffnen sich uns die Tore zu dem, was die Geschichte uns geben kann. Der verborgene Gott wird dem Glauben zum Vater Jesu Christi, der Undurchsichtigkeit und Dunkel nicht aufhebt, der aber in ihnen sein Heil wirkt und dereinst alles in allem sein wird. Und der Rückverweis auf unser Gewissen wird dem Glauben zum Ruf in die christliche Freiheit, die es uns erlaubt, getrost nach dem Erforderlichen zu fragen, und die auch unser fehlsames Ermessen Gott anheimstellt, weil wir der Vergebung Gottes vertrauen dürfen. Bringen wir solche Glaubenserkenntnis in unseren Umgang mit der Geschichte ein – und wie könnten wir sie hintanstellen, wenn wir in diesem Umgang als wir selbst gefordert sind! –, so gewinnt die Geschichte für uns eine Sprache, die unser Leben nicht gefährdet, sondern trägt. Das Bild Nietzsches von der geschichtslosen Herde und dem noch geschichtsblinden Kind ist dann für uns nicht mehr verlockend. Denn dann erschließen sich uns die Erfahrungen, die nach Wittram der Umgang mit der Geschichte bereit hält: „Die Geschichte mit all ihrer schweigsamen Weisheit führt uns im Kreise, narrt uns mit unserer Selbstgewißheit, wirft uns unser eigenes Spiegelbild zurück. Wir vernehmen ihre leise, fern verklingende Stimme nur, wenn wir schon gelernt haben, auf etwas anderes als die eigene Stimme zu hören; dann freilich greift die Geschichte in unser Bewußtsein ein mit einer Beredsamkeit, der nichts anderes gleicht. Den, der bescheiden geworden ist, erfüllt sie mit ihrem Trost; den, der getrost und freudig voranschreitet, erhält sie in der Bescheidenheit. Sie gibt unserem Bewußtsein eine neue Dimension und stellt unser Gewissen in einem erweiterten Horizont auf die Probe. Das ist ihr Bildungswert; wir möchten meinen, es sei die Summe aller ihrer Lehren."[33]

---

[33] WITTRAM, Interesse, 122.

Gotteslehre und kirchliche Praxis

Rolf Schäfer

Das von Gerhard Ebeling vorgelegte opus magnum seiner „Dogmatik des christlichen Glaubens" (Bd. I–III, 1979) wird die Theologie für längere Zeit beschäftigen. Dies ist nicht nur deshalb zu erwarten, weil sie in ihrer Klarheit, ihrer Einheitlichkeit und ihrem Gedankenreichtum einen Maßstab für die Theologie setzt, an dem sowohl die Gesamtentwürfe der Dogmatik als auch die Behandlung einzelner Teilgebiete zu messen sind. Vielmehr darf man darauf hoffen, daß auch die anderen Disziplinen der Theologie – nicht zuletzt die der „Disziplin" mehr als je bedürftige Praxis, nämlich das dem Pfarrer aufgetragene kirchenleitende Handeln – aus dem Werk Nutzen ziehen.

Die Verbindung von Dogmatik und kirchlicher Praxis ist deshalb nicht künstlich, weil die Dogmatik selbst schon ohne Praxis gar nicht denkbar ist. Ebeling greift seine Arbeit als Dogmatiker infralapsarisch an; d. h. er vermeidet den alten Fehler der Dogmatiker, sich als Teilhaber der Allwissenheit zu dünken, indem er sich der Situationsbedingtheit aller theologischer Sätze bewußt bleibt. So wie die Situation des Menschen im allgemeinen konstitutiv ist für die Gedankenbildung, so ist die Situation des Christen zwischen Sünde und Ebenbildlichkeit im besonderen konstitutiv für die Dogmatik als Rechenschaft für den Glauben. Dies hat zur Folge, daß der Praxisbezug nicht nachträglich hergestellt werden muß. Vielmehr ergibt er sich von selbst, weil er schon im dogmatischen Grundriß selbst angelegt ist. Insofern ist Ebelings Dogmatik in der Tat ein Beitrag zur Theologie im ganzen. Die Einheit bleibt kein ohnmächtiges Postulat, sondern bewährt sich in dem einsichtigen Übergang von einer Disziplin zur andern. Sie wirkt damit der bedauerlichen – wenngleich unvermeidlichen – Spezialisierung entgegen, die dem im Amt stehenden Pfarrer ein Weiterverfolgen des Ganges seiner Wissenschaft unmöglich macht und auch schon den Studenten an der Verknüpfbarkeit seiner Fächer zweifeln läßt.

An einem Beispiel aus dem Bereich der Gotteslehre soll im Nachstehen-

den dargetan werden, wie die gedankliche Klarheit und Strenge von
Ebelings Dogmatik einen Durchblick durch schwierige – oftmals verwirrte
– Gebiete ermöglicht.

I

Die Lehre von Gott stellt den innersten Kernbereich der Theologie dar.
Gerade sie wurde aber von dem neuzeitlichen Umbruch der Wirklichkeitserfahrung und des daraus erwachsenden Denkens am stärksten in Mitlei-
denschaft gezogen. Der theoretische und praktische Atheismus der Gegenwart richtet vor der Theologie eine Verstehensschranke auf, deren Überwindung ausdrücklich als Aufgabe ergriffen werden muß. Nun darf man
sich die Aufgabe nicht dadurch vereinfachen, daß man die Verstehensschranke mit der Grenze zwischen Kirche und „Welt" identifiziert, etwa in
dem Sinne, daß außerhalb der Kirche Unverständnis für Gott oder Leug-
nung Gottes zu finden sei, innerhalb der Kirche aber Beziehung zu Gott
und damit auch Erkenntnis Gottes. Vielmehr läuft die Schranke mitten
durch die Kirche hindurch, zumindest wenn man dieses „blinde und
undeutliche Wort" (Luther) in seiner vordergründigen Bedeutung auf die
beobachtbaren Vollzüge des kirchlichen Lebens einschränkt. Es gibt hier
eine Reihe von Erscheinungen, bei denen das Bemühen zu spüren ist, sich
auf die notvolle Abwesenheit Gottes einzustellen und das kirchliche Leben
auch unter dieser neuartigen Voraussetzung sinnvoll zu gestalten.
Solche Erscheinungen sind sogar im gottesdienstlichen Leben anzutreffen. In den letzten Jahren werden zahlreiche Versuche unternommen, das
Abendmahl aus seiner Randexistenz in die Mitte des Gottesdienstes
zurückzuholen und erlebbar zu machen. Bei diesen Reformbemühungen,
die stellenweise von einem meßbaren Erfolg belohnt werden, stehen zwei
Gedankenkreise im Mittelpunkt: das Fest und die Gemeinschaft. Man
möchte das Abendmahl aus der düsteren Traueratmosphäre des auf eine
Oblate und wenige Tropfen Wein geschrumpften Abschiedsmahles erlösen, damit es wieder als ein Gastmahl mit Brot und Kelch gefeiert wird.
Den Weg zu diesem Fest dürfen nicht Barrieren mangelnder „Zulassung"
verhindern oder Sündenbekenntnisse vergällen. Die Vereinzelung der zum
Altar Gehenden soll aufgehoben werden in der Gemeinschaft derer, die
sich einladen lassen und im festlichen Essen und Trinken erfahren, daß sie
zusammengehören.
Ohne Zweifel darf sowohl das Moment des Festlichen wie auch das
Moment der Gemeinschaft beim Abendmahl nicht fehlen. Es fällt jedoch

an den Erneuerungsversuchen auf, daß sie wenig Verständnis für diejenigen Züge der älteren Abendmahlspraxis aufbringen, in denen sich das Bewußtsein der Gegenwart Gottes spiegelt. Wenn beim Abendmahl die göttliche Gegenwart erfahren wird, dann reguliert die Andacht sowohl die Stimmung als auch die Bewegung der Gemeinde und des einzelnen. Die Festlichkeit muß nicht erst erzeugt werden; sie wird auch nicht durch Andacht gehemmt, sondern stellt sich ein als anbetende Freude über Christi Anwesenheit. Und die Gemeinschaft hängt nicht am Akt des Zusammenkommens oder des gemeinsamen Mahles; vielmehr greift das Gefühl der Zusammengehörigkeit mit Christus über auf die anderen, die offenbar gleichfalls zu Christus gehören.

Nun kann man nicht leugnen, daß die Erfahrung der Gegenwart Gottes oder Christi bei der Feier des Abendmahls rar geworden ist. Die Tatsache des Nebeneinanderstehens vor dem Altar erzeugt auch dann noch keine Gemeinschaft, wenn aus einem Gemeinschaftskelch getrunken wird; außerdem wird die Festlichkeit durch die Rezitation der Einsetzungsworte mit ihrer Verkündigung des Todes Jesu nach Meinung vieler geradezu abgewürgt. Das unmittelbare Aufspringen des Gemeinschaftsgefühls in der Empfindung der Nähe Christi ist weggefallen, so daß die liturgischen Formen in ihrem Sinn dunkel werden. Es ist kein Wunder, daß man nun neue Wege zur Festlichkeit und zum Gemeinschaftserlebnis des Abendmahls sucht.

Das mangelnde Verständnis für die traditionelle Form des Abendmahls ist ein Indiz dafür, daß die Schwierigkeit, in die dieser Gottesdienst geraten ist, mit einer Verschiebung in der Gotteserfahrung zu tun hat. Diese Verschiebung kann sehr leicht – theoretisch oder praktisch – als schicksalhafte Abwesenheit Gottes gewertet werden. Es bleibt dann wenigstens die Gemeinde zurück, die sich mit Hilfe des festlichen Mahls konstituiert. Das Gelingen der festlichen Gemeinschaft trägt dann dazu bei, sich mit der Abwesenheit Gottes abzufinden. Die schwer durchschaubare Verbindung von Gott und Gottesdienst verstärkt die Neigung, sich mit dem in den kirchlichen Bereich hineinragenden Atheismus als mit einem hinzunehmenden Faktum zu befreunden oder ihn doch wenigstens auf sich beruhen zu lassen.

Das Abendmahl ist nicht das einzige Beispiel dafür, daß der Kampf mit dem Atheismus sich in den Binnenraum der Kirche verlagert hat. Trotz aller Bemühungen der praktisch-theologischen Wissenschaft hält sich in der kirchlichen Kasualpraxis die schon lang währende Unklarheit, was denn eine Eheschließung oder der Tod eines Menschen mit Gott zu schaffen haben, so daß dadurch ein Gottesdienst gerechtfertigt oder gar als

notwendig erachtet wird. Zwar wird die sozialpsychologische Funktion
feierlicher Gemeinschaftshandlungen (Passage-Riten) an hervorgehobenen
Punkten des Lebensweges heute deutlicher erkannt und bereitwilliger
gewürdigt als noch vor zehn Jahren. Doch gerade die Sinnhaftigkeit der
Symbolhandlungen im zwischenmenschlichen Bereich verdeckt leicht die
Tatsache, daß Gott als der Schöpfer und Urheber des Kasus abwesend
bleibt. Der Kasus wird undurchsichtig: In der Eheschließung sind es nur
noch die Eheleute selbst, die sich zusammenfügen, und beim Tod ist
niemand mehr zu hören, der gerufen hätte: „Kommt wieder, Menschen-
kinder!"

Der Kasualpraxis eng benachbart ist die Seelsorge, in deren Wandlung
sich der scheinbare Rückzug Gottes aus der menschlichen Lebenswelt
besonders deutlich abzeichnet. Die traditionelle christliche Seelsorge ver-
dichtete sich im Vollzug der Beichte: Der Beichtende bekannte seine
Verfehlung und empfing die Vergebung. Beides geschah aber im Angesicht Gottes. Die Verfehlung galt nicht nur als eine zwischenmenschliche
Schuld oder eine Untreue des Beichtenden gegen sich selbst, sondern als
Erfahrung von Gottes Gericht. Ebenso war die persönliche Beziehung
dessen, der die Beichte hörte, zum Beichtenden ohne Belang, da die
Gültigkeit und Wirksamkeit der Absolution in der Ansage der Vergebung
lag, die von Gott selbst vernommen wurde. Die Beichte wurde als ein
Geschehen zwischen dem Beichtenden und Gott empfunden, während der
Beichtiger im Grunde nur danebenstand und die Funktion erfüllte, bei
diesem Geschehen zu helfen.

Vergleicht man damit die gegenwärtige Seelsorgepraxis, wie sie sich
unter dem Einfluß der neuen Seelsorgebewegung durchgesetzt hat, dann
läßt sich für alle Spielarten sagen, daß die Gotteserfahrung sehr unsicher
geworden oder auch ganz hinter den Beziehungen zwischen Ratsuchendem
und Berater zurückgetreten ist. Dieser Vergleich ist auch deshalb so
lehrreich, weil an ihm deutlich wird, daß der Wandel der Seelsorgepraxis
nicht in einem leicht behebbaren Irrtum über das Wesen der Beichte
begründet ist. Daß Gott in der Weise, wie Luthers Beichtbüchlein es
vorsieht, als der Richtende erfahren und infolgedessen als unmittelbares
Gegenüber erlebt wird, läßt sich auch beim besten Willen aller Beteiligten
nicht erzwingen. Daß dieser Wille vorhanden ist, darf nicht bestritten
werden; von ihm zeugen die Versuche, dem erfolgreichen Vorgang der
Beratung ein theologisches Fundament zu geben. Der Berater handelt aus
christlicher Verantwortung und verfährt in seinem vorbehaltlosen Annehmen des Ratsuchenden in Analogie zur rechtfertigenden Annahme des
Sünders durch Gott; er ist durchaus bereit, religiöse Äußerungen und

Fragen ernst zu nehmen, ja sogar einen Beichtwunsch durch den förmlichen Vollzug der Beichte zu erfüllen. Die religiösen Elemente sind jedoch so wenig konstitutiv, daß gerade auch der kirchlich bestallte Berater sich unter unbilligen und sachfremden Legitimationsdruck gestellt sieht, wenn er darüber Auskunft geben soll.

Am ehesten verbindet sich ein Lebensvollzug mit dem Gottesgedanken noch im ethischen Bereich. Das Bewußtsein, daß eine sittliche Grundhaltung (z. B. vorbehaltlose Annahme, Zuwendung oder Fürsorge) für das Gelingen oder Mißlingen des Lebens entscheidend sein kann, schafft eine Bereitschaft, sie in Gestalt des Gebots als Wille Gottes zu hören oder zu verkündigen. Ähnliches ist bei politischen Grundentscheidungen zu beobachten. Die numinose Furcht vor dem Atomkrieg konzentriert sich in der Friedenssehnsucht und treibt das unbedingte Friedensgebot hervor, das auf dem Umweg über die Exegese oder auch auf Grund unmittelbarer Evidenz mit Gott als dem Gott des Friedens verknüpft wird. Die Unbedingtheit des Gebots wird aber keineswegs auf alle Gebiete des sittlichen Lebens ausgedehnt. Eine und dieselbe Bergpredigt gilt im Blick auf Friedfertigkeit und Gewaltverzicht als der schlechthin einfache und unverbrüchliche Wille Gottes für Politik und Privatleben, im Blick auf die Ehe- und Sexualethik als eine zeitgeschichtlich bedingte und deshalb überholte Auffassung. Diese Inkonsequenz offenbart so die Willkürlichkeit der beigebrachten biblischen und systematischen Begründungen. Näher besehen ist der radikale Pazifismus solcher Begründungen gar nicht bedürftig, da er mit eigener Folgerichtigkeit der Furcht selbst entstammt. Immerhin ist der numinose Charakter dieser Furcht deutlich genug, daß die von ihr Berührten von der Kirche als religiöser Institution und von der Bibel als einem religiösen Buch eben dieselbe Antwort erwarten, deren sie bereits sicher sind. Das unbedingte Friedensgebot als Ort der Gotteserfahrung hat insofern sogar eine erlösende Wirkung, als es in einer Welt der Gottesferne wenigstens einen kleinen Bereich aufzeigt, an dem man es mit Gott zu tun hat – und sei es in der Form des Gesetzes. Daß es sich um ein Gesetz handelt, das wenig Evangelium mit sich führt, ist an dem Mangel von Freude, von Gelassenheit und von Duldsamkeit gegenüber weniger Einsichtigen abzulesen.

Die Erfahrung Gottes in der Unbedingtheit bestimmter – keineswegs aller – Gebote ist deshalb kein ausreichendes Gegengewicht gegen die Not des Atheismus, mit der an vielen Stellen des kirchlichen Lebens zu kämpfen ist. Oft erlahmt dieser Kampf, indem traditionelle Formen mit neuem Inhalt gefüllt werden, dessen Sinn nicht auf die erlebbare Anwesenheit Gottes angewiesen ist. Oder die Gegenwart Gottes wird in Teilbereichen des Lebens erfahren, ist aber nur undeutlich und unsicher auf die biblische

Offenbarung Gottes zu beziehen, die doch eigentlich das ganze Leben umfassen und die gesamte religiöse Erfahrung normieren sollte.

Bei dieser inneren Verfassung der Kirche ist eine theologische Theorie notwendig, die sowohl die religiöse Lage des Menschen in der Gegenwart als auch die biblische Offenbarung ohne Vorbehalte untersucht, um sie dann miteinander in Beziehung zu setzen. Nur so wird der – tatsächliche oder vermeintliche – Atheismus außerhalb und innerhalb der Kirche in seiner Eigenart faßbar, und nur so erreicht das von der Offenbarung her bestimmte Denken die Ebene, auf der es den Zeitgenossen findet und sich ihm verständlich machen kann.

II

Ebeling entwickelt infolgedessen seine Gotteslehre so, daß er die Beziehung des Menschen zu Gott stets im Blick behält. Wichtig ist hier sein Ansatz bei der „Grundsituation" des Menschen. „Unter der Grundsituation des Menschen verstehe ich diejenige Situation, die für das Menschsein konstitutiv ist und die allen nur denkbaren Situationen des Menschen als letztlich bestimmend zugrundeliegt und in ihnen präsent ist." (I,189) In der Analyse des Lebensbegriffes arbeitet Ebeling heraus, inwiefern das Leben in seiner Spannweite zwischen biologischer Grundlage und Sprachlichkeit über sich hinausdrängt. Der Mensch ist genötigt, „das Leben in seinem Gegeben- und Aufgegebensein auf das hin zu transzendieren, was ihm Grund, Sinn, Ziel, Identität, Freiheit, Wahrheit verleiht" (I,108). Dieses Transzendieren vollzieht sich in ganz verschiedenen Lebenszuständen, was auch so ausgedrückt werden kann, daß in den unterschiedlichen Lebenssituationen die menschliche Grundsituation gegenwärtig ist. Dies bedeutet aber zugleich, daß keine Lebenssituation denkbar ist, in der das religiöse Moment des Transzendenzbezugs fehlte, und ferner, daß jede Gotteserkenntnis eingebunden ist in das Ineinander von Lebenssituation und Grundsituation, so daß die Gotteserkenntnis ihre Konkretion aus der Färbung und dem Gehalt der Lebenssituation gewinnt. Ebeling stützt sich dabei auf Luthers Erklärung des 1. Gebots im Großen Katechismus, wo die Externrelation des Vertrauens die Erkenntnis Gottes bestimmt (I,171.185f).

Transzendenzbezug und Grundsituation kommen im Gebet zur Erfahrung. Die Gotteslehre kann deshalb nicht abgesehen vom Gebet dargestellt werden; vielmehr nimmt die Lehre vom Gebet eine „Schlüsselstellung innerhalb der Gotteslehre" ein (I,159). Die theologischen Sätze über Gott werden weder spekulativ erschlossen noch positivistisch aus einer Offenbarungsquelle geschöpft. Sie geben vielmehr wieder, was im Gebet vom Adressaten des Gebets sichtbar wird. Vom Phänomen des Gebets her „öffnet sich das Verständnis für das Gott zugesprochene Sein und für die Gott zugesprochenen Attribute" (I,193).

Dies wird nach beiden Richtungen hin ausgeführt. In bezug auf das Sein Gottes gibt Ebeling der am Substanzbegriff orientierten Ontologie den Abschied. Es ist zwar in der neueren Theologiegeschichte schon längere Zeit üblich, die Unverfügbarkeit Gottes und sein Ganz-anders-Sein zu betonen. Eine folgerichtige Durchführung ist aber nur selten anzutreffen, weil in der Lehre von Gottes Eigenschaften Analogien zu welthaft Seiendem benutzt werden müssen, deren innere Begrenzung nie genau festgelegt werden kann. Meist wird dann auch in der Lehre von der Gottmenschheit Jesu Christi eine massive Substanzontologie nachgeschoben, als wären der Substanz- und der Naturbegriff immer noch die zureichenden Kategorien, mit denen sich Gotteslehre und Christologie konstruieren ließen. Die wichtige historische Rolle der Substanzontologie als Kontext des Dogmas ist dabei unbestritten. Das Gebet ermöglicht es aber, an Stelle der Substanzontologie eine relationale Ontologie zu entwerfen, die der verwandelten Wirklichkeitserfahrung der Neuzeit entspricht, und zu Aussagen über das Sein Gottes zu gelangen, die ihre Herkunft und die Grenze ihrer Gültigkeit erkennen lassen. Der verkrampfte Widerstand gegen die Erkenntnis, daß das Sein Gottes nicht unabhängig vom Sein der Welt ist, löst sich in der Einsicht auf, daß im Gebet das „Zusammensein" Gottes mit der Welt erfahren wird. Die Erfahrung des Gebetes sorgt selbst dafür, daß Gott in diesem „Zusammensein" der Primat zukommt, weil die Welt als geschaffene wahrgenommen wird (I,223).

Dasselbe Verfahren gilt bei der Gewinnung der göttlichen Attribute in der Lehre von den Eigenschaften Gottes. Auch hier ist das Gebet das „Grundmodell". „...nur dadurch, daß die Welterfahrung in das Gebet einströmt, erhält das Reden zu Gott sein Material, das es ermöglicht, Gott das ihm zukommende Sein und die ihm zukommenden Attribute zuzusprechen." (I,223) Ebeling ist sich der Tatsache wohl bewußt, daß ein Gebet, welches auf die göttlichen Attribute im Sinne der christlichen Lehre hinführt, nicht ohne die Tradition möglich ist. Trotzdem hat es als Erkenntnisort den Vorrang vor der Überlieferung. „Wenn auch das Gebet faktisch von den überlieferten Gottesattributen zehrt, so stellt es doch diejenige Situation dar, in der sie den ihnen angemessensten Gebrauch finden, weil sie hier der Situation ihres Ursprungs zugeführt werden." (I,237)

Die Leistungsfähigkeit dieses Verfahrens bewährt sich darin, daß auch schwierig erscheinende Aussagen über Gott einsehbar werden und den Anschein des Willkürlichen oder des bloß Traditionellen abstreifen. Seit Fichtes Atheismusstreit ist die Denkmöglichkeit des Personseins Gottes zu verneinen. Im Schema eines objektivierenden oder spekulativen Denkens, das sich von den plausiblen Attributen der Unendlichkeit Gottes den Weg zum Personsein bahnen will, wird es bei Fichtes Ergebnis sein Bewenden haben. Das Gebet ist jedoch in einer tieferen Schicht des menschlichen Lebens angesiedelt und kümmert sich wenig um die Einsprüche der Spekulation, wenn es zu Gott redet und ihm im Du das Personsein zuerkennt (I,201.224). Ganz analog ergeben sich aus dem Gebet die göttlichen Attribute im engeren Sinne wie Ewigkeit, Gnade oder Wahrheit Gottes, wobei im Erkannten jeweils der Weg des Erkennens und damit auch die Grenze der metaphorischen Rede über Gott in Erinnerung bleibt (vgl. I,239).

Das Bild von der Wechselbeziehung, in welcher die Aussagen über Gott mit dem Gebet stehen, wäre nun aber allzu sehr vereinfacht, wenn nicht auf die Vollendbarkeit des Gebets und damit auch der Gotteserkenntnis durch Christus hingewiesen würde. Einerseits ist durchaus zuzugestehen, daß es auch außer und vor der Begegnung mit der Offenbarung in Christus ein Gebet und folglich eine Gotteserkenntnis gibt. Diese vorläufige Erkenntnis wird durch Christus nicht einfach als falsch erwiesen; sie wird vielmehr erhellt und präzisiert. „Es gibt kein Gottesattribut, das nicht unabhängig von Jesus Christus in der religiösen Tradition schon vorgegeben wäre; freilich ebenfalls keines, das nicht von Jesus Christus her seine Prägung empfinge." (II,229) „Was nun in der Erscheinung Jesu geschehen ist, darf als die Verwirklichung dessen verstanden werden, was das Phänomen des Gebets letztlich intendiert, jedoch nur als Problem erkennen läßt: das Vereintwerden von Gott und Mensch." (II,99f) Insofern kommt bei der christologischen Stufe das Gebet zu seinem eigentlichen Ziel. Die Parallelität von Gebet und Gotteserkenntnis bleibt; sie erscheint aber jetzt in der verdichteten Gestalt, daß der Gottesdienst seine Entsprechung in der Vereinigung Gottes und des Menschen in Jesus findet. Auch die göttlichen Attribute werden auf dieser Stufe in neuer Weise sichtbar.

III

Nun könnte der Eindruck entstehen, daß die hermeneutische Voraussetzung für die Verwirklichung des christlichen Glaubens in seinem vollen

Sinne darin bestünde, daß wenigstens die vorläufige Stufe des Gebets und der von da aus möglichen Gotteserkenntnis erreicht sei. Träfe dieser Eindruck zu, dann gäbe es für die kirchliche Praxis nur geringe Hoffnung; denn die Botschaft des Evangeliums würde nur bei denjenigen wirksam, die ein vorläufiges Verständnis von Gott hätten. Die zeitgenössische atheistische Grundstimmung wäre dann für das Evangelium gar nicht mehr ansprechbar.

So scharf begrenzt ist jedoch weder die Stufung noch die Bewußtheit des Gebets in allgemein religiöser Hinsicht. Ebeling kommt es vielmehr darauf an, das Transzendieren als Element des Lebens selbst zu erweisen. Dieser Nachweis führt deswegen nicht zu schematischen Ergebnissen, weil zugleich die im Transzendieren liegende Widersprüchlichkeit zum Vorschein kommt. Die Widersprüchlichkeit hat zur Folge, daß die Gotteserkenntnis strittig oder auch ganz undeutlich wird. Erst durch die Bereitschaft, die religiöse Überlieferung klärend in das Ineinander von Grundsituation und konkreter Situation hineinwirken und sich bewähren zu lassen, kommt es zum Gebet. Für sich selbst führt die Grundsituation noch nicht zum Gebet (I,197). Wozu führt sie aber dann?

Die Religionslosigkeit, die – aus welchen Gründen auch immer – die ordnende Kraft religiöser Überlieferung entbehrt, hat „die Tendenz auf Religionsersatz und Kryptoreligion, da die orientierungslos gewordenen Nötigungen auf Transzendenz hin, wie sie im Menschsein wirksam sind, Surrogate erzeugen" (I,122f). Deshalb können gleichzeitig mit dem Pochen auf Religionslosigkeit die Charakterzüge des Religionsersatzes auftreten, sei es im öffentlichen politischen, sei es im privaten Bereich. „Extrem verborgen ist die stillschweigende quasireligiöse Potenzierung alltäglicher und völlig profaner Verhaltensweisen." (I,123) Scheinbar ganz irreligiöse Ausformungen des der Grundsituation entspringenden Transzendierens erweisen sich im Licht der Lutherschen Formel als Vollzug des Vertrauens und damit als quasireligiöser Akt.

Im Blick auf die praktische Arbeit der Kirche ist dieser Grundgedanke von höchster Bedeutung. Viele Veranstaltungen und Begegnungen – Gottesdienst, Unterricht, Seelsorge, Diakonie – können nicht mehr voraussetzen, daß die christliche Überlieferung das Selbstverständnis der Versammelten bestimmt. Was Ebeling generell als Zustand der Religionslosigkeit charakterisiert, kann immer mehr von getauften und konfirmierten Gliedern der Gemeinde gesagt werden, daß nämlich die mit dem Menschsein selbst gesetzten latenten religiösen Strukturen „von Sprachlosigkeit, Ausdrucksarmut und Unfähigkeit zur Lebensgestaltung befallen sind" (I,124). Hierin gründet die eingangs geschilderte Neigung, es bei der Religionslosigkeit zu belassen, zur Oberflächenstruktur des zeitgenössischen Atheismus auch in der Kirche Ja und Amen zu sagen und das Heil auf ethischen, psychologischen oder sozialen Nebenschauplätzen zu suchen. Daß damit die Energien des aus der Grundsituation stammenden Transzendierens nicht berücksichtigt sind, läßt sich empirisch daran feststellen, daß das den Menschen schlechthin Angehende (P. Tillich; vgl. I,186) schließlich auf den Nebenschauplätzen gefunden wird. Die Inbrunst, mit der die Friedenssehnsucht sich gegenwärtig äußert, hat nicht etwa die Merkmale der Dankbarkeit des der göttlichen Gnade sicheren Gewissens und des daraus resultierenden Vernunftgebrauchs an sich. Vielmehr ist der „Friede" selbst das Heilige, von dem das Heil und Unheil abhängt (vgl. I,118f), dem angstvoll zu dienen ist und an dem sich die Geister mit all der leidenschaftlichen Unduldsamkeit scheiden, die das gewöhnliche Anzeichen einer religiösen oder quasireligiösen Verhaltensweise ist.

So schwierig es sein mag, mit den stärker werdenden quasireligiösen Erscheinungen in der Kirche umzugehen – eines sollte auf jeden Fall ausgeschlossen sein: die innere Zustimmung der Prediger, Lehrer und Seelsorger zur Unabänderlichkeit des Atheismus. Gerade darin gibt die Dogmatik Ebelings der kirchlichen Praxis einen starken Impuls, daß sie sich nicht von der Oberflächengestalt der modernen Religionslosigkeit beeindrucken läßt, sondern von der Zentralvorstellung der Grundsituation her ihre methodischen Schritte ordnet.

Nun scheint aber gerade in dieser Beziehung eine theologische Theorie, die das Gebet zum Korrelat des Gottesverständnisses macht, recht wenig geeignet zu sein. Denn wenn schon das Gottesverständnis fehlt, ist auch mit keinem Verständnis für die Frömmigkeitsform des Gebets und erst recht nicht mit ihrem praktischen Vollzug zu rechnen.

Es lohnt sich, im Blick auf diese Schwierigkeit in den Linien der Ebelingschen Dogmatik weiter zu denken. Wenn vom Gebet gesagt wird, daß ihm eine „Schlüsselstellung" zukomme (I,159), dann gilt dies unter der Voraussetzung, daß die allgemein menschliche Grundsituation immer zugleich „Sprachsituation" ist, in welcher der Mensch sich vorfindet und die ihn zur Rede und Antwort nötigt (I,189). Diese Nötigung wird im Gebet – wenn man darunter die bewußte Rede zum göttlichen Gegenüber versteht – im eigentlichen Sinne verwirklicht. Fehlt jedoch das Bewußtsein des Gegenübers, dann hört die Grundsituation nicht auf, Sprachsituation zu sein. Das „innere Sprachgeschehen" (I,182) kann noch so sehr verwildern – es bleibt ein sprechendes Transzendieren. Dazu kommt noch eine weitere Überlegung. Schon das Gebet in seinem eigentlichen Sinn hat eine gewisse Berührung mit dem Selbstgespräch (I,201). Erst recht ist dies bei dem inneren Reden der Fall, bei dem der Mensch anhand konkreter Umstände mit sich selber über Vergangenheit und Zukunft, Grund und Ziel, Hoffnung und Verzweiflung verhandelt. Meist fehlt bei diesem inneren Reden jedes bewußt angesprochene Gegenüber. Diese Form des Selbstgesprächs darf aber nicht darüber hinwegtäuschen, daß gerade so das Leben in seinem Transzendieren zum Bewußtsein kommt.

Es ist für die Praxis der Kirche entscheidend, daß sie an den Selbstgesprächen des heutigen Menschen, so weit sie sich um die Grundsituation drehen, nicht achtlos vorübergeht. Selbstgespräche pflegen nicht laut gehalten zu werden und sind folglich ihrer Natur nach von anderen schwer zu hören. Die Seelsorgebewegung hat das Instrumentarium ausgebildet, um im Gespräch die Zwischentöne und die emotionalen Signale wahrzunehmen. In ihnen melden sich noch am ehesten die der Grundsituation zugeordneten Themen des Selbstgesprächs an. Freilich muß der Seelsorger wissen, worauf er zu achten hat. Ebenso ist bei den Kasualien entscheidend, welche inneren Gespräche die Lebensentscheidung oder der Eingriff von außen im persönlichen Leben der Beteiligten ausgelöst hat. Schwieriger liegt der Sachverhalt in den sonntäglichen Gottesdiensten, wozu auch die nicht durch einen Kasus veranlaßten Abendmahlsfeiern zu rechnen sind. Zwar werden diese Gottesdienste am ehesten von Gliedern der Gemeinde besucht, denen die Erziehung in der christlichen Tradition schon geholfen hat, das innere Gespräch in das bewußte Gebet zu verwandeln. Auf der anderen Seite gehört viel seelsorgerlicher Umgang und Erfahrung dazu, wenigstens einen Teil der lautlosen Selbstgespräche zu erfassen und durch Predigt und Sakrament, Lied und Gebet zur Begegnung mit Gott hinzuführen. Auch hier muß der Leiter des Gottesdienstes Gehalt und Sinn seines Tuns auf das latente oder explizite Gebet beziehen und darf sich durch die Strömung des scheinbar siegreichen Atheismus nicht erfassen lassen. Daß Ebelings „Dogmatik des christlichen Glaubens" dafür eine solide gedankliche Rechenschaft darstellt, dürfte gerade bei der Erprobung in der Praxis immer deutlicher werden.

Kein Einsichtiger wird diesen Überlegungen über den Zusammenhang von dogmatischer Theorie und kirchlicher Praxis den Vorwurf machen, hier werde eine natürliche religiöse Anlage für ausreichend gehalten, um zum Gebet und zur Begegnung mit Gott im christlichen Sinne zu gelangen. Trotzdem wird es zweckmäßig sein, abschließend auf zwei Umstände eigens hinzuweisen.

Einmal, das die Grundsituation wahrnehmende innere Reden ruft nach dem äußeren Wort, ja es ermöglicht gerade dessen Verständnis. Denn auch das äußere Wort ist aus der Grundsituation entsprungen und dadurch in der

Lage, auch das scheinbar weitab liegende Selbstgespräch so durchzuklären, daß es als Gebet mehr und mehr seinen Adressaten erkennt.

Zum andern, die Bibel zeigt, daß der beschriebene Sachverhalt schon immer bekannt war. Der Psalter enthält eine Reihe von Gebeten, die vom Selbstgespräch zur Anrede Gottes übergehen. Eine genauere Analyse könnte zeigen, daß diese biblischen Selbstgespräche Anleitung geben, heutige Selbstgespräche als keimende Gebete ernst zu nehmen. Für das Neue Testament sei noch auf das Gleichnis vom reichen Kornbauern (Lk 12,16–21) hingewiesen. Es schildert ein Selbstgespräch, das sich mit keiner Silbe an ein göttliches Du wendet. Jesus nimmt damit die zahllosen analogen Selbstgespräche auf, die er bei seinen Zuhörern wahrnimmt. Indem er seine Jünger beten lehrt, führt er den Gehalt über in die vierte Bitte. Das Nebeneinander des Gleichnisses und des Vaterunsers zeigt in äußerster Verdichtung die Beziehung zwischen der spontanen, vom Leben selbst erzeugten Vorform des Gebets und seiner vollendeten Gestalt, wobei letztere sich immer wieder als äußeres Wort und belebende Tradition Geltung verschafft.

„Natürliche Gotteserkenntnis"?

Peter Knauer SJ

Katholische Lehre behauptet die Möglichkeit einer „natürlichen Gotteserkenntnis". Evangelische Theologie erhebt dagegen fundamentale Bedenken. Wie können sich diese Bedenken auf das katholische Verständnis klärend auswirken? Dieser Frage wollen die folgenden Überlegungen nachgehen.

I. „Natürliche Gotteserkenntnis" nach katholischer Lehre

1. Repräsentativ für die katholische Lehre sind die diesbezüglichen Texte des I. Vatikanums. „Gott, der Urgrund (principium) und das Ziel aller Dinge, kann mit dem natürlichen Licht der menschlichen Vernunft aus den geschaffenen Dingen mit Gewißheit (certo) erkannt werden." (DS 3004) Diese Gotteserkenntnis ist also an die Erkenntnis der geschaffenen Dinge gebunden. Strenggenommen wird nur behauptet, solche Gotteserkenntnis sei prinzipiell möglich; die Frage nach ihrer faktischen Verwirklichung bleibt offen. Ungeklärt bleibt z. B. auch, in welchem Sinn Gott das „Ziel" aller Dinge sein soll: Ist er ein Ziel, das angestrebt und erreicht werden kann? Können die Geschöpfe dieses Ziel aus eigener Kraft erreichen?

Von aller „natürlichen" Erkenntnis ist die als solche „übernatürliche" Glaubenserkenntnis sowohl nach Gegenstand (obiectum) wie nach Erkenntnisvermögen (principium) zu unterscheiden. Der Glaube bezieht sich auf „in Gott verborgene Geheimnisse, die nur durch Offenbarung zur Kenntnis gelangen können" (DS 3015). Mit „in Gott verborgen" scheint gemeint zu sein: nicht an der Welt ablesbar. Diese göttliche Offenbarung besteht in der Selbstmitteilung Gottes. In ihr macht Gott sich und seine Willensentscheide nicht nur kund (manifestat) (DS 3004), sondern schenkt sich selbst (communicat), wie das II. Vatikanum seine Zitation des I. Vatikanums ergänzt (Dei verbum 6,1). Bereits nach der Formulierung des I. Vatikanums geht es ja in dieser Offenbarung nicht um ein bloßes

Erkennen von fern und entzogen Bleibendem, sondern um die „Teilhabe an göttlichen Gütern, die alle menschliche Erkenntniskraft übersteigen" (DS 3005). Mit diesen göttlichen Geheimnissen ist der Gegenstand des Glaubens gemeint: daß Gott Vater, Sohn und Heiliger Geist ist; daß der Sohn um unsertwillen Mensch geworden ist; daß der Heilige Geist in die Herzen der Glaubenden gesandt wird. Eine solche Selbstmitteilung Gottes kann nur in demjenigen Glauben angenommen werden, den das I. Vatikanum mit der theologischen Tradition als „göttlich" bezeichnet (DS 3011.3015), wohl um anzudeuten, daß er als Gnade verstanden werden muß. Glaube im vollen Sinn des „credere in Deum" ist das Erfülltsein vom Heiligen Geist. Die „natürliche Erkenntnis" dagegen bezieht sich auf solche Dinge, die nicht in Gott verborgen sind, sondern an der (geschichtlichen) Welt selbst abgelesen werden können und somit bereits der natürlichen Vernunft als solcher, die wie die Welt selbst geschichtlich ist, zugänglich sind.

Indem nach katholischer Lehre der Glaube als übernatürliche Erkenntnis von aller natürlichen Erkenntnis überhaupt unterschieden wird, ist er selbstverständlich auch von der eingangs genannten „natürlichen Gotteserkenntnis" zu unterscheiden. Offen bleibt dabei, ob „natürliche Gotteserkenntnis" als ein besonderer Bereich der natürlichen Erkenntnis zu verstehen ist oder aber vielleicht überhaupt alle natürliche Erkenntnis als Erkenntnis von „geschaffenen Dingen" sozusagen in obliquo auch Gotteserkenntnis sein soll. Offen bleibt ferner, wie sich jene „natürliche Gotteserkenntnis aus den geschaffenen Dingen" zum eigentlichen Glauben an Gott als Schöpfer verhält. Ist nicht in gewissem Sinn auch die Existenz Gottes bereits Gegenstand übernatürlichen Glaubens (vgl. Hebr 11,6)?

Der übernatürlichen Gotteserkenntnis, die im Glauben besteht, ist nach der Lehre des I. Vatikanums als eine Art willkommener Nebenwirkung zugleich zuzuschreiben, daß jene natürliche Gotteserkenntnis „auch in der gegenwärtigen Situation des Menschengeschlechtes von jedermann (ab omnibus) leicht, in fester Gewißheit und ohne Beimischung von Irrtum" erreicht werden kann (DS 3005). Mit „der gegenwärtigen Situation des Menschengeschlechtes" wird offenbar auf die erbsündliche Situation angespielt. Der Text läßt es offen, wie sich das „für jedermann" gelten sollende „leicht, mit fester Gewißheit und ohne Beimischung von Irrtum" zu dem ursprünglichen „mit Gewißheit" im erstzitierten Text (DS 3004) verhält. Dort wurde die prinzipielle Möglichkeit natürlicher Gotteserkenntnis noch ganz abgesehen von der Situation ausgesagt, in der sich die Menschheit befindet. Handelt es sich gegenüber dem ursprünglichen „mit Gewißheit" um eine Steigerung? Oder ist die Wiederherstellung einer irgendwie verlorengegangenen, zumindest beeinträchtigten Gewißheit gemeint? Für Letzteres spricht, daß eine noch mit Irrtum vermischte Erkenntnis nicht gut als im Sinn von DS 3004 „gewiß" bezeichnet werden könnte.

2. Welche sind die Anliegen, die hinter einer solchen Lehre von der Möglichkeit „natürlicher Gotteserkenntnis" stehen? Abgesehen davon, daß man sie z. B. in Röm 1,20 und seinem Kontext biblisch grundgelegt sieht, geht es hermeneutisch vor allem darum, einen Anknüpfungspunkt für das „Wort Gottes" namhaft zu machen.

Zum einen setzt die Glaubensverkündigung zweifellos den mit Vernunft begabten und auf seine sittliche Verantwortung ansprechbaren Menschen voraus. Diese Voraussetzung kann für das Glaubensverständnis nicht gleichgültig sein.

Sodann versteht sich die Glaubensverkündigung ja als das Geschehen und die Mitteilung göttlicher Gnade. *Von „Gnade" kann aber sinnvoll nur so die Rede sein, daß sie als das gegenüber der eigenen Wirklichkeit des Menschen Neue erscheint.* Die Gnade setzt die Natur gerade dazu voraus, um sich von ihr als ungeschuldet abheben zu können. Gewiß hat in der Sicht des Glaubens der Mensch auch seine eigene Wirklichkeit, die das von Gott Verschiedene ist, bereits als Geschenk empfangen. Aber mit „Gnade" ist etwas gemeint, was darüber hinausgeht, nämlich die Selbstmitteilung Gottes. Sie ist gegenüber der Geschöpflichkeit als solcher noch einmal Geschenk.

Nun tritt aber die Glaubensverkündigung bei all ihrer Neuheit doch nicht wie eine vollkommen unbekannte Fremdsprache an den Menschen heran. Sie gebraucht vielmehr Worte, deren Bedeutung einem schon im voraus zur Begegnung mit der christlichen Glaubensverkündigung irgendwie bekannt ist, selbst wenn diese Bedeutung dann von der Glaubensverkündigung noch modifiziert werden mag. Insofern setzt das übernatürliche Glaubenserkennen ein davon unterscheidbares natürliches Erkennen beim angesprochenen Menschen voraus.

Weiterhin will die Glaubensverkündigung nicht nur wie etwas beliebig zum Menschen Hinzukommendes verstanden werden. Zwar kann der natürliche Mensch von sich aus in keiner Weise die Gnade fordern. Aber deshalb ist sie durchaus nicht etwas bloß Zusätzliches, angesichts dessen jemand rechtens indifferent bleiben könnte. Das Angebot der Gnade will vielmehr so verstanden werden, daß einerseits seine Annahme selber von der Gnade Gottes getragen sein muß, aber anderseits seine Ablehnung sich als willkürlicher Akt und damit als zumindest begonnene Selbstzerstörung des natürlichen Menschen vernünftig aufweisen läßt.

Deshalb formuliert das I. Vatikanum, daß der Mensch bereits mit seiner natürlichen Vernunft in irgendeiner Weise mit Gott zu tun haben müsse: „Wenn jemand sagt, die menschliche Vernunft sei so unabhängig, daß ihr der Glaube von Gott nicht befohlen werden könne, der sei ausgeschlossen." (DS 3031) Gemeint ist, daß bereits die natürliche Vernunft von Gott abhängig sei. Man mag fragen, ob denn das Angebot der Gnade und des Glaubens die Form eines Befehls oder einer gesetzlichen Forderung und nicht vielmehr einer frohmachenden Botschaft und einer an das Verstehen appellierenden Bitte (vgl. 2Kor 5,20) habe. Jedenfalls aber soll gesagt werden, daß eine definitive Ablehnung der christlichen Botschaft sich nicht stichhaltig begründen lasse. Solcher eigentlicher Unglaube sei ein Willkürakt. Bereits im Neuen Testament gilt Unglaube als nicht zu verantworten und wird als Sünde vorgeworfen (vgl. z. B. Joh 15,22.25).

Die übernatürliche Erkenntnis, die im Glauben besteht, setzt also sicher eine natürliche Erkenntnis voraus. Es ist nur noch die Frage, ob denn diese natürliche Erkenntnis auch schon als *Gottes*erkenntnis angesprochen werden muß. Vielleicht wird sie zur ausdrücklichen Gotteserkenntnis erst durch das Hinzukommen der Glaubensverkündigung?

Jedenfalls aber muß, wer „Wort Gottes" verkünden will, doch auch sagen können, wer denn „Gott" überhaupt ist. „Wort Gottes", Angesprochenwerden durch Gott in dem mitmenschlichen Wort der Weitergabe des Glaubens, scheint vorauszusetzen, daß die Bedeutung des Wortes „Gott" bereits im voraus zur Zustimmung zum „Wort Gottes" verstanden werden kann.

Für die Möglichkeit „natürlicher Gotteserkenntnis" spricht insbesondere, daß sie sich angeblich aus der Erkenntnis der „geschaffenen Dinge" ergibt, die ja nichts anderes als die Welt selbst sind. Geschöpflichkeit wäre als mit der realen Existenz der geschaffenen Dinge völlig identisch zu verstehen. Denn wenn behauptet wird, sie seien „aus dem Nichts" – also in allem, worin sie sich vom Nichts unterscheiden, nämlich restlos und in jeder Hinsicht, unter der sie überhaupt sind – „geschaffen", dann ist damit eine restlose Abhängigkeit der Dinge von Gott gemeint, welche ihrer Eigenständigkeit nicht nur direkt proportional ist, sondern sogar mit dieser Eigenständigkeit identifiziert werden muß. *Im Unterschied zur Gnade, die an nichts Geschaffenem ihr Maß hat und deshalb daran auch nicht ablesbar sein kann, wäre Geschöpflichkeit ein Sachverhalt, der genau in dem Maß bestünde, in dem etwas überhaupt wirklich ist.* Dann aber muß sie, wenn sie überhaupt besteht, an dem betreffenden Seienden abgelesen werden können. Das ist der Grund, weshalb es nach katholischer Lehre möglich sein muß, Geschöpflichkeit mit dem Licht der natürlichen Vernunft zu erkennen. Die Erkenntnis von Geschöpflichkeit scheint aber bereits Gotteserkenntnis zu sein. Zu fragen bleibt, wie gesagt, lediglich, in welchem darüber hinausgehenden Sinn Geschöpflichkeit nur dem Glauben selbst zugänglich ist.

3. Umstritten ist in katholischer Theologie der genaue Status des Begriffs des „bloß Natürlichen". Kann man für die konkrete Ordnung diesen Begriff überhaupt noch eindeutig bilden? Ist nicht die ganze Schöpfung in einer Art „übernatürlichem Existential" schon immer auf ein übernatürliches Ziel hingeordnet, so daß es faktisch gar keine „bloße Natur" gibt? Man meint deshalb gelegentlich, es handele sich nur um einen hypothetischen „Grenzbegriff". An der konkreten Wirklichkeit der menschlichen Geistigkeit lasse sich gar nicht klar unterscheiden, was daran noch „nur natürlich" ist und was bereits von der übernatürlichen Erhöhung bestimmt ist. Man spricht geradezu von einem „natürlichen Verlangen nach der Gottesschau", wobei es dann schwer wird, die gleichzeitig behauptete gänzliche Ungeschuldetheit der Gnade aufrechtzuerhalten. Letzteres wird auch dann schwierig, wenn man meint, aus natürlichen Erkenntnissen eine positive Verpflichtung zur Annahme der übernatürlichen Offenbarung ableiten zu können. Demgegenüber wird das „übernatürliche Existential" manchmal genau deshalb für notwendig gehalten, weil man nur so ausschließen zu können glaubt, daß jemand angesichts des Angebots der Gnade mit Recht indifferent bleiben kann. Dann wird die natürliche Geistigkeit des Menschen so verstanden, daß man aus ihr bereits die prinzipielle Möglichkeit einer Offenbarung ableiten kann; nur die tatsächliche Verwirklichung einer solchen übernatürlichen Offenbarung lasse sich von der Natur her nicht postulieren.

In solchen Auffassungen scheint jedoch übersehen zu werden, daß der Begriff des „bloß Natürlichen" nicht die faktische übernatürliche Erhöhung *negiert*, sondern lediglich von ihr *absieht*. Alles, was abgesehen von der Wahrheit des Glaubens zugänglich ist, ist als „bloß natürlich" zu bezeichnen, selbst wenn es unter anderer Hinsicht „übernatürlich erhöht" sein mag und im Licht des Glaubens in dieser tieferen Bedeutung gesehen wird. Die „Vögel am Himmel und die Lilien des Feldes" lassen sich abgesehen vom Glauben erkennen; ihre Bedeutung als Bild der Liebe Gottes ist jedoch nur dem Glauben zugänglich (vgl. Mt 6,25–34). Die Rede von einem „übernatürlichen Existential" ist nur deshalb notwendig, weil nach der traditionellen Gnadenlehre gilt, daß man die Gnade Gottes niemals anders als in einem bereits von der Gnade getragenen Akt annehmen kann. Der Mensch muß also von vornherein in der Gnade Gottes stehen, noch ehe er selbst darum weiß. Aber dieses übernatürliche Existential ist als göttliche Selbstmitteilung grundsätzlich am Geschöpf verborgen und kann nur durch die christliche Verkündigung offenbar werden. Es läßt sich nicht durch Innenschau vom Menschen erkennen. Daß man gegenüber dem Angebot der Gnade in der christlichen Verkündigung nicht mit Recht indifferent bleiben kann, liegt nicht am „übernatürlichen Existential", sondern an der natürlichen „potentia oboedientialis" des Menschen: Seine Geistnatur ist solcher Art, daß sie, nachdem ihr einmal die christliche Verkündigung in klarer Form begegnet ist, in sich keine letztlich stichhaltigen Gründe findet, sich ihr zu verschließen. Das ist allerdings etwas völlig anderes als eine Ableitung der positiven Möglichkeit von Offenbarung. Grundsätzlich würde es dem Gnadencharakter des Glaubens widerstreiten, wenn man eine natürlich erkennbare Verpflichtung zum Glauben annehmen wollte. Auch nur die positive Berechtigung des Glaubens wird erst im Glauben selber erkannt. Die Willkür jeder anderen Stellungnahme zur Botschaft ist dagegen vor der natürlichen Vernunft ausweisbar, während es nicht möglich ist, auch dem Glauben Willkür nachzuweisen; seine tatsächliche Nichtwillkür ist aber auch so nur in der Weise des Glaubens erkennbar.

II. Einwände gegen „natürliche Gotteserkenntnis"

1. Die Lehre von der „natürlichen Gotteserkenntnis" erweckt den Anschein, *dem Menschen gegenüber der göttlichen Offenbarung wenigstens eine gewisse Initiative zuzuschreiben.* Er scheint demnach zunächst kraft seiner natürlichen Vernunft und damit von sich aus Gott erkennen zu können; und so erweckt er in sich selbst die Erwartung einer darüber vielleicht noch hinausgehenden göttlichen Offenbarung. Der Mensch ist hier von sich aus aufgrund seines geistigen Transzendierens „Hörer des Wortes" in dem Sinn, daß er nach einer möglichen Offenbarung Ausschau zu halten beginnt. Aber widerspricht dies nicht einer Glaubensverkündigung, nach der „in keines Menschen Herz aufgestiegen ist, was Gott denen bereitet hat, die ihn lieben" (1Kor 2,9)? Besteht nicht die Liebe darin, „nicht daß wir Gott geliebt haben, sondern daß er uns geliebt hat und seinen Sohn als Sühne für unsere Sünden gesandt hat" (1Joh 4,10)? Läßt die Schrift noch eine irgendwie geartete Initiative des Menschen Gott gegenüber zu? Versteht sie ihn nicht vielmehr als den von sich aus gegenüber Gott Verschlossenen?

2. Die Auffassung, daß dem Menschen gegenüber der göttlichen Offenbarung eine Initiative zukommt, scheint auch die *erbsündliche Situation zu vergessen.* Ist nicht möglicherweise diese Auffassung selbst Ausfluß der erbsündlichen Situation? Gerade in dieser Auffassung von der Selbständigkeit und Initiative des Menschen Gott gegenüber könnte sein mitgebrach-

tes Sündersein zum Ausdruck kommen. Die Meinung, von sich aus zu einer „unschuldigen" und gleichsam neutralen Gotteserkenntnis in der Lage zu sein, könnte sich im Licht der Offenbarung als allergrößte Schuld erweisen. Ist sie nicht diejenige „Frömmigkeit", die den Menschen für das Kreuz Christi verschließt, ja die selber dieses Kreuz verursacht hat (vgl. das vermeintliche „Gott einen Dienst erweisen" in Joh 16,2)?

3. Tatsächlich scheint es, daß gerade die klassischen sogenannten „Gottesbeweise" von ungeprüften Voraussetzungen ausgehen, was kaum anders denn als grundlegende Situationsverkennung bezeichnet werden kann. Wenn man mit Hilfe irgendwelcher umfassenden Denkprinzipien von der Welt auf Gott schließen zu können meint, so setzt dies, auch wenn man sich dessen nicht ausdrücklich bewußt ist, voraus, daß man *mit dem eigenen Denken noch über Gott und Welt steht*. Man nimmt sozusagen einen allerabsolutesten Standpunkt ein. Gott wird zum Schlußstein einer metaphysischen Synthese, die sich der Mensch selber zurechtmacht.

Auch wenn man nicht von der Welt auf Gott schließen will, sondern etwa die Existenz Gottes aus der Gegebenheit des Gottesbegriffs abzuleiten sucht, setzt dies bereits voraus, daß Gott „unter" einen menschlichen Begriff fällt, mit dem man dann weiter logisch operieren kann. Mit dieser stillschweigenden Voraussetzung widerspricht man aber ebenso wie mit dem Versuch, von der Welt auf Gott zu schließen, der in der Tradition seit je behaupteten „Unbegreiflichkeit" Gottes. Es scheint, daß die klassischen sogenannten „Gottesbeweise" diese „Unbegreiflichkeit" Gottes nicht ernst nehmen.

4. Gegenüber derartigen Modellen „natürlicher Gotteserkenntnis" wird auch von der allgemeinen Religionskritik eingewandt, daß der darin erreichte Gottesbegriff auf einer *menschlichen Selbstprojektion* beruhe. Es ist tatsächlich zu befürchten, daß Verfälschungen der christlichen Botschaft verbreitet sind, die von diesem Einwand getroffen werden. Sie beruhen allesamt auf einer verkommenen „natürlichen Theologie".

5. Durch solche vermeintliche „natürliche Gotteserkenntnis" soll der Glaube an eine übernatürliche Offenbarung erleichtert werden, indem sie erwartbar und plausibel gemacht wird. Indem man die Existenz Gottes beweist, meint man, zugleich begründen zu können, daß er aufgrund seiner Allmacht in besonderer Weise in den Lauf der Welt eingreifen und sich dadurch auch offenbaren könne. Aber gerade mit dieser Vorstellung scheint sich der *Mensch zum Richter über die Offenbarung* zu erheben. Er entwirft mit seiner natürlichen Vernunft den Rahmen, in den er eine eventuelle Offenbarung einfügen kann. Das Umfassende wäre die Vernunfterkenntnis. Dadurch wird jedoch die Offenbarung in ihrer Gewißheit

von der Gewißheit natürlicher Gotteserkenntnis abhängig und könnte nie mehr über deren Gewißheit wirklich hinausgehen. Das bedeutet, daß der Mensch das letzte Wort nicht Gott, sondern sich selber zuschreibt. Der Satz, daß die Gnade die Natur nicht aufhebt, sondern vollendet, käme zu der makabren Bedeutung, daß die Offenbarung den Menschen nur in seiner Selbstüberhebung bestätigt. Welch eine Perversion des christlichen Glaubens!

Es gibt diese Weise, sich selbst zum Richter über die Offenbarung zu machen, auch unter dem Anschein des Gegenteils. Man entwirft alle möglichen Vorstellungen von einem besonderen Eingreifen Gottes in die Welt, welches eventuelle Offenbarungen beglaubigen würde. Alle kritischen Fragen werden mit dem Verdikt des Rationalismus versehen. Man könne Gott schließlich nicht verbieten, auf welche Weise auch immer in die Welt einzugreifen. Jede Vermischung von Gott und Welt wird für möglich gehalten. In Wirklichkeit bedeutet dies keineswegs, sich für Gottes Handeln offen zu halten, sondern man ist nur nicht bereit, der eigenen Phantasie Zügel anzulegen und Glaube von Aberglauben zu unterscheiden.

III. Erneut bedachte „natürliche Gotteserkenntnis"

Die genannten Einwände gegen die Möglichkeit „natürlicher Gotteserkenntnis" in deren üblichem Verständnis sind ernst zu nehmen. Sie können dazu beitragen, die Lehre von der „natürlichen Gotteserkenntnis" aus einer im katholischen Denken gewöhnlich gar nicht klar wahrgenommenen Doppeldeutigkeit und Zwielichtigkeit zu befreien. Den Einwänden entsprechen die folgenden Hinweise in gleicher Reihenfolge.

1. Um die Gefahr zu meiden, „natürliche Gotteserkenntnis" als eine wie auch immer geartete Eigeninitiative des Menschen in Richtung auf Gott und seine übernatürliche Offenbarung mißzuverstehen, ist erstens davon auszugehen, daß in Wirklichkeit alle diesbezügliche Initiative allein bei der christlichen Verkündigung selbst liegt.

Wenn man einem anderen Menschen die christliche Botschaft nahebringen will, ist der Ausgangspunkt für eine Verantwortung dieser Botschaft nicht der andere im voraus zu seiner Begegnung mit ihr, sondern gerade insofern er bereits der von der Botschaft Angesprochene ist. Anstatt ihn von außen an die christliche Verkündigung heranzuführen und gewissermaßen zur Suche nach ihr bewegen zu wollen, muß man davon ausgehen, daß es die christliche Verkündigung selber ist, die ihn aufgesucht hat. Man kann einem anderen zur Auseinandersetzung mit der christlichen Botschaft nur in der Weise helfen, daß man ihm diese Botschaft selbst in ihrem Bezug auf ihn erläutert. Wer der christlichen Botschaft begegnet, mag als erste Reaktion sagen, daß er sie nicht erwartet habe und auch kein Bedürfnis nach ihr verspüre. Aber genau dadurch, daß er einem Zeugen der christlichen Botschaft begegnet, wird er vor die Wahl gestellt, diesen Zeugen entweder von vornherein als Person abzulehnen oder aber sich mit der von ihm bezeugten Sache zu befassen. An diesem Punkt setzt die Auseinandersetzung mit der christlichen Botschaft ein. Von der Botschaft her mögen dann auch Erfahrungen erneut in den Blick kommen, die jemand bereits im voraus zur Begegnung mit ihr gemacht hat. Es sollte aber nicht verschleiert werden, daß auch der Ausgangspunkt für die erneute Betrachtung dieser Erfahrungen wiederum nur die Auseinandersetzung mit der christlichen Botschaft selbst ist; denn in ihrem Licht werden jene Erfahrungen gesehen.

Auch wenn man christlich mit einem bereits im voraus zur Begegnung mit dem christlichen Glauben bestehenden „anonymen Glauben" rechnet, der eine gnadenhafte Hinordnung auf die christliche Botschaft wäre (vgl. Joh 3,25), wird dieser anonyme Glaube doch erst durch die christliche Botschaft namhaft gemacht und von anderen Strebungen des Herzens angebbar unterschieden.

So gilt überhaupt, daß alle christliche Theologie und insbesondere die Fundamentaltheologie sachgemäß nur bei der Tatsache einsetzen kann, daß man faktisch bereits mit der christlichen Verkündigung konfrontiert ist. Jeder andere Versuch würde die Vorprogrammierung von Mißverständnissen bedeuten.

2. Die christliche Verkündigung muß sodann zunächst inhaltlich erläutert werden, wenn die Frage beantwortet werden soll, inwiefern sie eine „natürliche Gotteserkenntnis" impliziert bzw. voraussetzt.

Die christliche Botschaft versteht sich selbst als „Wort Gottes". „Wort Gottes" ist die Selbstmitteilung Gottes in dem mitmenschlichen Wort der Weitergabe des Glaubens. Durch die im Angesprochenwerden durch Gott bestehende Gemeinschaft mit Gott soll der Mensch aus der Macht der Angst um sich selbst befreit werden, die sonst die Wurzel aller Unmenschlichkeit ist. Gemeinschaft mit Gott kann aber nur dann alle Angst entmachten, wenn Gott als der zu verstehen ist, der in allem mächtig ist, was immer geschieht.

Tatsächlich führt die christliche Botschaft selber die Bedeutung des Wortes „Gott" durch den Hinweis auf die Geschöpflichkeit der Welt ein. Sie behauptet, alle Wirklichkeit unserer Welt sei aus dem Nichts geschaffen. Dieser Aussage wird man nicht mit der üblichen Vorstellung gerecht, daß der Existenz der Welt als ganzer eine absolute Leere vorausgeht und die Welt dann durch die Einwirkung einer ersten Ursache hergestellt worden *ist. Für „aus dem Nichts geschaffen sein" gibt es keine andere letztlich sinnvolle und konsistente Erläuterung als die, daß alle Wirklichkeit der Welt in jeder Hinsicht, unter der sie sich vom Nichts unterscheidet, in einem „restlosen Bezogensein auf... / in restloser Verschiedenheit von..." aufgeht.* Mit „restlos" ist dabei die jeweilige konkrete Wirklichkeit in allen ihren Bestimmungen gemeint, wie man sie eben vorfindet. Das Woraufhin dieses „restlosen Bezogenseins auf..." und „restlosen Verschiedenseins von..." wird von der christlichen Botschaft „Gott" genannt; es kann aber nur durch die Restlosigkeit des Bezogenseins auf es überhaupt definiert werden. Man weiß also nicht zuerst, wer „Gott" ist, um dann sagen zu können, daß die Welt im Bezogensein auf ihn aufgeht; sondern man muß zuerst erkennen, daß weltliche Wirklichkeit ein „restloses Bezogensein auf... / in restloser Verschiedenheit von..." ist, um überhaupt von dem Woraufhin dieses Bezogenseins sprechen zu können. So ist „Gott" nach der christlichen Botschaft der, „ohne den nichts ist". Dieses „nicht sein können ohne..." ist umfassend von allem auszusagen, was überhaupt als wirklich begegnet, einschließlich des Leids und des Bösen. Man kann zwar nichts von Gott herleiten; aber von allem, was tatsächlich geschieht, ist auszusagen, daß es ohne ihn nicht sein kann.

Ein „restloses Bezogensein auf... / in restloser Verschiedenheit von..." besagt im Gegensatz zu allen innerweltlichen Beziehungen, die immer irgendeine Gegenseitigkeit einschließen, seinem Begriff nach eine vollkommen einseitige Beziehung. Was restlos in der Beziehung auf etwas anderes aufgeht, kann nicht darüber hinaus konstitutiver Terminus einer Beziehung dieses anderen auf es selbst sein. Wenn aber Geschöpflichkeit eine einseitige Beziehung bedeutet, wie kann dann noch eine Gemeinschaft des Geschöpfes mit Gott ausgesagt werden, wie sie doch in der christlichen Botschaft behauptet wird? Denn der Anspruch der christlichen Botschaft, „Wort Gottes" zu sein, bedeutet doch die Behauptung, daß das Geschöpf durch Gott angesprochen werde, ja daß Gott sich dem Geschöpf in solchem Wort liebend zuwende. Auf diese Frage antwortet erst und allein der Inhalt dieses Wortes selbst. Es verkündet Gott als Vater, Sohn und Heiligen Geist, um uns sagen zu können, daß wir in die Liebe Gottes zu Gott, des Vaters zum Sohn, aufgenommen seien, die der Heilige Geist ist. Die so verkündete Liebe Gottes zur Welt hat nicht an dieser selber ihr Maß, sondern allein an Gottes göttlichem Gegenüber von Ewigkeit her, nämlich am Sohn. Eine „übernatürliche Erhöhung" des Menschen kann nur so ausgesagt werden, daß dieser in eine göttliche Beziehung Gottes auf Gott aufgenommen ist. Daß aber der Mensch in die Liebe des Vaters zum Sohn aufgenommen ist – dies bezeichnet die christliche Tradition mit dem Wort

„Gnade" –, ist nicht am Menschen selbst ablesbar, sondern wird nur so offenbar, daß es zu ihm dazu*gesagt* wird; und gerade so wird diese Wirklichkeit wirksam. Dafür, in diesem Sinn „Wort Gottes" zu sein, beruft sich die christliche Verkündigung auf die Menschwerdung des Sohnes: Der Mensch Jesus von Nazaret, den die christliche Botschaft ihren Urheber nennt (vgl. Joh 1,17 f), ist vom ersten Augenblick seiner Existenz an in den Selbstbesitz der zweiten göttlichen Person aufgenommen. Und wir können seine Botschaft nur deshalb in der Weise eines Glaubens annehmen, der das Erfülltsein vom Heiligen Geist ist, weil unser Geschaffensein verborgen ein „In Christus"-Geschaffensein ist. Die Welt ist von Anfang an in die Liebe des Vaters zum Sohn hineingeschaffen, und gerade dies wird ihr in der göttlichen Offenbarung eröffnet. Zugleich zielt das verborgene „In Christus"-Geschaffensein von Anfang an auf dieses Offenbarwerden.

In der christlichen Botschaft selbst wird also von der Welt „Geschöpflichkeit" in einem doppelten Sinn ausgesagt, zunächst als ihr „Geschaffensein" überhaupt und dann als ihr „In Christus"-Geschaffensein. Das Geschaffensein überhaupt wäre mit der auch abgesehen von der Wahrheit des Glaubens zugänglichen weltlichen Wirklichkeit als solcher identisch, während das „In Christus" dieses Geschaffenseins nicht an der weltlichen Wirklichkeit sein Maß hat und deshalb auch nicht daran abgelesen werden kann. Die Gemeinschaft mit Gott wird nur durch das Wort für den Glauben allein offenbar. Glaubensgegenstand ist Geschöpflichkeit also erst im Sinn des „In Christus"-Geschaffenseins, während abgesehen von dem „In Christus" das „Geschaffensein" als solches bereits von der Vernunft erkannt wird und deshalb nicht mehr Glaubensgegenstand sein kann.

In der Tradition wird gelehrt, daß das Handeln Gottes nach außen den drei Personen gemeinsam sei (vgl. DS 801.804.1330 f). Das soll bedeuten: Was unserer natürlichen Erkenntnis zugänglich ist, nämlich unsere eigene Geschöpflichkeit, aber auch die historische Existenz Jesu und der Kirche, ist solcherart, daß daran noch nichts über die Gnade Gottes erkannt werden kann. Weder wird die Dreifaltigkeit Gottes erkannt, noch ist am Menschen Jesus seine Gottessohnschaft bereits ablesbar, und auch die Kirche wird so noch nicht als vom Heiligen Geist erfüllt erkannt. Alles das wird allenfalls als behauptet erkannt, aber in seiner Wahrheit ist es erst dem Glauben zugänglich. Im Glauben dagegen erkennt man, daß die Welt „in Christus" geschaffen ist, daß der Mensch Jesus aufgenommen ist in den Selbstbesitz des Logos und daß die Kirche vom Heiligen Geist beseelt ist. Das sind aber dann nicht mehr Werke Gottes „nach außen", sondern das von Gott Verschiedene, die geschaffene Wirklichkeit, wird dabei als in Gottes eigenes Leben aufgenommen erkannt.

Die Erkenntnis des Geschaffenseins aller weltlichen Wirklichkeit und damit auch unserer selbst wäre als „natürliche Gotteserkenntnis" zu bezeichnen. Es handelt sich aber um eine Erkenntnis, die erst durch die Begegnung des Menschen mit der christlichen Botschaft zur Ausdrücklichkeit gelangt. Um „natürliche Gotteserkenntnis" gewissermaßen freizulegen, geht die christliche Botschaft korrigierend auf das mitgebrachte Vorverständnis des Menschen ein. In unserer geschichtlichen Situation beziehen sich diese notwendigen Korrekturen zum einen auf den Ausgangspunkt des Menschen bei seiner Selbstgewißheit, zum anderen darauf, daß er ungeprüft als Grundkategorie seines Denkens das in sich stehende Ding versteht, und schließlich darauf, daß er es zu Unrecht für das letzte Wahrheitskriterium hält, alles in den Rahmen seiner bisherigen Erfahrung und Begrifflichkeit einordnen zu können.

3. Von sich aus würde der Mensch einen „Gottesbeweis" in der Weise versuchen wollen, daß er von der Existenz seiner selbst oder der Welt als einem sicheren, in sich feststehenden Datum ausgeht und mit Hilfe irgendwelcher Denkprinzipien auf Gott etwa als Ursache schließt. Mit der Lehre vom „Geschaffensein" der Welt „aus dem Nichts" wird durch die christliche Botschaft ein solches Projekt in Frage gestellt. Die Welt kann nur dann als „aus dem Nichts geschaffen" angesehen werden, wenn die einzige Weise, sie letztlich widerspruchsfrei zu beschreiben, in der Aussage besteht, daß sie ein „restloses Bezogensein auf... / in restloser Verschiedenheit von..." ist.

In der Tat stellt nämlich alle weltliche Wirklichkeit ein dialektisches und als solches *problematisches* Zugleich von einander ausschließenden Gegensätzen dar (Sein und Nichtsein = Endlichkeit; Notwendigkeit und Nichtnotwendigkeit = Kontingenz; Identität und Nichtidentität = Veränderung; usw.). Wann immer man irgendeinen Sachverhalt der Welt beschreibt und dabei den Anspruch erhebt, sinnvoll zu reden, setzt man im Grunde voraus, das dabei unvermeidlich auftretende Problem beantworten zu können, wie sich die betreffende Einheit von Gegensätzen von einem logischen Widerspruch in der Beschreibung unterscheiden lasse. Konkret ist das aber nur mit der Aussage möglich, das jeweilige Zugleich von Gegensätzen sei ein „restloses Bezogensein auf... / in restloser Verschiedenheit von...". In überhaupt jeder Aussage, die sinnvoll, d. h. von einem logischen Widerspruch angebbar unterscheidbar zu sein beansprucht, ist die Anerkennung ihrer so verstandenen Geschöpflichkeit sachlich bereits impliziert. Dies ist ganz unabhängig davon der Fall, ob es einem gefällt oder nicht. Mit ihrer Rede von der Geschöpflichkeit der Welt macht die christliche Botschaft diesen Sachverhalt nur ausdrücklich. Das tut sie, um das Wort „Gott" in ihrer Rede von „Wort Gottes" verständlich zu machen. Ohne dieses Interesse wäre es nicht notwendig, überhaupt ausdrücklich von „Gott" zu reden.

Mit ihrer Auffassung von der Geschöpflichkeit alles Wirklichen stellt die christliche Botschaft also das Vorverständnis in Frage, als sei die Wirklichkeit unserer Erfahrung ein in sich problemloser, zunächst einfach bestehender Sachverhalt, von dem aus man erst durch zusätzliche Anwendung von Denkprinzipien auf sein Geschaffensein schließen könnte. Vielmehr läßt sie die weltliche Wirklichkeit als einen von vornherein zutiefst problematischen Sachverhalt erkennen, weil sie ein Zugleich von Gegensätzen ist. Denn sobald man ein Zugleich von Gegensätzen zu beschreiben versucht, entsteht die Frage, wie sich diese Beschreibung von einer logisch widersprüchlichen und damit falschen Beschreibung unterscheidet.

Mit der vermeintlich problemlosen Selbstgewißheit des Menschen als Ausgangspunkt des Denkens werden auch seine mitgebrachten Grundkategorien durch die christliche Botschaft in Frage gestellt. Wenigstens das abendländische Denken geht von der Grundkategorie des in sich bestehenden Seienden aus, selbst wo das „Ding an sich" als unerkennbar gilt. Beziehung auf anderes wird als davon abgeleitet und dazu hinzukommend gedacht. Die Einheit von Verschiedenem pflegt man entweder als Aneinandergrenzen oder sogar als Überschneidung zu denken. Die christliche Botschaft behauptet dagegen die Geschöpflichkeit von allem in einem Sinn, der in den Kategorien einer solchen „Substanzontologie" nicht adäquat aussagbar ist, sondern eine „relationale Ontologie" erfordert. Indem die christliche Botschaft mit ihrer Aussage der Geschöpflichkeit aller weltlichen Wirklichkeit behauptet, diese gehe gerade in ihrer Eigenständigkeit in einem „restlosen Bezogensein auf... / in restloser Verschiedenheit von..." auf, erklärt sie die Kategorie der Relation als der der Substanz noch vorausliegend. Der Welt kommt Eigenwirklichkeit und Eigenständigkeit nur als geschöpflich und damit abhängig von Gott zu. Die Abhängigkeit von Gott ist dabei nicht nur eine Rahmenbedingung, innerhalb deren dem Geschöpf dann eine gewisse Selbständigkeit zukäme, sondern das Geschöpf ist schlechthin in jeder Hinsicht, auch in seiner freiesten Eigentätigkeit restlos solcherart, daß es ohne Gott nicht sein kann. Mit der hier geforderten „relationalen Ontologie" ist also nicht gemeint, daß einem der Substanz nachgeordneten Relationsbegriff eine dominierende Bedeutung zugeschrieben werden soll unter Abstraktion von der ihm zugrundeliegenden Substanz, daß also etwa Funktionsbeschreibungen den Wesensaussagen vorgezogen werden sollen. Vielmehr geht es um eine der Substanz ontisch vorausliegende und sie überhaupt erst begründende

Relationalität. Die Relation der Welt auf Gott ist nichts *zwischen* der Welt und Gott, sondern sie ist mit ihrem Träger, eben der Welt selbst, vollkommen identisch.

Über die allgemeine Forderung einer „relationalen Ontologie" hinaus wird ein Umdenken auch insofern gefordert, als Geschöpflichkeit als eine vollkommen *einseitige* Relation ausgesagt werden muß. Soweit eine „Substanzontologie" überhaupt den Begriff der Relation kennt, besagt er für sie gegenseitige Beziehung zwischen zwei Termini. Aber das Widerspruchsproblem, das jede weltliche Wirklichkeit als dialektische Einheit von Gegensätzen stellt, wird nur gelöst, wenn sie so restlos in ihrem „Bezogensein auf… / in Verschiedenheit von…" aufgeht, daß sie nicht noch zusätzlich konstitutiver Terminus einer Relation Gottes auf sie sein kann. Nur wenn die Welt wirklich restlos in diesem ihrem „Bezogensein auf… / in Verschiedenheit von…" aufgeht, entsteht nicht erneut das Widerspruchsproblem einer nur unvollkommenen Identität. Denn wollte man umgekehrt von Gott aussagen, er sei in einer Weise auf die Welt bezogen, die an deren Veränderlichkeit teil hat, dann würde er selbst zu einem Systembestandteil der Welt degradiert, der erneut das gleiche Widerspruchsproblem wie die übrige Welt stellt.

Alle diese Korrekturen am mitgebrachten Vorverständnis des Menschen, welche die christliche Botschaft erfordert, werden von ihr nicht als Glaubensgegenstand verstanden, sondern als in ihrer Notwendigkeit rational aufweisbar. Denn für ihre Behauptung der Geschöpflichkeit aller weltlichen Wirklichkeit kann die christliche Botschaft auf den letztlich unleugbaren Sachverhalt hinweisen, daß alles als Einheit von Gegensätzen ein Widerspruchsproblem stellt, das sich jedenfalls nicht anders beantworten läßt als durch die Anerkennung, daß die betreffende Wirklichkeit restlos relational ist.

Gegenüber den klassischen sogenannten „Gottesbeweisen" bedeutet dies, daß die Welt nicht durch Gott, sondern durch ihre Geschöpflichkeit erklärt wird. Nur so bleibt die Unbegreiflichkeit Gottes gewahrt. *Man begreift von Gott immer nur das von ihm Verschiedene, das auf ihn verweist.* Es ist nicht möglich, mit übergreifenden Denkprinzipien von der Welt auf Gott zu schließen. Man kann immer nur aus der weltlichen Einheit von Gegensätzen auf deren Geschöpflichkeit schließen. Das bedeutet aber, daß Gott nicht „unter" unsere menschlichen Begriffe fällt. Man kann immer nur in „analogen", d. h. „hinweisenden" Begriffen von ihm sprechen. „Analoges" Sprechen ist kein vages oder geringerwertiges Sprechen, sondern Entfaltung der genau aussagbaren Anerkennung unserer eigenen Geschöpflichkeit.

Erst in der hier dargestellten „relationalen Ontologie" ist es möglich, die drei Weisen des „bejahenden, verneinenden und übersteigenden" Sprechens der traditionellen Analogielehre von vornherein bereits beim Aufweis der Geschöpflichkeit selbst für die Rede von Gott zur Geltung zu bringen und konsistent zu begründen. Als restlos auf Gott bezogen muß die Welt ihm ähnlich sein; deshalb kann man von allen ihren Vollkommenheiten her Gott *bejahend* erst recht Vollkommenheit zuschreiben. Zugleich aber ist die Welt gerade in ihrem restlosen Bezogensein auf Gott restlos von ihm verschieden; deshalb ist sie ihm gerade in ihrer Ähnlichkeit zugleich unähnlich. Die Verschiedenheit der Welt von Gott begründet ihre innere Endlichkeit und Begrenztheit. Alle Endlichkeit und Begrenztheit, die wir von der Welt aussagen, ist in bezug auf Gott zu *verneinen*. Das *übersteigende* Sprechen schließlich beruht darauf, daß die Welt in ihrer einseitigen Beziehung auf Gott zwar ihm zugleich ähnlich und unähnlich ist; es gibt aber keine reale Beziehung Gottes auf die Welt, für die die Welt der konstitutive Terminus wäre, und deshalb gibt es auch keine Ähnlichkeit Gottes mit der Welt. Die Welt ist Gott ähnlich, aber nicht umgekehrt Gott auch der Welt. Die Analogie der Welt Gott gegenüber ist vollkommen einseitig. Erst so läßt sich die berühmte Analogieformel des IV. Laterankonzils verstehen, nach der keine Ähnlichkeit der Welt mit Gott ausgesagt werden kann, ohne daß eine „noch größere" Unähnlichkeit ausgesagt werden muß (DS 806).

4. Nur in der Lehre von einer solchen einseitigen Analogie der Welt Gott gegenüber kann eine Verfälschung des Gottesbegriffs in eine menschliche Selbstprojektion vermieden werden. Eine bloße Selbstprojektion liegt immer dann vor, wenn zwischen Welt und Gott eine gegenseitige Ähnlichkeit ausgesagt wird.

Die genannte „natürliche Gotteserkenntnis", die in der Anerkennung unserer eigenen Geschöpflichkeit besteht, gilt Gott als dem, „ohne den nichts ist". Sie geht von der Wirklichkeit der Welt aus, um deren Geschöpflichkeit auszusagen. Niemals kann man umgekehrt aus dem Begriff der Geschöpflichkeit ableiten, um was für eine konkrete Wirklichkeit es sich handelt. Deshalb kann man erst recht nicht vom Gottesbegriff her logisch deduzieren, was in der Welt geschieht bzw. was Gott zulassen oder nicht zulassen kann. Gott selbst ist in keiner Weise hinterfragbar. Deshalb führt solche „natürliche Gotteserkenntnis" nur zur Erkenntnis Gottes als des schlechthin Verborgenen, des „deus absconditus". Gemeinschaft mit Gott läßt sich aus dieser Erkenntnis nicht begründen.

5. Wie verhält sich nun eine solche „natürliche Gotteserkenntnis" zu den eigentlichen Glaubensaussagen, zur göttlichen Offenbarung selbst? Hier

entsteht gegenüber den gewöhnlich mit dem Begriff „natürlicher Gotteserkenntnis" verbundenen Vorstellungen das entscheidende Paradox. Weit
davon entfernt, eine übernatürliche Offenbarung erwartbar und plausibel
zu machen, stellt recht verstandene „natürliche Gotteserkenntnis" zunächst
den schwerstwiegenden Einwand gegen die Möglichkeit von „Wort Gottes" dar. Als „restloses Bezogensein auf... / in restloser Verschiedenheit
von..." bedeutet Geschöpflichkeit eine nicht mehr überbietbare und so
vollkommen einseitige Abhängigkeit von Gott, daß nicht zu sehen ist, wie
darüber hinaus eine reale Beziehung Gottes auf die Welt aussagbar sein soll.
Wie soll man von einem „besonderen Eingreifen" Gottes in die Welt
sprechen können, wenn doch die Abhängigkeit aller weltlichen Wirklichkeit von Gott gar nicht noch größer als „restlos" sein kann? Die Rede von
einem „besonderen Eingreifen" Gottes in die Welt schiene vorauszusetzen,
daß die Welt sonst ihren eigenen Lauf ginge und nur hie und da von Gott
abhängig würde. Doch liefe diese Vorstellung darauf hinaus, ihr „Geschaffensein aus dem Nichts" im Sinne ihrer gegenwärtigen restlosen Abhängigkeit von Gott nachträglich zu leugnen. So gilt jedenfalls, daß *keine
geschöpfliche Qualität jemals dazu ausreichen kann, Gemeinschaft mit Gott zu
begründen.* Dies ist die Grundeinsicht, auf die alle wahre „natürliche Gotteserkenntnis" hinausläuft. Gemeinschaft mit Gott muß für den Menschen als
unmöglich erscheinen, solange er sich in seiner bloßen Geschöpflichkeit als
solcher betrachtet. Zur Gemeinschaft mit Gott ist der Mensch nicht bereits
aufgrund seiner Geistnatur positiv fähig, sondern allein aufgrund seines „In
Christus"-Geschaffenseins. Dieses aber ist ihm solange verborgen, bis es
ihm in der christlichen Botschaft selbst verkündet wird und er es sich also
im Glauben sagen läßt. Das bedeutet, daß „natürliche Gotteserkenntnis"
für sich allein genommen keineswegs wohltuend wäre; sie begegnet aber
als ausdrückliche Gotteserkenntnis glücklicherweise nur im Kontext der
christlichen Botschaft selbst, die dann doch eine Beziehung Gottes auf die
Welt in dem Sinn aussagt, daß die Welt in eine Beziehung Gottes auf Gott
aufgenommen wird. Die christliche Botschaft verkündet ein besonderes
Handeln Gottes an der Welt als seine Selbstmitteilung in dem mitmenschlichen Wort der Weitergabe des Glaubens; und diese Selbstmitteilung Gottes
wird nur im Glauben als wirklich erfaßt.

Die in der theologischen Tradition behauptete „potentia oboedientialis"
des Menschen für eine besondere göttliche Offenbarung besteht deshalb
auf keinen Fall in einer Art aktiver Erwartung oder in einem Vorentwurf
möglicher Offenbarung. In der „potentia oboedientialis" handelt es sich
vielmehr um einen Sachverhalt, der nur in der konkreten Begegnung mit
der christlichen Botschaft überhaupt aufgewiesen werden kann und darin

besteht, daß man angesichts ihrer in sich keine stichhaltigen Gründe zu finden vermag, um sich ihr zu verschließen. Es handelt sich also eigentlich nur um eine passive Fähigkeit.

In der christlichen Botschaft als dem „Wort Gottes" gewährt Gott dem Menschen Gemeinschaft mit sich. Der Mensch erfährt sich als aufgenommen in die ewige Liebe des Vaters zum Sohn, die selbst Gott ist, der Heilige Geist. Während Gott als „deus absconditus" nur in der einseitigen Relation des Geschaffenen auf ihn erkannt werden kann und sich jeder Hinterfragung entzieht, wird nun offenbar, daß gerade dieser alles Begreifen übersteigende Gott als der in allem Mächtige sich selbst dem Menschen mitteilt und so den Menschen in seine Gemeinschaft aufnimmt. Nicht die Offenbarung Gottes wird von einer sie noch übersteigenden Verborgenheit umfaßt, sondern Gottes ewige und unendliche Verborgenheit wird von seinem Wort umfaßt und hört so auf, für den Menschen als „Zorn Gottes" (vgl. Röm 1,18) zu erscheinen. Gott schenkt sich selbst in mitmenschlichem Wort.

Aber auch für das „Wort Gottes" gilt noch einmal die Analogie mit ihren drei Wegen der Bejahung, der Verneinung und des Überstiegs. Obwohl im „Wort Gottes" selber das *geschieht*, wovon es redet, nämlich Gottes gnädige Selbstzuwendung zum Menschen, kann auch das „Wort Gottes" nur in analogen Begriffen von dieser Selbstmitteilung Gottes sprechen. In der „natürlichen Gotteserkenntnis" aus der Geschöpflichkeit der Welt wurde die Welt als Gleichnis Gottes erkannt. In der „übernatürlichen Gotteserkenntnis" des Glaubens aufgrund des „Wortes Gottes" wird die Welt nunmehr zum *Gleichnis* nicht nur für Gott, sondern für die *Gemeinschaft des Menschen mit Gott.* Von Gottes Liebe sprechen können wir nur mit Worten, die ursprünglich die Gemeinschaft von Menschen untereinander bezeichnen. Für den Glauben wird menschliche Liebe bei all ihrer Endlichkeit gleichwohl transparent auf Gottes unendliche Liebe. Menschliche Liebe ist als Liebe der Gottes ähnlich und verweist auf sie. In ihrer Endlichkeit ist sie jedoch zugleich der Liebe Gottes unähnlich; nur von dieser ist schlechthinnige Verläßlichkeit auszusagen. Die Liebe Gottes ihrerseits hat an keiner zwischenmenschlichen Liebe ihr Maß. Deshalb gilt auch für das Sprechen von ihr der „Weg des Überstiegs". Man kann tatsächlich nur „hinweisend", in Gleichnissen von ihr sprechen; sie selbst ist nicht nur größer als alle irdische Liebe, sondern stärker als der Tod. Daß also auch hier „die Unähnlichkeit größer als alle Ähnlichkeit" ist, bedeutet nicht eine Relativierung des „Wortes Gottes", sondern besagt seinen bleibenden Geheimnischarakter: Die in der Verkündigung der christlichen Botschaft geschehene Selbstmitteilung Gottes hat auch an der Vorfindlichkeit dieser Botschaft nicht ihr Maß, und eben deshalb wird sie als wahr nur in der Weise des Glaubens erkannt. Auch die Menschenfreundlichkeit christlichen Umgangs miteinander hat doch nur Gleichnischarakter für die darin verkündete und gegenwärtige Liebe Gottes. In diesem erneut „analogen" Gebrauch der bereits zuvor bekannten Begriffe besteht deren oben genannte Modifizierung durch die christliche Verkündigung. Daß auch die im „Wort Gottes" gebrauchten Begriffe zu der gemeinten Wirklichkeit nur in einer einseitigen Analogie stehen, scheint seinen Ausdruck z. B. in Röm 8,26 f zu finden.

„Natürliche Gotteserkenntnis" stellt somit keineswegs den Rahmen dar, in den eine göttliche Offenbarung vom Menschen eingeordnet werden könnte. Es verhält sich vielmehr umgekehrt. Die göttliche Offenbarung beansprucht ihrerseits, das letzte und umfassende Wort über alle andere menschliche Erkenntnis und damit auch über die „natürliche Gotteserkenntnis" zu sein. Die göttliche Offenbarung, das „Wort Gottes", läßt alles andere in einem neuen Licht erkennen und gibt ihm überhaupt erst seine endgültige Bedeutung. Auch die Grundaussage „natürlicher Gotteserkenntnis", daß Gott der ist, „ohne den nichts ist" und der somit in allem mächtig ist, wird erst dadurch zu einer wohltuenden Aussage, daß dieser Gott sich in seinem Wort als der zu erkennen gibt, der „für uns ist" (Röm 8,31), was von der Welt her gesehen keineswegs selbstverständlich gewesen wäre. Und dann hat nicht mehr die Angst des Menschen um sich selber die Macht.

Dieser Ansatz ist auch eine Alternative zu der Auffassung, daß zwar Gott immer der Welt zugewandt ist, die Welt aber in ihrer Sünde den Gottesbezug verloren habe. „Natürliche Gotteserkenntnis" wäre vielmehr als die Erkenntnis eines Bezugs der Welt auf Gott zu verstehen, welcher nicht ausreicht, Gemeinschaft mit Gott zu begründen. Sie wäre sachlich mit dem identisch, was reformatorische Theologie als die Erkenntnis des „Gesetzes" bezeichnet. Die „übernatürliche Gotteserkenntnis" des Glaubens aufgrund des „Wortes Gottes" bezieht sich dann auf das „Evangelium", wonach die Welt in einer für sie verborgenen Weise schon immer in eine Beziehung Gottes auf Gott aufgenommen ist. Gott liebt seine Schöpfung mit der einen und ewigen Liebe, in der er seinen Sohn liebt. Und im Glauben antwortet die Schöpfung Gott mit der Liebe, in der der Sohn von Ewigkeit her dem Vater zugewandt ist. Dieser neue Bezug der Welt auf Gott wird nur dem Glauben selbst offenbar: Gott hört in unserem Beten die Stimme seines eigenen Sohnes, und deshalb erreicht ihn unser Gebet.

In einer solchen Sicht ist nicht mehr zu befürchten, daß der Mensch sich darin zum Richter über Gottes Wort macht. Seine Vernunft kann nicht selber das „Wort Gottes" entwerfen, weil „Wort Gottes" nur das sein kann, was einem im voraus zu jeder eigenen Initiative bereits geschichtlich begegnet ist. Die Vernunft kann nur eine Botschaft, die von sich behauptet, „Wort Gottes" zu sein, daran prüfen, ob es tatsächlich nicht gelingt, sie in einen umfassenderen Rahmen einzuordnen. Was sich mit Vernunftgründen beweisen oder widerlegen läßt, kann nicht „Wort Gottes" sein. Der Vernunft bleibt also die Aufgabe, Aberglauben von Glauben zu unterscheiden. Sie soll so kritisch wie möglich sein. Negativ gilt in der Tat die Maxime, daß nichts geglaubt werden kann, was einer ihre Autonomie wahrenden Vernunft widerspricht oder umgekehrt sich aus ihr herleiten läßt. Glaube ist weder widervernünftig noch aus der Vernunft begründbar, sondern übersteigt die Vernunft. Glaube kann sich nur auf ein Wort beziehen, das einem geschichtlich begegnet und das sich nicht anders denn als Selbstmitteilung Gottes verstehen läßt, so daß man ihm jedenfalls anders als im Glauben nicht gerecht werden kann. Nur die „in Gott verborgenen Geheimnisse" (DS 3015) können Glaubensgegenstand sein. Unter „Geheimnis" ist dabei nichts logisch Schwieriges zu verstehen, sondern etwas, was im Unterschied zu allem anderen allein durch das Wort offenbar werden kann und das deshalb, um zur Kenntnis zu gelangen, verkündet werden muß. Es ist in seiner Wahrheit keiner anderen Erkenntnis als der des Glaubens zugänglich. Glauben heißt, sich von Gott mit einer Liebe geliebt zu wissen, die an nichts Geschaffenem ihr Maß hat.

Mit dem Gesagten erscheint es mir möglich, die katholische Lehre von der „natürlichen Gotteserkenntnis" in einem Sinn zu wahren, in dem den Einwänden evangelischer Theologie nicht nur in etwa Rechnung getragen ist, sondern für dessen Gewinnung diese Einwände konstitutiv sind.

Zusammenfassende Thesen

1. Die christliche Botschaft verkündet eine Gnade Gottes, die an nichts Geschaffenem ihr Maß hat, sondern das Hineingenommensein des Geschöpfes in die Liebe Gottes des Vaters zu seinem eigenen Sohn besagt, die der Heilige Geist ist.

2. Diese Verkündigung der Gnade setzt die Möglichkeit voraus, das Geschaffene als das von Gott Verschiedene und auf ihn nur Verweisende von der Gnade als der Selbstmitteilung Gottes zu unterscheiden.

3. Insofern das Geschaffensein aller weltlichen Wirklichkeit völlig mit dieser selbst identisch ist, muß sich in jeder Erkenntnis weltlicher Wirklichkeit die implizite Anerkennung ihrer Geschöpflichkeit aufweisen lassen.

4. Dieser Aufweis geschieht durch den Hinweis auf die in jeder Welterkenntnis mitgegebene Widerspruchsproblematik. Jede weltliche Wirklichkeit stellt eine Einheit von Gegensätzen dar, deren Beschreibung sich nur unter der Bedingung definitiv von einem logischen Widerspruch unterscheiden läßt, daß die betreffende Wirklichkeit als „restloses Bezogensein auf... / in restloser Verschiedenheit von..." verstanden wird.

5. In der Erkenntnis der so verstandenen Geschöpflichkeit der Welt wird Gott nur aus dem von ihm Verschiedenen erkannt, das auf ihn verweist. So bleibt die in der Tradition immer gelehrte „Unbegreiflichkeit" Gottes gewahrt. Diese Gotteserkenntnis hat die Struktur einseitiger Analogie: Es gibt zwar eine Ähnlichkeit der Welt Gott gegenüber, aber nicht umgekehrt Gottes gegenüber der Welt.

6. Solche „natürliche Gotteserkenntnis" begründet keine auch nur anfängliche Gemeinschaft mit Gott, sondern besagt im Gegenteil, daß keine geschöpfliche Qualität jemals ausreichen kann, eine Gemeinschaft mit Gott positiv zu ermöglichen. Dazu bedarf es vielmehr des „In-Christus"-Geschaffenseins der Welt. Wäre Gott nicht dreifaltig, dann wäre Gemeinschaft mit ihm ausgeschlossen.

7. Deshalb wird die „natürliche Gotteserkenntnis" erst wohltuend, wo sie von der Verkündigung der Gnade umfaßt wird.

8. Vom genannten philosophischen Schöpfungsbegriff der „natürlichen Gotteserkenntnis" unterscheidet sich der theologische Schöpfungsbegriff des Glaubens. Er meint das „In Christus"-Geschaffensein der Welt, nämlich daß die Welt von Anfang an in die Liebe des Vaters zum Sohn aufgenommen ist, die der Heilige Geist ist. Das „In Christus" des Geschaffenseins kommt nur durch das „Wort Gottes" für den Glauben zur Erkenntnis und bleibt sonst verborgen.

9. Während für „natürliche Gotteserkenntnis" die Welt nur Gleichnis des fernen Gottes sein kann, wird sie im Licht der „übernatürlichen Gotteserkenntnis", die im Glauben besteht, zum Gleichnis der Gemeinschaft mit Gott. Aber auch hier bleibt es bei einer bloß einseitigen Analogie der Welt Gott gegenüber. Es ist der seinerseits der Welt in keiner Weise ähnliche Gott, der sich in dem ganz und gar mitmenschlichen Wort der Weitergabe des Glaubens ihr mitteilt.

10. Nur in einer „relationalen Ontologie" lassen sich verhängnisvolle Fehlinterpretationen in bezug auf „natürliche Gotteserkenntnis" vermeiden. Eine bloße „Substanzontologie" erweist sich als ungeeignet, die Geschöpflichkeit der Welt und ihr Aufgenommensein in die Liebe Gottes zu Gott widerspruchsfrei zur Sprache zu bringen.

Sünde als Unterlassung

Bemerkungen zur Hermeneutik des Verhältnisses von Sünde,
Gesetz und Wirklichkeit

Walter Mostert

I

Die sachliche Frage: Was ist Sünde? Welchen Wesens ist die Sünde? kann nicht von der methodischen Frage: Wodurch wird die Sünde erkannt? getrennt werden. Die christliche Antwort auf die letzte Frage lautet in äußerster Zuspitzung: Erkenntnis der Sünde ist nur durch das und an dem Evangelium möglich. Erst in dem, was der Sünde widersteht, ihr überlegen und von ihr unterschieden ist, kann ihr Wesen verstanden werden. Diese Antwort impliziert ein Doppeltes: Einmal, die Erkenntnis der Sünde ist identisch (negativ geredet) mit der Erfahrung ihrer Aufhebung, das heißt (positiv geredet) mit der Erfahrung des rechten Seins, des Recht-Seins, das ihr entgegensteht. Beides, die Aufhebung der Sünde als Vergebung der Sünde und das Recht-Sein als Versöhntsein, erscheinen ausschließlich als Wirklichkeit Gottes. Erfahrung heißt hier Apperzeption und Applikation der in der Sünde nicht erfahrenen Wirklichkeit Gottes. Sodann: Die Erfahrung des Defizienten, Negativen und moralisch Bösen, wie sie durch das Gesetz und in der Lebenserfahrung gemacht wird, ist auf die Wahrnehmung der Sünde vor der Wirklichkeit Gottes zu reflektieren. Denn diese Erfahrung ist nicht einfach Erfahrung des Defizienten, Negativen und moralisch Bösen, sondern sie ist als Erfahrung des *bloß* Defizienten, Negativen und moralisch Bösen selbst defizitäre Erfahrung, die auf die Erfahrung der Sünde als des Grundes des Defizitären, Negativen und moralisch Bösen entschränkt werden muß, also zugleich auf die Applikation der von der Sünde unterschiedenen Wirklichkeit Gottes. Das heißt für das Phänomen Erfahrung: Sie muß amplifiziert werden, nämlich aus der empiristischen Restriktion zur Apperzeption und Applikation des Nichterfahrenen erweitert, theologisch gesprochen also mit dem heiligen Geist verbunden werden. Das hermeneutische Gefälle dieses Zusammenhanges ist nicht dieses: Auslegung der Wirklichkeit Gottes durch das Gesetz oder die Lebenserfahrung, sondern umgekehrt: Auslegung des Gesetzes und der Lebenserfahrung durch die Wirklichkeit Gottes.

Was Sünde ist, wird an der Wirklichkeit, der Macht, erkennbar, die der Sünde überlegen ist. Die der Sünde überlegene Wirklichkeit ist von der Sünde unterschieden und nur als Wirklichkeit außerhalb der Sünde wahrzunehmen. Umgekehrt gilt auch: Die der Sünde überlegene Wirklichkeit Gottes ist nur an der Sünde wahrzunehmen. Gottes Wirklichkeit und Sünde stehen in einem unauflösbaren Wahrnehmungszusammenhang. Gottes Wirklichkeit und Sünde werden entweder zugleich oder gar nicht wahrgenommen. In der Geschichte des Glaubens war die Wahrnehmung Gottes immer dann am distinktesten und lebendigsten, wenn die Wahrnehmung der Sünde am schärfsten war. Und die Wahrnehmungskrise ist immer eine gemeinsame. Mit dieser Bestimmung wird die Wirklichkeit Gottes nicht auf den Gegensatz zur Sünde beschränkt. Wahrgenommen aber wird sie nur als der Sünde entgegengesetzte und von ihr unterschiedene Wirklichkeit.

Mit diesen theologischen Feststellungen wird die naheliegende Frage nach einer Definition der Sünde und der Wirklichkeit Gottes scheinbar überspielt. Trotz der Vokabeln Erfahrung und Wirklichkeit scheint sich die Konkretion der Aussage zu verflüchtigen. Man wird diesen Schein kaum argumentativ beseitigen können. Das Defizitäre, Negative und moralisch Böse, kurz: das Böse, ist mit guten Gründen auch immer nicht als Sünde erklärbar, die Wirklichkeit Gottes ist auch immer nicht als Widerstand gegen die Sünde zu interpretieren.

In der Tat verweigert sich die Sünde der Erkenntnis, wenn man fragt: Was ist die Sünde konkret? Und die Wirklichkeit Gottes verweigert sich der Erkenntnis, wenn man fragt: Was ist die Wirklichkeit Gottes konkret? Dies ist so, weil die Sünde und die Wirklichkeit Gottes nicht durch Fragen von der Wirklichkeit des Fragenden getrennt werden können. Eben zur Lösung des damit aufgeworfenen Problems gibt die zitierte christliche Tradition eine Anweisung, wenn sie das Wesen der Sünde im Zusammenhang der Frage nach der Wirklichkeit Gottes zu klären aufgibt, also die Erkenntnis der Sünde zu verbinden mit der Erkenntnis dessen, was der Sünde überlegen ist. Man kann die Fragen: Was ist Sünde, was ist die Wirklichkeit Gottes konkret? natürlich durch eine Definition zu beantworten versuchen. Die Antwort auf diese Fragen wird dann immer abstrakt sein, nämlich abstrahiert von der Wirklichkeit des Fragenden. Ist die Erkenntnis der Sünde aber identisch mit der Applikation der ihr überlegenen Wirklichkeit, dann wird Sünde konkret. Applikation von Wirklichkeit ist immer nur als biographisch-existentieller Vorgang möglich. Die Aneignung der Wirklichkeit Gottes offenbart also die Sünde konkret, indem sie den Sünder als die Konkretion der Sünde offenbart. Nicht die Sünde gibt dem Sünder, sondern der Sünder gibt der Sünde ihren Namen. Nicht die Sündentaten sind die Konkretion der Sünde, sondern die Person des Sünders ist die Verdichtung der Sündentaten zum Sündersein. Denn angesichts der Wirklichkeit Gottes kann der Sünder nicht anders, als den Grund für das Dasein des Bösen nicht anderswo als je in sich selbst zu finden. Die Konkretion der Sünde angesichts der Wirklichkeit Gottes besteht darin, daß die Sünde einen Urheber findet, nämlich den Sünder. Dieser aber ist „Ich", nicht der andere. Der qualitative Sprung, der vollzogen wird, wenn der Sünder sich als Konkretion der Sünde erkennt, besteht darin, daß er im Angesicht der Wirklichkeit Gottes die Existenz des Bösen auf sich selbst zurücknimmt und jede andere Erklärung des Bösen als Trug durchschaut: Das erkannte Böse hat seinen Ursprung nie außerhalb, sondern immer in dem Subjekt, welches das Böse erkennt. Erfahre aber „ich" mich als Sünder, so fällt diese Erfahrung mit der anderen zusammen, daß es allein die Wirklichkeit Gottes ist, die der Sünde überlegen ist. Denn erkenne ich „mich", und nicht etwas an mir oder außerhalb meiner, als Ursprung der Sünde, so ist in mir nichts, das von der Sünde unterschieden und ihr überlegen wäre. Paulus drückt dies am Schluß von Römer 7 so aus, daß er die von der Sünde unterschiedene und ihr überlegene Wirklichkeit Gottes mit dem Namen „Jesus Christus" nennt und sie so streng von „sich" unterscheidet und außerhalb seiner wahrnimmt.

Das oben zitierte Defizitäre einer nicht auf die Erkenntnis Gottes reflektierten Erfahrung des Bösen besteht also darin, daß diese Erfahrung des Bösen immer einen anderen Urheber sucht als „mich". Das aber heißt, daß sie versucht ist, etwas anderes dem Bösen und der Sünde überlegen sein zu lassen als die Wirklichkeit Gottes, nämlich eben „mich", weil sie ja den wahren Urheber des Bösen aus ihrem Gesichtskreis verdrängt. Die Eigenart der Verbindung der Erkenntnis der Sünde und der Wirklichkeit Gottes besteht demgegenüber nicht nur in der Verschärfung des Verständnisses der Sünde. Hinzu kommt die wesentliche Erkenntnis, daß es Gott ist, welcher der Sünde überlegen ist, daß also eine von der Sünde unterschiedene Wirklichkeit als der Sünde überlegen erfahren werden muß. Diesem Gesichtspunkt soll im folgenden nachgedacht werden.

II

Die Wahrnehmung des Bösen in seinen mannigfaltigen Erscheinungen ist die eine elementare Herausforderung des Denkens. Dabei kommt es

nicht primär darauf an, ob das Denken das Böse zu begreifen und zu
erklären bemüht ist oder ob es auch Anweisungen zur Überwindung des
Bösen geben will. Die soteriologische Grundstruktur des Denkens ist
unverkennbar und reich belegbar. Auf die Beobachtung, daß die Bestimmung des Bösen seinem Wesen nach von der Bestimmung der dem Bösen
überlegenen Wirklichkeit abhängt, stößt man auch hier. Das Böse und die
Kampfmittel gegen das Böse verifizieren sich gegenseitig. Der christliche
Glaube, der, wie oben gesagt, das Wesen der Sünde begreift aus dem
Wesen des Aufgebots gegen die Sünde, nämlich der Wirklichkeit Gottes,
gehört also durchaus in den Erkenntniszusammenhang der allgemeinen
Erfahrung des Bösen. Seine spezifische Differenz zeigt sich im Kontext
oder im Horizont, in dem das Böse erfahren wird, und in der Auslegung
dieses Kontextes.

Der Kontext der Erfahrung des Bösen und die Auslegung dieser Erfahrung des Bösen unter dem Aspekt seiner Besiegung sei durch die Ethik
repräsentiert. Dazu führt die Reminiszenz an Paulus im 7. Kapitel des
Römerbriefes, der mit dem Gesetz die Ethik in den Horizont der theologischen Reflexion über die Sünde hereinholt. In der Ethik stellt sich das
Denken als Herausgefordertsein des Menschen durch das Böse dar. Selbst
wenn das Böse in der Ethik nicht eigens thematisiert ist, so ist die Ethik als
Sprachphänomen nur verständlich, wenn es in ihr um die Verwirklichung
eines Besseren gegenüber einem Schlechteren geht. Das alttestamentliche
Gesetz ist ebenso wie die ethische Tradition der Griechen bezogen auf die
Erfahrung des Bösen und auf dessen Behebung. Sie ist dabei durch zwei
Merkmale ausgezeichnet. Einmal spricht sie den Menschen als Subjekt der
Erkenntnis und der Überwindung des Bösen an. Sowohl das Gesetz des
Alten Testaments als auch die griechische Ethik sind daran orientiert, daß
der Mensch als Subjekt der Beseitigung des Bösen erscheint. Daß dies
durch Einordnung des Menschen in einen sozialen, ihm vorgegebenen
Horizont geschieht, ist für jetzt von zweitrangiger Bedeutung. Sodann
aber wird im Erfahrungsbereich der Ethik die Beobachtung gemacht, daß
das auf die Überwindung des Bösen hin angesprochene Subjekt den
Erwartungen nicht automatisch entspricht, in die es sich durch Gesetz und
Ethik gestellt sieht und in die es selbst sich stellt. Die Ethik, als Ganzes
gesetzmäßiger Lebenserfahrung verstanden, repräsentiert also eine Erfahrung, in welcher der Mensch das Böse nicht nur außer sich, sondern
ebenfalls in sich erfährt, eine Erfahrung, die mit dem christlichen Sündenverständnis durchaus verbindbar ist und die Paulus nicht umsonst in
Römer 7 argumentativ wiederholt. Hier ist festzuhalten: Spricht die Ethik
den Menschen als Subjekt an, wenn es um die Beseitigung des Bösen geht,

so wird diese Konzentration auf das Subjekt noch verstärkt durch die Fragwürdigkeit des ethischen Subjekts selbst.

Es ergibt sich, daß diese Erfahrung selbst nicht zu eindeutiger Interpretation zwingt. Die ungeheure Schwerkraft dieses gesetzlich-ethischen Ansatzes hat den Sprung in ein gänzlich anderes Modell immer außerordentlich erschwert und zur Ausbildung immer komplizierterer Theorien geführt, in denen trotz fortschreitender Erkenntnis der Fragwürdigkeit des ethischen Subjekts an dessen dirigierender Rolle im Widerstand gegen das Böse festgehalten wird. Der qualitative Sprung von der Erfahrung des doppelten Negativen hinweg, des Bösen außerhalb des Subjekts und des Bösen innerhalb des Subjekts, muß nicht mit denkerischer Notwendigkeit vollzogen werden. Zu dem Übersprung über die ethische Auslegung der Erfahrung des Bösen in die Erfahrung, daß nur die Wirklichkeit Gottes dem Bösen widersteht, kommt es nur durch einen Abbruch der ethischen Reflexion, wie er sich bei Paulus am Schluß von Römer 7 exemplarisch zeigt: Im Umschlag von der Sprache quälender Selbstreflexion zur hymnischen Sprache, in welcher sich die Wirklichkeit Gottes als anwesend zeigt. Der Abbruch der ethischen Reflexion vollzieht sich also selbst nicht mehr reflexiv, sondern durch Anbruch der Sprache, in der sich die Wirklichkeit Gottes als Jesus Christus vergegenwärtigt.

Die christliche Sündenlehre ist also nicht einfach eine Radikalisierung der ethischen Erfahrung, sosehr sie dieser Erfahrung entspricht. Sie rekurriert vielmehr auf eine ethisch gar nicht mehr wahrnehmbare Wirklichkeit Gottes, die von sich aus anwesend ist. Die Wahrnehmung dieser Wirklichkeit ist unter der Sprache von Gesetz und Ethik keineswegs ausgeschlossen. Doch ergibt sich der Rückgriff auf diese Wirklichkeit nicht mit Notwendigkeit aus der ethischen Erfahrung, daß sich das ethische Subjekt als inkompetent und insuffizient erfährt. Diese Erfahrung kann vielmehr so kompensiert werden – sie wird es –, daß der Inkompetenz und Insuffizienz durch eine wie auch immer gedachte Neuformierung des Subjekts begegnet wird. Auf jeden Fall bleibt die Orientierung an der Wirklichkeit des Subjekts bestehen, das heißt die Wirklichkeit Gottes ist als sie selbst nicht, sondern immer nur in der Umformung als Wirklichkeit des Subjekts wahrnehmbar. Diese Zwielichtigkeit der Sprache der Ethik hat zuerst Paulus als Zwielichtigkeit der Sprache des Gesetzes zu thematisieren vermocht: Wird die Sprache der Ethik vernommen als Verweis auf die außerhalb des Subjekts verwirklichte Wirklichkeit Gottes oder treibt die Sprache der Ethik das Subjekt in ein Selbstverständnis, nach dem alle Wirklichkeit nur als vom Subjekt gesetzte Wirklichkeit denkbar ist? An der Antwort auf diese Frage differenziert sich das Wesen der Sünde, das Paulus

nicht bloß aus dem Widerspruch zum Gesetz ableitet, sondern als eine ganz
bestimmte Form des Gesetzesgehorsams darstellt: Sünde ist die Verwirklichung der Wirklichkeit des Recht-Seins durch das Subjekt als Gesetzes-
dienst, wogegen das Gesetz in Wahrheit die Sprache ist, die den Menschen
auf die Wirklichkeit Gottes als die Sphäre seines Recht-Seins verweist.

III

In einem engeren, schärfer umgrenzten und darum beispielhaft stehenden Zusammenhang erscheint die Zwielichtigkeit des Gesetzes inmitten
des Zentrums der Theologie, nämlich der Gnaden- oder Rechtfertigungslehre. Dies sei an einem kurzen summarischen Text Luthers gezeigt:
„Augustini sententia est legem impletam viribus rationis non iustificare,
sicut neque moralia opera iustificant gentes; at si accessisset Spiritus
Sanctus, tum opera legis iustificare. Est autem quaestio non, utrum lex vel
opera rationis iustificent, sed an lex facta in spiritu iustificet. Respondemus
autem, quod non, et quod homo, qui per omnia legem virtute Spiritus
Sancti impleret, tamen debeat implorare misericordiam Dei, qui constituit
non per legem, sed per Christum salvare. Opera nunquam reddunt cor
quietum, alioquin Christus nunquam esset tristatus spiritu, nisi pressus
fuisset a lege, cui se propter nos subiecerat."[1] Dieser kleine als Disputa-
tionsfragment stilisierte Text – Sentenz einer Autorität und Responsio des
Kontrahenten – spricht von der Sünde, indem er von der Macht spricht, die
der Sünde überlegen ist. Das Überraschende und Paradigmatische an
diesem Text ist, daß er Sünde *als* eine bestimmte Form von Rechtfertigung
bestimmt und dies an der Gnadenlehre ermittelt. Was Sünde ist, wird nicht
bloß aus der Erfahrung des Bösen erklärt, als Verstoß gegen Normen, als
Übertretung, als Schwäche oder Verderbnis. Sondern die Art der Reaktion
gegen das Böse, die Modalität des Widerstandes gegen das Böse, die
Bestimmung des Subjekts des Kampfes gegen das Böse entscheiden erst
wirklich, ob und als was Sünde erscheint. Für die Erkenntnis des Wesens
der Sünde gibt es daher keinen besser geeigneten Ort als die Gnadenlehre,
und insofern stehen Paulus, Augustin und Luther auf einer Linie. Alle drei
bestimmen das Wesen der Sünde in der Auseinandersetzung mit einer von
ihnen kritisierten *Gnaden-* oder *Rechtfertigungslehre*, nämlich mit deren
gesetzlicher Auslegung in Judentum, Pelagianismus und mittelalterlicher

---

[1] WA.TR 1,32, 7–15 (BoA 8,7,18–27); Nr. 85, 1531. Luther bezieht sich auf Augustin,
Contra duas epistolas Pelagianorum 3,20 (ML 44,603).

Scholastik. Sie gewinnen die Erkenntnis dessen, was Sünde ist, durch kritische Analyse bestimmter soteriologischer Strategien, nämlich der moralischen Auslegung des Rechtfertigungsproblems. Es stellt sich freilich heraus, daß nach dem Urteil dieses Textes Augustin doch aus dieser Linie wieder austreten muß.

Die Grundzüge der kleinen Disputation sind die folgenden: Die von Paulus der christlichen Theologie unvergänglich überlieferte Interpretation der Rechtfertigungsfrage als einer Seinsfrage – und nicht einer moralischen Frage – ist der gemeinsame Horizont Augustins und Luthers. Rechtfertigung ist, so sei formelhaft gesagt, Sein des Menschen in der Wahrheit oder Sein des Menschen im wahren Sein. Die Seinsfrage des Menschen aber wird vor Gott ausgetragen, und daher kann sie adäquat in der relationalen Begrifflichkeit der Rechtfertigungslehre theologische Gestalt annehmen. Gleichwohl ist die Rechtfertigungslehre immer auch in Verbindung mit der Frage nach dem Sein der Wirklichkeit im ganzen zu halten, wie der Zeitgenosse am besten weiß, der den Zusammenhang zwischen dem Verhalten, dem Sein, des Menschen und dem Bestand des nichtmenschlichen, natürlichen Seins, der Welt, mit Beklemmung betrachtet. In dieser konzentrierenden Reduktion der Seinsfrage auf das Sein des Menschen sind sich Paulus, Augustin und Luther einig. Sie haben schon zu ihrer Zeit gesehen, welche Bedeutung das Sein des Menschen für den Bestand der Kreatur hat. Diese Einigkeit geht im spezifischen Bereich der Rechtfertigungslehre noch weiter, sofern Einverständnis darüber besteht, daß, wie man lehrhaft sagt, der Mensch von sich aus, durch Kraft und Einsicht seiner Natur, nicht Herr seines Seins und darum auch nicht Herr der Sünde ist. Doch an der Entwicklung dieser Frage und der Interpretation dieses Satzes treten qualitative Differenzen zutage.

Nach dem durch den Namen des Augustin repräsentierten Modell ist die Rechtfertigungsfrage als Seinsfrage mit der Erfüllung des Gesetzes verknüpft. Im Unterschied zu Paulus, der aus der Erfahrung des Gesetzes in die Wirklichkeit Gottes transferiert wird, behält in diesem Modell das Gesetz die beherrschende Rolle als Kategoriensystem für die Erfahrung und Auslegung der Wirklichkeit. Die Wirklichkeit Gottes, hier durch den Heiligen Geist repräsentiert, wird diesem System eingeordnet, indem sie als Kraft im Menschen interpretiert wird, die an der Herstellung derjenigen Wirklichkeit durch den Menschen mitwirkt, die sein Recht-Sein ausmachen soll. Der von Paulus überwundene Versuch, das Sein des Menschen mit der Erfüllung des Gesetzes zu verknüpfen, wird hier christlich wiederholt, mit dem Zusatz, daß der Erfüllung des Gesetzes durch den Menschen das göttliche Wirken im Innern des Menschen vorgeschaltet wird. Dieses

Modell, nämlich die moralische Interpretation der Seinsfrage, dessen Gegenwärtigkeit Luther durch Rückgriff über ein Jahrtausend demonstrieren konnte und dessen Geltung auch heute noch nicht bloßer Gegenstand der Historie sein kann, hat den ungeheuren Vorteil, Wirklichkeit Gottes als vom Menschen als Subjekt gewirkte Wirklichkeit zu verstehen, die hermeneutischen Methoden der gesetzlichen Seinsauslegung nicht preisgeben zu müssen, sondern sie sogar noch als Gefäß theologisch-christlicher Seinsauslegung benutzen zu können.

In einer logisch unsinnigen Responsio weist Luther dieses Modell zurück, und der Skopus des Rückweises ist eindeutig: In diesem Schema erweist sich der Modus der Rechtfertigung selbst als Sünde. Die Erwägung, daß selbst mit Hilfe des Heiligen Geistes als Gesetzeserfüllers die Wirklichkeit nicht erzeugt werden kann, in der der Mensch gerecht ist, sondern daß auch dem vollkommen Gesetzesgehorsamen die Barmherzigkeit Gottes nötig sei, setzt natürlich einen irrealen Fall. In Wahrheit ist es gar nicht das Wesen des Heiligen Geistes, Erfüllungsgehilfe des Menschen beim Gesetzesgehorsam zu sein. Heiliger Geist, Jesus Christus, Barmherzigkeit repräsentieren vielmehr die von der Sünde unterschiedene Wirklichkeit Gottes selbst. Sie stehen außerhalb jener Wirklichkeit, die durch das Gesetz abgedeckt wird, selbst als Gegenwart einer Wirklichkeit, die durch das Gesetzesmodell gar nicht erreicht werden kann und die, das ist das Entscheidende, durch das Gesetz erreichen zu wollen die Sünde ist.

Der von Luther konstruierte Fall, daß auch der Beistand des Heiligen Geistes bei der Erfüllung des Gesetzes dem Menschen nicht zum Recht-Sein verhilft, weil dadurch jene Wirklichkeit nicht besteht und entsteht, die vor Gott als Recht-Sein gelten könnte, zeigt die Tragweite der Differenz. Sie betrifft eben nicht nur die Rechtfertigungslehre. Wäre es so, so wäre der Satz, auch der Heilige Geist könne durch Mitwirkung bei der Rechtfertigung als Erfüllung des Gesetzes nicht gerecht machen, absurd, denn der Heilige Geist müßte ja als Gott selbst unwiderstehlich wirken. Vielmehr ist die Wirklichkeit, in der der Mensch gerecht ist, kategorial eine Wirklichkeit außerhalb des Gesetzes. Umgekehrt, die durch das Gesetz provozierte, ethisch realisierte Wirklichkeit ist gerade kategorial niemals die Wirklichkeit Gottes, nicht das Reich Gottes, von dem Jesus spricht. Das Gesetz, das die Wirklichkeit abdeckt, die durch menschliches Handeln gesetzt wird und gesetzt werden soll (Ethik), begreift nur einen Ausschnitt des Gesamtwirklichen in sich. Interpretiert man nun die außerhalb des Gesetzes erscheinende Wirklichkeit Gottes, die zugleich die Wirklichkeit des Recht-Seins des Menschen ist, in den Horizont des Gesetzes hinein, so erscheint durch diese Kontamination gesetzlicher und göttlicher Wirklichkeit Sünde als Rechtfertigung, Rechtfertigung als Sünde. Umgekehrt muß vielmehr das Gesetz daher so wahrgenommen werden, daß es den Menschen in die vorgesetzliche Wirklichkeit Gottes verweist. Die Differenz also ist von großer ontologischer Tragweite, sie betrifft das Verständnis von Sein, Wirklichkeit, Gott. Und sie betrifft das Verständnis von Sünde.

IV

Nach dem augustinischen Modell ist Sünde das Nichterfüllen des Gesetzes, darin eingeschlossen die Übertretung des Gesetzes. Ihr Wesen wird am Gesetz ermittelt. Der Sündenfall als Abfall von Gott dient theologisch weniger dazu, diese, mit dem Blick auf die Bestimmung der Rechtfertigung als Gesetzeserfüllung getroffene, gesetzesorientierte Wesensbestimmung in Frage zu stellen; er dient vielmehr als Erklärung für die Schwäche des Menschen in Sachen Gesetzeserfüllung, wird also der Gesetzesorientierung untergeordnet. Er wird historisiert und eben darin entgeschichtlicht; wo doch die Sündenfallgeschichte so gelesen werden muß, daß sie nicht die Geschichte des historischen Adam, sondern die Geschichte des je gegenwärtigen geschichtlichen Menschen erzählt.

Als Exempel gesetzesorientierten, und damit letztlich wohl ungeschichtlichen, Verständnisses der Sünde, das sich einem bestimmten Verständnis der Rechtfertigung verdankt, diene ein Text der klassischen Dogmatik. Die erste Frage in Leonhard Hutters Compendium locorum Theologicorum[2] lautet: „Quid est peccatum in genere? Definitio brevis extat in Epistola Johannis: peccatum est, quicquid est contra legem Dei: ἡ ἁμαρτία ἐστὶν ἡ ἀνομία. Vel, ut Philippus definit: peccatum est defectus, vel inclinatio, vel actio pugnans cum lege Dei, offendens Deum, damnata a Deo, et faciens reos aeternae irae, et aeternarum poenarum, nisi sit facta remissio." Analog nennt Kant das Sittlich-Böse Sünde, sofern diese Übertretung des moralischen Gesetzes als göttlichen Gebotes ist[3]. Auf dem Boden dieser Definition ist auch die Unterscheidung der Begehungs- und Unterlassungssünden angesiedelt, der peccata commissionis und peccata omissionis. In der breiter ausgeführten Dogmatik von David Hollaz wird über sie gesagt[4]: „Peccata commissionis sunt actus positivi, quibus praecepta Dei

---

[2] Hg. v. W. Trillhaas (KlT 183), 1961, 29. Vgl. 1Joh 3,4 und Ph. Melanchthon, Loci praecipui theologici, 1559 (StA II,1, hg. v. H. Engelland, 255,23–27).

[3] Die Religion innerhalb der Grenzen der bloßen Vernunft, 1794[2], 2. Stück, 1. Abschnitt c; Werke in sechs Bänden, hg. v. W. Weischedel, IV, 727.

[4] Examen theologicum acroamaticum, (1707) Neudr. 1971, Bd. I, p. II, cap. IV, q. 26.

negativa violantur. Peccata omissionis sunt suspensiones actuum praeceptis Dei affirmativis praescriptorum. " Über das Wesen der Sünde wird also anhand der Frage entschieden, ob der Mensch die vom Gesetz verbotene oder ob er die vom Gesetz gebotene Wirklichkeit setzt. Im ersten Falle begeht er eine Begehungssünde, im zweiten Fall begeht er eine Unterlassungssünde. Das heißt: Sünde ist die Verhinderung der Setzung von Wirklichkeit, die durch das Gesetz gefordert wird. Denn an der Stelle des Begehens der Sünde sollte eine Unterlassung stehen, und an der Stelle der Unterlassungssünde sollte eine Begehung (Erfüllung) des Gesetzes stehen. Hinter diesem Sündenverständnis steht also eine Ontologie und Anthropologie, für die es entscheidend ist, daß der Mensch Wirklichkeit setzt. Das heißt: Die vom Gesetz geforderte Wirklichkeit gibt es ohne die Tat des Menschen nicht. Darum ist die Sünde auch in diesem Denksystem so schlimm, weil sie wirklichkeitsverhindernd ist. Ja, da hier, wie gesagt, die vom Gesetz geforderte Wirklichkeit mit der Wirklichkeit schlechthin, einschließlich der Wirklichkeit, die Gott verdankt wird, gleichgesetzt wird, so kommt alles darauf an, den Menschen in den Stand eines kompetenten Täters und Erfüllers des ethischen Sollens zu versetzen. Darum ist es auch falsch, die Unterlassungssünden gegenüber den Begehungssünden zu verharmlosen. Da das Gesetz die Wirklichkeit, auf die es abzielt, nur als Tatanweisung beschreibt, sich selbst als Theorie einer Praxis voraussetzt, weil es also für das Wirklichsein dieser Wirklichkeit auf den Menschen als Täter ankommt, so ist eigentlich die Unterlassungssünde die gravierende, weil ja sie die Ursache für das Nicht-Wirklich-Sein des vom Gesetz Gebotenen ist. In der traditionellen Dogmatik erscheint zwar in der Sündenlehre der Commissor als der Sünder, und in der Tat zeigt sich an ihm die Sünde als sie selbst, unverhüllt. Aber es ist konsequent, wenn die Ethik demgegenüber doch den Omissor als den eigentlichen Sünder voraussetzt, indem sie ihn auf die Verwirklichung des ethisch Gebotenen anspricht. In der Soteriologie zeigen sich die Rückwirkungen darin, daß die Sündenvergebung durch die Neuschöpfung, die Rechtfertigung durch die Heiligung, die Freiheit „von" durch die Freiheit „zu" komplementiert wird.

Das Gewicht liegt in dieser Konstellation von Sünde, Gesetz und Wirklichkeit auf dem Verständnis der Wirklichkeit des Recht-Seins aufgrund des gesetzeserfüllenden menschlichen Handelns. Obwohl noch gesehen wird, daß zumindest traditionellerweise gesagt werden muß, der Imperativ der Gesetzeserfüllung gründe in einem Indikativ der Wirklichkeit Gottes, so besteht faktisch doch dieser Indikativ nur noch völlig entleert zu einem bloßen Woher des Imperativs, die Gabe erscheint immer bloß als Aufgabe. Die Hermeneutik des Indikativs ist verkümmert und durch eine Hermeneutik des Imperativs verdrängt worden. Wahrnehmung von Wirklichkeit, die nicht vorher vom Menschen produziert worden ist, ist zu einem intellektuellen Problem geworden. Das Sein der Wirklichkeit wird als Folge dieses gesetzlichen Ansatzes dem menschlichen Handeln überantwortet. Selbst dann aber, wenn man dem Menschen als Organ der Wirklichkeitssetzung göttlichen Beistand zuspricht, ist es eben dieses Subjekt, das die Wirklichkeit setzt, durch die und in der es sich als recht erfährt. Diese moralisch-gesetzliche Auslegung des Seins des Menschen zeitigt zwei Probleme, die sowohl das Sein wie das Recht-Sein des Menschen betreffen und im Grunde nur Aspekte einer Frage sind. Einmal, in der klassischen Sprache der Rechtfertigung gesprochen, hat dieser Ansatz keine echte Möglichkeit mehr, die Erfahrung zu interpretieren, daß auch die Erfüllung des Gesetzes, auch die Früchte des Geistes, auch die Folgen des Glaubens eine schlechte Wirklichkeit setzen können. Es gibt nämlich überhaupt keine Handlung und kein Werk, die aus sich heraus, aposteriori, aufgrund ihres bloßen Daseins, als Tat des Gesetzesgehorsams, als Frucht des Geistes oder als Folge des Glaubens beschreibbar wären. Die empirische Analyse jedweder Tat und jeden Werkes führt niemals auf den Heiligen Geist als ihren Ursprung zurück, sondern legt eine Fülle von Motiven und Elementen frei, die allesamt die Bemühung des Heiligen Geistes zur ideologischen Farce machen. Die oben vermerkte Setzung des irrealen Falles durch Luther hat eine äußerst reale Seite: Die Wirklichkeit des Heiligen Geistes, die mit der Wirklichkeit identisch sein soll, in der der Mensch durch Wirklichkeitssetzung die Sphäre seines eigenen Recht-Seins setzt, ist eben hier nicht wieder zu finden. Hiermit stimmt nun, zweitens, das andere Problem zusammen. Man kann es doppelt aussprechen: Was die Auslegung des Gesetzes betrifft, so ist sie von vornherein eindimensional, indem sie den von Paulus erkannten Verweischarakter des Gesetzes ignoriert und das Gesetz bloß als Herausforderung zur Wirklichkeitssetzung versteht, einer Wirklichkeit, die ohne den Menschen nicht ist. Von diesem Gesetzesverständnis her gesehen ist alle Wirklichkeit bloß gedacht, theoretisch im Sinne der Angewiesenheit auf Verwirklichung durch den Menschen. Es gibt gleichsam bloß zukünftige Wirklichkeit, denn alle Wirklichkeit muß erst noch immer gemacht werden, um zu sein. Diese Auslegung des Menschen und des Seins unter dem Gesetz setzt so etwas wie eine dauernd wirklichkeitslose Welt voraus, in der es, mit zunehmender Unermüdlichkeit und in hektischer Verzweiflung, darauf ankommt, Wirklichkeit zu machen. Eine merkwürdige Form der Weltlosigkeit koexistiert mit diesem so ganz an der Produktionspraxis orientierten gesetzlichen Wirklichkeitsbegriff, eine Wirklichkeitsvergessenheit, in der sich noch die diametral entgegengesetzten Parteiungen unter den Wirklichkeitshervorbringern schlechthin einig sind. Jene andere Möglichkeit der Gesetzesauslegung, wie sie Paulus die Kirche lehren wollte, nämlich auf die Sprache des Gesetzes nicht hereinzufallen, sondern sie als Hinweis auf eine ohne das und vor dem Gesetz verwirklichte Wirklichkeit Gottes zu vernehmen, kommt nicht in Betracht. Man kann daher dieses Problem alternativ auch so darstellen: Sein kommt nur als gemachtes Sein in den Blick, weil die Kategorien des Gesetzes alle anderen Kategorien, alle anderen Sprachen zur Gewinnung, Beschreibung, Darstellung und, womöglich, auch Verherrlichung des Seins verdrängt haben. In Hinblick auf das anvisierte Subjekt des Menschen folgt also: Zwar wird es mit der Aufgabe belastet, die vom Gesetz geforderte Wirklichkeit zu setzen, zugleich aber herrscht Unklarheit darüber, daß die Erfahrung allein schon gegen diese Befähigung des Subjektes spricht. Also zeigt sich: In der Nicht-Unterscheidung der vom Gesetz herausgeforderten Wirklichkeit des Handelns von der Wirklichkeit Gottes, auf die das Gesetz verweist, besteht die Sünde. In der moralischen Interpretation des Seins, der gesetzlichen Interpretation des Evangeliums, der wirklichkeitsproduzierenden Interpretation der Schöpfung besteht die Sünde.

Demgegenüber kann nur postuliert werden, das Wesen der Sünde nicht in diesen gesetzlichen Kategorien zu beschreiben, weil sie offenbar in ihnen ihr Wesen treibt. Denn sie treibt unter dem Schein der Gesetzeserfüllung den Menschen in den doppelten Wahn der Blindheit gegenüber der Fragwürdigkeit seiner guten Werke (Römer 7) und der Blindheit gegenüber nicht von ihm produzierter Wirklichkeit, nämlich der Schöpfung.

Damit wird ein Defizit sichtbar, das in der Unterscheidung von Begehungs- und Unterlassungssünden sich eben als Unterlassung, omissio, anmeldet, aber weit umfassender ist, als daß es die Unterlassung bloß Pendant zur Begehung sein lassen könnte. Kann man die Fixierung auf ein gesetzliches Wirklichkeitsverständnis empirisch, im menschlichen Verhalten, an einer unablässig zunehmenden Unermüdlichkeit eines meist angstmotivierten Wirklichkeitsschaffens beobachten – „Aber weh! es wandelt in Nacht, es wohnt, wie im Orkus, ohne Göttliches unser Geschlecht. Ans eigene Treiben sind sie geschmiedet allein, und sich in der tosenden Werkstatt höret jeglicher nur und viel arbeiten die Wilden mit gewaltigem Arm, rastlos, doch immer und immer unfruchtbar, wie die Furien, bleibt die Mühe der Armen"[5] –, so findet sich ebensosehr die erfahrbare, wenn

---

[5] F. Hölderlin, Der Archipelagos, 241–246 (SW. Große Stuttgarter Ausgabe, hg. v. F. BEISSNER, II, 1, 110).

auch negative Repräsentanz jener jenseits des Gesetzes liegenden Wirklichkeit. Daß sie nicht jenseits der Erfahrung liegen muß – außer für den, der den Horizont der Erfahrung mit dem Horizont des Gesetzes identifiziert –, kann an diesen Phänomenen wahrgenommen werden: der Trauer, der Depressivität, der Angst und Verzweiflung als der Grundzüge des Lebensgefühls. Diese freilich sind falsch gedeutet, wenn sie als Reaktion auf das Scheitern utopischer Ideale gedeutet werden. Geschieht dies, so bleibt auch die Interpretation dieser Phänomene im Horizont des Gesetzes, und Trauer, Angst, Verzweiflung setzen Fanatismus und Gewalt als letzte Mittel der Gesetzeserfüllung, als ultima ratio, die geforderte Wirklichkeit zu produzieren, aus sich heraus. Umgekehrt sind Trauer, Angst, Verzweiflung gerade Manifestationen desjenigen Wirklichkeitsverlustes, der die Wirklichkeit Gottes verloren hat. Und jede gesetzlich-operationale Auslegung von Trauer, Angst und Verzweiflung muß daher notwendig immer tiefer in Trauer, Angst und Verzweiflung hineintreiben, bis zur zerstörerischen Welt- und Selbstvernichtung. Auch dies ist in Römer 7 zu lesen. Trauer, Angst und Verzweiflung sind daher als Anzeige der verborgenen Erfahrung zu deuten, daß mit dem Instrumentarium gesetzlicher Wirklichkeitsbeherrschung Wirklichkeit letzten Endes zerstört wird. Je allmächtiger die gesetzliche Wirklichkeitsbeherrschungsmethodik wird, um so mehr entzieht sich alle Wirklichkeit jenseits und außerhalb des Gesetzes, die für den Menschen doch der Ort seines Seins und seines Recht-Seins ist. Das heißt aber, daß mit einer weiter um sich greifenden gesetzlichen Hermeneutik der Wirklichkeit die Verstrickung in die Sünde und ihre Folgen immer zunimmt, gerade und vor allem dann, wenn die gesetzliche Wirklichkeitsauslegung pneumatologisch abgesichert, wenn die Gesetzeserfüllung als Werk des Heiligen Geistes im Menschen ausgegeben wird. Trauer, Angst, Verzweiflung, Fanatismus, Gewalt sind dann die negativen Modi, in denen gesetzlich verdrängte Wirklichkeit sich anmeldet.

Dann bleibt das Fazit, daß nicht nur das peccatum commissionis und das peccatum omissionis Sünde sind, sondern daß Sünde erst wahrhaft erscheint an der commissio = impletio legis, sofern diese nämlich die Herstellung der Wirklichkeit des Recht-Seins und die Verwirklichung des Seins der Welt sein will. Die Erfüllung des Gesetzes als Wirklichkeitskonstruktion und damit als Offenbarung der Sünde in concreto und in actu wurzelt dann in einer Unterlassung ganz anderer Art, nämlich in der Nichtwahrnehmung jener nicht gesetzlich auslegbaren Wirklichkeit Gottes, des Schöpfers.

V

Die Ur-Unterlassung, in welcher die Sünde besteht, kann durch Erfüllung des Gesetzes nicht wieder aufgehoben werden. Das Problem besteht nicht in der alten Frage, ob der Mensch das Gesetz erfüllen kann oder nicht. Vielmehr: Die Erfüllung des Gesetzes erfüllt immer nur das Gesetz, erzeugt nie die Wirklichkeit des Seins, in der der Mensch gerecht ist. Dieses theologische Grundgesetz des Paulus, daß die Wirklichkeit des Gesetzes und die Wirklichkeit des Seins sich nicht decken, gilt es durchaus nie zu verwässern. Die Unterscheidung beider Wirklichkeiten macht den Christen zum Christen. Sie gilt dann aber vorzüglich für ihn, dessen Glaube gewissermaßen in der ständigen Verteidigung dieser Differenzierung gegen seine eigene Inklination zu einer neuerlichen Nivellierung besteht. Die Ur-Unterlassung als Sünde muß deshalb genau im Gegensatz gegen die gesetzliche Wirklichkeitsauslegung beschrieben werden, und zwar exemplarisch im Christen, der in der Versuchung steht, die gesetzliche Wirklichkeitsauslegung mit den Mitteln zu wiederholen, die ihm die eigene Religion suggeriert.

Luther bezeichnet in der Marginalglosse zu Römer 1,23 das peccatum omissionis als den Grund des peccatum commissionis[6]. Die Unterlassung besteht darin, daß die Ursünde des Menschen Abwendung des Menschen von Gott ist, von der Wirklichkeit Gottes, und Hinwendung zum Eigenbau von Wirklichkeit. Gegenüber dieser Ur-Unterlassung ist jede Variation im Bereich des Eigenbaus von Wirklichkeit, ob sie beispielsweise mit oder ohne Heiligen Geist geschieht, irrelevant. Diese Ur-Unterlassung und Abwendung ist aber nicht die Sünde des historischen Adam, deren Folgen seine Nachkommen als Schwächung zu tragen hätten, sondern sie ist die Sünde des geschichtlichen Menschen selbst, also „unsere" Sünde. Das wahre Wesen auch „unserer" Sünde ist die Abwendung von Gott, und sie zeigt sich darin, daß „wir" die Wirklichkeit produzieren wollen, indem „wir" dem Gesetz gehorsam sind. „Unser" Kampf gegen die Sünde, sofern er in der Gesetzeserfüllung besteht, führt also immer tiefer in die Sünde hinein, weil er gerade das nicht ist, was allein wahrhaft das Herrschen der Sünde beendet, nämlich die Zuwendung zu der Wirklichkeit Gottes. Pointierter gesagt: Sofern die Technik des Gesetzes durch ihren Aktivismus Wirklichkeit atomisiert und in ihrer Ganzheit zerstört, zerstört sie auch alle

---

[6] Peccatum enim omissionis prona sequela infert peccatum commissionis. Ideo postquam Apostolus hic probaverit, quomodo peccatum habuerint omittendo cultum Dei veri, hic probat, quomodo peccatum habuerint commissionis in constituendo cultu dei falsi et idoli. WA 56,13, 4–7.

aktiven Rezeptionsformen für die Anschauung der Wirklichkeit als eines Ganzen, der Schöpfung, im Menschen, so daß eigentlich nur noch von einer Zuwendung der göttlichen Wirklichkeit an den Menschen zu sprechen wäre. Die Abwendung von Gott, die aversio a Deo, ist also nicht als Gesetzesübertretung zu interpretieren, sondern sie ist selbst das wahre Wesen der Aktualsünde. Die conversio ad Deum ist daher ebensowenig als Gesetzeserfüllung zu interpretieren, sondern als Rezeption der Wirklichkeit aus der Hand Gottes, als Glaube also.

Das Scholion zu Römer 1,23 präzisiert diesen Gedanken dadurch, daß es die Undankbarkeit oder die Unterlassung der Dankbarkeit als die erste Stufe des Sündenfalls nennt[7]. Die Dankbarkeit ist keineswegs die sentimentale Anerkennung der Freundlichkeit Gottes, der man durch Gegenleistung geziemenden Ausdruck zu geben hätte, sondern der Seinsbezug des Menschen zum Quell seines Seins[8]. Die Undankbarkeit ist demgemäß ein Wirklichkeitsverlust, der dem Menschen furchtbar schadet, auch wenn er an der wirklichkeitsproduzierenden Ersatzhandlung eine Zeitlang Freude hat. Diesen Seinsverlust beschreiben die folgenden drei Stufen: der Wahn, nämlich das Verstricktsein in eigene Gedanken, Pläne, Studien und Unternehmungen; die Blindheit für die Wahrheit, nämlich die Wirklichkeit Gottes; und daher schließlich der Irrtum über das Wesen Gottes[9].

Das Wesen der Sünde kann also an dem Verhältnis des Menschen zum Gesetz nicht erkannt werden; und das Wesen des Seins kann so wenig wie das Wesen des Recht-Seins am Gesetz verstanden werden. Dies ist wegen der Ambivalenz des Gesetzes so: Denn sein Hinweis auf eine vom Menschen zu erstellende Wirklichkeit ist nur scheinbar seine wahre Funktion. In Wahrheit verweist das Gesetz auf die Wirklichkeit Gottes, von der der Mensch eben nicht durch peccata commissionis oder omissionis, sondern durch eine Unterlassung abgewichen ist, die sich nur als Undankbarkeit bezeichnen läßt. Diese Wirklichkeit Gottes hört durch den Abfall des Menschen nicht auf zu sein; der Mensch aber verleugnet diese Wirklichkeit durch gesetzliche Wirklichkeitserstellung. Diese Verleugnung aber ist so wenig etwas bloß Innerliches oder Seelisches wie die Undankbarkeit. Sie ruiniert das Leben der Menschen durch Bosheit, Leid und Tod und beginnt

---

[7] Vide ergo ordinem et gradus perditionis. Primus est Ingratitudo seu omissio gratitudinis. WA 56, 178, 24 f.

[8] Luther beschreibt dies negativ als complacentia sui, qua in acceptis non ut acceptis delectatur pretermisso eo, qui dedit. WA 56,178,26 f.

[9] Vanitas, excecatio, error erga Deum. WA 56,178,27; 179, 2. 6. Zu den vier Stufen vgl. Röm 1, 21 f: οὐκ . . . ηὐχαρίστησαν, ἀλλὰ ἐματαιώθησαν . . . καὶ ἐσκοτίσθη ἡ ἀσύνετος αὐτῶν καρδία. φάσκοντες εἶναι σοφοὶ ἐμωράνθησαν . . .

sogar den Kosmos, in dem der Mensch lebt, die Erde als Lebenshorizont des Menschen, in diesen Ruin hineinzuziehen. Soll die Wirklichkeit Gottes wieder erscheinen, so muß verschwinden, worin die Negativität der Unterlassung sich den Schein des Positiven gibt: die gesetzliche Fabrikation von Wirklichkeit. Die Wahrnehmung der Wirklichkeit Gottes, der Schöpfung also, ist der Glaube, und so erweist gerade er sich als das für die konkrete Existenz des Menschen und der Wirklichkeit schlechthin Notwendige; wogegen sich die Sünde als Unglaube, als das Ausschlagen der Wirklichkeit Gottes enthüllt.

VI

Gibt es zweierlei Wirklichkeit? An die Koexistenz einer gesetzlich hergestellten und einer göttlichen Wirklichkeit kann von vornherein nicht gedacht sein. Aber auch die Interpretation der hergestellten Wirklichkeit als einer göttlichen ist unmöglich. Sie ist nur ideologisch, im Überbau, möglich, aber sie scheitert an der Wirklichkeit der vom Menschen gesetzten Wirklichkeit. Es gibt in der Tat nur die eine von Gott geschaffene Wirklichkeit der Schöpfung, in welcher der Mensch lebt und als deren Glied er sich wahrzunehmen hat. Weil er aber eben dies nicht tut, ist es sinnvoll, gleichwohl die Wirklichkeit Gottes eine Wirklichkeit jenseits des Gesetzes zu nennen. Anstoß hieran kann nur nehmen, wer gesetzlich beschreibbare Wirklichkeit mit Wirklichkeit als Ganzer gleichsetzt und wer die Schlechtigkeit der empirischen Wirklichkeit auf die Ungesetzlichkeit und nicht vielmehr auf die Gesetzlichkeit zurückführt. Denn eben das gesetzliche Selbstverständnis des Menschen hat die eine Wirklichkeit der Schöpfung Gottes faktisch und empirisch verändert, gesetzlich verändert, und zwar verschlechtert. Daher liegt die Schöpfung Gottes wirklich jenseits dieser Wirklichkeit, die der Mensch gesetzlich zeitigt, und sie ist von ihr auch real unterschieden. An diesem Satz darf man sich auch dadurch nicht irre machen lassen, daß die Welt durch ihre gesetzliche Behandlung eine Gestalt gewonnen hat, die es schwer macht, in ihr noch die Schöpfung Gottes zu erkennen. Die Menschen sind in die gesetzliche Auslegung der Welt, in die Unterlassung der Wahrnehmung Gottes, so eingeübt und an deren böse Folgen so gewöhnt, daß die Rede von der Wirklichkeit als Schöpfung Gottes unverständlich zu werden beginnt, weil die hermeneutischen Mittel dazu in Vergessenheit geraten sind. Das hat dann zudem noch die groteske Folge, daß der Wille, das Reden von Gott nicht verstummen zu lassen, dieses Reden in die gesetzliche Hermeneutik hineinpraktiziert und die Hoffnung, daß vom Wort Gott und vom Wort Gottes gerade die Krise der gesetzlichen Weltauslegung ausgehen könnte, verschleudert. Diese Sorte Hermeneutik ist die Aktualität der Ur-Unterlassung, weil sie ja als gesetzliche Auslegung der Schöpfung nicht nur die Sünde nicht behebt, sondern als Hermeneutik der Unterlassung der Wahrnehmung von Gottes Wirklichkeit selbst das Wesen der Sünde verkörpert. Sofern diese Hermeneutik eben nicht folgenlos ist, sondern der Wirklichkeit ihre Gestalt gibt, ist die Schöpfung Gottes dieser gesetzlichen Wirklichkeit jenseits.

Damit ist der Weg frei für folgende theologische Aufgabe: die gesetzliche Auslegung der Wirklichkeit so zu unterlaufen, daß a) die gesetzlich ausgelegte Wirklichkeit der Auslegung als Schöpfung Gottes zurückgegeben wird, um wieder eine zu werden; daß b) eine solche Interpretation der Wirklichkeit als Schöpfung in keinem Betracht die menschliche Erfahrung durchbricht; daß c) die *Interpretation* der Welt als Schöpfung Gottes und des Menschen als Geschöpfes selbst schon Welt*veränderung* ist, sofern sie die sündhafte legalistische Hermeneutik vernichtet. Was für Auswirkungen folgen von daher für das Verständnis der Sünde? Was ist Sünde, wenn Wirklichkeit als Wirklichkeit Gottes des Schöpfers erscheint, wenn so der Horizont der Erfahrung nicht durchbrochen wird und wenn durch die Wahrnehmung der Welt als Schöpfung eine konkrete Weltgestalt möglich ist, die auf gesetzlichem Wege unmöglich ist?

Stellt man die Frage so, dann ist die traditionelle Rechtfertigungsfrage vollends mit der Seinsfrage verschmolzen. Die Rechtfertigungsfrage in dieser Verschmelzung mit der Seinsfrage setzt ein Verständnis der Sünde voraus, daß Sünde Wirklichkeitsverlust ist in dreifacher Ausprägung: als Verlust der Wahrnehmung des Schöpfers, als Einschränkung und Verzerrung der Erfahrung, als Vernichtung der schöpfungsmäßigen Weltgestalt. Dieser Verlust stellt sich positiv dar in der vergeblichen, wahnhaften Produktion von Wirklichkeit.

So kristallisiert sich folgende Alternative heraus: Die moralische Auslegung der Rechtfertigungs- und Seinsfrage setzt gegen die vom Menschen gesetzte schlechte Wirklichkeit eine vom Menschen gesetzte, eventuell mit Hilfe des Heiligen Geistes oder der Gnade gesetzte, gute Wirklichkeit. Personal drückt sich diese Interpretation in der Unterscheidung guter und schlechter Menschen aus, von Klassen, welche die Welt zerstören, und solchen, die sie retten, von Christen und Sündern. Sie sucht die Differenzierung zwischen guter und schlechter Wirklichkeit also ebenso auf der Ebene des menschlichen Subjekts, wie sie die Wirklichkeit nach zwei verschiedenen Umständen ihrer Produktion durch eben dieses Subjekt unterscheidet: Sie scheidet die Schafe von den Böcken wie sie gut produzierte von schlecht produzierter Wirklichkeit unterscheidet. Die ontologische Auslegung der Rechtfertigungs- und Seinsfrage unterscheidet menschliche und göttliche Wirklichkeit und demgemäß Mensch und Gott, vor dem alle Menschen unterschiedslos gleich sind. Das besagt für die Sünde: Sünde ist nicht die Setzung schlechter Wirklichkeit und die Unterlassung der Setzung guter Wirklichkeit. Sünde ist vielmehr jede Art des Umgangs mit Wirklichkeit, die diese behandelt, als wäre sie nicht. Solches aber geschieht in der Produktion von Wirklichkeit, und diese ist daher praktische Verleugnung Gottes des Schöpfers, auch wenn sie sich mit dem Namen des Heiligen Geistes schmückt. Sünde ist das Ausweichen, das Abschlagen, die verneinende Gebärde, der Austritt aus dem Sein in das Nichts. Daß die Sünde diesen Seinsverlust durch wahnhaften Ausgleich in Ersatzhandlungen zu kompensieren versucht, folgt aus der Nichtigkeit ihres Wesens; gegen den Schein der Herrlichkeit des Menschen hat man es hier nicht mit der Größe, sondern mit dem Elend des Menschen zu tun. Es ist nun klar, daß im Modell moralischer Wirklichkeitsauslegung dieses Wesen der Sünde gar nicht wahrnehmbar ist, weil in diesem Modell die Wirklichkeit verborgen ist, die die Sünde verloren hat.

VII

Sünde ist Unterlassung, peccatum omissionis, die Verneinung der Wirklichkeit Gottes. Daß diese Verneinung zur wirklichen Vernichtung der Schöpfung wird, zeigt der zunehmend ruinöse Zustand der natürlichen und geschichtlichen Welt, da das Nein sich zwanghaft verwandeln muß in ein Pseudo-Ja, nämlich die kompensierende Schöpfertätigkeit des Menschen. Die Gottheit wird im Subjekt des Menschen zum Gotteskomplex. In diesem Pseudo-Ja aber ist das Wesen der Sünde als omissio, als Negation und Nichtung, deutlich erkennbar. Gegenüber Gott ist die Sünde des Menschen und die von ihr gesetzte Wirklichkeit nichts. Im moralischen Modell ist diese Bestimmung deshalb unbeliebt, weil der moralische Widerstand gegen die Sünde um so herrlicher und heroischer ist, je kompakter, massiver, positiver die Sünde ist. Doch liegt dem ein Mißverständnis zugrunde: Je mehr sich der Widerstand gegen die Sünde und das Böse, das aus ihr folgt, potenziert, heroisiert und ideologisiert, je mehr der Kampf gegen das Böse dramatisiert und publiziert wird, je mehr sich dieser Widerstand in der Geste des Heilsschaffens manifestiert, um so mehr unterliegt er daher der Gefahr, Sünde in Potenz zu sein. Diese Erfahrung hat gewiß etwas Tragisches, das aber von der Komik kaum noch zu unterscheiden ist, wenn man sich die politischen, sozialen und ökologischen Problemlösungsstrategien einmal unbefangen und ohne den Willen, sie unter allen Umständen zu rationalisieren, betrachtet. Aber eben dies ist ja in Römer 7 zu lernen, daß auch das Scheitern des Guten nicht in der Bosheit der argen Welt begründet und daher tragisch, sondern in der Sünde des Menschen begründet und daher komisch ist. Den Schein der Positivität erhält die Sünde dadurch, daß sie Wirklichkeit als noch nicht seiend behandelt und darum sich selbst für die Instanz hält, das Nichtseiende ins Sein zu praktizieren. So erhält sie den Schein des Seins und der Sünder das komische Selbstverständnis des creator secundus[10].

Ist die Sünde Unterlassung und, in ihrer Aktivität gegen Gott betrachtet, doch nur wahnhafte Scheinproduktion von Wirklichkeit, so ist die Sünde, will man nicht gegen Windmühlen kämpfen, greifbar und angreifbar nur im Sünder, dem Negator und Privator des Seins. Doch ist die Aufhebung der Sünde eben als Gesetzeserfüllung gar nicht mehr denkbar, weil die Sünde nicht Tatunterlassung, sondern Seinsunterlassung, Seins- und Gottesvergessenheit ist. Will man die Sünde samt ihren Folgen selbst als nichtig und vergangen erfahren, so kann dies nur durch das Aufleben der Seins- und Gotteserinnerung, eine theologische und ontologische Anamnese geschehen, die unendlich viel mehr sehen muß, als es auf dem Niveau moralistischer Hermeneutik möglich ist. Denn diese ist gegenüber der Wirklichkeit Gottes abstrakt und nicht konkret, nicht obwohl, sondern weil sie nur am Handeln orientiert ist. Auf die Auslegung der Seinsfrage durch die Rechtfertigungsfrage kann nur verzichten, wer das Verhängnis übersieht, das der Sünder für das Sein bedeutet. Dieses Verhängnis besteht im Fehlen des Sinnes für das Eigengewicht der Schöpfung, für den Eigenstand jeden Geschöpfes, für das Schöpfersein Gottes. Diese Abwesenheit des Sinnes und Geschmackes für die Freundlichkeit des Schöpfers ist als Sünde zugleich auch das konkrete Böse in der Welt. Denn der Sünder verhält sich so, daß er da, wo etwas ist, nämlich die Schöpfung, von einem Nichts ausgeht und tut, als müsse erst noch etwas entstehen, und zwar durch ihn. Und durch diese Sünde setzt er konkret das Böse.

Der wahre Gegensatz gegen die Sünde ist also nicht die Begehung des Guten durch die Erfüllung des Gesetzes. Durch die Unterlassung der

---

[10] Ipse non fecisti te, et secundam creaturam vis in te creare? Est imaginatio falsa de deo et opere nostro; fingo deum velle, quod ego facio. Praeceptorum opera non vult, multominus mea electicia opera. WA 40/II, 466,3–6 (Enarr. in Ps. LI, 1532). Der Satz: fingo deum velle, quod ego facio, offenbart den wahren Charakter der gesetzlichen Wirklichkeitsauslegung. Er beschreibt die ideologische Umkehrung der Rechtfertigung: An die Stelle der Rechtfertigung des Sünders tritt die Rechtfertigung der Werke.

Übertretung und die Erfüllung des Gesetzes wird gerade das Böse nicht beseitigt, weil Unterlassung der Übertretung und Erfüllung des Gesetzes noch nicht Abwesenheit der Sünde sind. Dem Unterlassen kann daher nur sein Gegenteil, das Sein-Lassen, das Lassen widersprechen. Wenn der Verwirklichungswahn zerstört und das Schaffen Gott überlassen wird, wenn der Mensch auch gegenüber Gott die Regel des suum cuique befolgt, und das heißt: Die Gottheit gehört Gott, dann ist die Sünde wirklich das, was sie nicht sein will: nichts.

Luther hat den Glauben als Erfüllung des ersten Gebotes verstanden und das Gesetz als Hinweis auf das Schöpfersein Gottes[11], nicht des Menschen gelesen. Sünde ist der Eingriff in das Suum Gottes, der Raub der Gottheit durch den Menschen und allein dadurch die Zerstörung des Friedens. Friede ist die Rückerstattung des Raubes an den Beraubten, die Form des neuen Menschen ist der Glaube, der Gott Gott sein läßt. Die Sünde ist, „das man got nit ehret, das ist, das man yhm nit glewbt, trawet, furcht sich, yhm nit ehr gibt, yhn nit lessit walden und eyn gott seyn; yn wilcher sund wol tieff sticken die groben euszernn sunder, aber viel tieffer die weyssen, heyligen, gelerten, geystlichen . . .“[12] Luther hat diesen Gedanken immer wieder variiert, daß es gelte, Gott Gott sein zu lassen, und er hat dieses Lassen als Antithese zur Unterlassung sogar zur spezifischen Differenz seiner eigenen Theologie gemacht: „Haec mea doctrina est, quae sinit deum esse deum, ergo non potest mentiri, quae dat deo honorem.“[13]

Man könnte versuchen, das Sein des Menschen als Lassen gegenüber seinem Sein als Unterlassen mit dem Wort Gelassenheit zu kennzeichnen. Dem begegnet leicht der Einspruch, daß angesichts des elenden Zustandes der Welt gerade dem Christen die Haltung der Gelassenheit nicht zieme. Doch kann ja jetzt kein Zweifel mehr sein, daß die gemeinte Gelassenheit nicht gedacht ist als Sein-Lassen des Bösen und der Sünde, sondern als Sein-Lassen Gottes. So gesehen ist diese Gelassenheit extremster Ausdruck der Ungelassenheit gegenüber der Sünde. Wer Gott Gott sein läßt, hat die

---

[11] Ergo haec regula retinenda est summo studio, ut spectemus, non quid mandetur, sed quis mandet. WA 42,318,34f (Genesisvorlesung, 1535–1545).

[12] WA 10/I, 1,24,5–8 (Kirchenpostille, 1522).

[13] WA 17/I, 232,9f (Predigt, 1525). Vgl. noch WA 2,690,16f (Sermon von der Bereitung zum Sterben, 1519): „. . . du must doch gott lassenn gott seyn, das er wisse mehr von dir wan du selbs.“ WA 30/II, 602,30–33 (Vermahnung zum Sakrament des Leibes und Blutes Christi, 1530): „Danckopffer gibt mir meine Gottliche ehre, Es macht mich zum Gott und behelt mich zum Gott, Gleich wie widderumb die Werckopffer nemen ihm seine Gottliche ehre und machen ihn zum Götzen und lassen ihn nicht Gott bleiben . . .“ WA 34/II, 180,19 – 181,3 (Predigt, 1531): „. . . hoc est deo favere, quod deus sit, quod corde, lingua, corde credo, quod hic mecum infra sit mecum . . . Das ist Gott gonnet die Gotheit.“

Gelassenheit gegenüber seinem eigenen Sündersein verloren. Die Gelassenheit des Gott Gott Sein-Lassens ist daher die Gestalt äußerster Lebensintensität und damit das genaue Gegenteil eines jeden Eskapismus, weil sie
gegen das eigene Sündersein durchgesetzt werden muß. Das aber besteht
gerade darin, Gott nicht Gott sein zu lassen. Diese theologische Gelassenheit, indem sie Gott Gott sein läßt, bietet gegen die Sünde auf, was allein
ihr widerstehen kann: Gott. In dieser Gelassenheit fallen Sein und Moral
zusammen, denn der so gelassene Mensch ist als solcher ein erfreulicher
ethischer und politischer Tatbestand, weil er mit Gott auch das Sein sein
läßt, das Gott geschaffen hat. Ethisch und politisch erfreulich ist der
Gelassene, weil er die Wirklichkeit Gottes gegen die Wirklichkeit seiner
eigenen Sünde wendet, die er anders nicht lassen kann[14]. Die Gelassenheit
ist die Gestalt des neuen Adam, in der alles Tun, als Gegensatz des
peccatum omissionis, und Lassen, als Gegensatz des peccatum commissionis, selbst Gestalt gewinnen muß. Mit dieser Gelassenheit entspricht der
Mensch der Wahrheit, denn auch Gott bleibt bei der Bejahung seiner
Geschöpfe.

---

[14] J.W. v. Goethe, Zahme Xenien III (Gedenkausgabe der Werke, Briefe und Gespräche,
hg. v. E. BEUTLER, I, 624):
　　„Was heißt du denn Sünde?"
　　Wie jedermann,
　　Wo ich finde,
　　Daß mans nicht lassen kann.

Das katholische Sakramentsverständnis im Urteil gegenwärtiger evangelischer Theologie

Otto Hermann Pesch

Im Jahre 1969 brachte Karl Gerhard Steck eine Luther-Auswahlausgabe heraus unter dem – soll man sagen: provozierenden?, soll man sagen: süffisanten? – Titel: „Luther für Katholiken"[1]. In das Buch nahm der Herausgeber hauptsächlich Schriften Luthers zur Sakramentslehre auf und begründete das damit, daß in der Auseinandersetzung um das Sakramentsverständnis und, darin impliziert, um das Kirchenverständnis bei Luther „die stärkste Leidenschaft im Spiele ist"[2], die in der Polemik nicht selten pathologische Züge aufweist. Dabei ist es zwischen evangelischer und katholischer Theologie bis heute geblieben – abgesehen von der Pathologie. Zwar sind die thematischen Auseinandersetzungen mit der katholischen Sakramentenlehre aus evangelischer Feder – in Dogmatiken, Monographien oder Aufsätzen – nicht übermäßig zahlreich. Umgekehrt übrigens auch nicht[3]. Für sich betrachtet, scheint die Sakramentenlehre zur Zeit nicht

---

[1] Luther für Katholiken, hg. und eingel. v. K. G. STECK, 1969. – Das Folgende wurde ursprünglich mehrfach mündlich vorgetragen. Die Veröffentlichung des überarbeiteten Textes sei ein Zeichen der Verehrung für GERHARD EBELING, dessen Lutherinterpretation mich ebenso wie sein systematisch-theologisches Denken seit Beginn meiner kontroverstheologischen Arbeit herausgefordert und geprägt haben. Daß aus dem Lesen von Aufsätzen und Büchern bald auch persönliche Begegnung, Wegweisung des Erfahrenen für den Anfänger und freundschaftliche Verbundenheit wurden, war und ist mir für immer Grund zu Freude und Dank.

[2] AaO 22.

[3] Die einzelnen evangelischen Titel im Folgenden. Katholische Überblicke und Auseinandersetzung: L. BOUYER, Wort – Kirche – Sakrament in evangelischer und katholischer Sicht, 1961; A. SKOWRONEK, Sakrament in der evangelischen Theologie der Gegenwart, 1971. Immer im Blick auf die evangelische Theologie, wenn auch nur gelegentlich in direkter Auseinandersetzung: Concilium 4, 1968, H. 1: Zur Theologie der Sakramente; M. SCHMAUS, Der Glaube der Kirche, 2 Bde, 1969/70, II, 269–297; R. SCHULTE, Die Einzelsakramente als Ausgliederung des Wurzelsakramentes (MySal IV/2, 46–155); TH. SCHNEIDER, Zeichen der Nähe Gottes. Grundriß der Sakramententheologie, 1979. Ganz im innerkatholischen „Regelkreis" dagegen bleiben J. AUER, Allgemeine Sakramentenlehre und Das Mysterium der Eucharistie (= J. AUER/J. RATZINGER, Kleine Katholische Dogmatik VI), (1971) 1974²; und (bedingt durch die Themenstellung?) A. GANOCZY, Einführung in die katholische Sakramen-

im Mittelpunkt des Interesses zu stehen. Was aber tatsächlich in den
vorliegenden Publikationen, und was darüber hinaus in Nebenbemerkun-
gen und Kurzhinweisen in thematisch benachbarten Zusammenhängen zur
Sache gesagt wird, zeigt unter den gepflegten Formen modernen ökumenischen Gespräches die gleiche unerbittliche Leidenschaft, manchmal geradezu den alten furor protestanticus wie zur Zeit der Reformation. Und
man weiß nicht recht, ist es Folge oder ist es Ursache, wenn man zuweilen
auch in der historischen Lutherforschung den „reformatorischen Durchbruch" bei Luther in der Neuformulierung des Sakramentsverständnisses
erblickt[4]?

Die katholische Theologie kann also die Auseinandersetzung um das
Sakramentsverständnis weder für erledigt halten noch hoffen, sie werde
sich im Zuge des Konsenses in anderen Streitfragen von selbst erledigen.
Im Gegenteil, das Sakramentsverständnis wird zur Testfrage, an der herauskommen soll, was ein erreichter Konsens wert ist. Damit sind wir beim
Thema, das ich in fünf Schritten angehe. Die ersten vier analysieren das
evangelische Urteil über das katholische Sakramentsverständnis in chronologisch und sachlich fortschreitender Befragung, der fünfte soll in Thesen-
form die Richtung einer antwortenden Auseinandersetzung andeuten. Es
versteht sich von selbst, daß die ersten vier Schritte *Gesichtspunkte* und
Gedankenlinien auseinanderzuhalten versuchen, aber nicht Personen und
theologische Positionen säuberlich gegeneinander abgrenzen können. Eine
bestimmte theologische Position ist vielleicht durch einen bestimmten
Gedanken *typisiert*, aber deshalb keineswegs schon *erschöpfend* gekennzeichnet.

---

tenlehre, 1979. Vorweggenommen sei, daß die beiden jüngsten evangelischen Dogmatiken
die Sakramentenlehre betont in ihrer kontroverstheologischen Problematik behandeln: H.
THIELICKE, Theologie des Geistes (= Der evangelische Glaube III), 1978, 315–399; G.
EBELING, Dogmatik des christlichen Glaubens III, 1979, 295–330.

[4] Vgl. E. BIZER, Die Entdeckung des Sakramentes durch Luther (EvTh 17, 1957, 64–90).
Zum „reformatorischen Durchbruch" vgl. O. H. PESCH, Zur Frage nach Luthers reformatorischer Wende. Ergebnisse und Probleme der Diskussion um Ernst Bizer, Fides ex auditu (Cath
[M] 20, 1966, 216–243.264–280; abgedr. in: Der Durchbruch der reformatorischen Erkenntnis
bei Luther, hg. v. B. LOHSE [WdF 123], 1968, 445–505). Die Diskussion ist auch nach 1966
weitergegangen. Jüngste (knappe) Stellungnahme bei B. LOHSE, Martin Luther. Eine Einführung in sein Leben und sein Werk, 1981, 157–160; ebd. 205 sind die wichtigsten Titel seit 1966
verzeichnet. Eigenartig, nämlich mit „umgekehrtem Vorzeichen", ist BIZERS These wieder
aufgenommen bei W. SCHWAB, Entwicklung und Gestalt der Sakramententheologie bei
Martin Luther, 1977, 84–105. 126–144. 365 f.

I. Sakrament und Sakramente oder: Die alten Fronten

Der uralte Vorwurf der evangelischen Theologie gegen das katholische Sakramentsverständnis lautet, dieses sei „magisch" oder zumindest „halbmagisch". Luthers Kritik, das katholische Sakramentsverständnis käme unter vielfältigen Aspekten, vor allem im Blick auf die Meßopferlehre, auf „Werkerei" hinaus[5], wird damit zu einem religionswissenschaftlichen Urteil stilisiert. Man sollte meinen, heutzutage sei an dieser Stelle die alte Front zurückgenommen. Doch ist diese erleichternde Feststellung leider noch nicht erlaubt. Gewiß muß man es nicht mehr als repräsentativ betrachten, wenn etwa Erich Seeberg 1929 im ersten Band seiner Theologie Luthers den Vorwurf der „Magie" wörtlich erhebt – und zwar speziell gegen Thomas von Aquin – und dem im zweiten Band 1937 die Feststellung folgen läßt, die katholische Sakramentenfrömmigkeit sei letzten Endes indogermanisch[6]. Man wird auch keine besondere Nachwirkung mehr befürchten, wenn der sonst über Scholastik ebenso wie über katholische Theologie allgemein viel differenzierter urteilende Werner Elert 1931 in seiner „Morphologie des Luthertums" von der „römischen Theologie" spricht, „die das Sakrament überhaupt von der Haltung des Empfangenden unabhängig wirken läßt"[7]. Ernster muß man es nehmen, wenn Gleiches in Büchern zu lesen steht, die Hunderte von heute amtierenden evangelischen Pfarrern während ihres Studiums als Handbücher benutzt haben und die auch heute noch nicht nur von Interessenten an moderner Theologiegeschichte gelesen werden. Hier ist etwa an die mißverstehende Polemik Regin Prenters gegen den Begriff des „signum efficax" zu denken[8]. Oder, noch gewichtiger, an Sätze in der „Christlichen Wahrheit" von Paul Althaus, wie diese: „Rom aber versteht die Sakramente nicht als Gestalten des Evangeliums, der persönlichen Zuwendung Gottes zu dem Sünder, sondern unterscheidet sie davon und gibt ihnen eine andere Bedeutung als die der gnädigen Begegnung Gottes mit dem Menschen. Ihre Objektivität ist nicht die der göttlichen Berufung, sondern die eines übernatürlichen Naturgeschehens. Die durch sie vermittelte Gnade kann daher ... auch ohne den persönlichen Heilsglauben empfangen werden. Die Sakramente wirken auf das Personleben, aber nicht auf personhafte Weise. Hier ist das

---

[5] Vgl. WA 6, 512,6ff; 522,14ff; 40/I, 219,3ff; auf der Linie Luthers: BSLK 93,22; 94,29 (CA); 199,86; 255,12; 295,18.23; 350,5; 352,12; 356,25 u. ö. (Apol).
[6] E. SEEBERG, Luthers Theologie. Motive und Ideen I: Die Gottesanschauung, 1929, 6.110; II: Christus. Wirklichkeit und Urbild, 1937, 185.230.317.434.
[7] W. ELERT, Morphologie des Luthertums, 2 Bde, (1931/32) Nachdr. 1958, I, 260.
[8] R. PRENTER, Spiritus Creator. Studien zu Luthers Theologie, 1954, 254–264, bes. 262.

Evangelium überfremdet durch Einflüsse aus der heidnischen Religion, dem Mana-Denken, vermittelt durch die Mysterienkulte und stoische Gedanken. Wir können also von *Paganismus* sprechen."[9] Der große alte Mann der neuen „Erlanger Schule" hat also auch 1965 noch nicht modifiziert, was er schon 1929 mit Worten wie „Sakramentarismus", „Verdinglichung der Gottesgemeinschaft", „dinglich-seinshaft", „statisch", „unterpersönlich" über die katholische Sakramentenlehre zum Ausdruck brachte[10], und es tröstet nur wenig, wenn zwar das Wort „magisch" nicht fällt, statt dessen aber das katholische Sakramentsverständnis am Maßstab personalen Denkens gewogen und zu leicht befunden wird. Es wird dann nicht verwundern, daß der andere große alte Mann der lutherischen Dogmatik, Rudolf Hermann, nicht zurücksteht und mit einem seiner bekannten querköpfigen Argumente aufwartet, wonach im katholischen Verständnis das Sakrament das Heil allererst *verwirkliche*, während es nach reformatorischer Lehre das ein für allemal *geschehene* Heil *übermittle*[11]. Es wird ebensowenig verwundern, wenn Rudolf Bultmann die sakramentale Praxis und die Theologie der Sakramente rundweg aus den Mysterienkulten ableitet, und wenn etwa in der Diskussion um die (Kinder-)Taufe, die Karl und Markus Barth in den 50er Jahren ausgelöst haben, es genügt, ein bestimmtes Verständnis der Taufe als „sakramental" zu bezeichnen, um es für erledigt halten zu dürfen[12]. Heerscharen von evangelischen Theologie-

---

[9] P. ALTHAUS, Die Christliche Wahrheit. Lehrbuch der Dogmatik, 1965[7], 232 (letzte von ALTHAUS selbst durchgesehene Auflage, identisch mit 1952[3]); vgl. aaO 538.542.558.563.

[10] P. ALTHAUS, Theologische Aufsätze I, 1929, 74–118 (Theologie des Glaubens): 91 f.104 Anm. 1. Vgl. DERS., Was ist die Taufe?, 1950, 6 f.

[11] R. HERMANN, Ges. Studien zur Theologie Luthers und der Reformation, 1960, 342–366 (Zum evangelischen Begriff von der Kirche): 364.

[12] Vgl. R. BULTMANN, Theologie des Neuen Testamentes (UTB 630), 1977[7], 135–155; DERS., Das Evangelium des Johannes, 1968[19], 164–177.359–361. – Zur Taufe: K. BARTH, Die kirchliche Lehre von der Taufe (ThEx N.F.4), 1947; M. BARTH, Die Taufe – ein Sakrament?, 1951; zur innerevangelischen Auseinandersetzung vgl. P. ALTHAUS, Was ist die Taufe?, 1950; und umfassend C. H. RATSCHOW, Die eine christliche Taufe, 1972 (ausführliches Literaturverzeichnis); katholische Stellungnahme: B. NEUNHEUSER, Taufe und Firmung (HDG IV,2), 1956, 1–19; H. KÜNG, Die Kirche, 1967, 244–253; SCHULTE (s. Anm. 3), 136–158; Aufarbeitung des exegetischen Diskussionsstandes jetzt bei U. WILCKENS, Der Brief an die Römer. 2. Teilband (Röm 6–11) (EKK VI/2), 1980, 42–62; zur gegenwärtigen Lage unter theologischem und außertheologischem Aspekt vgl. Concilium 15, 1979, H.2: Strukturkrise christlicher Initiation; und schon ThQ 154, 1976, H.1: Probleme der christlichen Initiation. – Es ließe sich zeigen, daß sich beim Herrenmahl die Probleme ebenso wie die „erkenntnisleitenden Interessen" wiederholen; vgl. pars pro toto auf evangelischer Seite die schon „klassischen" gegensätzlichen Positionen von H. LIETZMANN, Messe und Herrenmahl. Eine Studie zur Geschichte der Liturgie, (1926) 1955[3], und J. JEREMIAS, Die Abendmahlsworte Jesu, (1935) 1967[4] (stark überarbeitet); katholische Überblicke bei KÜNG, aaO 253–269; J. BETZ, Eucharistie. In der Schrift und Patristik (HDG IV, 4a), 1979, 1–23; SCHNEIDER (s. Anm. 3), 147–157.

studenten haben das gelesen und daran ihr Vorverständnis von „Sakrament" geformt, mit dem sie nun katholische Äußerungen zur Sache lesen oder sonstwie zur Kenntnis nehmen.

Diese Urteile haben ihre wichtigste Stütze in der katholischen Lehre, daß die Sakramente „ex opere operato", „durch den Vollzug selbst" wirken. Beharrlich und trotz aller katholischen Dementis wird diese bekannte Formel des Trienter Konzils und der Schuldogmatik als Dispens vom persönlichen Glauben verstanden[13], und dafür wiederum glaubt man sich auf den anderen definierten Satz der Schuldogmatik berufen zu können, daß die sakramentale Gnade denen zuteil wird, die ihr keinen „obex", keinen „Riegel" vorschieben – die also einfach nichts *dagegen* tun, was eben nicht einschließe, daß sie etwas *dafür* tun müssen[14]. Der Grundfehler der katholischen Sakramentenlehre liege daher in einer *metaphysischen*, von der persönlichen Haltung des Menschen unabhängigen Verbindung von Heilsgabe und Sakrament. Über die Zuständigkeit der Kirche für die Verwaltung der Sakramente gerät dieses metaphysisch in sich selbst heilskräftige Sakrament dann in die Verfügung der rechtlich verfaßten Kirche, so daß das Sakramentsverständnis zum klassischen Exempel der katholischen „Vergesetzlichung des Evangeliums" wird[15].

Was man dann demgegenüber als Wesensmerkmale lutherischen Sakramentsverständnisses akzentuiert, präzisiert indirekt noch einmal die an die katholische Adresse erhobenen Vorwürfe. Man teilt gewissermaßen mit der anderen Hand noch einmal Ohrfeigen aus[16]: Man dürfe auf keinen Fall von einem allgemeinen Sakramentenbegriff ausgehen und daraus Wesen

---

[13] Vgl. DS 1608; zur Schuldogmatik vgl. M. SCHMAUS, Kath. Dogmatik IV/1: Die Lehre von den Sakramenten, 1957[5], 72–81; AUER (s. Anm. 3), 76–79; zur gegenwärtigen Interpretation der Formel vgl. SCHMAUS (s. Anm. 3) II, 269–271; SCHULTE (s. ebd.), 145–150; SCHNEIDER (s. ebd.), 64–66; evangelische Polemik: z. B. W. JETTER, Die Taufe beim jungen Luther, 1954, 62; PRENTER (s. Anm. 8), 257; DERS., Schöpfung und Erlösung II, 1960, 495 f; E. KINDER, Zur Sakramentslehre (NZSTh 3, 1961, 141–174), 152; R. HERMANN, Theologie Luthers, hg. v. H. BEINTKER, 1967, 184 f; vgl. auch ALTHAUS (s. Anm. 9), 537 f. – Thomas von Aquin gebraucht übrigens die Formel nur in seinem Sentenzenkommentar; zu ihrem Sachsinn und ihrer mittelalterlichen Geschichte vgl. E. SCHILLEBEECKX, De sacramentele heilseconomie, 1952, 641–646; und in: Deutsche Thomas-Ausgabe, Bd. 31: Das Sakrament der Buße, 1962, 465–468.

[14] Vgl. DS 1606 und schon 1451: erster der „Errores Martini Lutheri", mit Anspielung auf WA 1, 544,35–38. – Auch diese Formel bei Thomas nicht mehr in der Summa Theologiae und nur selten im Sentenzenkommentar; vgl. SCHILLEBEECKX, 588 Anm. 132; zu beiden Formeln auch O. H. PESCH, Theologie der Rechtfertigung bei Martin Luther und Thomas von Aquin, 1967, 334 f (Luther). 804 f (Thomas).

[15] Vgl. ALTHAUS (s. Anm. 9), 231–233; auch EBELING (s. Anm. 3), 314 f.

[16] Das Folgende im Anschluß an KINDER (s. Anm. 13); vgl. aber auch ALTHAUS, 536–547; THIELICKE (s. Anm. 3), 336–347.

und Zahl der Sakramente deduzieren; der Sakramentsbegriff sei vielmehr ganz aposteriorisch gewonnen und habe die Funktion eines formalen Hilfsbegriffs, der abkürzend auf die mit der Christusoffenbarung gesetzten, der Kirche eingestifteten, de facto und dem Neuen Testament gemäß von Anfang an in der Kirche gefeierten besonderen gottesdienstlichen Handlungen der Taufe und des Herrenmahls hinweise; es sei gefährlich, wenn aus einem formalen Hilfsbegriff ein Interpretationsbegriff werde; die Geschichtlichkeit und Kontingenz der „Sakramente" genannten Handlungen werde dadurch ausgeblendet; vor allem aber: die Sakramente seien in keiner Weise selbständige Heilsmittel, vielmehr Gestalten, tathafte Ausformungen des *Wortes* als des eigentlichen Heilsmittels; die Heilsgabe des Sakraments sei daher keine andere als die des Wortes und schon gar keine größere; man könne höchstens nach dem besonderen Sinn gerade dieser Gestalt des Wortes fragen – welche Frage freilich in der letztlichen Unbefragbarkeit der Stiftung Gottes enden müsse; weil Gestalt des Wortes, könne das Sakrament auch nichts bewirken unabhängig vom Glauben des Empfängers; das bedeute freilich nicht, der Glaube *bewirke* die Wirksamkeit des Sakramentes; der Glaube mache nicht das Sakrament, er empfange es; weil aber nichts anderes als das Wort im Sakrament wirke, eben deshalb könne nur der Glaube es zum Heile empfangen; und eben dadurch stehen die Sakramente dafür, daß der Mensch vor Gott nichts als Empfangender ist. Ist es so beruhigend, daß mitten unter solchen Peitschenhieben das Wort „magisch" nicht mehr erklingt?

Verglichen mit dieser Grundkontroverse war und ist der Streit um die Zahl der Sakramente sekundär[17]. Er wird freilich auf der Linie der Grundkontroverse ausgetragen. Der Akzent auf der radikalen Kontingenz der Sakramente, ja der „positivistische" Grundzug evangelischer Sakramentenlehre läßt in der Frage nach der Zahl nur biblische Argumente gelten – und dann können es eben nur zwei, allenfalls, je nach dem Urteil über die Absolution, drei Sakramente sein. Beweisführungen zur Siebenzahl, wie sie etwa Thomas von Aquin[18] oder in unseren Tagen Karl Rahner in seinem Buch „Kirche und Sakramente" und neuerdings wieder in seinem „Grundkurs des Glaubens" vortragen[19], machen auf den evangelischen Theologen

---

[17] So mit Recht G. EBELING, Worthafte und sakramentale Existenz (in: DERS., Wort Gottes und Tradition. Studien zu einer Hermeneutik der Konfessionen, 1964, 197–216), 198.201f; vgl. DERS. in: RGG³ IV, 504; und DERS., Dogmatik III, 308f.

[18] STh III, 65,1–2.

[19] K. RAHNER, Kirche und Sakramente, 1960, 37–67; DERS., Grundkurs des Glaubens, 1976, 396–412; vgl. auch SCHULTE (s. Anm. 3), 134–139; SCHNEIDER (s. ebd.), 49–54. Zur historischen Entwicklung vgl. J. FINKENZELLER, Die Zählung und die Zahl der Sakramente. Eine dogmatische Untersuchung (in: Wahrheit und Verkündigung. FS M. Schmaus, hg. v. L.

nicht den geringsten Eindruck, im Gegenteil, sie sind Indiz einer systematischen Deduktion der Sakramente, die den aposteriorischen und formalen
Charakter des Sakramentsbegriffs und damit die geschichtliche Positivität
der Sakramente nicht ernstnimmt. Freilich ist die evangelische Theologie
neuerdings etwas in Verlegenheit gebracht worden, als kein geringerer als
Gerhard Ebeling sich für einen systematischen Aufweis der lutherischen
Zweizahl der Sakramente stark machte[20]. Ob man mit Thomas und Rahner
und anderen die Siebenzahl aus den sieben existentiellen Entscheidungssi-
tuationen herleitet, in denen die Kirche sich an ihren Gliedern total
engagiert, oder ob man mit Ebeling die Zweizahl aus der Notwendigkeit
ableitet, die zwei Grundsituationen der Erscheinung Jesu als Grundsituationen der Existenz im Glauben zu bezeugen, die mit der Taufe im Jordan
beginnt und mit der Hingabe des Lebens und in der Auferstehung für uns
endet – beidemal ist doch nur erwiesen, daß eine systematisch-theologische
Spekulation für sich allein unfähig ist, die Frage der Zahl der Sakramente
zu entscheiden, ohne auf historische Positivitäten „gläubig anerkennend"
(Kinder) zurückzugehen.

Was diese aber betrifft, so ist inzwischen deutlich, daß höchstens noch
beim Herrenmahl mit einer direkten Stiftung durch Jesus selbst gerechnet
werden kann[21]. Gemessen an dem Widerspruch Luthers gegen die Siebenzahl, sitzen also heute die Theologien *beider* Kirchen im gleichen Boot. Auf
diese oder auf jene Weise kann nur ein Rückverweis auf die Praxis der
Kirche und die theologische Tradition über die Sakramentenzahl entscheiden. Die katholische Theologie macht daraus keinen Hehl. Wenn die
evangelische Theologie hier nicht mehr auf Stiftungsworte Jesu, sondern

---

Scheffczyk u. a., 1967, II, 1005–1033). Zur Interpretation der einschlägigen Aussagen des
Trienter Konzils (DS 1601) vgl. M. Seybold, Die Siebenzahl der Sakramente (MThZ 27,
1976, 113–138).

[20] G. Ebeling, Erwägungen zum evangelischen Sakramentsverständnis (in: Wort Gottes
und Tradition [s. Anm. 17], 217–226), 225; vgl. Dogmatik III, 310–314; vgl. aber auch
Althaus, aaO 537; Thielicke dagegen, neben Ebelings Dogmatik die jüngste Wortmeldung
zur Sache, stellt die Frage nach der Zahl der Sakramente als solche gar nicht mehr, plädiert
vielmehr für eine Abschaffung des Sakramentenbegriffs überhaupt, aaO 342 – so radikal will
wiederum Ebeling nicht sein, aaO 307.

[21] Das für die Taufe negative und für das Herrenmahl offengehaltene Urteil bei Ebeling,
aaO 316f, unterscheidet sich kaum von den katholischen Stellungnahmen bei Rahner,
Grundkurs, 398; und bei Schneider, aaO 59–62 (allgemein). 82–87 (Taufe). 147–154 (Eucha-
ristie). Es versteht sich von selbst, daß dies nicht genauso für die älteren, hier referierten
Äußerungen gilt, und daß wir Nachwirkungen der älteren, „historisierenden" Frage nach der
„Einsetzung" beider Sakramente auch in der Gegenwart noch begegnen. Vgl. den Überblick
über den Wandel in der evangelischen Tauflehre bei Ratschow (s. Anm. 12), 46–54; zum
Herrenmahl vgl. Betz (s. ebd.), 7–15. Die „klassische" katholische Auffassung unter der
Pflicht des Tridentinums vertritt noch Auer (s. Anm. 3), 83–86.

auf die „mit dem Christusereignis gesetzten", „von Anfang an" in der Kirche gefeierten Gottesdienste rekurriert, tut sie dasselbe – mit Worten, die die Struktur des Verfahrens einerseits verschleiern, anderseits das andere Kirchenverständnis deutlich machen. So läuft der Streit um die Zahl der Sakramente eine neue Phase der Grundkontroverse zurück und wird uns da noch beschäftigen.

Zuvor darf jedoch, den ersten Schritt beschließend, eine doppelte Nachbemerkung nicht unterbleiben. Es mehren sich in neuerer Zeit in der evangelischen Theologie sakramentsfreudigere Äußerungen, die die bisherige Theologie und Praxis einer Verkürzung bezichtigen[22]. Vor Optimismus auf katholischer Seite ist aber zu warnen. Diese neuen Tendenzen bleiben völlig auf dem Boden des evangelischen Sakramentsverständnisses in der Grundrelation von Wort und Glaube, ihre Korrekturen bleiben bruchlos innerevangelisch – so wie es ja auch auf katholischer Seite eine neue Diskussion um „Wort und Sakrament" gibt, die zwar von der Existenz einer evangelischen Worttheologie veranlaßt ist, in ihrer Durchführung aber auf die detaillierten evangelischen Vorhaltungen überhaupt nicht direkt eingeht[23].

Die andere Nachbemerkung: Die katholischen Klarstellungen zum wahren Sinn der Formel vom „opus operatum" waren doch nicht ganz erfolglos. Gab es schon früher evangelische Darstellungen, die den *Sachsinn* der Formel, nämlich die Unzerstörbarkeit der Christusstiftung durch den unwürdigen *Spender* und damit den Schutz des *Empfängers* vor diesem, unter Berufung auf Luthers antischwärmerische Äußerungen unterstri-

---

[22] Etwa (und besonders) P. BRUNNER, Zur Lehre vom Gottesdienst der im Namen Jesu versammelten Gemeinde (Leit. I, 1954, 83–364), bes. 220–254; DERS., Pro Ecclesia. Ges. Aufs. zur dogmatischen Theologie I, 1962, 129–137 (Das Wesen des christlichen Gottesdienstes). 138–164 (Die evangelisch-lutherische Lehre von der Taufe). 183–202 (Vom heiligen Abendmahl. Zum Verständnis des 10. Artikels der Augsburgischen Konfession); II, 1966, 325–334 (Aufbruch einer neuen Dimension in der evangelischen Abendmahlslehre?); ferner E. SCHLINK, Der kommende Christus und die kirchlichen Traditionen. Beiträge zum Gespräch zwischen den getrennten Kirchen, 1961, 116–125 (Der Kult in der Sicht evangelischer Theologie); DERS., Die Lehre von der Taufe, 1969 (= Leit. V, 1970, 641–808); A. PETERS, Realpräsenz. Luthers Zeugnis von Christi Gegenwart im Abendmahl, (1960) 1966²; W. PANNENBERG, Ethik und Ekklesiologie. Ges. Aufs., 1977, 268–285 (Ökumenisches Amtsverständnis). 286–292 (Das Abendmahl – Sakrament der Einheit). 293–318 (Die Problematik der Abendmahlslehre aus evangelischer Sicht); W. LOTZ, Das Mahl der Gemeinschaft. Zur ökumenischen Praxis der Eucharistie, 1977; auf seine eigene (nicht lutherische) Weise auch J. MOLTMANN, Kirche in der Kraft des Geistes, 1975, 222–315; vgl. Bericht über weitere evangelische Äußerungen bei SKOWRONEK (s. Anm. 3), 142–222.

[23] Vgl. stellvertretend und repräsentativ zugleich H. VOLK, Wort III: Theologisch (Wort Gottes), in: HThG II, 867–876 (in Verbindung mit dem Artikel „Sakrament", aaO 451–465); oder AUER (s. Anm. 3), 295–304. Der Abstand zu den in Anm. 41 zu nennenden Arbeiten springt in die Augen.

chen, so kann man inzwischen auch formelle evangelische Auseinandersetzungen mit der Formel lesen[24], die das alte Mißverständnis auszuräumen
geeignet sind. Und ein Mann wie Jörg Zink, ein Außenseiter gewiß,
verteidigt die archetypische Verankerung der christlichen Sakramente im
„kollektiven Unbewußten" und damit mögliche mythische Elemente in
der sakramententheologischen Tradition und in der kirchlichen Praxis.
Wenn *wir* heute damit Schwierigkeiten hätten, sei das ein Problem unserer
rationalistischen Grundstimmung[25]. So gesehen, könnte also Rudolf Bultmann ruhig recht haben mit seiner Herleitung der christlichen Sakramente
aus der griechischen und orientalischen Mythologie...

II. Sakramentale Existenz oder: Alte Fronten, neu befestigt

Im Jahre 1962 stellte der Evangelische Bund für seine Generalversamm-
lung Gerhard Ebeling das Vortragsthema „Worthafte und sakramentale
Existenz. Ein Beitrag zum Unterschied zwischen den Konfessionen"[26]. Das
Ergebnis war eine der vergleichsweise wenigen Äußerungen Ebelings zur
Sakramententheologie, und sie stellt eine höchst bemerkenswerte neue
Phase evangelischer Auseinandersetzung mit dem katholischen Sakra-
mentsverständndis dar, obwohl oder gerade weil Ebeling alte Fronten neu
befestigt[27].

Ebeling setzt ein mit Hinweisen auf die aufgebrochene Situation des
interkonfessionellen Dialogs einerseits und die in der säkularen Welt geforderte Verantwortung des christlichen Glaubens anderseits. Dadurch ist es
weder erlaubt, die Sakramentsfrage nur innerkirchlich, noch, sie auch nur
innerchristlich zu verhandeln. Die kontroverstheologische Frage nach den
Sakramenten ist erst zu ihrer vollen Tiefe vorgetrieben, wenn sie sich

---

[24] Vgl. K. B. RITTER, Zur Lehre vom opus operatum (US 14, 1959, 34–39). Der *Sachsinn*
der Formel ist denn auch genau getroffen in den Ausführungen Luthers über den unwürdigen
Spender der Taufe und des Abendmahls, BSLK 701,53 f; 710,15 f (Großer Katechismus).
Überflüssig, zu betonen, daß damit auch katholischerseits die Bedenken gegen die *Formel als
solche* nicht ausgeräumt sein müssen. Vgl. RAHNER, Kirche und Sakramente (s. Anm. 19), 24.
[25] Vgl. J. ZINK, Erfahrung mit Gott. Einübung in den christlichen Glauben, 1974, 285 f;
vgl. auch G. VAN DER LEEUW, Sakramentales Denken. Erscheinungsform und Wesen der
außerchristlichen und christlichen Sakramente, 1959. Katholische Theologen sind hier ohnehin vom Ansatz her unbefangener.
[26] Siehe Anm. 17.
[27] Zu EBELINGS Sakramentenlehre vgl. die eindringliche Untersuchung von M. RASKE,
Sakrament, Glaube, Liebe. Gerhard Ebelings Sakramentsverständnis – eine Herausforderung
an die katholische Theologie, 1973. – In seiner Dogmatik hat EBELING seine damalige
Stellungnahme eher vertieft als aufgelockert; vgl. III, 301–325.

zuspitzt zu der Frage: „Inwiefern sind Wort und Sakrament existenznotwendig?"[28] Mit anderen Worten: Auch und gerade die Sakramentsfrage erweist sich als Variation der hermeneutischen Grundfrage zwischen den Konfessionen, ja zwischen den Weltanschauungen: Wie versteht sich christliche, wie versteht sich menschliche Existenz? Von daher ist es für Ebeling ein leichtes, die traditionelle evangelische Kritik am „magischen" Sakramentsverständnis der katholischen Kirche als kurzschlüssig zurückzuweisen – obwohl er den Haftpunkt dieser Kritik, die Formel vom „opus operatum", *hier* wenigstens, nach alter Sitte mißversteht[29]. Er nimmt damit das katholische Sakramentsverständnis radikal ernst als Ausdruck der Grundweise, wie die katholische Kirche sich selbst und wie sie christliche Existenz versteht. Dies herauszuarbeiten stützt sich Ebeling vor allem auf drei – die damals jüngsten – katholische Äußerungen zur Sache.

Ausführlich setzt er sich zunächst mit der Darstellung des reformatorischen Christentums durch W. H. van de Pol[30] auseinander mit dem Ergebnis, daß dessen Unterscheidung zwischen Wortoffenbarung und Wirklichkeitsoffenbarung – das reformatorische Christentum glaube an den Eintritt der Wirklichkeit Gottes in diese Welt nur im einmaligen Ereignis der Inkarnation, im übrigen an die Anrede des Menschen durch Gott in seinem Wort, während der Katholizismus die Inkarnation in der Kirche und ihren Sakramenten als bleibend gegenwärtig glaube – zwar an das entscheidende Problem rühre, es aber versäume, die Frage nach „Wirklichkeit" gerade im Horizont von Sprache und Wort zu stellen, was zu ganz anderen Urteilen hätte führen müssen. Über dieses Versäumnis hilft Ebeling auch Karl Rahner mit seiner großen Abhandlung über „Wort und Eucharistie" nicht hinweg[31]. Abgesehen von überraschenden Parallelen zu Gedanken van de Pols[32] bleibe es auch bei Rahner dabei, daß das Wort am Maßstab des Sakramentes bewertet, das Sakrament unter dem Gesichtspunkt der Leibhaftigkeit und Geschichtlichkeit zur Überbietung des „bloßen" Wortes, die Eucharistie zum „Absolutfall" des Wortes werde[33]. „Wir

---

[28] Worthafte und sakramentale Existenz, 198.

[29] AaO 203.

[30] W. H. VAN DE POL, Das reformatorische Christentum in phänomenologischer Betrachtung, 1956.

[31] K. RAHNER, Wort und Eucharistie (in: DERS., Schriften zur Theologie IV, 1960, 313–355). Vgl. von K. RAHNER weiter Schriften zur Theologie III, 1957, 349–375 (Priester und Dichter); IX, 1970, 366–372 (Der theologische Ansatzpunkt für die Bestimmung des Wesens des Amtspriestertums); Was ist ein Sakrament? (in: E. JÜNGEL/K. RAHNER [s. Anm. 53], 67–85), bes. 67–75.

[32] EBELING verweist auf RAHNER, Schriften zur Theologie IV, 379 f – in seinem Aufsatz: Die Gegenwart Christi im Sakrament des Herrenmahles, aaO 357–385.

[33] So auch wieder in: Grundkurs (s. Anm. 19), 410–412.

erkennen, wie der Weg von einem völlig unüblichen Ausgangspunkt aus und durch neu entdecktes Gelände mit Sicherheit in das definierte Dogma und die Wirklichkeit der katholischen Kirche einmündet."[34] Da ist sie wieder, die alte Front: die Offenbarung Gottes in der Verfügung der Kirche, das Sakrament als wortferne, das Wort überbietende, es umfangende Wirklichkeit. Es habe sich *sachlich* nichts geändert – an der katholischen Sakramentenlehre nicht, und nicht am evangelischen Vorbehalt gegen sie[35].

Dieser Tatbestand verschärft sich für Ebeling aber noch beim Blick in die Wort- und Sakramentstheologie bei Otto Semmelroth[36]. Für ihn bleibt Gottes Wort nicht ohne die Antwort des Menschen, und die Antwort, die „aufsteigende Linie" ist das „opus operatum" des Sakraments. Wort und Sakrament sind eine Wirkeinheit, in der das Wort Gottes beim Menschen ankommt und den Menschen in einem gottgestifteten Tun engagiert. Damit ist aber in aller Schärfe die Frage nach dem Wesen des Glaubens im Spiel. Man kann Semmelroth in gar keinem Fall mehr die alten Vorwürfe machen, er lasse das Sakrament unabhängig vom Verhalten, das heißt: vom Glauben des Menschen wirken. Aber eben dieser Glaube impliziert gottgewirkte und zugleich eigentätige Mitwirkung des Menschen. „Sakramentale Existenz" heißt also nach Ebeling, in bruchloser Kontinuität mit der katholischen Tradition, Existenz vor Gott im *Wirken*. Sakramentale Existenz heißt, wenn auch durch Gottes Geschenk, „etwas aus sich machen"[37], was anschließend dem Wirkenden zugehörig ist und bleibt. Ob man nun noch von „Werkerei" spricht – was sich für Ebeling schon aus Gründen des Taktes und des Respektes vor dem Gesprächspartner verbietet –, oder ob man es anders ausdrückt, das katholische Sakramentsverständnis erweist sich auch auf dem damaligen Höchststand als Teil der konfessionellen Grunddifferenz. Nur wenn der Glaube „allein" ist, ist er nach evangelischem Verständnis Glaube, und nur wenn das „Wort allein", in ausschließlich absteigender Linie, durch das Sakrament den „Glauben allein" als reines Empfangen schafft, ist das Sakrament Wirkform des Evangeliums und bleibt Gott im Sakrament Gott. Und nur dann, fügt Ebeling hinzu, kann es den Menschen heil machen, indem es ihn erlöst aus dem Zwang, etwas aus sich zu machen, und ihm den Mut gibt, sich in der

---

[34] Ebeling, aaO 210.   [35] Vgl. aaO 214.
[36] O. Semmelroth, Wirkendes Wort. Zur Theologie der Verkündigung, 1962; vgl. auch Ders., Theologische Deutung der Verkündigung des Wortes Gottes (Cath [M] 14, 1960, 270–291); Ders., Wortverkündigung und Sakramentenspendung als dialogisches Zueinander (ebd. 15, 1961, 43–60).
[37] Ebeling, aaO 216; vgl. jetzt auch Dogmatik III, 310–314 – dazu u. Anm. 69.

Fülle der Aufgaben, Fragen, Erfolge und Mißerfolge, Erfahrungen und Ratlosigkeiten Gott in die Arme zu werfen[38]. Fürwahr, man steht noch immer an den alten Fronten, ja, die Gräben sind noch tiefer ausgehoben, noch genauer befestigt.

III. Sakrament und Amt oder: Die neuen Fronten

Die katholische Theologie durfte erwarten, daß die weitere Entwicklung ihrer Sakramententheologie nun endlich die sicheren und abgesicherten alten Urteile der evangelischen Theologie ins Wanken brächte. Die katholische Sakramententheologie ist ja in der Tat nicht bei Rahner und Semmelroth stehengeblieben, so unentbehrlich ihre Aufbrüche und Durchbrüche auch waren (die ihre Initiatoren übrigens selbst inzwischen überschritten haben[39]). Die Einschaltung katholischer Theologie in die Hermeneutik-Diskussion durchbricht die latente oder offene signifikationshermeneutische Verengung des Wortverständnisses, wonach das Wort nur Zeichen und Transportmittel für einen intelligiblen Gehalt ist[40]. Der Geschehens-

---

[38] EBELING verweist hier auf das Gespräch mit einem französischen Priester, über das D. BONHOEFFER berichtet, Widerstand und Ergebung, 1951, 248 f.

[39] Für RAHNER vgl. den Anm. 31 genannten Aufsatz aus Schriften IX (dort ist auf weitere Beiträge RAHNERS verwiesen), die vielen Aufsätze zur Sakramentenlehre in den Schriften zur Theologie nach 1960, und schließlich Grundkurs, 396–413. Für SEMMELROTH vgl. MySal IV/ 1, 1972, 309–356 (Die Kirche als Sakrament des Heils), bes. 349 ff.

[40] Zur katholischen Hermeneutik-Diskussion vgl. (z. B.) H. FRIES, Bultmann, Barth und die katholische Theologie, 1955; R. MARLÉ, Bultmann und die Interpretation des Neuen Testamentes, (1959) erw. 1967; A. BRANDENBURG, Gericht und Evangelium. Zur Worttheologie in Luthers erster Psalmenvorlesung, 1960; G. HASENHÜTTL, Der Glaubensvollzug. Eine Begegnung mit Rudolf Bultmann aus katholischem Glaubensverständnis, 1963; G. GRESHAKE, Historie wird Geschichte. Bedeutung und Sinn der Unterscheidung von Historie und Geschichte in der Theologie Rudolf Bultmanns, 1963; D. EICKELSCHULTE, Hermeneutik und Theologie bei Rudolf Bultmann. Zu den Möglichkeiten eines Gespräches mit der katholischen Theologie (Schol. 40, 1965, 23–54); O. H. PESCH, Der hermeneutische Ort der Theologie bei Thomas von Aquin und Martin Luther und die Frage nach dem Verhältnis von Philosophie und Theologie (ThQ 146, 1966, 159–212); P. KNAUER, Verantwortung des Glaubens. Ein Gespräch mit Gerhard Ebeling aus katholischer Sicht, 1969; R. KÖSTERS, Dogma und Bekenntnis bei Gerhard Ebeling. Zur kontroverstheologischen Problematik des Begriffs der kirchlichen Lehre (Cath [M] 24, 1970, 51–66); E. BISER, Theologische Sprachtheorie und Hermeneutik, 1970; DERS., Glaubensverständnis. Grundriß einer hermeneutischen Fundamentaltheologie, 1975; B. CASPER, Sprache und Theologie. Eine philosophische Hinführung, 1975; und jüngst die kritische Untersuchung von H. G. STOBBE, Hermeneutik – ein ökumenisches Problem. Eine Kritik der katholischen Gadamer-Rezeption, 1981. Selbst mit der für Theologen so abweisenden analytischen Sprachphilosophie wird ein konstruktiver Dialog gesucht; vgl. pars pro toto W. A. DE PATER, Theologische Sprachlogik, 1971; H. J. WEBER, Wort und Sakrament. Diskussionsstand und Anregung zu einer Neuinterpretation

charakter des Wortes kommt in Sicht, die Diskussion um „Wort und Sakrament" kommt aus der gewissen Introversion in ihre traditionelle Sprach- und Begriffsgestalt heraus[41]. Dabei werden auch und gerade die positiven Impulse der sakramententheologischen Äußerungen Gerhard Ebelings unter direkter Bezugnahme aufgenommen und verarbeitet, am entschiedensten und gründlichsten in der einschlägigen Monographie von Michael Raske: „Sakrament, Glaube, Liebe"[42]. Das Sakrament als „Wortgeschehen" zu kennzeichnen ist nicht länger verdächtig[43], es als „Verkündigungshandlung" – also, mit Paul Althaus, als „verbum actuale"[44] – zu verstehen wird geläufig[45].

Gleichzeitig bemüht sich ein konsequent fundamentaltheologisch-anthropologischer Ansatz um den Begriff des „Zeichens" und sorgt für sakramententheologische Eindeutigkeit dieses ehrwürdigen, aber zugleich sehr ambivalenten Zentralbegriffs der Sakramentenlehre. Das Ergebnis ist eine Theologie des Realsymbols, in der das Tun des Menschen als glaubendes Verstehen, als antwortender Kult, als „Gottesdienst" und als Bei-sich-Sein des Glaubens zu stehen kommt[46]. Das ist etwas anderes als die

---

(MThZ 23, 1972, 241–274); J. Ladrière, Rede der Wissenschaft – Rede des Glaubens, 1972; A. Grabner-Haider, Glaubenssprache. Ihre Struktur und Anwendbarkeit in Verkündigung und Theologie, 1975; Ganoczy (s. Anm. 3), 106–135.

[41] Die älteren Arbeiten sind verzeichnet bei Pesch (s. Anm. 14), 816 Anm. 16 – hervorzuheben ist bes. L. Scheffczyk, Von der Heilsmacht des Wortes, 1966; vgl. ferner F. Sobotta, Die Heilswirksamkeit der Predigt in der theologischen Diskussion der Gegenwart, 1968; H. Jakob, Theologie der Predigt. Zur Deutung der Wortverkündigung durch die neuere katholische Theologie, 1969; W. Kasper, Wort und Sakrament (in: Ders., Glaube und Geschichte, 1970, 285–310); O. H. Pesch, Besinnung auf die Sakramente. Historische und systematische Überlegungen und ihre pastoralen Konsequenzen (FZPhTh 18, 1971, 266–321), bes. 295 ff; und die in Anm. 3 genannten Arbeiten von Schulte, bes. 113–122.145–150; Schneider, bes. 54–59.

[42] Siehe Anm. 27; vgl. auch Pesch, Besinnung (s. Anm. 41), 309–316.

[43] Etwa bei Raske, Rahner, Pesch.

[44] Vgl. Althaus (s. Anm. 9), 542; vgl. Kinder (s. Anm. 13), 156; Thielicke (s. Anm. 3), 336.

[45] Vgl. die in Anm. 41 verzeichneten Arbeiten. Das Sakrament als „Verkündigungshandlung" zu verstehen, hatte schon 1958 H. Fries gefordert: Antwort an Asmussen, 1958, 43–52; vgl. auch Schmaus, Kath. Dogmatik IV/1 (s. Anm. 13), 19–35; Glaube der Kirche (s. Anm. 3) II, 271–273.

[46] So schon G. Söhngen, Symbol und Wirklichkeit im Kultmysterium, 1940[2] und (ihm folgend) Schmaus, Dogmatik IV/1, 19–35; bahnbrechend für die weitere Diskussion (und für seine eigenen späteren Äußerungen) dann K. Rahner, Zur Theologie des Symbols (in: Schriften zur Theologie IV, 275–311); Schillebeeckx (s. Anm. 13); Ders., Christus, Sakrament der Gottbegegnung, 1960; Ders., Die eucharistische Gegenwart. Zur Diskussion über die Realpräsenz, 1968, bes. 61–102; P. Schoonenberg, Inwieweit ist die Lehre von der Transsubstantiation historisch bestimmt? (Conc 3, 1967, 305–311), bes. 309 ff; Kasper (s. Anm. 41); und von dort aus wie selbstverständlich in den schon (Anm. 3) genannten Arbeiten von Schulte, bes. 113–129.142–145; Schneider, bes. 17–41. Zum Hintergrund in der

„mitwirkende" Antwort, die Ebeling in der Konzeption Semmelroths vom
Sakrament als dialogischem Geschehen kritisiert. Durch die Verdeut-
schung aller Sakramentshandlungen einschließlich der Eucharistiefeier im
Zuge der Liturgiereform und durch manche neuen Texte – man denke vor
allem an die „Verkündigungsformel" der Gemeinde nach dem Einset-
zungsbericht im Hochgebet der Messe: „Deinen Tod, o Herr, verkünden
wir, und deine Auferstehung preisen wir, bis du kommst in Herrlichkeit" –
bekommt dieser theologische Aufbruch höchst wertvolle kirchenamtliche
Schützenhilfe und einen „Sitz im Leben" dazu. Er steht zudem im verschär-
fenden Zusammenhang mit der seit Beginn der 60er Jahre voll entbrannten
Diskussion um das Verständnis der Gegenwart Christi im Herrenmahl[47]:
Wer den Begriff der „Transsubstantiation" aus mancherlei Gründen für
nicht mehr verantwortbar hält und zugleich entschieden an der realen
Gegenwart Christi unter den eucharistischen Gaben festhält, muß ja mit
allen Mitteln einen „wirklichkeitsgefüllten" Begriff vom „gemeinschafts-
stiftenden Zeichen" entwickeln[48], oder er verfällt allen Verdikten des
Trienter Konzils (und seiner Anwälte) in bezug auf eine Gegenwart Christi
„tantum ut in signo"[49].

Gegenüber dieser „neuen" Sakramententheologie seit spätestens Mitte
der 60er Jahre lassen sich offenkundig die alten Frontlinien der evangelischen Theologie nicht mehr verteidigen. Weder die grundlegende Bedeutung des Wortes noch die Undispensierbarkeit personalen Glaubens im
Sakramentsgeschehen sind hier übersehen. Der Vorwurf einer „halbmagi-
schen", automatischen, selbstmächtigen Wirksamkeit des Sakramentes
muß ins Leere gehen. Der Positivität der Sakramente, also ihrer prinzipiel-
len systematischen Unableitbarkeit, ist man sich im Zuge genauerer dog-
mengeschichtlicher Besinnung auf die Genesis des Sakramentsbegriffs
ebenfalls bewußt geworden[50]. Um so gespannter ist man auf evangelische
Reaktionen. Aber – diese sind seltsam zögernd. Zwar beobachtet man mit

---

neueren Thomasforschung vgl. PESCH (s. Anm. 14), 793–808; kritisch weiterführend jetzt F.
SCHUPP, Glaube – Kultur – Symbol. Versuch einer kritischen Theorie sakramentaler Praxis,
1974.

[47] Statt zahlloser Titel sei auf folgende Berichte und Überblicke verwiesen: L. VAN HOUT,
Fragen zur Eucharistielehre in den Niederlanden (Cath[M] 20, 1966, 179–199); SCHILLE-
BEECKX, Die eucharistische Gegenwart, 58–81; TH. SCHNEIDER, Die neuere katholische
Diskussion über die Eucharistie (EvTh 35, 1975, 479–524). Hervorzuheben sind SCHILLE-
BEECKX, aaO, und A. GERKEN, Theologie der Eucharistie, 1973.

[48] Vgl. SCHOONENBERG (s. Anm. 46).

[49] DS 1651.

[50] Vgl. bes. KASPER (s. Anm. 41), 291–293; FINKENZELLER (s. Anm. 19) und umfassend
DERS. in: HDG IV, 1a: Die Lehre von den Sakramenten im allgemeinen. Von der Schrift bis
zur Scholastik, 1980; vgl. auch die Hinweise o. in Anm. 20.

Spannung und Sympathie die innerkatholische Eucharistiediskussion[51].
Und schon vorher hatte man mit Staunen zur Kenntnis genommen, daß
ausgerechnet Regin Prenter in seiner Dogmatik „Schöpfung und Erlö-
sung" vor lutherischer Polemik gegen die Meßopferlehre warnte und den
Opfergedanken in der Deutung des Herrenmahls für unverzichtbar
erklärte[52]. Zu einer *grundlegenden* Auseinandersetzung, die etwa den Wort-
meldungen von Ernst Kinder oder Gerhard Ebeling zu Beginn der 60er
Jahre an die Seite zu stellen wäre, kommt es aber, so weit ich sehe, kaum.
Eine gewichtige und wagemutige Ausnahme ist allerdings der Beitrag von
Eberhard Jüngel in der gemeinsam mit Karl Rahner publizierten Schrift
„Was ist ein Sakrament?"[53]. Jüngel übt zunächst einmal massive Kritik am
evangelischen Sakramentsverständnis und fordert und vollzieht dann genau
das, was Ernst Kinder ein Jahrzehnt vorher verboten hatte: die Bemühung
um einen allgemeinen Sakramentenbegriff, weil sonst für die Theologie die
Sakramente ohne verstehbaren Zusammenhang mit der Heilswirklichkeit
und im Belieben willkürlicher Setzung verblieben, für die inzwischen
aufgrund der exegetischen Forschung auch nicht mehr die Deckung durch
ausdrückliche Stiftungsworte Jesu besteht[54]. Anschließend variiert Jüngel
auf seine Weise – ohne ausdrückliche Bezugnahme und natürlich mit
anderen Worten – die These von Christus als dem Ur-Sakrament; die
kirchlichen Sakramente sind Feiern des einen Sakramentes der Welt, das
Christus selber ist, in denen der Glaube sich selbst verständlich wird,
wobei die Frage der Zahl im Anschluß an Ebeling gelöst wird[55].
Wäre Jüngel repräsentativ für evangelische Theologie und, was wichti-

---

[51] Vgl. V. VAJTA, Einige Bemerkungen zur Enzyklika „Mysterium Fidei" (Conc 2, 1966,
308–313). Man bittet den Katholiken SCHNEIDER, in der „Evangelischen Theologie" zu
berichten (s. Anm. 47); vgl. auch die verschiedenen Berichte in MdKI, hier vor allem 19,
1968, H.2; Interesse und Diskussion klingen denn auch nach in dem katholisch-lutherischen
Dokument „Das Herrenmahl", 1978, 85–114 (Exkurse), und in: Confessio Augustana.
Bekenntnis des einen Glaubens. Gemeinsame Untersuchung lutherischer und katholischer
Theologen, hg. v. H. MEYER u. H. SCHÜTTE, 1980, 198–227 (E. ISERLOH u. V. VAJTA) – sowie
in der lebhaften Diskussion um beide Veröffentlichungen, die zu bilanzieren hier zu weit
führen würde.
[52] AaO (s. Anm. 13) II, 466.
[53] E. JÜNGEL, Das Sakrament – was ist das? Versuch einer Antwort (in: E. JÜNGEL/K.
RAHNER, Was ist ein Sakrament? Vorstöße zur Verständigung, 1971, 7–61). Zu erwähnen ist
ferner die schon einige Jahre vorher erarbeitete, bei der Veröffentlichung im Vorwort durch
den Verf. selbst wieder relativierte Studie von M. KÖHNLEIN, Was bringt das Sakrament?
Disputation mit Karl Rahner, 1972 – eine Rahner-Kritik etwa auf der Linie EBELINGS (und
MARONS, vgl. Anm. 67).
[54] Vgl. JÜNGEL, aaO 24–40.44ff.
[55] AaO 36–40.50–61. Im Ergebnis (nicht im Argumentationsweg) verwandt auch das Urteil
bei THIELICKE (s. Anm. 3), 342f.

ger ist, für evangelisch-kirchliches Selbstverständnis, die „Vorstöße zur
Verständigung" (so der Untertitel des Büchleins) hätten im Grundsätzlichen ihr Ziel fast erreicht. Aber Jüngel ist nicht repräsentativ. Die Breite
der evangelischen Theologie baut eine neue Frontlinie auf, und sie findet
ihren Anhaltspunkt in einer tatsächlich vorhandenen wichtigen Eigentüm-
lichkeit der modernen katholischen Sakramententheologie: Diese betont
ganz entschieden den Gemeinschaftscharakter, also die ekklesiale Dimension des Sakramentes. Sakramente sind Handlungen der *Kirche*. Natürlich
der konkreten *katholischen* Kirche, wie sie geworden und gewachsen ist –
was soll ein katholischer Theologie denn sonst sich dabei denken oder
assoziieren? Von Haus aus impliziert dieser Gedanke aber keineswegs eine
Betonung ihrer sichtbaren rechtlichen Struktur mit hierarchisch verstande-
nem Amt. Unter dem Gesichtspunkt des Sakramentsverständnisses könnte
die Kirche auch ganz anders aussehen, der Gedanke bliebe dennoch schlüssig. Die Betonung der ekklesialen Dimension des Sakramentes will denn
auch nicht etwa das Kirchenrecht absichern, sondern das Sakramentsverständnis aus der unseligen individualistischen Verengung des bloßen
„Heilsmittels" herausführen. Doch hilft das dem katholischen Theologen
nichts. Das Stichwort ist gefallen, und in evangelischen Augen mündet
auch die neue Sakramententheologie, mit Ebeling zu sprechen, „mit
Sicherheit in das definierte Dogma und die Wirklichkeit der katholischen
Kirche" ein[56]. Sakrament – das heißt jetzt zwar Wort, Glaube, Ereignis,
Begegnung, aber es heißt nach wie vor: Amt, kirchliche „Verfügung" über
Gottes Gnade. Hier verläuft die neue Frontlinie – und man sieht von hier
aus noch sehr gut die alte[57]. Die Rückzugslinie war schon 1955 vorbereitet
worden, als Walther von Loewenich in seinem Buch „Der moderne
Katholizismus" am Ende eines langen und sympathiegetragenen Berichts
über die liturgische Bewegung und die Enzyklika „Mediator Dei" seine
evangelischen Leser vor Konversionsneigungen warnt: „Die katholische
Kirche besteht nicht bloß aus Liturgie [auf unser Thema abgewandelt: aus

---

[56] EBELING, Worthafte und sakramentale Existenz, 210.

[57] Das kommt besonders bezeichnend heraus in den mitunter etwas krampfhaft wirkenden
Bemühungen, die Möglichkeit einer gegenseitigen Anerkennung der Ämter theologisch zu
begründen. Die „progressiven" katholischen Voten schließen sich dabei faktisch der evangelischen Lockerung des Zusammenhangs von Amt und rechtmäßiger Sakramentsverwaltung
an, die „restriktiven" spiegeln und bestätigen zugleich die evangelischen Vorbehalte. Vgl.
exemplarisch: Reform und Anerkennung kirchlicher Ämter. Ein Memorandum der Arbeitsgemeinschaft ökumenischer Universitätsinstitute, 1973, bes. die „Vorstudien" C, D und E,
123–207 (mit umfassenden Literaturangaben); H. HÄRING, Anerkennen wir die Ämter, 1974;
Confessio Augustana (s. Anm. 51), 140–197 (A. DULLES, G. LINDBECK, H. MEYER, H.
SCHÜTTE). Vgl. auch schon EBELING, Das Priestertum in protestantischer Sicht (in: DERS.,
Wort Gottes und Tradition [s. Anm. 17], 183–196). Vgl. auch die Hinweise im Folgenden.

Sakramenten]. Sie ist auch die Rechtskirche, die Kirche des unfehlbaren Lehramts, des absoluten Dogmas... Katholisch ist nicht, wer sich für die kirchliche Liturgie begeistert, sondern wer sich dem Lehramt unterwirft."[58]

Für diese neue Tendenz, die Sakramentenkontroverse auf die Ekklesiologie zurückzuführen – was übrigens sachlich ja gar nicht falsch und jedenfalls um vieles besser ist als die zahllosen Unterstellungen rund um das „opus operatum"! –, gab es dann in den letzten Jahren eine beachtliche Verstärkung, fast ein Geschenk des Himmels an evangelische Kontroverstheologen: die Debatte über die Abendmahlsgemeinschaft. In der Tat, wenn kein Argument gegen die offene Kommunion zwischen katholischer und evangelischer Kirche mehr weiterhilft, dann bleibt dieses ehern bestehen: Die evangelischen Kirchen haben keine gültig, das heißt in der „apostolischen Sukzession" geweihten Priester, sie können also kein gültiges Herrenmahl feiern, das heißt ein solches, in dem Christus kraft der Stiftungsworte real gegenwärtig wird. Und manchmal sind alle anderen Argumente – etwa aus dem unterschiedlichen Sakramentsverständnis, aus der Uneinigkeit über die Trienter Eucharistielehre – ohnehin nur Vorbereitungsargumente, um dieses Kernargument in die Debatte zu werfen[59]. Mögen auch viele katholische Theologen – darunter keineswegs nur „Progressisten" und „Wühlarbeiter"! – mit diesem Argument die Debatte keineswegs als beendigt, sondern gerade erst eröffnet sehen, die kirchlichen Amtsträger bis hin zur Würzburger Synode stützen auf dieses Argument ihre bislang unnachgiebige Haltung und die entsprechenden kirchenamtlichen Verbote[60]. Man darf sich dann freilich nicht wundern, wenn evangelische Theologen die neue Betonung des „Wortgeschehens" in der katholischen Sakramentenlehre als – nun, „Wortgeklingel" empfinden. Was ist

---

[58] W. v. LOEWENICH, Der moderne Katholizismus, (1955) 1959[4], 218; erweitert unter dem Titel: Der moderne Katholizismus vor und nach dem Konzil, 1970, 227.

[59] Die Literatur ist unübersehbar; vgl. H. HELBLING u. a., Interkommunion. Hoffnungen – zu bedenken (ÖBFZPhTh 5), 1971 (Beiträge und Bibliographie bis 1971 – über 1100 Titel!); K. LEHMANN, Dogmatische Vorüberlegungen zur Interkommunion (in: DERS., Gegenwart des Glaubens, 1974, 229–273; Lit.); Amt und Eucharistie, hg. v. P. BLÄSER, 1973; Cath(M) 26, 1972 (wichtige Beiträge im Laufe des ganzen Jahrgangs); Um Amt und Herrenmahl. Dokumente zum evangelisch/römisch-katholischen Gespräch, hg. v. G. GASSMANN, 1974; K. RAHNER, Vorfragen zu einem ökumenischen Amtsverständnis, 1974, 79–92; SCHNEIDER (s. Anm. 3), 171–183. In einem schriftlichen Schlußbericht, den ich bei einem Seminar über „Amt und Herrenmahl" im Sommersemester 1978 vorlegte, habe ich einmal „stur" bilanziert und kam auf 50 Argumente für, 21 gegen die Abendmahlsgemeinschaft – wobei zahlreiche Argumente sich wie Ja und Nein verhalten.

[60] Dokumentation (Konzil, Ökumenisches Direktorium, Synode) bei SCHNEIDER, aaO 174f.

das Geschehen von Gottes Wort noch, wenn ein kirchliches Amt es kanalisieren zu dürfen beansprucht? Gewiß ist das auch wieder eine Unterstellung, aber läßt sie nicht fragen, ob die katholische Theologie schon hinreichend begriffen und in ihrer Argumentation verarbeitet hat, daß sie hier dem evangelischen Mitchristen und Mittheologen noch ein weiteres Wort und sogar noch mehr als nur Worte schuldet?

IV. Sakramentale Kirche oder: Neue Fronten, doppelt befestigt

Die evangelische Theologie macht inzwischen allerdings deutlich, daß sie nur noch geringe Hoffnung auf ein solches Wort hat. Der Streit um die Kompetenz und Unersetzlichkeit des Amtes in der Sakramentenverwaltung erscheint nur als die Spitze des Eisbergs. Mehr und mehr verlagern sich die Vorbehalte und kritischen Einsprüche von den (einzelnen) Sakramenten auf den Begriff der „Sakramentalität" überhaupt. Sakramentalität bedeutet: das Heil hat leibhaftige, greifbare, geschichtliche, inkarnatorische und gesellschaftliche Struktur. Gott begegnet uns nicht rein geistig, sondern in weltlichen Strukturen. Kurzum, Sakramentalität heißt: realsymbolische *Repräsentation*. Aber schon 1967 schrieb Joachim Lell in seinem Büchlein „Mischehen", die katholische Kirche könne sich nicht dazu verstehen, „daß sich Gottes Wahrheit wohl verkündigen, nicht aber repräsentieren läßt"[61]. Die katholische Kirche aber will nach ihrem eigenen Selbstverständnis Gottes Heil in dieser Welt geschichtlich repräsentieren. Unter diesem Begriff sucht denn evangelische Theologie nicht selten das Proprium katholischen Kirchenverständnisses zu erfassen[62], und sie hat ja gute katholische Zeugen dafür[63] – besonders charakteristisch, wo die Sakramentalität der Ehe verhandelt wird[64]. Das aber bedeutet nicht weniger als: Die Kirche selbst ist „Sakrament" – das „Ursakrament"[65], und es

[61] J. LELL, Mischehen? Die Ehe im evangelisch-katholischen Spannungsfeld, 1967, 159.

[62] Vgl. P. E. PERSSON, Repräsentatio Christi. Der Amtsbegriff in der neueren römisch-katholischen Theologie, 1966; J. LELL, Evangelische Fragen an die römisch-katholische Kirche, 1967, 22–28; KÖHNLEIN (s. Anm. 53), 97–99.

[63] Der Gedanke von der Kirche als der leibhaftigen, geschichtlichen Repräsentation der siegreichen Gnade Gottes in Christus zieht sich z. B. durch alle einschlägigen Äußerungen bei K. RAHNER, von Kirche und Sakramente, 1960, bis zu den geradezu feierlichen Formulierungen in Grundkurs des Glaubens, 1976, 396–398. Vgl. auch etwa W. BEINERT, MySal IV/1, 287–308: Der Sinn der Kirche.

[64] Vgl. dazu jetzt O. H. PESCH, Ehe (in: Christlicher Glaube in moderner Gesellschaft, hg. v. F. BÖCKLE u. a., VII, 1981, 8–43.76–80), bes. 17–24.

[65] Die beiden bahnbrechenden Bücher dazu sind O. SEMMELROTH, Die Kirche als Ursakrament, 1963³, und wiederum K. RAHNER, Kirche und Sakramente.

entbehrt nicht der Ironie, daß es auf katholischer Seite eine Zeitlang gebraucht hat, bis man bemerkte, daß man ja gleichzeitig auch Christus als das Ursakrament bezeichnete – und nun sich doch veranlaßt sah, zwischen dem *Ur*sakrament Christus und dem *Grund*sakrament Kirche terminologisch zu unterscheiden[66].

Gegen diese „Sakramentalisierung" der Kirche aber läuft die evangelische Theologie Sturm und sieht in ihr das entscheidende Hindernis theologischer und kirchlicher Verständigung, mehr noch: die Bestätigung, daß man gut daran tat, auf noch so faszinierende Annäherungen dialogbereiter katholischer Theologen eher zurückhaltend zu reagieren. Was hier im Spiele ist und warum es im Spiele ist, läßt sich nirgends besser verdeutlichen als anhand des polemischen Buches von Gottfried Maron über das Zweite Vatikanische Konzil unter dem Titel: Kirche und Rechtfertigung[67]. Maron analysiert die Ekklesiologie des Konzils und geht dabei von der gleich zu Anfang begründeten These aus, die Grundkategorie der konziliaren Ekklesiologie sei – entgegen durchschnittlicher Beurteilung – nicht „Volk Gottes", sondern „(Ur-)Sakrament". Dieser Begriff aber ermögliche die totale, gegen jedes kritische Moment abgeschirmte Integration der Heilswirklichkeit in den ekklesialen Rahmen, ermögliche vor allem den Eintritt der Kirche in das Rechtfertigungsgeschehen selbst, das heißt: in die Unmittelbarkeit des Menschen zu Gott. Jede Selbstbegrenzung der Kirche kann entfallen. Die Kirche des Zweiten Vatikanums hat sich Christus gegenüber nicht begrenzt, denn sie setzt sich mit ihm und seinem Wirken in der Welt (bzw. mit dem Wirken des Heiligen Geistes) gleich. Sie hat sich dem einzelnen Glaubenden gegenüber nicht begrenzt, denn sie hält alle Ansprüche des Ersten Vatikanums aufrecht, ordnet sich dem einzelnen vor und unterbricht sein unmittelbares Gottesverhältnis durch den Gedanken

---

[66] Vgl. die in Anm. 65 genannten Titel mit O. SEMMELROTH, Die Kirche als Sakrament des Heils (MySal IV/1, 309–348), bes. 318 ff (Die Kirche als Wurzelsakrament), und RAHNER, Grundkurs (s. Anm. 19), 396–398 (Die Kirche als Grundsakrament...). Der Gedanke ist inzwischen fest in der katholischen Ekklesiologie verankert, vor allem, wie die angeführten katholischen Untersuchungen zeigen, bei der Verhältnisbestimmung von Kirche und Sakramenten. Das II. Vatikanum hat ihn bekanntlich in seine Ekklesiologie in zentraler Funktion aufgenommen; vgl. Kirchenkonstitution Nr. 1 u. ö. Zur Vorgeschichte vgl. die Hinweise bei SEMMELROTH, 322–328. Die Terminologie ist im übrigen noch wesentlich variantenreicher; vgl. die Dokumentation bei KÖHNLEIN (s. Anm. 53), 93–95.

[67] G. MARON, Kirche und Rechtfertigung. Eine kontroverstheologische Untersuchung, ausgehend von den Texten des Zweiten Vatikanischen Konzils, 1969; vgl. dazu meine kritische Besprechung in ThQ 150, 1970, 425–428; kritisch wie MARON, aber auf anderen Wegen urteilt E. KÄSEMANN, Zur ekklesiologischen Verwendung der Stichworte „Sakrament" und „Zeichen" (in: Wandernde Horizonte auf dem Weg zu kirchlicher Einheit, hg. v. R. GROSCURTH, 1974, 119–136).

der „participatio ecclesiae". Sie hat sich auch der Welt gegenüber nicht begrenzt, denn sie hat durch die Lehre von den „Elementen" der Kirche (statt der bisherigen „Votum"-Lehre) den alten Satz, daß außerhalb der Kirche kein Heil sei, nicht etwa aufgehoben, sondern im Gegenteil bekräftigt. Dies alles hängt am Selbstverständnis der Kirche als „Sakrament", als „Repräsentation" Christi. Das Endergebnis ist eine „vereinnahmende Ekklesiologie", die den evangelischen Christen mehr denn je vor die Frage stellt: Kirche *oder* Rechtfertigung, Einheit *oder* Wahrheit.

Was für ein Verständnis von den Sakramentshandlungen wird ein so denkender evangelischer Theologe von dieser „sakramentalen" Kirche und ihren Theologen erwarten? Kann etwas anderes herauskommen als in der Tat der sakramentale „Selbstvollzug" dieser Kirche am einzelnen Glaubenden, dem sie konstitutiv vorgeordnet ist? Man wundert sich nach der Lektüre dieses Buches und vieler anderer gleichlautender Urteile, wie unbefangen und selbstverständlich ein Mann wie Karl Rahner, dem niemand ökumenische Dialogbereitschaft absprechen wird, diese problem- und ressentimentbefrachteten Begriffe von der Kirche als „Repräsentation" Christi und von ihrem „radikalen Selbstvollzug" in den Sakramenten erst jüngst wieder in seinem „Grundkurs des Glaubens" als Zentralbegriffe seiner Ekklesiologie und Sakramentenlehre gebrauchen kann[68]. Und manchmal wünscht man sich die guten alten Zeiten zurück, da man die ganze Sakramentenkontroverse an so harmlosen Problemen wie dem richtigen Verständnis des „opus operatum" oder der Bedeutung des Glaubens beim Sakramentenempfang festmachen konnte. Damit stehen wir vor der Frage nach Schlußfolgerungen.

V. Was denken? Was tun?

1. Der rote Faden der evangelischen Kritik am katholischen Sakramentsverständnis lautet: Wort und Glaube gegen Werk und Wirken. Die jüngste Entwicklung hin zu dem Motto: Wort und Glaube gegen Kirche und Amt, variiert nur die alte Melodie, die schon Luther komponiert hat. Dies klar zu erkennen hat eine entscheidende Konsequenz: Katholische Theologen werden den evangelischen Kollegen auch mit den schönsten Früchten katholisch-theologischer Neubesinnung auf die Sakramente nicht schon dann überzeugen, wenn sie personalistisch statt ontologisch, anthro-

---

[68] Vgl. Anm. 66. Und dies trotz der neuen und traditionskritischen Perspektiven zum Amtsverständnis in: Vorfragen (s. Anm. 59), 15–76.

pologisch statt naturalistisch, geschichtlich statt metaphysisch reden und denken. Man wird erst dann auf den Boden der Kontroverse kommen, wenn man in Theorie und Praxis zu zeigen vermag, daß die Verbindung von Sakrament und Kirche, Sakrament und Amt das Sakrament nicht zum „gewirkten Werk" und zum verfügbaren Gnadenmittel macht. Nicht Kirche und Amt als solche stören den evangelischen Theologen. Auch die evangelische Kirche kennt Amt und Kirchenrecht, und beide schlagen unter Umständen genau so zu, wie es in der katholischen Kirche geschieht – so daß die Theorie vom antihierarchischen Kirchenverständnis von der Praxis nur zu oft Lügen gestraft wird. Aber immerhin *Lügen* gestraft! Der katholischen Kirche aber gerät, in evangelischen Augen, auch in der *Theorie*, im Selbstverständnis, alles zum „Werk", wo Gott doch ohne Werke den Menschen annimmt, zur „Vermittlung", wo Gott ihm unmittelbar nahe ist. Wer diesen Verdacht nicht überzeugend auszuräumen versteht, hat mit allen weiteren Konsensbemühungen auf Sand gebaut.

2. Katholische Theologen werden menschliches und theologisches Verständnis für das evangelische Ressentiment haben müssen. Katholiken sind „Insider". Was den evangelischen Beobachter und Leser bis zum Zorn aufregt, belastet den Katholiken kaum, weil er die Akzente seines Empfindens anders setzt, weil ihm anderes vergleichsweise wichtiger ist, oder einfach, weil Rom weit ist, ein guter, intelligenter und humaner Pfarrer aber nahe. Und vor allem: weil der *Katholik* ja nicht dauernd darüber nachdenkt, warum man *nicht* katholisch sein könnte, sondern eher, warum es sich trotz allem als gut erweist, daß man zu dieser Kirche gehört. Katholiken werden also verstehen müssen, daß ein evangelischer Theologe Vorbehalte hat, die sie sachlich vielleicht sogar teilen. Es kostet sie aber weder ihre Würde noch ihre intellektuelle Redlichkeit, wenn sie trotzdem die Vorbehalte nicht so wichtig nehmen können wie er, oder besser: wenn sie sich von ihnen nicht zur *grundsätzlichen* Distanzierung von der Kirche motivieren lassen zu müssen glauben.

3. Nachdem dies alles hoffentlich deutlich genug gesagt ist, darf nun auch die redliche Kampfansage – man denke an Gottfried Maron[69]! –

---

[69] Und man denke nun auch an GERHARD EBELING! In Dogmatik III, 315 schreibt er – nach einer gnadenlosen Kritik am katholischen Kirchen- und Sakramentsverständnis –, „daß rebus sic stantibus eine Kirchengemeinschaft mit der römischen Kirche nicht möglich ist". Denn das katholische Sakramentenverständnis stehe für die Verweigerung der ekklesiologischen Fundamentalunterscheidung zwischen der Kirche und Christus. EBELING hat sich oft so eindeutig, aber selten so direkt ausgedrückt. Ich antworte mit gleichem Freimut: Ich kann nicht beweisen, daß es keinen Katholiken auf der Welt gibt, der die Kirche im Sinne EBELINGS für den „Christus prolongatus" hält. Aber es muß und darf traurig stimmen, wenn man in dem, was EBELING hier als katholisches Sakramentsverständnis und dessen ekklesiologische Impli-

aufgenommen werden. Geduldige, aber nachdrückliche Aufklärungsarbeit
ist im interkonfessionellen Dialog noch immer nicht überflüssig. Selbst
geachtete Köpfe des ökumenischen Gesprächs sind erweislich auch vor
groben Fehlverständnissen nicht sicher. Auch Ernst Kinder nicht. Auch
Peter Brunner nicht. Auch Gerhard Ebeling nicht. Auch Gottfried Maron
nicht. Oft sagen sie arglos als ihre eigene Meinung, was auch katholische
Lehre ist – aber etwas anderes halten sie dafür. Übrigens gilt das gleiche
umgekehrt für Katholiken. Es muß aber mit allen Mitteln verhindert
werden, daß die weitere Entwicklung der Kontroverstheologie zum
Kampf gegen einen Popanz wird. Und mag der evangelische Protest
tausendfach in ungeschützten, ahnungslosen, ungeschickten Formulierungen der katholischen Theologie und in einer unerleuchteten sakramentalen
Praxis seinen Anlaß und scheinbar seine Begründung finden – es ist
dennoch ein Popanz, dem er gilt.

4. Die katholische Theologie wird sich überlegen müssen, ob es nicht so
etwas wie eine „schwarze Liste" verhängnisvoller theologischer Begriffe
gibt, und ob nicht in unserem Themenbereich einige darauf gehören.
Gemeint sind Begriffe, die sachlich und aufgrund ihrer Tradition durchaus
sachgemäß und erhellend interpretiert werden können, aber irgendwann –
und gewiß aufgrund von Mißverständnissen und Vergröberungen – entgegen ursprünglichen Intentionen eine verhängnisvolle Rolle zu spielen
begannen und, weil dies nicht mehr ungeschehen zu machen ist und sich
nun spontane Assoziationen daran heften, sie immer noch spielen. Ein
klassisches Beispiel ist der Begriff „Verdienst", ein anderes der „Ablaß"[70].
Sehe ich recht, daß der Verdienstbegriff außer in historischen Monographien seit geraumer Zeit keine Rolle mehr spielt, und daß trotz der neuen
Instruktion von 1967 die Ablaßpraxis zurückgeht und die Ablaßtheologie
kein Interesse mehr weckt? Rechtens ist das deshalb, weil man das
Gemeinte auch anders ausdrücken kann und es auch tut. Sollte ähnliches im
Bereich der Sakramentenlehre fällig sein? Der Begriff des „Zeichens"
könnte dazu gehören – ich bezweifle, ob die moderne Theologie des
Realsymbols ihn faktisch im allgemeinen Bewußtsein noch einmal so wird

---

kationen vorstellt, nichts von dem wiedererkennt, was man von gegenwärtiger katholischer
Sakramententheologie glaubt begriffen zu haben, und, was schwerer wiegt, nichts von der
eigenen, doch hoffentlich noch katholischen Sakramentenfrömmigkeit wiederfindet.

[70] Zu „Verdienst" vgl. O. H. PESCH, Die Lehre vom „Verdienst" als Problem für Theologie
und Verkündigung (in: Wahrheit und Verkündigung [s. Anm. 19] II, 1865–1907); zum
„Ablaß" vgl. K. RAHNER, Zur heutigen kirchenamtlichen Ablaßlehre (in: Schriften zur
Theologie VIII, 1967, 488–518) – die Ausführungen sind so schwierig, daß sie, für die
Frömmigkeitspraxis ernstgenommen, faktisch kontraproduktiv gegen die Absicht des Verfas-
sers wirken müssen.

inhaltlich füllen können, daß er weder dem rationalistischen noch dem ritualistischen Mißverständnis ausgesetzt sein wird. Sicher wird der Begriff „Sakrament" als solcher *nicht* dazu gehören – dazu besteht spätestens seit Eberhard Jüngel gar kein Anlaß mehr. Wohl aber der Begriff von der Kirche als „Ur-" oder „Grundsakrament". Rundheraus gesagt: Ich halte diese Redeweise (obwohl richtig!) für gefährlich, weil gerade die Art, wie sie durchschnittlich interpretiert wird – in der Absicht, für einen großen Gedanken zu werben! –, schier unüberwindliche Hindernisse und Ressentiments beim evangelischen Gesprächspartner aufbaut. Das braucht nach der Lektüre von Maron nicht mehr bewiesen zu werden. Kann man also den nur zu notwendigen Gewinn, das Wesen der Kirche anders als in juridischen Kategorien auszudrücken, nicht auch auf eine Weise in die Scheuern fahren, die beim Gesprächspartner nicht gerade den Verdacht verstärkt, den zu überwinden man doch angetreten ist? Katholische Theologen müssen jedenfalls heute wissen, was sie tun, wenn sie gerade diesen Begriff des Grundsakramentes in bezug auf die Kirche in den Mittelpunkt rücken[71]. Als „würdelos" und „nachgiebig" dürfte eine solche Rücksicht wohl nur der verdächtigen, der den evangelisch-katholischen Dialog ohnehin am liebsten beendet sähe. Überflüssig, an dieser Stelle zu bemerken, daß man eine analoge Überlegungsfolge auch dem evangelischen Partner nahelegen möchte.

5. Der „schwarzen Liste" muß der positive Versuch entsprechen, sich dem Partner besser zu verdeutlichen – gerade dann, wenn man die eigene Position eher karikiert als beschrieben findet. Dazu gehört zunächst die Mahnung, sich nicht in Scheinalternativen zu verirren. Das goldene Wort Joachim Lells von der Wahrheit Gottes, die nur verkündet, aber nicht repräsentiert werden kann[72], könnte ja auch ein Irrlicht sein – dann nämlich, wenn durchaus strittig wäre, was denn mit „repräsentieren" gemeint sein soll. Ich möchte den zumindest methodischen Versuch vorschlagen, all die für evangelische Ohren so anstößigen Formeln von „Repräsentation", „Sakramentalität", „Licht der Völker", „geschichtliche Gegenwart des

[71] Der diesbezüglichen Warnung bei KÖHNLEIN (s. Anm. 53), 97 ist zuzustimmen. Es ist denn auch kein Zufall, sondern ebenfalls eine kaum verhüllte Warnung, wenn sowohl EBELING, Dogmatik III, 305 f als auch THIELICKE (s. Anm. 3), 342, den Begriff „Sakrament" am liebsten Christus vorbehalten möchten. Schon JÜNGEL ließ eine solche Neigung erkennen, aaO (s. Anm. 53) 36 f.50–55. Soll man den katholischen Beitrag von W. BREUNING, Jesus Christus als universales Sakrament des Heils (in: Absolutheit des Christentums, hg. v. W. KASPER, 1977, 105–130), als Einschwenken auf diese Linie werten? Eine innerkatholische, aber dem lutherischen Theologen sympathisch klingende Kritik an der „sakramentalen" Kirche jetzt bei S. DIANICH, Wo steht die Ekklesiologie? (Conc 17, 1981, 522–527), bes. 523 f.
[72] Siehe Anm. 61.

Heils" u. ä. einmal konsequent worttheologisch zu interpretieren, so wie es heute unter den Anregungen der evangelischen Theologie in bezug auf die einzelnen Sakramente längst geschieht. Ist die Kirche eben doch nicht ein „Ding" und eine „Wirklichkeit" eigenen Rechts und *als solche* selbstmächtiges Zeichen der Gegenwart des Gottesheils in dieser Welt, ist sie eben *nicht* mit Christus und dem Geist identisch, ist die mystifizierende Redeweise von „der Kirche", zu der manche katholische Theologen neigen, eher ein religionspsychologisches Problem, sachlich aber eine Abstraktion[73] – worauf kommt dann die „Repräsentation" des Gottesheils durch sie anders hinaus als darauf, daß sie die *Zusage* und *Ankündigung* dieses Gottesheils für die Menschen und die Menschengemeinschaft *hörbar* macht und *vernehmlich* hält – und wäre es auch manchmal durch die schallschluckenden Wände ihrer sehr menschlichen Geschichte[74]? Man sollte nach dieser Methode einmal ein systematisch-theologisches Gegenbuch zu Maron schreiben – es wäre ein beachtliches Stück ökumenischer Wirkungsgeschichte des Zweiten Vatikanums.

6. Und endlich: Das gerade Überlegte kann natürlich nur glaubwürdig sein, wenn ihm eine sakramentale und überhaupt kirchliche Praxis entspricht, die an nichts anderem interessiert ist, als den Menschen befreiend die Nähe Gottes in Christus zu verkünden. Und die nicht in einem falschen Sinne meint, zwischen Gott und Mensch „vermitteln" zu müssen, sondern unter „Vermittlung" nichts anderes versteht als eben die „Mitteilung" des Wortes Gottes in Verkündigung und sakramentaler Verkündigungshandlung. Ein guter, klarsichtiger, seine „Vollmacht" durchaus vergessender Pfarrer kann selbst theoretische und kirchenrechtliche Restposten eines gegenreformatorisch verengten (oder übersteigerten!) Kirchenverständnisses vergessen machen, wenn er in seiner Sakramentenverwaltung dies deutlich werden läßt: Wie Wort und Glaube, so sind auch die Sakramente Ereignis jener unverfügbaren Geschichte des einzelnen und der Kirche mit Gott, welche die Überschrift trägt: Die herrliche Freiheit der Kinder Gottes[75].

---

[73] Es fällt schwer, im Blick auf die Lehre von der Kirche als „Grundsakrament" hier LELL (s. Anm. 61), 72f, *nicht* recht zu geben. Man darf nur zurückfragen: Ist nicht manche evangelische Redeweise vom „Wort (Gottes)" genauso mystifizierend, „überpersönlich" und abstrakt?

[74] Vgl. O. H. PESCH, Gottes Gnadenhandeln als Rechtfertigung und Heiligung des Menschen (in: MySal IV/2, 831–913), bes. 865–871.

[75] Vgl. PESCH, Besinnung (s. Anm. 41), 284–292.311–321.

Systematische Theologie als Wissenschaft der Geschichte

Oswald Bayer

Ein historischer Plan einer Wissenschaft
ist immer besser als ein logischer
Hamann

I

„Die Welt war da, ehe wir kamen, wir sind erst später hereingekommen, wir sind keine Anfänger, sondern Angefangene. Wir können deshalb fortsetzen, was angefangen ist, wir können aber nicht enden."[1]

In einer Zwischenzeit also leben wir. Auch unser Denken bewegt sich in ihr – ob wir dies wahrhaben wollen oder nicht. Doch ist es gut, wenn wir es wahr sein lassen und mit dem Eingeständnis unserer Kreatürlichkeit und Endlichkeit gerade eine Besinnung über „Systematische Theologie" beginnen. Denn unter den theologischen Disziplinen hat sie ja ihre besondere Versuchung, die ihr schon durch ihren Namen auf die Stirn geschrieben ist. Sie liegt darin, sich im Denken absolut zu gebärden, nicht aber relativ zu verhalten, nämlich bezogen auf den, der allein von sich sagen kann: „Ich bin der Anfang und das Ende" (Apk 1,8).

Andererseits gibt nun aber gerade diese Relativität unseres Denkens, seine Bezogenheit – auf diesen Anfang und dieses Ende – einer falschen Bescheidenheit keinen Raum. Sie macht im Gegenteil unerhört anspruchsvoll. Wenn die Christusgeschichte als das jedem Einzelnen und Allem geltende Evangelium sich nicht nur dem Gefühl und Willen, sondern auch dem Denken mitteilt, wenn sie sich auch zu denken gibt, dann kann man nicht weit und frei genug denken. Hegel vor allem hat dies zu tun versucht und sich dabei gerade auf die Offenbarung berufen: Gott selbst gibt sich zu erkennen und macht dadurch menschliches Denken weit und frei. Einzelnes und Besonderes ist darin nicht überspielt. Vielmehr greift solches Denken durch alles Einzelne und alle Trennungen versöhnend hindurch; es denkt Zusammenhänge, entfaltet sich als System.

Weshalb das Verständnis Systematischer Theologie jedoch nicht in der Übereinstimmung mit Hegel, wohl aber in der Auseinandersetzung mit

---

[1] E. STEINBACH, Anweisung zum Leben, (1940) 1977[4], 71.

ihm zu bilden ist, wird im folgenden noch deutlich werden. Eine solche Auseinandersetzung hat ihren Brennpunkt in Hegels metaphysischem Grundsatz: „Das Wahre ist das Ganze"[2], der sich selbst noch in dem antimetaphysischen Satz Adornos wiederholt, den dieser Hegel entgegenhält: „Das Ganze ist das Unwahre."[3]

Nehmen wir zunächst nur folgende Frage auf: Kann man anders nach der Wahrheit des Redens von Gott fragen als eben systematisch, auf das Ganze und Eine, auf die „Einheit der Wirklichkeit" hin, die in sich gewiß unendlich differenziert, als wahre aber nur eine und das Ganze ist[4]?

Wer Systematische Theologie treiben will, tut jedoch gut daran, am Sinn einer solchen Ausrichtung seiner Arbeit radikal gezweifelt und den Satz bedacht zu haben, den Hamann an Jacobi schreibt: „System ist schon an sich ein Hinderniß der Wahrheit..."[5]

Hat die Theologie den Titel, die Disziplin und die in allen Einzeldisziplinen durchgehend wahrzunehmende Fragestellung einer *systematischen* Theologie abzuweisen und aufzugeben?

Mit einer bloßen Negation jedenfalls ist es nicht getan. Wer sagt, daß System schon an sich ein Hindernis der Wahrheit sei, muß sagen können, wie er anders nach ihr fragen und sie bezeugen kann – falls er nicht verstummen will. Verstummen aber will der nicht, der mit dem Psalmisten bekennt: „Gott redet und ruft der Welt vom Aufgang der Sonne bis zu ihrem Niedergang"; „Unser Gott kommt und schweigt nicht" (Ps 50,1.3). Dieser Kommende und Rufende führt zwar einen Jesaja bei der Berufung ins Schweigen: „Weh mir! Ich bin zum Schweigen gebracht!" (Jes 6,5) Aber er läßt ihn nicht darin. Er sendet ihn zum Reden von Gott, zum Reden in seinem Namen, so daß dann gilt: „Weh mir, wenn ich das Evangelium nicht predigte!" (1Kor 9,16)

Am Beispiel der Berufungsgeschichte des Jesaja erkennen wir, nach der Wahrheit des Redens von Gott fragend, Merkmale, die gleichsam zufällig sind, kontingent, sich von systematischer Reflexion nicht einholen lassen,

---

[2] G. W. F. HEGEL, Phänomenologie des Geistes, hg. v. J. HOFFMEISTER (PhB 114), 1952[6], 21 (Vorrede).

[3] TH. W. ADORNO, Minima Moralia. Reflexionen aus dem beschädigten Leben, 1973, 57.

[4] Vgl. W. PANNENBERG, Wissenschaftstheorie und Theologie, 1973, 350: „Die Frage nach der Wahrheit ist ihrer Natur nach systematisch... Das um Wahrheit bemühte Denken muß systematisch sein, um der Einheit der Wahrheit, der Übereinstimmung alles Wahren untereinander, zu entsprechen."

[5] J. G. HAMANN, Briefwechsel, hg. v. W. ZIESEMER u. A. HENKEL, bisher 7 Bde, 1955–1979 (ZH mit folgender Band-, Seiten- und Zeilenzahl); ZH VI, 276,15; an F. H. Jacobi, 18. 2. 1786. Vgl. O. BAYER, Gegen System und Struktur. Die theologische Aktualität Johann Georg Hamanns (in: Johann Georg Hamann. Acta des Internat. Hamann-Colloquiums in Lüneburg 1976, hg. v. B. GAJEK, 1979, 40–50).

sofern diese das Kontingente durch zuvor und voraus gedachtes Allgemeines zu rechtfertigen sucht. Solcher Rechtfertigung sperren sich die genaue Zeit, der genaue Ort, die individuelle Person: Jesaja, Sohn des Amoz, im Jerusalemer Tempel im Todesjahr des Königs Usia. Hamann, gegen System und Struktur darauf bestehend, „von keinen [anderen] *ewigen Wahrheiten*, als *unaufhörlich Zeitlichen*" zu wissen[6], hat „dem allgemeinen Geschwätze und schön aus der Ferne her, in die weite Welt hinein, zielenden Zeigefinger... nichts bessers als die genaueste Localität, Individualität und Personalität entgegen zu setzen"[7].

Wie genaueste Lokalität, Individualität und Personalität nun denkend wahrzunehmen sind, ohne einem Systemzwang zu verfallen, scheint ein unlösbares Problem zu sein. Man kann ihm jedoch zu begegnen suchen, indem man sich an den „Sitz im Leben" der Rede von Gott hält – an Primärzeugnisse wie die Confessiones Augustins oder Hamanns „Gedanken über meinen Lebenslauf", die Predigt einer neutestamentlichen Wundergeschichte, ein Morgenlied von Paul Gerhardt, einen Psalm. Man setzt dabei voraus, daß das Ganze sich im Einzelnen und Konkreten spiegelt[8].

Beziehen wir uns so genau und nah wie möglich auf Primärzeugnisse des Redens von Gott, dann dürfte die Gefahr am geringsten sein, reflektierend sich in reine Begriffe zu verlieren, die das Leben hinter sich gelassen haben – in gleichsam „abgeschiedene" Begriffe. Die Gefahr Systematischer Theologie ist die einer Abstraktion, in deren verallgemeinernder Bewegung das konkrete Datum und sinnliche Faktum aus dem Blick gerät.

Gleichwohl beziehen wir uns in der wissenschaftlichen Reflexion auf eine Predigt nicht predigend, auf ein Bekenntnis nicht unmittelbar bekennend, auf ein Lied nicht singend und auf einen Psalm nicht betend.

Und doch teilt der sich in den Blick bringende und in den Blick genommene Gegenstand der Theologie sich ihr als reflektierendem Tun mit. Es ist zu fragen, wie und in welchem Maße er dies tut. Die Theologie will ihn ja wahrnehmen und entspricht ihm dabei. Deshalb ist es für sie entscheidend, was sie als ihren Gegenstand in den Blick nimmt, vielmehr:

---

[6] J. G. HAMANN, Sämtl. Werke, hg. v. J. NADLER, 6 Bde, 1949–1957 (N mit folgender Band-, Seiten- und Zeilenzahl); N III, 303,36f (Golgatha und Scheblimini); vgl. 304,27 – 305,12 u. 311,37–40.
[7] N III, 352,23–26 (Entkleidung und Verklärung. Ein fliegender Brief an Niemand, den Kundbaren).
[8] Wie im Einzelnen das Ganze der Systematischen Theologie wahrzunehmen ist, versuchte ich in der Analyse zwar nicht einer Predigt, aber eines zu predigenden Textes beispielhaft zu zeigen mit: Sprachbewegung und Weltveränderung. Ein systematischer Versuch als Auslegung von Mt 5, 43–48 (in: O. BAYER, Zugesagte Freiheit. Zur Grundlegung theologischer Ethik [GTB 379], 1980, 60–76).

was als Gegenstand sich ihr in den Blick bringt, also nicht: was sie zum
Gegenstand macht, sondern was sich ihr als Gegenstand aufdrängt, unabweisbar nahelegt.

II

Wie läßt sich der Gegenstand der Theologie so ansprechen, daß er in
seiner Weite nicht vage und in seiner Bestimmtheit nicht eng erscheint? Er
läßt sich, was hier als These vertreten werden soll, nicht besser ansprechen
als in Luthers Kategorie der „promissio": der nicht primär futurisch,
sondern präsentisch verstandenen „Zusage".

In jeder Zusage Gottes wiederholt sich das Urwort seiner Selbstvorstel-
lung: „Ich bin euer Gott. Und darum seid ihr mein Volk." Solche Zusage
eröffnet dem Menschen eine verläßliche Gemeinschaft, in der er jetzt schon
inmitten aller Bedrohung frei sein kann: „Siehe, ich habe dir geboten, daß
du getrost und frei seist. Laß dir nicht grauen und entsetze dich nicht!" (Jos
1,9 – ein erlaubender, kein befehlender Imperativ.)

Solche Zusage ist nicht personalistisch abstrakt, sondern weltlich konkret zu verstehen. Denn sie läßt sich nicht anders als in der Verschränkung
von Bund und Schöpfung hören. Die Evangeliumspräambel des Dekalogs,
das sogenannte „erste Gebot", begegnet urgeschichtlich als jedem Menschen geltende Lebenszusage, mit der ihm Raum und Zeit, Geschichte und
Natur gewährt sind. Es ist das „erste Gebot": „Du sollst essen..." (Gen
2,16)

„Aber von dem Baum der Erkenntnis des Guten und Bösen sollst du
nicht essen; denn welches Tages du davon issest, wirst du des Todes
sterben." (Gen 2,17) Wie das Verbot, „andere Götter neben mir" zu haben
(Ex 20,3), schützt diese Todesdrohung die vorausgehende Freigabe und
Lebenszusage; Gott muß ich fürchten, wenn ich seiner Liebe nicht ver-
traue.

Jenseits dieser Furcht und Liebe, jenseits von Gnade und Gericht, Gesetz
und Evangelium, Glaube und Unglaube, Tod und Leben und dem, was der
Zusage Gottes in unbegreiflicher Weise widerspricht, ist weder von Gott
noch vom Menschen noch von der Welt zu reden.

Diese Grundthese der Theologie besagt nicht, daß das, was die genannten Paare konträrer Begriffe meinen, von vornherein jedem – etwa als
Urspannung alles Lebens und Menschseins – einsichtig und von ihm bloß
zu erinnern wäre. Auf das hin, was der Mensch „samt allen Kreaturen",
inmitten seines natürlichen und geschichtlichen Lebensraumes, ist, wird er

vielmehr so angesprochen, daß ihm sein Sein neu zugesprochen wird. Denn als der, der, sich zusagend, dem Menschen und der Welt immer schon zuvorgekommen ist, kommt Gott zur Welt und zum Menschen, indem er sich zusagt.

In dem weder nur erinnerten noch nur erfundenen[9], sondern zugesagten Zeit-Raum zu leben, heißt, „geschichtlich" zu leben. Auf diese Weise wahrgenommene „Geschichte" sperrt sich nicht nur dagegen, einer zeitlos systematischen Betrachtung unterworfen zu werden. Sie will ihrerseits das Kriterium jeder Ontologie und Logik sein. So verstanden, „ist ein historischer Plan einer Wissenschaft immer besser als ein logischer, er mag so künstlich seyn als er wolle"[10].

Kriterium ist „Geschichte" nicht nur für die Rede vom Menschen und von der Welt, sondern auch für die Rede von Gott. Denn Gott selbst hat seine Ewigkeit mit der Zeit ewig verschränkt – nicht nur in seiner Menschwerdung und seinem Tod am Kreuz, sondern ebenso als der Schöpfer, der die Kreatur durch die Kreatur anredet, und als der Geist, der durch unansehnlich partikulare, zeitliche Begebenheiten und Erzählungen tötet und lebendig macht.

III

Ist Systematische Theologie und mit ihr Theologie in allen Einzeldisziplinen Wissenschaft der im besagten Sinne verstandenen Geschichte, dann kann ihr Tun nicht darin bestehen, ein dieser Geschichte zuvor und voraus gedachtes Allgemeines zu suchen, um sie von ihm her verständlich zu machen oder gar zu rechtfertigen. So behaupten der junge Schelling und Hegel die Offenbarung als notwendige Idee, die sich ihrer geschichtlichen Verwirklichung voraus setze; der Vorrang der Idee der Inkarnation vor ihrem Ereignis in der Zeit sichere den allgemein gültigen philosophischen Aufweis der Wahrheit der Offenbarung[11]. Systematische Theologie als Wissenschaft der Geschichte verzichtet auf eine solche „rein wissenschaftliche Konstruktion" – einschließlich der in ihr beschlossenen Nötigung zum Versuch einer Theodizee.

---

[9] Zu dem damit angesprochenen Konstruktivismus vgl. des weiteren unten V (zur „historia activa").

[10] HAMANN, ZH I, 446,33f; an Kant 1759.

[11] Vgl. F. W. J. SCHELLING, Vorlesungen über die Methode des akademischen Studiums (1802 gehalten, 1803 erstmals veröffentlicht), 8. Vorlesung (Über die historische Konstruktion des Christentums) und 9. Vorlesung (Über das Studium der Theologie).

Statt dessen ist Theologie gekennzeichnet durch eine „bloß empirische Auffassung", sofern darunter das Hören, Lernen und Erfahren der durch die Zusage gewirkten Geschichte und das Leiden an dem, was der Zusage widerspricht, verstanden ist.

Zur Charakterisierung der Systematischen Theologie als Wissenschaft der Geschichte wurde eben schon auf Bestimmungen vorgegriffen, die Schleiermacher zur Entwicklung seines Theologiebegriffes gebraucht. Es dient der Verdeutlichung des Gesagten, wenn wir es mit Schleiermachers Theologiebegriff ausdrücklich vergleichen.

Schleiermacher versucht, eine Balance zu halten zwischen einer rein wissenschaftlichen Konstruktion einerseits und einer bloß empirischen Auffassung andererseits und kommt deshalb zu der doppelten Negation, daß „das eigentümliche Wesen des Christentums sich ebensowenig rein wissenschaftlich konstruieren läßt, als es bloß empirisch aufgefaßt werden kann". Mit der Negation dieser beiden Extreme gewinnt er den Spielraum, sich zwischen den negierten Extremen dialektisch zu bewegen, womit sich „das eigentümliche Wesen des Christentums" „nur kritisch bestimmen läßt":

> „Da das eigentümliche Wesen des Christentums sich ebensowenig rein wissenschaftlich konstruieren läßt, als es bloß empirisch aufgefaßt werden kann: so läßt es sich nur kritisch bestimmen (vgl. § 23) durch Gegeneinanderhalten dessen, was im Christentum geschichtlich gegeben ist, und der Gegensätze, vermöge deren fromme Gemeinschaften können voneinander verschieden sein."[12]

Für Schleiermacher kommt eine „bloß empirische Auffassung" nicht in Frage; in dieser Hinsicht folgt er Kant. Deutlich wird dies in der näheren Erklärung des § 21 der „Kurzen Darstellung": „Daß das Wesen des Christentums mit einer Geschichte zusammenhängt, bestimmt nur die Art dieses Verstehens näher..." Grundlegend ist damit letztlich doch, was bei Schleiermacher als „Philosophische Theologie" erscheint. Die empirische Auffassung kann nur die Art des von vornherein gegebenen und begründeten Verstehens „näher" bestimmen, aber nicht die Grundlegung selbst leisten.

Sucht man nicht, mit Schleiermacher, einen abgesehen von der Zusage Gottes schon bestehenden logischen Oberbegriff von Religion auf, um danach die differentia specifica christiana zu bestimmen, will man nicht mehr als eine „bloß empirische Auffassung" der durch die Zusage geschaf-

---

[12] F. SCHLEIERMACHER, Kurze Darstellung des Theologischen Studiums zum Behuf einleitender Vorlesungen, hg. v. H. SCHOLZ, 1961⁴, § 32.

fenen Geschichte, dann besagt dies zugleich, daß sich Theologie statt von vornherein als Glaubenslehre vornehmlich als Sprachlehre bildet[13].

IV

Als Sprachlehre bedenkt Systematische Theologie als Wissenschaft der Geschichte den Glauben von der ihn schaffenden Zusage her. „Denn Gott hat mit den Menschen nie anders zu tun gehabt noch hat er anders mit ihnen zu tun als im Wort der Zusage. Umgekehrt können wir mit Gott nie anders zu tun haben als im Glauben an das Wort seiner Zusage."[14]

Die den Zeit-Raum der Geschichte schaffende Zusage läßt den Menschen als Antwortenden existieren: im Glauben und Unglauben, im Lob und Fluch, in der Klage und Resignation. Keine dieser Existenzweisen verdankt und genügt sich selbst. Alle sind sie Wort als Antwort im Wortwechsel zwischen Gott und Mensch, nicht primär Momente eines Selbstgespräches und eines Selbstverhältnisses. Im Wortwechsel zwischen Gott und Mensch lebt die Klage der Gottverlassenheit eines Hiob, der sein im Dunkel und Unfaßbaren liegendes Gegenüber in Klage, Protest und Rechtsstreit nur deshalb anreden und herausfordern kann, weil es sich einst hat hören lassen und im Verborgenen hört. Und selbst noch ein Atheismus als resignierendes Verstummen setzt eine Anrede voraus, zu der er sich sprachlos im Widerspruch befindet.

Solcher Wortwechsel läßt sich weder mit Hegel in eine Dialektik des Geistes aufheben noch mit Kierkegaard in eine Existenzdialektik zurückführen; denn seine sprachliche Form ist ihm nicht äußerlich, sondern wesentlich. Er ist auch kein welt- und geschichtsloser Dialog eines vom Es der Natur und Kultur reinen Ich und Du; denn er umfaßt „Welt", erschließt und gestaltet sie. In seiner sprachlichen Form ist er zugleich Existenzweise und Weltbewußtsein.

Systematische Theologie als Sprachlehre achtet besonders auf die sprachlichen Formen wie Lob und Klage. Als Formenlehre ist sie eine Art Grammatik zur Sprache der ausgelegten Bibel, zur lebendigen und Leben schaffenden Stimme des Evangeliums. Sie intendiert primär nicht, wie Hegel, den „Begriff". Sie sucht auch nicht, wie Schleiermacher und Feuerbach, primär das „Motiv". Sie hebt vielmehr auf die „Form" ab.

---

[13] Vgl. weiter O. BAYER, Was ist das: Theologie? Eine Skizze, 1973; DERS., Umstrittene Freiheit (UTB 1092), 1981, 146f.
[14] Luther, De captivitate babylonica ecclesiae. Praeludium, 1520; WA 6, 516,30–32.

Damit nimmt sie die Arbeit der Formgeschichte auf, bringt die Einsicht Overbecks in die unauflösliche Verschränkung von literarischer Form und Lebensform, von Sprachgestalt und Sachverhalt zur Geltung und kann sich in diesem Zusammenhang nicht zuletzt auf soziologische Fragestellungen einlassen. Die Fruchtbarkeit einer formgeschichtlichen Fragestellung der Systematischen Theologie zeigt sich, wenn man etwa darauf achtet, wie die Geschichte der „Klage des Gerechten" – freilich durch entscheidende und für das Verständnis unserer gegenwärtigen Situation aufschlußreiche Verschiebungen hindurch – noch in der Philosophie Kants und Horkheimers wirkt und diese Philosophen in bestimmter Hinsicht zu Auslegern der Psalmen macht. (Auch philosophischen Texten ist die Form nicht äußerlich; man denke an die Dialoge Platons, die Meditationen Descartes' und die Aphorismen Nietzsches, Horkheimers und Adornos.)

Systematische Theologie als Formenlehre nimmt das Evangeliumsverständnis Luthers auf. Evangelium „heysset nichts anders, denn ein predig und geschrey von der genad und barmhertzikeytt Gottis, durch den herren Christum mit seynem todt verdienet und erworben, Und ist eygentlich nicht das, das ynn bûchern stehet und ynn buchstaben verfasset wirtt, sondernn mehr eyn mundliche predig und lebendig wortt, und eyn stym, die da ynn die gantz wellt erschallet und offentlich wirt außgeschryen, das mans uberal hôret."[15]

Man kann solches Verständnis nicht festhalten, ohne auf das Leben schaffende Evangelium das tötende Gesetz zu beziehen und beides voneinander zu unterscheiden. Die ins Auge gefaßte Formenlehre wird in der ganzen von ihr zu bedenkenden Vielfalt der Formen und deren Beziehungen zueinander als Kriterium ständig die Unterscheidung von Gesetz und Evangelium im Blick behalten müssen. Das macht sie in unverwechselbarer Weise zur Theologie.

Worin sich die reformatorische Unterscheidung von Gesetz und Evangelium von anderen Paaren konträrer oder komplementärer Begriffe wie „Vernunft und Offenbarung" oder „Natur und Gnade" unterscheidet, ist, daß sie in eigentümlicher Schärfe und unverwechselbarer Gestalt jenes Problem bedenkt, das mit der Entgegensetzung von Lehre und Leben höchst unzureichend bezeichnet ist. Es geht dabei um Leben und Tod. Das Kognitive ist dabei eingeschlossen; auf die Vernunft aber ist die Existenz nicht gegründet – was für das Geschichtsverständnis besagt, daß keine Theodizee durchzuführen ist.

---

[15] Luther, Vorrede zur Auslegung des 1. Petrusbriefes, 1523; WA 12, 259,8–13.

Glaube und Religion gründen nicht in der „Sphäre unserer Erkenntnis-kräfte, welche alle zusammengenommen, den zufälligsten und abstrac-testen modum unserer Existenz ausmachen"[16]. Deshalb kann die Religion nicht auf den Begriff gebracht werden. Die „Form der Sinnlichkeit... läßt sich nicht vom Inhalt der Religion absondern, ohne sie selbst aufzuheben; sie ist der Religion absolut wesentlich."[17] Daher ist zu streiten gegen den „falschen theologischen Idealismus, der die Religion für gleichgültig hält gegen ihre eigenthümlichen Formen"[18].

Es ist freilich zu bedenken, daß die Theologie als Reflexion sich zu dem Geschehen von Evangelium und Gesetz so verhält wie die Grammatik zur lebendigen, gesprochenen Sprache. Theologie als Formenlehre kann zwar theoretisch festhalten, daß Evangelium und Gesetz schon in der mündli-chen Art ihrer Begegnung sich charakteristisch voneinander unterscheiden und daß beide die jeweils verschiedene Mächtigkeit und Wirkweise des in zweierlei Gestalt begegnenden Wortes Gottes, nicht etwa primär subjek-tive Verstehensweisen sind. Ist es aber so, daß in dieser Begegnung Gott selbst uns Menschen tröstet und erschreckt, lebendig macht und tötet, tötet, um lebendig zu machen, dann entzieht sich die Begegnung als solche einer formgeschichtlichen Erfassung und Feststellung des sprachwissen-schaftlich arbeitenden Theologen wie einer entsprechenden Manipulation des Predigers. Indem sie gedacht wird, wird sie nicht schon erfahren; indem sie homiletisch geplant und ins Werk gesetzt wird, widerfährt sie nicht schon. Entsprechend anerkennt Theologie ihre Grenzen, ohne inner-halb dieser Grenzen aufhören zu müssen, Formenlehre zu sein.

So sehr mit der Unterscheidung von Gesetz und Evangelium ein Lebens-phänomen im Blick ist, so wenig kann dies in einem allgemeinen lebens-philosophischen, existentialistischen oder lebensweltlichen Sinn ausgewie-sen werden. Die Unterscheidung von Tod und Leben, von Glaube und Unglaube, Gesetz und Evangelium ist nicht auf eine allgemeine Zweideu-tigkeit und Urspannung des Menschseins zurückzuführen.

V

Zur Radikalität und der bei aller Weite gewahrten Präzision gehört wesentlich, daß eine an der Unterscheidung von Gesetz und Evangelium

---

[16] S. u. Anm. 43.
[17] L. Feuerbach, Vorwort zu Bd. I der GA seiner Werke, 1846, XIII.
[18] F. Overbeck, Über die Christlichkeit unserer heutigen Theologie, (1873) 1963, 35.

orientierte Theologie mit Gründen darauf verzichtet, eine ihr logisch
vorausliegende – einen Oberbegriff bildende – und im Gegensatz von
Sünde und Gnade immer mitgesetzte Einheit vorauszusetzen. Damit wäre
die konkrete Situation des handelnden und leidenden Menschen überspielt:
die Situation des *homo peccator* angesichts des *Deus iustificans*.

Doch selbst dann, wenn man keine fundamental*anthropologische* ontologische Einheit wie das „Gefühl schlechthinniger Abhängigkeit" (Schleiermacher) annimmt, ist zu fragen, ob der Christ und Theologe nicht die
Einheit *Gottes* bekennen und – entsprechend – denken muß. Bekennen muß
er sie im Sinne von 1Kor 8,6 und des Rechtsstreites Jahwes mit den anderen
Göttern bei Deuterojesaja und in dem Gebet der Jesaja-Apokalypse: „Es
herrschen wohl andere Herren über uns als du; aber wir gedenken doch
allein dein und deines Namens." (Jes 26,13) Die im Bekenntnis angesprochene Einheit Gottes läßt sich nur glauben, nicht denken – wenn letzteres
heißt, die Einheit Gottes als eine Idee im Erinnerungs- und Hoffnungs-
schatz der Erkenntnis zu besitzen, um sie nach Belieben hervorholen zu
können.

Die Einheit Gottes ist nicht als Idee erinnerbar oder konstruierbar,
sondern faktisch umstritten. Auch das Denken kann über diese Situation
des Konfliktes und Kampfes nicht hinausgehen. Die Unterscheidung von
Gesetz und Evangelium läßt sich nicht auf die Idee der Einheit beider hin
überfliegen.

Nur in solchem Zusammenhang von Leben und Tod, Gericht und
Gnade kann in einem theologisch verantwortlichen Sinn von „Geschichte"
gesprochen werden. Tut man es nicht, so muß man, will man nicht
naturähnliche Kreisläufe annehmen oder in Skepsis und Melancholie ver-
sinken, die Idee einer Gesamtgeschichte bilden und von einer Sinntotalität
reden, auf die hypothetisch vorzugreifen ist – wobei freilich alles Eschatologische formalisiert und dem neuzeitlichen Projektions- und Hypothesen-
begriff untergeordnet wird.

Redet man im Zusammenhang von Leben und Tod, Gericht und Gnade,
Gesetz und Evangelium von Geschichte, dann ist man, weil nicht fixiert
auf die Frage nach der *Einheit*, auch nicht fixiert auf die Frage nach einem
Subjekt; beide Fragen rufen sich wechselseitig.

Die Frage nach der Einheit und dem Subjekt der Geschichte hält das
neuzeitliche Denken über die Geschichte und zugleich ihre Erfahrung seit
der Mitte des 18. Jahrhunderts in Bewegung – ob man nun die Geschichte
als transzendental konstituiert oder als dialektischen Prozeß denkt und den
Weltgeist, die Menschheit, die Klasse, das Volk oder die Gesellschaft als
Subjekt unterstellt.

Selbst noch Habermas, der die Problematik erkennt und sich gegen die Rede vom Quasi-Subjekt der Geschichte wendet, braucht bei aller Kritik an der Unterstellung eines Subjekts und beim Versuch, sie zu vermeiden, einen Ersatz: das kommunikative Apriori als Bedingung der Möglichkeit dafür, daß komplexe Gesellschaften zu einer vernünftigen Identität finden.

Die metaphysische Frage nach der Einheit und die ihr korrespondierende nach dem Subjekt lassen sich nicht vermeiden; sie entspringen dem urmenschlichen Drang, den Widrigkeiten und Sinnlosigkeiten der Welt durch die Vorstellung eines Einheitsbegriffs zu begegnen und das Sinnlose sinnvoll zu machen. Aus der unvermeidlichen Frage ergibt sich freilich keineswegs unvermeidlich, eine ihr entsprechende Antwort zu finden und die offene Wunde zu schließen.

Die offen zu lassende Wunde schließt sich beispielsweise dem, der den Glauben „an eine in der Geschichte waltende und sich fortschreitend offenbarende Vernunft" teilt, für den die Geschichte kein „reines Chaos" ist, „sondern aus einheitlichen Kräften hervorgehend einem einheitlichen Ziele zustrebt"[19].

Sahen altorientalische wie griechisch antike Weltauffassungen das Chaos an die Ränder verbannt und in der Mitte einen durch die Weisheit und den Logos geordneten Kosmos etabliert, so wird bei Hegel das Chaos und die Negation integriert und gerade zum Motor der Geschichte. Des weiteren werden der Glaube und die Hoffnung, daß „denen, die Gott lieben, alle Dinge zum Besten dienen" (Röm 8,28), schon „begriffen" und als Wissen ausgegeben. Ein umgestülpter Hegel ist Adorno. Für ihn sind alle Versuche, durch das Negative und Widrige hindurch das Ganze als sinnvoll zu rechtfertigen, erledigt. „Das Ganze ist das Unwahre."[20]

Hat die Theologie mit Adorno und Horkheimer jeder Beschwörung eines „höchsten Wesens", eines als Einheit der Wirklichkeit gedachten Gottes, einer hypothetisch angenommenen Sinntotalität, auf die ständig vorgegriffen werde und vorzugreifen sei, zu widersprechen, so ist sie durch solchen Widerspruch keineswegs gezwungen, die allen Menschen gemeinsame Erfahrung des Leidens zu verabsolutieren und sie zur negativen Metaphysik eines gleichsam „tiefsten Wesens" totaler Negativität zu runden. Kein Begriff einer Einheit der Geschichte ist zu verantworten – auch kein negativer.

In Adornos negativem Begriff einer Einheit der Geschichte lebt die

---

[19] E. Troeltsch, Über historische und dogmatische Methode in der Theologie (1898; GS II, 1913, 729–753), 746f.

[20] S. o. Anm. 3.

verzweifelte Hoffnung, daß „die vollendete Negativität, einmal ganz ins Auge gefaßt, zur Spiegelschrift ihres Gegenteils" zusammenschieße[21]. Indem diese Hoffnung sich in reiner „Forderung"[22] dessen, was sein soll, ausspricht, gehört sie zu den Formen einer historia activa, die, vor allem seit Kant, immer wieder den Formen einer historia contemplativa entgegengesetzt oder, wie im Marxismus, mit ihnen verbunden wurden.

Der historia activa geht es primär nicht darum, die Einheit der Geschichte zu betrachten, sondern sie – etwa unter der regulativen Idee der Freiheit – herzustellen, Geschichte zu machen. Der Mensch ist sich und seine Welt ihm unendliche Aufgabe. Betrachtung und Erforschung der Geschichte sind dabei nur dann gerechtfertigt, wenn sie unter der aus moralischer Entschlossenheit kommenden Zielsetzung die jeweils gegenwärtige Situation erhellen, damit deutlich wird, was zu verändern und zu verwirklichen ist. Man hält dann Ausschau nach „progressiven" Tendenzen in der Geschichte, die von den „repressiven" unterschieden werden.

Von der historia activa und der historia contemplativa hebt sich scharf eine dritte ab. Sie entspricht Luthers Theologie, die weder spekulativ noch moralisch, sondern praktisch im Sinne der vita experimentalis sein wollte: Theologie als Erfahrung, wie sie in oratio, tentatio und meditatio gemacht wird. Vivendo, immo moriendo et damnando fit theologus, non intelligendo, legendo aut speculando[23]. Begegnung mit der Geschichte vollzieht sich dann nicht in einem Selbstgespräch des Geistes, in dem der Karfreitag begriffen wäre, sondern als widerständig wirkliches Lernen durch Leiden: „παθήματα, vera μαθήματα"[24]. Solches Lernen liegt weder in reiner Anamnese noch in reiner Konstruktion. Es geschieht vielmehr im Hören auf die sprachlich-geschichtlich sich mitteilende Wahrheit, in dem man sich auf die Geschichte der Natur und der Menschen einläßt und dabei leidet.

Dieses Verständnis von Geschichte im Unterschied zur historia contemplativa und activa „historia passiva" zu nennen, mag sich zwar nahelegen, wäre aber mißverständlich, weil damit der springende Punkt verdeckt werden könnte: die Verschränkung von Leiden und Handeln.

Anders als in der Verschränkung von Mitleid und Empörung im Sinne der Marx, Kant und Schopenhauer aufnehmenden Kritischen Theorie geschieht leidendes Handeln und handelndes Leiden als solche Geschichte,

---

[21] AaO (s. Anm. 3) 334.
[22] Ebd.
[23] Luther, Operationes in Psalmos (zu Ps 5,12), 1519f; WA 5, 163,28f = AWA (s. o. S. 96 Anm. 25) II, 1981, 296,10f.
[24] HAMANN, „Letztes Blatt" (1788). Vgl. O. BAYER u. CHR. KNUDSEN, Kreuz und Kritik. Johann Georg Hamanns Letztes Blatt. Text und Interpretation, 1983, IV.3.

die „Menschenwerk und Gotteswerk zugleich"[25] ist. Konstitutiv dafür ist das Verständnis der Welt und Geschichte als Schöpfung; mit ihm gerät die Eschatologie nicht unter den Zwang des „Prinzips Hoffnung" und in den Sog einer historia activa[26].

In der Geschichte Gott als Schöpfer am Werk zu wissen und sie als Gotteswerk und Menschenwerk zugleich zu verstehen, besagt nicht, „das Walten Gottes mit dem diesseitigen Geschehen in Einklang" zu bringen, wie Horkheimer, wohl Hegels Theodizee[27] vor Augen, dem Protestantismus als ganzem anlastet; „der Protestantismus führte den Weltlauf geradewegs auf den allmächtigen Willen zurück"[28]. Mit Luther ist vielmehr von Gottes „fremdem Werk" (Jes 28,21; 29,14) und seinem Maskenspiel zu reden – davon, daß „der wellt laufft und sonderlich seyner heyligen wesen sey Gottes mummerey, darunter er sich verbirgt und ynn der wellt so wunderlich regirt und rhumort"[29]. Sein unter dem Gegenteil verborgenes Handeln läßt sich nur in krasser Verkehrung der Intentionen Luthers als „List der Vernunft"[30] begreifen. An diesem Punkt wird in besonderer Weise deutlich, weshalb Hegels Aufhebung der Religion in den „Begriff" den von seiner sprachlichen Form nicht zu lösenden Sachverhalt in seiner Substanz nicht bewahrt, sondern zerstört. Gegen den unzugänglich fernen und zugleich zudringlich nahen Gott, der sich dir „in seinem Wort nicht definiert hat", vielmehr, „in Majestät verborgen, den Tod nicht beklagt und aufhebt, sondern Leben, Tod und Alles in Allem wirkt"[31], kann man sich nur an den durch die Christusgeschichte sich zusagenden Gott halten. Wer dies tut, hat darauf verzichtet, den Zusammenhang der in ihrer Härte, Kälte und Hitze unbegreiflichen Verborgenheit Gottes mit seiner den Tod beklagenden und Leben durch den Tod hindurch wirkenden Zusage zu begreifen.

---

[25] R. SCHWARZ, Die Wahrheit der Geschichte im Verständnis der Wittenberger Reformation (ZThK 76, 1979, 159–190), 183 (im Bezug auf Luthers berühmte Auslegung von Ps 127; s. u. Anm. 29). Vgl. den Zusammenhang 182–189 und weiter die 182 Anm. 62 genannte Literatur.

[26] An die in der gegenwärtigen Theologie weithin vergessene eigentümliche Verschränkung von Schöpfungslehre und Eschatologie, wie sie bei Luther zu lernen ist, erinnert M. SCHLOEMANN, Luthers Apfelbäumchen. Bemerkungen zu Optimismus und Pessimismus im christlichen Selbstverständnis (Wuppertaler Hochschulreden 7), 1976.

[27] G. W. F. HEGEL, Die Vernunft in der Geschichte, hg. v. J. HOFFMEISTER (PhB 171a), 1955[5], 48.

[28] M. HORKHEIMER, Gedanke zur Religion (1935; in: DERS., Kritische Theorie. Eine Dokumentation, hg. v. A. SCHMIDT, I, 1968, 374–376), 374.

[29] Luther, Der 127. Psalm ausgelegt an die Christen zu Riga in Liefland, 1524; WA 15, (348–379) 373,15–17.

[30] HEGEL (s. Anm. 27), 105.

[31] Luther, De servo arbitrio, 1525; WA 18, 685,21–23.

Zusammendenken, in Einklang bringen läßt sich im Blick auf diese offene Wunde schlechterdings nichts. Diese sich uns, solange wir unterwegs sind, nicht aufhellende Verborgenheit Gottes läßt sich auch nicht identifizieren mit seinem Zorn und seinem Gericht, die Gestalten seiner Liebe sind. Sie ist also auch nicht aus dem Unterschied und der Zusammengehörigkeit von Gesetz und Evangelium, Lebenszusage und darauf bezogener Todesdrohung zu verstehen und gedanklich aufzuheben.

Gibt sich Geschichte in dieser Weise zu leiden und zu lernen, dann kann die sie bedenkende Theologie keinen Begriff einer Einheit der Geschichte bilden. Ja, sie kann ihn gar nicht bilden wollen; sie hat – ohne daraus wiederum ein Prinzip zu machen – die Frage nach der Einheit der Geschichte offen zu halten.

Darin richtet sich Systematische Theologie als Wissenschaft der Geschichte sowohl gegen einen aus transzendentalphilosophischer Fragestellung folgenden – weil mit ihr schon gegebenen – Einheitsbegriff wie gegen den im Gefolge Hegels unternommenen Versuch, in trinitätstheologischer Spekulation auch das Böse verständlich zu machen und, es integrierend, zum dialektischen Begriff einer Einheit zu kommen. Das „leidige Kreuz der Induktion"[32] aus der Erfahrung nicht fliehend, teilt sie nicht nur die These Schleiermachers, daß „das eigentümliche Wesen des Christentums" sich nicht „rein wissenschaftlich konstruieren läßt", sondern will auch nicht „ihren Ausgangspunkt... über dem Christentum in dem logischen Sinne des Wortes nehmen"[33], um von ihm aus zu deduzieren. Sie erstrebt nicht mehr als eine „bloß empirische Auffassung"; sie ist Theologie der Anfechtung. „Denn allein die Anfechtung lehrt aufs Wort merken." (Jes 28,19)

VI

Die Frage nach der Einheit der Geschichte ist die Frage, was Geschichte eindeutig macht, was Ungewißheit beseitigt oder mit ihr und gegen sie leben läßt – angesichts eigenen Scheiterns oder des Todes ganzer Völker.

Dies läßt sich in die Frage zusammenfassen, wie denn überhaupt im Singular von „Geschichte" die Rede sein könne. Es ist, anders gewendet, die Frage, wie man ohne die substanzmetaphysische Vorstellung eines

---

[32] HAMANN, Entwurf zur „Metakritik über den Purismum der Vernunft" (1784), Fotokopie der Handschrift in der UB Münster (Sign.: G.I.64).
[33] SCHLEIERMACHER (s. Anm. 12), § 33.

„Subjektes" oder eines „Trägers" der Geschichte leben und denken kann – ohne jene zwanghafte Vorstellung, die auch die Theologie immer noch knechtet. Zugleich stellt sich die Frage, wie eine Trinitätstheologie, die diesem Zwang entkommt, so gefaßt werden kann, daß sie nicht spekulativ wird und sich nicht zu einer Theodizee verführen läßt.

Daß die Geschichte ein Prozeß ohne Subjekt ist, daß ihr kein Subjekt zugrunde liegt, das sie trägt, besagt nicht, daß sie wie eine Amöbe in dauernd wechselnde Gestalten und Beziehungskonstellationen, in Systeme, die sich ändern, zerfließt. Daß vielmehr im Wandel der Gestalten gleichwohl eine Kontinuität waltet, ohne daß der Geschichte – wie Proteus – die Kraft, sich selbst zu wandeln und ihre Wandlungen zu integrieren, innewohnte: das ergibt sich daraus, daß Gott der Autor der Weltgeschichte wie meiner Lebensgeschichte ist[34].

Als „Autor" ist Gott kein Subjekt im Sinne der Substanzmetaphysik und ihrer neuzeitlichen Folgegestalten. Positiv macht dieser Titel deutlich, daß Gott in seiner Aktion und Passion, in seiner Demut und Allmacht so Autor ist, daß er in Geschichten begegnet und sich durch sie hindurch zusagt. Die im Wortwechsel mit Gott lebende Welt und Menschheit hat ihre Geschichte darin, daß sie in Geschichten verflochten ist.

Als Sprachwissenschaft und Formenlehre teilt Theologie die anthropologische Grundbestimmung des Menschen als Wesen, das in Geschichten verflochten ist. Entscheidend ist freilich, woraus sich eine Gesamtperspektive ergibt, wie sich die Einzelgeschichten zu einer Gesamtgeschichte zusammenfügen. Dabei geht es um das „Prinzip", das den Bilderhaushalt organisiert und damit das ordnet, was nicht nur Erkennen und Handeln betrifft, sondern tiefer reicht und weiter greift, was uns zunächst und hauptsächlich in den Motiven und Bildern angeht, die bewußt oder unbewußt unser Verhalten steuern, die Richtung unseres Willens festlegen oder ändern können. Es kommt darauf an, wie es mit dieser Motivschicht, unserem Bilderhaushalt und in dieser Ökonomie mit der Stärke und Richtung der Affekte und Leidenschaften bestellt ist.

Mit der genauen Bestimmung dieses „Prinzips" ist zugleich der Unterschied zwischen allgemeiner Sprachwissenschaft, Anthropologie und Geschichte einerseits und christlicher Theologie andererseits zu treffen. Die Theologie ist darin Theologie, daß sie den menschlichen Bilderhaushalt im Zusammenhang jenes Geschehens bedenkt, in dem aus dem alten Menschen ein neuer Mensch wird und der neue sich zum alten verhält; sie

---

[34] Vgl. O. BAYER, Wer bin ich? Gott als Autor meiner Lebensgeschichte (ThBeitr 11, 1980, 245–261).

bedenkt den Tod des alten und das Leben des neuen Menschen; sie bedenkt das Evangelium als Zusage des Lebens, das durch die Todesdrohung des Gesetzes geschützt wird, und sie bedenkt das, was der Zusage des Lebens in unbegreiflicher Weise widerspricht und gleichwohl von Gott gewirkt ist.

Dabei entgeht dem Zwang einer Einheitsvorstellung nur, wer weder von einem Ursprung her noch auf ein Ziel hin, sondern aus einer gegebenen Mitte heraus denkt. Von einem Schlüsselereignis ist auszugehen, das die Bedeutung der vorausgehenden und folgenden Ereignisse erschließt und zugleich deren Vollendung vorgegeben sein läßt.

Damit das Ergriffensein von solcher Vollendung sich nicht zum selbstmächtigen und illusionären Vorgriff auf das Ende, der in nichts als eine undurchdringliche Nacht greift, verkehrt, muß ich gegenwärtig in den Mittelpunkt der ganzen Geschichte versetzt sein. Mit Hamann ist im poetischen Verfahren Homers ein Gleichnis des Redens und Handelns Gottes als Geschichte zu sehen. Der Ilias, die damit beginnt, daß Homer seinen Leser sofort in den Mittelpunkt der ganzen Geschichte versetzt, „wird unser Leben ähnlich, wenn eine höhere Muse den Faden desselben von der Spindel der ersten Schicksalsgöttin bis zur Schere der letzten regiert – – und in das Gewebe ihrer Entwürfe einträgt"[35].

Es geht also nicht etwa darum, mich selbst in die Mitte der darin zur Geschichte werdenden Geschichten zu setzen, um selbstbezogen Ursprung und Ziel zu zeitigen und in mich hineinzunehmen, oder darum, solche Mitte in mir immer schon vorzufinden – etwa als „unmittelbare Gegenwart des ganzen, ungetheilten... Daseins"[36]. Auch nicht darum, diese Mitte als „Augenblick" wahrzunehmen.

Die Mitte, in die ich versetzt bin, ist ein ganz *bestimmtes* Schlüsselereignis: das sich selbst mitteilende fleischgewordene Wort; „aller *philosophische* Widerspruch und das ganze *historische* Rätzel unserer *Existenz*, die undurch-

---

[35] ZH I, 360,36 – 361,2 (im Zusammenhang von 360,21 ff); Hamann an seinen Bruder, 5. 7. 1759.

[36] H. STEFFENS, Von der falschen Theologie und dem wahren Glauben. Eine Stimme aus der Gemeinde, 1823, 99 f. Vgl. F. SCHLEIERMACHER, Der christliche Glaube nach den Grundsätzen der evangelischen Kirche im Zusammenhange dargestellt, hg. v. M. REDEKER, I, 1960⁷, 17 (§ 3.2). Kierkegaard und Bultmann nehmen die Mitte als „Augenblick" wahr. Vgl. R. BULTMANN, Geschichte und Eschatologie, 1958, 184: „Derjenige, der klagt: ‚Ich kann keinen Sinn in der Geschichte sehen, und darum ist mein Leben, das in die Geschichte hineinverflochten ist, sinnlos', muß aufgerufen werden: ‚Schau nicht um dich in die Universalgeschichte; vielmehr mußt du in deine eigene persönliche Geschichte blicken. Je in deiner Gegenwart liegt der Sinn der Geschichte, und du kannst ihn nicht als Zuschauer sehen, sondern nur in deinen verantwortlichen Entscheidungen. In jedem Augenblick schlummert die Möglichkeit, der eschatologische Augenblick zu sein. Du mußt ihn erwecken.'"

dringliche Nacht ihres Termini a quo und Termini ad quem sind durch die *Urkunde* des *Fleisch gewordnen Worts* aufgelöset"[37].

Die Rede von der „Urkunde" macht in glücklicher Verbindung der Momente zugleich auf den schriftlich-definitiven wie auf den mündlich-lebendigen Charakter der auf leiblich-sprachliche Weise geschehenden Selbstmitteilung Jesu Christi aufmerksam. Als „Urkunde" verbürgt er die Wahrheit. „Wahrheit" wird damit nicht mehr, wie es langer und starker Tradition entspräche, im Sinne apriorischer Evidenz verstanden; sie rückt aus dem Bannkreis jener apodiktischen und rein anamnetischen Gewißheit, die ein kaltes Vorurteil für die Mathematik vor und hinter sich hat. Wahrheit ist nun die Wahrheit der historischen „Urkunde des Fleisch gewordnen Worts". So läßt sich „von keinen [anderen] *ewigen Wahrheiten*... als *unaufhörlich Zeitlichen*"[38] reden, weil deren Urkunde als „Geschichte" und „Erzählung" das Ende und „den Ursprung aller Dinge in sich hält; so ist ein historischer Plan einer Wissenschaft immer besser als ein logischer"[39].

Das Schlüsselereignis „des Fleisch gewordnen Worts" ist zwar ein ganz bestimmtes Ereignis, gleichwohl aber universal; es ist concretum universale. „Das im *Herzen* und *Munde* aller Religionen verborgene Senfkorn der *Anthropomorphose* und *Apotheose* erscheint hier in der Größe eines *Baums* des *Erkenntnißes* und des *Lebens* mitten im Garten..."[40]

In diesem Satz Hamanns und seinem unmittelbaren Zusammenhang liegt nicht weniger als das Programm einer insgesamt als *Religionsgeschichte* verstandenen Systematischen Theologie. Die Hauptmomente dieses Programms sind nun hervorzuheben. Dabei wird sich verstärken, was insbesondere zur Bedeutung der „Form" schon gesagt wurde.

VII

Systematische Theologie als Wissenschaft der Geschichte ist nicht erst sekundär, sondern konstitutiv *Religionswissenschaft*. Sie ist dies freilich nicht so, daß sie eine diffus allgemeine Religionswissenschaft voraussetzte, die „den Rahmen" bildete, „in welchem auch die christliche Theologie mit allen ihren Disziplinen ihren Ort finden muß"[41]. Vielmehr ergibt sich die in

---

[37] HAMANN, Zweifel und Einfälle..., 1776; N III, (171–196) 192,22–26.
[38] S. o. Anm. 6.   [39] S. o. Anm. 10 (Zl. 32–34).
[40] AaO (s. Anm. 37) 192, 19–22.
[41] PANNENBERG (s. Anm. 4), 364. Vgl. jedoch die wichtige Relativierung ebd. 421 f.

der Tat wichtige „Perspektive einer Weltgeschichte der Religionen"[42] allein aus der Mitte jenes concretum universale, das in unaufhebbarer Weise zugleich – freilich nicht in derselben Hinsicht – exklusiv wie inklusiv ist. Ja, gerade dadurch, daß es die diffusen Allgemeinheiten reiner Anamnese und reiner Konstruktion ausschließt, schließt es alles ein und schließt alles auf.

Es muß also nicht vorweg ein Oberbegriff von Religion gebildet und danach die differentia specifica christiana ermittelt werden. Vielmehr ist von der „Urkunde des Fleisch gewordnen Worts" als der gegebenen Mitte aus von vornherein auf das „im Herzen und Munde aller Religionen verborgene Senfkorn der Anthropomorphose und Apotheose" zu achten. Dies darf allerdings nicht, wie bei Hegel und dem jungen Schelling, zur zeitlosen und ihrer Verwirklichung vorausliegend gedachten Idee vertrocknen. Denn von der „Form" läßt sich nicht absehen. So liegt der springende Punkt auch nicht in einem abstrakt personalistischen Gegenüber von Gott und Mensch oder in einer Vermittlung, die im platonischen Gedanken abbildlicher Entsprechung sich bewegt. Die Vermittlung geschieht vielmehr im sinnlichen Medium der Vereinigung von Gottheit und Menschheit und der damit gegebenen leiblichen Nähe des Schöpfers zu uns Menschen. Die mit der Christusgeschichte kund werdende Ökonomie ist ja eine Ökonomie nicht primär des Gedankens, sondern der Bilder und des Mythos, des Leiblichen und Sinnlichen. Es liegt „der Grund der Religion in unserer *ganzen* Existenz und außer der Sphäre unserer Erkenntniskräfte, welche alle zusammengenommen, den zufälligsten und abstractesten modum unserer Existenz ausmachen. Daher jene *mythische* und *poetische* Ader aller Religionen, ihre Thorheit und ärgerliche Gestalt in den Augen einer heterogenen, incompetenten, eiskalten, hundemagern Philosophie..."[43]

„Unter allen Offenbarungen, deren die menschliche Seele oft mehr im Traum als bey wachendem Muthe fähig ist, hat keine einzige eine so innige, anschauende, fruchtbare Beziehung auf alle unbestimmte Fähigkeiten, unerschöpfliche Begierden, unendliche Bedürfniße und Leidenschaften unserer Natur, deren *physischer* Zusammenhang mit Himmel und Erde eben so abhängig als das *fleischliche* Band des *Lebens*, des *Geschlechts* und der *Gesellschaft* zu seyn scheint – Ja, kein einziger *Plan*, als der durch *Christum*, das *Haupt* und durch den *Leib* seiner Gemeine offenbart worden, erklärt die Geheimniße der höchsten, einzigsten, verborgensten und zur Mittheilung Ihrer selbst aufdringlichsten *Majestät*, dem ganzen *System der Natur* und *menschlicher Geselligkeit* analogischer, den *willkührlichsten Gesetzen* gesunder *Vernunft* und den *nothwendigsten Schlußfolgen* lebendiger *Erfahrung* gemäßer."[44]

---

[42] Ebd. 364.   [43] AaO (s. Anm. 37) 191,31 – 192,2.
[44] Ebd. 192,5–19.

Auf zwei Momente dieses dichten Textes ist besonders zu achten: auf das Moment des Sinnlich-Leiblichen und auf das des Sprachlich-Institutionellen, auf die Leibhaftigkeit des Wortes und die Worthaftigkeit des Leibes.

Nimmt Systematische Theologie als Wissenschaft der Geschichte nicht zuletzt diese beiden Momente wahr, dann ist sie nicht erst in der Folge ihres Ansatzes, in der Anwendung oder gar in einem Anhang, sondern von vornherein und durchgehend „Ethik" – freilich nicht im Sinne einer Fragestellung, die sich auf das Prokrustesbett des Schemas von „Theorie und Praxis" spannen läßt. Sie ist es in jener anthropologischen Tiefe und Weite, die sich vom Schlüsselereignis „der *Verklärung* der *Menschheit* in der *Gottheit* und der *Gottheit* in der *Menschheit*"[45] aus in der „Beziehung auf alle unbestimmte[n] Fähigkeiten, unerschöpfliche[n] Begierden, unendliche[n] Bedürfniße und Leidenschaften unserer Natur" und auf das „*fleischliche* Band des *Lebens*, des *Geschlechts* und der *Gesellschaft*" ergeben.

Die Verschränkung des Sinnlich-Leiblichen und Sprachlich-Institutionellen präsentiert sich jeweils als „Form", in der die soziale wie individuelle Existenzweise mit elementarer Welterfahrung verbunden ist. Die „Form" ist der Theorie wie der Praxis nicht nur impliziert, sondern bleibend vorausgesetzt und entsprechend von beidem zu unterscheiden.

Fragt Theologie vornehmlich nach der „Form" und geht sie dabei von der Zusage als der Urform aus, so ergibt solches Fragen im Blick auf die menschlichem Handeln und Leiden vorgegebene und zum Lernen befähigende Freiheit, daß diese im Kern weder die begriffene der historia contemplativa noch die postulierte der historia activa, sondern *zugesagte* Freiheit ist. Anthropologie und Ethik haben sie als Urdatum zu bedenken.

VIII

Theologie der Geschichte im dargestellten Sinne ist etwas völlig anderes als das, was Karl Löwith als „Geschichtstheologie" kritisiert hat[46]. Sie ist freilich auch nicht identisch mit dem Verständnis des Kosmos und der Natur, in die Löwith sich in seiner Skepsis gegenüber der Geschichtstheologie, ihren philosophischen Formen und Übersetzungen ins Politische – wenn nicht zurückzog, so doch – zurücksehnte.

Aus der Geschichte muß man nicht in die Natur fliehen. Denn die Natur

---

[45] Ebd. 192,30f.
[46] Vgl. in Kürze Löwiths Selbstzeugnis: Curriculum vitae (1959; in: K. LÖWITH, Sämtl. Schriften I, 1981, 450–462).

ist selbst Geschichte und wie diese ein Buch, das zwar versiegelt, aber von
jenem Schlüsselereignis, dem Christusgeschehen, „aufgelöst"[47] ist; es läßt
sich buchstabieren und „auslegen"[48].

Das besagt nicht, daß Welt und Geschichte durchsichtig geworden sind
und der betrachtende Geist erkennen kann, daß es in ihnen „vernünftig
zugegangen ist"[49]. Aber ein eigentümlicher Lebensmut – jenseits von
Optimismus und Pessimismus – ist erschlossen, in dem auch die Unge-
duld, Anmaßung und Illusion der historia activa überwunden ist. „Wenn
morgen die Welt unterginge, pflanzte ich heute noch ein Apfelbäumchen!"[50] In dieser Verschränkung von Schöpfungsglauben und Hoffnung
auf den Untergang der Welt als auf den endgültigen Sieg der Gnade[51]
werden Fragmente nicht gerundet, Verwerfungen nicht als notwendig
begriffen, Widriges nicht als letztlich sinnvoll betrachtet. Schuld und
Vergebung sind nicht weltimmanent verknüpft; Kontinuität wird allein
von der Treue dessen erwartet, der das Werk seiner Hände nicht fahren
läßt. Man ist dann dem Zwang entronnen, über sich und andere letzte
Urteile zu sprechen oder die Weltgeschichte als das Weltgericht zu denken.
Auch muß man dem gegenwärtigen Zwielicht zwischen Schöpfung und
Eschaton nicht in die angebliche Klarheit einer Hoffnung besserer Zeiten
innerweltlicher Geschichte entfliehen. „Wenn Seine Zukunft gleich einem
Diebe in der Nacht seyn wird: so vermögen weder politische Arithmetiken
noch prophetische Chronologien Tag zu machen..."[52]

In der Skepsis gegen pietistisches Heiligungsstreben und aufklärerisches
Fortschrittsdenken einer historia activa gilt es, durch die Unterscheidung
von Gesetz und Evangelium bestimmt in der Geschichte zu leben. „Diese
zwo Predigten seind von Anfang der Welt her in der Kirchen Gottes
nebeneinander je und allwege mit gebührendem Unterscheid getrieben
worden" und sind „für und für bis an das End der Welt... zu treiben"[53].
Ihre Unterscheidung läßt sich nicht in monistischer Gewalttätigkeit erledigen, solange der neue Mensch „nicht vollkommen, sondern nur angefangen" ist[54]. Als voneinander unterschiedene und zu unterscheidende gehören
Gesetz und Evangelium „in dies unvollkommen Leben"[55]. Erst mit dem

---

[47] Vgl. o. Anm. 37.
[48] HAMANN, ZH I, 450, (12–20) 17f; an Kant 1759.
[49] HEGEL (s. Anm. 27), 28.   [50] Vgl. o. Anm. 26.
[51] Vgl. Did 10,6.
[52] HAMANN, ZH IV, 315,3–5; an J. C. Häfeli, 22. 7. 1781 (gegen ZH ist „Arithmetiken" zu
lesen: FR. ROTH, Hamann's Schriften, 7 Bde, 1821–1825, VI, 199). Hamann trifft Kants
Chiliasmus.
[53] FC V (Sol. Decl.); BSLK 959,33 – 960,1 und 960,23–26.
[54] FC VI (Epit.); BSLK 794,16f.   [55] FC VI (Sol. Decl.); BSLK 969,28.

Jüngsten Tag wird ihre Unterscheidung in die Einheit beider aufgehoben sein.

Der betrachtende Geist einer historia contemplativa sieht sich in seinem Enthusiasmus des (Er-) Innerlichen zu dieser Einheit schon erhoben und weiß deshalb vom „Sinn" der Geschichte zu reden. Brüche und Widersprüche sind dann überspielt. Die schmerzende Differenz zwischen der Zusage des Lebens und dem, was ihr widerspricht, ist – jedenfalls gedanklich – aufgehoben. Die Leidenschaft der Klage, die diese Differenz wahrnimmt, erlischt und weicht „der leidenschaftslosen Stille der nur denkenden Erkenntnis"[56].

Die Theologie dagegen anerkennt nicht zuletzt in ihrer Rede vom Eschaton die konstitutive Bedeutung der Leidenschaft, Sinnlichkeit und Leiblichkeit. Sie hebt die „Form" nicht auf, sondern denkt ihr nach. Sie bedenkt vor allem Klage und Lob – das Lob des definitiv menschlichen Gottes, der in seine durch leibliche Vermittlung konkret gewährte Gemeinschaft jeden hineinnehmen, alles heimholen will.

---

[56] HEGEL, Vorrede zur 2. Ausgabe der „Wissenschaft der Logik" (1831); G. W. F. HEGEL, Werke, 20 Bde, 1969–71, V, 34.

Die Hoffnung des Glaubens und die Verantwortung der Welt

Überlegungen zum Verhältnis von Eschatologie und Ethik

Martin Honecker

I

Die Weltkirchenkonferenz in Uppsala leitete 1968 aus dem Motto „Siehe, ich mache alles neu" (Apk 21,5) ein Programm christlicher Weltgestaltung und Handlungsorientierung ab: „Im Vertrauen auf Gottes erneuernde Kraft rufen wir euch auf: Beteiligt euch an dieser Vorwegnahme des Reiches Gottes, und laßt heute schon etwas von der Neuschöpfung sichtbar werden, die Christus an seinem Tag vollenden wird."[1] Christliche Ethik hat nach dieser Anschauung als ihren spezifisch christlichen Beitrag die Hoffnung des Glaubens umzusetzen in gesellschaftsveränderndes Handeln. Damit ist die Frage nach dem Verhältnis von Eschatologie und Ethik, genauer von Eschatologie und Sozialethik gestellt. Diese Fragestellung findet sich vielfach als fundamentaltheologisches Thema in Grundsatzüberlegungen evangelischer Sozialethiker, die christliches Handeln von weltlichem Handeln unterscheiden mit Hilfe der Ausrichtung christlicher Ethik an der Zukunft des Reiches Gottes, welche von Christen je und dann in dieser Welt vorwegzunehmen ist. Neben dem religiösen Sozialismus, vertreten durch Leonhard Ragaz[2] und Paul Tillich[3], ist an Heinz-Dietrich Wendlands[4] universaleschatologischen Ansatz evangelischer Sozialethik zu erinnern. Die unlösbare Verknüpfung von Eschatologie und Ethik hat programmatisch Jürgen Moltmann postuliert. Unter dem Eindruck des

---

[1] Bericht aus Uppsala 1968, hg. v. N. GOODALL, 1968, 1 (Botschaft der 4. Vollversammlung des ÖRK).

[2] A. LINDT, Leonhard Ragaz, 1957; H. U. JÄGER, Ethik und Eschatologie bei Leonhard Ragaz, 1971; M. HONECKER, Konzept einer sozialethischen Theorie, 1971, 74 ff; M. J. STÄHLI, Reich Gottes und Revolution, 1976.

[3] P. TILLICH, Systematische Theologie III, 1966, 341 ff; E. ROLINCK, Geschichte und Reich Gottes, 1976; H.-D. WENDLAND, Der religiöse Sozialismus bei Paul Tillich (in: DERS., Die Kirche in der revolutionären Gesellschaft, 1967, 208–235).

[4] H.-D. WENDLAND, Die Kirche in der revolutionären Gesellschaft, 1967 (dazu: M. HONECKER, ThPr 5, 1970, 165–172); DERS., Einführung in die Sozialethik, 1971².

„Prinzips Hoffnung" von Ernst Bloch und vor allem von dessen Kritik an einem quietistischen, zur Passivität verführenden Christentum hat Moltmann die gesellschafts- und kirchenkritische Position in praktischer Hinsicht rezipiert, freilich zugleich dessen theoretische Begründung weltverändernder Praxis im Atheismus zurückgewiesen.

Moltmann zieht aus seinem Verständnis von Verheißung, Hoffnung und Zukunft als der Grundaussage und Mitte christlichen Glaubens die Folgerung, Eschatologie sei „Tendenzkunde der Auferstehung und Zukunft Christi"[5]. Bei Bloch steht an der Stelle der Zukunft Christi die Latenz-Tendenz prozessualen Nichts der Materie und die objektiv-reale Möglichkeit der Utopie als „Realzustand der Unfertigkeit"[6]. Moltmann lehnt es zwar entschieden ab, wie Bloch die „Hypostase" Gott im Ideal eines Reiches ohne Gott aufzuheben[7]. Aber er macht sich Blochs praktische Absicht zu eigen, das Potential der Zukunft einzubringen in die Aufgabe der Ethik. Christliche Ethik ist darum „die Aufgabe praktischer Eschatologie oder eschatologischer Praxis". „Ethik wird ... zur Geschichtswissenschaft nach vorne." Die Ethik des Christen, die sich dem Novum Christi und der Zukunft des Reiches Gottes verpflichtet weiß, „muß darum die Gestalt einer praktischen Wissenschaft von der Zukunft sein, eine Möglichkeitswissenschaft und ein Veränderungswissen"[8]. Moltmann gewinnt aus dieser Umsetzung von Eschatologie in ethische Programmatik bekanntlich sein revolutionäres Pathos, so wenn er beispielsweise die Auferstehung „die Eröffnung des Möglichen aus dem für Mensch und Welt Unmöglichen" nennt und die Dialektik der Hoffnung überträgt in eine Dialektik des Engagements, in der „anastasis stasis begründet, resurrectio zur Revolution des Bestehenden führt und Auferstehung den Aufstand gegen Elend, Schuld und Tod ins Leben ruft"[9]. In den Chiffren „Exodusgemeinde"[10], „Antizipation", „messianische Vermittlung"[11] ist diese eschatologische Begründung christlichen Ethos zu Schlagworten geronnen. Bei Y. Spiegel reduziert sich die Eschatologie als Kennzeichen theologischer Sozialethik auf Impulse zu radikaler Gesellschaftsveränderung, auf die Legitimation engagierter Parteilichkeit zugunsten progressiver Grundwerte wie Gleich-

[5] J. MOLTMANN, Theologie der Hoffnung (abgek.: ThdH), 1977[10], 177.
[6] E. BLOCH, Philosophische Grundfragen I: Zur Ontologie des Noch-Nicht-Seins, (1961) (GW XIII), 1970, 219.
[7] MOLTMANN, ThdH, 201.
[8] J. MOLTMANN, Die Kategorie „Novum" in der christlichen Theologie (1965; in: DERS., Perspektiven der Theologie, 1968, 174–188), 183.
[9] Ebd. 186.
[10] MOLTMANN, ThdH, 280ff.
[11] J. MOLTMANN, Kirche in der Kraft des Geistes, 1975, 216.

heit, Erfüllung von Bedürfnissen, Solidarität[12]. Das Christliche in der Sozialethik ist hier das Potential der Utopie. Die Reich-Gottes-Hoffnung ist damit letztlich nichts anderes als die Verschlüsselung radikaler utopischer Hoffnung. Radikale utopische Hoffnung enthält als Zielvorstellungen handlungsorientierte Entwürfe wie „klassenlose Gesellschaft", „herrschaftsfreie Kommunikation"[13], „Aufhebung der Beherrschung und Ausbeutung von Menschen durch Menschen"[14]. „Diese Zielvorstellungen, die ich aus theologischen Gründen als Endzeitvorstellungen bezeichne, tragen utopischen Charakter; sie sind als solche nicht zu realisieren und bedürfen progressiver Wertvorstellungen, die diese Endzeitvorstellungen für die gegenwärtige Gesellschaft interpretieren und damit lebbar und erhoffbar machen."[15] Eschatologie dient hier gleichsam nur als religiöses Vehikel von Gesellschaftszielen. Darin realisiert sich und erschöpft sich zugleich ihre Funktion für den christlichen Glauben.

Von Anfang an hat freilich diese Beanspruchung der Eschatologie für die christliche Ethik Widerspruch erfahren. G. Sauter hat an Moltmanns „Theologie der Hoffnung" in dieser Hinsicht Kritik geübt, wenn er ihm vorhält, Moltmann treibe „angewandte Eschatologie" und dies führe letztlich zu einem „praktischen Gottesbeweis" durch die christliche Praxis der Weltveränderung[16]. Theologie könne damit in „Futurologie" umschlagen, „was ganz gewiß nicht Aufgabe christlicher Eschatologie ist"[17]. Die Denkweise utopischen Bewußtseins behauptet nämlich den unbedingten Vorrang der Zukunft vor der Gegenwart und somit der Kategorie Möglichkeit vor der Faktizität der Wirklichkeit. H.-G. Geyer befürchtet die Verwandlung theologischer Eschatologie „in utopisierende Identitätsphilosophie"[18] und äußert den „Verdacht einer Konditionalisierung der Zukunft Jesu Christi" durch die guten Geschichtswerke der Christen[19]. Solche Befürchtungen legen sich aufgrund der nicht nur semantischen Nähe dieser Interpretation christlicher Eschatologie zur Hoffnungsphilosophie Blochs nahe. Das Insistieren darauf, daß die noch ausstehende Zukunft nicht die Potentialität des Menschen, sondern die Zukunft Gottes sei, vermag der Verwandlung von christlicher Eschatologie in atheistische Zukunftshoffnung der Utopie des Humanum allein nicht zu begegnen. Man wird vielmehr

---

[12] Y. Spiegel, Hinwegzunehmen die Lasten der Beladenen, 1979, 117 ff.
[13] Ebd. 82.   [14] Ebd. 87.   [15] Ebd. 15.
[16] G. Sauter, Angewandte Eschatologie (in: W. D. Marsch, Diskussion über die „Theologie der Hoffnung", 1967, 106–121), 107 f.
[17] Ebd. 112.
[18] H.-G. Geyer, Ansichten zu Jürgen Moltmanns „Theologie der Hoffnung" (in: Marsch [s. Anm. 16], 40–80), 80.
[19] Ebd. 75.

fragen müssen, ob sich die „dogmatische" Differenz zwischen Glauben und
Unglauben nicht auch in einer ethischen Differenz der Einstellung zur Welt
und ihrer Veränderbarkeit zeigen muß. Das Marx-Wort, es gelte die Welt
nicht zu interpretieren, sondern zu verändern, läßt sich dann freilich nicht
in der Weise Moltmanns umformulieren: „Für den Theologen geht es nicht
darum, die Welt, die Geschichte, das Menschsein nur anders zu interpretieren, sondern sie in Erwartung göttlicher Veränderung zu verändern."[20]
Denn die theologisch notwendige Unterscheidung von „Gott-Möglichem"
und „Menschen-Möglichem" kann, wie R. Schaeffler zutreffend herausgestellt hat, nicht bloß formal bleiben[21]. Bloße formale Aufnahme des
Begriffs der „Veränderung" als Ziel christlichen Handelns läßt immer noch
den Inhalt des Veränderns unbestimmt. Diese formale Bestimmung der
christlichen Aufgabe als „Veränderung" ist nach Schaeffler „der Grund
dafür, daß Moltmann, der hinsichtlich der theoretischen und historischen
Vermittlung zwischen absoluter Hoffnung und erfahrbarer Weltrealität
sich so deutlich gegen Ernst Bloch abgesetzt hat, sich hinsichtlich ihrer
praktischen Vermittlung mit Bloch weitgehend einig weiß"[22].

Eine derartige Zustimmung zur Praxis der Veränderung führt jedoch
nicht nur zur Verwischung der theologisch unverzichtbaren Unterscheidung von absoluter Zukunft Gottes und relativer Zukunft des Menschen,
mithin der eindeutigen Differenzierung zwischen Eschatologie und Utopie. Tillich schärfte diese Differenz ein, wenn er warnt: „Nur Narrenhoff-
nung kann auf letzte Erfüllung in unserer Welt hoffen."[23] Vielmehr nötigt
sie sehr viel grundsätzlicher zur Frage, ob auf dieser Grundlage überhaupt
eine Ethik möglich ist und Ethik sich nicht überhaupt auflöst in
Geschichtstheorie. Dabei tritt dann die Schöpfung völlig zurück, und es
gibt keine Kontinuität des zu bewahrenden Geschaffenen[24]. Das Geschaffene ist vielmehr das Sündige. Nur das noch Ungeschaffene, das Künftige
ist gut. Das Motiv der Gesellschaftskritik läßt sich somit zurückverfolgen
in die Eschatologie eines apokalyptischen Dualismus. Damit stellt sich die
Frage nach dem Verhältnis von Utopie und Ethik eben nicht nur als
theologisches Problem des Verhältnisses Gottes zur Zukunft, sondern auch
als philosophisches Thema der Beziehung von ethischer Verantwortung

---

[20] K. Marx, Thesen über Feuerbach (1845/46), 11. These; Moltmann, ThdH, 74.
[21] R. Schaeffler, Was dürfen wir hoffen? Die katholische Theologie der Hoffnung
zwischen Blochs utopischem Denken und der reformatorischen Rechtfertigungslehre, 1979,
139 f.
[22] Ebd. 140.
[23] P. Tillich, Das Recht auf Hoffnung (in: Ernst Bloch zu ehren, 1965, 265–276), 273.
[24] Vgl. Schaeffler, 145.

und Zukunft. Denn die Unterscheidung von „absoluter Zukunft Gottes" und „relativer Zukunft des Menschen" fordert nicht nur eine Unterscheidung zwischen Gott und Mensch als Subjekten des auf Zukunft bezogenen Handelns: Gottes Handeln läßt sich als „Schöpfung" und Heraufführen einer „neuen Schöpfung" verstehen. Das Handeln des Menschen richtet sich hingegen auf eingrenzbare Handlungsfelder. Die Unterscheidung der Subjekte des Handelns schließt darum eine Unterscheidung der Handlungsgegenstände und ihrer Dimensionen ein.

Zugleich ist festzuhalten, daß menschliches Handeln dem Anderen, dem Mitmenschen einsichtig zu machen ist. Es bedarf der intersubjektiven rationalen Vermittelbarkeit. Gottes Handeln betrifft hingegen eine andere Ebene des Verstehens: Es geht hier um den Glauben an den Sinn des Ganzen, an den Sinn des Lebens als solchen. Werden diese Ebenen nun nicht unterschieden, indem Eschatologie und Ethik oder atheistische Utopie und Ethik zusammengedacht werden, dann hat diese Vermischung zweier Verstehensebenen Folgen: Ethik wird zu einer Sache des (jeweiligen) Glaubens. Derjenige, der an die Utopie oder an die christlichen Vorstellungen von einer Weltzukunft glaubt, hat einen Erkenntnisvorteil. Der nicht um diese Identifikation Wissende ist im Nachteil. Anders gesagt: An die Stelle prinzipiell einsehbarer Argumente, wie sie eine kommunikative Ethik fordert, tritt das „richtige Bewußtsein" des Zukünftigen. Dieses Bewußtsein wiederum vermag sich durch den Verweis auf die Zukunft gegen eine Kritik seiner ethischen Anschauungen abzuschirmen.

II

Ernst Blochs Denken kreist von Anfang an um die Utopie. Der Mensch ist ein utopisches Wesen, subjektiv wegen der Präsenz des Noch-Nicht-Bewußten im Bewußtsein, objektiv aufgrund einer Ontologie des Noch-Nicht-Seins. Freilich: Die Utopie ist nicht nur das traumhaft Erahnte, Ungewisse, sondern sie ist Präsenz des Erzgewissen. Nur das kann als ausstehend erhofft werden, was schon erzgewiß ist und die Hoffnung ontologisch fundiert[25]. Die Präsenz des Utopischen ist deswegen auch der

---

[25] E. BLOCH, Verfremdungen I, 1962, 219 (Kann Hoffnung enttäuscht werden?, 1961). Vgl. zu Bloch: H. KIMMERLE, Die Zukunftsbedeutung der Hoffnung. Auseinandersetzung mit Ernst Blochs „Prinzip der Hoffnung" aus philosophischer und theologischer Sicht, 1966; DERS., Eschatologie und Utopie im Denken von Ernst Bloch (NZSTh 7, 1965, 297–315); A. JÄGER, Reich ohne Gott. Zur Eschatologie Ernst Blochs, 1969; H.-J. GERHARDS, Utopie als

Ansatzpunkt für Blochs Ethik. Ethik wurzelt bei ihm in Ontologie. Utopisches Denken setzt das erst künftig Erhoffte schon als realisierbar voraus. Diesen Zirkel von Erkenntnis und Wirklichkeit arbeitet A. Jäger als grundlegend für Blochs Ontologie heraus[26]. Ontologie wird zur Ontologie des dynamischen Seins im Werden. Freilich auch solche Ontologie steht vor Erkenntnisproblemen, genauso wie eine Ontologie des vorhandenen Wirklichen. Und sie steht ferner vor der Frage, wie das Noch-Nicht-Sein mit dem Sollen methodisch zu vermitteln ist. Die Ontologie des Noch-Nicht-Seins und das Noch-Nicht-Bewußte bestimmen sich wechselseitig. Dieser Zirkel wiederholt sich im Wechselverhältnis von Erkenntnis und Handeln. Hier ist freilich nicht zu verkennen, daß bei Bloch der Inhalt der Utopie keineswegs unbestimmt bleibt, vielmehr ist er festgelegt durch den Marxismus als „exakte Antizipation, konkrete Utopie", den „Quartiermacher der Zukunft"[27]. Utopie ist nicht abstraktes Hoffen, sondern konkrete Antizipation kraft der Perspektive, welche „das tröstende Weltverständnis, das Marxismus heißt"[28], eröffnet. Das „reale Möglichkeitssubstrat des dialektischen Prozesses"[29] hat eine „Eintrittsstelle", welche „mit Prosa und Symbolwert zugleich versehen, klassenlose Gesellschaft – usque ad finem" heißt[30]. Diese Konkretion der Utopie bestimmt auch die Bewertung der ethischen Forderung. Im klassischen Marxismus nimmt die Geschichts- und Gesellschaftstheorie die Stellung ein, welche in der nicht-marxistischen Philosophie der Ethik zukommt. Im Klassenkampf gibt die Klassenlage Orientierung, nicht jedoch ein universal verpflichtender humaner Anspruch. „Eine über den Klassengegensätzen und über der Erinnerung an sie stehende, wirklich menschliche Moral wird erst möglich auf einer Gesellschaftsstufe, die den Klassengegensatz nicht nur überwunden, sondern auch für die Praxis des Lebens vergessen hat."[31] Eine eigentlich marxistische Ethik gibt es daher unter dieser Prämisse nicht. Auch nach dem Ausbleiben der Weltrevolution und des Endzustandes der klassenlosen Gesellschaft bleibt die Sittlichkeit dem Klassenkampf untergeordnet. Ethik kann sich allein als revolutionäre Praxis begreifen.

Dies ist auch Blochs Auffassung vom Zweck der Ethik. Man kann sich dies verdeutlichen an seiner Interpretation des kategorischen Imperativs Kants. Die Maxime seines eigenen Handelns als Prinzip einer allgemeinen

---

innergeschichtlicher Aspekt der Eschatologie. Die konkrete Utopie Ernst Blochs unter dem eschatologischen Vorbehalt der Theologie Paul Tillichs, 1973.

[26] JÄGER (s. Anm. 25).
[27] E. BLOCH, Das Prinzip Hoffnung (abgek.: PH), 1959, 1619.
[28] PH, 1621.   [29] PH, 1623.   [30] PH, 1622.
[31] K. MARX, MEW (K. Marx-F. Engels, Werke, 1956ff) 20, 88.

Gesetzgebung zu betrachten, ist nach Bloch „eine Prognose, eine Forderung, ein Signal, eine großartige, moralische Formulierung, die an Ort und Stelle ein Unsinn ist; er kann nicht erfüllt werden. Aber dieser Unsinn ist zugleich tiefster Sinn, wenn er als antizipierend betrachtet wird; er ist der sozialistisch-kommunistische Grundsatz schlechthin"[32]. Der kategorische Imperativ ist nach ihm unbedingt nur als Prognose, nicht jedoch als gegenwärtige Beanspruchung durch die sittliche Forderung. Für eine gegenwärtige Beanspruchung ist vielmehr der kategorische Imperativ „stark ideologisch, nämlich preußischer Krückstock plus idealisiertes Reich der Bourgeoisie"[33]. Die Aufnahme dieses Grundsatzes der Pflicht moralischen Handelns in die Gesinnung ist somit Ideologie. Die Befolgung des kategorischen Imperativs ist nämlich in der Klassengesellschaft unmöglich: „Denn kein Proletarier kann wollen, daß die Maxime seines Handelns als Prinzip einer allgemeinen Gesetzgebung gedacht werden könne, die auch die Kapitalisten einschließt; das wäre nicht Moralität, sondern Verrat seiner Brüder."[34] Sinnvoll ist der kategorische Imperativ folglich nur als „Stück einer Formel für klassenlose Solidarität". Er wirkt „mit dem unüberhörbaren Optativ hinter sich, fast wie eine Antizipationsformel hin zu einer nicht-antagonistischen Gesellschaft, das ist zu einer klassenlosen, in der überhaupt erst wirkliche Allgemeinheit moralischer Gesetzgebung möglich ist"[35]. Aus dem verpflichtenden Imperativ wird so ein utopischer Optativ.

In derselben Weise versteht Bloch auch das Naturrecht als utopischen Zielinhalt, der allein sagbar macht, was der Würde des Menschen nicht entspricht. „Echtes Naturrecht, den vernunfthaft befreiten Willen setzend, war eines des erst zu erkämpfenden Ge-rechten ..."[36] Radikales Naturrecht „berichtigt" primär positiv vorhandenes Recht[37] – eine Deutung, die im Umkreis christlicher Ethik in der Form aufgenommen wurde, daß Menschenrechte erst künftig zu erringende Freiheitsrechte, „Zukunftsrechte", „Befreiungsrechte" seien. Die Frage der Positivität bestehender Rechtsordnung, die Frage nach Maßstäben, Kriterien „richtigen" Rechts löst sich so auf in eine „immer ungreifbarer werdende, aller Verwirklichung vorausliegende ,Idee' oder ,Natur' von Mensch und Gesellschaft"[38]. Die Freiheit des

---

[32] E. BLOCH, Abschied von der Utopie? (abgek.: AU), 1980, 96f.

[33] BLOCH, PH, 1021.

[34] Ebd. 1025; fast wortgleich: E. BLOCH, Naturrecht und menschliche Würde (GW VI), 1961, 270f.

[35] BLOCH, PH, 1025.   [36] BLOCH, Naturrecht (s. Anm. 34), 14.

[37] Ebd. 276.

[38] So W.-D. MARSCH, Hoffen worauf? Auseinandersetzung mit Ernst Bloch, 1963, 57; vgl.

Menschen wird wirklich erst jenseits der bürgerlichen Klassenmoral und
einer vom Staat aufrecht erhaltenen Rechtsordnung. Diese Freiheit ist
künftig, und folglich ist „der Aufruhr die Berufsethik des chiliastischen
Christen"[39].

In diese Deutung der Ethik fügt sich nun auch Blochs Sicht der Verkündigung Jesu ein: Jesus von Nazareth, der „Rebell der Liebe"[40], ist in seiner
Botschaft durch und durch eschatologisch. „Jesus ist in der Tat Eschatologie von Grund auf: und wie seine Liebe kann auch seine Moral nur in bezug
aufs Reich erfaßt werden."[41] Der Kreuzestod war „die Katastrophe für den
Jesus, der kein Jenseits für die Toten, sondern einen neuen Himmel, eine
neue Erde für die Lebendigen gepredigt hat"[42]. Seine Moral ist die der
Bergpredigt: „Adventsmoral", „Moral des Weltuntergangs", „Moral der
unmittelbaren Eschatologie"[43]. Diese Moral will sich nicht, wie die Kom-
promiß-Moral der Kirchen, in der Welt einrichten. Ihr eignet Parteinahme,
Parteilichkeit: „Zug nach unten, Nachfolge einer Liebe, die zentral den
Mühseligen und Beladenen, dem Unterschlagenen insgesamt zugeordnet
ist: alle Lehren und Gleichnisse Jesu dienen so der Gemeindebildung kurz
vor diesem Tag"[44].

Die Vereinbarkeit der Deutung Jesu als Apokalyptiker und als Vertreter
einer Sozialutopie des Liebeskommunismus wäre jedoch zu überdenken.
Und die Einwände gegen Blochs Herleitung der Ethik Jesu aus dessen
Eschatologie sind insgesamt zur Diskussion zu stellen. Gerade die Schilderung der Botschaft Jesu als Adventsmoral macht nämlich die Liebesforde-
rung relativ. Diese wäre dann nicht in sich begründet, sondern wird dem

---

ferner: J. v. KEMPSKI, Bloch, Recht und Marxismus (in: B. SCHMIDT, Materialien zu Ernst
Blochs „Prinzip Hoffnung", 1978, 367–372).
   [39] E. BLOCH, Thomas Münzer als Theologe der Revolution (Bibliothek suhrkamp 77),
1963, 204.
   [40] BLOCH, PH, 1490.   [41] Ebd. 1491.
   [42] Ebd. 1490.   [43] Ebd. 1492.
   [44] Ebd. 1492f. BLOCH charakterisiert Jesus als Apokalyptiker. Unter Verweis auf Jes 65,17
erklärt er: „Erstrebt ist kein Jenseits nach dem Tod, wo die Engel singen, sondern das ebenso
irdische wie über-irdische Liebesreich, wozu die Urgemeinde bereits eine Enklave darstellen
sollte. Das Reich von jener Welt wurde erst nach der Kreuzeskatastrophe als jenseitig
interpretiert...; denn es lag der herrschenden Klasse alles daran, den Liebeskommunismus so
spirituell wie möglich zu entspannen." (PH, 580) Zwar räumt BLOCH selbst ein, die Bibel
enthalte „keine ausgeführte Sozialutopie" (582). Aber sehr viel grundsätzlicher wäre zu
fragen, ob die Deutung Jesu als Apokalyptiker überhaupt mit der Vorstellung von einer
„Sozialutopie", einem „Liebeskommunismus" zu vereinbaren ist, der „herbeigeführt" werden
muß. Apokalyptik sieht doch den Menschen in einen geschichtlichen und kosmischen
Geschehensablauf eingebunden. Dieser Geschehensablauf ist determiniert und kann gerade
nicht durch „revolutionäre" Aktion bewirkt werden. BLOCH selbst deutet die Unvereinbarkeit
von Apokalyptik und irdischem Liebeskommunismus an, wenn er von der kosmischen
Katastrophe als „revolutionärem Ersatz" (581) spricht.

Zweck des Reiches untergeordnet. Damit ist zunächst einmal das Gebot der Nächstenliebe in seiner Unbedingtheit, genauer: in seiner Bedingungslosigkeit eingeschränkt (Mt 25,34–40). Das Gleichnis vom barmherzigen Samariter (Lk 10,30ff) ist schwerlich aus der Zeitdeutung einer Adventsmoral zu erklären. Es hat seine Evidenz in sich selbst. Überhaupt wird man Jesu Aufruf zur Liebe nur gewaltsam als Anwendung der eschatologischen Erwartung eines Advents deuten können. Sie gründet vielmehr im Vertrauen zur Nähe Gottes, im Glauben an die Treue des Schöpfers, der den Menschen zugewandt ist und dessen Zuwendung als Evangelium von Jesus angesagt wird. Es ist dies keine Ethik, die nur außerhalb der Zeit Gültigkeit beanspruchen kann, wie dies nach Blochs Charakteristik sein müßte, wenn er Jesu Moral kennzeichnet: „Abbruch, Herauslösung, Sittlichkeit einer Adventswelt. Es ist Sittlichkeit als reichshaft vorbereitende, als Funktion der Bereitung aufs nahe bevorstehende Reich; mit der Ethik Christi, im strengen Sinn der Bergpredigt, gibt es keine Einrichtung in der Zeit, in der weiterlaufenden Geschichte, in der säkularen Gesellschaft."[45] Vor allem stellt sich das Problem vom Gebot der Feindesliebe her (Mt 5,38ff). Mit diesem Gebot hat Bloch seine besonderen Schwierigkeiten[46]. Denn revolutionärer Kampf, Bereitschaft zum Einsatz von Gewalttätigkeit ist mit diesem Gebot schwer vereinbar. Bloch erklärt daher, die Radikalität der Bergpredigt gelte „nur für kurze Frist"[47]. Die Liebe „als Menschenliebe umfassender Art, als nie bisher erhörte Umkehr jeder Aggression, hat eben in Jesu Predigt wie in der noch obwaltenden sozialen Wirklichkeit einzig Raum im Auszugslicht eines ohnehin bereits nahen Advents". „Wo dieser Hintergrund nicht so nahe hereinschaut, als wäre es schon bald", also „außerhalb des Advents"[48], gilt die Maxime des Kampfes. Eschatologie, die zur Utopie wird, relativiert darum die ethische Forderung: „Die Bergpredigt mit ihrer Seligpreisung der Sanftmütigen, der Friedfertigen ist aber nicht auf den Tag des Kampfes, sondern auf das Ende der Tage bezogen, das Jesus nahe herangekommen glaubte."[49] Die Berufung auf die ausgebliebene Parusie ist bei dieser Einschränkung der Adventsmoral freilich nur ein historisches Argument, wie denn Bloch exegetische Meinungen nur einsetzt, um seine eigene Position in der Sache zu stärken, nicht aber weil das Wort der Bibel als solches für ihn irgendwelche Autorität besitzt. Blochs Kanon der Utopie ist ein anderer als der Maßstab des Evangeliums. Dies zeigt sich aber nicht nur an Blochs Denunzierung des Glaubens an einen

---

[45] Ebd. 1491.
[46] E. BLOCH, Atheismus im Christentum (abgek.: AC) (GW XIV), 1968, 181–187; dazu: H. GOLLWITZER, Die Bibel – marxistisch gelesen (VF 14, 1969, H.2, 2–37), bes. 17ff.
[47] BLOCH, AC, 187.   [48] Ebd. 181f.   [49] Ebd. 170.

Gott oben als Herrenmacht, Instrument der Unterdrückung, des Volksbe-
trugs, seine Polemik gegen ein „theokratisches Oben, worin der Mensch
nicht vorkommt"[50]. Es zeigt sich vielmehr auch an der ethischen Praxis,
insofern sie über die Bekämpfung des Unrechts, des Bösen und die Suche
nach dem Guten hinaus selbst theurgisch wird. Alles ist in die „Macht
menschlicher Entscheidung" gestellt[51], weil das Heil und das Reich unter
der „Prämisse eigener Entscheidung und dadurch Alternative" stehen[52].
Glaube, Geduld, Gnade, Vergebung, Leiden, alle diese Grundworte christlichen Glaubens gelten darum lediglich als Hemmnisse menschlichen Tuns.
Die Hypostase eines Gottherrn und das Vertrauen, die Zuversicht auf Gott
angesichts einer unvollkommenen Welt, gefallener Schöpfung wirken nach
Bloch nur als Hemmnisse der Überwindung von Unmündigkeit und
Selbstentfremdung und damit als Widersacher der Emanzipation: „Atheismus ist die Voraussetzung konkreter Utopie."[53] Es reicht daher theologisch
nicht zu, gegenüber Bloch zu beteuern, dies alles seien illegitime Folgen des
Gottesglaubens, Mißbrauch des Evangeliums. Vielmehr ist der Fehde-
handschuh entschlossen aufzunehmen, und es ist am Phänomen menschlichen Umgangs mit Wirklichkeit zu diskutieren, welche Folgen ein Atheismus im Namen einer konkreten Utopie für das Leben der Menschen hat:
Führt er nicht zu einer totalitären Verabsolutierung menschlicher Zielsetzung und damit zu einer totalitären Verabsolutierung der Mittel des
Kampfes? Man kann gerade hier Theorie und Praxis, Hoffnung und
Handeln nicht trennen: „Theorie und Praxis sind untrennbar; wo die
Eschatologie gottlos ist, wird die Praxis nicht menschlich sein können, da
ja zu viel auf dem Spiele steht."[54] Neben dem Theorie-Praxis-Problem stellt
sich außerdem die Frage nach dem Verhältnis von Mittel und Zielen:
Erlaubt der Einsatz für eine konkrete Utopie die Verwendung jeden
Mittels? Oder gibt es sittliche Kriterien, welche den Gebrauch bestimmter
Mittel ausschließen?

Diese Fragestellungen kann man anhand von Blochs Auswahl an Bibel-
texten erörtern; man kann sie aber auch anhand der Aporien von Blochs
Beziehung zwischen Utopie und Ethik aufzeigen.

Auffallend ist beispielsweise, daß Bloch zwar Nahziele und Fernziele
unterscheidet, aber nicht näher das Verhältnis beider zueinander zu bestimmen vermag[55]. Einerseits bedarf es der Nahziele, um das Handeln über-

---

[50] Ebd. 217.   [51] Ebd. 133.   [52] Ebd. 139.
[53] Ebd. 317.
[54] So GOLLWITZER (s. Anm. 46), 21.
[55] BLOCH, AU, 229f; vgl. 111: Nah-Antizipation und Fern-Antizipation fallen nicht zusammen.

haupt zu motivieren. Ohne praktisch-sinnlich vorstellbare Handlungsziele gewinnt das Handeln keine Kraft. Nahziele schaffen „emotionale Antriebe"[56]. Andererseits überschreitet Bloch fortwährend die einzelnen erreichbaren Nahziele auf das eine Fernziel hin, auf die konkrete Utopie, Sozialismus, klassenlose Gesellschaft. Die Nahziele gewinnen ihre Legitimation durch das Fernziel. Gleichwohl sind sie notwendig und wichtig. Denn durch die Nahziele werden die Rechte des Individuums gewahrt, und es wird verhindert, daß um des künftigen Glücks der Menschheit willen jetzt lebende Menschen geopfert werden. Alle diese Nahziele sind freilich auf das Fernziel zu beziehen. Sie sind das eigentliche „Wohin und Wozu"[57]. „Und was nun die Utopie als Bewahrerin eines Fernziels, eines Überhaupt im Wohin und Wozu angeht, so ist das Fernziel selbstverständlich, wenn es nicht vermittelt ist – theoretisch durch Nahziele und praktisch durch Arbeit in des Teufels Wirtshaus unserer Umgebung – null und nichtig, ein bloßer Schmarrn in abstraktester Ferne, die nicht einmal abstrakt und nicht zu fassen ist. Aber wenn das Nahziel oder die Nahziele das Fernziel nicht in sich impliziert enthalten, so sind sie zwar nicht null und nichtig, aber nicht einmal Nahziele."[58] Bloch gerät hier mit seiner konkreten Utopie in dasselbe Dilemma wie eine theologische Sozialethik, welche sich das Reich Gottes als in der Geschichte zu erreichendes Fernziel setzt und dennoch sich gegen eine Identifikation dieses Fernziels mit konkret benennbaren Nahzielen verwahren muß. Dabei hat Bloch im Marxismus als „versuchte Kenntnisnahme des objektiv-real Möglichen"[59] einen Wegweiser vor sich, der freilich auch in ein „Reich der Freiheit", ein „utopisches Totum" zeigt[60], das sich nicht anders als traumhaft und in der Kraft des Zutrauens der Träume zur Selbstrealisation als wirklich erfassen läßt. Utopische Hoffnung ist in ihrem Kern Zutrauen, „daß sich (!) der evident eingesehene Trauminhalt der menschlichen Seele auch setzt"[61]. Bloch sieht selbst durchaus das Problem, wenn er bei Nah-Antizipationen und Fern-Antizipationen zwei Schwierigkeiten benennt, einmal die Verführung, zum anderen die Unabdingbarkeit. Verführung geschieht, wenn zur Erreichung eines utopischen Totum Terror erzeugt wird. Unabdingbar sind Nahziele und Fernziele, um das Handeln vorwärtszubringen. Hier freilich bleibt es bei Optativen: „Die Hauptsache wäre, Einheit zwischen Nah- und Fernzielen herzustellen, humane Einheit herzustellen, eine Realität, die zwei Forderungen entspricht: Sozialismus und Demokratie, die ohnehin sich nahe

---

[56] Ebd. 71.   [57] Ebd. 135, vgl. 111f.   [58] Ebd. 71f.
[59] Ebd. 53.   [60] Ebd. 111f.
[61] E. BLOCH, Geist der Utopie (Urfassung 1918), zit. nach: GW XVI, 1971, 443f.

beistehen könnten, per definitionem, wenn es soweit wäre, daß der Sozialismus anfinge zu beginnen. "[62]

Solange es freilich noch nicht so weit ist, bleibt Moral ein Wagnis. An Blochs durch die Utopie bestimmter Auffassung von der ethischen Verantwortung ist bemerkenswert ein durchaus dezisionistischer und situationsethischer Grundzug. Denn welche Nahziele dem Fernziel entsprechen und welche nicht, dies ist durchaus eine Sache der Entscheidung. Zwar finden sich bei ihm auch Überlegungen, welche auf ethische Selbstreflexion verweisen. „‚Erkennbarkeit der Welt' heißt auch: Veränderbarkeit der Welt auf Grund der Erkenntnis und des schweren Weges, den die Menschheit zurücklegen mußte und den sie noch lange nicht beendet hat."[63] Aber die Einsicht in die Ungewißheit des Tendenz-Latenz-Prozesses und seines Ausgangs wird aufgehoben durch den Selbsteinsatz in die „Eintrittsstellen" objektiv-realer Möglichkeiten. Bloch verdichtet diese Überlegungen zur Formel vom „Prius der Theorie beim Primat der Praxis"[64]. Die vollkommene Utopie oder die Utopie der Vollkommenheit wird Gegenwart im Nunc stans, in der Entschiedenheit des Augenblicks. Sie „schlägt hier in den Kern der Menschen wie ins Problem-Subjekt der Natur zurück. Nunc stans ist derart die Präzisionsformel für immanenteste Immanenz, das ist für die zeitlich so ferne und noch schlechthin unausgemachte Welt ohne jede mögliche Entfremdung."[65] Im „Inkognito" des „gelebten Augenblicks", an der „Front" wird Utopie als „objektive Hoffnungssache der Welt" erfahrbar. Freilich: Solche Hoffnung kann enttäuscht werden: „In sich selbst als hoffende Hoffnung durchaus entschieden, muß doch der Ausgang selber erst noch entschieden werden, in offener Geschichte, als dem Feld objektiv-realer Entscheidung. Das ist die Kategorie der Gefahr oder der objektiven Ungarantiertheit auch der vermittelten, der docta spes; es gibt noch keine unschwankende Situationsmöglichkeit eines fixen Resultats."[66] Allein der unabgeschlossene Prozeß verpflichtet „als Mut zu jener Ungarantiertheit, die Hoffnung genau an die Front setzt"[67]. Es kann „das Gewissen konkreter Utopie" gerade „nicht positivistisch am Faktum unmittelbarer Sichtbarkeit" kleben[68]. Vielmehr ist das Risiko nur mit „militantem Optimismus" zu bestehen. „Optimismus ist daher nur als militanter gerechtfertigt, niemals als ausgemachter; in letzterer Form wirkt er, dem Elend der Welt gegenüber, nicht bloß ruchlos, sondern schwachsinnig."[69] Es ist dies also ein trotziger Optimismus, der sich dessen tröstet: „Geschlagen ziehen wir nach Haus, unsre Enkel fechten's besser aus."[70]

---

[62] BLOCH, AU, 114f.   [63] Ebd. 119.   [64] Ebd. 225.
[65] BLOCH, PH, 1540.   [66] Ebd. 1624.   [67] Ebd. 1625.
[68] Ebd.   [69] Ebd. 1624.   [70] BLOCH, AU, 89.

Aus dieser Unentschiedenheit des Ausgangs gegenwärtiger Geschichte erwächst die Parteilichkeit einer der Zukunft verschworenen Theorie. „Philosophie wird Gewissen des Morgen, Parteilichkeit für die Zukunft, Wissen der Hoffnung haben, oder sie wird kein Wissen mehr haben."[71] Philosophie läßt sich dann definieren als „Generalstab konkreter Erwartung"[72]. Dieser „Generalstab" entwirft nicht nur Handlungsmodelle; er leitet auch strategisch zu deren Durchsetzung an. Bloch wird nicht müde einzuschärfen, daß es keine unparteiliche, nicht ideologische Wissenschaft oder gar Ethik gibt[73]. Die Erkenntnis der Gegenwart liegt prinzipiell unter dem Schleier der Ideologie. Die von Karl Mannheim eingeführte schroffe Trennung von Ideologie und Utopie läßt Bloch daher hinter sich. Er löst sich auch von einem verengten marxistisch-leninistischen Ideologiebegriff, der Ideologie nur als falsches Bewußtsein begreifen kann und will. Die Zukunft der Utopie kommt nicht durch die Determination geschichtlicher Abläufe von selbst und zwangsläufig.

Er formuliert pointiert: „So ist denn Marxismus nicht keine Utopie, sondern das Novum einer konkreten Utopie."[74] Dieses Novum kann jedoch nicht durch theoretische Einsicht, sondern nur durch probierendes Handeln in die Gegenwart hereingeholt werden: „Erst die unkontemplative, reflektierende parteiische Art zu objektivieren läßt mit dem Dunkel des gelebten Augenblicks nicht auch das Subjekt hinter sich zurück, mit der finsteren Innerlichkeit des Ansichseins nicht auch die Lebendigkeit und Aktivität, die daraus herstammt und gerade am aktuellsten Frontabschnitt das Ihre betrieben sieht."[75]

Parteilichkeit kann nicht die Universalität, die Allgemeinheit des ethischen Anspruchs als Grundsatz anerkennen. Sie muß scheiden. Damit wird diese Ethik dualistisch, indem sie Trennungen vollzieht. Blochs Scheidung in Gerechte und Ungerechte schafft klare Freund-Feind-Verhältnisse. Revolutionäre Eliten werden zu Vollstreckern des Gerichts über die böse Welt[76]. „Nur die Bösen bestehen durch ihren Gott, aber die Gerechten – da besteht Gott durch sie, und in ihre Hände ist die Heiligung des Namens, ist Gottes Ernennung selber gegeben."[77] Die Liebe „als Parteilichkeit für die Armen"[78] wird gleichsam zur erwählenden und verwerfenden Instanz. Die Trennung zwischen gut und böse kann freilich nur eine vorläufige sein.

---

[71] BLOCH, PH, 5. [72] BLOCH, AU, 75.
[73] Ebd. 83–100.227 ff.
[74] E. BLOCH, Experimentum mundi (GW XV), 1975, 188.
[75] E. BLOCH, GW XV, 20.
[76] Vgl. SCHAEFFLER (s. Anm. 21), 170.116 ff.
[77] BLOCH (s. Anm. 61), 445. [78] BLOCH, PH, 1488.

Denn die konkrete Utopie „klassenloser Solidarität" bringt das Ende der
Scheidungen. Adolph Lowe hat Bloch darum die Frage gestellt, ob bei ihm
die Radikalität des Bösen, die dauernde Drohung des letztlich Sinnlosen,
das Rätsel der totalen Inhumanität in ihrem Gewicht wirklich ernst genommen sei[79]. Man kann die Frage auch theologisch stellen, ob nämlich die
Utopie tatsächlich eine Antwort auf die Fragen des Sinnlosen, des Todes,
des Bösen, der Schuld zu geben vermag. Die Übersetzung der Eschatologie als Hoffnung des Glaubens in eine Utopie des nicht mehr entfremdeten
Humanum, das noch nicht gefunden, aber erahnt ist, würde dann am
Umgang mit der Realität des Bösen scheitern. Dabei geht es nicht nur um
die Einsicht in die Realität des Bösen, sondern um die Weise, wie eine
Überwindung des Bösen vorgestellt wird: Ist diese Überwindung rein
künftig, oder gibt es in Zuspruch und Vergebung und, soweit möglich, in
der „Wiedergutmachung" jetzt schon ein Vertrauen auf eine Überwindung
des Bösen, welche eine die Realität des Bösen transzendierende Dimension
eröffnet[80]?

Damit stellt sich zugleich auch die Frage, ob tatsächlich Messianismus
der Inbegriff christlichen Glaubens ist. Für Bloch ist Messianismus „in der
Religion die Utopie"[81], welche sich auch und gerade atheistisch, ohne die
Vorstellungsformen des Religionsinhaltes beerben läßt: "...ohne Atheismus hat Messianismus keinen Platz. Religion ist Aberglaube, wo sie nicht
das ist, was sie ihrem gültigen Intentionsinhalt nach in ihren historischen
Erscheinungen wachsend bedeuten konnte: unbedingteste Utopie, Utopie
des Unbedingten."[82] „Humaneschatologischer darin sprengend gesetzter
Messianismus"[83] wird zum „Salz der Erde"[84]. Das Prinzip des Messianismus vermittelt das utopische Totum. Moltmann hat deshalb Blochs Hoffnungsphilosophie durchgängig als „Theorie des Messianismus" gedeutet[85].
Diese Deutung hat Anhalt an Blochs Selbstaussagen. Aber ist es theologisch begründet, das Messianische als gemeinsames Hoffnungsgut von
Christen, Juden und Sozialisten zu bezeichnen und darin eine Internationale

---

[79] A. Lowe, S ist noch nicht P. Eine Frage an Ernst Bloch (in: Ernst Bloch zu ehren, 1965,
135–143).

[80] H. Jonas (Das Prinzip Verantwortung, 1979, 382) formuliert gegen Blochs Erwartung
einer Lösung des Problems des Bösen durch die Utopie den Einwand: „Der wirklich
eindeutig gewordene, utopische Mensch kann nur der schmählich zum Wohlverhalten und
Wohlbefinden konditionierte, bis ins Innerste auf Regelrechtheit abgerichtete Homunculus
sozialtechnischer Futurologie sein... Zu *hoffen* ist – ganz im Gegenteil zum eschatologischen
‚Prinzip Hoffnung' – daß auch in Zukunft jede Zufriedenheit ihre Unzufriedenheit, jedes
Haben sein Begehren, jede Ruhe ihre Unruhe, jede Freiheit ihre Versuchung – ja, jedes Glück
sein Unglück gebiert..."

[81] Bloch, PH, 1464.   [82] Ebd. 1413.   [83] Ebd. 1404.
[84] Ebd. 1415.   [85] J. Moltmann, Im Gespräch mit Ernst Bloch, 1976, 11.

messianischer Bewegungen zu sehen? Sind nicht diese Bewegungen durch ihr jeweiliges Verständnis von Messianismus und Eschatologie tiefer geschieden als verbunden? Die Auseinandersetzung mit Ernst Bloch ist eben nicht nur auf der Ebene einer Reflexion des Gottesgedankens zu führen – so notwendig diese Auseinandersetzung ist. Sie führt vielmehr vor Grunderfahrungen und Grundfragen des Wirklichkeitsverständnisses und des Umgangs mit Lebenswirklichkeit.

III

Gegen Ernst Blochs Philosophie der Utopie ist vielerlei Widerspruch laut geworden[86]. Kritischer Rationalismus von Karl R. Popper versteht sich als Alternative zum Utopismus, indem er zwar einzelne Handlungsziele anerkennt, aber ein alle einzelnen Handlungsziele zusammenfassendes Endziel bestreitet. Alle Handlungsziele können nur relativ sein. Bloch selbst räumt ein, allen Weltverbesserungsplänen hafte leicht etwas Schwärmerisches an, „weil die Baukosten bei Luftschlössern keine Rolle spielen"[87]. Wie aber verträgt sich dieses Zugeständnis mit dem Insistieren darauf, daß die Kategorie Möglichkeit den Vorrang hat vor der Wirklichkeit, daß folglich Utopie die Realität so weit überholt, daß sie an ihr gar nicht gemessen werden kann und darf? In einer zugespitzten Äußerung lautet diese Grundthese dann folgendermaßen: „Das ganze Neue Testament und sämtliche Reden der Propheten sind doch mit dem Satz, dem Tenor durchzogen: um so schlimmer für die Tatsachen."[88] Helmut Schelsky hat gegen das Prinzip der Utopie das Prinzip Erfahrung ins Feld geführt. Er erhebt gegen Blochs Abschirmung der Utopie dagegen, daß sie empirisch widerlegt werden kann, den Vorwurf der geistigen Erfahrungsverweigerung[89]. Bloch habe auch nicht gesehen, „daß utopische Hoffnung immer aus Lebensnot stammt, aus materieller oder seelischer"[90]. In der Tat bedarf Ethik des Rückgriffs auf Erfahrung, des Anhalts an der geschichtlich gewonnenen Einsicht. Utopie als Ideal künftiger Geschichte verführt zur Unbescheidenheit und darüber schließlich zur Unverantwortlichkeit. Hans Jonas hat gegen Blochs Utopie das Interesse der ethischen Verantwortung geltend

---

[86] Vgl. Anm. 25, ferner: BLOCH, AU, 217 ff (Nachwort von HANNA GEKLE).
[87] E. BLOCH, GW XIII, 92.
[88] BLOCH, AU, 132.
[89] H. SCHELSKY, Die Hoffnung Blochs. Kritik der marxistischen Existenzphilosophie eines Jugendbewegten, 1979, 40.
[90] SCHELSKY, 113.

gemacht. Angesichts der realen Krisen der Menschheit, der Nahrungs-, Rohstoff-, Energie- und Umweltprobleme ist nicht die Unbescheidenheit der Utopie, sondern die Bescheidenheit realisierbarer, erkennbarer Ziele angebracht. Das Gegenwärtige im Namen des Zukünftigen entwerfen, heißt die Sorge für das Anvertraute versäumen. Das utopische Denken befindet sich nach Jonas in einem anthropologischen Irrtum[91]: Es wird der Zeitlichkeit konkreter menschlicher Existenz nicht gerecht. Bei Bloch versammelt sich diese Zeitlichkeit allein im Nunc stans, in der Mystik des Dunkels des gelebten Augenblicks. Gegen Bloch fordert Jonas darum eine Abkoppelung der Ethik von der Utopie. Es sei höchst notwendig, „die Forderung der Gerechtigkeit, der Güte und der Vernunft vom Köder der Utopie freizumachen"[92]. Die Utopie scheitert nämlich eben nicht nur an der Klippe der Realisierbarkeit. Es ist darüber hinaus auch fraglich, ob sie überhaupt human, menschlich wünschbar ist. Denn sie lädt die Zukunft der Geschichte und Welt dem handelnden Menschen auf und zwingt ihn so zum „erbarmungslosen Optimismus"[93]. „Verglichen damit ist das kirchliche Dogma von der Sünde, die nicht aus dem Dasein des Menschen verschwindet, aber Vergebung findet, ein Beispiel barmherziger Skepsis."[94]

IV

Der Ausgangspunkt der bisherigen Überlegungen war die Begründung theologischer Sozialethik als eschatologischer Praxis in der evangelischen Theologie der Hoffnung. Im Werk Ernst Blochs stellt sich das Verhältnis von Utopie und Ethik als immanentes ungelöstes Problem utopischen Denkens selbst dar. Die unaufschiebbare ethische Verantwortung wird darüber zum Testfall der Tragfähigkeit utopischen Philosophierens. Man kann dieselben Anfragen wie an Blochs „Prinzip Hoffnung" an diejenigen Ansätze der Ethik im theologischen Bereich richten, welche Ethik als „Möglichkeitswissenschaft" zu begreifen suchen. Man kann sogar noch einen Schritt weitergehen und im Blick auf die realen Weltprobleme behaupten, „daß alle Eschatologie dem Interesse an Frieden zuwider sei"[95]. Diese Behauptung stellt mit Recht die einseitige Zukunftsorientierung in

---

[91] JONAS (s. Anm. 80), bes. 313 ff; Zitat: 383.
[92] Ebd. 386.   [93] Ebd.   [94] Ebd. 412.
[95] A. DIHLE, zit. von ST. HOLMES, in: Eschatologie und Frieden III, hg. v. G. LIEDKE (Texte u. Materialien der Forschungsstätte der Evgl. Studiengemeinschaft A 8), 1978, (77–121) 118.

Frage und behaftet Eschatologie auf ihren Wirklichkeitsbezug. Sie verkennt freilich, daß Eschatologie nicht notwendig Theologie der Zukunft, d. h. Geschichtstheorie sein muß. In der Neuzeit ist freilich theologische Eschatologie weithin zur religiösen Variante der Geschichtsphilosophie als Zukunftsdeutung geworden. Der geschichtsphilosophische Chiliasmus durchdringt das theologische Denken. Der modernen Geschichtsphilosophie, wie sie Karl Löwith als „Säkularisierung ihres eschatologischen Vorbildes" dargestellt hat[96], entspricht eine Wiederaufnahme dieser Geschichtsphilosophie als Eschatologie seitens der Theologie. Blochs „Meta-Religion" inspiriert Theologie zur Restitution geschichtsimmanenter Heilserwartung und damit zur Legitimation heilbringenden Welthandelns.

Im Widerspruch zu solcher Sichtweise von Eschatologie und auf dem Hintergrund der Verbindung von Eschatologie mit Geschichtshandeln gewinnt erst Gerhard Ebelings theologische Interpretation der eschatologischen Überlieferung ihr unverwechselbares, eigenes Profil[97]. Diese kritische Deutung der Eschatologie hat ihre Konsequenzen für die Bestimmung der Aufgaben, der Möglichkeiten wie der Grenze der Ethik. Anders als eine „kosmologische" Eschatologie, welche die christlich-jüdische Tradition dafür beansprucht, daß sie die Weltgeschichte in den Horizont des Reiches Gottes rückt, geht Ebeling aus von einer konkreten Erfahrungsverankerung der Eschatologie. Die Erfahrungen des Todes und der eigenen Zeitlichkeit sind Voraussetzung der Verstehensmöglichkeiten für eschatologische Aussagen. Ebeling bezieht daher die eschatologischen Aussagen auf das Ursprungsgeschehen des Evangeliums. Es geht hier nicht allgemein um die Zukunftsprobleme der Welt. Es geht vielmehr um die Zukunft des Glaubens im Umgang mit der Welt[98]. Dabei droht immer die Gefahr einer „natürlichen" Eschatologie[99], da die Existenzprobleme des natürlichen, sündigen Menschen mit der Zukunft eben auch in das theologische Bedenken der Zukunft als Ende hereinschlagen. Insofern nötigt gerade der Umgang mit Zukunft theologische Reflexion der Eschatologie zur Unterscheidung von Gesetz und Evangelium. Das Evangelium trifft auf die Fragen des Menschen als Fragen nach dem Künftigen. Es findet also schon ein Interesse am Thema der Eschatologie vor. Eschatologie ist Verstehensvoraussetzung des Evangeliums: Insofern kann man sie gar nicht aus der theologischen Überlegung eliminieren. „Ein solches Bedingtsein des Evan-

---

[96] K. Löwith, Weltgeschichte und Heilsgeschehen, 1953, 11 f. 14. 26. 186.
[97] G. Ebeling, Dogmatik des christlichen Glaubens I–III, 1979.
[98] Ebeling III, 403 ff.   [99] Ebd. 400.

geliums durch die Eschatologie muß sich eben herausstellen, indem man
auf ihren Evangeliumsbezug achtet, kann aber nicht in den pauschalen und
vagen Anspruch umgedeutet werden, daß der Eschatologie die Funktion
eines absolut gesetzten Kriteriums dem Evangelium gegenüber zukäme."[100]
Daraus ergibt sich die Nötigung, zwischen verfügbarer Zukunft des Menschen und unverfügbarer Zukunft zu unterscheiden. „Kriterium eschatologischer Aussagen ist dies, daß sie dazu instandsetzen, Gegenwart und
Zukunft zu unterscheiden. Denn indem sie von falscher Sorge um die
Zukunft freimachen, wollen sie für die Gegenwart freimachen."[101] Dieses
Kriterium läßt sich auch dahingehend formulieren, „daß die Unterscheidung zwischen Gott und Mensch eingeübt wird, indem Gott die Zukunft
überlassen wird, die dem Menschen entzogen ist. Zukunft ist allerdings
nicht in jeder Hinsicht dem Menschen entzogen. Eschatologische Aussagen
haben deshalb daran ihr Kriterium, daß zwischen Zukunft und Zukunft
unterschieden wird: der Zukunft, der gegenüber sich der Mensch planend
und gestaltend verhalten kann und muß, die also in gewissen Grenzen in
die Hand des Menschen gelegt ist, und der Zukunft, die Gott sich vorbehalten hat und die zumal als die Zukunft aller Zukunft jedem menschlichen
Zugriff entzogen ist."[102]

Grundlegend ist damit für das theologische Bedenken von Zukunft nicht
einfach die Unterscheidung von Gegenwart und Zukunft, sondern die
kategoriale Unterscheidung von Zeit und Ewigkeit, von irdischem, ver-
gänglichem Leben und göttlichem, unvergänglichem Leben[103]. Die grundlegende Differenz von Philosophie und christlicher Theologie ist auch
hinsichtlich der Eschatologie zur Geltung zu bringen: „Dogmatik des
christlichen Glaubens steht im Zeichen des für sie konstitutiven Namens
einer bestimmten geschichtlichen Person: Jesus Christus, und einer für sie
ebenfalls konstitutiven allgemein menschlichen Grundsituation: der Sünde.
Beides: die Orientierung an Jesus Christus sowie der Begriff und das
Gewicht der Sünde, ist der Philosophie fremd."[104] Die Durchführung dieser
Differenz in der Eschatologie durch Ebeling kann hier nicht dargestellt und
erörtert werden. Sie behauptet den „Primat des Glaubens" im Verhältnis
zur Hoffnung[105] und übt ein in Zurückhaltung gegenüber Geschichts- und
Weltdeutungen, welche das Geheimnis der „spes purissima in purissimum
deum"[106] auflösen in Aussagen über die Zukunftsgestalt der Welt und die

---

[100] Ebd. 404.   [101] Ebd. 407.
[102] Ebd.   [103] Ebd. 408: § 38 Zeit und Ewigkeit.
[104] EBELING I, 15.   [105] EBELING III, 434.
[106] M. Luther, WA 5, 166, 18; zit. bei EBELING III, 433.

sich statt an Gott an kosmologischen Vorstellungen der künftigen Möglichkeiten orientieren.

V

Welche Folgerungen ergeben sich aus dieser theologischen Interpretation von Eschatologie für die Ethik? Die Aufhebung des Reiches Gottes in ein Reich ohne Gott[107], in konkrete Utopie verbietet allein schon die Unterscheidung zwischen dem Menschen verfügbarer Zukunft und menschlicher Verfügung schlechthin entzogener Zukunft, die Geheimnis Gottes bleibt. Diese Unterscheidung schließt ein die Unterscheidung von Glaube und Handeln. Ebeling hat diese Unterscheidung treffend gekennzeichnet durch die Forum-Situation des Gestelltseins des Menschen vor Gott und vor die Welt. Ethik wird damit zur Verpflichtung, die Relativität des Irdischen in unbedingter, aber eben gerade nicht in letzter Verantwortung ernst zu nehmen. „Das Ethische hat es stets mit dem Vorläufigen und mit Notstandsmaßnahmen zu tun, mit Kompromissen und mit Unvollkommenheiten. Je nüchterner man das sieht, desto eher besteht Aussicht, die Spannungen in der Politik und der Wirtschaft, zwischen den Rassen, den Generationen und den Geschlechtern nicht dem reinen Machtkampf zu überlassen, sondern ethisch zu durchdringen."[108] Ethisches Tun ist damit einerseits vom Glauben zu unterscheiden. Mit Nachdruck erinnert Ebeling daran, daß es in der Ethik um das „rein Menschliche", das „konkret Menschliche", das „allgemein Menschliche" geht[109]. Ethik ist im Menschen verwurzelt. Sie kann sich darum auch nichts anderes zur Aufgabe setzen als die Verwirklichung des Humanum. Dieses Humanum ist der Vernunft des Menschen anvertraut. Andererseits ist gerade das Menschsein zutiefst strittig. Der Streit zwischen Glaube und Unglaube entzündet sich eben an der theologischen Qualifikation des Menschen als Sünder[110]. Diese Qualifikation ist freilich kein moralisches Urteil, sondern eine Glaubensaussage. Theologische Ethik wird durch diesen spannungsvollen Bezug auf den Glauben in ein ebenso spannungsvolles Verhältnis zur Dogmatik gesetzt. Sie ist gegenüber dem Glauben selbständig, soweit es die stets relativen Aussagen über Handlungsmöglichkeiten und Handlungsverpflichtungen des Menschen betrifft. Es kann keine höhere Ethik geben als eine wahrhaft

---

[107] EBELING III, 478.   [108] EBELING II, 495.
[109] G. EBELING, Studium der Theologie. Eine enzyklopädische Orientierung (UTB 446), 1975, 146 ff (Kap. 11: Ethik).
[110] EBELING I, 362.

menschliche und in dieser unbedingten Entscheidung für das Humanum
vernünftige. Die Ethik kann aber wiederum nicht vom Glauben losgelöst
werden, weil allein die Unterscheidung von Gott und Welt die Welt
weltlich und den Menschen menschlich bleiben läßt und ihnen nicht das
heilbringende Wirken Gottes zumutet[111]. Daraus folgt eine Konvergenz
von allgemeiner und christlicher Ethik, die sich eben nicht nur als praktische Kooperation von Christen und Nichtchristen auswirkt und verwirklicht, sondern die Gemeinsamkeiten auch in der Reflexion des Ethischen
und in der Respektierung der Evidenz des ethischen Anspruchs erkennen
läßt. Mit der reformatorischen Unterscheidung und Zuordnung von
Glaube und Werken hat sie Anhalt nicht nur an der Unterscheidung der
zwei Reiche, sondern auch am duplex usus legis und an der Würdigung des
weltlichen Lebens im Beruf und am Verzicht darauf, die Werke, die guten
Taten der Christen „gleißen" zu lassen. Zugleich freilich unterscheiden sich
theologische Ethik und allgemeine Ethik dadurch, daß theologische Ethik
das Subjekt ethischer Verantwortung nicht einfach voraussetzt, sondern
um die Notwendigkeit weiß, daß der Sünder allein durch Glauben und
allein im Glauben frei wird. Dies wehrt allem Enthusiasmus im Blick auf
die Abschätzung von weltveränderndem Handeln, das mehr sein will als
eine Bekämpfung und Beseitigung von Übeln, das vielmehr selbst soteriologisch zu sein beansprucht. Die Ethik muß sich an der Goldenen Regel
(Mt 7,12) genügen lassen.

VI

Der Streit um die Zuordnung von Eschatologie und Ethik hat Folgen
auch in der Ethik. Er führt vor Alternativen. Eine Alternative sei hier nur
angedeutet.

Ethik muß sich in Selbstbescheidung üben. Sie kann nicht Aporien und
Ungewißheiten dieser Welt mit Hilfe einer Adventsmoral überholen. Im
Feld der Ungewißheit kann sie nur danach trachten, die vermeidbaren
Übel zu beseitigen, dem Bösen zu widerstehen und das relativ Gute zu
erkennen und zu verwirklichen. Sie kann in dieser Orientierung an den
Nöten der Gegenwart und an den Bedürfnissen des Mitmenschen auch
nicht absehen von den in der Geschichte gewonnenen Erfahrungen. Diese
Erfahrungen enthalten Hinweise auf eine menschliche Gestaltung des

---

[111] EBELING I, 21 f; ferner I, 331; III, 288. Vgl. zum Verhältnis von Dogmatik und Ethik
auch: Studium (s. Anm. 109), 159 f.

Zusammenlebens. Sie sind in Normen, welche dem Handeln des Menschen Orientierung und Weisung geben, und in Institutionen, welche dem Zusammenleben Halt geben, enthalten. Sittliche Normen und Institutionen sind gestaltete Erfahrungen. Ebeling hat nachdrücklich an die Verborgenheit der Herrschaft Gottes in den Herrschaftsverhältnissen der Welt erinnert[112]. Die Erhaltung der Welt mit Hilfe noch so ambivalenter menschlicher Erfahrungen und Gestaltungen ist ein Zeichen der Geduld Gottes. Gott ist nicht nur vor uns, so daß wir in die Zukunft fliehen müßten, um ihn dort vielleicht zu finden. Er ist verborgen unter uns, indem er unseren ethischen Bemühungen, dem Bösen Grenzen zu setzen, Raum gibt. Dies ist in dreifacher Hinsicht zu bedenken: Einmal folgt aus dem Vertrauen zur verborgenen Gegenwart Gottes auch und gerade in den zweideutigen Verhältnissen der Welt, daß ethische Verantwortung sich nicht am Erfolg ausrichten kann. Richtete sich Ethik am Erfolg aus, so könnte der Erfolgreiche beanspruchen, sittlich richtig und ethisch gut zu handeln. Christlicher Glaube hat gegen einen Maßstab des Erfolgs das Zutrauen zur Wahrheit Gottes und zur Macht des Guten geltend gemacht, indem er an das Leiden um der Gerechtigkeit und des Guten willen erinnert. Zum andern ist freilich ebenso festzuhalten, daß die Suche nach dem Richtigen und Guten und die Überlegungen zu den Weisen der Verwirklichung des Richtigen und Guten der Vernunft anvertraut sind. Christliche Ethik kann bei der Suche nach konkreten Anweisungen für das Leben des einzelnen und das Zusammenleben der Menschen keine Zukunftsentwürfe aufbieten, die nicht dem Feuer der kritischen Vernunft und der Prüfung anhand von Kriterien der Plausibilität auszusetzen wären. Und schließlich ist damit christliche Ethik hineingezogen in den Streit um das Humanum. Humanität ist kein christliches Privileg. Menschlichkeit ist das, was jedes menschliche Leben auszeichnet. Die Achtung der Menschlichkeit ist darum eine Forderung an jeden Menschen. Die Einsicht christlichen Glaubens, daß der Mensch menschlich und nicht göttlich oder dämonisch, nicht übermenschlich oder untermenschlich ist, befreit die Ethik zur Wahrnehmung des Menschlichen in Sachlichkeit. Der christliche Glaube ist kein Quietiv, sondern Stimulans zur Mitmenschlichkeit. Er lehrt nämlich zu unterscheiden zwischen dem Glauben an die Treue Gottes inmitten der Fragwürdigkeit der Welt und zwischen der Beanspruchung durch die Liebe, in die wir als Mitmenschen gestellt sind. Ebeling hat gegen die Behauptung eines Primats der Hoffnung den Primat des Glaubens und den Primat der Liebe vertreten[113]. Der Primat des Glaubens und der Liebe entspringt nach

---

[112] Ebeling III, 485 ff.   [113] Ebeling II, 537 f.

christlichem Verständnis freilich nicht einfach der Wirklichkeit des Lebens. Er hat seine Quelle im Leben Jesu, das die souveräne Liebe Gottes bezeugt. Ebelings Insistieren auf dem Primat des Glaubens und der Liebe eröffnet auch für die theologische Ethik und Sozialethik eine andere Perspektive als eine vom Primat der Hoffnung ausgehende Theologie. Nicht nur die Erinnerung an die Notwendigkeit der Unterscheidung der zwei Reiche gründet in diesem theologischen Ansatz, sondern genauso die Freiheit der Liebe dazu, in die erfahrbare Härte der Wirklichkeit einzugehen und der Fragwürdigkeit der Gegenwart standzuhalten. Solches Standhalten gegen die Erfahrung des Lebens verdankt sich dem Glauben, der sich und die Welt vor Gott gestellt sieht und der durch diese Erkenntnis zur Liebe in der Welt ermächtigt ist.

Redliche Rede vor Gott – über den Zusammenhang zwischen Predigt und Gebet

Eine Erinnerung an Gerhard Ebelings Beitrag zur Predigtlehre

Werner Jetter

I

„Es gehört eine ziemliche Portion guten Willens dazu, angesichts des durchschnittlichen Predigtgeschehens nicht gelangweilt oder zornig, sarkastisch oder tieftraurig zu werden. Was wird landauf landab für ein Aufwand für die Verkündigung des christlichen Glaubens getrieben! Aber ist es nicht – von Ausnahmen abgesehen – die institutionell gesicherte Belanglosigkeit?"

Habent sua fata libelli. Die kritische Feststellung zur Predigtpraxis, die Gerhard Ebeling in der ersten seiner Vorlesungen über „Das Wesen des christlichen Glaubens" 1959 veröffentlichte, hat damals rasch die Runde gemacht. „Institutionell gesicherte Belanglosigkeit" – das traf nur zu genau, was viele beim Anhören vieler Predigten empfanden. Auch paßte es gut in die Landschaft. Denn die Predigt geriet in jenen Jahren in das Kreuzfeuer heftiger Kritik. Ihre dogmatisch begründete Hochschätzung begann, einer kritischen Einschätzung ihrer Möglichkeiten zu weichen. Die Kritik betraf die institutionelle Gestalt der Predigt, die theologischen Ansprüche, die sie mit sich führte, und die geistlichen Erwartungen, die sie umgaben. Sie verwies vor allem auf ihre höchst bescheidenen Möglichkeiten, kirchlich und gesellschaftlich wirksam zu werden.

Die grundsätzliche Kritik an der Predigt griff damals vor allem unter denen, die diese Kunst erst lernen sollten, fast wie ein Flächenbrand um sich. Wenn man mit ihr nichts Wesentliches in der Kirche oder in der Gesellschaft verändern könnte, war ihr dann nicht das Urteil gesprochen? Wissenschaftliche Argumente, die dieses Urteil „empirisch-kritisch" erhärteten, konnte man in den Nachbargärten wie das Fallobst aufsammeln. Der spontanen Geringschätzung der Predigt entsprach die kräftige Überschätzung der eigenen gesellschaftskritischen Möglichkeiten, und die von nennenswerten Hörererfahrungen kaum getrübte Abneigung konnte schier unüberwindliche Formen annehmen.

Ebelings Kritik an der durchschnittlichen Predigtpraxis entsprang der Bekümmerung über die Predigt, nicht ihrer Geringschätzung. Es führte weit ab von den Intentionen dieser Diagnose, wenn man sie wie eine unbekümmerte Definition des wirklichen Predigtgeschehens behandeln und in ein schlichtes homiletisches Entlastungsprogramm umwandeln wollte[1]. Wenn sie sich für die „Gemeinverständlichkeit" des christlichen Glaubens und seiner Verkündigung einsetzt und gegen eine Praxis zur Wehr setzt, die bei nichtssagenden Gemeinplätzen herauskommt, ist das Ziel nicht die leichtere, sondern die bessere Predigt. Eine Predigt, die „die Selbstverständlichkeit des Wortes Gottes zu verantworten" und den Glauben in intellektueller Redlichkeit zum wahren Verstehen zu bringen vermag, so daß „nicht abstrakt vom Glauben geredet wird", sondern „der Glaube wirklicher Glaube" sein kann. Eine Predigt, die banal gewordenes Christentum in Frage stellt und zwischen dem Glauben einerseits, der Vernunft, der Sittlichkeit und der Religion andererseits unterscheiden lehrt, die Gewissen vor religiöser Vergewaltigung schützt, die Vernunft gegen die Unvernunft verteidigt und die Freiheit des Glaubens wahren hilft. In diesem Sinn ist die Theologie „notwendig, um dem Prediger das Predigen so schwer wie nötig zu machen". Und in diesem Sinn soll sie dann letzten Endes sich selbst überflüssig und die Verkündigung notwendig machen[2].

Der Knoten zwischen Theologie und „Verkündigung", zwischen Theologie und kirchlicher Predigt ist in Ebelings Theologie früh geschürzt und nicht mehr aufgelöst worden. Die persönlichen Erfahrungen aus den Jahren des Kirchenkampfs, die kritischen Fragen, durch die Rudolf Bultmann sich zum Anwalt des neuzeitlichen Bewußtseins machen wollte, und die immer reicher einströmenden Einsichten in das theologische Denken Luthers haben sein Predigtverständnis geprägt und bereichert, es gewissensverbindlich, lebensnah und zeitoffen werden lassen[3].

---

[1] „Unsere Sorge gilt der Verkündigung. Zwar stimmen Verkündigung und Sorge schlecht zueinander. Zur Verkündigung gehört Gewißheit und darum Freude. Wir meinen ja christliche Verkündigung. Und die ist, laut ihrem eigenen Anspruch, gewißmachendes Wort. Dessen Diener sein heißt Freude bereiten. Aber was unter diesem Namen und Anspruch mit immerhin beträchtlichem Aufwand geschieht, gibt Anlaß zur Sorge, ob es denn überhaupt Verkündigung sei." G. Ebeling, Theologie und Verkündigung (HUTh 1), 1962, 1.

[2] Sämtliche Zitate aus G. Ebeling, Diskussionsthesen für eine Vorlesung zur Einführung in das Studium der Theologie (Wort und Glaube [im folgenden: WG] [I], 1967³, 447–457), 447 f.

[3] In diesem Zusammenhang sei an das Eröffnungsreferat erinnert, mit dem Ebeling die Neue Folge der „Zeitschrift für Theologie und Kirche" eingeleitet hat (ZThK 47, 1950, 1–46 = WG I, 1–49). Dort liest man gegen Ende (48): „Und schließlich ist von der Verkündigung der Kirche – und damit hängt auch die Weise der kirchlichen Ordnung zusammen – zu verlangen, daß sie die historisch-kritische Arbeit ernst nimmt. Es ist zu fragen, ob nicht die

II

Das Predigtverständnis der Theologengeneration, die ihren kirchlichen
Dienst in den Jahren des Kirchenkampfes antrat, ist durch eine ungewöhnliche, für sie freilich von Anfang an selbstverständliche Hochschätzung der
kirchlichen Predigt gekennzeichnet gewesen. Auch für Ebelings Predigtauffassung galt dies und ist dies in vielen Hinsichten gültig geblieben.

Es kann hier nicht unsre Aufgabe sein, den Gründen im einzelnen
nachzugehen, die zu einer gesteigerten Bewertung der Predigt in der Zeit
zwischen den beiden Weltkriegen führten. Ich möchte nur auf zwei allge-
meingültige und zwei zeitbedingte Faktoren hinweisen, die mit Sicherheit
stark in dieser Richtung gewirkt haben.

1. Als erstes wird sich jede Predigtlehre daran orientieren müssen, daß
das jedermann so vertraute Phänomen der Predigt eine besondere Form
religiöser Mitteilung, eine dem Christentum eigentümliche Äußerung
seines religiösen Lebens darstellt. Sie war offenkundig dort, wo das
Christentum als neue Religion hinkam, eine so neue Sache, daß man sie nur
unter ihrer mitgebrachten Selbstbezeichnung übernehmen konnte[4]. Sie
macht darauf aufmerksam, daß im Christentum eine bloß rituelle Integration in das neue Religionswesen nicht als ausreichend erscheint. Zwar
können auch Predigten manchmal fast wie Rituale erscheinen. Aber sie
sind nicht dazu da, kultische Formeln zu rezitieren, sondern suchen, wie
auch immer, das Glaubensverständnis. Sie nehmen persönliches Mit- und
Nachdenken in Anspruch. Sie verbinden die Glaubenswelt mit dem Zeiter-
leben, die Glaubenslehren mit den Lebensgeschichten, die kirchliche und
die biblische Autorität mit dem Lebensverhalten.

Die Predigt ist mit dem Christentum über alle Zeiten, Konfessionen und
Anschauungen hinweg historisch so dicht verwachsen, daß man sich nicht
vorstellen kann, sie würde eines Tages ersatzlos aus dem kirchlichen Leben

---

weitverbreitete entsetzliche Lahmheit und Abgestandenheit der kirchlichen Verkündigung,
ob nicht ihr Unvermögen, den Menschen der Gegenwart anzureden, ob nicht ebenso die
Unglaubwürdigkeit der Kirche als solcher in hohem Maß damit zusammenhängt, daß man
sich davor fürchtet, die Arbeit der historisch-kritischen Theologie *in sachgemäßer Weise*
[Hervorhebung von mir] fruchtbar werden zu lassen, und daß man sich nicht genügend
Rechenschaft gibt über das Wesen des hermeneutischen Problems, das im Vollzug der *Predigt*
[wie oben] seine äußerste Verdichtung erfährt. Denn historisch-kritische Theologie ist nicht
identisch mit liberaler Theologie. Sie ist aber das unentbehrliche Mittel, um die Kirche an die
in der iustificatio impii wurzelnde Freiheit zu erinnern.“

[4] „Die Geschichte hinterläßt ihre Spuren in der Sprache. Die Vokabel ‚Predigt‘ ist gewissermaßen eine Fußstapfe der Germanenmission. Die Neuheit der Sache fügte sich nicht in das
vorhandene Vokabular. So entlieh man, von wo man die Sache empfing, auch den sprachlichen Ausdruck.“ G. EBELING, Kerygma (WG III, 1975, 515–521), 515.

gestrichen. Auch wenn in den alten Ländern der Christenheit die Mehrheit
der Getauften von ihr fast keinen Gebrauch macht – ihr Christentum wäre
ohne die Predigt nie zustande gekommen und würde sich ohne eine
predigende Kirche in ihrer Mitte sehr rasch wieder auflösen.

2. Jedermann weiß, daß die Reformation die gemeinchristliche Einrichtung der gottesdienstlich eingebundenen Predigt zum Hauptkennzeichen
ihres neuen Kirchenverständnisses gemacht hat. Sie verdankte der evangelischen Predigt ihre Ausbreitung. Im theologischen Rang hat sie die Predigt
den Sakramenten gleich-, in der praktisch-kirchlichen Bedeutung hat sie sie
ihnen weit vorangestellt. Seitdem bestimmt die Predigt das kirchliche
Leben im weitverzweigten ökumenischen Protestantismus mit erstaunlicher Selbstverständlichkeit und Beharrlichkeit, über alle geschichtlichen
Talfahrten und Höhenflüge hinweg, quer durch die theologischen Schul-
bildungen hindurch, kaum erschüttert durch die Wandlungen des theologischen Denkens. Sie gibt im gewöhnlichen wie im festlichen Gottesdienst
und bei allen kasuellen Anlässen den Ton an und prägt das äußere und das
innere Gesicht der öffentlichen und oft auch der intimeren Zusammenkünfte in Gemeinden oder Gemeinschaften. Man kann geradezu sagen, die
Reformation habe das religiöse Schicksal des Protestantismus weithin an
die Predigt gebunden. Dies gilt, gleichviel ob man sie als religiöse Rede, als
autoritative kirchliche oder pastorale Verlautbarung, als Instrument der
Volkserziehung oder, am höchsten greifend, als jetzt in seiner Verkündigung geschehendes Wort Gottes verstand.

Wo immer sich die Theologie bewußt an den reformatorischen Bekennt-
nissen zu orientieren begann und ein reformationsgeschichtliches For-
schungsinteresse erstarkte, da wurde auch die reformatorische Wertung der
Predigt erneuert. Dies war während der ersten 25 Jahre dieses Jahrhunderts
deutlich der Fall[5] und wirkte sich in der dogmatischen Arbeit zunehmend
aus. Es traf sich zugleich mit einem starken exegetischen Interesse an den
biblischen Redegattungen und ihrem „Sitz im Leben". Die wachsende
Aufmerksamkeit auf die Predigt in diesem Zeitraum blieb nicht auf einzelne Fächer und auf bestimmte Richtungen beschränkt, sondern erfaßte
auch gegensätzliche Positionen. Sie stellte in der ersten Hälfte dieses
Jahrhunderts eines der maßgeblichen theologischen Themen dar und
wirkte, mit der üblichen Verzögerung, auch stark auf die Praxis des
kirchlichen Lebens ein[6].

---

[5] Karl Holls bahnbrechende Beiträge zur Lutherforschung sind in diesem Zeitraum entstanden und vor allem nach den Erschütterungen des fortschrittsoptimistischen Lebensgefühls
durch den Ersten Weltkrieg zu tiefer Wirkung gelangt.

[6] Bei Emil Brunner und Karl Barth, aber auch bei so gegensätzlichen Geistern wie Rudolf

3. Den wirksamsten Beitrag zur neuen Hochschätzung der Predigt haben unbestreitbar die Väter der „Dialektischen Theologie" geleistet. Hier entstand, bei den einzelnen verschieden akzentuiert, insgesamt die geschlossene und entschlossene Neukonzeption einer „Theologie des Wortes Gottes", die die Predigt ganz in diesem anspruchsvollen Zusammenhang sah, sie als die Mitte des Lebens der Kirche betrachtete und sie zugleich zur beherrschenden praktischen Perspektive der gesamten theologischen Arbeit machte. Der Begriff der „Verkündigung" wurde zum Kennwort, die Predigt zum Paradigma. Das methodisch unverfügbare Selbstwort Gottes wurde zum Ziel der Erwartungen, die Wiederholung des biblischen Urzeugnisses, sein gegenwärtiger Nachvollzug, zum einzig verheißungsvollen Weg dorthin[7].

Dieses hochgreifende Predigtverständnis bringt die Bedeutung der Predigt in ihrem reformatorischen Profil voll zur Geltung: sie „repräsentiert"[8], daß die Christenheit von einer Botschaft lebt, die immer wieder als Gottes Stimme laut werden soll, um Menschen zum Glauben zu bringen und im Glauben zu erhalten. Sie will nicht der einzige Ort sein, an dem Gott zu Menschen spricht[9]. Wohl aber will sie das Evangelium von Jesus Christus als den Ursprung des christlichen Glaubens und als den Maßstab rechter evangelischer Lehre für jede Gotteserfahrung bezeugen. Sie läßt am evangelischen Gnadenverständnis, am personalen Charakter der Heilsübermittlung festhalten, am Vorrang des Wortes auch vor und in den ihm beigeordneten Sakramenten[10]. Sie gibt dem von so viel Zerfahrenheit bedrohten Dienst eines Pfarrers den sammelnden Mittelpunkt: eine Aufgabe, die ihn

---

Bultmann und Emanuel Hirsch war viel Rühmliches über die Predigt zu hören; Brunner und Barth haben auch selber homiletische Seminare geleitet. Selbst an unerwarteter Stelle, in Lietzmanns Handbuch zum Neuen Testament, konnte ein Band aus der Feder des Praktischen Theologen Leonhard Fendt erscheinen, der die Neuen Perikopen der Eisenacher Kirchenkonferenz „für die (Predigt-)Praxis erläuterte". Und ein Mann wie der Tübinger Praktische Theologe Karl Fezer, der ja kirchenpolitisch ganz entgegengesetzt zu den Dialektischen Theologen optierte, hat den Teilnehmern seiner homiletischen Seminare die Predigtaufgabe mit faszinierendem, manchmal schier unheimlichem Nachdruck einzuschärfen gewußt.

[7] Ihre luzideste programmatische Ausarbeitung fand die neue Predigtlehre nicht in einem praktisch-theologischen Lehrbuch – ein solches erscheint notorisch fast immer post festum –, sondern bei Karl Barth im ersten Halbband seiner Kirchlichen Dogmatik, 1932, 47–101 (§ 3, 1 Rede von Gott und kirchliche Verkündigung; § 3, 2 Dogmatik und kirchliche Verkündigung; § 4, 1 Das verkündigte Wort Gottes).

[8] AaO 61.

[9] „Gott kann durch den russischen Kommunismus, durch ein Flötenkonzert, durch einen blühenden Strauch oder durch einen toten Hund zu uns reden. Wir werden wohl daran tun, ihn zu hören, wenn er das wirklich tut." AaO 55.

[10] Eine neulutherische Diskreditierung der Predigt zugunsten des „Altarsakraments" wäre „schlechterdings als theologische Unbesonnenheit und Willkür zu bezeichnen" (aaO 72).

gerade als Theologen einfordert und zur Theologie auffordert und ihm so
zur eigenen Identität hilft.

Von daher kann man die menschlichen Mängel der Predigt nüchtern,
sogar mit Humor hinnehmen und, im Normalfall, auch tunlichst auf
unmittelbare „prophetische" Deutungen des Zeitgeschehens in ihr verzichten. Denn daß Gottes Stimme heilstiftend in der Predigt zu Gehör kommt,
hängt nicht von den persönlichen Qualitäten oder den individuellen An-
und Einsichten des Predigers ab. Es hängt ausschließlich daran, daß er
seinem Auftrag gehorsam nachkommt, die in seinem biblischen Text
bezeugte Verheißung wieder hervorholt und sie in der Gegenwart von
neuem bezeugt. Wenn ihn seine Theologie dazu instandsetzt, die kirchliche
Predigt von gestern kritisch zu beurteilen, dann wird er auch an der
Verkündigung heute, an dem „permanenten Ernstfall" der Kirche, die
nötigen Korrekturen anbringen können und gerade aus theologischer
Verantwortung die unentbehrliche Mitverantwortung der Nicht-Theolo-
gen respektieren und fördern. Und dann mag er getrost darauf hoffen und
darum beten, daß sich in seiner Predigt Gottes eigene Rede ereignet und
man seinen Mund als den Mund Christi erfährt[11].

Daß auch unter so anspruchsvollen Leitvorstellungen rednerisch und
menschlich charmant, biblisch interessant und zeitgenössisch engagiert
gepredigt werden kann, ist durch manches Beispiel belegt. Ihre Stärken
sind aber auch ihre Gefahren. Der Begriff der „Verkündigung" läßt an die
auftragsgemäße Übermittlung einer feststehenden Botschaft denken – so
erscheint das „Kerygma" schon im paulinischen Sprachgebrauch – und läßt
dann den christlichen Glaubenszeugen unwillkürlich als von Gott beauf-
tragten Überbringer eine ewigen Botschaft erwarten. Soviel daran auch
richtig ist: die Aufgabe regulärer Sonntagspredigt wird dann unausweichlich von der Frage bedrückt, nicht wie man dies macht, sondern ob man
dies kann? Ob man sich selber so ganz in den Auftrag hinein zurückneh-
men kann, um nur noch zum Mund des zur Welt redenden Gottes zu
werden?

Legt der Begriff der Verkündigung das Evangelium nicht unvermerkt
auf ein Konfrontations-Schema fest, so daß es dann allzuoft fast nur noch
wie eine Gegenverkündigung auftritt? Als Gegenparole zum Fortschrittsglauben, zur verbürgerlichten Moral, zum konservativen Ordnungsden-
ken oder zum liberalen Autoritätsverfall oder zum sozialen Versagen und
allem anderen, was man als „Kulturprotestantismus" pauschal unter Ver-

---

[11] Mit Augustin (De doctr. christ. IV, 15) BARTH, aaO 101: „oret, ut Dominus sermonem
bonum det in os eius."

dacht gestellt sieht? Und dann eben auch nur noch als schroffes Gegenüber zu allem, was Erfahrung und Frömmigkeit heißt? Paßt solche „Verkündigung" dann nicht besser zum über alles erhöhten Pantokrator als zum unter allem leidenden Gottesknecht? Legt das Übergewicht der „Verkündigung" nicht auch homiletisch verkürzende Alternativen nur allzu nahe: Verkündigung von oben herab statt sich selbst darstellender frommer Rede; Textpredigt statt selbstgewählter Thematik; Botschaft und Lehre statt Situationserhellung? Als ob ein streng textgebundenes Predigtverfahren es ausschließen könnte, daß nicht auch darin der Prediger seine Frömmigkeit, seine Erfahrung, seine Lieblingsgedanken, seine Meinungen über Gott und die Welt und die allgemeine und die besondere Lage und darin – durchsichtig genug – sich selber darstellt! Setzt man sich unter dem Eindruck der einen Hauptfrage nicht doch zu behend über viele Zwischenfragen und erst recht über die zweit- und drittrangigen Wie-, Wann- und Wo-Fragen seiner Predigt hinweg? Wird diese geschlossene Konzeption von Verkündigung, Predigt und Theologie nicht zwangsläufig zu einem genauso geschlossenen, isolierten Verantwortungshorizont für die Predigt, in dem man sich mehr am Text, am Lehrbuch und am Lehrervorbild ausrichtet als an der Frage, wie man mit Hilfe von Text und Lehre in der Situation der Hörer und Nichthörer das Evangelium jetzt so wahr und so hilfreich als möglich vor Gott und den Menschen zur Sprache bringen kann?

Die Wirkung dieses Predigtverständnisses war stark. Es hat zu einer Identifikation mit der Predigtaufgabe in einem Ausmaß geführt, das man sich heute kaum noch vorstellen kann[12]. Dementsprechend heftig war dann die Gegenbewegung, die schier unvermittelt einsetzte und die sich, wie es scheint, jetzt wieder einigermaßen von neuerlichen Extrempositionen freizumachen versucht. Die Zeitlage hat zum alten wie zum neuen Predigtbegriff jeweils sehr viel beigetragen.

4. Der Kirchenkampf in der NS-Zeit hat die hohen Erwartungen gegenüber der Predigt, mit denen eine junge Theologengeneration in den

---

[12] Es gehört für mich zu den bleibenden Eindrücken jener Zeit, bis in die fünfziger Jahre hinein, welch große Rolle nicht bloß die Vorbereitung auf die Predigt, sondern auch die kritische Nachbesprechung vorgelesener Predigten bei sehr vielen Zusammenkünften unter den Pfarrern gespielt hat; oft, trotz des empfindlichen Gegenstands, mit der ausdrücklichen „Bitte um scharfe Kritik". Man wollte sich seiner Verantwortung vergewissern. Wahrscheinlich wirkte auch die Erfahrung mit, daß man sich oft mit seiner intensiv vorbereiteten Predigt sehr isoliert und auch nachher fast ganz ohne Echo fühlte und sich nach einer Bestätigung sehnte. Und wer selbstkritisch blieb, konnte wohl schon auch wahrnehmen, wie sehr ihn seine heimlichen Predigt- und Predigerideale leiteten und wie sehr dahinter der Gedanke an die tatsächlichen Hörer zuweilen zurücktreten konnte. War nicht so manchesmal das Hoffnungsziel der geheimgehaltene Wunsch gewesen, mit solcher Predigt eines Tages noch einer Veröffentlichung im Christian-Kaiser-Verlag gewürdigt zu werden?

Kirchendienst trat, auf unvermutete Weise bekräftigt. Denn nun spielte die Kampfsituation der Predigt schier über Nacht eine öffentliche Aufmerksamkeit zu, von der sie zuvor nicht hätte träumen können. Nun wurde die Situation selber zur Interpretin der Predigttexte. Zwar sah sich die Stimme der Kirche zwangsweise in den geschlossenen Kirchenraum, den Gottesdienst und an ihre biblischen Texte zurückverwiesen. Doch man erfuhr, daß durch gewaltsam verschlossene Türen oft mehr hinausdringt, als wenn sie noch so einladend offenstehen. Der Gottesdienstraum, das oft so verwünschte Ghetto der Predigt, wurde plötzlich zum Echoraum befreienden Gewissenszuspruchs. Das Bewußtsein, im Auftrag zu reden, in Amt und Pflicht des Evangeliums zu stehen, wurde zum Damm gegen die Angst. Die Bindung an den biblischen Text und die Deckung durch ihn bekam einen anderen Stellenwert. Der Austausch über die Predigt, die Kritik im vertrauten Kreis, aber auch die Verständigung mit den christlichen Laien und deren Mitverantwortung wurde lebensnotwendig. Die „Verkündigung" war jetzt wirklich konfrontativ, eine Bastion für den heimlichen Widerstand. Die Kirche machte die Probe darauf, wie sie in einer feindselig gewordenen Umwelt überleben könnte, wenn das vielgeschäftige Vielerlei fortfiel, ihr aber Predigt und Gottesdienst blieben; schon das Dabeisein wurde zum Zeichen, daß es dort um Wichtiges gehe. Die Neigung, unterm Schutz einer widerspruchsfreien Institution und geheiligter Texte verschlüsselt über abwesende Dritte zu reden – sonst eine peinlich feige geistliche Finte –, wurde jetzt zu einem mutigen, ehrlichen Verfahren, denn jetzt wirkten auch die Abwesenden bedrohlich präsent. Das ständige „Feind hört mit" zwang die Predigt dazu, auch und vor allem an die Nichthörer, die potentiellen Aufpasser zu denken; man war nicht mehr zur erbaulichen Selbstunterhaltung und zum Austausch von Belanglosigkeiten unter sich. Dem neuen Predigtverständnis war eine Bewährungsprobe verordnet, in der seine stärksten Seiten hervortraten und ihre Tragfähigkeit erwiesen.

III

Als nach dem zweiten Weltkrieg der Druck des Kirchenkampfes fortfiel und das feindselige Mißtrauen gegenüber den Kirchen in ein gesteigertes öffentliches Ansehen umschlug, machte sich zunehmend eine veränderte, zum Teil gegenläufige Auffassung von der Predigt geltend. Dies läßt sich spätestens auf der Schwelle zu den sechziger Jahren feststellen. Nach dem stürmischen Wiederaufbau und der erreichten Konsolidierung setzte allgemein eine nüchterne und kritische Betrachtung des Erreichten ein und verband sich mit der Erfahrung eines immer spannungsvoller erlebten, global empfundenen und für den einzelnen immer unzugänglicheren politischen Völkerschicksals. Nach den Großtaten der naturwissenschaftlichen Forschung und den Großdemonstrationen der technischen Fortschritts- und Zerstörungspotentiale verbreitete sich das Interesse an der wissenschaftlichen Untersuchung der gesellschaftlichen, politischen, psychischen, psychosozialen, kulturanthropologischen und kybernetisch-kommunikativen Daten, Vorgänge und Möglichkeiten in der lebendigen Erfahrungswelt und an ihrer Beeinflussung und Steuerung rapide.

Der Hintergrund war jetzt eine Weltszenerie, in der es hierzuland nicht mehr von Ort zu Ort ums geistliche Überleben der Kirchen gegenüber politischem Zwang und weltanschaulichem Druck ging, sondern um ihre möglichen Beiträge zu einer Verbesserung, Vermenschlichung und Veränderung der allgemeinen Zustände im weltweiten Rahmen. Politisch und gesellschaftlich war die kämpferische Existenz der Kirchen in der Subkultur und im subversiven Widerstand nicht zum Dauerzustand zu machen, konnte das Umgießen einer nicht mehr abverlangten Bekennerhaltung in innerkirchliche Verwerfungs- oder in gesellschaftspolitische Protestprofile leicht etwas vorsätzlich wirken. Kulturell drängte sich ein neues anthropologisches und gesellschaftliches Ernstnehmen der religiösen Erscheinungen auf und verlangte nach einer behutsameren und gerechteren Beurteilung des kritischen, aber nicht alternativen Verhältnisses von Christentum und Religion. Theologisch mußte nunmehr in eine „Theologie des Wortes Gottes" die vieldeutige Situation, die im Widerstand zuvor die christliche Glaubensverkündigung sozusagen von selber eindeutig und verständlich gemacht und Worte zur Sache in Worte zur Lage verwandelt hatte, als Grundbedingung allen Verstehens mit einbedacht, die hermeneutische Frage als Schlüsselproblem gerade auch für die Predigt ernster genommen werden. Und homiletisch verlangten nicht wenige Fragen des treffenden Umgangs der Predigt mit ihren hörenden Partnern jetzt ihre Rechte zurück, nachdem man sie längere Zeit wenig beachtet unterm Steilufer eines vorwiegend dogmatischen Selbstverständnisses der Predigt hatte im Tiefland auf sich beruhen lassen.

Kurzum: einer vor allem dogmatischen Predigtbeurteilung traten wieder mehr und mehr empirische Predigtbefunde gegenüber. Gegen die alles beherrschende, schier erdrückende Frage, ob und wie da in Wahrheit das Wort Gottes ergehe, wurde wieder an die Frage nach der „wirklichen" Predigt erinnert. Auch begann man, eine Predigtvorbereitung, die in der Exegese alle Gerechtigkeit erfüllte und in der Predigtarbeit von theologi-

scher Monotonie bedroht war, durch vervielfachte Predigthilfen mit situations- und themenbezogenen Einfällen und Anregungen zu ergänzen, nicht
ohne dabei auch bald wieder neue, diesmal sozialethische Eintönigkeiten zu
produzieren. Und aus der oft so beschwerlichen Mühe mit den allzu
hochgespannten theologischen Predigterwartungen sollte ein „ermäßigter"
Predigtbegriff heraushelfen, der die Predigt nicht mehr in so hoher Isolierung, sondern im Verbund mit anderen Kommunikationsinstrumenten der
Kirche sehen ließ und der es dem Prediger-Ich erlauben sollte, zwangloser
die Unvollkommenheiten seiner menschlichen Einsichten in der Predigt
offenzulegen, wovon ja dann auch fleißig Gebrauch gemacht worden ist[13].

---

[13] Man kann die geschilderte Entwicklung anschaulich an der „Evangelischen Predigtlehre"
von WOLFGANG TRILLHAAS verfolgen. Sie konnte 1935 weithin als das homiletische Standardwerk der Dialektischen Theologie gelten, wenn auch dort schon unter Einschluß mancher
Traditionen der lutherischen Pastoraltheologie. Das Vorwort zur 5. Auflage von 1964 erzählt,
wie und warum es zu dieser fast völligen Neubearbeitung kam: Hatte „das Bedürfnis nach
größerer Nüchternheit und nach psychologischer Wahrheit" schon 1947 zum „Auflockern
seines pastoralen Teiles" geführt, so vermochte sich „die reale Predigt" in dem dogmatischen
Predigtbegriff, wie ihn etwa das Buch des Schweden GUSTAV WINGREN über die Predigt
vertrat, „nicht mehr wiederzuerkennen". Und so trägt dann auch der Aufsatz, den TRILLHAAS
1963 zur Festschrift für Hirsch beigesteuert hat, den programmatischen Titel „Die wirkliche
Predigt", und mit einer instruktiven neuen „Einführung in die Predigtlehre" hat schließlich
der für das Denken der Zeit so sensible Autor 1974 die Entwicklung seiner homiletischen
Theologie noch einmal einen Schritt weitergeführt. Die Entwicklung der Predigtauffassung
vor allem im 6. und 7. Jahrzehnt dieses Jahrhunderts läßt sich auch in der Monatsschrift für
Pastoraltheologie an den Themen ihrer homiletischen Beiträge zwischen 1950 und 1980 gut
verfolgen. In dieser Zeitschrift, die durch ihre Koppelung mit den Göttinger Predigtmeditationen ursprünglich dem Predigtverständnis der Bekennenden Kirche aus den Kirchenkampfjahren besonders nahe verbunden war, stehen während dieses Zeitraums den etwa 35
Aufsätzen, die eher klassische Themen der Homiletik auf traditionelle Weise behandeln, ca. 50
Beiträge gegenüber, die die neue Predigtsituation und zahlreiche neue oder wiederentdeckte
Probleme signalisieren. Sie betreffen die neuen Möglichkeiten des Rundfunks, die aktuelle
politische Predigt, neue, z. T. dialogische Veranstaltungsformen der Verkündigung, Fragen
nach den Hörern der Predigt, aber auch grundsätzliche kritische Infragestellungen der
Predigt, theologische Vorfragen, Fragen nach ihrer Sprachlosigkeit in einer säkularen oder
atheistischen Welt. Oder sie gelten der Klärung des Verhältnisses zu den Religionen, zur
Moral, überhaupt zur Öffentlichkeit „auf dem Areopag" der Zeit mit seinen Verlegenheiten,
aber natürlich auch den rhetorischen Fragen nach ihrem Anfang oder ihrem Aufbau, ihrem
Verhältnis zur Alltagssprache, und auch die Fragen ihrer Wirkung nehmen Platz ein: Man
untersucht ihre Informationsleistung im Kommunikationsprozeß, achtet auf den erzählenden
Charakter, auch auf ihr Verhältnis zu den Laien. Darüber hinaus wären noch einmal mehr als
40 Titel zu nennen, die sich in diesem Zeitschriften-Zeitraum der veränderten Situation der
Predigt, der Kirchen, ihren Grenzen, der christlichen Existenz in der industriellen Welt, der
Volkskirche oder den Kasualien, aber auch der Pfarrerausbildung, der Meditation, der
Säkularisation, dem Wandel der Strukturen, der Sprache widmen. Im Eröffnungsheft der
Theologia Practica erschien 1966 der vielbeachtete Aufsatz von DIETRICH RÖSSLER über „Das
Problem der Homiletik". 1968 begannen die „Predigtstudien" unter der Herausgeberschaft
von ERNST LANGE, PETER KRUSCHE und DIETRICH RÖSSLER zu erscheinen, mit dem ziemlich
durchschlagenden Bericht von ihrer Programmdiskussion, dem 1. Beiheft „Zur Theorie und

Ob man auf diesen Wegen dem Predigtschicksal der „institutionell gesicherten Belanglosigkeit" entkommen konnte oder ob man mit der jedermann vordem schier überfordernden Predigtaufgabe nunmehr oft erschreckend leicht fertig wurde und sich ihrer theologischen Verantwortung mit manchmal allzu leichter Hand entschlagen mochte, dies dürfte freilich eine offene Frage geblieben sein.

Angesichts der Übermacht des dogmatischen Predigtverständnisses wieder auf „das homiletische Problem der Predigt" hinzuweisen war nötig. Aber solange die dogmatische und die homiletische Sicht der Predigt einander nur gegenübergestellt bleiben, bleibt auch eine wichtige theologische Aufgabe ungelöst. Die Gefahr ist dann groß, daß sich jede Seite an karikierten Einseitigkeiten der anderen Seite ergötzt oder entsetzt. Denn wo der dogmatische Predigtbegriff in die Prolegomena einer Predigtlehre verwiesen wird, da soll er ja nicht in eine Isolierzelle gesteckt werden. Da soll vielmehr die Verabsolutierung der jeweiligen dogmatischen Position oder Schulrichtung abgewehrt werden, die ihr besonderes Predigtverständnis zur conditio sine qua non der Predigtlehre und -praxis erhebt und manchmal den Streit der theologischen Lehrauffassungen mit einem von Kirche und Heil trennenden Pathos ausstattet. Eine bedauerliche Parallele zu den sozialethischen Verketzerungen, die jetzt in den Gefilden der Politik und leider manchmal auch der Theologie wieder so stark um sich greifen. Gerade in den Prolegomena bleibt das dogmatische Predigtverständnis vielmehr an den Vorentscheidungen über die grundsätzlichen Fragestellungen und über die Gewichtung der Hauptthemen der Predigtlehre mitbeteiligt[14].

Praxis der Predigtarbeit". In diesem Zusammenhang darf ich auch an meine Tübinger Antrittsrede vom 16. 11. 1962 erinnern: „Elementare Predigt. Begegnung mit dem Vermächtnis des Arbeiterpriesters Henri Perrin" (ZThK 59, 1962, 346–388), und an die kleine, 1964 erschienene Schrift „Wem predigen wir? Notwendige Fragen an Prediger und Hörer", oder an den Erich Hertzsch gewidmeten Aufsatz „Die Predigt als Gespräch mit dem Hörer" (MPTh 56, 1967, 212–228). Auch ein Streifblick auf die Buchtitel dieser Jahre, die die Predigt betreffen, bekräftigt das Urteil über den tiefgehenden Umschwung: „Predigt als Rede", „Predigt als Gespräch", „Verkündigung als Information", „Die Predigt als Plädoyer", „Die Predigt zwischen Text und Empirie", „Die Predigt als Kommunikation", „Homiletik und Rhetorik", „Das homiletische Verfahren", „Das Handwerk der Predigt", „Kreativität und Predigtarbeit" – um nur, ziemlich wahllos, Nächstliegendes zu nennen.

[14] Neuerlich hat RUDOLF BOHREN sich der geschilderten Entwicklung der Predigtauffassungen mit der ihm eigenen Leidenschaftlichkeit entgegengestemmt: Die Differenz zwischen Meinen und Sagen. Anmerkungen zu Ernst Lange, Predigen als Beruf (PTh 70, 1981, 416–430). PETER KRUSCHE hat diesen Versuch seinerseits mit einigen Anmerkungen erwidert: Die Schwierigkeit, Ernst Lange zu verstehen (ebd. 430–441). Es könnte m. E. viel zur nötigen Versachlichung und Vertiefung der von BOHREN angemeldeten Widersprüche beitragen, wenn er sich dazu entschließen könnte, das Predigtverständnis EBELINGS in seine kritischen

IV

Gerhard Ebeling hat sein eigenes Predigtverständnis nicht zusammenfassend ausgearbeitet. Soviel ich sehe, ist es auch in der homiletischen Diskussion noch nicht eigens erörtert worden. Man stößt aber in seinen Arbeiten sehr häufig auf Äußerungen über die Predigt; die Auswirkung dürfte ungleich größer sein als die erkennbare Beachtung[15].

Für seine hohe Schätzung der Predigt ist der Einfluß seiner Lehrer Rudolf Bultmann und Emil Brunner, die Fernwirkung Karl Barths, der man sich nicht leicht entziehen konnte, und die nahe Begegnung mit Dietrich Bonhoeffer in Finkenwalde weithin maßgeblich geworden. Seine intensive Beschäftigung mit der Bedeutung der Reformation für die Geschichte der Bibelauslegung[16] und der Pfarrdienst in einer Berliner Notgemeinde der Bekennenden Kirche konnten ihn darin nur bestärken.

Daß es sich schon bei einer einzigen Predigt im Grund um „eine wahrhaft ungeheure Aufgabe" handle, ist stets seine Überzeugung gewe-

---

Erwägungen einzubeziehen, das, wenn auch leider verstreut, so klar ausgearbeitet, begründet und formuliert ist, daß gewiß keine Notwendigkeit besteht, auf eine immer etwas peinliche Differenz zwischen Meinen und Sagen zu insistieren und den Streit über die Folgen in die Philologie einer Hinterlassenschaft zu verlegen, zu der sich ihr Urheber nicht mehr selbst äußern kann. Die hier vorliegende Darstellung wollte den Dank an GERHARD EBELING nicht durch Polemik beeinträchtigen. In der Sache enthält sie den mir notwendig erscheinenden Widerspruch gegen BOHRENS Kritik.

[15] In erster Linie sind die „Fundamentaltheologische(n) Erwägungen zur Predigt" zu nennen (WG III, 554–573). Darüber hinaus sind fast alle anderen Beiträge zur Ekklesiologie in diesem Band für unser Thema aufschlußreich: „Das Grund-Geschehen von Kirche" (463–467), „Kerygma" (515–521), „Der Theologe und sein Amt in der Kirche" (522–532) und „Die Notwendigkeit des christlichen Gottesdienstes" (533–553). Aus dem „Memorandum zur Verständigung in Kirche und Theologie" ist besonders der IV. Abschnitt „Der Bezug des Evangeliums zur Zeit" unmittelbar einschlägig (492–496). Daneben deuten Themen wie „Theologie und Wirklichkeit" (WG I, 192–202), „Wort Gottes und Hermeneutik" (ebd. 319–348), „Elementare Besinnung auf verantwortliches Reden von Gott" (349–371), „Weltliches Reden von Gott" (372–380), „Zeit und Wort" (WG II, 1969, 121–137), „Gewißheit und Zweifel" (ebd. 138–183), „Profanität und Geheimnis" (184–208), „Gott und Wort" (396–432) an, wie stark die Predigt im Blickfeld blieb und welche Richtung das Nachdenken über sie nahm. Die drei Predigtbände „Vom Gebet. Predigten über das Unser-Vater" (1963), „Psalmenmeditationen" (1968) und „Die zehn Gebote" (1973) ergänzen das Bild und veranschaulichen, wie sehr es auch in EBELINGS Predigtpraxis um die Verbindung von Katechismus und Gebetshilfe, um die fromme Praxis eines denkenden und verantwortlichen Glaubens zu tun ist. – Während der Drucklegung erschien: H. HIRSCHLER, In welchem Sinne hilft Ebelings Dogmatik dem Prediger heute? (ZThK 78, 1981, 491–513).

[16] G. EBELING, Evangelische Evangelienauslegung. Eine Untersuchung zu Luthers Hermeneutik, (1942) Nachdr. 1962. Eine theologische Dissertation, die trotz ihres Umfangs noch während des Krieges erscheinen konnte und die die Anstöße der Dialektischen Theologie für Predigt und Bibelauslegung und die dem reformatorischen Proprium gewidmete eigene Lutherforschung mit dem vorherrschenden Fragehorizont Bultmanns verband.

sen und geblieben[17]. Die Theologie kann, ja soll diese Arbeit auch gar nicht leichter machen[18]. Jedenfalls nicht so, daß sie sich auf die handwerklichen Verfahrensfragen beschränken oder sie unter dem Eindruck ihres sonntäglichen „Überangebots"[19] der bloßen Routine überlassen sollte, die ihre Hörer durch formelhafte christliche Vollmundigkeit oder noch häufiger durch eine spezifische Art der Anspruchslosigkeit strapaziert[20]. Denn die Aufgabe der Predigt ist in Wahrheit nicht etwa leichter, sondern anspruchsvoller, als es die ihr zuweilen sehr nahekommende Arbeit der dogmatischen Theologie ist: Sie, die Predigt, soll ja nicht bloß – beispielshalber – die „Rechtfertigung aus dem Glauben" richtig und gedankenvoll darlegen; sie soll vielmehr so davon reden, sie so für ihre Hörer in Gebrauch nehmen und „ausführen", daß diese dann, im Glauben getröstet und gewisser gemacht, als gerechtfertigte Sünder in ihre Häuser und zu ihrer Arbeit, in die Spannungen und Bewährungsproben ihres Lebens zurückkehren können. Denn darauf, daß es zum Glauben kommt, d. h. zu einer neuen, befreiten, verheißungsvollen Lebenssituation für die unter soviel fremder und selbsteigener Pein lebenden und weiterlebenden Menschen, darauf sollte jede christliche Äußerung, jeder Zuspruch und darum erst recht auch jede Predigt als exemplarische Gestalt der christlichen Verkündigung hinauskommen[21].

Gewiß ist die Predigt nicht isoliert zu betrachten. Sie ist nur „eine von vielen Möglichkeiten, wie das Wort Gottes in rein verbaler Gestalt ergeht"[22]. Eine geschichtliche Einrichtung, die die geschichtlichen Schicksale und Wandlungen mit erleidet und heute vor allem durch soziale Barrieren, Bildungsschranken und Veränderungen der allgemeinen Lebensgewohnheiten erheblich eingeengt wird[23]. Die Erfahrungen mit ihr können beunruhigend sein, weil sie so oft der Wirklichkeit nicht an die Wurzel greift, so fern, so zusätzlich, so wenig lebensnotwendig erscheint[24]. Ist die Predigtsprache nicht längst zu einer privaten Gruppensprache geworden, in einer Welt, in der das Reden von Gott auf Spezialtraditionen, auf wenige dürftige Elemente der Sitte eingeschrumpft ist und außerhalb von Kondolenz, Glückwunsch oder Tischgebet sowohl im öffentlichen

---

[17] G. Ebeling, Dogmatik des christlichen Glaubens III, 1979, 503.
[18] Vgl. oben bei Anm. 2.   [19] WG III, 556.
[20] Dogmatik II, 204; III, 352.
[21] Dogmatik III, 218. Vgl. dazu das Vorwort Ebelings zu „Gott und Wort", 1966, 6, wo er die Äußerung seines verstorbenen Freundes Carl Michalson aus einer Predigt zitiert, was das Wort „Gott" zu leisten vermöge: „it doesn't point to a thing but creates a situation".
[22] Dogmatik III, 296.   [23] WG III, 555f.
[24] WG I, 199f.

wie im häuslich-intimen Reden wie ein Fremdkörper, wie eine Fremdsprache wirkt[25]?

Kann man die Predigt, diese armselige, dazu noch an ärmliche Formen gebundene, allem Wechsel der Zeit sich unterwerfende und so selten vom rechten lebendigen Geist beseelte Rede, wie Schleiermacher sie nennen konnte[26] – kann man diese Predigt nicht wirklich bloß dort in die Mitte des christlichen Gottesdienstes stellen, wo man etwas vom elementaren Vertrauen auf das Wort weiß, von seiner Würde, die Wahrheit zu sagen und die Wirklichkeit „wahrzunehmen"? Wo man es nicht bloß als technisches Instrument der Information und einer Verständigung betrachtet, die im Grund nur der berechnenden Beherrschung, der Macht über die Menschen und über die Zukunft dient[27]?

Solche Krisensymptome und negativen Eindrücke leiten dazu an, die Predigt nicht nur vom Verkündigungsgeschehen als ihrem theologischen Inbegriff her zu betrachten, sondern sie auch in ihrer sozusagen neutralen Gestalt, in ihrem Erscheinungsbild als christliche Rede und mit ihren ganzen Verflechtungen in traditionelle, kirchliche oder kulturelle Komponenten zu bedenken. Aber auch wenn man sie dann nicht mehr ganz so selbstverständlich herausheben und sich nicht mehr so ausschließlich auf sie konzentrieren mag, so bleibt doch diese christliche gottesdienstliche Rede nicht nur kulturell unter allen Formen institutionalisierter Rede die bemerkenswerteste Erscheinung; man wird in ihr vielmehr auch weiterhin eine sachgemäße Hauptform christlichen Wortes zu sehen haben und deshalb ihre Möglichkeiten auch in der Krise mit äußerster Hingabe wahrnehmen müssen. Sie bleibt mit ihrer exemplarischen Bedeutung „das Kriterium der Theologie", der „eigentliche Ernstfall" des Theologiestudiums[28]. Sie bleibt

---

[25] WG II, 421 ff. EBELING weist dort übrigens darauf hin, daß die Predigt heute wohl nicht bloß das Opfer jener Entwicklung ist, durch die das Wort „Gott" im Alltag so fremd und unverständlich wurde; daß sie vielmehr wohl auch selber einiges zur Entleerung dieses Wortes beitrug, durch unverantworteten, leeren Gebrauch.

[26] Die Äußerung Schleiermachers wird von EBELING WG III, 70 Anm. 22 zitiert.

[27] Vgl. WG II, 410–413 sowie 422 f: „Dieser Problemlage ist weder durch Modernisierung des Vokabulars noch durch Appell an den Bekennermut wirklich beizukommen. Beides hat sein begrenztes Recht. Aber . . . wer sich zuviel davon verspricht, richtet nur Schaden an. Die Kostümierung mit Sprachfetzen eines Reizjargons verrät einen Mangel an Vertrauen zum Wort, der für die christliche Verkündigung tödlich ist."

[28] WG III, 555 f; dazu das Vorwort zu „Vom Gebet", 1963, 6. Vielleicht hat man es als eine (unbewußte) Folge der heute nicht mehr so isoliert herausgehobenen Stellung der Predigt im kirchlichen Leben und im theologischen Denken anzusehen, daß das Register der „Dogmatik des christlichen Glaubens" zum Stichwort Predigt nur auf 5 Stellen verweist, in deren Zusammenhang Predigtprobleme erörtert werden, und daß es zur „Verkündigung" dann noch 8 Stellen hinzufügt, aber, vergleichsweise, für das „Gebet" immerhin 16 z. T. ausge-

eine „rechte, lohnende, im wahrsten Sinne lebensnotwendige Arbeit", die die Theologie den Predigern nur dadurch auf legitime Weise erleichtern kann, daß sie ihnen hilft, sie in der Ausrichtung auf das Reich Gottes zu tun, in der Gewißheit, daß Gottes Reich kommt, und daß sie so das eigene, versuchte und versuchliche Tun mit seinen Erfolgen und Mißerfolgen relativiert, ohne ihm seinen Ernst zu nehmen[29].

Was die theologische Begrifflichkeit und die theologische Beurteilung anlangt, so bleibt dies alles im Erbgang des auf der Schwelle zum Kirchenkampf überkommenen Predigtverständnisses. Und doch ist bei aller grundsätzlichen Übereinstimmung Ebelings eigene Handschrift schon hierin nicht zu übersehen, wenngleich die sprachliche Übereinstimmung das besondere Profil seines Beitrags zum evangelischen Predigtverständnis fürs oberflächliche Hinsehen vielen verdeckt.

Dieses besondere Profil wird vom beharrlichen Insistieren auf das Elementare geprägt; vom unablässigen Drängen auf ebenso gründliche wie redliche fundamentaltheologische Rechenschaft, auf die volle Wahrnehmung der Wirklichkeit, auf das gewißmachende Erfahrungserkennen des Glaubens, das hier alles Nachdenken über die Glaubensverkündigung in der Predigt, über das Wortgeschehen, über „Gott und Wort" auf Schritt und Tritt ebenso bedrängt wie erleuchtet, es der vollen Anstrengung des Begriffs und der strengen Zucht eindringender und umfassender Beobachtung und sachgemäßer Beurteilung unterwirft. Es ist, um es mit einem Titel seiner eigenen Aufsätze zu sagen, die „elementare Besinnung auf verantwortliches Reden von Gott"[30], um die es ihm vor allem und in allem geht. Sie hat jene Verbindung von scharfsinniger Logik und echter Intuition bewirkt, die ihm einmal in Amerika nachgerühmt wurde[31]. Sie hat das theologische Niveau seiner Arbeiten so anspruchsvoll gemacht, daß es der Popularisierung ihrer Ergebnisse nicht selten selber im Wege steht. Dies alles aber, die fundamentale Verantwortung, die Wirklichkeitserfahrung,

---

dehnte Zusammenhänge nennt. Freilich wird man in erster Linie an die der Dogmatik vor- und aufgegebenen Themen zu erinnern haben.

[29] Dogmatik III, 503 f. Dies dürfte dann auch über den sehr beklemmenden, seltsamen Rollentausch hinweghelfen, daß heute oft nicht mehr der Prediger kraft seines Amtes über den Glaubensinhalt wacht, der Laie dagegen darauf sieht, daß die Lebenserfahrung nicht zu kurz komme, sondern daß oft gerade vom Prediger, „von oben her der provokative Sprung in die Alltagsgefilde der Zeitungsthematik bevorzugt wird, während man von unten [sc. von den Hörern] her die Höhe des Glaubensstandes [sc. des Predigers] ausspioniert" (WG III, 561).

[30] WG I, 349 ff.

[31] „His writing is a rare combination of the logical and the intuitive", schrieb DAVID JAMES RANDOLPH in der Einführung zur amerikanischen Ausgabe der Vaterunser-Predigten, von denen er annahm, sie würden einmal als „klassisches" Beispiel der Predigtgeschichte gelten (G. EBELING, On Prayer. Nine sermons, Philadelphia 1966).

die gewißmachende Verkündigung bündelt sich im Durchschauen der Situation, kulminiert in der Einsicht, daß Wortgeschehen und Situation konstitutiv und unzertrennlich zusammengehören und sich wechselseitig bestimmen und durchdringen. So wird die „Situation" in ihrer ganzen Vielschichtigkeit zu einem Schlüsselbegriff seines Predigtverständnisses, wird für ihn der Mensch als Gewissen zum hermeneutischen Prinzip für die gegenwärtige Bezeugung des überlieferten Glaubens und das Gebet zu der Lebensform, die solche Situation in ihrem innersten Wesen beschreibt.

Dies muß jetzt im Blick auf die Predigt und dann im Hinblick auf das Gebet verdeutlicht werden.

V

Die Predigt will Glauben wecken, Glaubenserfahrung vermitteln, Glaubenseinsicht vermehren. Sie will das „Evangelium" immer wieder zur Geltung bringen, weiß sich der „Weitergabe des Evangeliums durch Zeugenschaft" verpflichtet[32]. Sie kann sich deshalb nicht von den biblischen Ursprungszeugnissen der christlichen Glaubensbotschaft lösen. Sie kann sie aber auch nicht einfach bloß nachreden wollen oder sich an traditionelle Lehrformulierungen anschließen, so unentbehrlich diese sind und so hilfreich sie werden können. Mit ihnen allein würde sie bloß bestimmte kulturelle Ausformungen des Christlichen reproduzieren[33].

Die Predigt beruft sich auf die Erfahrung der Vollmacht Jesu in seinem Wort und Verhalten, auf die die glaubende Christenheit mit ihren christologischen Bekenntnisaussagen geantwortet hat[34]. Sie tut dies auch zur historischen Legitimation der kirchlichen Predigtaufgabe, aber in erster Linie in der Erwartung, daß es zu erneuten Erfahrungen mit dieser Vollmacht kommt, zu persönlichen Begegnungen mit ihr im gegenwärtigen Leben. Denn „streng genommen ist nur diese viva vox, das auf Grund der Schrift inmitten gegenwärtiger Wirklichkeitserfahrung verantwortete Zeugnis, Evangelium"[35]. Und das heißt: Nur wo das christliche Wort ein

---

[32] Vgl. dazu und zum folgenden WG III, 494f.
[33] Ebd. 490f: „Viele charakteristische Züge traditioneller dogmatischer Auffassung . . . tragen das Gepräge einer bestimmten kirchengeschichtlichen Ära und verdanken dieser den Anschein der Orthodoxie."
[34] Aufschlußreich dafür Dogmatik II, §§ 22.23 (409–476).
[35] WG III, 494. – Auch Herder hatte Luthers Erklärung des Evangeliums als eines „mündlichen Geschreis" nicht vergessen, als er bemerkte, daß das Christentum nicht mit schriftlichen Evangelien angefangen habe, sondern mit Verkündigung, Auslegung, Lehre, Trost, Ermahnung, Predigt, und daß es – im mündlichen Vortrag – jedem Apostel überlassen

lebendiges Wort ist, wo es also als eigenes Wort gesagt, als konkretes Wort
verstanden und als befreiendes Wort bejaht und für die Gegenwart neu-
und umgesprochen wird, ist es mehr als eine ehr- und überlieferungswür-
dige Glaubenskunde, wird es heute als „Evangelium", als eine helfende,
befreiende, heilbringende Botschaft erfahrbar[36].

Worte sind nicht aus dem Kontext der Situation zu lösen, die sie
ansprechen wollen und von der sie mindestens mitveranlaßt wurden.
Situationen und Worte werden einander zum Schicksal. Solange Worte für
ihre Situation empfindlich bleiben, auf ihren Wechsel und ihre Nuancen
eingehen, sind sie lebendig; wenn sie für sie nichts mehr besagen, sind sie
belanglos geworden und laufen bald leer. Leere, situationslose Worte
können zum „Inbegriff des Nichtigen" werden[37]. Situationswidrig, unklug
oder taktlos gebraucht kann auch ein wahres Wort, weil es die Situation
verfehlt oder verfälscht, in sein Gegenteil umschlagen[38]. Wenn Worte nur
noch daran erinnern, daß ihre Situationen vergangen sind, ist das Schicksal
beider besiegelt.

Man überliefert Worte nur dann, wenn sie Gewicht für ihre Lage
besaßen – sofern sie nicht bloßer Zufall bewahrt. Man gibt sie weiter, wenn
man hofft oder erlebt, daß sich aus ihnen und ihrer damaligen Lage auch
etwas für die neue, veränderte Lage ergibt. Daß Worte von ihrer Lage so
abhängig sind und so empfindlich darauf reagieren können, zeigt an, wie
dicht die Sprache mit dem Leben selber verquickt ist. Sie ist so kostbar und
so verletzlich wie dieses; man sollte deshalb mit beiden gewissenhaft
umgehen[39]. Auf jeden Fall sind überlieferte Worte zunächst nur aus ihrer
überlieferten Situation zu erklären, lebendige Worte nur in und aus der
miterlebten Situation zu verstehen.

So spitzt sich das Problem des christlichen Wortes, im Gespräch wie in
der Predigt, auf die Frage zu, wie überliefertes Wort wieder lebendiges
Wort werden kann. Wie kann man es in die veränderte Situation übersetzen, so daß es auch diese zu treffen vermag?

Steht dann aber nicht jeder, der christlichen Rat geben oder predigen
soll, doppelt ratlos da? Ratlos vor dem endlosen Land einer Vergangenheit,
die uns entgleitet, die niemand festhalten kann und in der sich auch gute,

bleiben mußte, wie er sich über das eine zugrunde liegende Evangelium ausdrücken wollte
(EBELING [s. Anm. 1], 110f; kürzer auch WG III, 519).

[36] WG III, 567–573.　　　　[37] WG II, 134.

[38] G. EBELING, Die zehn Gebote, 1973, 182f.

[39] G. EBELING, Einführung in theologische Sprachlehre, 1971, 214: „Angesichts der Ver-
quickung mit dem Leben selbst sollte sich auch etwas von der gebotenen Ehrfurcht vor dem
Leben auf den Umgang mit der Sprache übertragen."

seit langem verehrte Worte mit Text und Kontext unaufhaltsam immer weiter entfernen? Ratlos aber auch vor dem Irrgarten der Situation, deren schillernde Aspekte niemand entwirren, in deren Verschlingungen man sich nur verheddern, hierhin, dorthin verlocken lassen kann?

Situationen sind wirre Komplexe, überfüllter noch als das Land der Vergangenheit, in dem sich manches wieder gesetzt und abgeklärt hat. Die Eigenart aller Beteiligten, Redenden, Zuhörenden, ihr persönliches Verhalten, ihre besondere Lage zeichnet sich in ihnen ab. Die Stimmen und Gegenstimmen, Selbstverständlichkeiten und Widersprüche der Gegenwart schwingen überall mit. Die großen und kleinen Erbschaften der Vergangenheit, ihre wirksamen Kräfte und ihre fühlbaren Leerstellen, spielen herein, nicht minder die vielgesichtigen Hoffnungen und Zukunftsängste. Nebensächliches, Zufälliges kann unzählige Farbtupfer beisteuern oder das Ganze verwischen. Und selbst wenn bestimmte Konstellationen eine Situation nahezu eindeutig machen – mehrschichtig bleibt sie auch dann. Denn immer ist in ihr durcheinandergemischt, was die vielen als ihre Gesamtlage empfinden und wie darin und dahinter der einzelne seine persönliche Situation erfährt und erleidet.

Ebeling hat einmal die Kantsche Formel über das Verhältnis von Anschauung und Begriff auf das Verhältnis von Theologie und Verkündigung übertragen: „Theologie ohne Verkündigung ist leer und Verkündigung ohne Theologie ist blind."[40] Man könnte dies auch auf das Verhältnis von Theologie und Wirklichkeit oder von Wort und Situation übertragen, die immerzu in der Gefahr sind, auseinanderzutreiben. Wenn die Theologie in der Vergangenheit bleibt, wenn ihr Wort situationslos wird, aus dem Kontakt mit der heutigen Wirklichkeit kommt, dann wirkt sie leer und wie tot, verkümmert zu starren Lehren. Aber wenn umgekehrt die Wirklichkeit für die Theologie kein Gehör mehr besitzt und keine Zeit für sie findet, verstummt dann nicht ihre Sprache? Werden dann nicht ihre Informationen in ihrer ganzen Fülle wortlos und damit beinahe wertlos, weil sie nichts mehr über das Wirklichkeitsganze besagen? Und pflegt man dann nicht fast nur noch blind an der Wirklichkeit herumzuexperimentieren? „. . . die Verkündigung will nicht durch unsere Wirklichkeit erhellt werden, sondern unsere Wirklichkeit soll durch die Verkündigung erhellt werden. Doch was heißt das? Und wie geschieht das?"[41] Ebeling stellt sich selbst diese Fragen. Er weiß, daß man „Fragen über Fragen" gegenübersteht, wo immer man auf die Predigt stößt, die von der Gewißheit des christlichen Glaubens lebt und sie zu Wort kommen läßt mitten unter den Fragen und

---

[40] Ebeling (s. Anm. 1), 9.   [41] WG I, 200.

Erfahrungen, die uns in der Wirklichkeit des uns geschenkten Lebens umdrängen[42]. Was macht diesen Glauben gewiß? Wie setzt er die Predigt instand, unsere Wirklichkeit zu erhellen? Was berechtigt zu solchem Glauben, welche Wirklichkeit steht dahinter und wie erweist sie sich als solche erhellende Wirklichkeit? Was ist das, was die Theologie als Erhellung der Wirklichkeit verantwortlich zu vertreten hat im Raum der Wissenschaft? Dort, wo sich die Einsichten in die Wirklichkeit teils in zähem Forschen, teils in atemberaubenden Tempo vermehren, aber stets auch die Fragen mit ihnen?

Es geht nicht um die anmaßende Meinung, die Wirklichkeit überhaupt erklären zu können; die natürliche etwa durch neue Einblicke und Theorien, die geschichtliche durch neue Durchblicke und Prophetien. Es geht da um „unsre" Wirklichkeit. Darum also, wie wir sie erfahren, wie sie uns beglückt oder bedrängt, wie wir sie erleiden oder gebrauchen. Unsre Wirklichkeit, das meint die Erfahrung, wie wir in Wirklichkeit mit der Wirklichkeit dran sind. Es meint die ganze Summe unsrer vielen diesbezüglichen Erfahrungen; Erfahrungen, in denen sich alte Fragen mit neuen Erkenntnissen, neue Fragen mit alten Erkenntnissen dauernd verschlingen. Ihre Summe, ihr Ergebnis ist die Situation, in der wir uns befinden, mit der wir's zu tun haben, die uns zu schaffen macht. Sie soll für uns heller werden. Nicht bloß, damit wir sie besser sehen, sondern damit wir's dann wirklich heller haben und besser mit ihr dran sind als vorher. Das ist gemeint, wenn unsre Wirklichkeit „durch die Verkündigung erhellt werden" soll.

Doch wie geschieht das? Was kommt da herein an neuen Erfahrungen, die es hell werden lassen? An neuen Fragen, die Türen aufstoßen? An befreienden Worten, die Verschlingungen lösen? Wird da bald mit streitbarer Gewißheit, bald in tastender Hoffnung bezeugt, daß diese Wirklichkeit auch ganz anders gesehen, erlebt und gebraucht werden kann? Aber erfährt nicht jeder seine Wirklichkeit anders? Ist nicht jeder vor allem von seinen eigenen Fragen umgetrieben? Ist damit nicht jeder wieder anders dran? Oder gibt es so etwas wie eine Zone, eine Dimension dieses Lebens, in der wir ein Erschüttert- oder Beglücktwerden von den alltäglichen und besonderen Widerfahrnissen erleben, ein Betroffenwerden von seinen Rätseln, vielleicht auch ein Gehaltenwerden über seinen Tiefen – eine Erfahrungsdimension sozusagen unterhalb aller wechselnden Situationen? Eine gemein-

---

[42] „Fragen über Fragen! Aber doch nur darum, weil die Predigt da ist, die nicht von Fraglichkeit lebt, sondern von Gewißheit." So der letzte Satz der „Fundamentaltheologischen Erwägungen zur Predigt" (WG III, 573).

same Erfahrungszone, in die die Wurzeln aller verschiedenen Einzelerfahrungen hinunterreichen?

Spricht das christliche Glaubenszeugnis dort hinein? Kommt es von einer gelebten und bezeugten Wirklichkeit her, die gerade in jener Dimension, in jener Situation unter- und innerhalb der Situationen, anders gelebt und durchgehalten worden ist? Ist es dem zuzuschreiben, daß wir seine in alter Überlieferung gründenden Worte uns nicht immer bloß mühsam aus ihren vergangenen Situationen erklären können; daß sie sich uns vielmehr immer wieder in lebendige Worte verwandeln, die wir heute verstehen? Ist dies so, weil das christliche Glaubenszeugnis aufdeckt, daß wir, wie alle anderen auch, in einer Lebenstiefe in die Sünde eines ungewissen, gottfernen, angstvollen und auf sich fixierten Lebens verstrickt sind, aus der uns keine oberflächliche Bereinigung heraushelfen kann? Weil es aufdeckt, daß uns nur geholfen werden kann, wenn wir in derselben Lebenstiefe die Freiheit zum Leben im Glauben bekommen?

Damit kommt in der Tat die Schlüsselstelle des Predigtverständnisses bei Gerhard Ebeling in Sicht. Es ist der Punkt, an dem es gleichzeitig um die Vollmacht Jesu und die menschliche Grundsituation zu tun ist. Das christliche Glaubenszeugnis sieht sich in der Vollmacht Jesu begründet; es bezeugt sie als Vollmacht, in die menschliche Grundsituation einzugreifen.

Bei der Vollmacht Jesu geht es um seine Fähigkeit, in alltäglichen wie in extremen Situationen die Augen „für die alles entscheidende Lebenssituation" zu öffnen, „die Sache Gottes und die Situation des Menschen miteinander in den Blick kommen zu lassen". Dies wird als die einzigartige Fähigkeit Jesu bezeugt, in der seine wesenseigentümliche Grundeinstellung zum Leben herauskommt und die sich vor allem in der unnachahmlichen Kunst seiner Gleichniserzählungen verewigt hat[43]. Daß dies bei ihm in der Weise des großen Zurechtbringens und nicht einer unerbittlichen Demaskierung, als Ansage des menschennahen Gottes und nicht als Anklage des gottfernen Menschen, nicht als Denunziation der kläglichen Allzumensch-

---

[43] Dogmatik II, 444: „Das Einblenden des Reiches Gottes erfolgt in Situationen hinein, die von erstaunlicher Reflexwirkung sind. Es sind Situationen des Verwunderns, des Glücks, der Not, der Verlegenheit, der Enttäuschung, der überwältigenden Freude, der totalen Hingabe – lauter Ansätze zur Glaubenssituation. In Sachen des Reiches Gottes geht es nicht um ferne, schwer begreifliche Dinge, sondern darum, daß man sich ganz in Anspruch nehmen läßt, ganz dabei ist, bereit zur Geduld, bereit zum Staunen, bereit zur Freude, bereit zur Wahrnehmung des Augenblicks, bereit dazu, sich beschenken zu lassen. Das Entscheidende am Kommen des Reiches Gottes ist dies, sich darauf so völlig einzulassen wie auf die Lebenssituationen. Aber selbst dieses Verhältnis zum Leben ist keine Selbstverständlichkeit. Es müssen einem erst die Augen dafür geöffnet werden, welche erhellende Kraft das Alltägliche für die alles entscheidende Lebenssituation hat."

lichkeit der Menschen, sondern als Pro-nunziation der gnädigen Menschlichkeit Gottes geschieht, das ist der Kern seiner Vollmacht, und so wird sie immer wieder erfahren[44].

VI

Das christliche Glaubenszeugnis wird von der Vollmacht Jesu geprägt und getragen, zu der es sich bekennt und die es bezeugen will. Es kann sie weitervermitteln. Darauf beruht seine Besonderheit und seine Lebendigkeit.

Das christliche Glaubenszeugnis spricht die menschliche Grundsituation an, wenn es die Vollmacht Jesu bezeugt. Es kann sie, von dieser Vollmacht getragen, treffen, erhellen, ihr einen neuen Charakter und eine andere Ausrichtung geben. Daran erweist es seine Besonderheit und seine Lebendigkeit.

Das In- und Miteinander dieser zwei Grundkomponenten kennzeichnet die Predigt, wie Ebeling sie versteht. Es bildet ihren lebendigen Kern. Das ist nun noch etwas genauer zu zeigen.

Die Erfahrung seiner Vollmacht ist „der Hauptnenner, der die verschiedenen Züge der Erscheinung Jesu in sich begreift" und sie christologisch relevant werden läßt. Der Bericht von ihr ist die Weise, wie die neutestamentlichen Evangelien ihre „Christologie" erzählen. Nach ihrem Zeugnis erweist sein Wort seine Vollmacht damit, daß es die Situation trifft, in ihrem Kern trifft: dort, wo ihr, und so, wie ihr geholfen werden muß; daß es so, im Vollsinn, „situationsgerecht" ist. Und sein Verhalten wird, nach ihrem Zeugnis, zum Ausdruck „impliziter Christologie", weil es jeden durch die völlige Einheit von Wort, Tat und Person beeindrucken kann[45].

---

[44] Vgl. ebd. 446 ff: „Die Ansage der Nähe Gottes".

[45] Dogmatik II, 361.409.444.470 u. ö. Der Begriff „Vollmacht" wird „nicht zufällig als Interpretament der Erscheinung Jesu herangezogen". Denn wenn Vollmacht auch sonst anzutreffen sein mag, so drängt sich doch nirgendwo anders „dieses Phänomen in ähnlicher Dichte und Schärfe" auf. Im Gegensatz zum philosophischen Gottesgedanken oder Gottesglauben wird es für den christlichen Glauben zum Gottesphänomen schlechthin, zur einzigen Weise, „wie die Anwesenheit Gottes nicht als Abwesenheit erfahren wird, vielmehr in Erscheinung tritt" (420). – A. SCHLATTER, Das christliche Dogma, 1923², 479 ff, bes. 604 f Anm. 299 hat bei der Frage, was unsern Anschluß an Jesus begründe, m. E. in dieselbe Richtung gewiesen, wenn er Wilhelm Herrmann („Verkehr des Christen mit Gott") – und dahinter auch Schleiermacher – kritisch dahin ergänzt sehen wollte: Wenn die Frömmigkeit als Gefühl beschrieben und durch dessen Stärke unser Anschluß an Jesus bewirkt werden soll – sei's im Wohlgefallen an seinem Leben, durch Bewunderung für den Heroismus seiner Liebe oder unter dem Eindruck unserer eigenen Mängel –, dann werde auch abgesehen von der hier

Wo immer nun christliches Wort, christliches Glaubenszeugnis sich auf die Erscheinung Jesu bezieht und auf seine Vollmacht beruft, verweist es damit nicht bloß auf den Grund, der ihm Halt gibt. Es findet dort vielmehr stets auch einen konkreten Anhalt dafür, wie es verheißungsvoll ausgerichtet werden will. Es bleibt dann nämlich nicht bloß so situationsempfindlich und situationsgeprägt wie alles menschliche Reden. Es wird vielmehr der Situation ganz ausdrücklich und ganz besonders verpflichtet. Sie wird in gewisser Weise zu seinem Thema gemacht, mit in sein Thema hineingenommen. Denn wenn christliches Glaubenszeugnis der Vollmacht Jesu dienen, Raum schaffen und Zeit lassen will, dann kann es nicht einfach bloß über sie reden, den Leuten eine Theologie und eine Christologie vortragen, ihnen Anschauungen oder Lehren vermitteln wie ein zeitlos gültiges Lehr- und Glaubensgesetz. Es muß sich dann vielmehr der Situation selber zuwenden und sich gerade um sie annehmen. Es muß sich liebevoll und gewissenhaft in die Situation aller wie in die einzelner hineindenken. Es muß sich in die Sprache der Betroffenen, in ihre Denkweisen und deren Wandlungen einfühlen, die schicksalsträchtigen sozialen und politischen Fragen ebenso ins Auge fassen wie die persönlichen Empfindungen eines jeden[46].

Das macht dann freilich christliches Glaubenszeugnis sehr wandlungsfähig, läßt es persönlich geprägt und von der Zeit überformt sein und manchmal geradezu zeitverfallen erscheinen. Doch gerade so vielstimmig fängt es schon in der Bibel an und geht es dann durch die gesamte Kirchengeschichte hindurch weiter. Es geht nirgends in einem einheitlichen Lehrsystem auf. Es macht immer wieder erhebliches sprachliches Umlernen nötig[47].

Das muß aber weder zum blinden Anpassungseifer noch zu einem „widersprüchlichen Gewirr von Lehrmeinungen" führen. Wer sich auf die Vollmacht Jesu beruft, wird nicht mit besonderen, persönlichen Vollmach-

---

verwendeten Psychologie „der durch Jesu Werk geschaffene Tatbestand . . . verkürzt". „Da er den Sendungs- und Amtsgedanken verwendet, tritt er als der Wollende an uns heran, der von uns unsern Willen fordert, und da er seinen Amtsgedanken auf seine Gemeinschaft mit Gott stellt, bewegt er die Totalität unsres persönlichen Lebens mit Einschluß unsres Willens." Wir haben also nicht nur das Stärkeverhältnis zwischen unsren Gefühlen zu beobachten, „sondern es wird uns von ihm eine Wahl vorgelegt".

[46] Dogmatik III, 504: „. . . daraufhin zu prüfen, ob darin die Liebe der Antrieb ist, die sich ganz in die Situation des andern und in seine Sprache hineindenkt . . ."

[47] Vgl. WG III, 492–496. Dort z. B. (492): „Keine Gestalt christlichen Zeugnisses ist frei von den Spuren ihrer Zeit. . . . auch durch ängstliches Konservieren entgeht man nicht der Zeit. Ob neumodisch oder altmodisch – das sind nur Varianten der Zeitverfallenheit." – Besonders eindrücklich wird das Umlernen-Müssen an jener tiefen Zäsur, wo das aufgeklärte Denken der Neuzeit die Zeit der geschlossenen kirchlichen Glaubenswelt des Mittelalters beendet.

ten ausgestattet oder zum Alleswisser und Alleskönner und zum Herrn der Lage gemacht. Es paßt nicht zu dieser Vollmacht, Patentlösungen vorzuschlagen, Situationen hantierbar zu machen und Mitmenschen zu manipulieren. Die Versuchung dazu ist im öffentlichen Reden stets groß, zumal wenn es um Religion und missionarische Erfolgswünsche geht. Christliches Glaubenszeugnis hat wie die Vollmacht Jesu ein unauffälligeres und doch radikaleres Ziel: nicht die Übersicht über das Leben, sondern sein Durchsichtigwerden. Es will „das Leben aufdecken", ihm auf den Grund gehen[48]. Es will jedem, der von der allgemeinen oder von seiner besonderen Lage bedrängt, beglückt oder gelangweilt wird, zeigen, wie er *im Grunde* dran ist, mit den andern zusammen und auch selber, allein, zuinnerst, persönlich; gerade weil es ihm mehr zeigen will als bloß das Verwirrspiel der Situationen, das ohnehin jedermann sieht. Es will ihm zeigen, welchen Widerschein das Licht der Erscheinung Jesu dort auslösen könnte; was da in Bewegung käme, welche anderen, neuen Maßstäbe hereinkämen; welche neue Weisen das Leben anzusehen, anzunehmen und anzugehen, dabei herauskommen könnten, sei's ganz verborgen oder sei's mit „lawinenartigen Folgen"[49]. Nur wenn auch die Art des christlichen Glaubenszeugnisses ganz vom Inhalt des Evangeliums[50] und von der Hingabe an das Wort und die Vollmacht Jesu bestimmt ist und es sich so der Lage der vielen oder einzelnen anderen zuwendet, kann solches Zeugnis die Vollmacht Jesu weitervermitteln und sie, im „situationsgerechten" Wort, vor Ort aufleuchten lassen[51].

Wie sieht diese menschliche „Grundsituation" aus, die das Evangelium aufdecken, in der es aufleuchten, die es in Bewegung bringen, ja geradezu neuschaffen soll[52]? Sie läßt sich auf mannigfache Weise beschreiben. Sie ist „die einzige Situation, die allen gemeinsam ist", nicht weil alle zusätzlich auch noch in ihr wären, sondern weil sie allen anderen Situationen zugrunde liegt und sie alle umfaßt. Darum kann man von einem Wort, das „nur" sie anspricht, hoffen, es werde bei den Hörern auch die je eigene

---

[48] Dogmatik II, 438 ff. „Während sich Jesu Verkündigung nur in beschränktem Umfang als ein Auslegen der Schrift vollzieht, ist sie uneingeschränkt ein Aufdecken des Lebens." Vgl. auch o. Anm. 43.

[49] Dogmatik II, 440.   [50] WG III, 503 f.

[51] Dogmatik II, 445: „Situationsgerecht heißt das Wort nicht darum, weil es einer schon begriffenen Situation angepaßt ist, sondern darum, weil es eine noch verschlossene Situation öffnet, nicht weil es sie verfestigt, sondern weil es sie in Bewegung versetzt, nicht weil es in etwas Bestehendes hineinzwingt, sondern weil es etwas Zukünftiges ansagt und wahrzunehmen erlaubt." – Theologie und Verkündigung, 99: „Vollmächtiges Wort wird nicht durch Bemühung um Vollmacht, sondern durch Hingabe an das Wort zuteil."

[52] S. o. Anm. 21: „creates a situation".

Situation anklingen lassen. Und weil sie „die eigentlich umgreifende Situation" ist[53], kann man auch bei Worten, die nur in eine Einzelsituation gehören und sich nicht verallgemeinern lassen – wie etwa einem Nachfolgeruf Jesu –, immerhin hoffen, daß auch dort etwas mitzuhören ist, was jedermann angeht.

Diese Grundsituation meint die Gewissenssituation: daß der Mensch *als* Gewissen vor Gott und die Welt, ja zwischen beide gestellt ist[54]. Sie meint die grundlegende Orts- und zugleich Zeitbestimmung menschlichen Lebens, die ihm vor dem Angesicht Gottes und in seiner Gegenwart zu leben bestimmt[55]. Man könnte sie auch die ontologische Grundstruktur des Menschseins überhaupt nennen, von der man immer wieder etwas „in sehr verschiedenen Graden der Angreifbarkeit und der Aufgedecktheit" erfahren kann[56]: in dem Gespür z. B., als Mensch nicht bloß dann und wann, sondern beständig „in Anspruch genommen, gefordert, in Frage gestellt, einem Urteil ausgesetzt, also so oder so bestimmtes, so oder so höriges Gewissen" zu sein[57]. Oder darin, daß jeder Mensch sich immer nach seinem Selbstsein gefragt sieht, sich selbst danach fragen und darauf nicht bloß sich selber, sondern auch seiner ganzen Umwelt antworten muß[58]. Auch daß wir uns bei unsern Erfahrungen immer wieder danach fragen müssen, „was denn darin eigentlich zur Erfahrung drängt"[59], ist unsre Grundsituation und zugleich eine Frage nach ihr. Und gehört nicht auch die Erfahrung dazu, daß das Leben ein Bedürftigsein und der Mensch ein „Hungerwesen" ist und wie sehr uns gerade dies an die Zeit kettet[60]?

Der Mensch, von vielem angegangen und auf vieles angewiesen, über das er in keiner Weise verfügt; vielfach zum Warten, zum ungewissen Vertrauen genötigt, vom Mißtrauen beunruhigt, vom Druck einer Wirklichkeit aufgeschreckt, die ihn dauernd erleben läßt, wie wenig er ihr und sich selber genügt[61]; und zuletzt auch vom Schweigen des Todes, dieser ständigen „Quelle der Ungewißheit", bedrängt und nach einer Gewißheit gefragt, die er auch im Sterben nicht zu widerrufen hätte[62]: Sind dies nicht alles Symptome, die unsre Grundsituation als ein „Sein unterm Gesetz" zu erkennen geben? Als die eigentlich religiöse Grundsituation, in der sich die Frage nach dem Lebensganzen, die Frage „Adam, wo bist du?" erhebt? Sie

---

[53] Dogmatik I, 189; III, 445; WG III, 572.
[54] WG I, 429ff.432ff.440f.
[55] G. EBELING, Luther. Einführung in sein Denken, 1964, 220.
[56] Ebd. 294.   [57] Ebd. 303.
[58] WG I, 433–436; II, 429.   [59] WG III, 415.
[60] Vom Gebet, 75.   [61] Dogmatik III, 285; Luther, 294.
[62] Vom Gebet, 135f.

hält selber keine haltbare, gewisse Antwort bereit. Wir werden in ihr von Fragen, Widersprüchen und Ungewißheiten in Atem gehalten, die mit ihr alle unsre konkreten Lebenssituationen unterwandern und jederzeit in sie einbrechen können. Doch es bleibt die Erfahrung, die das christliche Glaubenszeugnis begleitet und zuversichtlich macht, daß viele Erlebnisse, die sich so ganz im Zwielicht unsrer Lebenssituation abspielen, sich in „Ansätze zur Glaubenssituation" verwandeln können, wenn sie „durch ein Wort des Glaubens, das Liebe bezeugt und deshalb hoffen läßt", wie von einem Lichtstrahl getroffen werden. Es gehört zur immer wieder erlebten Erfahrung des Glaubens, daß die vielgesichtige Grundsituation, die die Menschen so hermetisch umschließt, wenn sie im Namen des in Jesus erschienenen Lebens aufgedeckt wird, sich auf den Glauben hin öffnet[63].

Die Grundsituation ist keine Offenbarungsquelle. Mit ihr wird vielmehr die entscheidende Offenbarungs-Stelle benannt; der Ort, an dem erfahrbar und ablesbar wird, was durch christliches Glaubenszeugnis offenbar werden und eintreten soll, wofür es die Augen öffnet. Jede unsrer Lebenssituationen ist ein dichtes Beziehungsgeflecht, in dem sich die Grundrelationen des Menschseins verwirrend zerfasern. Aber sie lassen sich aufspüren – als die Hauptwurzeln, die in der tiefsten Wurzelschicht stecken: Daß jeder Mensch „leibhaft", als ein Empfangender, von seiner Umwelt her, mit ihr und in ihr und hoffentlich für sie lebt. Daß er „zeithaft" lebt, als ein Weitergehender, der nicht für den bloßen Augenblick, sondern für Größeres lebt, der aber dann, wenn die größeren Ziele blockiert scheinen, auch im Augenblick aufatmen und aufleben kann. Und daß er „personhaft" lebt, als ein Sich-Verantwortender, der dem Leben entsprechen oder widersprechen, der sein Leben von sich selber her, von innen heraus mitformen kann[64].

In und an diesen Grundrelationen erfährt jeder die volle Last des Geset-

---

[63] WG II, 429; Dogmatik II, 444.

[64] Ich versuche hier eine Beschreibung der „Situation", die EBELING im Blick auf das Gebet vorgelegt hat, theologisch zu meditieren: WG III, 421 f: „. . . Situation ist ein Relationsbegriff und meint das Feld derjenigen Beziehungen, die zu einer gegebenen Zeit menschliches Leben bestimmen und fordern. Mit dem Begriff der Situation wird das Menschsein auf Externität, Zeitlichkeit und Personalität hin angesprochen: auf Externität, weil der Mensch nur in der Leiblichkeit und darum in passivem und aktivem Zusammensein mit seiner Umwelt da ist; auf Zeitlichkeit, weil er, durch seine Endlichkeit herausgefordert, den Augenblick transzendiert und so stets im Übergang lebt; auf Personalität, weil er alles sprachlich erfährt und verantworten muß. Damit ist – wie durch eine Reihe von Wegweisern an einer komplizierten Straßenkreuzung – zumindest die Wichtigkeit des Situationsbegriffs als eines Knotenpunktes aller Relationen des Menschseins hervorgehoben . . ." – Im übrigen wird der Begriff „Grundsituation" von EBELING zusammenfassend in der Lehre vom Gebet erörtert: Dogmatik I, 194–199.

zes: die Abhängigkeit, die Endlichkeit, die Gewissensklage; drei Grundbe-
lastungen, durch die er sich wie in seiner Grundsituation eingeschlossen
erlebt. Doch in und an diesen selben Grundrelationen vollzieht sich auch
die Befreiung zum Glauben, die der Vollmacht Jesu entspringt, ja in der
diese besteht und zu der sich das christliche Glaubenszeugnis bekennt. Sie
wird daran ablesbar, daß der Glaubende, noch immer zu Recht unter
Anklage stehend, sich doch in die Freiheit entlassen sieht. Daß er, der
Vergänglichkeit ganz unterworfen, dennoch leben darf als zum ewigen
Leben berufen. Und daß er, von allem Möglichen abhängig und mit vielen
zerstritten, dennoch lernen darf, mit allen und allem als ein Beschenkter
und Versöhnter freier, gelöster umzugehen.

Wenn das christliche Glaubenszeugnis Menschen angesichts der allgemeinen Zeitlage oder einer konkreten Lebenslage auf Gott hin und damit
auch auf ihr Gewissen und auf ihr Wissen um ihre Verantwortung hin
anspricht, spricht es damit die menschliche Grundsituation an. Freilich
nicht in der Absicht, sie erst einmal mit deren Fraglichkeit, Widersprüchlichkeit und Verschlossenheit zu konfrontieren, ihnen das Sein unter dem
Gesetz als solches bewußt zu machen. Darunter stehen und leiden sie
ohnehin lange genug. Der Weg vom Gesetz zum Evangelium läßt sich
nicht zu einer homiletischen Methode machen. Das christliche Glaubenszeugnis spricht freilich ganz unumgänglich diese wie auch immer bewußte,
beurteilte oder verdrängte menschliche Grundsituation an. Aber es hat,
wenn es sie heraufruft, in sie eingreift, den Menschen dort angreift, stets
ein einziges, grundeinfaches Ziel: die fragende soll zu einer ihn tragenden
Grundsituation werden. Er soll sie nicht mehr nur als widerspruchsvoll,
sondern zugleich und vor allem als verheißungs- und hoffnungsvoll ken-
nenlernen; nicht mehr nur heillos von Hunger, Sehnsucht und Ungewißheit umdrängt[65], sondern jetzt heilvoll von Gewißheit umfangen.

Es geht da so etwas wie eine „radikale Ortsveränderung" freilich nicht
an, sondern in der menschlichen Grundsituation vor sich. Eine Veränderung zu mehr Offenheit hin, zu mehr Vertrauen und zu größerer Freiheit
hin[66], die uns lehrt, weltlich von Gott und gottgemäß von der Welt zu
reden, und uns auch anhält, gottgemäß mit ihr als mit seiner guten
Schöpfung umzugehen[67]. Eine Veränderung, die aus dem Bunker unsrer
Selbstbehauptung ein offenes Haus, aus der Notunterkunft zwischen Rui-

---

[65] Vom Gebet, 143.
[66] WG I, 432: „Denn das Evangelium ist die am Gewissen sich vollziehende radikale
Ortsveränderung des Menschen, durch die er, als unter dem Gesetz Stehender, ‚supra legem'
zu stehen kommt." Dies wird ebd. im Anschluß an Luther ausgedrückt.
[67] WG I, 199.379.

nen zerstörten Vertrauens und Zäunen von Schuld einen freien Lebensraum und aus zielloser Zeit hoffnungsvolle Lebenszeit werden läßt[68].

In diesem Predigtverständnis ist das homiletische Interesse an der Situation des Hörers im fundamentalen theologischen Interesse an der Grundsituation des Menschen und damit zentral in der Sache der Theologie
begründet: in dem, was das Evangelium will. Es ist christologisch verankert, soteriologisch ausgerichtet und pneumatologisch gemeint. Es gilt
jenem „Aufdecken des Lebens", in dem sich nach den überlieferten Texten
die Vollmacht Jesu widerspiegelt. Es zielt auf eine befreiende Wiedereröff-
nung der menschlichen Grundsituation. Und es steht im Dienste des
Geistes, der, wenn er an Wort und Tat Jesu erinnert, die Welt „aufdeckt"
und die Glaubenden „in alle Wahrheit leitet"[69].

VII

Es ist aus räumlichen Gründen nicht möglich, die Auswirkungen dieses
Predigtverständnisses auf die praktische Predigtarbeit und ihre Anregungen dafür eingehend zu erörtern. Wir müssen uns auf einige Hinweise eher
grundsätzlicher Art beschränken.

1. Für die Predigtarbeit bleibt hier die Orientierung am überlieferten
Glaubenszeugnis, die Auslegung des Textes grundlegend. Sie muß aber
darüber hinausgehen. Sie drängt auf eine Bezeugung der Vollmacht Jesu,
die diese „ausführt", ja „fortführt" und uns unsre Lebenssituation heute
„vor Gott" verstehen, annehmen und angehen lassen will. Sie bezieht diese
deshalb ausdrücklich mit ein[70].

2. Das läßt Predigt wie Theologie realitätshungrig werden und intensiv
am geschichtlichen Leben teilnehmen. Ihre Aufgabe bleibt so in vielen
Hinsichten anspruchsvoll. Der Umgang mit Texten ist erlernbar. Der
Umgang mit der Situation bleibt schwierig. Ohne persönliche Beteiligung
gelingt er schwerlich, aber fromme Absichten allein genügen noch nicht,
wenn der Mensch konkret auf seine Situation angesprochen und zugleich
„der ganzen Wahrheit seiner Wirklichkeit ausgeliefert" werden soll[71]. Dies
erfordert neben der sorgfältigen theologischen eine überdurchschnittliche
allgemeinmenschliche Wissens- und Gewissensbildung, besonnenes
Urteilsvermögen und die Fähigkeit zur Selbstkritik, die hinter starken
Glaubensüberzeugungen so leicht verlorengeht. Man kann fragen, wie

---

[68] Vom Gebet, 48.93; WG II, 121 ff, bes. 134 f.
[70] Vom Gebet, 10 u. ö.; WG I, 347; III, 559.
[69] Joh 14,26; 16,8.13.
[71] WG III, 570; I, 200.

weit dies für den durchschnittlichen Prediger erschwinglich ist. Wenigstens die Bemühung darum muß erkennbar bleiben. Wo nur Routine und frommes Selbstbewußtsein an ihre Stelle treten, sind die Folgen für die Predigt verheerend.

3. „Ein Wort, das der Situation gewachsen wäre, kommt nicht häufig vor." Es ist „auch nicht jederzeit Zeit zum Wort"[72]. Das Glaubenszeugnis ist äußerst empfindlich gegen Scheinkonkretionen und gegen die Inflation modischer, aber auch biblischer Worte. Auch gewissenhafte Bemühung kann nichts erzwingen. Doch ist Resignation gegenüber dem Wort nicht am Platz – wo man lieber alsbald auf die Tat setzt, läßt man sich das Wort nicht viel kosten[73]. Man muß oft damit rechnen, daß viele christliche Worte verbraucht wirken, daß die berechtigte Scheu vor Trivialisierungen und Verkrampfungen nicht selten Schweigen gebietet, aber auch damit, daß weite Bereiche des täglichen Lebens wissenschaftlich-technisch durchrationalisiert und gegen das Reden von Gott abgeschottet, gegen das damit verbundene „Aufkeimen der Grundsituation" geradezu „sterilisiert" erscheinen[74].

4. Um so mehr wird man die regulären Anlässe, christlich von Gott, vom Glauben, vom Leben zu reden, „in dankbarer Bescheidung anerkennen" und gewissenhaft nützen müssen[75]. Gedacht ist an Gottesdienst und Predigt, Unterweisung, Kasualien, Sendezeiten, Presse, Brief- und Gebetssitten usw. Diese separaten Gelegenheiten sehen wie Restposten der Säkularisation aus, können sich aber immer wieder als Vorposten heutigen christlichen Glaubenszeugnisses erweisen.

5. Bei diesen institutionell eingeräumten Gelegenheiten begegnet das christliche Glaubenszeugnis in sakramentaler und in verbaler Gestalt, in Taufe und Abendmahl sowie in der öffentlichen Predigt und im persönlichen Gespräch. Sie unterscheiden sich vor allem dadurch, daß in ihnen das Verhältnis von christlichem Glaubenszeugnis und menschlicher Lebenssituation strukturell verschieden angelegt ist. Das Sakrament erscheint situationsüberlegen, das Gespräch situationsabhängig, und die Predigt steht, situationsempfindlich, in der Mitte[76]. Nur wenn sie sich gegenseitig ergänzen, bleibt das christliche Glaubenszeugnis der Kirchen gesund.

---

[72] Dogmatik II, 416; WG II, 136.   [73] Dogmatik II, 416.
[74] WG II, 422f.   [75] Ebd. 424.
[76] Taufe und Abendmahl verkörpern von vornherein die Glaubensüberlieferung, die Eckdaten des Christusweges, in den unser Leben erst als ganzes und dann immer wieder, bei ausdrücklichen Gemeinschaftsanlässen oder in persönlichen Anfechtungssituationen, durch ihren Vollzug integrieren. Ihre Situationsüberlegenheit macht sie stabil, bedroht sie aber auch mit ritueller Erstarrung (Dogmatik III, 295–330, bes. 319). – Das Glaubenszeugnis im Zwiegespräch ist ganz an die Situation gewiesen, die es veranlaßt. In seiner Abhängigkeit von

6. Die Frage, ob die Predigt mit dem Text und also im gottesdienstlichen Kontext, oder mit der Situation und also im lebensgeschichtlichen Kontext beginnen soll, um vom einen zum andern zu kommen, ist keine echte Alternative[77]. Die Predigt, die in ihren Text- oder Lehrproblemen hängen bleibt, verfehlt ihre Aufgabe ebenso, wie wenn sie über die Erwähnung von Zeitproblemen nicht hinauskommt. Dort kann sie dann lieblos und überheblich oder weltfern, hier hilflos und unerheblich oder glaubensfern erscheinen. Nicht ob, sondern was sie mit der Situation anfängt, ist entscheidend. Es entscheidet sich meist daran, ob sie in den christlichen oder weltlichen common-sense bzw. in seinen jeweiligen non-konformistischen Begleitschatten einstimmt oder ob sie sich zutraut, ihr Zeugnis angesichts der von Zweifeln und Glaubensverlust bedrängten Zeitgenossen auszurichten und deshalb den Ungläubigen zum Kriterium ihrer Verständlichkeit zu machen[78].

7. Die Predigt muß mit der Situation verantwortlich umgehen und kann nicht von ihr absehen wollen, sich ihr faktisch auch gar nicht entziehen, weil sie, wie schon die biblischen Zeugen, ihren Hörern nicht bloß Glaubensvorstellungen, sondern Glaubenserfahrungen vermitteln und sie in den „Lebensvollzug des Glaubens", in ein „Lebensverhältnis" zu Gott hineinnehmen will[79]. Nur so kann sie einen Menschen existentiell in die

---

der Situation kann es am konkretesten werden, ihr aber auch völlig erliegen, kasuistisch geraten, sie nur analysieren, ohne sie zu erhellen, zur bloßen Teilnahmebezeugung ohne wirkliche Teilnahme verblassen oder sich in pastoralen Beschwichtigungsformeln auflösen. – Die Predigt ist als Institution so amtlich wie das Sakrament, aber nicht so persönlich adressiert wie dieses und in ihrem Vollzug ziemlich labil. Als amtliche Glaubenskunde steht sie der kirchlichen Lehre und der allgemeinen Lage näher, als dies im Gespräch der Fall ist, doch verwandelt sich auch in ihr die Glaubenslehre in ein persönliches Zeugnis vor einer meist begrenzten Öffentlichkeit. Sie wird stärker von der „Großwetterlage", aber doch fast immer auch von der Situationsbemühung „vor Ort" beeinflußt, um es mit diesen vor allem durch E. LANGE publik gewordenen treffsicheren Metaphern zu sagen (das mythologische Hinterland, das BOHREN [s. Anm. 14] dahinter gesichtet hat, vermag ich nicht zu erkennen; ich muß es einstweilen für ein Produkt theologischen Argwohns halten).

[77] WG III, 563. – Wo die Predigt das Glaubenswort nicht mit der Zeiterfahrung verbindet und meint, alles Nötige zum Text richtig gesagt zu haben, droht ihr die dogmatische Selbsttäuschung. Wenn sie aber die Zeiterfahrung nicht mit dem Glaubenszeugnis verbindet und entweder die bloße Zustimmung zum common-sense oder auch radikale Parolen als solche schon für den Erweis christlicher Glaubwürdigkeit hält, droht ihr die rhetorische Illusion. Wo man einsetzen will und wie man herauskommt, bleibt dem gewissenhaften Ermessen, der geistlichen Kraft, dem Takt und der Redlichkeit des Predigers anbefohlen.

[78] Vgl. WG I, 120; II, 379; III, 466f.

[79] WG III, 495.561f. – Auch hier kann man sich an A. Schlatter erinnert fühlen: „Die christliche Predigt besteht nicht in der dichterischen Reproduktion der Geschichte Jesu, sondern sie ist Berufung." Schlatter hat diese Predigtdefinition an der o. Anm. 45 zitierten Stelle versteckt. Sie ist nicht nur dort zu beherzigen, wo man theologisch vielleicht etwas zuviel vom reinen „Erzählen" erwartet. Sie faßt vielmehr besonders glücklich in einem

Lage versetzen, aus sich selber herauszukommen und das, was sein Leben
zu seiner Wahrheit bringt und ihn zu einer wahrhaftigen Menschlichkeit
befreit, „außerhalb seiner selbst" zu finden[80]. Und das heißt dann, daß sie
im Namen des Vaters Jesu Christi den Menschen dazu einlädt, sich in
Sachen des eigenen wie des ewigen Lebens „wie ein Kind" der Nähe dessen
anzuvertrauen, der, selber verborgen und ins Verborgene sehend, „dem
Menschen näher ist als dieser sich selbst"[81]. Die Innengestalt der Lage, in
die die Predigt den Menschen versetzen will, ist die Lebensform des
Gebets.

VIII

1. Die Predigt führt ins Gebet. Ihre Worte kommen ans Ziel, wenn sie
zu Gebetsworten werden. Erst im Gebet, das sie abschließt, erschließt sich
das Wesen der Predigt. „Jede rechte Verkündigung ist im Grunde ein
Beten-Lehren."[82] Das Gebet ist für das Verständnis der Predigt in Ebelings
Theologie von fundamentaler Bedeutung[83]. Dieses besitzt darin wohl seine
eindrucksvollste Besonderheit.

Daß Ebeling die Predigt vom Gebet her und aufs Gebet hin versteht und
so in der Gotteslehre verankert, ist in dieser theologisch ausgearbeiteten
Form, wenn ich recht sehe, unter den gängigen Predigtlehren ohne Parallele. Dieser persönliche Zug führt in die Mitte seines theologischen Denkens. Er verweist darauf, daß die Theologie, wie man früher sagte, ein
„habitus practicus" ist, sich nicht in der wissenschaftlichen Bemühung
erschöpft, sondern sich auch als persönliche Haltung von hoher lebensge-
schichtlicher Verbindlichkeit darstellt. Die denkerische Konzentration seiner Predigtlehre, aber auch die sprachliche Zucht seiner Predigtweise ist
aus dieser Wurzel erwachsen. Doch hat dies vor allem sachliche Gründe:

---

biblischen Begriff jenen Vorgang zusammen, in dem die Verkündigung sich mit der
lebensgeschichtlichen Situation ihrer Hörer verbindet, in ihr konkretisiert und sie in Bewegung setzt. Das geistliche Erwartungsniveau dieser Predigtdefinition sollte bei keiner Ermäßi-
gung des Predigtbegriffs unterschritten werden.

[80] WG II, 430.

[81] Dogmatik II, 453; Vom Gebet, 24.

[82] Vom Gebet, 15. Auch Jesus tat dies. Er besaß und gebrauchte seine Vollmacht dazu,
konzentrierte „sein ganzes Sein in das Eine: Glauben zu erwecken. Und damit ist identisch,
daß er beten lehrte." Ebd. 14.16.17.

[83] Hauptfundorte sind: Vom Gebet. Predigten über das Unser-Vater (1963); Das Gebet
(1973; WG III, 405–427); vor allem der Abschnitt „Das Gebet als Schlüssel zur Gotteslehre"
Dogmatik I, § 9, 193–210 (1979).

Die Predigt, das Gebet und die Theologie sind sich darin wesensverwandt, daß es persönlich wird, wo es ernst wird mit ihnen.

2. Die Predigt bedarf des Gebets. Daß beide zusammengehören, ist keine neue Erkenntnis. Auch als Institutionen sind sie einander in der Regel zugeordnet. Luthers klassische Formel sieht sie im Rahmen des Gottesdienstes wie Wort und Antwort miteinander verbunden[84]. In diesem Rahmen hat man sich immer um den praktischen Zusammenhang beider bemüht. Das Gebet sollte aufnehmen, was die Predigt bewegt, und der Rat, es in ihrem Zusammenhang neu- oder umzuschreiben, wurde oft wiederholt und nicht selten befolgt. Daß dann auch die Predigt in Sprache, Sachgehalt und Haltung vom Gebet mitbestimmt bleiben sollte, wird weniger häufig beachtet. Doch hängen Predigt und Gebet auch innerlich, „geistlich" zusammen. Und auch diese Erfahrung bleibt niemand verborgen, der sich ernsthaft um beide bemüht. Denn wer von Gott oder zu Gott reden will, der ist damit stets nach dem eigenen Wort in der Muttersprache des Herzens, nach der Wahrheit seiner Worte, seiner Person und seines Lebens gefragt. Die Predigt ist für alles, was darin von der Zeit, von der eigenen oder von einer andern Person her außen oder innen stagniert und blockiert wird, seismographisch empfindlich[85], und vom Gebet gilt ganz sicher das gleiche.

3. Das Reden von Gott und das Reden zu Gott ist verschieden und muß es auch bleiben. Gebete sollen nicht predigen wollen.

Die Nähe zwischen Gebet und Predigt setzt beide denselben Gefährdungen aus. Das Gebet ist ein religiöses, die Predigt immerhin ein christliches Urphänomen[86]. Da man beides aus Überlieferung, also vorgeformt kennenlernt, kann beides leicht vorgeformt bleiben. Aus dem überkommenen wird das selbstlaufende Vokabular, das „Plappern der Heiden"[87]; aus einem bergenden Haus ein leeres Gehäuse. Dies verlangt nach theologischer und nach geistlicher Selbstkontrolle; das redliche Herz, die Enttäuschung der Brüder, der Spott der Leute reichen nicht immer aus, um solche Erstarrungen zu verhüten.

Die Nähe der beiden Redegattungen kann aber auch zu Vermengungen und Verwechslungen führen. Daß eine feierliche Gebetssprache die Predigt zur deklamierten Liturgie macht, ist derzeit nur selten zu fürchten; das Mikrophon hat die Pathetik verpönt und die „Predigt im Kammerton"

---

[84] WA 49, 588, 15–18: „. . . das nichts anders darin geschehe, denn das unser lieber Herr selbs mit uns rede durch sein heiliges Wort, und wir widerumb mit jm reden durch Gebet und Lobgesang."

[85] WG III, 562.   [86] Dogmatik I, 192; WG III, 417.

[87] Mt 6,7.

möglich gemacht. Die umgekehrte Gefahr ist beträchtlich gestiegen: Man verwechselt die Adressaten, redet zu Gott und meint die Gemeinde – nicht um „von den Leuten gesehen zu werden", wohl aber, um ihnen eine Lektion zu erteilen[88].

Gerade in ihrer Verschiedenheit gehören Gebet und Predigt eng und hilfreich zusammen. Beide pflegen von allen, die mehr vom Tun halten, verachtet zu werden und haben nur Sinn, wo man weiß, was Worte bedeuten[89]. Wohl gibt es in Wahrheit auch kein Gebet ohne Denken[90]. Doch der Beter will zu Gott ohne Zuschauer im Verborgenen reden und weiß, daß er, mit allem Nachdenken, „bestenfalls im Begriff ist, beten zu lernen"[91]. Sein Beten kommt dem Warten und Schweigen, dem für den Menschen so nötigen, wachen Hörenlernen viel näher[92] als die auf Öffentlichkeit und auf Argumente bedachten Worte der Predigt. Wenn das Gebet die Tür hinter sich schließt und sich vor jeder Statistik verbirgt, hält es dann nicht der Predigt gerade die Tür in den Untergrund der Erfahrungen offen, aus denen sie lebt, die zuletzt im Unzugänglichen liegen, denen sie nachdenken, die sie aber nicht ausdenken und mit Argumenten herbeizwingen kann?

4. Predigt und Gebet sind in der Tiefe der Gotteserfahrung verankert; die Frage nach ihrem Zusammenhang führt ins Zentrum der Theologie. Dorthin, wo der christliche Glaube über sich selbst als Gottesbezug Rechenschaft gibt. Wo er sagen soll, warum und wie überhaupt von Gott die Rede sein muß und sein kann; wieso sich Menschen getrauen, sogar gedrungen sehen, sowohl über Gott wie auch zu Gott und, für beides ausschlaggebend, von Gott her, in seinem Namen zu reden, und welche Schlüsselrolle bei diesem Reden dem Beten, dem Reden zu Gott in der zweiten Person zukommt[93]. Der Knoten, der Predigt und Gebet unzertrennlich verbindet, wird in der Gotteserfahrung geschürzt, zu der sich das christliche Glaubenszeugnis bekennt, von der es, und mit ihm die Predigt, herkommt.

---

[88] EBELING hat dies eine „hinterhältige Weise" genannt (WG III, 407). Auch BARTH hat schon erklärt, man solle beim Gebet „das Unwürdige, nebenbei den Menschen etwas verkündigen zu wollen", tunlichst unterlassen (KD I/1, 50). Die Beispiele reichen von der „Stunde", in der „Bruder X. in seinem Gebet etwas sehr wichtiges für uns betont hat", bis in die Studentengemeinden und in die politischen Gottesdienste, wo der Eifer manchmal Programme formuliert, die zur Bewußtseinsbildung der rückständigen Gemeindeglieder beitragen sollen, und sie durch fleißiges Herr-Herr-Sagen in den Gebetsstand erhebt.

[89] Vom Gebet, 25. Man kann auch an den Vers Gottfried Benns erinnern: „Du kannst dein Wesen keinem nennen, verschlossen jedem Bund und Brauch; du kannst dich nur im Wort erkennen und geben dich und trauern auch."

[90] Vom Gebet, 51; WG III, 408.   [91] Vom Gebet, 15; Dogmatik II, 216.
[92] WG III, 557.   [93] Dogmatik I, Kap. 2: „Gott", 158 ff.

Was ist das für eine Gotteserfahrung, als deren Wortführerin im vielstimmigen christlichen Glaubenszeugnis die einstimmige und in den Chor der Zeugen einstimmende Predigt hervortritt? Sie betrifft die Einsicht, daß diese Welt und unser Leben in ihr mit Gott zusammengehören[94]; daß unsre Lebenswirklichkeit nur vom Gottesbezug her treffend erfaßt werden kann. Diese Einsicht umdrängt in vielgesichtigen Vermummungen alles menschliche Dasein. Betroffen von den Unheimlichkeiten des Weltlaufs, verwikkelt in die Widersprüchlichkeiten des Lebens, verstrickt in die eigenen Unzulänglichkeiten, hin- und hergerissen zwischen seinem Vermögen und seinem Unvermögen, zwischen Lebensgier und Lebensangst, zwischen dem Wunsch nach einem endlich gelingenden und dem Wissen um ein häufig verfehltes Leben, beeindruckt von der Kraft und von der Vergänglichkeit alles Lebens: ist der Mensch im Grund nicht so dran in seinem Dasein, und liegt diesem Dransein, dieser Grundsituation nicht in Wahrheit die Gottesfrage zugrunde? Steht nicht diese, wie klar oder verworren auch immer, ihm darin beständig ins Haus? Ist sie es nicht, die diese Grundsituation herstellt und die ihn auch selbst in ihr stellt?

Daß in diesem verdeckten und doch schwer abweisbaren Gottesbezug alles menschlichen Dranseins, daß in der vielgesichtig-vieldeutigen allgemeinen Gotteserfahrung ein Gesicht erscheint, in dem sie eine eindeutige Klarheit aufweist, von dem eine Helligkeit ausgeht, die – wie Paulus sagt – uns die Herrlichkeit Gottes in diesem Menschengesicht aufdeckt[95]: das ist die besondere Gotteserfahrung, der die christliche Predigt im Chor ihrer Zeugen das Wort reden soll.

Was mit Jesus erschienen und als seine Vollmacht wirklich und anschaulich und mit seinem Geschick, seinem Weg durchs Sterben zum ewigen Leben für uns unvergänglich geworden ist, das ist, aufs schlichteste gesagt, die darin verkörperte Berufung zum Glauben. Die vollmächtige Aufforderung, den Gottesbezug, der verdrängt und schicksalhaft oder bewußt und gestaltet der menschlichen Lebenswirklichkeit vorgängig zugrunde liegt und unser Dransein bestimmt, sozusagen in den Glaubensstand zu erheben, ihn zu einem auf Gott vertrauenden Lebensverhältnis in unserm Tun und Lassen werden zu lassen. Es geht um ein Leben in dem von Jesus erweckten, beglaubigten und getragenen Glauben, in dem alle menschliche Gottessehnsucht, alle Gottesflucht und -verleugnung, alle Gottesfurcht und -verehrung „aufgehoben" wird und ihre rechte Erfüllung findet.

---

[94] EBELING drückt das so aus, daß der Gesichtspunkt des „Zusammenseins mit Gott" die Gotteslehre ontologisch bleibend bestimmt (Dogmatik I, 224–226; III, 473).
[95] 2Kor 4,6.

Dieses christliche Glaubenszeugnis verharmlost nichts. Es kann uns im Gegenteil vieles im Weltlauf, in unserem Leben und in uns selber noch unheimlicher machen. Die Gotteserfahrung, die es bezeugt, ist im Leiden vollbracht und auf dem Gesicht eines Gekreuzigten unvergänglich geworden. Und doch bekommt die Welt durch sie für uns ein andres Gesicht[96], läßt sie uns anders dran sein mit der Welt und mit unserem Leben. Diese Gotteserfahrung erzählt, daß da eine Liebesgeschichte im Gang ist inmitten der Welt, die uns viel für sie hoffen läßt; eine Liebesgeschichte Gottes unter den Menschen, die nicht von uns kommt oder von uns abhängt und auch nicht wieder aus der Welt verschwindet, wenn man sie bestreitet; in die wir hineingeholt werden zum Heil unsrer Seele und zum Wohl unsrer Welt.

So hilft uns das Glaubenszeugnis von der ursprünglichen christlichen Gotteserfahrung zu eigenen Gotteserfahrungen: Es bringt uns dazu, daß wir vor Gott leben können, ohne uns oder vieles aus unserem Leben vor ihm verbergen zu müssen; unverkrampft und ohne Verstellung. Darum steht und führt die Predigt vor Gott, um von Gott, von der Welt und vom Leben zu reden. Sie will zusammenfügen, was immer so heillos zerbricht: Gott und die Welt, Gott und unsere Zeit. Sie will uns instandsetzen, daß wir zusammensehen, was zusammengehört: unser Leben und den Gott, dem wir's verdanken, vor dem es in seine Wahrheit kommt und seine Freiheit gewinnt. Sie führt vor den Gott, dessen Reich kommt und schon unter uns wirkt, läßt uns zu ihm „Unser Vater" sagen unter dem Ansturm der ganzen Welt[97].

5. Die Predigt bringt Gott in unser Leben, das Gebet bringt unser Leben vor Gott; es nimmt damit unsre Berufung zur Freiheit des Glaubens wahr.

Die Predigt ist eine besondere christliche Redeform, sie will Menschen zum christlichen Glauben bringen. Das Gebet ist eine allgemein-menschliche Glaubensäußerung, eine religiöse Ur-Gegebenheit, es will den Glauben im Leben festhalten. In jener spricht sich die Christenheit aus, in diesem betet die Menschheit mit[98]. Weil der Glaube ein Lebensverhältnis meint und schafft, stellt er das Gebet in die Mitte. Er kann es nicht mehr als Frömmigkeitsleistung, er will es aber als zentrale Frömmigkeitsausübung gelten lassen.

Denn das Gebet läßt Gott nicht über der Welt, in der Vergangenheit oder in einem Zukunftsland bleiben, als eine Vorstellung, die man in Lehren tradiert. Es läßt ihn persönlich bleiben, beteiligt ihn am gegenwärtigen Leben, macht den verborgenen Ansprechpartner der menschlichen Grund-

---

[96] Vom Gebet, 25.   [97] Ebd.
[98] Dogmatik I, 208; WG III, 417.

situation zum Teilnehmer, dem unser Anruf aus dem konkreten, gewöhnlichen Alltag ebenso wie unser Not- oder Dankruf aus den ungewöhnlichen Lebenslagen gilt. Es läßt Gott nicht im Kirchenraum auf der Kanzel stehen oder auf der Kirchenbank sitzen bleiben, sondern nimmt ihn in Gebrauch „vor Ort", im Kämmerlein unsres eigenen Hauses[99]. Es gemahnt daran, daß alles seine Zeit hat, reden und schweigen, lachen und weinen, Streit und Friede[100]. Es kann dafür sorgen, daß die alltäglichen Dinge nicht ihre Sprache verlieren[101]. Es macht unsre Lebenserfahrungen zum „Stoff" unsrer Gotteserfahrungen[102]. Es wird so zur „Sprachschule", die das eigene Leben im Glauben sprachlich verarbeiten hilft, in der sich der Lebensvorgang zum Sprachvorgang, die Ansage der Nähe Gottes zur Selbstaussage der Glaubensgewißheit verdichtet[103].

So bringt das Gebet unser Sein von Gott her und auf Gott hin vor Gott zum Austrag[104]. Weil seine Sprache aus der Erfahrung wächst, die sich ins Gebet ergießt, „ist das Gebet der Vorgang einer Durchdringung von Glauben und Leben, des Konkretwerdens des Glaubens, aber auch, so paradox das klingt: des Konkretwerdens des Lebens. Denn das Gebet ist der Ausdruck dessen, daß nicht Leistung, sondern Gnade das Lebensentscheidende . . . ist."[105] So befreit die Predigt den sündigen Menschen zum glaubenden Sein vor Gott, schenkt ihm die Freiheit zum Beten, die allein in der Rechtfertigung des Sünders durch Gott gründet[106]. Und so vollzieht das Gebet den Glauben als Sein vor Gott unmittelbar, persönlich, alltäglich, ohne weitere Argumente. Der Glaube hält im Gebet Gott und die Welt zusammen im „Gegenzug unendlicher Gewichte"; im Geist der Kindschaft hält er betend solche „Zerreißproben" durch[107]. Er stellt Gottes „Eigenschaften" ebenso wie die christologischen Würdetitel als Gebetsanreden gerade solchen Situationen entgegen, deren Augenschein ihnen hart widerspricht[108].

Alles hat Raum im Gebet[109], aber nicht alles Gebet ist auch christlich, ist wirklich das, was zu sein es beansprucht: Statt die Situation in ihrem Grund

[99] Vom Gebet, 72; WG II, 407; Dogmatik II, 446.
[100] Dogmatik II, 327f.   [101] Vom Gebet, 73.
[102] WG III, 423; Dogmatik I, 199.
[103] Vom Gebet, 19: „Predigt und Gebet, das ist die eigentliche Sprachschule des Menschen." Dogmatik I, 210: „Hier fügt der Beter Gott und seine eigene Lebenswirklichkeit in einen und denselben Satz zusammen. . . . Die Sprache der Welt, die flutartig in das Gebet einströmt, wird in der Konfrontation mit Gott zur Sprache des Glaubens verarbeitet." WG III, 424ff.
[104] WG III, 422.   [105] Ebd. 425f.
[106] Dogmatik I, 295.   [107] Vom Gebet, 53f.
[108] Dogmatik I, 212; II, 230f.405.
[109] Dogmatik I, 225. Kleinstes und Größtes, Geistliches und Weltliches wird im Gebet ins Ganze gezogen.

wahrzunehmen, kann es sie auch verfehlen oder verfälschen[110]. Darum
braucht auch das Beten die Predigt. Es soll ja nicht verstummen in der
Anfechtung oder erlahmen im Lebenseinerlei[111], sich nicht zum Routinege-
plapper entleeren[112]. Es soll nicht zum Werkzeug des Aberglaubens oder zum
Ausdruck kranker Frömmigkeit werden, die meint, mit dem Gebet auch
ohne Gott etwas erreichen zu können oder mit seiner Frömmigkeit Eindruck
zu machen. Es soll nicht zur Last eines rigorosen Lebensstils werden, durch
den Menschen sich selbst heiligen wollen: ein Beten, bei dem man ums
eigene Ich zentriert bleibt, statt sich dem Willen Gottes zu übergeben und
darin die wahre Selbstverwirklichung zu finden[113]. Gebet und Predigt
brauchen einander beständig. Denn die Gotteserkenntnis, um die es der
Predigt geht, ist keine beschauliche Zuschauersache[114], und wer zu Gott
betet, der beschwichtigt sich nicht mit den Techniken einer frommen Sitte,
sondern sieht sich in den Streit zwischen Gottes Willen und den eigenen
Wünschen gerissen[115]. Denn „für jeden Menschen wird das Reden über Gott
zu einem Reden wider sich selbst"[116]. Vom Reden zu Gott gilt das gleiche.
Aber es kann sich dann auch das andre ereignen: Wo das Reden von Gott
einen Menschen zum redlichen Reden mit Gott führt, da kann dies den
gläsernen Ring seiner Einsamkeit und die Mauern seiner Verstellungskünste
sprengen und ihn mit all seinen Widersprüchen „in die Verläßlichkeit
Gottes" versetzen und an ihr teilhaben lassen[117].

---

[110] Ebd. 198.

[111] Ebd. 236: Predigt und Gebet werden sich selbstkritisch fragen müssen, warum wohl
„unsere Zeit des Redens über Gott weithin so überdrüssig und des Redens zu ihm so müde
geworden ist".

[112] Vom Gebet, 19: „Nirgends wird so sehr mit dem Wort und wider das Wort gesündigt,
als wo von Gott und zu Gott mit leeren, billigen, wertlosen Worten geredet wird."

[113] Es wird nicht recht gebetet, wo man das Gebet als beschwörenden letzten Ausweg
benützt, um seine eigenen Zwecke irgendwie doch zu erreichen, statt dem Willen Gottes
Raum zu geben (WG III, 426). Vom Gebet, 59.66: „. . . Gottes Wille reicht . . . unendlich
viel weiter als unser Tun, er läßt sich auch nie durch unsern Willen beschlagnahmen . . .
Darum kann letztlich dem Willen Gottes nur das Gebet entsprechen." Im Gebet geben wir
„dem Willen Gottes Raum in der Welt". Es wird auch nicht christlich gebetet, wenn man sich
künstlich (geistliche) Nöte suggeriert und mit diesen kokettiert, statt ehrlich zu denen zu
stehen, die man hat, auch wenn sie unansehnlich und beschämend erscheinen (ebd. 122). Und
auch der Besitz des Heiligenscheins, ein demütiger Beter zu sein, kann im rechten Gebet nur
zerrinnen (ebd. 77).

[114] Dogmatik I, 193.204.

[115] Vom Gebet, 51–66, bes. 60. Das Gebet ist das Grundmodell, in dem jeder Satz zeigen
kann, wie der Primat der Welt in den Primat Gottes umschlagen muß (Dogmatik I, 223). Vgl.
auch S. KIERKEGAARD, Vom wundersamen Streit im Gebet (Ges. Werke XIII/XIV), 1952, 86 ff
(die letzte der vier Erbaulichen Reden von 1844): „Der rechte Beter streitet im Gebet und siegt
– damit daß Gott siegt."

[116] Dogmatik I, 167.   [117] Vom Gebet, 113.

6. Die Predigt schafft und das Gebet gibt dem Glauben Raum in den menschlichen Lebensgeschichten. Wir nehmen damit, noch einmal abgewandelt, die Feststellung auf, daß „jede rechte Verkündigung im Grunde ein Beten-Lehren" sei[118]. Es ist gerade der nicht zu verwischende Unterschied in dem, was beiden gemeinsam ist, der den Zusammenhang zwischen der Predigt und dem Gebet so eng und so notwendig macht.

Die Predigt will Menschen hineinnehmen in das Geschehen, das im Zeichen der Vollmacht Jesu seinen Lauf nimmt durch die Geschichte. Und der Glaube läßt sich hineinnehmen in dieses Geschehen, das zum Heil der Menschheit bestimmt ist und doch wie ein heimliches, verborgen sich offenbarendes Gegengeschehen zum unheimlichen, offenkundigen Weltgeschehen seinen Weg nimmt in der sich wandelnden Zeit[119]. Predigt und Gebet gehören zusammen wie die Berufung zum Glauben und das Bleiben in ihm, wie Aufbruch und Ruhe, wie der Weg und die Rast, das Vorspiel des letzten Heimkommens.

Beides bleibt immerzu nötig. Denn der Glaube, der sich dort hineinnehmen läßt, wird gerade dann, wenn er dem Willen Gottes Raum geben will in seinem menschlichen Reden, Dasein und Tun, sich der bleibenden Kluft unterm zerbrechlichen Steg schmerzhaft, oft anfechtungsvoll bewußt. Noch gibt es da kein bruchloses Einssein mit Gott; kein Bleiben, sondern immer nur Rast, kein vollkommenes Erkennen und Wissen, sondern ein Weitertasten und Weiterlernen im Stückwerk. Die Predigt läßt uns aufbrechen in der Endlichkeit und der Sündlichkeit unsres Wesens und Unwesens – ausbrechen aus ihr läßt sie uns nicht. Darum nimmt der Glaube uns ins Gebet und führt bis zuletzt nicht darüber hinaus, auch wenn er uns zu vielen Taten der Geduld und der Hoffnung aufruft und geschickt machen kann. Gerade der Glaubende geht auf Empfang, bleibt darauf angewiesen, lebt im Wartestand des Gebets. Er hungert mit allen nach einem guten, heilsamen Wort, weiß aber freilich besser als andere, wo sich dies findet.

So bedient sich christliches Glaubenszeugnis in seinen verbalen Gestalten des situationsabhängigen Wortes, der immer neuen Berufung, die den Glauben im Wechsel der Zeiten und Lagen ständig unterwegs, aber so eben auch immer dabeibleiben läßt. In seinen sakramentalen Gestalten bewahrt es die Gottesgeschichte, von der der Glaube zehrt, in situationsüberlegenen Formen. Und im Gebet gewinnt es die situationsempfindliche Lebensform einer Frömmigkeit, in der der Glaube ein- und ausatmen darf, sich des Tuns enthält mit gefalteten Händen und im Reden zu Gott seinem Willen Raum gibt in dem von so vielen eigenen Wünschen verstellten Leben; wo

---

[118] S. o. Anm. 82.   [119] Vom Gebet, 64.

er in der Zeit Abstand von ihrem Frondienst, ein Stück Freiheit von ihrem Drängen, ein Stück Macht über sie zurückgewinnt[120].

Das Gebet ist gewiß keine heile, ungefährdete Lebensform – wann und wo wäre Frömmigkeit ungefährdet? Es kann zur angestrengten Selbstheiligung oder zur Selbstbeschwichtigung, zum Rückzug ins Kämmerlein, zur Ausflucht vor den weltlichen Glaubenszumutungen werden. Es kann auch zur Schaustellung der eigenen Glaubensfrömmigkeit entarten – oft einer Frömmigkeit, die ihr Überzeugtsein von Satzwahrheiten mit Glaubensgewißheit verwechselt und im Grund nur die Unbelehrbarkeit des eigenen Herzens darunter versteckt. Wer mehr vom Beten weiß, weiß, wie verheißungsvoll und gefährdet zugleich man sich dabei befindet: auf der Intensivstation des hörenden und des lernenden Glaubens. „Denn wir wissen nicht, was wir beten sollen, so wie sich's gebührt."[121] Aber da sind Worte, die großen, grundeinfachen Anrufworte des Glaubens, die „wie eine Herberge sind"[122] und die das Gebet selber zu einer Herberge machen, zur Zuflucht des Glaubens.

Niemand kann immer und viele können oft gar nicht mehr beten. Aber sind die Gebetsworte uns nicht vorgesprochen, bis hin zu Paul Gerhardts „verdichteter Theologie"? Liegen sie nicht für uns bereit als die unser Gebet in aller Gebetsarmut tragende Sprache[123]? Worte, die der Geist der Sohnschaft erfüllt, der uns „das Abba schreien läßt aus aller Kraft"; das Wort „Vater", das die Stimme des Heiligen Geistes selber sein kann, wenn wir's im Gebet den Unheimlichkeiten des Lebens entgegenrufen, *„das* Wort des Glaubens schlechthin", von dem her „die Welt ein anderes Gesicht erhält"[124]!

7. Predigt und Gebet, das Reden von Gott und das Reden zu Gott, kommen im Reden *vor* Gott überein[125]. Sie sind und bleiben zwei verschiedene Redegattungen. Aber es ist ein und dieselbe Dimension, der sie zugehören.

Gewiß muß man die Predigt als Rede wie alle andern betrachten. Man muß dies aber gerade deshalb so redlich, so kritisch und so gewissenhaft tun, weil sie zugleich so viel mehr sein will und sein soll als eine „Rede wie

---

[120] Vgl. WG II, 137.   [121] Röm 8,26.
[122] Vom Gebet, 115.
[123] WG III, 425; Dogmatik I, 210 und 328: so „bestätigt es sich, daß das Reden von Gott erst in der Situation des Gebets an seinen rechten Ort gelangt".
[124] Röm 8,15. Vom Gebet, 23–26.
[125] Ebd. 140: „Der Sinn des Redens von Gott, das ja nur dann ein Reden *von* Gott ist, wenn es ein Reden *vor* Gott ist, ist identisch mit dem Sinn des Gebets: Der Mensch ist gefragt, was er vor Gott zu sagen hat."

alle andern": ein Glaubenszeugnis für die Gottesgeschichte in unserer Mitte. Darum ist es die Dimension des Redens vor Gott, in der sich jenseits des Machbaren ihr Redeschicksal entscheidet.

Nur so, als Rede vor Gott, die von selber zum Reden mit Gott drängt, gewinnt die Predigt ihren persönlichen Ernst[126]. Und nur so, als redliche Rede vor Gott, kann sie auch als Glaubenszeugnis für die Gottesgeschichte des Evangeliums glaubwürdig werden. Sie muß „geistlich" glaubwürdig werden. Der Prediger kann diese Dimension nicht einfach herstellen. Die intellektuelle Redlichkeit, die er sich dabei ohne Abstriche auferlegen muß, reicht dazu nicht aus. Es muß die Demut und Lauterkeit dessen hinzukommen, der weiß, daß er nur als begnadigter Sünder vor Gott über ihn und mit ihm reden kann. Wenn dies hinzukommt, dann stellt sie sich ein.

Daß sie Rede vor Gott sein soll, muß die Predigt nicht feierlich machen. Wenn sie natürlich bleibt, kann sie umgekehrt auch dem Gebet dazu helfen, ungezwungen zu bleiben. Aber es kann und es soll sie diese mit dem Gebet gemeinsame Dimension vor überflüssigen Worten, menschlicher Eitelkeit und geistlicher Herrschsucht bewahren.

Weil sie Rede vor Gott sein soll, bringt die öffentliche Predigt, so gefährlich dies ist, auch das Gebet in die Öffentlichkeit mit. Zerrt sie damit nicht manchmal das Gebet auf die Dächer und sperrt sich selber in einen abgeschlossenen Raum ein, in dem nur Einverstandene sitzen, die nichts Neues erwarten und dies auch nur selten ertrügen? Und doch kann sie die Gewissen nur dann über Gott recht unterrichten, wenn sie sie auch im Reden mit Gott unterweist. Wo man öffentlich vor Gott von ihm und für ihn zu Menschen zu reden versucht, damit auch sie von ihm reden, vor ihm leben und ihm vertrauen lernen, kann, ja muß man sich da nicht auch für die Menschen so öffentlich vor Gott stellen und an ihn wenden, damit auch sie lernen können, mit Gott über ihr Leben zu reden und füreinander zu beten?

Das Predigen und das „Vorbeten" führt den dazu Berufenen immer auf einen schmalen Grat. Das Wagnis des öffentlichen Redens vor Gott ist für jeden sehr groß. Es ist stets leichter, im stillen zu beten und öffentlich kühl feststehende Lehren weiterzugeben. Doch dieses Wagnis gehört zum „Theologen und seinem Amt in der Kirche". Dies wird ihm niemand erlassen oder ermäßigen können. Dieses Wagnis gibt auch, wie mir scheint, der Monologstruktur der Predigt zwar kein ausschließliches Recht, aber doch sehr viel mehr Sinn und Gewicht, als viele ihr heute

---

[126] Dogmatik I, 202: „Man kann nicht anders beweisen, daß man mit der Wirklichkeit Gottes rechnet, als indem man zu ihm betet." Ähnlich ebd. 213.

zubilligen mögen. Die Dimension der Predigt und des Gebets muß nicht ins Kämmerlein, aber stets ins Persönliche führen.

Predigt und Gebet kommen im redlichen Reden vor Gott und im Ziel solchen Redens miteinander überein. Die Predigt schafft und das Gebet gibt dem Willen Gottes Raum in der Welt, soweit Gott selbst es dazu kommen und dabei bleiben läßt – „dem Willen, mit dem Gott die Welt liebt. Wir geben ihm Raum im Gebet. Dann beginnt auch durch unser Leben der offenbare Wille Gottes zu geschehen: das Leuchten der wahren Liebe zur Welt."[127]

IX

Man hat Gerhard Ebelings Dogmatik „konsensbildend" genannt. Von seinem Beitrag zur Predigtlehre scheint mir dies in besonderem Maße zu gelten. In der homiletischen Erörterung ist die Predigt, die „nur" das Wort Gottes verkündigen solle, der religiösen Rede, in der sich „nur" der religiös ergriffene Prediger selber darstellen wolle, scharf gegenübergetreten. Diese Alternative hat das evangelische Predigtverständnis ursprünglich verbessert, aber als man sie überzog, der wirklichen Predigt geschadet. So mancher, der „nichts als das Wort Gottes" zu verkündigen meint, stellt in Wirklichkeit manchmal nur noch seine eigene Gläubigkeit und sonst kein anderes Evangelium dar. Und auch wer nur richtige Lehren vermitteln und seine Person ganz heraushalten will, erkennt entweder seine eigene Handschrift in diesen Lehren nicht wieder oder bleibt darin dem Wort Gottes in Wahrheit sehr fern. Kann eine Predigtlehre, die in der Vollmacht Jesu und der menschlichen Grundsituation ihre Brennpunkte hat, diese sachgemäß aufeinander bezieht und die Predigt im Zusammenhang mit dem Gebet begreift, das „Wort Gottes" nicht enger und hilfreicher mit der „wirklichen Predigt" verbinden?

---

[127] Vom Gebet, 66.

Pastoralpsychiatrische Überlegungen zur Gotteslehre

Thomas Bonhoeffer

I. Gotteserfahrungen

Bei Gotteserfahrungen geht es um Erfahrung der Welt im ganzen, um Stimmungen und um Phantasieinhalte, die diese Grundstimmungen prägnant zum Ausdruck bringen. Die Grundstimmung macht das Vielerlei, das mich umgibt, zu einer, je meiner, mythischen Welt. Sie organisiert meinen Weltbezug. Sie wird ihrerseits organisiert durch bestimmte einfache Phantasmen. Diese stammen teils aus mir selbst und meiner eigenen Biographie, teils sind sie menschliches Allgemeingut, teils sind sie mir kulturell historisch überliefert. Diese drei Faktoren wirken zusammen.

Unsere Grundstimmung drückt sich aus in allem, was wir tun. Unsere Mitmenschen bekommen sie unmittelbar, oft ohne sich dessen bewußt zu werden, zu spüren. Sie ist aber schwer bewußt treffend zum Ausdruck zu bringen und dem Bewußtsein adäquat zugänglich zu machen. Die Grundstimmung geschieht uns zumeist, ohne daß wir etwas Wesentliches dazu tun könnten. Wir können uns ablenken, einen Kaffee trinken und dergleichen, aber das sind Tricks, die eigentlich nicht befriedigen. Wir nehmen damit uns selbst nicht ganz ernst. Erst der bewußte Ausdruck setzt uns instand, personal mit uns selbst umzugehen.

Dieser Ausdruck steht uns aber nicht ohne weiteres zur Verfügung. Meist greifen wir dann dankbar auf von außen angebotene Ausdrucksmittel zurück, – hinter denen oft eine lange, mit viel Erfahrung angereicherte Geschichte steht. Es kann auch das Umgekehrte geschehen, daß eine von außen angebotene Ausdrucksgestalt uns in ihren Bann zieht und unsere Stimmung bestimmt. So kann man lange Zeit in Betrachtung bestimmter Bilder verbringen. Man kann mit Hilfe bildlichen Ausdrucks eine Art Gespräch führen; man kann auch rein mimisch und gestisch ein Gespräch führen; der personalen Organisation des Menschen jedoch ist der verbale Ausdruck am angemessensten. Er verbindet am besten sowohl die rationale Oberfläche mit den prärationalen Tiefen des Erlebens als auch die

Vielzahl der Erlebnisse zu biographischer Identität. In der Regel verständigen wir uns mit uns selbst und mit anderen durch verschiedene Medien
zugleich.

Es besteht ein Interesse an der Wahrung unserer Kontinuität mit uns
selbst, mit unserer sozialen Umgebung und Herkunft. Das gibt allgemein-
gültigen Symbolen ihren besonderen Wert. Es gibt ihnen einen so starken
Wert, daß sie über längere Zeit hinweg festgehalten werden, auch wenn
unser Erleben sich von ihnen entfernt hat. In ungezählten Fällen erscheint
dieses Festhalten nachträglich als gerechtfertigt durch das Phänomen, daß
ein veraltet gewesenes Symbol unversehens wieder der treffende Ausdruck
für das aktuelle Grundproblem ist. Der Umgang mit Symbolen bedarf
jedoch einer spezifischen Gewissenhaftigkeit, um verzerrende Selbststilisie-
rungen zu vermeiden. Es gibt einen Umgang mit Symbolen, der, trotz der
Unangemessenheit eines Ausdrucks, den Ausdruck festhalten kann, ohne
den Abstand zu ihm zu verleugnen, allein im Wissen um den biographi-
schen, sozialen oder historischen Wert des Ausdrucks. Ein solcher Symbol-
gebrauch kann Ausdruck reifer historischer Bescheidenheit sein. Bildung
und Reifung der Persönlichkeit sind zum guten Teil Ergebnis einer lernbe-
reiten Beschäftigung mit historischen Ausdrucksmitteln.

Zu den wichtigsten Ausdrucksgestalten für Grundstimmungen gehören
die religiösen. Gang und gäbe sind in der Alltagssprache, noch in erkennbarer Nähe zum ursprünglichen Wortsinn, Ausdrücke wie „Ach Gott"
oder „Gott sei Dank".

In den meisten Fällen zwar ist „jetzt gerade nicht der Augenblick", auf
den vollen Wortsinn dieser Ausrufe zu achten. Thematische Bewußtma-
chung der Grundstimmung ist nicht zu jeder Zeit angebracht. Wir sind in
ein vielfältiges Netz von sozialen Verpflichtungen eingespannt, durch
welche wir zwar äußerlich, jedoch eng, aneinander gebunden sind und
voneinander abhängig sind. Wir brauchen deshalb eine innere Organisation
und einen grundsätzlichen Weltbezug, der ermöglicht, äußeren Verpflichtungen treu nachzukommen, ohne dabei uns selbst zu verlieren. Wir
brauchen sie für uns selbst. Es ist jedoch außerdem sozial von uns verlangt,
– wenngleich in der modernen Gesellschaft diese Verpflichtung kaum
anerkannt, ja kaum erkannt wird. Die Funktionsfähigkeit einer Gesellschaft hängt an der doppelten Qualität ihrer Individuen: 1. ihrer Fähigkeit
zu sozialen Bindungen, 2. ihrer inneren Kohärenz. Individuen ohne innere
Kohärenz müssen von außen zusammengehalten werden, sonst hat ihre
Korruptibilität gesellschaftlichen Zerfall zur Folge. Unter dem Druck der
geschichtlichen Bewegungen kann keine Gesellschaft ihre Individuen mit
hinreichender Verläßlichkeit ständig durch ideal verteilte Sanktionen von

außen zusammenhalten. Die Gesellschaft steht auf der verläßlichen Persönlichkeit ihrer Bürger. Die Sittengeschichte ist bewegt, sie ist besonders
heute stark in Bewegung. Das ist möglich, weil der Bürger eben doch
mehr oder weniger korrupt ist. Absolute Inkorruptibilität wäre eine Starrheit, die ihrerseits in Gefahr ist, faktisch inhuman und asozial zu wirken. Es
ist faszinierend, zu beobachten, wie schnell sich in einem Milieu, das
zunächst völlig normenlos wirkt, inmitten aller Korruption neue moralische Selbstverständlichkeiten etablieren, – zu denen eben auch eine gewisse
belastungsfähige Beständigkeit des Individuums gehört. Die wachsende
Gefahr unserer heutigen Weltzivilisation scheint mir jedoch in einer Aus-
höhlung der Beständigkeit des Individuums zu liegen. Wir haben eine
Phase rasanten wirtschaftlichen Fortschritts im Weltmaßstab hinter uns.
Die Wunscherfüllungen in der äußeren Realität übertrafen alle besonnenen
Erwartungen; Selbstbescheidung wurde aus einer Tugend zu einer altmo-
dischen Schrulle. Ohne Selbstbescheidung jedoch kann kein differenziertes, leistungsfähiges, belastungsfähiges, in sich befriedigendes und doch
weltoffenes Innenleben entstehen. Flexibilität ohne Verrat der eigenen
Persönlichkeit, die Verbindung von Beweglichkeit und Treue, sind nur
aufgrund eines differenzierten Innenlebens möglich. Wünschenswert ist
also die Fähigkeit, einerseits zwar in der Hitze der Geschäfte, ohne sich
etwas dabei zu denken, „Ach Gott" zu rufen, anderseits jedoch sich dann
auch einmal Ruhe zu verschaffen und zu besinnen, – wozu z. B. die
Erinnerung an dieses „Ach Gott" einen konkreten Einstieg geben kann.

Zunächst wird man dann wahrscheinlich feststellen, daß die angelernte
Vorstellung vom persönlichen Gott, die der Anruf nahelegt, dem Empfinden fernliegt. Hohl wie bereits das Wort klingt, mag die Empfindung eher
die sein, in ein Loch, in einen Abgrund, in ein Nichts hineingerufen zu
haben. Ist wirklich nichts in diesem Abgrund zu sehen? Oder ist es ein
Abgrund von der Art, wie Schiller ihn in seinem Gedicht „Der Taucher"
beschreibt? Ein Dunkel mit tintenfischartigen, vorweltlichen Unwesen, ein
Abgrund tiefsten Heidentums? „Es freue sich, wer da atmet im rosigten
Licht! Da drunten aber ist's fürchterlich. Und der Mensch versuche die
Götter nicht, und begehre nimmer und nimmer zu schauen, was sie gnädig
bedecken mit Nacht und Grauen."

Und wie steht es mit dem gedankenlos ausgerufenen „Gott sei Dank"?
Eine Erlösung, eine Befreiung. Eine Betonmauer verschwindet, ein breiter
Weg lädt uns ein, voranzugehen, wohin wir wollten. Ein Dankesruf in den
offenen blauen Himmel, – aber der Himmel ist leer. Wo ist der, dem wir
Dank zugerufen haben? Wo ist das Herz, dessen mitfühlende Fügung unser
Herz wieder ruhig schlagen läßt? Er ist nicht zu sehen. Daß es ihn nicht

gebe jedoch, ist eine Antwort, die auch nicht genau das sagt, was hier zu bemerken ist. Unser Herzschlag sagt uns, daß er da ist. Da er jedoch nicht zu sehen ist, können wir uns ihn wohl am besten neben uns denken. Man spricht zu ihm und von ihm, ohne ihn anzugucken. Er will nicht angeguckt sein, man guckt ins Offene geradeaus.

Eine Gottesvorstellung verstellt das Offene. Will ich mir Gott vorstellen, so erscheinen mir z. T. pathologische Phantasien: u. U. ein unheimliches Wesen, das mir den Weg versperrt, ein Wesen mit Strahlen und Armen, dessen Umrisse[1] an die Wesen im Abgrund erinnern. Gott, Dämon oder Satan? Eine riesige Spinne[2] kann Sinnbild der Weltherrschaft sein. Eine verwirrende Menge von Gedanken und Phantasien, zunächst völlig unsinnig wirkende sowie faszinierende, kann uns in den Sinn kommen, wenn wir versuchen, uns auf Gott zu besinnen. Ein Abgrund, eine Vielfalt dunkler Mächte; ein vielarmiger Dämon, eine riesige Spinne; ein menschlicher, guter, befreiender Geist, ein väterlicher, brüderlicher Mann uns zur Seite. Habe ich ihn zur Seite, verliert die große Spinne ihre Schrecklichkeit, sie verblaßt, verschwindet und gibt den Blick auf die schöne Natur frei. Forciert man die Phantasie noch ein wenig, so kann man an der Stelle der Spinne die strahlenumkränzte Erscheinung der Mutter Gottes sehen.

Auch der gute Geist, der Vater, der Bruder mir zur Seite, die Spinne, der Tintenfisch, der Abgrund sind Produkte forcierter Phantasie. Es sind jedoch keine zufälligen Phantasien, es sind aus der Geschichte uns zur Verfügung gestellte Phantasien, die zur Symbolisierung von Grundstimmungen, zur inneren Sammlung hilfreich sein können. Besinnt man sich, im Licht der Tradition, noch einmal auf das verdächtig problemlose Verblassen der Spinne, so wird man an ihrer Stelle vielleicht zunächst Jesus am Kreuz sehen; vielleicht in einem jener Renaissancebilder, die hinter dem Kreuz die weite Landschaft sehen lassen.

Der Zweck dieser Phantasieübung war, die bis in heidnische Tiefen hineinreichende Vielfalt unseres Gotteserlebens andeutungsweise heraufzuholen. (Allein die Oberflächlichkeit der Andeutung ermöglicht es, die verschiedenen in Rede stehenden Erlebnisse so bilderbogenhaft zusammenzustellen. In Tat und Wahrheit handelt es sich um Befindlichkeiten, die ihre Zeit jeweils ganz bestimmen. Wir haben keinen Überblick über Gott.)

Bildbeschreibung ist nicht der volle, freie Gebrauch der Sprache. Bereits die Beschreibung von Szenenwechsel ist der Sprache angemessener. Zur

---

[1] Wer dem weiter nachgehen will, beschäftige sich mit den Arbeiten der Psychiaterin und Psychoanalytikerin GISELA PANKOW, die die Bedeutung der „Form" im Zusammenhang der Wiederherstellung von Symbolisierungsvorgängen herausgearbeitet hat.

[2] Vgl. dazu die Arbeiten der Psychoanalytikerin MELANIE KLEIN.

vollen Sprachlichkeit jedoch gehört das wechselvolle Ineinander von Erzählung, Reflexion, Affirmation, Negation und Aufforderung. Gottes-erfahrung im Hören bezieht sich auf diese volle Breite sprachlicher Aus-drucksmöglichkeit. Reden und Hören sind Vorgänge, die sich primär auf Vorgänge beziehen. So bezieht sich insbesondere das, was die Christenheit Gottes Wort nennt, auf Vorgänge.

Die Dynamik der christlichen Gotteserfahrung kommt nicht im Modus des Mythologisierens, sondern im normalen, realistischen Sprachgebrauch zum Ziel. Entscheidend ist, daß die Phantasmen (die durch unsere Visuali-sierungen und Beschreibungen bereits entstellt werden!) nicht nur künst-lich rekonstruiert, sondern auf der vollen Höhe unserer geistigen Fähigkei-ten behandelt werden.

Die christliche Tradition nennt Jesus Christus, der für uns gelitten hat und in den Tod gegangen ist, uns erlöst hat und auferstanden ist, das Wort Gottes. Vom Heilsgeschehen wird nun beides gesagt: daß es ein für allemal geschehen sei und daß es ständig weiter geschieht. Die Sprachlichkeit des Evangeliums ist gedoppelt: Erzählung von einem einmaligen Geschehen, ein verbales Vor-Augen-Malen Christi des Gekreuzigten (Gal 3,2) und eine Deutung. Man darf sich hier auch an die Behauptung der drei ersten Evangelien erinnern, daß Jesus nur in Gleichnissen gelehrt und seinen Jüngern die Gleichnisse im Vertrauen gedeutet habe. Vergleicht man diese Behauptung mit dem tatsächlichen synoptischen Überlieferungsgut, so wird man auch diese Aussage gleichnishaft auslegen können: Die Sinnbil-der des Evangeliums, zuhöchst das Kreuz Christi, werden im Evangelium nicht nur vor Augen gemalt, sondern vollgültig in Alltagssprache und Alltagserleben transformiert. Die Alltagsform wandelt sich zusammen mit dem Alltag selbst; sogar die Erzählungen vom Kreuz Christi wandeln sich; aber das Gemeinte, der Gekreuzigte selbst, bleibt identisch.

Es geht im christlichen Glauben immer wieder neu um die Angst vor dem vielarmigen, plötzlich herzuspringenden, in ein schwarzes Loch hin-ein verschlingenden Ungeheuer; die Angst, die unseren Horizont begrenzt und einengt; die uns nur noch uns selbst fühlen und nur noch die Gefahr sehen läßt, uns für alles andere und alle anderen blind und gefühllos macht; die uns zu verlorenen Sündern macht – es geht um diese Grundangst, die, in jedem Menschen anders, eine Rolle spielt, um Todesangst. Das Evange-lium erzählt von dem, der für uns in den Tod gegangen ist und durch seinen Tod die pathogene Allmacht des Todes, der Angst und der Sünde gebrochen hat. Dieser Sieg über die Angst kommt im alltäglichen Leben zum Ziel. Der Gott, der uns zur Seite steht, der väterliche, brüderliche Mann, der mit uns geht, – das ist eine etwas forcierte Veranschaulichung der neuen Situation, die wir bewältigen können. Die Welt ist jetzt ein Kraftfeld, in dem wir Raum für eigenes, persönliches Leben, miteinander Leben und Handeln haben. An seinen Grenzen erscheint die alte Gefahr; und es ist der Beistand Gottes, der den Alltag als Schöpfung, als Freiraum menschlichen Handelns konstituiert.

Man hat die Welt, die Schöpfung, als entgötterte, säkularisierte, der Herrschaft der menschlichen Vernunft unterworfene, neutrale Zone verstanden. Es hat sich gezeigt, daß diese Interpretation zu Verhaltensweisen geführt hat, die wir heute als frevelhaft empfinden. Die Entseelung der Welt, ihre totale Profanisierung und Säkularisierung, mahnt heute zur Besinnung auf den kulturgeschichtlichen Stellenwert der christlichen Verkündigung. Die biblische Polemik gegen das Heidentum und ihre Fortsetzung in Verbindung mit der stoischen Tradition des hellenistisch-philosophischen Monotheismus haben die Welt in einem Maße instrumentalisiert, das heute die monopolare Vernunft in offenkundigen Unsinn umschlagen läßt.

Die ökologische Besinnung, die neuen mathematischen Theorien dynamischer Systeme begünstigen, bis in die Theologie hinein, eine Relativierung des monopolaren Weltmodells. Der erste Schritt ist eine Neubesinnung auf die Bipolarität, nicht in der archaischen Form von Gut und Böse, sondern in der menschlicheren Form von männlich und weiblich mit ihren Analogien. Wird man in dieser Richtung konkreter jedoch, tut sich auch eine weitere Tiefe der Gotteserfahrung, bis in heidnische Strukturen hinein, neu auf. Die ganze Religionsgeschichte will neu gelesen werden. Es ist wahr, daß menschlicher Freiraum uns erst durch das Auseinandertreten eines väterlichen und eines mütterlichen Prinzips eröffnet wird[3]. Der Versuch einer Identifikation mit dem befreienden, als allmächtig empfundenen, väterlichen Prinzip, vor dem alles andere nur Staub ist, ist dabei gewiß ein notwendiger erster Schritt. Selbständige Freiheit jedoch beruht auf einer Transformation und Limitation der ursprünglichen Allmachtsphantasien, -wünsche und -ängste.

Repetition und Zufall, so wird uns heute vorgerechnet, haben zur Selbstorganisation der Materie und endlich zur Entstehung von Leben führen können. Als kosmogonische Prinzipien vertreten sie Mutter- und

---

[3] Diese These ist vielleicht nur für Männer uneingeschränkt gültig. Zu dem ganzen Problemkomplex der frühen jeweils dyadischen Repräsentation der Triangulation und der dazugehörigen Identifikationen vgl. ERNST L. ABELIN, Triangulation, the Role of the Father and the Origins of Core Gender Identity during the Rapprochement Subphase (in: R.F. LAX, S. BACH & J.A. BURLAND [eds.], Rapprochement, New York 1980, 151–169), eine Arbeit, die mir erst nach Abschluß des Ms. bekannt wurde.

Vaterstelle in unserer entseelten Welt. Bei dem augenblicklichen Verlauf der menschlichen Geschichte auf dem Erdball und deren Folgen für den Erdball gehört es anderseits aufgrund derselben Prinzipien in den Bereich der Möglichkeiten, die ins Auge zu fassen sind, daß das Schauspiel menschlichen Lebens auf der Erde in absehbarer Zeit abgebrochen wird. Die Angstvision vom tödlichen Biß der großen Spinne taucht am Horizont wieder auf. Welchen Sinn hat das menschliche Leben vor diesem entmenschten Horizont? „Lasset uns essen und trinken, denn morgen sind wir tot"? Dies wäre eine Reaktion fundamentaler Panik, die Gottes Sache mit der eigenen Sache verwechselt. Die Welt im ganzen ist nicht Sache irgendeines menschlichen Individuums, und das Kollektiv „wir", das sich Menschheit nennt, gleicht in seinen Handlungen so sehr einem Schizophrenen, daß auch „der Mensch" nicht, ja er zu allerletzt, angemessen auf diese Gefahr reagieren kann; die Menschheit als ganze ist noch weniger zurechnungsfähig als das durchschnittliche Individuum. Die angemessene Reaktion auf die Möglichkeit der Zerstörung der entgötterten Welt durch die menschliche Vernunft muß sich im Individuum bilden. Es kommt darauf an, in der richtigen Weise zwischen Gottheit und Menschheit zu unterscheiden und sich auf das Menschliche zu bescheiden. Das bedeutet nicht Beziehungslosigkeit, sondern im Gegenteil eine bestimmte Beziehung zu Gott und seiner Welt. Ich sage: seiner Welt, nicht „unserer" Welt, denn das scheint mir wichtig zu sein. Die Welt im ganzen ist eben nicht unsere Welt, sondern Gottes Welt. Unsere Welt ist kleiner. Die Rede von der menschlichen Weltverantwortung hat etwas Hybrides und mehr und mehr Groteskes. Für die Welt im ganzen wende man sich im Gebet an Gott, den Vater Jesu Christi. Das Gebet klärt die Grenze zwischen unserer und Gottes Sache. Je klarer man die Grenzen unserer Möglichkeiten sieht, desto mehr Chancen hat man, diese Möglichkeiten wirklich verantwortlich wahrzunehmen. Die Möglichkeit der Verwüstung der Erde wirft uns auf unsere wirklichen Grenzen zurück. Der Sinn des Lebens kann nicht in seiner ewigen Verlängerung und Fortsetzung beruhen. Die Zukunft im eigentlichen Sinne des Wortes steht bei Gott. Unsere Gegenwart hat zwar immer auch ihre Zukunft, diese aber ist, als unsere Zukunft, begrenzte Zukunft. Darüber hinaus kann sie nur unsere Mythologie oder unsere Eschatologie sein. Die moderne Theologie nennt die Erscheinung Jesu Christi das eschatologische Ereignis. Die Tradition spricht vom Wiederkommen Christi als Richter am Jüngsten Tage. Der Auferstandene erscheint noch einmal als der Gekreuzigte (Apk 1,7)! Christus ist das A und das O, der Anfang und das Ende.

Eine menschliche Einstellung zur äußeren Realität unserer Welt im ganzen und ihrer Bedrohtheit setzt voraus eine Begegnung mit unseren Urängsten und Urphantasien. Wir müssen unsere Beziehung zu unseren Urphantasien und den ihnen entsprechenden Grundbefindlichkeiten und Bestimmtheiten pflegen. Das geschieht keineswegs in erster Linie durch Bildmeditation; es geschieht allerdings durch Phantasietätigkeit in jedem sinnlichen und gedanklichen Medium. Es geschieht im Alltag durch aufmerksamen Gebrauch der Sprache. Christusgeschehen ist mit gutem Grund Wortgeschehen genannt worden. Es ist das schöpferische und vollendende Geschehen par excellence, gestaltungsmächtiges Resonanzgeschehen im Spannungsfeld der Polaritäten des Lebens.

Gott und Welt verhalten sich zueinander wie Symbol und Realität. (Der Realität kommt die faktische Priorität gegenüber dem Symbol zu. Dem Symbol aber kommt die ontologische Priorität gegenüber dem Faktum zu; denn schon unsere eigene Personalität ist von der Seinsart des Symbols.) Allein in diesem Spannungsfeld gibt es menschliches Leben. Der Name Gottes, das Wort „Gott", ist das bloße Wort schlechthin, das reine Glaubenswort. Es leitet uns an zur inneren Sammlung und Selbstfindung. Es leitet uns an zur persönlichen Aneignung unseres alltäglichen Erlebens und setzt uns endlich frei zu selbständigem menschlichen Handeln in der Realität.

II. *Zum Verständnis der Trinitätslehre*

Für die Neuzeit ist die christliche Trinitätslehre eine Sphinx. Sie fasziniert, sie erschreckt, sie stößt ab, sie ist absurd. Bereits in der Reformationszeit meldete (Servet 1531) sich der Widerspruch zu Wort und wurde in ökumenischer Einmütigkeit mit allen staatlichen Mitteln bekämpft. Servet wurde 1553 öffentlich verbrannt, ebenso wurden die Antitrinitarier der frühen Neuzeit von Kirchen und Staat gemeinsam blutig verfolgt. Worum geht es hier? Kritik an der heiligen Trinität war Frevel. Ein Staatswesen, das diesen Frevel duldete, riskierte Gottes Strafgericht. Es ging nicht um Verstehen, sondern um Unterwerfung. Glaube an die Trinitätslehre ist Glaubensgehorsam.

Die christliche Trinitätslehre bekommt ihre klassische Ausformung durch die drei großen Kappadozier im 4. Jahrhundert; wir halten uns im folgenden an Basilius den Großen, Bischof von Neocäsarea. Basilius starb kurz vor dem ökumenischen Konzil, das die Trinitätslehre festschrieb, dem ersten Konzil von Konstantinopel 381. Dessen Beschlüsse jedoch fußen wesentlich auf seiner Theologie und seiner kirchlichen Wirksamkeit.

Basilius ist in der Tat der Theologe des christlichen Gehorsams. Die meisten im trullanischen Konzil 681 kanonisierten, für Moral und Recht der Kirche wichtigen Briefe stammen aus seiner Feder. Ebenso stammt von ihm die Regelung des christlichen Lebens, die für das Mönchtum der Ostkirche bis heute maßgebend geblieben ist und auch dem abendländischen Mönchtum zugrunde liegt. Sie ist enthalten in dem Schriftencorpus, das er gegen Ende seines Lebens als sein geistliches Testament seinen Mönchen zugesandt hat unter dem Titel Hypotyposen, „Skizzen": Nach dem (1.) Begleitbrief ein (2.) Proömium über das Gericht Gottes, darauf folgend (3.) sein Glaubensbekenntnis, hierauf folgend (4.) seine Erstlingsschrift, die aus dem Neuen Testament zusammengesuchten „Regeln" (horoi), die, in einer kirchlichen Situation krisenhafter Auseinandersetzung um die christliche Moral, das menschliche Leben nach dem Gebot Gottes definieren sollen, endlich, (5.) von je einem Prolog eingeleitet, die Sammlung von 55 ausführlich und die Sammlung von 313 kürzer beantworteten Fragen, die von der Überlieferung sogenannten „Regeln" für das Mönchtum. – Berühmt ist ferner seine Schrift über den Heiligen Geist, wo er, ohne diesen explizit „Gott" zu nennen, für die volle Gleichrangigkeit des Heiligen Geistes mit Gott Vater und Gott Sohn kämpft.

Für Basilius gibt es keinen weltlichen Stand eigenen Rechtes neben Askese und Mönchtum in der Kirche. Wer mit Ernst Christ sein will, muß, nach allen Argumenten, so etwas wie Asket oder Mönch werden. Es handelt sich um eine einfache Frage des Gehorsams gegen die Heilige Schrift. Das Urbild des Gehorsams findet Basilius in dem Verhältnis des Gottessohnes zu Gott-Vater. Der vollkommen Gehorsame ist gleichen Wesens wie Gott der Vater, dem er gehorsam ist. Dieser vorbildliche Gehorsam manifestierte sich auf Erden im Gehorsam bis zum vollkommenen Verzicht auf eigene Ehre, bis zum Tod am Kreuz.

Die theologische Aufgabe, vor der Basilius sich sah, war eine doppelte: inhaltlich Entwicklung einer Gotteslehre, die seinem Gehorsamsideal entsprach, äußerlich Gehorsam gegenüber der kirchlichen Tradition, Schrift und ökumenischem Konzil von 325 (mit der Festschreibung der Wesensgleichheit von Vater und Sohn).

Der Gottessohn, der sich selbst erniedrigt und dafür von Gott erhöht wird, ist in der Tat ein Ideal, dem Basilius selbst nachgelebt hat; Erbe eines „satrapenhaften Reichtums" (v. Campenhausen), Sproß einer der großen Familien seines Landes, betroffen vom Evangelium und vom eben aufblühenden Asketen- und Mönchtum, selbst fünf Jahre in hart asketischer Einsamkeit zurückgezogen, ein eigenwilliger Priester, der sich nach Meinungsverschiedenheiten mit seinem Bischof wieder in die Einsamkeit zurückzieht, endlich treuer Bischof in einer vielfach geplagten Gemeinde, Kirchenpolitiker im Weltmaßstab, bei alledem immer noch Asket, schon zu seinen Lebzeiten der Große genannt. Ein Lebensweg aus höchster Herkunft in sensationelle Selbsterniedrigung zu einer Erhöhung, die alle bisherige Herrlichkeit übersteigt, ein Weg der Nachahmung Christi, in der Tat. Christus ist ihm ein Vorbild vollkommenen Gehorsams. Als solchen führt er ihn den Gemeinden vor Augen. Es will auch im Auge behalten sein, daß seine Hypotyposen von einem warnenden Traktat über das Gericht Gottes eingeleitet werden.

Die erste Bestimmung, die zwischen Vater und Sohn steht, ist bei Basilius der Gehorsam. Die Konsubstantialität des Gottessohnes ist die Apotheose des vollkommenen Gehorsams.

Der Gehorsamsbegriff gehört ursprünglich in die Beziehung zwischen Gott und Mensch; im Christentum ist diese Beziehung immer schon eine Beziehung zwischen Gott und dem Sünder. Die Beziehung zwischen Gott dem Vater und Gott dem Sohn ist deshalb, in diesem Zusammenhang, vermittelt durch den Ausschluß der Sünde. Die Unterscheidung zwischen Vater und Sohn beruht auf dem sie scheidenden Dritten: der ausgeschlossenen Sünde. Die Stelle der ausgeschlossenen Sünde nimmt der Heilige Geist ein. Die Lehre von der Konsubstantialität des Heiligen Geistes vollendet die Apotheose des Gehorsams. Die Lehre von der Konsubstantialität des Gottessohnes zog sie mit innerer, geistlicher Notwendigkeit nach sich. (In der Terminologie des Basilius: dogmatisch, nicht kerygmatisch.)

So verstanden ist es einleuchtend, daß der Geist der Neuzeit die Trinitätslehre nicht mehr als Gotteslehre anerkennen konnte. Der neuzeitliche Mensch laboriert in der Polarität zwischen einerseits dem überlieferten Gottesglauben und anderseits der in eigenem Recht, als selbständig, anerkannten Wirklichkeit. Die Gehorsamsparole aber ruft zurück in eine monopolare Welt. Sie wird in der Neuzeit mit ähnlichen Argumenten theologisch präzisiert (und also relativiert), wie die alte Kirche die gnostische Abwertung der Welt abgelehnt hat. Es ist kein Zufall, daß die Reformation zu Anfang der Neuzeit auch das Mönchtum abgeschafft hat, die Trinitätslehre als mysteriöses Faktum gehorsam hat stehen lassen und ihr eigenes Gottesverständnis, außerhalb dieser, etwa in der Unterscheidung des offenbaren vom verborgenen Gott, von Gesetz und Evangelium und in der Ausarbeitung der Christologie artikuliert hat.

Nach weltlichem Verstand müßte die Antwort auf die Frage, was zwischen Vater und Sohn steht, lauten: die Mutter. Eine Mutterfigur ist jedoch in diesem Zusammenhang so ausgeschlossen, daß bereits der Einfall frevelhaft erscheint. Die dritte Person der heiligen Trinität ist „to pneuma", das Wehen, der Heilige Geist. Er verdeckt die Ausschließung der Möglichkeit der Sünde, diese Ausschließung wiederum verdeckt alle Vorstellungen von Sünde. Der nächstliegende weltliche Gedanke, der hier um der Ehre Gottes willen ausgeschlossen wird, ist der Gedanke an eine Mutterfigur.

Die Polarität von mütterlichem und väterlichem Prinzip ist aus der Gottheit eliminiert durch die ausschließliche Polarität von Vater und Sohn als totaler Gehorsamsbeziehung. Das mütterliche Prinzip hat seinen Ort außerhalb der Gottheit in Maria, der schon von Alexander von Alexandrien (Ep. ad Alex. XII fin., MPG 18) mit Selbstverständlichkeit so genannten „Gottesgebärerin". Mit der Polarität von Vater und Mutter ist überhaupt die Polarität zwischen männlichem und weiblichem Prinzip aus der Gottheit eliminiert. Alle drei göttlichen Hypostasen haben zwar auch Züge, die man mütterlich oder weiblich nennen kann; wesentlich ist jedoch, daß alle Probleme, die eine solche Differenzierung aufwirft, aus der Gottheit hinausverlegt sind.

Diese Gotteslehre ist von und für Menschen entwickelt, die nicht erst in ihrem Mannsein oder Frausein, sondern, vor aller Unterscheidung der Geschlechter, ja vor aller Verselbständigung des Ich vom Du, in ihrer menschlichen Existenz sich in Sünde verloren fühlen. Im Raum einer engen zölibatären Lebensgemeinschaft gibt sie Orientierung für den notwendigen Schritt zurück, für Neubegründung und Wiederaufbau eines liebesfähigen, beziehungsfähigen, kreativ weltoffenen Selbst, das den Belastungen des halbchaotischen Lebens in den Spannungsfeldern der weltlichen Existenz, namentlich durch die Polarität der Geschlechtlichkeit, gewachsen ist. Von daher versteht sich auch, daß diese Gotteslehre auf die Dauer nicht genügen konnte. Entscheidend für die Dynamik dieser Gotteslehre, d. h. für ihr Wirken in der Zeit, ihre zeitliche Begrenzung und ihre endliche Relativierung ist, daß es im hier thematisierten Gehorsam um die Erfahrung vergebender, schöpferischer Liebe gehen soll.

Für Servet ist Gehorsam (1531, 82v) primär der beseligende Glaube, daß Gott den bescheidenen (17v) Menschen Jesus gezeugt (6r) und aus Gnade (12v) mit göttlicher Macht und Herrlichkeit ausgestattet hat. Dieser Glaube eröffnet auch uns Weltkindern die Gotteskindschaft (83r), rechtfertigt (82v), wirkt Liebe und verleiht den Heiligen Geist, der uns alles verstehen lehrt (83r). Das Kreuz Christi spielt keine konstitutive Rolle in Servets Lehre, aber er riskiert den Scheiterhaufen. Die in Christus dem unverkürzt menschlichen, irdischen Menschen aus Gnaden verliehene unverkürzte Göttlichkeit ist das Revolutionäre in Servets humanistischem Evangelium ohne sacrificium intellectus (33v). Christus wird nicht als göttliche Person von einer Gottesidee her konstruiert, sondern ist der Mensch, den Gott als menschliche, weltliche Person (Hypostase) liebt (82v) und mit dem wir uns identifizieren sollen. Man soll nicht – wie übrigens auch Arius (13) – abschätzig vom Menschen denken (10r.14r). Gott und Welt, punktuell beseligend in Liebe verbunden, bleiben hypostatisch unterschieden.

In Gerhard Ebelings Dogmatik des christlichen Glaubens scheint mir eine traditionelle (also eher modalistische) Trinitätslehre umgriffen zu sein von einer (eher tri-„theistischen") Trinität „Gott, Welt und Glaube", unter der der Mensch als Gewissen lebt. Die Dynamik dieser umgreifenden, das Werk eigentümlich gestaltenden Trinität bewahrt die Theologie vor dem antik-philosophischen Sog der traditionellen Trinitätslehre.

III. Die Unterscheidung von Gesetz und Evangelium

Es ist diese Unterscheidung, die der „Articulus stantis et cadentis ecclesiae" der Reformation, die Lehre von der „Rechtfertigung ohne des Gesetzes Werke, allein durch den Glauben an Jesus Christus", im Auge hat. Es scheint sich hier um ein Spezifikum der Theologie, um einen Unterschied zu handeln, den nur der christliche Glaube kennt, genauer: den das christliche Gewissen bezeugt; einen Unterschied also, der nur in einer besonderen, christlichen Sprache zum Ausdruck zu bringen und ohne den christlichen Glauben schlechthin nicht zu verstehen ist. So jedenfalls hat Luther diese Unterscheidung verstanden, daß, wer sie versteht, glaubt, und wer glaubt, sie versteht; also wer sie nicht versteht, nicht glaubt, und wer nicht glaubt, sie nicht versteht. Dies ist die Stelle, wo Glauben und Verstehen durch eine umkehrbare Gleichung miteinander in Beziehung gesetzt werden können.

Die Unterscheidung von Gesetz und Evangelium wird bereits von Luther oft in scharfem Ton vorgetragen, der eher gesetzlich als evangelisch anmutet. Das mag mit einer Enge der Verstehensmöglichkeiten zu tun haben, für die im folgenden eine Erweiterung vorgeschlagen werden soll. Die Schärfe des Tons stammt aus der Sache, der Schärfe des „theologischen" Gebrauchs des Gesetzes. Es wäre zu fragen, ob (oder inwiefern) diese Sache eine Verengung der Verstehensmöglichkeiten geradezu verlangt und wie diesem Verlangen zu entsprechen ist.

Die Unterscheidung zwischen Gesetz und Evangelium scheint mir, grob gesprochen, der psychoanalytischen Unterscheidung zwischen Überich und Ichideal zu entsprechen. Es handelt sich hier um eine Unterscheidung, die Freud noch nicht getroffen hat; er benutzte beide Begriffe äquivalent. In der Tat kann man für die Bearbeitung von Triebproblemen, der Freud sich gewidmet hatte, auf diese Unterscheidung weitgehend verzichten. Für Fragen der Verhaltensregulation, der Moral: um das Tier im Menschen (Luther: „den Bären") zu binden, um die Sexualität in sozial zuträgliche Bahnen zu lenken, bedarf es allein dessen, was Luther das Gesetz nennt, jedoch keiner Unterscheidung zwischen Gesetz und Evangelium.

Erst nach dem Zweiten Weltkrieg hat sich die Unterscheidung zwischen Überich und Ichideal in der Psychoanalyse durchgesetzt. Im Verlauf dieser Entwicklung sind statt der Triebkonflikte immer mehr die sogenannten narzißtischen Störungen in der psychoanalytischen Praxis aufgetaucht, als solche erkannt und theoretisch thematisiert worden. Hier geht es nun nicht mehr um Konflikte zwischen Trieb und Moral, sondern um Selbstgefühl, Selbstwertgefühl und Selbstbild des Menschen als ganzen.

Vertieft man sich in die Probleme des Selbstbildes und des Selbstgefühls des Menschen, so stößt man über kurz oder lang auf Spannungen zwischen dem beglückenden Bild vom Guten und dem ängstigenden Bild vom Bösen: Beides verhält sich keineswegs in prästabilierter Harmonie komplementär! Wichtiger noch ist aber folgendes: Zentrale Bedeutung kommt dem Ideal zu; Verbote und Gebote des Gewissens anderseits, wie wichtig sie immer sein mögen, sind von nachgeordneter Bedeutung. Der Kern der Persönlichkeit, das wahre Selbst, baut sich auf im Austausch mit dem Ideal.

Gehen wir dem weiter nach, so wird der Unterschied zwischen Überich und Ideal noch deutlicher. Die Idealbildung nämlich wurzelt letztlich in einem konturlosen Wohlbefinden. Zusammen mit dem Ideal wächst und differenziert sich das Selbst aus, und zwar mit der ihm gebührenden Selbstverständlichkeit. Seine Konturen sind ihm selbstverständlich. Das Überich dagegen wurzelt in einer Bedrohung, die möglichst bald vom Ich konturiert wird, jedoch lange Zeit ein Fremdkörper bleibt und erst spät dergestalt in die Persönlichkeit hineingenommen wird, daß das Ich sich damit identifiziert, so daß es sich als seinen eigenen Gesetzgeber betrachten bzw. sein inneres Gesetz als Gottesgesetz über ihm selbst bestätigen kann. Überich-Inhalte kann man deshalb leichter als das Ideal vergegenständlichen und in Worte fassen.

Dem Ideal eignet eine andere Sprachlichkeit. Während das Überich uns einseitig beansprucht, ist für das Ideal der beglückende kommunikative Austausch charakteristisch; der Austausch macht es gerade zum Ideal. Grundlegend ist der Austausch zwischen der Mutter und dem kleinen Kind. Die Mutter sollte sich immer wieder so auf das kleine Kind einstellen, daß für das Kind ein illusionärer Raum magischer Omnipotenz entsteht. Dieser bildet die Grundlage eines später auszudifferenzierenden Raumes der Lebensbejahung. Wesentlich für die Entstehung eines solchen hinreichend angstfreien Raumes sind die Fähigkeiten der Mutter, einerseits die alterstypischen, gelegentlichen Wutanfälle und Angriffe des Kindes zu dulden und hinreichend freundlich überwinden zu helfen sowie anderseits Wiedergutmachungsversuche des Kindes zu akzeptieren. Die Erfahrung reparativer Kraft sowohl der Mutter wie der eigenen Person begründet das Vertrauen ins Leben, welches auch die sukzessive Desillusionierung erträgt[4].

Die Unterscheidung zwischen Überich und Ichideal legt also den durch Hingabe, Dulden und Vergebung gestifteten Raum Sicherheit und Lebensfreude vermittelnder Illusion frei, den jeder lebensfähige Realismus voraussetzt. Überich und Ichideal sind im Menschen zu einer spannungsvollen Einheit verbunden. Von Hause aus ist das Ichideal eine mehr mütterliche, das Überich eine mehr väterliche Instanz. Jedoch wird bald besonders der Vater idealisiert, und mütterliche Verbote und Gebote gehen ins Überich ein. Beide sollen lebenslang sich mit Erfahrung anreichern, sich miteinander integrieren und – möchte ich ergänzen – neu differenzieren. Das Ideal behält den Grundton umfassender Glückseligkeit auf der Basis physischen Wohlbefindens, das Überich den Grundton der Versagung. (Die Fachdiskussion hierzu ist breit gestreut und noch im Fluß.)

Das Evangelium ist – nach Luthers berühmter Formulierung – nicht eigentlich Schrift, sondern ein „fröhlich Geschrei" von der Auferstehung des unsertwegen Gekreuzigten. Das Gesetz schreibt: Du sollst nicht töten! Wer tötet ist des Gerichts schuldig. Die Freude des Evangeliums darf, nach dem Gesetz, nicht sein. Es ist das Gesetz Gottes, Jesus hat es noch verschärft; Gott selbst hat es zur Seite geschoben und das Leben und unvergängliches Wesen ans Licht gebracht. Das Evangelium der Auferstehung des Gekreuzigten hat in der Tat eine andere Sprachlichkeit als das Gesetz, – wie Luther zum Ausdruck gebracht hat. Es ist Verkündigung, das heißt gerade nicht ein gesetzlicher Anspruch, daß wir nun dies oder jenes zu glauben hätten. Es ist vielmehr Wortgeschehen aus der Kommunikation mit dem Schöpfer, der in Freiheit Glauben und Vertrauen schenken will. – Wie anders, als so, könnte authentisch von Gott geredet werden!

Das Evangelium macht allerdings, nach reformatorischer Lehre, auch für das Gesetz neu hellhörig. Es vertieft das Gesetzesverständnis, insofern es den „geistlichen Gebrauch" des Gesetzes lehrt, das heißt: das Verständnis

[4] Vgl. hierzu die Arbeiten des englischen Kinderarztes und Psychoanalytikers DONALD WINNICOTT.

des Gesetzes als im Grunde einer göttlichen Forderung, der wir, wie wir sind, nicht genügt haben und nie genügen werden; die uns zum Tode verurteilt. Kraft des Evangeliums von Jesus, der für uns den Tod gelitten hat und auferstanden ist, jedoch zum Leben berufen, können wir das Gesetz, entdivinisiert als Hilfskonstruktion im Dienst des Lebens, weltlich, rational, oberflächlich, wie Luther es nennt: in „bürgerlichen Gebrauch" nehmen.

Daß das Evangelium uns dazu führen soll, das Gesetz als tötendes Gesetz zu verstehen, überrascht. Es handelt sich aber hier nach reformatorischer Lehre um den einzigen Weg für den Menschen in der Irre, den tiefen göttlichen Anspruch des Gesetzes als Heilsweges, die Vermischung von Gesetz und Evangelium – die in extremis eine confusio infernalis (Luther) ist –, loszuwerden und zu dem Glauben an das reine und lautere Evangelium von der eigentlichen Herzensmeinung Gottes zu kommen, d. h. als verselbständigtes Individuum zum verheißungsvollen Anfang aus Gott zurückzukommen.

Nach alledem hätte das Evangelium eine mütterliche[5], das Gesetz eine väterliche Funktion (vgl. Jacques Lacans Wortspiel: Nom du père = Non du père). Das Gesetz gehört in unsere terrestrische Realität; es organisiert sie. Das Evangelium ist Schöpferwort aus dem Himmel. Wie verhält sich dazu, daß die Welt (Mutter Erde, Frau Welt, Mutter Natur) als weiblich, Gott demgegenüber als Vater empfunden wird?

Das klassische abendländische Modell sieht einen väterlichen dreifältigen Gott die Welt regieren. Es ist bei uns etwas in Vergessenheit geraten, daß die längste Zeit daneben Maria, die Gottesgebärerin, als reine Repräsentantin der Welt (Jesus war zu göttlich) zweithöchste kultische Verehrung genoß. Die naturforschende Neuzeit hat im Bereich der neuzeitlichen Formen des Christentums (besonders der reformierten Kirchen) diese persönliche Zentrierung des Weltverständnisses aus den Augen verloren. Die göttliche Mutter wurde vom männlich-neustoischen Zeitgeist in die Marginalität der Poesie (Höhepunkte: die Mutter Natur bei Herder, Maria bei Novalis) abgedrängt. Mit verblassender Personalität folgte la Patrie, das Vaterland, als harte Tatsache, und endlich die Gesellschaft (die Gottesgebärerin der Soziologen), gegen die ihre Kinder heute schreien und wüten wie frustrierte Säuglinge. Wir sind heute daran, neu darüber nachzudenken, was Weltverantwortung heißt. Ist es nur Verantwortung für, oder auch Verantwortung vor der Welt? Wenn letzteres, ist die Welt nur ein Plural von „Nächsten", oder auch ein Ganzes, dem wir tiefer verbunden

---

[5] Nicht im statistisch-empirischen, sondern im kulturell normativen Sinn.

sind? Können wir aber ein solches System, dem wir persönlich verbunden sind, anders denn als personal organisiert empfinden?

Zunächst ist festzuhalten, daß entscheidend die Bipolarität als solche wichtig ist. „Tempus est legem audiendi, tempus est gratiam audiendi", sagt Luther. Es kann nicht darum gehen, Gott oder die Welt eindeutig zu vergeschlechtlichen. Sprechen wir von der Welt als mütterlichem Pol, so denken wir an unseren physisch realen Ursprung aus derselben. Sprechen wir vom Evangelium, von Christus, dem Wort Gottes als mütterlichem Prinzip, so denken wir an die kommunikative Ureinheit zwischen Mutter und Kind. Sprechen wir von Gott als Vater, so denken wir an ihn als Inbegriff der Freiheit gegenüber allen natürlichen Verhaftungen. Sprechen wir vom Gesetz dieser Welt als väterlichem Prinzip, so ist der Verweis an die harten Realitäten des Lebens gemeint, deren Anspruch das dyadische Paradies aufsprengt, – befreiend zur weltgestaltenden eigenen Tat (usus civilis) oder als vernichtendes Urteil (usus theologicus legis).

Die härteste der harten Realitäten ist die Andersheit des Andern, der Nächste, an den das Gesetz Gottes uns weist.

Heutzutage übernehmen zwar junge Väter oft beglückt die von den Frauen erleichtert liegengelassene Mutterrolle, und die Frauen ziehen voll Erobererstolz die von den Männern erleichtert liegengelassenen Hosen an. Damit vollzieht sich nicht ein Strukturwandel, sondern ein (partieller) Rollentausch. Gewisse Übertreibungen, Einseitigkeiten und Versimpelungen werden abgebaut und eine vielleicht hoffnungsvolle Verwirrung wird angerichtet, das Grundproblem jedoch, die Andersheit des andern Geschlechts, – Gott sei Dank – nicht aus der Welt geschafft. Ist es schon schwierig, zwischen Mann und Frau Männlichkeit und Weiblichkeit richtig zu verteilen, wieviel schwieriger ist es erst in metaphorischem Gebrauch!

Gott ist für uns das Symbol, das die Welt als Schöpfung, als umrissene, auf ein personales Woher und Wohin ausgerichtete Einheit konstituiert.

Die Gesetze der Welt werden zu dem Gesetz, das uns als Person verpflichtet, durch ihren göttlichen Anspruch. Die numinosen Ansprüche aus der Welt werden integriert und polarisiert; klarstes allgemein bekanntes Beispiel ist der Kampf der stoischen Moral gegen die „trügerischen" Ansprüche der Welt: das eine wahre Gesetz Gottes gegenüber den falschen Ansprüchen der Materie, die nichts zu beanspruchen hat als den Anspruch Gottes.

Die stoische Polarisierung ist von einer elementaren Simplizität, bei der zu verharren unmenschlich ist. Dieser Gott Vater und diese „Materia" sind abstrakt und unpersönlich, es sind unmenschliche Elternfiguren. Der biblische Gott ist ein menschlicher Gott, ein mütterlicher Vater. Er hat eine

Welt geschaffen, die ihrerseits in Sünde hat fallen können, also Eigenleben, eigenen Willen, eigene nomothetische Ansprüche geltend macht, die eben nicht einfach auf Irrtum beruhen, sondern echter Autoregulation entspringen. Der Kosmos, Frau Welt, Mutter Erde, hat durchaus auch ihre väterlichen, männlichen Aspekte. Wichtig ist nun, daß der Mensch nicht bei der phallischen Mutter oder in einer andern Version androgyn monopolaren Lebensraumes verharrt, sondern – vielleicht notwendig im Durchgang durch eine „stoische" Phase – einen bipolaren religiösen Lebensraum gewinnt, wie er dem Menschen als geschlechtlich differenziertem Wesen entspricht. Das ist die Offenbarung Gottes des Vaters. Der Differenzierungsprozeß von Gesetz und Evangelium entspricht dieser Differenzierung. Die naive androgyne Einheit von Gesetz und Evangelium ist unhaltbar. Wir können hier abgekürzt das Mysterium der Erbsünde nennen: Es entstehen Spannungen, die auf befreiende Umstrukturierung drängen. Nur in schwerpunktmäßiger Rollenverteilung läßt sich Harmonie auf dem Niveau reifer Personalität realisieren. Physischer und symbolischer Ursprung müssen unterschieden werden können.

Die leidende Vergebung Jesu hat den naiven Monotheismus ad absurdum geführt und den entscheidenden Durchbruch zur qualifizierten Bipolarität geleistet. Auch, und in erster Linie, Jesus ist offenbar Gott. Das Alte Testament bleibt kanonisch, aber der Alte Bund ist durch den Neuen abgelöst. Die unter Berufung auf Christus widersprüchliche Paulinische Überlappung des geistlichen Schon mit dem (ebenfalls gottgewollten) weltlichen Noch hat den notwendigen Freiheitsraum der zu Einseitigkeit und Liebe bestimmten irdischen Existenz – wenn auch erst nur eine Bruchlinie breit – theologisch geöffnet. Die Luthersche Unterscheidung von Gesetz und Evangelium hat, darauf aufbauend, die Zeitlichkeit als alternierende religiöse jeweilige Einseitigkeit im Rahmen einer göttlichen Bipolarität interpretiert.

Dabei stieß Luther auf die Doppelheit im Gesetzesverständnis. Ich will sie nun benennen: den conjugalen („bürgerlichen") und den monistischen („theologischen") Gebrauch der Gesetzesforderungen, – wobei letzterer mörderisch ist, gleich, ob er die Fülle der weltlichen Ansprüche oder die Forderung der ganzen Person durch Gott vor Augen hat. Das mörderische Gesetzesverständnis ist an Jesus klar aufgebrochen; und es konnte an ihm aufbrechen, weil und insofern Jesus für immer hinreichender Grund seiner Überwindung ist. Aufgrund der hier gewonnenen Klarheit des Evangeliums ist auch der bürgerliche Gebrauch des Gesetzes präzisiert: Das Gesetz wird voll Zuversicht schlecht und recht, mehr oder weniger willig, befolgt und immer wieder auch in guten Treuen verändert. Und solcher Gebrauch

des Gesetzes ist Frucht der Freiheit der zu Gotteskindern berufenen Welt-
kinder.

In dieser Berufung kommt ein Ideal zur Sprache, das das Überich ernst
nimmt, ohne davon verschlungen zu sein. Der mörderische Grund des
Überich ist bewußt artikuliert. Das Überich ist deshalb, wenngleich auch
idealisiert („Gottes" Gesetz!), doch mit dem Ideal inhaltlich nur realitätsnah
oberflächlich integriert (usus civilis legis). Der „externe" sich für uns
opfernde historische Jesus bleibt als radikale Integration des Ideals mit dem
Überich pro nobis als tragender Grund wesentlich.

Theologische Implikationen kirchlicher Ökonomie

Robert Leuenberger

I

Dem Verhältnis der Kirche zur Frage ihrer eigenen Geldbeschaffung und -vergabung, und somit zu den Grundlagen ihrer materiellen Existenz, ist bisher auffallend wenig theologische Aufmerksamkeit geschenkt worden. So besteht zwar, wie W. Lienemann bemerkt, eine „beeindruckende Menge von Definitionen der Volkskirche, jedoch keine, welche die Frage ihrer materiellen Erhaltung einbezöge"[1]. Die Feststellung betrifft nicht nur die Diskussion über die heutige Volkskirche, sondern auch die kirchengeschichtliche Forschung. Auskünfte darüber, wie die Kirche – und die Kirchen – im Laufe der Zeiten ihre finanziellen Probleme und die ihres materiellen Güterbesitzes gelöst, und insbesondere, wie sie diese Lösungen christlich legitimiert haben, sind im Verhältnis zu der Gründlichkeit, womit man die institutionelle Entwicklung der Kirche sonst zu behandeln pflegt, recht spärlich. Dies mag, nach H. Gülzow, nicht nur an der Unzulänglichkeit der Quellen liegen, sondern „vielfach auch an den modernen Fragestellungen", die mit Vorliebe ideologische oder doch sozialkritische Interessen schon in den wissenschaftlichen Ansatz einzubringen pflegen[2].

---

[1] In „Legitimationswidersprüche kirchlicher Finanzsysteme", Manuskript, 1980 (Heidelberg), 1. – Zur neueren Lit. vgl. Fr. Giese, Deutsches Kirchensteuerrecht, 1910 (bes. 1. Abschnitt: Über die Entwicklung im allgemeinen, 9–24); H. J. Brauns, Staatsleistungen an die Kirchen und ihre Ablösung, 1970; W. Steinmüller, Kirchenrecht und Kirchensteuer (in: Essener Gespräche zum Thema „Kirche und Staat" IV, 1970, 199–238); J. Goy u. E. le Roy Ladurie, Les fluctuations du produit de la dîme, Paris 1972; HerKorr 26, 1972, 395–400 zum Thema: Die Kirche und ihr Geld; A. v. Campenhausen, Staatskirchenrecht, 1973; U. A. Cavelti, Einflüsse der Aufklärung auf die Grundlagen des schweizerischen Staatskirchenrechts, 1976; J. G. Fuchs, Aus der Praxis eines Kirchenjuristen, 1979; S. Heinke, Tagesordnungspunkt Finanzen, 1979; J. Holz, Das Wirtschafts- und Finanzsystem der evang. Kirche in Deutschland, 1979; F. X. Kaufmann, Kirche begreifen. Analysen und Thesen zur gesellschaftlichen Verfassung des Christentums, 1979.
[2] H. Gülzow, Soziale Gegebenheiten der altkirchlichen Mission (KGMG I, 1974, 169–226), 219.

Die Kritik Gülzows läßt sich etwa bei E. Blochs Würdigung der frühchristlichen Gütergemeinschaft belegen[3], aber auch bei der Thomasstudie seines marxistischen Vorläufers K. Farner[4]. Immerhin haben marxistische Schriftsteller das Verdienst, Fragen an die Theologen überhaupt zu stellen. Denn Gülzows Urteil über die Unzulänglichkeit der Quellen muß doch wohl ergänzt werden durch die Feststellung, daß bisher nur verhältnismäßig wenige unter den Kirchenhistorikern ihre Quellen unter dem Aspekt des ökonomischen Verhaltens der Kirche betrachtet haben[5].

Daran, wie die Kirche am allgemeinen Geldfluß und Reichtum – oder an der Armut – ihrer Mitwelt partizipiert, zeigt sich jedoch exemplarisch, wie sie das Problem ihrer Institutionalität bewältigt, und vor allem spiegelt sich darin ihr Verhältnis zu der gesellschaftlichen Mitwelt. Ein theologisches Problem nämlich kann sich hier nur insofern stellen, als Kirche und Welt voneinander unterschieden sind. Es würde sich nicht stellen für eine Religion, die mit einer Gesellschaft oder einem Staatswesen identisch wäre. Somit handelt es sich um ein Problem, das spezifisch ist für die christliche Kirche. Die Fragestellung steht im Gesamtzusammenhang der Unterscheidung des Geistlichen und Weltlichen, von Evangelium und Gesetz.

II

Ideologisch orientierte Betrachter der frühsten Kirchengeschichte, wie E. Bloch, pflegen gerne vom Idealbild einer Gemeinde (oder einer Jesusgestalt) auszugehen, die, ohne materielle Sicherungen, von Tag zu Tag in der Solidarität eines „Liebeskommunismus" gelebt habe[6]. Dabei handelt es sich keineswegs nur um eine idealtypische (und somit unhistorische) Vorstellung frühchristlicher Zustände, die sich ja von Bloch über zahlreiche christliche Zeugen zurückverfolgen läßt bis in die Zeit der Entstehung des Neuen Testamentes selbst (z. B. Apg 5,1–11), sondern um ein gesetzliches

---

[3] E. Bloch, Das Prinzip Hoffnung III, 1959, 1482–93.

[4] K. Farner, Christentum und Eigentum bis Thomas von Aquin, 1947; revid. Abdruck in: Ders., Theologie des Kommunismus?, 1969, 11–90.

[5] Für die ältere Lit. immer noch maßgebend E. Troeltsch, Die Soziallehren der christlichen Kirchen und Gruppen (Ges. Schriften I), (1912) Nachdr. 1961; A. v. Harnack, Die Mission und Ausbreitung des Christentums I. II, 1924². Neuere Lit.: M. Hengel, Eigentum und Reichtum in der frühen Kirche. Aspekte einer frühchristlichen Sozialgeschichte, 1963 (Lit.); D. Gilbert, Naissance d'une capitale. Constantinople et ses institutions de 330–451, Paris 1974; Gülzow (s. Anm. 2); R. Brändle, Mt. 25, 31–46 im Werk des Johannes Chrysostomus, 1979.

[6] Der Ausdruck „Liebeskommunismus" stammt von Troeltsch, aaO 49. 50. 51.

Verständnis von Inhalten, welche die eschatologische Predigt Jesu und der frühsten Gemeinden tatsächlich in reicher Fülle enthält.

Unzweifelhaft vermittelt vor allem die in den synoptischen Evangelien überlieferte Predigt Jesu das Pathos radikaler Freiheit von weltlicher Sorge und somit, wie es scheint, das religiöse Ideal gelebter Armut. Von Anfang an mußte sich hier ein grundlegendes Problem allen institutionalisierten Christentums stellen, und schon früh ist denn versucht worden, die Predigt Jesu durch eine gesetzliche Auslegung nicht nur auf einzelne, sondern auf die Kirche als ganze zu beziehen. In diesem Sinn wendet sich unter den Kirchenvätern bereits Chrysostomus gegen die antiochenische Kirche, die in ihren Reichtümern geistig zu ersticken drohe[7]. Die Kirche von Antiochien, führt Chrysostomus in einer Predigt über Mt 25,31 ff aus, besitze Äcker, Häuser und Mietwohnungen. Man verliere Zeit und Kraft mit den Sorgen, die der Kirche durch den Kauf und Verkauf ihrer Erträge zuwüchsen[8]. Unter dem Eindruck solcher Erfahrungen fordert Chrysostomus wohl als erster die Armut nicht nur für einzelne, sondern für die ganze Kirche: Sie könne nur dem Herrn folgen, wenn sie die grobe Sorge um das Weltliche aufgebe[9]. – Das Thema wird in der Literatur der Kirchenväter nicht mehr untergehen. Es begegnet u.a. auch noch bei Augustin[10] und setzt sich über das Mittelalter hin bis in die Gegenwart fort.

Von hier aus gesehen, kommt den verschiedenen Armutsbewegungen, die am Rande der Großkirche, und zumeist als Protest gegen sie, entstanden sind, auch dann ein hoher Signalwert zu, wenn sie die gelebte Freiheit von Geld und Gut vergesetzlicht haben und damit zu den wohlbekannten Kompromissen genötigt worden sind. Die Reformatoren haben solche Gesetzlichkeit durchschaut, ohne indessen das geistliche Problem, das der Kirche mit dem Ordensgedanken (um sich verkürzt auszudrücken) gestellt ist, gelöst zu haben. Denn auch die Geschichte des Protestantismus beweist, daß sich inmitten der großen Volkskirchen Gemeinschaften gelebter Brüderlichkeit immer wieder bilden mußten, gleichsam im Sinn einer dem christlichen Glauben innewohnenden Gegenstrebigkeit gegen die Weltwerdung der Kirche. Bewegungen evangelischer Radikalität gehören, gleichsam als gestaltgewordene Bußpredigt, zur sozialen Struktur der Kirche.

---

[7] Nach Brändle, aaO 109.

[8] Ebd.

[9] Ebd.

[10] Sermo 355 cap. 2. 3 (PL 39, 1571 f). Augustin begründet, weshalb er als Bischof die Erbschaft eines Reeders ausgeschlagen habe. (Ich verdanke den Hinweis Herrn Kollegen A. Schindler, Bern.)

III

Der Schritt, der die frühe Kirche von der eschatologischen Glaubensgemeinde zur verfaßten Religionsgemeinschaft geführt hat, geschah wohl am folgenschwersten durch die Professionalisierung ihrer (bei Paulus noch charismatisch verstandenen) Ämter. Professionalisierung bedeutet die institutionelle und damit auch materielle Sicherstellung der Amtsfunktionen und damit notwendig die Organisation und Planung des Geldwesens. Damit wird nicht nur die bisher wohl eindeutige Freiwilligkeit von Kollekten, Spenden und Stiftungen in Richtung eines faktischen Obligatoriums verändert, sondern, was bis in die Gegenwart nicht minder folgenschwer geblieben ist: für die Verwendung der kirchlichen Einnahmen wird eine gewichtige Priorität gesetzt. Die Kirche ist von nun an genötigt, den Geldfluß, an dem sie teilhat, vornehmlich zum Zwecke ihrer institutionellen Selbsterhaltung einzusetzen. Die Reformation sollte diese Priorität durch die Vorrangstellung der amtlich gewährleisteten Wortverkündigung und Sakramentsverwaltung noch verstärken und theologisch legitimieren[11].

Ökonomisch gesehen, bedeutet die Priorität des Amtes eine Angleichung der Kirche an das Finanzgebaren des Staates, der vorrangig um die Sicherstellung seines Regierungs- und Verwaltungsapparates besorgt sein muß. Damit kommt ein Prozeß in Gang, der für die ganze Geschichte der Kirche symptomatisch ist und vor allem wiederum im protestantischen Staatskirchentum, mit seinem bürgerlich-akademisch ausgebildeten und entsprechend etablierten Pfarrerstand, zur Vollendung gelangt.

An der Professionalisierung des Amtes und ihren Folgen wird jedoch nur deutlich, was von Anfang an zu beobachten war: nämlich die unvermeidliche Anpassung der Kirche an das ökonomische Verhalten der Mitwelt. Dafür zeugt in der Anfangszeit der christlichen Gemeinde bereits der Umgang mit Geldmitteln überhaupt. Die Gemeinde fügt sich ein in das Wirtschaftsverhalten einer ökonomisch fortgeschrittenen Gesellschaft. Die Entwicklung zum geldwirtschaftlichen Großunternehmen, wie es auch schon vor Chrysostomus bezeugt wird, erfolgte zwangsweise, man darf sagen: nach der Eigengesetzlichkeit des Geldes[12]. Alle folgenden Epochen beweisen, daß die Kirche mit dem profanen Wandel des ökonomischen

---

[11] Vgl. Luthers „Ordnung eines gemeinen Kastens", 1523 (WA 12, 11 ff), wo die „Bestellung des Pfarrampts" und damit die Sicherstellung der Pfarrgehälter erste Priorität für die Benutzung des Leisniger Kastens einnimmt (aaO 16).

[12] Für die Zeit vor der konstantinischen Wende vgl. R. STAATS, Deposita pietatis – Die Alte Kirche und ihr Geld (ZThK 76, 1979, 1–29).

Verhaltens bewußt oder unbewußt Schritt hält. Die kaiserlich approbierte Kirche partizipiert von der Spätantike über das Mittelalter hinaus bis in die Neuzeit am Stiftungs- und Lehenssystem der Zeit, und heute passen sich selbst die Freikirchen Amerikas dem herrschenden Wirtschaftsdenken der Umwelt insofern an, als sich die Beiträge der Gemeindeglieder bis zu einem gewissen Grade nach den Prinzipien des freien Marktes richten: man erwartet vom Geldeinsatz die entsprechende gemeindebetriebliche und missionarische Effizienz. Bleibt sie aus, so bedeutet der Übertritt zur Konkurrenz keinen allzu großen Schritt.

Auf das Ganze gesehen, geschieht die Anpassung jedoch um das eindeutiger, als sich die Groß- (oder Volks-)kirche dem Staat anlehnt und von diesem geschützt, wenn nicht ökonomisch verwaltet wird. Das Verhältnis der Kirche zum Staat bildet, mindestens für die volkskirchlichen Verhältnisse Europas, die bestimmende Komponente in ihrem ökonomischen Verhalten. Die folgenschwerste Änderung, welche für die Kirche durch die konstantinische Wende bis zu diesem Tag herbeigeführt worden ist, besteht denn in der weitgehenden Delegation der wirtschaftlichen Versorgung und damit, wenn man es so sagen kann, des ökonomischen Gewissens, an den Staat.

Seine Legitimation hat dieser Prozeß bekanntlich erhalten durch die Einführung des Zehntenwesens[13]. Hervorgegangen aus der Säkularisation der kirchlichen Vermögen durch die fränkischen Könige, wurde der Zehnte zur obligatorischen Abgabe, die der zuständigen Geistlichkeit aus dem Landertrag zu entrichten war. Es handelte sich also um die durch staatlichen Eingriff durchgeführte Sicherung der bisher (wenigstens dem Prinzip nach) freiwilligen Kollekte. In der Neuzeit ist dieses System abgelöst worden durch das der staatlich approbierten Kirchensteuer: ein Vorgang, der sich nach der Französischen Revolution, z.T. aber auch erst im 20. Jahrhundert vollzogen hat. Wenn somit manche modernen Staaten für die Kirchen den Besteuerungsvollzug übernehmen, setzen sie damit grundsätzlich das Zehntensystem unter den Bedingungen der Industriegesellschaft fort, wenn auch mit der zugestandenen Möglichkeit, sich ihm durch den vorgängigen Kirchenaustritt zu entziehen[14].

---

[13] Vgl. A. ERLER, Art. Zehnten 3, RGG³ VI, 1879.

[14] Die Französische Revolution führt mindestens in Frankreich, aber darüber hinaus für die meisten Länder katholischer und lateinischer Tradition, zu einer klaren Alternative: Entweder wird die Kirche administrativ vollständig unter die Kontrolle des Staates gestellt oder aber vollständig aus ihm ausgeklammert. Napoleon hatte die erste Alternative gewählt und in den „Articles organiques de la convention . . .“ von 1802 die staatliche Besoldung des Klerus, später auch die der protestantischen Pfarrer, geregelt (vgl. Staat und Kirche in Frankreich II, hg. v. Hist. Seminar der Univ. Bern, 1953, 87 ff: Die napoleonische Kirchenordnung von

Die Bedeutung, welche dieser Entwicklung für die heutige Legitimationsproblematik zukommt, nötigt indessen noch zu einer andern Beob-
achtung. Parallel mit der Anpassung der Kirche an die ökonomischen
Systeme der Mitwelt, und gegenläufig zu ihr, geht die Veränderung dieser
Systeme durch christlichen Einfluß. – Im Stiftungswesen der Lehensherren
findet sich der Gestus des Opferns weltlicher Habe für das Reich Gottes.
Im Bürgertum reformierter Stadtrepubliken setzt sich das calvinische
Ethos individueller Verantwortlichkeit und Gerechtigkeit durch und
gewinnt maßgeblichen Einfluß auf das moderne Wirtschaftsdenken. Das
Wohlfahrtssystem des modernen Sozialstaates ist nur denkbar unter dem
Einfluß eines christlich motivierten sozialen Gewissens. Wenn somit die
Volkskirche ihre finanzielle Sicherheit in Anlehnung an das staatliche
Steuersystem gewonnen und dem Staat weitgehend dessen Handhabung
anvertraut hat, so vertraut sie sich damit einem Staate an, der wesentliche
Postulate eines christlich motivierten Sozialverhaltens aufgenommen hat.
Im Geld- und Wirtschaftsgebaren des modernen Sozialstaates begegnet die
Kirche gewissermaßen den Früchten ihrer missionarischen Arbeit von
Jahrhunderten.

IV

Die finanzielle Sicherung der großen Volkskirchen Westeuropas funktioniert nach der Gesetzmäßigkeit volkskirchlich-staatsbürgerlicher Identität.
Mit deren allmählicher Auflösung mußte auch das entsprechende, auf dem
kirchlichen Steuerwesen beruhende Sicherungssystem in eine Legitimationskrise geraten, obwohl es bei vielen Kirchen immer noch beinahe
reibungslos funktioniert. Doch ist nicht zu übersehen, daß die Zahl dieser
Kirchen verhältnismäßig gering geworden ist. Die meisten haben, weltweit gesehen, ihre wirtschaftliche Existenz auf die Basis einer größeren
Freiwilligkeit gestellt. Zu ihnen gehören nicht nur die Kirchen Amerikas
und die früheren Missionskirchen, sondern auch viele Kirchen Europas:
neben denen Frankreichs die Belgiens, Hollands, mancher Teile der
Schweiz usf.

Zunächst soll hier, unter dem Aspekt der Legitimationskrise, das Problem der kirchlichen Besteuerung, d.h. des kirchlichen Geldeinnahmesy-

---

1802). Auf die Dauer hat sich in Frankreich – nach vielfachem Wechsel – die Ausgliederung
aus der staatlichen Obhut durchgesetzt (für das Trennungsgesetz von 1905 vgl. J. M.
MAYEUR, La Séparation de l'Eglise et de l'Etat, Paris 1966).

stems erwogen werden. – Beim volkskirchlichen Verhalten dürfte die Steuerbezahlung vornehmlich begründet sein in der Macht der Tradition, jedoch auch motiviert durch eine zumeist ungeklärte Bedürfniserwartung gegenüber der Kirche. Diese wird gesehen als ein Dienstleistungsbetrieb, für dessen funktionelle Zuverlässigkeit man einen regelmäßigen Beitrag zu leisten gewillt ist. Bewußt oder unbewußt setzt man die einbezahlte Steuersumme und die beanspruchte Dienstleistung miteinander in Relation. Solange das Gleichgewicht von (ungeklärter) Erwartung und Dienstleistung nicht als gestört empfunden wird, funktioniert das System in einem erstaunlichen Maße. Dabei kommt jedoch dem Staat eine bedeutendere Rolle zu als zumeist vermutet wird. Die Kirchenleitungen pflegen in der Regel davon auszugehen, daß diese Rolle rein verwaltungstechnischer Natur sei. Indem der Kirche die administrative Sorge für die Einholung der Steuern abgenommen wird – bei strikter Wahrnehmung des Austrittsrechts –, erspart ihr der Staat einen gewaltigen Aufwand an Organisation. Die Kirche kann dann die Kräfte ihren geistlichen Aufgaben zuwenden: eine Rollenteilung zwischen christlicher Obrigkeit und kirchlichem Amt, die besonders in lutherischem Denken stark verwurzelt sein dürfte.

Allein, die Prüfung des Systems zeigt, daß dabei der Staat der Kirche Aufgaben abnimmt, die ihr, um sich so auszudrücken, einen geistlichen Identitätsprozeß ersparen. Dies wird nach zwei Aspekten sichtbar: hinsichtlich der Steuereinschätzung der Kirchenmitglieder und hinsichtlich der Organisation des Steuereinzugs. – In den meisten der mit dem öffentlichen Steuererhebungsrecht privilegierten Kirchen übernimmt der Staat das ganze Steuergeschäft, insbesondere die steuerliche Einschätzung ihrer Mitglieder, wobei sich die Festsetzung der Kirchensteuer in Prozenten nach dem Betrag der Staatssteuern zu richten pflegt. Damit überträgt der Staat stillschweigend seine Steuerpolitik auf die Kirche. In aller Steuerpolitik spiegeln sich nun aber die politischen Zielvorstellungen des betreffenden Staates. Dabei wird man mindestens in Westeuropa von einigen allgemein herrschenden Tendenzen reden können: etwa von der langfristig geplanten Umschichtung des Volksvermögens und natürlich von allen Maßnahmen, welche der Selbsterhaltung eines Staatswesens im Industriezeitalter und zwischen den militärischen Supermächten dienen.

Für die Kirche besteht das Problem darin, daß der arithmetischen Relation zur Staatssteuer die unmittelbare Einsichtigkeit fehlt. Sie muß fehlen, weil ein kirchlicher Prozeß der Kriterienfindung bei der Geldbeschaffung wie bei der Geldverausgabung kaum je stattgefunden hat. Dies gilt nicht zuletzt auch für das der sozialen Vermögensumschichtung dienende Gesetz der sog. kalten Progression, wonach ja nicht nur manche

Einkommen im Ansatz wesentlich höher besteuert werden als andere (was vielleicht auch für die Kirche zu rechtfertigen wäre: einer trage des andern Last), sondern wonach in manchen Staaten Kirchenmitglieder mit ziemlich niedrigem Einkommen automatisch von jeder Steuerleistung befreit sind: von der armen Witwe bezieht die Kirche keine Gabe.

Kirchenaustritte haben denn nicht selten das kirchliche Steuersystem zum äußeren Anlaß. Auch wenn dabei egoistische Motive überwiegen, sollte die häufige Unzufriedenheit mit dem Geldgebaren der Kirche zu denken geben. In ihr äußert sich der Widerstand gegen einen ökonomischen Mechanismus, den der Einzelne mit seiner Vorstellung von der Kirche nicht mehr in Einklang zu bringen vermag. Es sind Fälle nachweisbar, da aus der Kirche Ausgetretene dieselbe (oder eine höhere) Summe im Sinne einer persönlich motivierten, somit also freien Gabe für bestimmte christliche Werke oder für eine arme Kirche des Auslandes verwenden. Man ist also u.U. dazu bereit, den von der Kirche geforderten Betrag als persönliche Gabe zu leisten, sofern einem der Zweck dieser Gabe einzuleuchten vermag.

Die beiden Motive, welche bei jeder Geldleistung an die Kirche transparent bleiben müssen, gehen bei der heutigen Praxis somit verloren: die Einsichtigkeit, d.h. christliche Begründbarkeit des kirchlichen Steuergebarens, und die Freiheit, d.h. das persönliche Recht, als Glied der Kirche bei der Beitrags- und Steuerpolitik mitzuentscheiden. Es zeigt sich damit, daß die Kirche die Besteuerungspolitik dem Staat nicht anvertrauen kann, ohne damit ein Stück christlicher Gewissensbildung an ihn zu delegieren.

Das andere Problem stellt sich bei der Rolle, welche der Staat beim Steuereinzug spielt. Daß er auch hier stellvertretend für die Kirche eine geistliche Funktion ausübt, wird da sichtbar, wo das System durch gewisse Varianten eine spezifische Transparenz gewinnt. Dies ist etwa in der Schweiz der Fall. Die Schweiz bildet für die Analyse der Legitimationsproblematik des volkskirchlichen Steuersystems deshalb ein aufschlußreiches Beispiel, weil hier auf engem Raume, bei verhältnismäßig ausgeglichenen konfessionellen und sozialen Voraussetzungen, kirchliche Finanzierungssysteme von sehr großer Variationsbreite bestehen, von Verhältnissen, da die Kirche eng an den Staat gebunden ist (Waadt, Zürich), bis zu solchen, die, bei fast vollständiger Trennung von Kirche und Staat, sich etwa mit denen Frankreichs decken (Genf, Neuchâtel, in gewissem Sinn auch Tessin). Aufschlußreich ist hierfür der Vergleich zwischen den Kantonen Zürich und Basel. Während in Zürich die Besteuerung ähnlich wie in der Bundesrepublik Deutschland erfolgt, nämlich stellvertretend durch den Staat, genießen die Basler Kirchen, im Gegensatz zu den meisten französischschweizer Kirchen, zwar ebenfalls die öffentlich anerkannte Steuerhoheit und auch sie beziehen die Einschätzungsdaten vom Staat. Jedoch sind sie für den Versand der Steuerrechnung und für den Einzug der Steuergelder völlig auf die eigene Administration angewiesen. Als Folge der Verschiedenheiten zeigt sich nun, daß die Steuerwilligkeit sich proportional mit dem Grad der Entflechtung von Kirche und Staat verschlechtert, und dies in einem geradezu dramatischen Gefälle. Nicht nur übertreffen die Kirchenaustritte in Basel die von Zürich prozentual um das Fünf- bis Sechsfache, sondern die Kirchen von Basel (wie auch der Kantone Neuchâtel, Genf und Tessin) müssen mit einer großen Steuernachlässigkeit auch bei jenen Mitgliedern rechnen, welche nicht an einen Austritt denken. In Zürich (und mehreren andern Kantonen) kann sich ein derartiges Problem infolge der Hilfsfunktion des Staates gar nicht stellen[15].

Wo die Kirche ihren Mitgliedern in eigener Autorität und ohne Hilfe des Staates gegenübertritt, verliert somit das Bezahlungssystem wesentlich an Legitimationskraft. Anders gesagt: Der Staat nimmt dem Kirchenmitglied bis zu einem hohen Grade dessen Gewissensentscheid ab – oder umgekehrt: diese bedürfen der Autorität des Staates, um ihren Gewissensentscheid positiv, d.h. als Selbstverständlichkeit zu fällen. Die Relation zwischen der üblichen Tauf- und Kirchensteuerpraxis ist dabei nicht zu übersehen. So wie die Kindertaufe die Reproduktion der Mitgliedschaft der Kirche sichert, so die staatlich geregelte Steuerleistung die Reproduktion der materiellen Existenzmittel[16]. Wenn sich nun das einstmals als Unmündiger getaufte Kirchenmitglied bei der Steuerbezahlung die Vermittlung des Staates gefallen läßt, wiederholt sich gleichsam eine Episode des Taufakts. Der Staat als anonyme Vater- und Patenfigur vollzieht anstelle des Getauften das Bekenntnis zur Kirche und bewahrt diesen damit in der Rolle relativer geistlicher Unmündigkeit.

Damit hängt ein weiteres Moment zusammen. Es zeigt sich, daß die Beitragspflicht für das Kirchenmitglied vermehrt die Züge eines Bekenntnisaktes annimmt, wenn er sich der Kirche selbst konfrontiert sieht. In dem Maße nämlich, in dem sich der Staat aus dem Steuergeschäft zurückzieht,

---

[15] Die Berechnung der Kirchenaustritte der evang.-ref. Landeskirchen der Kantone Zürich und Basel-Stadt ergibt aufgrund ihrer Jahresberichte von 1975–1980 im Verhältnis zu der protestantischen Wohnbevölkerung des Jahres 1975 eine Austrittsquote von 0,21% (1975) bis 0,23% (1980) für den Kanton Zürich, von 1,21% (1975), 1,59% (1978) – dies die höchste Ziffer der berechneten Periode – bis 1,11% (1980) für den Kanton Basel-Stadt. Für die Stadt Zürich allein – was für den Vergleich mit dem Basler Stadtkanton die bessere Vergleichsbasis ergibt – lauten die betreffenden Ziffern: 0,26% (1975) und 0,28% (1980).
[16] LIENEMANN (s. Anm. 1).

verlagert sich der volkskirchliche Akzent in Richtung auf die christliche Glaubenskirche. Umgekehrt pflegt die Mitwirkung des Staates das Bild der Volkskirche zu neutralisieren, d. h. sie sichert ihr den vornehmlichen Charakter einer religiösen Dienstleistungsgesellschaft. Die Steuerpraxis wirkt sich somit bei sonst gleichbleibenden volkskirchlichen Voraussetzungen auf das Kirchenverständnis der Mitglieder aus. Nicht die volkskirchliche Struktur als solche ist es, was die Kirche religiös und gesellschaftlich stabilisiert, sondern die überkonfessionelle Autoritätsrolle des Staates, der ihr Schutz gewährt und sie so vor dem Risiko bewahrt, ihren Mitgliedern in eigener Autorität begegnen zu müssen.

Daß jedoch die Steuerrechnung unter allen Umständen eine, wenn auch zumeist verdeckte, Bekenntnisforderung enthält, erweist sich überall da, wo es zu Störungen zwischen der Kirche und einem Mitglied kommt. Damit ist ein letzter Aspekt der genannten Legitimationskrise angesprochen. Er betrifft die neuartige Verschränkung von christlichem Glauben und politischem Ethos. Die Jahrzehnte seit dem Krieg haben, mindestens in Westeuropa, kaum mehr Konflikte zwischen Kirche und Staat gekannt, jedoch solche zwischen sich politisch bekennenden Christen und der politischen Mentalität einer volkskirchlich-staatsbürgerlichen Mehrheit. Allfällige Konflikte aber pflegen von seiten unzufriedener Kirchenmitglieder rasch mit der Weigerung weiterer Steuerzahlung, und damit dem Kirchenaustritt, artikuliert zu werden. Die Abweisung der Kirchensteuer wird zum negativen Bekenntnisakt, somit, wenn man will, zu einer späten Verweigerung des Taufbekenntnisses. Erfahrungsgemäß gilt hier wiederum, was oben bemerkt wurde: Je weniger eine Kirche bei der Besteuerung ihrer Mitglieder mit dem Staat zusammenarbeitet, desto ungeschützter erfährt sie eine allfällig politisch motivierte Widerständigkeit ihrer Mitglieder.

V

Die schwierigsten Probleme belasten die Volkskirche jedoch weniger bei ihrer finanziellen Selbstsicherung als bei ihrer Ausgabenpolitik. Über die Kriterienfragen kirchlicher Geldverteilung wird heute in manchen Kirchen die Diskussion offen geführt, wobei sich diese immer als die Frage nach den Prioritäten kirchlichen Handelns überhaupt erweist. So hat die Rheinische Landeskirche zu deren Abklärung einen eigenen „Prioritätenausschuß" eingesetzt, der sich für die zu wählenden Prioritäten auf die Trias Verkündigung (martyria) – Dienst (diakonia) – Gemeinschaft (koinonia) geeinigt hat[17]. Diese drei sollen „wohl unterschieden, aber nicht getrennt werden". Für den Ausschuß steht es jedoch fest, daß der Verkündigung der erste Rang zukommt und zudem alle drei vornehmlich, wenn auch keineswegs ausschließlich, als Funktionen des Pfarramts verstanden werden. Unverkennbar wird hier das reformatorische Erbe als selbstverständlich vorausgesetzt und weitergeführt. Im historischen Kontext einer evangelischen Kirche scheint dies nicht anders möglich zu sein. Dabei ist den Kirchenleitungen durchaus bewußt, daß durch diese Priorität der professionelle Dienstcharakter des kirchlichen Amtes ein dominierendes Gewicht in der Finanzplanung erhalten muß.

Was hier als unanfechtbare Legitimation erscheint, vermag indessen durch den Hinweis auf andersartige Traditionen etwas von ihrer Selbstverständlichkeit zu verlieren. So hat die reformierte Genfer Kirche in den letzten Jahren angesichts ihrer Geldknappheit eine abweichende Prioritätenpolitik eingeschlagen. Sie sah sich dazu genötigt, einige Pfarrämter nicht mehr zu bekleiden, sondern die Geldmittel für andere, ihr gleichberechtigt oder vorrangig scheinende Forderungen einzusetzen. Dies mußte zu einer vermehrten Delegation von Funktionen, die herkömmlicherweise dem Pfarrer zustehen, an Laien führen, zu einem Ausbau von Seelsorgeaufgaben, die zum guten Teil wiederum von Laien versehen wurden, und dies namentlich an den neuralgischen Orten des modernen Lebens, wie Jugend, Ehe, Krankenhaus, Gefangenenwesen usf. Der historische Hintergrund der Hugenottenkirche mit ihrer missionarischen Mobilität kommt hier unverkennbar zum Tragen, aber auch mit ihrer Neigung, der geistlichen Kraft der Gemeinde mehr zu vertrauen als dem Funktionsgefüge der Institution. Die finanzielle Notlage, verbunden mit einer spezifischen Tradition und Mentalität, führt dazu, bei der Ausgabenpolitik alles Gewicht auf den Dienstcharakter des kirchlichen Handelns zu legen, diesen geistlich neu zu motivieren und ihm alles andere unterzuordnen.

Damit ist die Prioritätenfrage zwar noch keineswegs entschieden, sie wird aber einem eindeutigen Kriterium unterstellt. Kirchliches Handeln ist konsequent verstanden als Dienst am Reich Gottes in der Welt. Auch der kultische Gottesdienst selbst ist einzig unter diesem Aspekt gesehen, und so auch das professionelle Pfarramt und die Amtsstrukturen des kirchlichen Systems überhaupt. Damit aber tritt die eigentliche Spannung auf, welche zwischen einem solchen Beispiel und dem üblichen volkskirchlichen Prioritätenmodell besteht. Bei ihm wird versucht, den Dienstcharakter des Mitteleinsatzes insofern zu radikalisieren, als das Gewicht der Selbsterhal-

---

[17] Ordnung der Rheinischen Landeskirche, Drucksache Nr. 10, 1980.

tung, welches jeder Institution innewohnt, programmatisch beschränkt wird. Daß auch das professionelle Amt durchaus von seiner Dienstfunktion her zu verstehen ist, wird zwar nicht bestritten, wohl aber in Relation zu andern Dienstfunktionen der Gemeinde gesetzt. Der Prioritätenkonflikt bei der Verausgabungspolitik kirchlicher Gelder erweist sich somit als der Streit um das evangelische Verständnis des Gottesdienstes in der Welt.

Zur Kriterienfrage

Wo immer an der Klärung von Prioritäten bei der Ausgabenpolitik der Kirche gearbeitet wird, sind somit Konflikte unvermeidbar. Auch kirchliche Finanzpolitik ist – Politik. Politik aber heißt, daß Entscheidungen gesucht werden über den Gebrauch von Macht. Darin, daß Geld ein Mittel von Macht ist, liegt das theologische Kernproblem aller kirchlichen Finanzpolitik, das sich ebensogut formulieren läßt als das Problem des Umgangs der Kirche mit der Macht, die ihr als Institution innerhalb unserer Welt zukommt. Das Gewicht dieser Tatsache darf die Kirche nicht verkennen. Und darum darf die Frage nach der Herkunft, der Verwaltung und der Ausgabe ihrer materiellen Güter nicht getrennt werden von der Frage nach ihrem geistlichen Auftrag. Die Kirche muß lernen, die Macht, die in diesen Gütern liegt, geistlich zu gebrauchen, ohne dabei deren Welthaftigkeit zu verkennen. Vor Gott gestellt, steht sie mit ihrem weltlichen Geschäft coram mundo – vor die Welt gestellt, steht sie mit ihm coram Deo[18].

Geld als weltlich Ding. Kirchliche Finanzsysteme gibt es so viele, als es Traditionen christlicher Kultur gibt. Von allgemein-christlichen Kriterien kann schon deshalb keine Rede sein, weil die Existenz jeder Kirche hineingebunden ist in den jeweiligen gesellschaftlichen Kontext, und das heißt ja: in eine bestimmte ökonomische Tradition und Mentalität. Ein Postulat, wie es vor kurzem etwa in der Schweiz durch ein Plebiszit entschieden werden mußte, nämlich die Kirche von einem Tag zum andern auf die finanzielle Basis freiwilliger Vereinsbeiträge zu stellen, mußte allein schon an den historisch und psychologisch komplizierten Voraussetzungen des Landes scheitern. Indessen hätte ein derartige Revolution die Problematik des beseitigten Systems nur durch eine andere ersetzt. Jede optimisti-

---

[18] Nach G. EBELING, Leitsätze zur Zweireichelehre (1972; in: DERS., Wort und Glaube III, 1975, 574–592), 580.

sche Annahme im Sinn eines christlich unanfechtbaren Geldgebarens verkennt die Tatsache, daß allen Geldmitteln, die für irgendetwas einbezahlt oder verwendet werden, ein gewisses Maß an Einfluß und an Macht anhängt. Auch „Freiwilligkeit" und „Dienstcharakter" schließen Machtausübung und Mißbrauch von Macht nicht aus. Die kontextbedingte Welthaftigkeit aller Beschaffung, Verwaltung und Verausgabung von Geld in die jeweiligen Legitimationsversuche eines Systems einzubeziehen, bildet denn ein entscheidendes Kriterium für dessen christliche Glaubwürdigkeit. Ist das Geld ein weltlich Ding, so ist nun aber für den christlichen Umgang mit ihm ein hohes Maß an ökonomischer Sachlichkeit unerläßlich. Damit ist z.B. auch Vermögensbildung, d.h. die Anlage fester Güter und Kapitalien, nichts Verwerfliches, sofern Vermögen als potentielles Mittel für den Dienst der Kirche verstanden wird[19].

Geistlicher Gebrauch. Nirgends so wie an ihrem Geldgebaren zeigt es sich, wie sehr jede Kirche – handle es sich um eine Volks- oder Freikirche – teilhat an den materiellen Lebensbedingungen ihrer Umwelt. An ihrem Geldgebaren muß es sich deshalb auch erweisen, daß und wie sie sich von dieser Umwelt unterscheidet.

Sich unterscheiden heißt, daß die Kirche im Wissen darum und im Zugeständnis, daß aller Umgang mit Geld ein weltlich Ding ist, ihren weltlichen Umgang coram Deo pflegt: daß sie das weltliche Geschäft geistlich verantwortet. Dies aber erfordert, daß auf allen Ebenen kirchlicher Meinungsbildung das Geldgeschäft als ein solches der christlichen Kirche, d.h. nach Maßgabe des evangelischen Gewissens, geplant und durchgeführt werde. Es ist darum nicht einzusehen, weshalb die Frage der Mitgliederleistungen, als der Basis kirchlicher Geldbeschaffung, von der Kirche an den Staat delegiert wird. Normen für den Einsatz wie für die Ausgabe von kirchlichen Geldern können nur durch einen beständigen Prozeß der Gewissensbildung innerhalb der Kirche selbst gefunden werden.

---

[19] Es ist in diesem Zusammenhang lehrreich, auf die Vorgänge hinzuweisen, die sich nach R. GAUCHER, Les Finances de l'Eglise de France, Paris 1981, in den letzten Jahrzehnten in Paris abgespielt haben. Katholische Ordensgemeinschaften haben aufgrund einer verbreiteten Armutsideologie sowie ihrer Auffassung von der ausschließlichen Dienstfunktion materieller Güter Immobilien in Milliardenwerten (französischer Francs) veräußert. Dies hat zu einer Lähmung pastoraler Funktionen geführt, aber auch zu einer finanzpolitischen Unordnung und dem entsprechenden Vertrauensschwund bei einem großen Teil der katholischen Bevölkerung.

Kooperation mit dem Staat. Die europäischen Volkskirchen befinden sich dank ihrer historischen Situation in einer ebenso unmittelbaren wie komplexen Beziehung zum Staat. Daß die Kirchen selbständig, d. h. allein nach Maßgabe ihres evangelischen Gewissens, die Normen des Geldgebarens bestimmen, schließt Partnerschaft und Kooperation mit dem Staat nicht aus. Beide, Kirche und Staat, haben die Last und Aufgabe einer gemeinsamen christlichen Geschichte zu tragen. Dies kann im Angebot des Staates bestehen, die Kirche als Rechtsperson mit eigener Steuervollmacht zu anerkennen. Es wird aber vor allem zum Ausdruck gelangen in der gemeinsamen Durchführung kultureller und sozialer Aufgaben: im Bildungswesen (christlicher Religionsunterricht, theologische Lehre und Forschung), im Fürsorgewesen, bei der Unterhaltung historischer Bauten usf.

Entscheidend ist aber, daß staatliche Kooperation nicht den Charakter einer verdeckten Kultussteuer erhält, d. h. nicht als globale Unterstützung bestimmter privilegierter Kirchen geschieht, sondern zweckgebunden und damit für jedermann einsehbar und kontrollierbar bleibt.

Freiheit der Kirchenmitgliedschaft und prinzipielle Freiheit der Beitragspflicht. Was die Kirche auch dann vom Staat unterscheidet, wenn sie in hohem Maße durch nationale Tradition geprägt wird, ist die grundsätzliche Freiheit ihrer Mitgliedschaft. Dies muß aber auch im System ihrer Beitrags- und Steuererhebung transparent werden. Nur wenn einem Mitglied der Kirche spätestens bei der ersten Steuerrechnung bewußt wird, daß es die Freiheit hat, der Kirche weiterhin anzugehören oder sie zu verlassen, ist die Praxis der Kindertaufe christlich verantwortbar. Die Freiheit der Kirchenzugehörigkeit muß deshalb in jedem Fall gewahrt und das Mißverständnis vermieden werden, als seien Kirchen- und Staatszugehörigkeit miteinander identisch. Darum aber ist es nicht unwesentlich, ob die Steuerbezahlung in Form eines Teilbetrags der Staatssteuer erhoben und dadurch das freiheitliche Wesen dieser Leistung verdeckt wird, oder ob die Kirche hier in eigener Autorität und Kompetenz auftritt.

Zwischen Freiheit und Freiwilligkeit ist jedoch zu unterscheiden. Freiheit braucht nicht zu heißen, daß die Beitragspflicht dem Belieben des Einzelnen überlassen werde. Die Kirche hat das Recht und die Pflicht, ihren Mitgliedern auch hinsichtlich der Beiträge oder Steuerleistungen eine allgemeine Ordnung aufzuerlegen. Nur daß deren Kriterien einsichtig und somit nicht im voraus dieselben wie die des Staates sein dürften. Was ja auch für die Art und Weise der Einbezahlung gilt. Zahlungsunwillige (oder gar zahlungsunfähige) Mitglieder sind immer noch Glieder der Kirche. Sie sogleich mit den Rechtsmitteln des Staates zur Pflichteinhaltung zu zwingen, entbehrt jeder christlichen Vorstellung vom Verhalten einer Kirche in Fragen, welche das Leben ihrer Gemeinschaft betreffen. Jedenfalls ist das faktische Junktim, das in den Volkskirchen, welche mit dem Staat eng kooperieren, zwischen Zahlungsverweigerung (aus welchen Gründen auch immer) und Kirchenaustritt besteht, von einer großen theologischen Problematik belastet, und manche reformierte Kirchen der französischen Schweiz haben gute geistliche Gründe dafür geltend zu machen, wenn sie ein solches Junktim ablehnen, d. h. wenn säumigen Steuerzahlern ausschließlich mit Mitteln seelsorgerlicher Disziplin begegnet und auch eine Mitgliedschaft ohne Steuerentrichtung gewährleistet wird. Gewiß hängt für die Stabilität einer großen Volkskirche viel davon ab, ob ihr Steuersystem reibungslos funktioniert oder nicht. Doch umgekehrt können Reibungsflächen selbst in Fragen des Geldgeschäfts unerwartet fruchtbar werden. Jedenfalls dürfte es redlicher sein, wenn sich die Kirchen gerade bei diesem Geschäft den unvermeidlichen Risiken nicht entziehen: vor allem dem Risiko, auf die Grenzen ihrer Autorität zu stoßen und damit auf die Grenzen ihrer pastoralen Kraft. Denn säumige Steuerzahler nicht durch den Staat betreiben zu lassen, sondern mit ihnen das Gespräch zu suchen, ist, wie gewisse Schweizer Erfahrungen zeigen, etwas anderes als ein administrativer Leerlauf. In einem solchen Risiko liegt die pastorale Möglichkeit, die Gründe einer Enttäuschung, einer Verletzung oder Entfremdung zu erfahren – und damit zu begreifen, weshalb der Geldbeitrag eines Mitgliedes für die Gemeinde noch etwas anderes bedeuten muß als eine Buchhaltungsziffer.

Denn so wie der theologische Zusammenhang von Steuerleistung und Taufbestätigung nie ganz verloren gehen darf, so auch nicht der von Steuerleistung und freier Gabe. Die ursprüngliche Funktion des Geldes war erwiesenermaßen die, eine Opfergabe zu ersetzen[20]. Nun hat aber gerade die affektive Entfremdung von der Kirche, wie sie durch die anonyme Steuerapparatur in hohem Maße gefördert wird, die unbewußte Bestätigung archaischer Erfahrung zur Folge. Die Geldleistung für eine religiöse Institution, an deren Leben man sonst nicht teilnimmt, verwandelt sich zur Quasi-Opferhandlung, durch welche man sich den Frieden mit der Religion sichert. Die starke Rolle, die für eine große Zahl von Kirchenmitgliedern die Kasualien bei ihrem Bleiben in der Kirche spielen – nicht zuletzt die Angst, für den Todesfall sonst auf die kirchlichen Bestattungszeremonien verzichten zu müssen –, ist hierfür aufschlußreich.

---

[20] Vgl. K. HIELSCHER, Über das Opfermotiv im Geld und seine Beziehung zur Kunst (Neue Rundschau 92, 1981, 23–43).

Die evangelisch angemessene Interpretation der kirchlichen Beitragsleistung, bzw. der Kirchensteuer, kann aber keinesfalls die einer Opfer-, sondern nur die einer freien Gabe sein: Sie ist nicht Werk, sondern Dank für schon Empfangenes, Dank dann auch verstanden als Lob Gottes, als Gottesdienst der gerechtfertigten Sünder. Eine solche Interpretation aber setzt die Freiheit des Gebens ebenso voraus wie eine gelebte und also affektiv bestätigte Erfahrung mit der Kirche und in der Kirche. Die rein administrativ und anonym vollzogene Pflichtzahlung der Kirchensteuer kann dagegen sehr wohl den Sinn bekommen, daß man sich mit ihr von der Teilnahme am Leben der Kirche loskauft. Das Geld leistet dann die Vergeltung (dies nach F. Kluge die etymologische Grundbedeutung des Wortes), es ist Tausch- und Ersatzwert, das die Teilnahme an dem als religiöse Leistung verstandenen Kultgottesdienst ersetzt.

Priorität des Dienstes und Zeugnis der universalen Kirche. Bei ihrer Ausgabenpolitik hat die Kirche Zeugnis dafür abzulegen, daß sie die finanziellen Mittel ausschließlich für den Gottesdienst in dieser Welt gebraucht. Das führt zu einer beständigen Überprüfung der Prioritäten ihres Handelns, bei denen auch ererbte Strukturen wie die des professionellen Amtes immer neu in den Gesamtzusammenhang ihrer pastoralen und missionarischen Aufgabe zu stellen sind. Vor allem aber bezeugt die Kirche durch ihren Mitteleinsatz, daß sie noch etwas anderes ist als eine auf ihre eigenen Interessen bedachte „Landeskirche" – wiewohl auch solche Interessen ihr Recht haben –, daß ihr nämlich gerade bei ihrem Geldgebaren eine „mit Notwendigkeit . . . darüber hinausweisende ökumenische Weite" zukommt[21]. In der Weise, in der die Kirche aber ihr Geld dazu verwendet, mindestens symbolisch die Bruderschaft mit allen Kirchen der Welt und durch sie für alle Menschen zu bezeugen, tritt sie unvermeidlich ein in die Konfliktzonen der Gegenwart.

Askese und Freiheit. Das größte Problem für die Volkskirche besteht darin, daß sie die Mitwelt samt ihren sozialen und wirtschaftlichen Verhaltensweisen in sich wiederholt statt durch ihr Zeugnis den Unterschied von Kirche und Welt sichtbar werden zu lassen. Im Mittelalter und auch noch in der Neuzeit hat die katholische Kirche dieser Situation durch das Zeugnis eines sich vielfach regenerierenden Ordensgedankens zu begegnen vermocht. Die Kirchen der Reformation haben diesen Weg infolge einer anders verstandenen Zuordnung des Geistlichen und des Weltlichen nicht

---

[21] G. Ebeling, Dogmatik des christlichen Glaubens III, 1979, 365.

gehen können. Es war ihnen nicht möglich, „apostolische Armut und urchristliche Gütergemeinschaft . . . aus der Verstrickung in den Staat und die Kultur" herauszulösen[22]. Das kann jedoch nicht heißen, daß nicht auch sie das Zeugnis evangelischer Freiheit und christlicher Bruderschaft, zwar nicht jenseits, wohl aber inmitten weltlicher Bindungen zu geben vermöchten, daß nicht auch in und durch sie die Freiheit des Glaubens bis in die materiellen und sozialen Verstrickungen des Industriezeitalters hinein gelebt werden müßte.

Die Überwindung der Krise, in die unsere Kultur durch die schier grenzenlose Möglichkeit geraten ist, die (schwindenden) materiellen Güter der Welt auf Kosten anderer zu konsumieren, wozu auch der inflationäre Konsum von Kulturgütern aller Zeiten und aller Weltteile durch Massenmedien und Tourismus gehört, wird nur möglich sein durch eine Wiederentdeckung und das Wagnis einer neuen Art von Askese. Dabei glaubt niemand, daß Askese – in welcher Gestalt auch immer – zum Lebensstil einer ganzen Gesellschaft werden könne, sofern nicht ein äußerer Zwang diese dazu treibt. Askese war immer die Sache weniger, aber als solche doch ein notwendiges Zeichen für alle. Askese kann aber, wie sich in zwei Jahrtausenden erwiesen hat, auch nicht der Lebensstil einer Volkskirche sein. Auch in der Kirche war sie immer gewissermaßen die Sache einer Minderheit. Dieser aber bedurfte es, um die Kirche in der Erinnerung an ihre Berufung vor der völligen Weltwerdung zu bewahren.

Als Askese sei hier die Einübung einer evangelischen Freiheit von der Welt verstanden, die zum Gottesdienst in der Welt befähigt. Zwischen Askese und Freiheit besteht eine Beziehung, welche analog ist der Beziehung von Gesetz und Evangelium. Nur eine Askese, welche nicht aus der Freiheit kommt, versteht sich als Verneinung der Welt im Sinn eines von Gott geforderten Werkes. Dieses Verständnis und eine entsprechende Praxis ist es, was die Reformatoren abgelehnt haben, ohne dabei, wie schon bemerkt wurde, der Tiefenschichtigkeit einer christlich-mönchischen Askese gerecht geworden zu sein. Eine Askese aber, die aus der Freiheit kommt, wird die Welt nicht verneinen, vielmehr deren Güter als Gaben Gottes annehmen, um in ihrem Gebrauch Gott die Ehre zu geben. Askese bedeutet dann nichts anderes, als daß die Güter dieser Welt vernünftig gebraucht werden, in der Dankbarkeit und in der Freude an ihnen.

So wäre evangelisch verstandene Askese das gelebte Zeugnis christlicher Freiheit inmitten der materiellen Verstrickungen dieser Welt und dieser Zeit, die Heiligung der Welt aus der Rechtfertigung. Solche Einübung von

---

[22] AaO 377.

Freiheit aber ist ein Lernen auch im Verzicht auf Dinge, die man wohl haben könnte, von denen man aber, um der Freiheit willen, nicht Besitz ergreift. In jenem Verzicht, den D. Bonhoeffer in der Forderung nach einem neuen „Adel" als Einübung eines Qualitätsgefühls bezeichnet hat: „Adel entsteht und besteht durch Opfer . . ."[23] Nur daß heute die Einübung von Verzicht für den Fortbestand der Menschheit unabdingbar geworden ist. Es ist mehr gefordert als ein Qualitätsgefühl, das zuletzt sich selber genügt, und so müßte Askese mehr sein als der Rückzug auf eine ausgesparte Privatzone, nämlich der Versuch, neue Wege des Zusammenlebens im vernünftigen Gebrauch der Lebensgüter zu suchen.

Es gibt heute Ansätze einer so verstandenen Askese, zumeist außerhalb der Kirche, aber doch auch, aufbauend auf dem Potential ihrer Erfahrungen, in ihr oder an ihrem Rand: Lebensgemeinschaften zumeist junger Menschen, auch junger Familien. Taizé und manche Bruder- und Schwesternschaften, die sich nach dem Krieg quer durch die Kirchen hindurch gebildet haben und heute zumeist ihre Ausstrahlungskraft schon wieder verloren haben, gehören in gewissem Sinn zu ihnen. Vieles, vielleicht das meiste davon, mag von einer großen Fragwürdigkeit belastet sein. Aber sie sind insgesamt ein Zeichen dafür, daß namentlich unter der jüngeren Generation ein Verlangen da ist, Glaube zu leben bis in die Konsequenzen der materiellen Lebensbedingungen hinein.

Christliche Utopien? Es handelt sich darum, verschüttete christliche Wahrheit wiederzuentdecken. Die Einübung von Freiheit im evangelischen Gebrauch irdischer Güter ist exemplarisch enthalten in der Agapefeier. Die einzelnen Glieder der Gemeinde bringen ihre Gabe, die sie nach den ökonomischen Gepflogenheiten der Zeit erworben haben, vor die Gemeinde. Diese bringt sie dem Herrn dar, um sie von ihm neu zu empfangen: zum gemeinsamen Mahl und als Zeichen des künftigen Mahles aller Menschen.

Die Agapefeier ist wohl etwas anderes als ein ökonomisches Programm für die Kirche. Aber wenn sie tatsächlich, wie G. Ebeling vom Abendmahl bemerkt, die „Keimzelle der Ordnung der ekklesia" ist[24], dann muß sie doch auch dem ökonomischen Handeln der Kirche zugrunde – und zugleich voraus – liegen. Etwas davon müßte dann aber in der Tat sichtbar werden können auch im weltlichen und in die Welt verstrickten Umgang der Kirche mit ihrem Geld und ihren irdischen Gütern.

---

[23] D. Bonhoeffer, Widerstand und Ergebung, 1951, 25; Neuausgabe 1970, 22.
[24] AaO (s. Anm. 21) 366.

Das Humanum als Aufgabe

Zum Gespräch mit dem afrikanischen Humanismus

Heinz Blauert

I

Julius Nyerere, Staatspräsident Tanzanias, forderte 1970 in einer Rede vor dem Kongreß der Maryknoll Sisters in New York: „Die Welt braucht neue Ideen, neue Organisationsformen, ebenso wie die Welt die wahre Anwendung der christlichen Lehren braucht. In der Tat brauchen wir neue Formen, diese Wahrheiten in der technologischen Welt des 20. Jahrhunderts anwenden zu können. Es ist die Aufgabe der Kirche, diese neuen Wege in die Zukunft zu finden, und anzuerkennen, wenn sie durch andere bereits gefunden wurden. Furcht vor der Zukunft und vor den Notwendigkeiten der Zukunft ist nicht Teil des christlichen Glaubens. Unser Glaube ist ein lebendiger Glaube, wenn man so will, sogar ein revolutionärer Glaube, denn Glaube ohne Handlung bleibt steril und Handlung ohne Glauben bleibt bedeutungslos. ‚Ich bin gekommen, daß sie das Leben und volle Genüge haben sollen.‘ (Joh 10,10)"[1]

Solche Worte eines afrikanischen Staatsmannes lassen aufhorchen. Sie lösen bei christlichen Hörern im müde gewordenen Abendland die Frage aus, ob möglicherweise aus Afrika, aus einer ursprünglichen Begegnung mit der christlichen Botschaft richtungweisende Anstöße und Antworten für eine Menschheit, die in ihrem Menschsein wie nie zuvor bedroht ist, kommen könnten. Das Interesse, mit dem auch die kirchliche Öffentlichkeit die Entwicklung in von christlichen Politikern geleiteten Staaten Schwarzafrikas wie Tanzania, Zambia und Zimbabwe begleitet, ist nicht nur von der Hoffnung bestimmt, daß diese Staaten wesentlich zur Konsolidierung des nachkolonialen Afrikas beitragen werden, sondern auch, daß

---

[1] J. K. Nyerere, Rede vor dem Kongreß der Maryknoll Sisters (Original erschienen in J. K. Nyerere, Freedom and Development, Oxford 1973), hier zitiert nach der deutschen Übersetzung in: J. K. Nyerere, Afrikanischer Sozialismus (Texte zum kirchl. Entwicklungsdienst 5), 1976³, (67–80) 77 f.

sich dort eine Gesellschaft formiert, die über die eigenen Staatsgrenzen hinaus Modellcharakter haben könnte. Dieser Anspruch wird jedenfalls immer wieder von jungen Afrikanern – Christen und Nichtchristen – geäußert, die engagiert am Aufbau einer neuen Gesellschaft in ihrer afrikanischen Heimat teilnehmen oder sich durch ein Studium in Europa darauf vorbereiten[2]. Sie können dabei Nyerere selber zum Kronzeugen anrufen, der 1962 – ein Jahr nach der Erlangung der Unabhängigkeit Tanzanias – seine grundlegende Rede „Ujamaa – The Basis of African Socialism" in der Aufforderung ausklingen ließ, daß der „Bereich der Familie, zu der wir alle gehören und wie wir sie uns vorstellen", ausgedehnt werden müsse „über . . . die Nation oder sogar den Kontinent hinaus – um die ganze Menschheit mit einzubeziehen"[3].

Bei solchem Anspruch spielt die Berufung auf den afrikanischen Humanismus keine geringe Rolle.

Was ist dieser afrikanische Humanismus? Die Bemühungen Nyereres, wie sie sich dem Leser seiner Reden unschwer darstellen, haben einen deutlichen antikolonialen Ansatzpunkt. Der Destruktion des Humanum in der Zeit des Kolonialismus versucht er durch Rückgriff auf traditionelle afrikanische Werte zu steuern. Ehemals Lehrer an einer katholischen Schule, richtet er seine besondere Aufmerksamkeit auf das Erziehungswesen, von der Schulbildung bis zur Erwachsenenbildung. Nach der Zerstörung der Menschlichkeit des Menschen in der Zeit des Kolonialismus können Ziel von Befreiung und Entwicklung nur „Entwicklung der Menschen"[4] und „Befreiung des Menschen zur Menschlichkeit"[5] sein. „Es ist

[2] Die vorliegenden Erwägungen entstanden in Zusammenhang mit einem Wochenendseminar, das das Ökumenisch-missionarische Zentrum der Kirche der Union und der Brüderunität in Berlin über afrikanischen und europäischen Humanismus vom 1. bis 3. Februar 1980 in Halle/Saale unter Beteiligung von tanzanischen Studenten in der DDR durchführte. – Bei der Darstellung des afrikanischen Humanismus bzw. Menschenbildung verwende ich in möglichst großem Umfang uns literarisch zugängliche *afrikanische* Stimmen, wobei ich mich bei der Darstellung der politischen Ethik auf die Äußerungen Nyereres beschränke. Neben seiner Konzeption des „afrikanischen Sozialismus" verdienen genauso der „afrikanische Humanismus" von Kenneth Kaunda und die „Négritude" von Léopold S. Senghor Beachtung.
[3] J. K. NYERERE, Ujamaa – Grundlage des afrikanischen Sozialismus (Original in J. K. NYERERE, Freedom and Unity, Oxford 1966), hier zitiert nach der deutschen Übersetzung in: NYERERE, Afrikanischer Sozialismus (s. Anm. 1), (10–18) 18.
[4] J. K. NYERERE, Freiheit und Entwicklung (Original in: Freedom and Development [s. Anm. 1]), hier zitiert nach der deutschen Übersetzung in: J. K. NYERERE, Freiheit und Entwicklung (Texte zum kirchl. Entwicklungsdienst 10), 1976[2], (15–25) 16.
[5] J. K. NYERERE, Erziehung zur Befreiung, hier zitiert nach der deutschen Übersetzung in: J. K. NYERERE, Bildung und Befreiung (Texte zum kirchl. Entwicklungsdienst 14), 1977, (20–29) 24.

die Aufgabe von Erziehung in Afrika, diese geistige Befreiung zu bewirken, oder sie wenigstens in Gang zu setzen. Erziehung hat den Afrikaner von der Mentalität der Sklaverei und des Kolonialismus dadurch zu befreien, daß sie ihn sich selbst als ein gleichberechtigtes Mitglied des Menschengeschlechts bewußt werden läßt, mit den Rechten und Pflichten seiner Menschlichkeit. . . . Sinn von Erziehung ist daher Befreiung durch die Entwicklung des Menschen als eines Mitglieds der Gesellschaft."[6] Nyerere wendet sich mit Nachdruck gegen jede individualistische Erziehung, die davon absieht, daß der Mensch „ein soziales Wesen" ist. Gewiß, „erzogen werden Individuen. Aber sie werden von ihren Mitmenschen für die gemeinsamen Ziele aller Mitglieder der Gesellschaft erzogen. Die Absicht ist, sie zu menschlichen Wesen zu entwickeln, die Teil der Menschheit sind."[7] Es geht ihm um den „unschätzbaren Wert eines befreiten Menschen . . ., der mit anderen zusammen daran arbeitet, eine Zivilisation aufzubauen, die der schaffenden Menschen würdig ist, die nach Gottes Ebenbild gemacht sind"[8].

Das Erbe, an das Nyerere bei diesem Neuaufbau einer nationalen Gemeinschaft anknüpft, bezeichnet er als ujamaa. Damit ist eine „Geisteshaltung", nämlich der die afrikanische Großfamilie bestimmende „Familiengemeinsinn" gemeint – die Gesamtheit der Werte und Verpflichtungen, die wie einst die Familie nun die ganze Gesellschaft beseelen soll[9]. Er befindet sich dabei in Übereinstimmung mit der geistigen Elite seines Landes. Allerdings kann eine solche Behauptung von einem Nicht-Afrikanisten nur sehr zögernd ausgesprochen werden, da Literatur, die in afrikanischen Sprachen wie Swahili geschrieben ist, noch kaum für den europäischen Leser in Übersetzungen zugänglich gemacht wurde. Das gilt auch für das Werk des bedeutendsten Swahili-Dichters dieses Jahrhunderts, Shaaban Robert (1909–1962). Er hat zwar nicht mehr das nachkoloniale Tanzania mitgestalten können. Aber sein Humanismus hat in Aufnahme und Weiterentwicklung des kulturellen Erbes wesentlich zur Herausbildung eines tanzanischen Nationalbewußtseins beigetragen, nicht zuletzt durch die Rolle, die sein Werk im tanzanischen Bildungswesen spielt[10].

Charakteristische Züge des Menschenbildes dieses afrikanischen Humanismus sind:

---

[6] Ebd. 23.   [7] Ebd. 24.   [8] Ebd. 25.

[9] Vgl. dazu bes. NYERERE, Ujamaa (s. Anm. 3).

[10] Vgl. R. ARNOLD, Afrikanische Literatur und nationale Befreiung – Menschenbild und Gesellschaftskonzeption im Prosawerk Shaaban Roberts (Studien über Asien, Afrika und Lateinamerika 28), 1977.

1. An den Anfang ist die Feststellung zu setzen, mit der John S. Mbiti sein Buch „Afrikanische Religion und Weltanschauung" beginnt: „Die Afrikaner stehen im Ruf, religiös zu sein . . . Die Religion durchdringt alle Lebensbereiche so völlig, daß sie sich schwer daraus loslösen läßt. . . . Weil die traditionelle Religion alle Lebensbereiche durchdringt, läßt sich zwischen den sakralen und weltlichen, den religiösen und nichtreligiösen, den geistigen und materiellen Bezirken keine strenge Scheidelinie ziehen. Wo immer der Afrikaner sich befindet, ist auch seine Religion . . ."[11] „. . . Gott ist den afrikanischen Völkern kein Fremdling, und das traditionelle Leben kennt keine Atheisten."[12] Auch der marxistische Afrikanist Rainer Arnold gibt zu, daß die Werke von Shaaban Robert, der übrigens Moslem war, „eine tiefe Religiosität" offenbaren und sein Humanismus „religiös motiviert" ist. Er wertet das allerdings als „pietistische Beschränktheit"[13]. So vielfältig die traditionellen afrikanischen Religionen sein mögen, bei den Religionswissenschaftlern hat sich doch immer mehr die Annahme durchgesetzt, daß die Afrikaner einen „Hochgott" kennen, daß also „der Monotheismus die Frühform der afrikanischen Religion gewesen sein könnte"[14]. „Alle afrikanischen Völker erkennen Gott als den Einen an" erklärt Mbiti[15]. Doch während für unser theologisches Denken im allgemeinen der Begriff des Monotheismus das Prae Gottes in jeder Weise einschließt, kommt Mbiti in seinen Untersuchungen zu dem Ergebnis, daß für den Afrikaner Gott geradezu um des Menschen willen existiert: „Der Mensch steht im Mittelpunkt des Seienden, und die afrikanischen Völker sehen alles übrige in seinem Bezug zur zentralen Stellung des Menschen. Gott dient dazu, Ursprung und Erhaltung des Menschen zu erklären."[16] Ursache für diese „anthropozentrische Seinsordnung" des Afrikaners ist sein nur zweidimensionaler Zeitbegriff. Die Zukunft als noch nicht erlebte, unverwirklichte Zeit ist für ihn nicht wirkliche Zeit[17]. Er kennt also weder Eschatologie noch Transzendenz.

2. Diese afrikanische Seinsordnung ist – so könnte man es interpretieren – von *einem* Prinzip bestimmt, dem der Teilhabe. Leben heißt, über mannigfache Bindeglieder an der Kraft Gottes teilzuhaben. Solche Teilhabe verbindet den einzelnen mit seinem Familienverband, und zwar mit den

---

[11] J. S. MBITI, Afrikanische Religion und Weltanschauung, 1974, 1f.
[12] Ebd. 37.   [13] ARNOLD (s. Anm. 10), 31. 80.
[14] R. O. MOORE, Gott und Mensch im Bantu-Glauben (in: H. BÜRKLE, Theologie und Kirche in Afrika, 1968, 42–53), 51; vgl. auch E. BOLAJI IDOWU, Afrikanische Gottesvorstellungen (ebd. 73–84).
[15] MBITI (s. Anm. 11), 45.   [16] Ebd. 115.
[17] Vgl. ebd. 18ff.

Toten des Klans genauso wie mit den Lebenden. Die Zugehörigkeit zu einer bestimmten Familie gibt Anteil an deren spezifischem Lebensstrom. Das schließt Teilnahme an den Glaubensanschauungen und Riten der Gemeinschaft ein. Sinn der Religion ist es, in diese Gemeinschaft des Lebens eingebunden zu sein. Sich von der Religion seiner Gruppe zu trennen, bedeutet, diese Teilhabe aufzukündigen, sich also von der Grundlage, ja vom Ursprung seines Lebens zu lösen[18].

3. Das führt zu dem entscheidenden Charakteristikum des traditionellen afrikanischen Menschenbildes – dem Charakteristikum, das den Rückgriff auf dieses Erbe angesichts der drängenden Probleme eines gesellschaftlichen Neuaufbaus nahelegen mußte: „Das afrikanische Bild vom Menschen in der Gesellschaft betont im allgemeinen mehr seine Gruppenzugehörigkeit als seine Individualität."[19] Äußere Ursache dafür ist, daß der einzelne unter den Bedingungen des afrikanischen Lebens nur als Glied einer Gemeinschaft leben kann. Doch es geht in der Tradition Afrikas um mehr als die äußeren Lebensbedingungen und -mittel, es geht um religiöse Teilhabe. „Wie Gott den ersten Menschen als Menschen Gottes erschuf, so bildet nun der Mensch selber den Menschen zum Gemeinschaftswesen um. Dies ist eine zutiefst religiöse Handlung. Der einzelne wird sich nur im Hinblick auf andere Menschen seiner Eigenart, seiner Pflichten, Vorrechte und Verantwortlichkeiten sich selbst und anderen gegenüber bewußt. Wenn er leidet, so leidet er nicht allein, sondern mit der Gruppe, der er angehört; wenn er sich freut, so freut er sich nicht allein, sondern mit seinen Artgenossen, Nachbarn und Verwandten, ob diese nun tot oder noch am Leben sind. Wenn er heiratet, so steht er nicht allein, und auch seine Frau ‚gehört‘ nicht ihm allein. Im gleichen Sinne gehören seine Kinder der Gemeinschaft, mögen sie auch nur den Namen des Vaters tragen. Was immer dem einzelnen widerfährt, geht die ganze Gruppe an, und was der ganzen Gruppe widerfährt, ist ebenso Sache des einzelnen. Das Individuum kann nur sagen: ‚Ich bin, weil wir sind, und weil wir sind, bin ich‘. Dies ist einer der Kernpunkte in unserem Verständnis des afrikanischen Menschenbildes."[20]

Um die Wiedergewinnung dieses afrikanischen Gemeinschaftssinnes geht es Nyerere in seinem großen nationalen Erziehungsprogramm. Man hat ihm darum den Ehrennamen „Mwalimu", Lehrer seines Volkes,

---

[18] Vgl. V. MULAGO, Die lebensnotwendige Teilhabe (in: BÜRKLE [s. Anm. 14], 54–72); MBITI (s. Anm. 11), 3.

[19] K. A. BUSIA, Das afrikanische Weltbild (in: BÜRKLE [s. Anm. 14], 34–41), 40.

[20] MBITI (s. Anm. 11), 136.

beigelegt, ja man hat ihn „praeceptor Africae" genannt. „In unserer traditionellen afrikanischen Gesellschaft", so beschreibt er dieses wiederzugewinnende Erbe, „waren wir Individuen innerhalb einer Gemeinschaft. Wir kümmerten uns um diese Gemeinschaft, und die Gemeinschaft kümmerte sich um uns. Weder wollten wir unsere Mitmenschen ausbeuten, noch hatten wir es nötig."[21] Und er fordert 1967 in seiner Rede „Education for Self-Reliance": „Unsere Erziehung muß deshalb den Schülern ein Verpflichtungsgefühl der gesamten Gemeinschaft gegenüber einflößen und ihnen helfen, die Werte zu bejahen, die unserer Zukunft und nicht unserer kolonialen Vergangenheit angemessen sind. Dies bedeutet, daß das Schulsystem Tanzanias Gemeinschaftsarbeit und nicht individuelles Vorankommen betonen muß. Es soll den Begriff von Gleichheit und Verantwortungsbewußtsein – Voraussetzung für jede Facharbeit – unterstreichen."[22]

Immer wieder betont Nyerere das Prinzip der Gleichheit, das Voraussetzung für eine gerechte, demokratische Gesellschaftsordnung in Tanzania sein müsse. Nicht anders der Dichter Shaaban Robert: „Alle Menschen waren vor dem Gesetz gleich", so charakterisiert er in zwei märchenhaften Erzählungen im Gegensatz zu seiner kolonialen Gegenwart den Idealzustand eines Staates[23]. Auch das Abstraktum Ujamaa impliziert den Gedanken der Gleichheit. Denn das Swahiliwort jamaa bedeutet nicht nur „Familie", sondern auch „Leute gleicher Art"; d. h. eine Familie setzt die Gleichheit ihrer Mitglieder voraus[24]. Allerdings ist Nyerere sich selbstkritisch bewußt, daß in der traditionellen Gesellschaft das Prinzip der Gleichheit durch die inferiore Stellung der Frau in den meisten Teilen Tanzanias an seiner vollen Entfaltung gehindert war[25].

4. Fast überflüssig ist es hervorzuheben, daß bei einer so stark auf Teilhabe und Einheit angelegten Religiosität der Mensch in seiner Ganzheit in den Blick kommt, nicht getrennt in Geist und Leib. Der ganze Mensch wird in seinem ganzen Leben in Anspruch genommen – nicht etwa nur einen Tag in der Woche –, so wie der ganze Kosmos, die sichtbare und unsichtbare Welt, religiös erfüllt und bestimmt ist. In der Teilhabe „gründet alles Verständnis der Gemeinschaft, das nicht nur der einzelne hat,

---

[21] NYERERE (s. Anm. 3), 14.
[22] J. K. NYERERE, Erziehung zur Selbständigkeit (Original in J. K. NYERERE, Freedom and Socialism, Oxford 1968), hier zitiert nach der deutschen Übersetzung in: NYERERE, Afrikanischer Sozialismus (s. Anm. 1), (19–39) 24.
[23] Vgl. ARNOLD (s. Anm. 10), 56.
[24] Vgl. G. GROHS in der Einleitung zu NYERERE, Afrikanischer Sozialismus (s. Anm. 1), 5.
[25] Vgl. J. K. NYERERE, Sozialismus und ländliche Entwicklung (Original in NYERERE [s. Anm. 22]), hier zitiert nach der deutschen Übersetzung in: NYERERE, Afrikanischer Sozialismus (s. Anm. 1), (40–66) 41 f.

sondern das solcher Gemeinschaft in ihrer Vielfalt und in ihrer konzentrisch-harmonischen Einheit mit der sichtbaren und unsichtbaren Welt eigen ist"[26].

II

Es ist heute noch nicht zu übersehen, ob und wie weit es den jungen afrikanischen Nationalstaaten wie Tanzania oder Zambia gelingen wird, unter Berufung auf die traditionellen afrikanischen Werte und Kräfte ein die Gesellschaft tragendes Nationalbewußtsein zu schaffen. Die Schwierigkeiten, die ein Gelingen in Frage stellen, sind erheblich. Die Probleme haben einerseits darin ihre Ursache, daß das traditionelle, religiöse Gemeinschaftsbewußtsein eben an die traditionellen Gemeinschaften, den Familienverband, den Klan, den Stamm, gebunden ist[27]. Die von uns Europäern meist mit Kopfschütteln beobachteten Stammesauseinandersetzungen innerhalb der afrikanischen Staaten, deren Grenzen ja fast ausschließlich der Kolonialzeit entstammen – sie gehen auf die Berliner Konferenz von 1885 zurück –, sind also nicht einfach als Machtkämpfe europäischen Charakters – ausgelöst durch widerstreitende Stammesinteressen – zu verstehen, sondern sind zutiefst religiös motiviert. Der säkulare Nationalstaat nach europäischem Modell ist außerstande, die gleiche religiöse Verankerung und Verbindlichkeit wie die traditionellen Gemeinschaften zu erlangen. Die entscheidende Frage ist also, wie weit das traditionelle Erbe entschränkt und auf die neue nationale Gemeinschaft übertragen werden kann.

Andererseits rühren die Probleme von dem gewaltigen Umwandlungsprozeß her, in den Schwarzafrika mit der Besitznahme durch Europa immer mehr hineingerissen wurde[28]. Zeichen dieses Umbruchs ist die auch in Afrika zunehmende Verstädterung, die das traditionelle Solidaritätsbewußtsein auflöst, die Familienbande zerstört und den modernen, europäischen Individualismus hervorbringt. In diesen Umbruch ist natürlich gerade auch die herkömmliche Religiosität des Afrikaners hineingezogen. Welche Kräfte in diesem Prozeß in Afrika den Sieg davontragen werden, ist, wie gesagt, eine durchaus offene Frage. Das Problem wird von allen verantwortlichen Führern Afrikas gesehen.

---

[26] MULAGO (s. Anm. 18), 61.
[27] Vgl. die ausführliche Entfaltung dieser Problematik bei H. BÜRKLE, Missionstheologie (ThW 18), 1979, 107 ff.
[28] Vgl. MBITI (s. Anm. 11), 275 ff.

Die auflösenden und zerstörerischen Kräfte sind nach Afrika zusammen mit dem Christentum gekommen. Horst Bürkle weist darauf hin, daß mit dem Christentum in der Verkündigung des Evangeliums ebenfalls potentiell Kräfte auf dem Plan sind, den aufgetretenen Problemen wirksam entgegenzutreten. Nyerere habe bei seinem gesellschaftlichen Neuaufbau – „kaum explizit gemacht und als Begründungszusammenhang nicht in Erscheinung tretend"[29] – die Kraft des Evangeliums in Anspruch genommen. Denn das Evangelium habe den afrikanischen Familienverband in einen neuen religiösen Begründungszusammenhang, in die Gemeinschaft derer, die in Christus sind, integriert. Damit habe das Evangelium das kulturelle Erbe und traditionelle Wertbewußtsein neu und universal in Geltung gesetzt. Diese Aktualisierung des vorchristlichen Erbes könne dann gelingen, wenn die Verkündigung des Evangeliums bzw. die Antwort auf die christliche Botschaft kraftvoll genug seien und die Gemeinde als Zeichen einer durch Gott versöhnten Gemeinschaft den Horizont für den Anbruch des Reiches Gottes offenhalte. Er nennt solche Wirkungen des Evangeliums „‚Beiprodukte' christlicher Mission im außerchristlichen Bereich"[30].

Doch markiert dieser Problemkomplex erst die eine Richtung im Gegenüber zu den jungen Staaten, der religiösen Welt und den Christen Afrikas. Es besteht heute durchaus nicht mehr ein einseitiges Gefälle von den „alten" Kirchen des Abendlandes zu den „jungen" Kirchen der übrigen Welt. Wir reden vom Ende des Einbahnverkehrs in der Weltmission. Jede ökumenische Weltkonferenz, nicht zuletzt die beiden letzten Weltmissionskonferenzen in Bangkok und Melbourne, machen dieses Ende bewußt und sind für uns weiße Christen eine Einübung in echte Partnerschaft. In solcher Partnerschaft ist es angemessen, daß wir prüfen, inwiefern und wie weit *wir* die Empfangenden sein könnten. Bedarf nicht geradezu „das durch seine abendländische Geschichte geprägte Christentum" neuer, „ihm zuwachsender Werte und Erfahrungen"[31] aus der weltweiten Christenheit?

So schnell wir geneigt sein werden, diese Frage zu bejahen, so schwierig hat es sich doch in der Praxis erwiesen, das ökumenische Gespräch über konfessionelle und kulturelle Grenzen hinweg mit einem spürbaren und ermutigenden Erfolg zu führen. Die heutige theologische Situation in der Ökumene scheint sich einer leichten Verständigung auch geradezu zu widersetzen; denn die Wahrheit des Evangeliums erweist sich uns nicht einfach auf Grund einer empfangenen Tradition, sondern wird uns erst in

---

[29] Bürkle (s. Anm. 27), 125; vgl. auch Mulago (s. Anm. 18), 71 f.
[30] Ebd. 116.   [31] Ebd. 123.

seiner Kontextualität greifbar und erfahrbar. Wie sollen wir aber an den Erfahrungen anderer – und seien es Gesprächspartner, die demselben Herrn verpflichtet sind – teilhaben können? Wie können wir Europäer etwa Erfahrungen, wie sie sich mit dem afrikanischen Humanismus verbinden, in ihrer theologischen Relevanz verstehen, wenn uns der Hintergrund dafür – sowohl die afrikanische Religiosität als auch die koloniale Dehumanisierung – fremd ist?

Verständlicherweise hat sich der Ökumenische Rat der Kirchen gerade mit dieser theologischen Problematik besonders intensiv beschäftigt, vor allem in Vorarbeit für die 1978 abgeschlossene Studie „Rechenschaft über die Hoffnung, die in uns ist". Auf einer in diesem Rahmen im Jahre 1974 in Bossey durchgeführten Konsultation ging Gerhard Sauter in einem Referat „Wie kann Theologie aus Erfahrungen entstehen?" diesem Fragenkomplex nach[32]. Er sieht die Verständigung zwischen den „alten" und „jungen" Kirchen in doppelter Weise gefährdet. Die abendländische Christenheit habe meist „schlechte Erfahrungen mit Erfahrungen" gemacht. Darum hat sie allmählich darauf verzichtet, Konkretionen auszusprechen, hat sich vielmehr mit abstrakten, sehr allgemeinen Ansichten über Gottes Führung der Menschen und seine Absicht mit der Welt begnügt – eine risikolose Theologie, bar jeder prophetischen Kraft: „Die Erfahrungslosigkeit unserer Kirchen und unserer theologischen Arbeit hat sehr viel damit zu tun, daß wir als Theologen allzu gerne absolute Werte, Aussagen von unbegrenzter Reichweite wählen, die dementsprechend schwer in unsere alltägliche, begrenzte, revisionsbedürftige Erfahrungswelt hineinreichen."[33] Die „jungen" Kirchen stehen dagegen in der Gefahr, Gott mit der neuen Situation, in der sie sich vorfinden, gleichzusetzen.

Sauter empfiehlt, um das ökumenische Gespräch fruchtbar zu gestalten, nur solche Erfahrungen mitzuteilen, die Gewicht für die ganze Kirche haben. Nicht jede eigene Erfahrung hat für den anderen verpflichtenden Charakter. Vielmehr gilt es, Erfahrungen schlicht zu erzählen, um dann prüfen zu können, was sie zu erkennen geben. Vor allem aber können nur „authentische Gotteserfahrungen" der Mitteilung wert sein. Und „authentisch" heißt: „Nur Gott *selber* kann uns in die Geschichte versetzen, in der sich unser Leben entscheidet . . ."[34] Nur im gemeinsamen Hören und auch Schweigen werden wir die theologische Bedeutung unserer Erfahrungen erkennen. „Die Erinnerung an die Bibel wird uns helfen, diese Erkenntnis

---

[32] G. SAUTER, Wie kann Theologie aus Erfahrungen entstehen? (in: L. VISCHER, Theologie im Entstehen [TB 59], 1976, 99–118).
[33] Ebd. 111.   [34] Ebd. 107.

der Gegenwart Gottes zu klären, durch das Zeugnis der Bibel hindurch auf
Gott zu hören und nach ihm zu fragen."[35]

In solcher Weise authentisch war beispielsweise der Bericht, den Julia
Esquivel 1980 auf der Weltmissionskonferenz in Melbourne über ihre
Erfahrungen in Guatemala gab. Was sie berichtete, machte viele, vor allem
europäische Hörer, in doppelter Weise betroffen: War es, so meldeten sich
die europäischen Bedenken an, theologisch verantwortbar, derart direkt
von der Erfahrung Gottes im Martyrium des Volkes von Guatemala zu
sprechen? Andererseits war dieser Bericht aber in einzigartiger Weise von
der Hoffnung auf den sich in Jesus, dem leidenden Gottesknecht, offenba-
renden Vater geprägt, daß die Authentizität dieses Zeugnisses unüberhör-
bar war. Die Gewißheit der Gegenwart des Christus crucifixus und der
Geborgenheit in seiner alle Menschen suchenden Liebe auch über den Tod
hinaus war für jeden Hörer von unmittelbarer Relevanz.

III

Was ist unter diesen Prämissen von einem Gespräch mit dem afrikanischen Humanismus zu erwarten – und zwar nicht allein für unsere eigenen
in abendländischer Tradition befangenen Kirchen, sondern ebenso, ja vor
allem für den Auftrag der ganzen Kirche, für ihre Sendung in die Welt
heute? Das ist keine theoretische und akademische Frage. Vielmehr macht
die Situation, in der sich die Menschheit heute befindet, ein solches
Gespräch unausweichlich. Nach dem zweiten Weltkrieg haben die welt-
weite Ausbeutung der Natur, aber vielerorts auch die Dehumanisierung
der Gesellschaft und die Ansammlung eines militärischen Vernichtungs-
potentials ein Ausmaß angenommen, daß viele eine Katastrophe für unab-
wendbar halten. Auf die Frage, ob es dazu eine Alternative gäbe, weist
Erich Fromm auf die „Protestbewegung" eines neuen Humanismus hin,
der durch diese Entwicklung auf den Plan gerufen worden sei[36]. Dabei
beruft er sich auf eine breite Front von Denkern: von Karl Marx bis Albert
Schweitzer, der den Menschen in unserem Zeitalter in der zunehmenden
Gefahr sieht, „ein sich ‚in Humanitätslosigkeit Verlierender' zu werden"[37].
Es ist Hans-Werner Gensichen zuzustimmen, der schreibt: „Es wird hin-

---

[35] Ebd. 109.
[36] E. FROMM, Haben oder Sein, 1976; hier zitiert nach der Taschenbuch-Ausgabe, 1979,
147 f.
[37] Ebd. 154.

sichtlich des Humanum – was immer im einzelnen darunter zu verstehen sein mag – ganz von vorn angefangen werden müssen, und es wird der neue Anfang im Horizont der gesamten Welt zu geschehen haben, also nicht mehr nur im Hinblick auf den überschaubaren Bezirk des alten Abendlandes, sicherlich auch nicht mehr nur mit dessen Kriterien und Kategorien. Ein solcher Neuanfang ist offensichtlich nicht eine Angelegenheit unseres Beliebens und Ermessens. Er ist uns vielmehr aufgegeben als eine Sache, die das Überleben der Menschheit betrifft."[38]

Dafür könnten sich aus dem Gespräch mit dem afrikanischen Humanismus folgende Gesichtspunkte ergeben:

1. Humanismus ist der abendländischen Christenheit weithin suspekt. Gerhard Ebeling konstatiert: „Der Intention nach ist" er „ein Lebensgefühl, das sich mehr oder weniger bewußt, gemäßigt oder radikal, zum christlichen Glauben im Gegensatz befindet."[39] Gewiß Erbe christlicher Tradition, ist er doch der *verlorene* Sohn, der Gemeinschaft bei den Liberalen, den Freidenkern, den Atheisten gesucht hat und von dorther gegen das Vaterhaus aufbegehrt: Religion ist der Entwicklung wahren, freien Menschentums feindlich, ist entwicklungshemmend. Es wird Zeit, daß wir die Türen des Vaterhauses für den Verlorengeglaubten wieder weit öffnen. Humanismus ist für die Mehrheit der Menschen durchaus nicht areligiös, sondern selbstverständlicher Ausdruck religiöser Existenz. Das könnten, ja das müssen wir im Gespräch mit dem afrikanischen Humanismus lernen – übrigens nicht nur mit diesem. Gensichen weist in diesem Zusammenhang auf Mahatma Ghandi hin, der „sich den Weg der neuen Humanität, den er suchte, nur als einen religiösen Weg vorstellen"[40] konnte. Nicht der geringste Ertrag dieses Dialogs wäre es, wenn wir als Christen das schlechte Gewissen verlören, wenn wir uns der Frage nach dem Humanum hingeben, als täten wir etwas „Uneigentliches" und „Fremdes", als förderten wir lediglich ein „Beiprodukt". Die Bewahrung des Humanum, die Wahrnehmung der Verantwortung für den Menschen und seine Welt, bricht mit innerer Notwendigkeit aus dem Glauben hervor. Denn ohne Werke ist der Glaube tot.

2. Die Rezeption vorchristlicher Traditionen im afrikanischen Humanismus erinnert an den gleichen Prozeß in der Geschichte des Abendlandes, und zwar in doppelter Hinsicht. Die Verwüstung des Humanum hatte im

---

[38] H. W. Gensichen, Zur Frage des Humanismus in den nichtchristlichen Religionen und im Christentum (in: So sende ich euch. FS f. M. Pörksen zum 70. Geb., 1973, 62–72), 62.
[39] G. Ebeling, Dogmatik des christlichen Glaubens II, 1979, 34.
[40] Gensichen (s. Anm. 38), 64.

17. Jahrhundert (Dreißigjähriger Krieg, Kriege unter Ludwig XIV. u.a.) – ähnlich der Dehumanisierung in der kolonialen Epoche in Afrika – ein Ausmaß angenommen, daß das 18. Jahrhundert sich genötigt sah, Nachlese zu halten; das Menschengeschlecht liege so darnieder, daß man es mehr bemitleiden als verehren müsse, schrieb J.G. Herder. Es galt, sich nach einer Neuorientierung umzusehen. Dabei greift man auf das antike Erbe zurück. Es war ein in des Wortes ursprünglicher Bedeutung not-wendiger Rückgriff. Was sich damals in Europa und heute in Afrika vollzogen hat, ist das gleiche, was die junge Christenheit praktizierte, als sie außerbiblische Traditionen, etwa in den Haustafeln des Neuen Testamentes, übernahm, um aufzuzeigen, was zu tun an der Zeit ist[41]. Gerade auf Grund der Freiheit, in die der Glaube den Christen versetzt, hat er die Möglichkeit, unvoreingenommen die uns übertragene Aufgabe, unserer Welt ein menschliches Gesicht zu geben, zu übernehmen. Die Verantwortung von Christen und Nichtchristen für die Welt kann nur *eine* sein[42]. Der Dialog im Zeichen der Humanität ist also nicht etwa Verlegenheit feindlicher Brüder, sondern uns mit unserem Menschsein gegebene Verantwortung.

3. Im abendländischen Humanismus war die Entdeckung und Betonung des Individuums zunächst ein Akt der Befreiung. Längst aber ist weithin die gesunde Dialektik zwischen Individuum und Gesellschaft, zwischen Individualität und Sozialität, zugunsten eines egozentrischen Individualismus aufgegeben. Aus dieser Sackgasse, in die der abendländische Humanismus geraten ist, könnte ein Dialog mit dem afrikanischen heraushelfen. Denn während wir mühsam dem Menschen aus seiner Vereinzelung aufzuhelfen versuchen, indem wir ihn auf seine Mitmenschlichkeit ansprechen, ist er für den Afrikaner selbstverständlich ein Gemeinwesen.

4. Nicht anders steht es mit der Ganzheit des Menschen. Von Theologen und Humanwissenschaftlern in gleicher Weise wiederentdeckt, ist sie für das Durchschnittsbewußtsein des westlichen Menschen nach einer zweitausendjährigen griechisch bestimmten Geistesgeschichte durchaus noch nicht wiedergewonnen. Dazu bedarf es noch eines weiten Weges. Der afrikanische Humanismus ist auf diesem Weg ein hilfreicher Gesprächspartner.

5. Gleiches gilt in noch umfassenderem Sinn für des Menschen Verhältnis zu seiner Umwelt. Von Jahr zu Jahr wird uns mehr bewußt, daß dieses

[41] Vgl. I. Asheim, Humanität und Herrschaft Christi, 1969, 32ff.
[42] Vgl. G. Ebeling, Die Evidenz des Ethischen und die Theologie (1960; in: Ders., Wort und Glaube II, 1969, 1–41); M. Honecker, Thesen zur Aporie der Zweireichelehre (ZThK 78, 1981, 128–140).

Verhältnis durch die gesamte vom Abendland her bestimmte neuzeitliche Entwicklung mit ihrem geschlossenen wissenschaftlich-technischen Weltbild lebensgefährdend für die ganze Menschheit ist. Die göttliche Weisung „Machet euch die Erde untertan" schien uns grenzenlose Vollmacht zur Ausbeutung der dem Menschen anvertrauten Schöpfung zu geben. Nun suchen wir nach einer „partizipatorischen" und „überlebensfähigen" Gesellschaft. Der Ökumenische Rat der Kirchen führte zur Erörterung dieser Überlebensfrage in Cambridge/USA im Juli 1979 die Weltkonferenz „Glaube, Wissenschaft und Zukunft" durch. Heino Falcke machte in seinem Bericht über diese Konferenz zwei für unseren Zusammenhang bedeutungsvolle Aussagen. Einerseits: „Die Theologie der Hoffnung für die wissenschaftlich-technische Welt hat in Cambridge gefehlt und muß wohl erst noch geschrieben werden."[43] Andererseits aber stellt er fest: „Ein bedeutsamer Gesprächspartner für die Konferenz . . . waren die Vertreter des Buddhismus und des afrikanischen Denkens. Einst vom expansiven westlichen Denken als vorwissenschaftlich abgetan, scheint ihre ökologisch höchst relevante Gedankenwelt und Lebensweisheit jetzt *vor* der Wissenschaft zu liegen. Wird diese Weltsicht und Spiritualität die technische Zivilisation verwandeln und sich integrieren können?"[44]

6. Ein Dialog mit dem afrikanischen Humanismus wird natürlich nicht an seiner Grenze und Gefährdung vorbeigehen dürfen. Sie hängen – so erklärt es J. Mbiti – mit dem eigentümlichen afrikanischen Zeitbegriff zusammen, der keine Zukunft im strengen Sinn kennt, kein Eschaton, keine Ewigkeit. Es fehlt eine wirkliche Transzendenz. Mbiti bezeichnet diesen Mangel als „die bedenklichste Sackgasse im sonst so fruchtbaren Denken und religiösen Empfinden afrikanischer Völker. In diesem Punkt zeigen sich unsere traditionellen Religionen vielleicht von der schwächsten und dürftigsten Seite . . ."[45] Darum fordert er: „Das Eschaton muß in die afrikanische Welt eindringen, nicht um sie zu zerstören oder zu kolonialisieren, sondern um sie zu erfüllen."[46] Diese Grenze des afrikanischen Humanismus ist jedoch kein Spezifikum der afrikanischen Religiosität, sondern Charakteristikum eines jeden Humanismus, gleich ob er sich im Zeichen der Theonomie oder Autonomie versteht[47]. Es dürfte aber den

---

[43] H. FALCKE, Unterwegs zu einer christlichen Sozialethik im wissenschaftlich-technischen Zeitalter (ZdZ 34, 1980, 121–128), 128.

[44] Ebd. 125.

[45] MBITI (s. Anm. 11), 124.

[46] J. S. MBITI, Eschatologie und Jenseitsglaube (in: BÜRKLE [s. Anm. 14], 211–235), 232.

[47] Vgl. R. BULTMANN, Humanismus und Christentum (in: DERS., Glauben und Verstehen III, 1962, 61–75).

Dialog erleichtern, daß diese Problematik von Afrikanern selber gesehen wird. Wir haben keinen Grund, uns als Lehrmeister zu fühlen und aufzuspielen. Wir sind und bleiben gemeinsam auf Gottes Gnade angewiesen.

7. Und schließlich wird ein nicht zu unterschätzender Ertrag des Dialogs für uns abendländische Christen eine unmittelbare Ermutigung für unsere eigene Glaubensexistenz sein: Wir erleben, wie auch heute christlicher Glaube in neue Bereiche und Dimensionen vorstößt, werden herausgefordert, unseren Glauben neu zu verantworten, und gewinnen die Freiheit, „begrenzte Konkretionen auszusprechen und an ihnen gemeinsam zu erproben, welche Heilkraft sie besitzen – um dann nach einiger Zeit wieder von neuem zu fragen"[48].

---

[48] SAUTER (s. Anm. 32), 111.

Heidegger und die hermeneutische Theologie

Otto Pöggeler

Martin Heidegger hat des öfteren Philosophie als Hermeneutik gefaßt. So hat er 1923 am Abschluß seiner ersten Freiburger Lehrtätigkeit über Ontologie als Hermeneutik der Faktizität gelesen, später die Fundamentalontologie in einer Hermeneutik des Daseins gegründet. Heidegger hat schließlich auf den Titel „Hermeneutik" wie auf alle ähnlichen technischen Titel verzichtet, aber der Verzicht auf einen Namen bedeutete nicht den Verzicht auf eine Sache. Seit 1960 hat sich dann in verschiedenen Spielarten eine hermeneutische Philosophie entfaltet, die aus Anstößen lebt, wie nicht zuletzt Heidegger sie gab. Die Rede von der Hermeneutik, der Kunst des Auslegens, verweist zugleich über die Philosophie hinaus auf andere Disziplinen, u.a. auf die Theologie. Dort finden wir denn auch schon in den zwanziger Jahren in der Nähe Heideggers Rudolf Bultmanns existentiale Interpretation, deren Grundproblem die Hermeneutik ist. Nachdem Bultmanns Programm durch die Entmythologisierungsdebatte eine so breite Wirkung bekommen hatte, hat die Theologie einen universaleren und konkreteren Begriff von Geschichte und Welt, als Bultmann ihn hatte, zu gewinnen versucht. Gerade auf der Basis dieser Versuche kann eine hermeneutische Theologie die Dogmatik des christlichen Glaubens neu auslegen: Indem diese Dogmatik von dem her ausgelegt wird, was auch in unserer Zeit wirklich verständlich ist, wird sie zu einer Auslegung auch unserer Zeit[1].

---

[1] Vgl. G. EBELING, Dogmatik des christlichen Glaubens I–III, 1979. – Im Versuch eines Gesprächs mit Heidegger hat EBELING Heideggers Angebot an die christliche Theologie angenommen, die Philosophie zur Torheit der Welt zu erklären; so wird lutherisch der Philosophie als bloßer Interpretation des Gesetzes das Evangelium gegenübergestellt; vgl. ZThK.B 2, 1961, 119–124. Auf diese Weise wird, philosophisch gesehen, aber nur eine sehr spezifische Auflösung des Gegensatzes zwischen dem philosophischen Fragen und dem Glauben gegeben. So kommt auch nur ein Ausschnitt von Heideggers Denken in den Blick. A. JÄGER hält fest, daß die Barthianer bei ihrer grundsätzlich kritischen Einstellung zu Heidegger doch ein historisches Heideggerverständnis entwickelt hätten, daß die hermeneutische Theologie dagegen ein gebrochenes Verhältnis zu „ihrem" Philosophen habe, insofern

Wenn es also eine hermeneutische Philosophie, aber auch z.B. eine hermeneutische Theologie, gibt, dann lohnt es sich, nach Heideggers Verhältnis zu diesen hermeneutischen Disziplinen zu fragen. Die hermeneutische Philosophie wird durchaus als eine gegenwärtige Möglichkeit des Philosophierens genommen und dann gefragt, welche entscheidenden Schritte Heidegger zu dieser hermeneutischen Philosophie hin getan hat, welche weiteren Schritte aber seine Denkversuche uns heute nahelegen[2].

I

Heidegger hat im Umkreis des Neukantianismus zu philosophieren begonnen: Die Reflexion auf die wissenschaftliche Arbeit sollte zu einem kritischen Begriff von der Natur und auch von der Geschichte führen. Zugleich waren von Anfang an die scholastische Tradition des Mittelalters und überhaupt die philosophische Überlieferung gegenwärtig; gerade vom Bezug der Philosophie zur Theologie her war Heidegger auf Hegels Synthese von System und Geschichte gestoßen. Der Ansatz, der Heideggers eigentlicher Ausgangspunkt wurde, stammte jedoch von Edmund Husserl: es war der phänomenologische Versuch, in „ Logischen Untersuchungen" das Problem der Erkenntnis neu zu entfalten. Der einzige heute publizierte Text aus dem ersten Stadium von Heideggers phänomenologischen Bemühungen ist freilich eine Auseinandersetzung mit der „Psychologie der Weltanschauungen" von Karl Jaspers: Zugleich mit Husserls phänomenologischem Ansatz kamen lebensphilosophische und existenzphilosophische Motive ins Spiel. Bergson hatte die Analyse der Zeit in die grundlegenden philosophischen Erörterungen eingebracht: Das Leben ist in vielfacher Hinsicht ein Werden; es führt zu unterschiedlichsten Evolutionsgestaltungen, doch auch in der menschlich-ethischen Dimension gibt es nur wenige Augenblicke, in denen das Leben ganz zu sich selbst findet. Die Frage blieb: Kann man das Leben gerade in diesen entscheidenden Augenblicken erfassen, oder bleiben das Leben mit seiner Lebendigkeit und der Begriff mit seiner Starrheit einander fremd? Dilthey hatte gezeigt, daß man durch die Hermeneutik historischen Verstehens der Bergsonschen Intuition eine methodischere Fassung geben könne, aber von Kierkegaard

---

sie den für sie maßgeblichen Heidegger von „Sein und Zeit" in Heideggers späteren Arbeiten nicht wiedererkenne: Gott. Nochmals Martin Heidegger, 1978, 93 ff.

    [2] Zum Begriff einer hermeneutischen Philosophie vgl. die Einleitung zu dem von mir herausgegebenen Sammelband: Hermeneutische Philosophie, 1972. – Der vorliegende Text wurde – bis auf den Schluß – im März 1980 in Rom vorgetragen.

her (und überhaupt von der christlichen Tradition her) mußte Diltheys historische Hermeneutik als ein Abgleiten von der existentiellen Selbstbekümmerung erscheinen. In jedem Fall galt für Heidegger, daß eine phänomenologische Grundlegung der Philosophie eine Hermeneutik des faktisch-historischen Lebens sein müsse[3].

Bekanntlich hat Heidegger diese seine Phänomenologie des Lebens zu Anfang der zwanziger Jahre in einem großen Werk über Aristoteles darstellen wollen, das – wie mannigfach angekündigt wurde – im Husserlschen Jahrbuch erscheinen sollte. Heidegger orientierte sich vor allem am sechsten Buch der „Nikomachischen Ethik", das ja Wahrheit auch für die Bereiche der Technē und der Praxis beansprucht. Platon soll den richtigen Logos der Praxis gerade nicht finden, wenn er Wissen und Tugend in eins setzt und davon ausgeht, daß wir die Seinsordnung wissen können, das sittliche Verhalten an diesem Wissen auszurichten haben. Aristoteles weiß sich der Medizin nahe, die beim Heilen die Situation beachten muß: was in der einen Situation gut ist, kann in der anderen schlecht sein; dazu gibt es einen Kairos: man muß das Geschwür schneiden, wenn es reif ist. Der Orientierung in der Situation dient die Klugheit, nach der heute noch die Juris-Prudenz heißt. Heidegger geht davon aus, daß die Ausrichtung auf die Situation und den Kairos erst in der christlichen Zeit ihre letzte Schärfe gefunden hat; er wirft Aristoteles vor, daß er in einer kategorialen Nivellierung die durchaus gesehenen entscheidenden Fragen im Ganzen seines Denkens nicht durchgehalten habe. Eine bestimmte metaphysische Option führe diesen Griechen zu der Annahme, das Erkennen sei ein Sehen und das Sein als ein Vor-Augen-Liegen ein ständiges Anwesen. Kairos und Situation und in ihnen die Zeit müssen dann zu einer Reihe von Jetzt-Punkten werden, denn nur als Reihe zukünftiger, vergangener und gegenwärtiger Jetztpunkte liegt die Zeit vor Augen. Das ist nach Heidegger die Zeitauffassung der Aristotelischen „Physik". Will Heidegger den weiten Begriff der Wahrheit, wie die „Nikomachische Ethik" ihn gibt, durchhalten, dann kann er nicht diskussionslos akzeptieren, daß Aristoteles in seiner „Hermeneutik" allein der Aussage zugesteht, daß sie wahr oder falsch sein kann. Haben nicht Bitte, Wunsch und Befehl, in jedem Fall z. B. die Frage ihren spezifischen Wahrheitsbezug? Heideggers Hermeneutik muß sich von Anfang an in der Entgegensetzung gegen die Tradition ausgestalten, die schon bei Aristoteles entscheidende Probleme aufgriff und zugleich verkürzte und verschüttete.

---

[3] Hierzu und zum folgenden vgl. meinen Vortrag: Heideggers Neubestimmung des Phänomenbegriffs (Phänomenologische Forschungen 9, 1980, 124–162).

Aristoteles ist wieder der große Lehrer, so wie er es für die Kommentatoren der Spätantike war, für das hohe Mittelalter, für die Renaissance, wenigstens für einige noch zur Zeit der Französischen Revolution. Es geht primär nicht wie in den anderthalb Jahrhunderten seit Schleiermacher um eine historisch richtige Aristotelesinterpretation, sondern um den Nachweis, daß Aristoteles oder doch die Auseinandersetzung mit ihm zu einer angemessenen, nämlich einer hermeneutischen Philosophie hinführt. Wenn es nicht nur die Wahrheit der Theorie gibt, sondern auch Wahrheit in der Technē und der Praxis (auch eine religiöse Wahrheit, wie Heidegger in seinen frühen Vorlesungen betont), dann muß man festsetzen, wie es Wahrheit und den richtigen Logos in unterschiedlicher Weise in diesen verschiedenen Bereichen gibt. Der praktischen Vernunft geht es nicht um einsichtige erste Prinzipien, sondern um letzte Ziele, die jeweils diese sind; sie kann nicht ein Tugendwissen sein, das von einer Ideenordnung her dem Handeln die Ausrichtung gibt, sondern nur ein vernunft*verbundenes* Streben. Das Streben wählt seine Ziele – z. B. ein Leben, in dem der Mensch nicht mehr Menschenfresser sein will oder auch nicht mehr nur Barbar, in dem er sich in den politischen Bereich einfügt, aber auch neue Differenzierungen zwischen dem Politischen, dem Gesellschaftlichen, dem Religiösen durchsetzt. Soll diesem Streben eine gewisse Rationalität gegeben werden, dann kann Aristoteles nur empfehlen, das habitualisierte Streben solle als Tugend immer die rechte Mitte halten. Aber diese ethische Tugend braucht die dianoetische Tugend, um mit dem Ziel die rechten Mittel zu wählen und in den Mitteln das Ziel. Sie braucht hier unter dem wechselnden Mond vor allen Dingen die Klugheit als Auge der Seele. Freilich steht die Weisheit höher als die Klugheit, denn sie weiß von dem, was immer so ist, wie es ist. Entscheidend für die Aristotelische Kritik an der Platonischen Position aber ist, daß die Weisheit die Klugheit nicht ersetzen und die Klugheit nicht Weisheit werden kann. Die Kontemplation, die wesentlich durch die Weisheit getragen wird, ist für Aristoteles die höchste Praxis; hier aber folgt Aristoteles einer metaphysischen Position, die Heidegger – der Kierkegaardleser – nicht mitmachen kann. Hegel hatte noch einmal die Aristotelische Option zugunsten des Mittleren und Normalen wiederholen können, weil auch er in der Geschichte die Vernunft am Werke sah; Kierkegaard aber machte geltend, daß wir nicht immer die Harmonie zwischen dem Ethischen mit seiner Verallgemeinerung und dem Ästhetischen mit seiner Glückserfüllung finden können: Ausnahmeexistenzen – Behinderte, Ausgestoßene, Unglückliche verschiedenster Art – finden diese Harmonie nicht, doch können sie religiös in einer einmaligen Weise als Ausnahmen einen Sinn finden, weil Gott – nach christlicher Auffassung

– ganz hat in die Zeit eingehen wollen und so dem Augenblick in seiner Einmaligkeit die Möglichkeit höchster Erfüllung gegeben hat. Heidegger kann die Klugheit nicht platonisierend mit der Weisheit in eins setzen, aber die Weisheit auch nicht höher stellen als die Klugheit; er folgt jedoch Thomas von Aquin, der zur Klugheit das Gewissen stellte. Die Klugheit sei das Gewissen, so soll Heidegger, etwas vorschnell und gewaltsam, Aristoteles interpretiert haben.

Von dieser Interpretation aus kann Heidegger Aristoteles mit der transzendentalen Fragestellung Kants verbinden, ja Aristoteles durch Kant als den Partner und Widerpart bei der Entfaltung des phänomenologischen Ansatzes ersetzen: In der „Logik"-Vorlesung vom Winter 1925/26 wollte Heidegger über Aristoteles sprechen, doch brach er mitten im Semester den ersten Plan zugunsten einer Auseinandersetzung mit Kant ab. Heidegger glaubte Kant zu folgen, wenn er Sinnlichkeit und Verstand, ja theoretische und praktische Vernunft auf eine einheitliche Wurzel zurückzuführen suchte und diese Wurzel dann in der Einbildungskraft fand. Ist die Sinnlichkeit auf die Weise gerichtet, wie etwas in Raum und Zeit gegeben ist, erbringt der Verstand mit den Kategorien mögliche Bestimmungen des Gegebenen, so vermittelt die Einbildungskraft zwischen Sinnlichkeit und Verstand, indem sie die Bestimmungen des Verstandes in Schemata einbettet, zu denen der Zeitbezug gehört. Der Kategorie der Kausalität z. B. entspricht das Schema der geordneten Zeitfolge: zuerst stoße ich das Buch an, dann fällt es vom Pult . . . Kann man nicht, über Kant hinausgehend, Schemata suchen, die unser In-der-Welt-Sein überhaupt gliedern und z. B. zeigen, wie beim toten Ding und in anderer Weise beim existierenden Menschen das Gegebensein in der Zeit mit Grundbestimmungen zusammengeht? Diese Radikalisierung des Kantischen Lehrstücks geriet freilich in eine Aporie: Ist die Einbildungkraft mit ihrem Zeitbezug eine letzte Wurzel, die Zeit mit ihren Schemata ein Prinzipiengefüge zur Unterscheidung unterschiedlicher Seinsbereiche? Oder ist die Zeit Charakteristikum eines Mediums, in dem es erst Prinzipiengefüge geben kann, und baut die Einbildungskraft sich geschichtlich auf, so daß phantasiegeschaffene Universalien in ihrer lebensweltlichen Verwurzelung – wie schon Vico behauptete – den abstrakten Begriffen vorausgehen?

Diese Aporie ist auch noch kennzeichnend für Heideggers eigenen systematischen Versuch: In „Sein und Zeit" ist die Zeit mit ihren Schemata einmal vorausgesetzt als ein Prinzipiengefüge, von dem her die Seinsweisen des Daseins und die Weisen des Seins (etwa Zuhandensein, Vorhandensein, existentiales Sein) unterschieden werden können; die Zeitlichkeit (und das heißt vor allem: die Geschichtlichkeit) ist aber zugleich das Charakteristikum jenes Mediums, in dem Ontologien aufgebaut werden und von Prinzipiengefügen Gebrauch gemacht wird. Diese Begründung der Ontologie in einer hermeneutischen Philosophie vermag den hermeneutischen Zirkel, in dem sie steht, nicht auszuschreiten: sie kommt von der Zeit als Prinzipiengefüge nicht zur Zeit als Medium für jedes Ansetzen von Prinzipien; sie vermag von der Geschichtlichkeit des Mediums für den Aufbau von Ontologien her nicht zu fassen, was die Rede von Prinzipien oder leitenden Schemata eigentlich sagt. So blieb „Sein und Zeit" mit seinem aporetischen Ansatz denn auch Fragment.

Für die Öffentlichkeit war Heidegger mit diesem Buch an die Spitze der phänomenologischen Bewegung getreten; als er 1928 auf den Freiburger Lehrstuhl berufen wurde, nahm er Abschied von Husserl und Scheler und von Bultmann. Wie etwa der Theologe Overbeck den Reichtum seiner patristischen Forschungen aufgab, um in einsamer Arbeit das Verhältnis von Christentum und Kultur zu erwägen, so gab Heidegger das Instrumentarium der phänomenologischen Philosophie und Forschung auf, um sich ungeschützt den Fragen zu stellen, die sich ihm ergeben hatten. Aber Heidegger war noch jung; in einem dramatischen Geschehen, das Philosophie mit Politik und mit letzten Sinnfragen verknüpfte, mußte Heidegger erst noch zu sich selbst finden. Er suchte sein Denken umzugestalten zum Erfassen des epochalen Umbruchs, in den er die Geschichte geraten sah; so wurde dieses Denken konfrontiert mit den Mächten des politischen und des religiös-weltanschaulichen Bereichs. Erst 1927 und 1928 hatte Heidegger in Tübingen und Marburg jenen Vortrag über „Phänomenologie und Theologie" gehalten, der von der Philosophie her zu zeigen suchte, wie diese als hermeneutische Phänomenologie für die Theologie über eine existentiale Interpretation fruchtbar gemacht werden kann; nun gab Heidegger den (zu engen) Begriff der Geschichtlichkeit auf, den er mit Bultmann teilte, und entfaltete – Titel wie „Hermeneutik" und „Phänomenologie" aufgebend – eine konkretere Hermeneutik. Freilich um welchen Preis! Als Freiburger Rektor stellte Heidegger sich in den Dienst der nationalsozialistischen Revolution und forderte z. B. am 11. November 1933 am Vorabend der Reichstagswahlen in einem „Bekenntnis der Professoren an den deutschen Universitäten und Hochschulen zu Adolf Hitler und dem nationalsozialistischen Staat" mit Theologen wie Emanuel Hirsch die bedingungslose Gefolgschaft gegenüber Hitler und den Austritt Deutschlands aus dem Völkerbund. Bald zog Heidegger sich wieder zurück. Am 2. April 1936 hielt er in Rom den Vortrag „Hölderlin und das Wesen der Dichtung" – 180 Jahre, nachdem Winckelmann seine Zimmer im Dachgeschoß des Palazzo Zuccari bezog, mehr als 400 Jahre, nachdem

Luther in einer Klosterzelle am Fuße des Pincio seine Gedanken über Rom sammelte. In dieser Zeit distanzierte Heidegger sich in seinen Gesprächen auch von den politischen Machthabern im damaligen Deutschland, deren angeblichem Aufbruch er sich vorher angeschlossen hatte. „Man muß", so sagte er im Gespräch, „in die Katakomben gehen; denn die" (die politischen Machthaber) „machen alles kaputt."[4] Die Katakomben: das waren für Heidegger die Sprüche Heraklits, die Tragödien des Sophokles, die Elegien und Hymnen Hölderlins. Man muß sehr genau hören, was Heidegger am Schluß der römischen Rede über Hölderlin von der „neuen", der „dürftigen" Zeit sagte: „Es ist die Zeit der entflohenen Götter *und* des kommenden Gottes." Diese bestimmte Rede von „dem" kommenden Gott hat Heidegger später wieder aufgegeben, aber damals in den „Beiträgen zur Philosophie" entfaltet.

Diese „Beiträge zur Philosophie" stammen aus den Jahren 1936–38 und sind noch unveröffentlicht. Ich habe sie Anfang der sechziger Jahre studieren können und damals im Auftrag Heideggers über sie berichtet. Es scheint mir nach wie vor so, daß die Bewegung von Heideggers Denken erst in dieser Arbeit ins Ziel kommt. So nutzt es nicht viel, nur nach einzelnen Unterschieden zwischen Bultmanns und Heideggers hermeneutischem Ansatz zu fragen; wenn man Heideggers Verhältnis zur hermeneutischen Theologie bestimmen will, muß man sich mit der Position dieses eigentlichen Hauptwerks von Heidegger auseinandersetzen. So mag hier das damals Berichtete und Zitierte noch einmal in den Zusammenhang unserer Thematik gestellt werden.

II

Die „Beiträge" sind, äußerlich gesehen, ein Aphorismenbuch, das an Nietzsche erinnert[5]. In der Tat ist dieses Buch von Sils-Maria-Wind und Ecce-Homo-Stimmung durchweht, obgleich Heidegger die große Geste zugunsten sachzugewandter Arbeit zu vermeiden sucht. Die Textstücke

---

[4] Vgl. O. F. BOLLNOWS Bericht, in: Erinnerung an Martin Heidegger, hg. v. G. NESKE, 1977, (25–29) 28. – Von Bergsträssers Ordnungsphilosophie her hat A. SCHWAN positive und negative Ansätze für eine Politische Philosophie bei Heidegger zu trennen versucht: Politische Philosophie im Denken Heideggers, 1965; zu Gogarten und Bultmann vgl. DERS., Geschichtstheologische Konstitution und Destruktion der Politik, 1976. Vgl. aber auch die Kontroverse zwischen SCHWAN (PhJ 81, 1974) und mir (Nachwort zur 2. Aufl. von: Philosophie und Politik bei Heidegger, 1974).
[5] Seitenzahlen im Text verweisen im folgenden auf mein Buch: Der Denkweg Martin Heideggers, 1963.

der „Beiträge" lassen sich im publizierten Werk Heideggers etwa mit den Aufzeichnungen „Überwindung der Metaphysik" aus den „Vorträgen und Aufsätzen" vergleichen. Die Textstücke der „Beiträge" sind aber thematisch geordnet; sie sollen Beiträge zu einem einzigen Gedanken-Gang sein. Der Titel deutet hin auf den Versuchscharakter des Ganzen, er ist aber nur der öffentliche Titel, während der eigentliche Titel „Vom Ereignis" lautet (144). Das Sein in seiner Wahrheit soll als Ereignis erfahren werden; so aber stelle das Sein auch die Götter zur Entscheidung, und zwar in der Einzigkeit des „letzten Gottes". Erst mit dieser Entscheidung sei die Frage nach dem Sein selbst oder dem Seyn in die höchste Fragwürdigkeit gehoben. In dieser höchsten Fragwürdigkeit, in der das Sein als Ereignis durchsichtig werde für den „Vorbeigang des letzten Gottes", hebe die Fragwürdigkeit sich selber auf.

Die „Beiträge" sind als Gedanken-Gang der Übergang in die Wahrheit des Seins als Ereignis. „Das übergängliche Denken leistet den gründenden Entwurf der Wahrheit des Seyns als *geschichtliche* Besinnung." Diese geschichtliche Besinnung auf die Wahrheit des Seyns soll nun freilich nichts anderes sein als das Zur-Sprache-Kommen des Seins. So gliedern die „Beiträge" sich nach der Vielfalt der vollzogenen Schritte: „Was gesagt wird, ist gefragt und gedacht im ‚Zuspiel' des ersten und des anderen Anfangs zueinander aus dem ‚Anklang' des Seyns in der Not der Seinsverlassenheit für den ‚Sprung' in das Seyn zur ‚Gründung' seiner Wahrheit als Vorbereitung der ‚Zukünftigen' ‚des letzten Gottes'." (144) Vor diesen Abschnitten „Anklang" und „Zuspiel", „Sprung" und „Gründung", „Die Zu-künftigen" und „Der letzte Gott" zeigt ein Vorblick, wie der Gedanken-Gang im ganzen eine „Fuge" der Wahrheit des Seins ist. Das Denken, gefügt vom Seyn, ist eine Fuge durchaus auch im musikalischen Sinn: In den unterschiedlichen Bereichen, die in den sechs Abschnitten durchgangen werden, erklingt immer nur dasselbe, z. B. als Anklang oder Zuspiel, und so kann ein äußerliches Lesen leicht Wiederholungen finden. Die Verfügung über die Weise, wie das Seyn sich dem Denken fügt, bleibt der Weg eines einzelnen, der nur seine begrenzten Möglichkeiten hat und die Fügung des Seyns nicht erzwingen kann; jedoch entsteht – geschichtlich und in einer Verwandlung des Denkens und des Menschen – ein Gefüge. Dieses Gefüge kann aber nicht mehr System sein. Vom System konnte der Deutsche Idealismus sprechen, der das Sein, ohne seine Wahrheit zureichend bedacht zu haben, ganz in das Denken einholen zu können glaubte. Heidegger ermäßigt nicht die Forderung eines Systems zur Forderung eines Restes von Systematik; er macht sich auch nicht Nietzsches Wort zu eigen, der Wille zum System sei ein Mangel an Rechtschaffenheit. Heidegger fordert für das Gefüge seiner Fuge eine größere Strenge, als sie dem System oder dem bloß Systematischen zukommen konnte. So glaubt er dem Gegensatz zwischen einer wissenschaftlichen Philosophie und einer Weltanschauungsphilosophie ausweichen zu können. Die Philosophie kann sich nicht wissenschaftstheoretisch nur an den vorgefundenen Wissenschaften ausrichten; sie bleibt „herrschaftliches Wissen", das auch dann die Wissenschaften erst in ihre Arbeitsbereiche einweist, wenn es (als seinsgeschichtliche Besinnung) nicht mehr absolutes Wissen im Sinne des Deutschen Idealismus ist. Mit jener Weltanschauungsscholastik, die sich vorgegebenen Kirchen oder auch dem Anspruch des Völkischen zur Verfügung stellt, hat die Philosophie nichts zu tun. Die Weltanschauung tendiert zur totalen Weltanschauung, die das Denken nur für Apologetik und Propaganda braucht, jedes In-Frage-Stellen unmöglich macht und sich allenfalls auf die Taktik des Ausgleichens zwischen Weltanschauungen einläßt; Philosophie aber stellt sich offen und ungeschützt den entscheidenden Fragen.

Heidegger sucht fragend einen Weg zu bahnen zum Denken oder gar „Erdenken" des Seins; dieses Denken soll jedoch kein Ausdenken und kein willkürliches Erfinden sein, sondern in seinem Fragen schon durchstimmt sein vom Sein. Heidegger zeichnet nun nicht mehr wie früher eine einzige Stimmung systematisch aus; er faßt vielmehr die Stimmung oder Gestimmtheit geschichtlich: Die Grundstimmung im Anfang des Denkens war das Staunen; nun, im Zeitalter des Nihilismus, ist die Grundstimmung bezeichnet durch den Schrecken und das Entsetzen, zugleich auch durch jene Scheu und jene Verhaltenheit, die dem Sein die Unverfügbarkeit seiner Wahrheit wahren. Aristoteles hat in seiner Ethik schon darauf aufmerksam gemacht, daß die Scheu oder Scham zugleich Affekt und Tugend sei: sie überkommt uns (wenn wir etwa plötzlich rot werden) als ein Affekt, und doch wird der Schamhafte für Scham und Scheu gelobt wie für eine Tugend. Argumentiert nicht auch Heidegger existentiell oder gar moralisch von einem Tugendwissen her, wenn er die Durchstimmtheit vom Sein fordert? In der Tat faßt er das Ereignis auch als Entscheidung. In dieser Entscheidung geht es um ein mannigfaches Entweder-Oder: ob die Natur nur Gegenstand der Ausbeutung und des Erlebens bleibt oder als sichverschließende Erde das Offene der Welt trägt, ob die Kunst eine Erlebnisveranstaltung ist oder das Ins-Werk-Setzen der Wahrheit, ob schließlich die Wahrheit bloße Richtigkeit bleibt oder als Wahrheit des Seins Ereignis wird. Die Rede von der Entscheidung zielt hier nicht auf die existentielle Dezision im religiösen, politischen oder auch nur moralischen Sinn, sondern vorweg auf eine verbindliche Eröffnung der Bereiche, in denen es dann Entscheidungen im existentiellen Sinn geben kann. Von der philosophischen Tradition her mag man sagen: Heidegger knüpft das Philosophieren an einen Affekt, aber er faßt diesen Affekt wie eine Tugend, umgekehrt faßt er die Tugend, weil sie sich unverfügbar geschichtlich aufbaut, wie einen uns überkommenen Affekt. Gemäß den kritischen Unterscheidungen Kants erkennen wir in einem Affekt nichts und erstreben auch nichts, sondern sind in Abkehr oder Zukehr verwiesen an eine Situation, in der wir stehen. Heidegger aber beansprucht diese Abkehr und Zukehr und sogar das Entscheidungsmäßige eines Augenblicks für das Denken. Durch die Gestimmtheit weist das Denken ein in ein Wahrheitsgeschehen, das als Entscheidung Übergang (von einer Situation zu einer anderen) ist[6]. Wie aber kann dieses übergängliche Denken, der Gedanken-Gang, noch eine Verbindlichkeit haben?

Das Denken kann als Denken des Seins sich die Situation, in der es steht, und den Augenblick der Entscheidung, auf den es verwiesen ist, nicht aussuchen; sie sind durch die Epoche, zu der es gehört, vorgegeben. Wenn unsere Epoche die eines Übergangs sein soll, dann fragt sich, wohin wir gehen und woher wir kommen. Wohin wir gehen, das gerade wissen wir nicht, weil wir erst noch denkend fragen, wer wir sind und wozu wir da sind. Woher wir – als Philosophen – kommen, bestimmt sich aus dem Übergang heraus, in dem wir die Frage neu und anders stellen, die die Mitte der Philosophie ausgemacht hat. Das aber ist die Frage nach dem Sein, wie sie – im Anschluß an die Auszeichnung des „ist" in den indogermanischen Sprachen – von den Griechen zuerst gestellt worden ist. In der Tradition, die Heidegger nun unter dem Titel „Metaphysik" zusammenfaßt, ist die Seinsfrage aber nur in der Form der Leitfrage gestellt worden: Was ist das Seiende in seinem Sein? Das Seiende ist in seinem Sein z. B. dingliches Sein oder menschliches Sein; es ist den Grundbestimmungen nach z. B. Was-Sein und Daß-Sein, vielleicht nach der leitenden Bestimmung idea oder ousia, ein beständiges Anwesen. Diese Leitfrage aber vergißt die Grundfrage: Was ist das Sein selbst in seinem Wesen? Ist es wirklich idea oder ousia, beständiges Anwesen? Läßt sich der Mensch seiner Idee und seinem Wesen nach fassen und kommt dann zu diesem Was als zufällige Realisierung auch noch hinzu, daß der Mensch ist? Vielleicht ist die Leitfrage anhand eines bestimmten und einseitigen Leitfadens entfaltet worden, nämlich anhand des Leitfadens des Denkens als eines Vorstellens: Das Denken stellt das Seiende vor sich hin und auf sich zu und kann deshalb als Sein des Seienden nur das beständig vorstellbare Anwesen

---

[6] Zum einzelnen vgl. meinen Vortrag: Wovor die Angst sich ängstet (ZW 51, 1980, 1–18; auch in: Nimmt die Angst zu? [Herrenalber Texte 16], hg. v. W. Böhme, 1979, 23–40).

gelten lassen. Darf man aber z. B. den Menschen auf ein beständiges Anwesen hin stellen, gehört er nicht in eine offene Geschichte? Der römische Vortrag über Hölderlin spricht von einem geschichtlichen Wesen der Dichtung, das in die Entscheidung stellt. Steht nicht hinter dem ständigen Anwesen der ousia die Zeit, die mehr ist als immer mögliche Anwesenheit und Gegenwärtigkeit? Das Sein gerät so in einen Bezug zur Zeit, und statt des vorstellenden Denkens müssen wir die Zeit als Leitfaden der Entfaltung der Leitfrage nehmen. Dieser andere Leitfaden gestattet, nicht nur nach dem Sein als der Wahrheit oder Offenheit des Seienden zu fragen, sondern auch nach der Wahrheit des Seins selbst: Kann das Sein des Seienden nur ousia als beständiges Anwesen sein oder vielleicht auch „geschichtliches Wesen"? Indem das bisherige Denken durch die Entfaltung der Leitfrage die Grundfrage verstellt, läßt es diese Grundfrage doch anklingen; der erste Anfang des Denkens spielt einen anderen Anfang als den bisher verstellten zu. Mit diesem Bezug auf Anklang und Zuspiel ist Heideggers Denken nunmehr von Anfang an eine geschichtliche bzw. seinsgeschichtliche Besinnung.

Der Übergang von der Leitfrage zur Grundfrage scheint jedoch ein systematischer zu sein: Heidegger glaubt ja nachweisen zu können, daß die Metaphysik als bloße Entfaltung der Leitfrage unausgesprochene Voraussetzungen hat – jene Zeit, die hinter der maßgeblichen Bestimmung des Seins als beständiger Anwesenheit und Gegenwärtigkeit steht. Eine aporetische Erörterung müßte dann die vorhandenen „Problemfronten" und das Problem, das verdeckt blieb, an den Tag bringen. In diesem Sinne hatte „Sein und Zeit" die Zeit als das vergessene Prinzipiengefüge der Temporalität zur Sprache zu bringen versucht. Auf diese Weise, so glaubt Heidegger nun zu sehen, wird aber der Übergang von der Leitfrage zur Grundfrage nicht mehr als Ereignis und Entscheidung gefaßt. Es bleibt eben vorausgesetzt, daß die Grundfrage wenigstens als Problem der Möglichkeit nach ständig anwesend sei – als Idee, Bedingung der Möglichkeit, Voraussetzung. (Die philosophiehistorische Gelehrsamkeit des Neukantianismus und Nicolai Hartmanns orientierte sich in diesem Sinne problemgeschichtlich.) Heidegger schneidet sich diesen Weg nunmehr ab, indem er zwischen die Leitfrage nach dem Sein des Seienden und die Grundfrage nach der Wahrheit des Seins selbst die Übergangsfrage „Warum ist überhaupt etwas und nicht vielmehr nichts?" stellt. Das Fragen dieser Übergangsfrage macht deutlich, daß kein Grund mehr dafür angegeben werden kann, daß wir nach Gründen fragen, daß Sein sich uns öffnet und wir von Dingen und Menschen „ist" sagen. Die Wahrheit des Seins ermöglicht erst das Ausfragen nach Gründen; sie ist ein Grund, für den selbst als Bereich aller möglichen Gründe der Grund ausbleibt. Sie ist abgründiger Grund, zugleich auch ungründiger Grund, der z. B. in der metaphysischen Bestimmung des Seins als idea und ousia sich selber verstellt und das Denken in die Irre führt. Die „Stöße der Zeit", nicht ein zeit- und geschichtsunabhängiger Begründungsprozeß, räumen dem Sein seine Offenheit auf dem Grunde oder Abgrunde des Sichverbergens ein. „Sprung" und „Gründung" gehören deshalb zusammen.

Heidegger, von der transzendentalen Phänomenologie herkommend, geht streng davon aus, daß von „Sein" nur die Rede sein kann, wo etwas als etwas genommen, ja von ihm „ist" gesagt wird und der Ist-Sagende dazu tendiert, er selbst zu sein. Sein in dieser Offenheit gibt es nur im Dasein, und von diesem Da des Seins wissen wir nur im Menschen. Um das Sein bemühen sich aber nicht nur Wissenschaft und Philosophie; vor diesen und mit ihnen bringen z. B. die Politik sowie Kunst und Dichtung das, was ist, in die Offenheit eines Seins. Auf die Politik bezieht Heidegger sich mehr nur polemisch; dagegen sucht er die Partnerschaft von Kunst und Dichtung. Heidegger hat damals am Beispiel des griechischen Tempels gezeigt, wie Kunst Wahrheit ins Werk setzt: Sie bringt das Sichverschließende der Erde in das Offene einer Welt; sie sucht aber nicht nur die Offenheit dessen, was ist, sondern in dieser Offenheit auch das Heilvolle im Unterschied zum Unheilvollen. Gemäß der überlieferten Rede geht es der Kunst um die Götter, die eine Welt ausrichten und ihr einen Sinn entgegentragen. Heidegger will nicht nach einem Wesen der Kunst überhaupt fragen und große Kunst ästhetisch nehmen und genießen oder historisch in ihrer Fülle schätzen; er zieht den Augenblick einer kunstlosen Geschichte vor, wenn diese Kunstlosigkeit aus dem Wissen geschieht, daß es in der Kunst um Sein und Wahrheit geht. In dieser Situation begegnet ihm Hölderlin, der in der Zeit der angeblichen deutschen Klassik verkannt blieb. Hölderlin steht dafür ein, daß das Wort des Dichters die Entgegnung der Götter und Menschen und den Streit von Erde und Welt und damit das Sein in seiner Wahrheit als Ereignis zur Sprache bringt. Die Philosophie muß eine Zeit vorbereiten, in der Hölderlins Wort gehört werden kann (233). Mit Ausführungen über die „Zukünftigen" des „letzten Gottes" schließt die Fuge der „Beiträge".

Was bedeutet nun der Ausgang vom „Anklang" genauer? Heidegger sucht deutlich zu machen, daß das Sein in seiner bisherigen Geschichte die Wahrheit des Seienden erbringt, indem es mit seiner eigenen Wahrheit das Seiende verläßt; diese Seinsverlassenheit soll zur Not der Seinsvergessenheit werden, damit die Wahrheit des Seins in solcher Not anklingen kann. In der Seinsverlassenheit wird Seiendes in seinem Sein vorgestellt; wie aber und in welchen unterschiedlichen Weisen Sein selbst sich uns öffnet, das wird bei diesem Zugriff auf das Sein des Seienden nicht mehr gefragt. Ist schon im Christentum das Seiende das von Gott Machbare, so wird in der Neuzeit die Vorstellbarkeit und Zustellbarkeit des Seienden vollends zur „Machenschaft". Die Welt scheint entzaubert (wie Max Weber mit Bezug auf den europäischen Rationalismus gesagt hat); in Wahrheit ist die Entzauberung eine Verzauberung, die alles als machbar erscheinen läßt. Im „Erlebnis" bekommt das Vorstellen und Zustellen der Machenschaft seine Eigenständigkeit; auch die Einsamkeit des schöpferischen Menschen wird noch in Bild und Ton als Erlebnis den Menschen zugestellt und damit zerstört. Die Not der Seinsverlassenheit erscheint so als Notlosigkeit, so daß die Seinsvergessenheit im Zeitalter der Machenschaft und des Erlebnisses unüberwindbar wird. – Von der „Seinsverlassenheit" her erörtert Heidegger nun auch die Arbeit der Wissenschaften. Im Umkreis von „Sein und Zeit" hatte er noch in systematischen Unterscheidungen die Arbeitsweise einzelner Wissenschaften zu rechtfertigen versucht. In den dreißiger Jahren geht Heidegger (in einer seinsgeschichtlichen Erörterung) davon aus, daß eine Wissenschaft, die aus der Erfahrung der Wahrheit des Seins selbst ihre Arbeit tut, Sache einer fernen Zukunft ist; in seiner Gegenwart sieht Heidegger die Wissenschaft im Lichte dessen, was Ernst Jünger die „totale Mobilmachung" genannt hatte. Die Wissenschaften thematisieren als positive jeweils nach einem begrenzten Aspekt hin eine Richtigkeit; wie diese Richtigkeit in eine übergreifende Wahrheit des Seins gehört, fragt die Spezialisierung nicht, und so muß die wissenschaftliche Arbeit durch den liberalen Kulturbetrieb oder die konsequente Politisierung angefeuert und in einen übergreifenden Zusammenhang gestellt werden. Notwendigerweise werden die Wissenschaften in ihrer fortschreitenden Spezialisierung institutsmäßig betrieben – nicht nur die Naturwissenschaften, sondern auch die Geisteswissenschaften, die zugleich als Zeitungswissenschaften ihre aktuellen Ergebnisse verkaufen. Die Philosophie hat in diesem Betrieb und damit auch an der Universität keinen Ort, da sie ungeschützt und ohne Nutzen nach der Wahrheit des Seins zu fragen sucht. Der Ort der Philosophie ist das Entsetzen über diesen Betrieb, der immer neue Fortschritte zugunsten der Ausbeutung und Nutzung der Erde und der Züchtung und Abrichtung des Menschen erbringt. Das unauffällige betriebsmäßige Abrollen dieses Prozesses hat schließlich nur noch Geschäftsgeheimnisse, nicht einmal mehr das Überraschende und Auffällige einer Kulturleistung.

Die Erörterung des „Zuspiels" zeigt, daß das Denken eine Herkunft hat, die über den Wissenschaftsbetrieb weit hinausreicht. Indem die Herkunft eigens aufgenommen wird, spielt sie Zukunft zu und wird Vorspiel. So darf von der Geschichte des Denkens gesagt werden, daß diese Geschichte „lehrt". Zuspiel aber ist die Geschichte des Denkens nur, wenn z. B. von ihrem Anfang (bei den sog. Vorsokratikern) gezeigt wird, daß dort die Wahrheit des Seins selbst über dem Entborgenen, der Wahrheit als dem Sein des Seienden, in die Vergessenheit entsinkt. Der erste Anfang spielt den anderen Anfang zu, in dem die Wahrheit des Seins selbst zur Erfahrung gebracht wird; die Zwiesprache zwischen dem ersten und dem anderen Anfang bestimmt erst, was Anfang des Denkens ist. So wird auch der erste Anfang in das Licht gestellt, das ihm zukommt, aber bisher versagt blieb. Bei Platon sieht Heidegger die Wahrheit des Seins vollends verstellt; Platon setzt das (vorstellende) Denken als Leitfaden der Leitfrage nach dem Sein des Seienden durch, indem er in der Idea das Allgemeine des Seienden faßt, im Aufweis der Koinonia der Ideen die Dialektik entfaltet und mit dem Agathon als dem, was die Ideen tauglich macht zum Sein des Seienden, eine letzte Wertung ins Spiel bringt. Der spekulative deutsche Idealismus wendet die Wahrheit als Richtigkeit einer Übereinstimmung noch einmal auf sich selber an, indem er das „Ich stelle vor" vorstellt und Wahrheit so in der Gewißheit verwurzelt; wird das Ich dieses sich vorstellenden Vorstellens zum Absoluten, dann kann es sich einen mit dem christlichen Gott, der nach Augustinus ja die Ideen vorstellt. Wie Leibniz die Monade, Kant das Transzendentale, Schelling die Freiheit, Hegel das System in den Blick zu bringen sucht, weist hin auf das Dasein als Gründung der Wahrheit des Seins, ohne daß die anfängliche Dimension der Wahrheit zur Sprache käme. Gerade der Nihilismus, in dem es mit der Wahrheit nichts mehr ist, verweist – eigentlich genommen – darauf, daß die Verweigerung als die Verbergung in die Wahrheit des Seins selbst gehört.

Die Forderung des „Sprungs" macht ernst mit der Einsicht, daß die Wahrheit des Seins selbst nicht in einem kontinuierlichen Übergang vom Sein als der Wahrheit des Seienden erreicht werden kann, weil dann die Wahrheit des Seins selbst von einer speziellen Wahrheit des Seienden her gedacht würde (etwa als Idee der Ideen). Die Wahrheit des Seins will in einem Sprung ersprungen sein; wird sie damit aber nicht der Willkür ausgeliefert? Heidegger erinnert daran, daß er den Entwurf und damit auch den Entwurf der Wahrheit des Seins als einen geworfenen bestimmt hat: Alles Entwerfen des Menschen kommt im Vorlaufen zum Tode an ein Ende seines Könnens; es ist immer schon eingefügt in eine vorgegebene Offenheit und verwiesen auf ein Sichverbergen. So vollzieht sich eine „Kehre": der Mensch ist als Stätte der Offenheit von Sein oder Da-Sein ereignet vom Sein selbst (162. 180). Heidegger gebraucht das Wort „Ereignis" durchaus im Plural, wenn er den Anfang des Denkens, den Platonismus, den Nihilismus als Ereignisse faßt. In diesen Ereignissen ist jedoch das Ereignis nicht als solches erfahren (vielmehr wird eine begrenzte Wahrheit des Seienden verabsolutiert). Diese Ereignisse sind also erst nur in einem uneigentlichen Sinn Ereignisse. Heidegger selbst sucht sein Denken nicht nur einzufügen in die Geschichte der Wahrheit des Seins, sondern zugleich diese Wahrheit als Geschichte überhaupt erst eigens zu erfahren. So wird in einem einzigartigen Sinn das Seyn, nämlich die Wahrheit des Seins selbst, als Ereignis gedacht. Die Wahrheit des Seyns „ist" nicht wie ein Seiendes, sondern „west" als Ereignis, indem sie das Da des Da-Seins gründet. Als Dasein *gehört* der Mensch dem Sein; Stern und Stein, Pflanze und Tier, der Mensch selbst und der Gott wollen im Da-Sein eigens angenommen sein. Auf der anderen Seite *braucht* das Seyn für seine Wahrheit oder für sein „Wesen" das Da-Sein im Menschen. Das aber heißt nicht, daß Stern und Stein vom Menschen abhängig wären; sie sind nur als Stern und als Stein im Menschen entborgen. Heidegger weist jedoch die Rede von den Stufen des Seins ab, da diese Rede den Anschein erwecke, als lasse sich das Seiende auf ein höchstes und erfülltestes Seiendes ausrichten. Wohl aber fordert Heidegger, den Bezug zur Natur oder auch zum Technischen in die erfahrene Wahrheit des Seins zurückzubergen. Dabei geht es dann nicht um die Ausgestaltung der Technik als Technik, sondern um die Frage, wie die Technik überhaupt in das Gefüge der Wahrheit des Seins gehöre, sich vom Nicht-Technischen abgrenze und sich auf ihren Bereich beschränke.

Die Erörterung der „Gründung" fragt genauer, wie das Seyn als Ereignis Dasein gründet, nämlich das Da als die Offenheit von Sein im Menschen. Dieses Da ist ein Grund, für den selber kein weiterer Grund mehr angegeben werden kann; als Wegbleiben des Grundes ist dieser Grund Abgrund. Er ist zugleich Ungrund, der dadurch in die Irre führt, daß eine bestimmte und begrenzte Offenheit als die einzige ausgegeben wird (178). Von dieser Abgründigkeit und Ungründigkeit her ist das Da-Sein zugleich Weg-Sein. Gerade so aber gründet es die Wahrheit des Seins, nämlich als Offenheit zugleich mit dem abgründig-ungründigen Sichverschließen, als Lichtung für das Sichverbergen (wie Heidegger formuliert). Die Wahrheit des Seyns ist Geschichte in einem einzigartigen Sinn: jenes Geschehen, das erst das Sein als die Wahrheit des Seienden erbringt. Da Heidegger nach der Zeit als der Zeit der ständigen Anwesenheit der idea und ousia und nach dem Zeitbezug einer letzten „Einbildungskraft" fragte, kann er in dieser Wahrheit des Seyns die gesuchte Zeit finden. Diese Wahrheit ist Zeit-spiel-raum und Augenblicks-stätte (252).

Die „Zukünftigen" unter den Menschen sind jene, die den heute gefor-

derten Untergang annehmen, ihn so verwandeln zu einem anderen
Anfang. Sie müssen Fremdlinge in der Gegenwart sein – aber nicht, um
diese Fremdheit (die Entfremdung) einmal endgültig zu überwinden; ist
das Da-Sein verwiesen an die Abgründigkeit der Wahrheit des Seyns, dann
ist es über jede geforderte Offenheit des Seins hinaus. Die Zukünftigen sind
ferner sie selbst und „eigentlich" nicht in der Privatheit einer isolierten
Existenz, sondern in der Gemeinschaft mit anderen und zusammen mit
dem, was ist; Eigentlichkeit erwächst aus der Zueignung, dem Gehören
zur Wahrheit des Seyns. Freilich wird die Wahrheit des Seyns zur Augen-
blicksstätte gerade in jenen Einsamen, die – wie Kierkegaard, Nietzsche,
Hölderlin – von ihrer Zeit für letzte Erfahrungen ausgesetzt werden. Vom
anderen Anfang der Wahrheit des Seyns her müssen die Zukünftigen auch
zurückfinden zur Bergung des Seienden in seiner Wahrheit (dem Sein).
Dann zeigt sich die Lichtung für das Sichverbergen als Streit zwischen dem
Sichverschließen der Erde und der Offenheit der Welt, aber auch als
Entgegnung der Götter und der Menschen: Das Göttliche (etwa die Athene
im Parthenon über Athen) sammelt die Bahnen der Offenheit des Seienden
in der Weise, daß der Mensch in dieser Offenheit auch das Heil findet und
alles weitere Fragen gestillt ist. Weil neu gefragt werden muß, wie überhaupt Göttliches den Menschen anspricht, deshalb wird so unentschieden
von den „Göttern" gesprochen; mit diesem ersten Fragen nach dem Wesen
der Götter ist über Monotheismus oder Polytheismus, Pantheismus oder
Atheismus noch gar nichts gesagt. Nach Heidegger ist das Göttliche
jedenfalls nicht ursprünglich in den Ansatz gebracht, wenn Gott als das
höchste Seiende, etwa als causa sui, gilt: Über diesen Gott der Philosophen
hat das metaphysische Bedürfnis entschieden, Seiendes im Sein, Sein aber
in einem höchsten Seienden zu gründen. Heideggers Polemik gegen die
christliche Gotteserfahrung setzt voraus, daß auch in ihr Gott vorschnell
auf ein Bedürfnis des Menschen (die Heils*sicherung*) bezogen ist.

Mit Hölderlin (vor allem mit der Hymne „Germanien") geht Heidegger
davon aus, daß die Götter, die einst die Welt der Menschen ausrichteten,
die gewesenen sind. In dieser Flucht der Götter – dem Sturz von Tempel
und Altar, dem Hinschwinden auch noch der Sage – liegt aber eine
entscheidende Erfahrung, die der Mensch mit dem Göttlichen macht: Die
Götter übermächtigen den Menschen, aber die Menschen übertreffen die
Götter, sofern sie deren Kommen, Schwinden und Sichverwandeln erfahren und durch den Bezug zum Tod verwiesen sind auf das Sichverbergen
des unentschiedenen Abgrunds. Die Götter sind nicht, wie die Menschen
„sind", aber sie bedürfen des Seins; das Sein, das Ist-Sagen der Menschen,
ist ihnen nötig, damit sie Macht über die Welt der Menschen gewinnen

können. Auch in ihrer Flucht sollen die Götter nicht die bloß Vergangenen bleiben, sondern die Gewesenen sein, die als die Fernen den Menschen noch bedrängen und beanspruchen; in diesem Zusammen von Ferne und Nähe kann sich dann vielleicht das Göttliche verwandeln und neu den Menschen ansprechen. In der Ferne und Nähe zugleich „winkt" in den Göttern der „letzte Gott", der alles Gottheitliche sammelt und erst eigens in sein (geschichtliches) Wesen hebt. In diesem „Wink" liegt kein Mangel; wenn im Wink sich vielmehr Entbergen und Verbergen einen, dann kommt gerade in ihm die Wahrheit des Seyns als Lichtung für das Sichverbergen zur Reife. Der „letzte Gott" ist nicht als etwas Höchstes endgültig festzustellen, sondern in seiner Letztheit jeweils nur da im „Vorbeigang" (vgl. im einzelnen 262 ff. 280).

III

Im März 1919 schrieb Edmund Husserl seinem früheren Göttinger Kollegen, dem Marburger Theologen Rudolf Otto, durch seinen Assistenten Heidegger und dessen Freund Ochsner habe er Ottos Buch „Das Heilige" kennengelernt. Das Buch mache den ersten Anfang einer Phänomenologie der Religion; freilich erinnere es an das Bild der Engel, die mit ihren Flügeln ihre Augen decken: der Metaphysiker und Theologe trage auf seinen Flügeln den Phänomenologen fort (der zuerst einmal eine unvoreingenommene eidetische Analyse der religiösen Phänomene zu geben habe). Husserl verwundert sich, daß unter seinen Schülern Evangelische katholisch und Katholiken (wie Heidegger) evangelisch würden, obwohl er doch nicht als Verführer der Jugend gelten, sondern auf Katholiken, Evangelische und Juden zugleich wirken wolle. Im Winter 1920/21 las Heidegger, dem Husserl die Religionsphänomenologie als Aufgabe zuweisen mochte, „Einleitung in die Phänomenologie der Religion". Wenn er im zweiten Teil der Vorlesung anhand von Paulusbriefen die urchristliche Religion als Modell faktisch-historischer Lebenserfahrung vorführte, dann wiesen die einen darauf hin, daß er hier endlich einmal mit seinen Hintergedanken herausgerückt sei. Er sei, so soll Heidegger damals nach Löwiths Bericht gesagt haben, überhaupt nicht eigentlich ein schöpferischer Philosoph, sondern ein christlicher Theologe (mit dem Akzent auf dem Logos, d. h. der Klärung dessen, was eine Rede von Gott sein kann). Andere (wie Oskar Becker) berichteten dagegen, ein Hörer habe sich beim Dekan über Heidegger beschwert: er habe Phänomenologie der Religion belegt und nur systematische Distinktionen zur Phänomenologie zu hören bekom-

men, nichts über Religion. Im Zorn habe Heidegger daraufhin nur noch
Exegese – aber in philosophischer Absicht – gegeben. In jedem Fall waren
es die Freiburger Jahre unmittelbar nach dem Ersten Weltkrieg, in denen
Heidegger sich nicht nur mit Kierkegaard, sondern in einer damals noch
unzeitgemäßen Weise mit dem jungen Luther beschäftigte. Auch ein frühes
Schleiermacher-Studium ist bezeugt. Was jedoch von Schleiermacher und
Dilthey her als hermeneutische Rücknahme der Religion in das Glaubensle-
ben wirksam sein mochte, wurde radikalisiert durch die Kreuzestheologie
von Luthers Heidelberger Disputationsthesen, die Heidegger 1921 in seiner
Vorlesung über Augustin und den Neuplatonismus heranzog[7].

In den folgenden Marburger Jahren konnte Heidegger mit dem Freunde
Rudolf Bultmann z. B. eine Zeitlang regelmäßig samstags das Johannesevangelium studieren. Im Rückblick bemerkte er gern, Bultmann habe –
wie „Die Geschichte der synoptischen Tradition" zeige – in einer destruktiven historischen Skepsis gesteckt; erst der existentiale Ansatz habe ihm die
Ausbildung einer neuen Theologie ermöglicht (eine These, die ein gewisses
Recht auch dann behält, wenn man auf andere Anstöße verweist). Umgekehrt hat die Theologie zweifellos auch auf Heidegger bestimmend einge-
wirkt. Fällt in der Dialektik Barths der Mensch ständig auf seine Zeitlichkeit zurück, die aber unter dem Gericht der Ewigkeit steht, so kann die
„präsentische Eschatologie" an die moderne Zeit- und Geschichtserfahrung
anschließen und dieser einen Ernst geben, den der Historismus noch nicht
kannte. Wenn im § 81 von „Sein und Zeit" anmerkungsweise gefragt wird,
ob die „Ewigkeit" Gottes sich nicht als ursprüngliche und „unendliche"
Zeitlichkeit (und nicht metaphysisch als nunc stans) verstehen ließe, dann
erinnert man sich an die exegetischen Versuche, die jüdisch-christliche
Zeiterfahrung von der Überformung durch die philosophische Tradition
zu befreien. Diese Versuche stellen oft – bis in Wörterbuchartikel hinein –
irgendeinen hellenistischen Autor vor, um von dessen angeblich typisch
griechischem Denken die ursprünglichere jüdisch-christliche Welterfahrung abzuheben. Heidegger war offenbar schon auf einem anderen Wege,
wenn er in „Sein und Zeit" die eigentliche Zeitlichkeit und Geschichtlichkeit durch Begriffe wie „Schicksal" und „Geschick" verdeutlichte.

Als Eduard Thurneysen in den Jahren nach dem Ersten Weltkrieg die
Botschaft der dialektischen Theologie nach Marburg brachte, verwies der

---

[7] Den Brief Husserls an R. Otto s. bei H.-W. SCHÜTTE, Religion und Christentum in der
Theologie Rudolf Ottos, 1969, 139–142. – Vgl. ferner K. LÖWITH, Heidegger. Denker in
dürftiger Zeit, 1960², 106 sowie meinen Nachruf: Oskar Becker als Philosoph (KantSt 60,
1969, 298–311). Zusammenfassend zum Thema vgl. A. GETHMANN-SIEFERT, Das Verhältnis
von Philosophie und Theologie im Denken Martin Heideggers, 1974.

neuberufene Heidegger in der Diskussion nach dem Vortrag auf Franz Overbeck und setzte die Aufgabe der Theologie darin, das Wort zu suchen, das zum Glauben rufe und in ihm bewahre. Die Zuhörer waren nicht sicher, ob Heidegger der Theologie eine Aufgabe stelle oder die Möglichkeit von Theologie bezweifle[8]. Als Heidegger dann 1969/70 seinen Vortrag „Phänomenologie und Theologie" veröffentlichte, berief er sich wieder auf Overbeck und dessen Freund Nietzsche: Overbeck habe die „weltverneinende Enderwartung als den Grundzug des Urchristlichen" festgestellt, Nietzsche auf den „herrlichen Hölderlin" verwiesen. Die Entdeckung des eschatologischen Bewußtseins Jesu hatte die Versuche der idealistischen oder liberalen Theologen unmöglich gemacht, Christus als Vorbild der ethisch-religiösen Persönlichkeit hinzustellen; dieses enttäuschte Bewußtsein schien aber keine Möglichkeit der eigenen Zeit mehr zu sein. Die Zuwendung zu Hölderlin nahm die Eschatologie zurück in eine Mythologie, deren zukünftige Ausgestaltung offen blieb. Zu seiner letzten Marburger Vorlesung vom Sommer 1928 notierte Heidegger sich die Frage, ob nicht „der echte Metaphysiker religiöser ist denn die üblichen Gläubigen, Angehörigen einer ‚Kirche' oder gar die ‚Theologen' jeder Konfession". Heidegger, der in seine Vorlesung den Nachruf auf Scheler einfügte, wollte das Göttliche von der Idee des Seins als Übermacht her aus dem Seinsverständnis verstehen, „nicht aber in einer Auslegung auf ein absolutes Du hin" (wie im Umkreis von Buber und Rosenzweig) „und auch nicht als bonum, als Wert oder als Ewiges" (wie auch bei Scheler). Heidegger berief sich auf das Daimonion im Seinsverständnis, damit auf jenes Gewissen des Sokrates, das die Grenzen der Vernunft erfährt, aber im Zerfall der geheiligten Polis auch über die rechte Form der Religiosität wacht.

In seinem Vortrag „Phänomenologie und Theologie" hatte Heidegger die Theologie als „positive Wissenschaft" bestimmt: sie sei positive Wissenschaft nicht nur in dem Sinn, daß sie zu ihrem Gegenstand vorweg schon einen Zugang habe, den sie dann durch die geklärte wissenschaftliche Arbeit neu gewinne; sie habe vielmehr ihr Thema nur im vorauszusetzenden gläubigen Gottesverhältnis, das sie aus sich nicht hervorbringen könne. Das mögliche Verhältnis der Philosophie zur Theologie könne nur die mitanleitende Korrektion sein: Die Theologie behält ihre Eigenständigkeit, doch der Bezug zum Beispiel von Offenbarung und Sünde auf seine

---

[8] Über die Thurneysen-Diskussion vgl. H.-G. Gadamer, Martin Heidegger und die Marburger Theologie (in: Heidegger. Perspektiven zur Deutung seines Werks, hg. v. O. Pöggeler, 1969, 169–178). – Zum folgenden vgl. M. Heidegger, Phänomenologie und Theologie, 1970, 8; Ders., Metaphysische Anfangsgründe der Logik im Ausgang von Leibniz, 1979, 211.

Sinnoffenheit und Schuldverfallenheit des Menschen überhaupt kann Glaubensaussagen („entmythologisierend") korrigieren⁹. Christliche Kreuzestheologie sei als systematische Theologie neutestamentliche Theologie; da
zum Neuen Testament als dem Ursprung christlicher Gläubigkeit immer
neu der Zugang gefunden werden müsse, trete zur systematischen Theologie die historische und die praktische. Es ist nun die These dieses Vortrags,
daß die Philosophie als ein freies Fragen und die Theologie, die in einem
Glauben gründet, existentiell in einem Gegensatz stehen (wenn sie auch als
Wissenschaft eine Gemeinsamkeit haben). Wie kann dann aber der „echte
Metaphysiker" religiöser sein als die „üblichen" Gläubigen und Theologen?

Unter „echter Metaphysik" versteht Heidegger in dieser Zeit die Metaphysik des Daseins: den Aufweis, wie das Da-Sein die Offenheit für
unterschiedliche Weisen von Sein ist, also auch für Sein als Übermacht und
damit gegebenenfalls als Heiliges und Göttliches. Nimmt das Denken so
die Rede vom Göttlichen oder von Gott auf, dann gebraucht es zuerst
einmal nur eine Vokabel der Tradition; ob Gott in einem bestimmten Sinn
ist oder nicht ist und wie er gegebenenfalls ist, darüber ist überhaupt noch
nicht entschieden. Wenn es jedoch auch hier etwas zu fragen gibt, dann ist
die Gottesfrage auch Thema des Denkens; daß diese Frage radikal gestellt
wird, besagt aber schon, daß der Mensch aus der Selbstverständlichkeit
eines überlieferten Glaubens herausgefallen ist. Eine konkrete Hermeneutik, die die Welt auslegt, wie sie ist, muß auch damit rechnen, daß die
Kontinuität eines weltmächtigen Glaubens nach vielen Verwandlungen
abreißt. „Christlicher Glaube wird da und dort sein. Aber die in solcher
Welt waltende Liebe ist nicht das wirkend-wirksame Prinzip dessen, was
jetzt geschieht", so stellte Heidegger Nietzsches Wort vom Tode Gottes
vor¹⁰. Gegen solche Äußerungen eines Philosophen über den Glauben kann
man freilich mit dem Vortrag „Phänomenologie und Theologie" geltend
machen, daß es dem Glauben um eine letzte Sinnentscheidung geht, dem
Denken aber nur um formal-anzeigende Einweisung in Sinnbezüge; Glau

---

⁹ Heidegger verzichtet also auf eine natürliche Religion oder metaphysische Theologie; in
keinem Fall will er Religion und Theologie in eine reinere philosophische Theologie überführen (wie das noch einmal exemplarisch W. WEISCHEDEL versucht hat). Vgl. dazu meinen
Aufsatz: Hermeneutische Philosophie und Theologie (Man and World 7, 1974, 3–19).
¹⁰ Vgl. M. HEIDEGGER, Holzwege, 1950, 234. – Diesem ersten publizierten Nietzsche-Text
gingen freilich Vorlesungen voraus, deren erste noch aus Nietzsches Antichrist das Motto
bekam: „Zwei Jahrtausende und nicht ein einziger neuer Gott!" Nietzsches Ausruf wiederholt
in radikalisierter Form die Mythologie-Diskussion vom Ende des 18. Jh.s; vgl. dazu mein
Referat: Die neue Mythologie (in: Romantik in Deutschland, hg. v. R. BRINKMANN, 1978,
340–354).

ben und Denken werden dann so auseinandergerückt, daß das Denken es sich überhaupt verbieten kann, den Namen Gottes im Munde zu führen. Diese systematische Unterscheidung vergißt aber, daß das Denken sehr wohl wenigstens die „Genesis der Gottesidee" aufzuzeigen versuchen kann; versteht das Denken sich als ein hermeneutisches, dann berücksichtigt es auch, daß für Jesaias und für Hölderlin und für uns diese Genesis sich jeweils in einem anderen Kontext vollzieht. Es ist keineswegs nur die Situation um 1929, die Heidegger zu seinem Fragen nach der Genesis der Gottesidee führt. Als Lessing im Gespräch mit Jacobi sich zu Spinoza bekannte, tat er das unter der Voraussetzung, daß die orthodoxen Begriffe von der Gottheit nicht mehr für ihn seien, und so gab er den Anstoß für die neue hermeneutische Theologie Schleiermachers und die spekulative Theologie Hegels, für Friedrich Schlegels unruhiges Fragen und Bekennen und für Hölderlins dichterische Theologie. Der Erfahrung der sterbenden Kirche korrespondierte bei den Tübinger Stiftlern die Ausrichtung am Vorbild Griechenlands, und so konnte es dahin kommen, daß Hegels „Phänomenologie" die Erscheinung Gottes in Christus als Fortsetzung der Erscheinung Gottes in der griechischen Plastik und auf dem griechischen Theater nahm. In seinem späten Gedicht „Griechenland" spricht Hölderlin anders als seine idealistischen Freunde von Gott als dem sich verbergenden – nicht als dem verborgenen, der endlich ganz offenbar werden muß, sondern als dem Schrecklichen, der sein Antlitz mit immer neuen Gewändern deckt und in keinem Gewand allzu sehr geliebt oder fixierend festgehalten werden darf. Dieser Grunderfahrung Hölderlins folgt Heidegger.

Heideggers erste Hölderlin-Vorlesung vom Winter 1934/35 zeigt sehr klar, wie Heidegger dazu kommt, das Denken der „Zukünftigen" auf den „Vorbeigang des letzten Gottes" auszurichten (nach der Formulierung der „Beiträge"). Bei aller Polemik gegen den Nationalsozialismus geht Heidegger mit diesem davon aus, daß ein geschichtlicher Umbruch geschehen sei, der sich nicht rückgängig machen lasse; die eigentliche Revolution soll aber erst noch kommen: durch die Besinnung auf einen Dichter wie Hölderlin! Heidegger ist so sehr auf das Schaffen der großen Schaffenden Nietzsches gerichtet, daß er Hölderlins Wort von den „Zeiten des Schaffenden" (nämlich Gottes) bedenkenlos umdeutet zur Rede von den Zeiten der Schaffenden (nämlich der Dichter, Denker, Staatsschöpfer). Aber gerade die Macht dieser „Halbgötter" sei ausgerichtet auf das Übermächtige des Göttlichen; das Göttliche zeige sich in den lebensbestimmenden Mächten, den „Göttern des Volkes" und der „Heimat", ja den „neuen Göttern" der „Deutschen". Auf der einen Seite verschmäht Heidegger es nicht, in einer tendenziösen Geschichtsklitterung in Heraklit wie in Meister Eckhart und in Hölderlin eine „Urmacht des abendländisch-germanischen geschichtlichen Daseins" zu finden. Auf der anderen Seite nimmt er Grundbegriffe der christlichen Dogmatik nur nach einer toten Tradition auf. So heißt es, die damalige Kanzelrede von Christus als dem Führer sei für die kirchliche Dogmatik eine Blasphemie, da gemäß der nicänischen Homoousie Christus über Schicksal und Endlichkeit hinaus sei. Demgegenüber hält Heidegger fest: „Führersein ist ein Schicksal und daher endliches Seyn." Die boethianische Unterordnung des Schicksalsbegriffs unter den Vorsehungsbegriff wird durch den Rückgang auf die tragische Welterfahrung der Griechen aufgehoben. Entsprechend wird „Ewigkeit" nicht mehr als aeternitas oder gar als sempiternitas gefaßt, sondern im Anschluß an eine Formulierung Hölderlins als „vergängliche", nämlich vorbeigehende „Ewigkeit", die der Zeit als erfüllter die Freiheit gibt, abzutreten. Hölderlins Rede, alles Himmlische sei schnellvergänglich, entspricht in der Tat der religiösen Erfahrung des Numinosen[11].

Auf einem Zettel, der der Vorlesung Heideggers nun als „Vorbemerkung" vorangestellt ist, nahm Heidegger Anstoß an Paul Böckmanns nur historischer Aufschlüsselung der Hölderlinschen Rede von den Göttern: dem geborenen, aber heimatlos gewordenen Theologen ging es um die Möglichkeit der zukünftigen eigenen Rede. Doch selbst jener Literarhistoriker, um den Heidegger am meisten warb – Max Kommerell –, begrüßte im Juni 1944, daß Bultmann sich zu Goethe wandte; er schrieb ihm von dem „furchtbaren Rechenfehler unserer guten Freunde", die auf den Planken einer angeblich wurmstichigen wissenschaftlichen Selbstkontrolle „auf den Magnetberg eines neuen Mythos selbstmörderisch zusteuern". Hölderlins Christushymnen seien „sprachliche Schätze", aber doch auch „arge und nur bei uns mögliche Greuel". „Goethe hätte sich lieber in den Ärmel geschneuzt als so etwas gemacht."[12]

Auf dem Denkweg Heideggers bleiben die Arbeiten der dreißiger Jahre ein Übergang: Sie führen erst noch hin zu jenem Spätwerk, in dem

---

[11] Vgl. M. Heidegger, Hölderlins Hymnen „Germanien" und „Der Rhein", 1980, 52. 170. 105. 93. 134. 210. 111. 54ff. – Vgl. auch meinen Aufsatz: Heideggers Begegnung mit Hölderlin (Man and World 10, 1977, 13–61).

[12] Bultmann hat sich auch mit dem späten Heidegger noch beschäftigt, ohne freilich zu einer wirklichen Rezeption und Auseinandersetzung zu kommen. Umgekehrt ließ Heidegger sich auch durch die Mahnungen Bultmanns nicht bewegen, Auerbachs „Mimesis" zu studieren, also ein Buch, das für Bultmann und für Gogarten für eine Darstellung des Übergangs von der Eschatologie zur Geschichte von besonderer Bedeutung war. Zum Brief Kommerells vgl. meinen Vortrag: Philosophie im Schatten Hölderlins (in: Der Idealismus und seine Gegenwart. FS f. W. Marx, hg. v. U. Guzzoni u. a., 1976, 361–377), bes. 366f.

Heidegger die Wahrheit des Seins selbst nicht mehr als Geschichte im einzigen Sinn des Wortes anspricht, weil das, was wir Geschichte nennen, unterschieden wird von der Natur oder dem idealen Sein, die ursprüngliche Dimension der Wahrheit des Seins aber nicht von einer der abkünftigen Dimensionen der Wahrheit des Seienden her benannt werden darf. Die Rede vom letzten Gott, der alles Gottheitliche in das Zeithaft-Geschichtliche seines Vorbeigangs als der Wahrheit seines Seins sammelt, muß folglich aufgegeben werden[13]. In seinem Spätwerk sucht Heidegger sich ganz der metaphysischen Überlieferung zu entwinden; vielleicht aber bleibt er dabei doch dieser Tradition verhaftet. Wenn Heidegger das Denken einstimmen möchte auf den Einklang von Ereignis und Austrag, dann übersetzt er (auch mittels einer unhistorischen neuplatonischen Parmenidesdeutung) noch einmal die berühmte Formel von der Identität (dem Einklang) der Identität (der Vereignung von Sein und Denken und dem Zueigensein) und der Differenz (dem Austrag des Unterschieds von Sein und Seiendem). Die Identität bekommt einen ungebührlichen Vorrang, sofern die Epoche ganz in ihr Eigenes finden soll. Damit wird gerade die Zeit als trennende Zeit verfehlt: Vergangenheit ist nur erfahren als die uns noch bestimmende Gewesenheit, nicht als abschiedlich sich in sich zurückziehende; die Zukunft ist nicht erfahren als Zukunft der Anderen. Da eine zulängliche Erfahrung des Anderen überhaupt fehlt, ist Heideggers Denken nur in unzulänglicher Weise „Hermeneutik". Aristoteles, von dem Heidegger ausging, hatte schon gezeigt, daß man nicht von „dem" Sein und „dem" Logos sprechen kann; so bekam die praktische Philosophie eine Eigenständigkeit gegenüber der theoretischen. Heidegger tut Aristoteles Unrecht, wenn er 1939 in einer Abhandlung zur Aristotelischen Physik den Ansatz des Aristoteles auf einen Nachklang einer vorsokratischen Erfahrung der einen Physis glaubt zurückführen zu können. Wenn die Mathematik von Heidegger auf einen rechnenden Zugriff bezogen wird, dann wird nicht gesehen, daß ein zahlenhaftes Gefüge eine Sache angemessen erschließen kann, und so wird durch eine falsche Entgegensetzung des Mathematischen und Hermeneutischen von vornherein z. B. jenes Problem der Technik verfehlt, dem Heidegger sich nun vordringlich konfrontiert sieht. Da alle Geschichte in die eigene Gegenwart (bzw. die Zukunft oder den „Anfang") hineingerissen wird, kann sie nicht konkret zur Erfahrung

---

[13] Mit Heidegger selbst sollte man nicht von einer Zweiteilung seines Denkens in die Phasen vor und nach der „Kehre" sprechen, sondern von drei Phasen; vgl. dazu meinen Vortrag: „Historicity" in Heidegger's Late Work (The Southwestern Journal of Philosophy 4, 1973, 53–73).

kommen. Es wird deshalb auch nicht gesagt, warum gerade bei den Griechen anfängliches Denken aufgebrochen sein soll, warum von Hölderlin her die Rede vom Göttlichen neu expliziert wird; wenn Heidegger nach dem Zweiten Weltkrieg Laotse zu übersetzen beginnt und den abendländischen Anfang auf den ostasiatischen bezieht, dann bleibt ungefragt, welche wenigen Sekunden die 2500 Jahre seit Laotse und Heraklit in der Geschichte der Menschwerdung sind.

In einer späten Beigabe zum Vortrag „Phänomenologie und Theologie" empfiehlt Heidegger der Theologie ein „nichtobjektivierendes" Reden und nennt als Beispiel den Gesang, der nach Rilke Dasein ist (nämlich da für den Gott). Indem Heidegger so die Theologie von der Wissenschaft trennt und in die Nähe des Dichtens rückt, verfehlt er, was die europäische Tradition auszeichnet: daß sie auch ihre religiöse Herkunft zum Thema wissenschaftlicher Forschung und Reflexion gemacht hat[14]. Der Theologe scheint es mit Heidegger leicht zu haben: er kann sich das, was Heidegger in den Katakomben von Heraklit und Hölderlin gefunden zu haben glaubt, als „nouvelle mythologie" mit kryptochristlichem Einschlag gegenüberstellen[15]. Vielleicht aber sollte Heidegger umgekehrt zu der Frage veranlassen, ob der christliche Glaube recht daran getan hat, den Mythos mit der Lüge oder doch ungeschichtlicher Gnosis und den Logos mit der Wahrheit zu identifizieren, sich aber als vera religio zu verstehen und schließlich die Gewißheit in der Rechtfertigung zu suchen. Wenn der religiöse Absolutheitsanspruch heute in Konflikt geraten ist mit der Geschichtserfahrung, dann bleibt zu fragen, ob er nicht von Anfang an das Wesen des Religiösen verfehlte. Ein solches Gespräch mit Heidegger kehrte dann auch zu den Fragen jener Religionsphänomenologie zurück, wie sie vor mehr als 60 Jahren zwischen Rudolf Otto, Edmund Husserl und Martin Heidegger diskutiert wurde.

---

[14] Man braucht ja nur einmal ein islamisches Land zu besuchen, um zu sehen, was es bedeutet, wenn Naturwissenschaften und Technik rezipiert werden, die Geisteswissenschaften und damit auch z.B. die „Bibelkritik" aber fehlen. Die Bindung der amerikanischen Theologie an die Praxis der einzelnen Denominationen zeigt, wie Theologie sich wandelt, wenn sie aus der Universität exiliert. Vgl. dazu G. EBELING, Zur gegenwärtigen Lage der Theologie im Hinblick auf ihre Partizipation an den Geisteswissenschaften (in: Geisteswissenschaft als Aufgabe, hg. v. H. FLASHAR u.a., 1978, 99–112).

[15] JÄGER (s. Anm. 1), 440. – Zum folgenden vgl. EBELING, Dogmatik (s. Anm. 1) I, 129ff; II, 399ff u.ö. Ist es nicht nur für eine bestimmte Dogmatik, sondern auch religionsphänomenologisch schon ausgemacht, daß z.B. die Auferstehungsdarstellungen christlicher Kunst einen „eindeutig anderen Charakter" haben als die Auferstehungsgeschichten der Evangelien (II, 295), daß folglich aus der christlichen Religionsgeschichte die Evangelien, die patristische, scholastische und reformatorische Theologie und auch die protestantische Kirchenmusik rezipiert werden, nicht aber die mittelalterliche Malerei oder die späten Hymnen Hölderlins?

Anthropomorphismus als Grundproblem neuzeitlicher Hermeneutik

Eberhard Jüngel

> Der das Auge gemacht hat,
> sollte der nicht sehen? (Ps 94,9)

Das Problem, das die anthropomorphe Rede von Gott aufwirft, ist so alt wie die kritische Reflexion der menschlichen Rede von Gott. Es ist auch keineswegs ein nur durch die biblischen Texte aufgeworfenes Problem. Zwar stellt die unbestreitbare Ungeniertheit, in der sowohl alttestamentliche als auch neutestamentliche Schriftsteller κατὰ ἄνθρωπον von Gott reden, vor die hermeneutische Frage nach der Angemessenheit solcher Rede. Und es scheint so, als würde dem ungenierten Anthropomorphismus bereits in der Bibel selbst durch die Produktion von entsprechenden Feigenblättern entgegengewirkt. Das alttestamentliche Bilderverbot (Gen 20,4) hat zwar kaum im Problem des Anthropomorphismus seinen Ursprung, wohl aber für dieses seine Bedeutung. Und auch im Neuen Testament erwachsen aus zunächst ganz anders orientierten Fragestellungen wie z. B. der nach der Gerechtigkeit des Jakob erwählenden, Esau aber verwerfenden Gottes (Röm 9,6–19) Einsichten in den unendlichen qualitativen Unterschied zwischen Schöpfer und Geschöpf, die als solche die allzu große Menschlichkeit menschlicher Rede von Gott bzw. mit Gott kritisch herausstellen: ὦ ἄνθρωπε, μενοῦν γε σὺ τίς εἶ ὁ ἀνταποκρινόμενος τῷ θεῷ; (Röm 9,20).

Dennoch ist die hermeneutische Kritik am Anthropomorphismus nicht eigentlich in der Bibel zu Hause. In der Regel scheinen die biblischen Texte das Problem überhaupt nicht zu kennen – so unbefangen reden sie von dem Gott, der „wie eine Mutter tröstet", der „liebt und haßt", einen „starken Arm", „Hände", einen „starken Atem", aber eben auch einen „geliebten Sohn" hat und deshalb selber „Vater" heißt. Wird der Mensch in der Bibel an die Menschlichkeit seiner Rede von Gott erinnert, dann aus ganz anderen als hermeneutischen Bedenken gegen die Unangemessenheit anthropomorpher Rede vom Göttlichen.

Hingegen wird die anthropomorphe Rede bereits in der ältesten griechischen Philosophie als Ärgernis empfunden. Xenophanes hat bekanntlich

das durch die homerischen und hesiodischen Göttergeschichten[1] aufgewor-
fene Problem klar formuliert: „. . . die Sterblichen meinen, die Götter
würden geboren und hätten Gewand und Stimme und Gestalt . . ."[2]
Xenophanes hat demgegenüber – wohl wissend, daß der Mensch „das
Genaue . . . in bezug auf die Götter" niemals erblickt[3] – gefordert, „den
Gott mit recht redenden Mythen und reinen Worten zu preisen"[4]. Krite-
rium solcher reinen Logoi dürfte sicherlich der Vers sein, den sich Xeno-
phanes selber auf den „einen Gott" gemacht hat, der „unter Göttern und
Menschen der größte ist, weder an Gestalt den Sterblichen ähnlich noch an
Gedanken"[5]. Seit Xenophanes ist Theologie Anthropomorphismus-Kritik.
Selbst der älteste Beleg für das Wort „Theologie", Platons Forderung nach
τύποι περὶ θεολογίας, verweist in einen entsprechenden Zusammenhang[6].

Das Problem des Anthropomorphismus ist also älter als die christliche
Theologie und deren Hermeneutik. Daß diese es schon sehr bald zusammen mit anderen Fragestellungen und Problemen der vorchristlichen
Metaphysik übernahm, war naheliegend und soll hier nicht weiter erörtert
werden. Statt dessen soll von einem spezifisch neuzeitlichen Anthropo-
morphismusproblem die Rede sein. Und das deshalb, weil zu Beginn der
Neuzeit die Kritik an der anthropomorphen Struktur menschlicher Rede
von Gott zum Entstehen der sog. historisch-kritischen Methode der Bibelauslegung nicht wenig beigetragen hat. Die folgenden Überlegungen
werden deshalb zunächst die Gestalt einer historischen Erinnerung an jenen
Denker haben, dessen Bedeutung für das Selbstverständnis der Neuzeit
kaum hoch genug veranschlagt werden kann, und das, obwohl gerade bei
ihm nicht wenige Einstellungen des vorchristlichen metaphysischen Denkens eine bemerkenswerte Revitalisierung erfahren haben: *Spinoza*. In
einem zweiten Teil sollen dann in Gestalt einer Gegenbewegung systematische Überlegungen zur Eigenart anthropomorpher Rede von Gott folgen.

---

[1] Vgl. DIELS-KRANZ, 21 B 11: πάντα θεοῖσ' ἀνέθηκαν Ὅμηρός θ' Ἡσίοδός τε, ὅσσα παρ'
ἀνθρώποισιν ὀνείδεα καὶ ψόγος ἐστίν, κλέπτειν μοιχεύειν τε καὶ ἀλλήλους ἀπατεύειν.

[2] 21 B 14: ἀλλ' οἱ βροτοὶ δοκέουσι γεννᾶσθαι θεούς, τὴν σφετέρην δ' ἐσθῆτα ἔχειν φωνήν τε δέμας τε.

[3] 21 B 34: καὶ τὸ μὲν οὖν σαφὲς οὔτις ἀνὴρ ἴδεν οὐδέ τις ἔσται εἰδὼς ἀμφὶ θεῶν . . .

[4] 21 B 1: χρὴ δὲ πρῶτον μὲν θεὸν ὑμνεῖν εὔφρονας ἄνδρας εὐφήμοις μύθοις καὶ καθαροῖσι λόγοις.

[5] 21 B 23: εἷς θεός, ἔν τε θεοῖσι καὶ ἀνθρώποισι μέγιστος, οὔτι δέμας θνητοῖσιν ὁμοίιος οὐδὲ νόημα.

[6] Platon, Politeia II, 379a.

I

1. Spinoza, von dem „die Leute" nach Lessing „doch immer . . . wie von einem toten Hunde" reden[7] und den der große Schleiermacher den „heiligen verstoßenen Spinoza" nennt[8], ist den exegetisch arbeitenden Theologen vor allem durch seinen „Tractatus theologico-politicus" bekannt. Doch diese im Interesse der libertas iudicandi und der pax rei publicae[9] geschriebene theologische Gelegenheitsschrift kann in ihren eigentlichen Intentionen nur dann gewürdigt werden, wenn ihr Zusammenhang mit dem Hauptwerk Spinozas, seiner „Ethica ordine geometrico demonstrata" berücksichtigt wird. Dabei wird insbesondere der Zusammenhang des als Ursprungsdokument einer „*historisch-kritischen Hermeneutik*"[10] und ihrer Methode geltenden Theologisch-politischen Traktates mit dem mos geometricus der Ethik zu beachten sein. Es wird sich dann zeigen, daß die sog. historisch-kritische Methode der Bibelauslegung eine Zwillingsschwester der geometrischen Methode ist, mit der Spinoza ein regelrechtes metaphysisches System, eben seine Ethik, konstruiert hat. Und es wird sich weiter zeigen, daß die derart demonstrierte Metaphysik ebenso wie die ihr verbundene historisch-kritische Schriftauslegung die anthropomorphe Rede von Gott nur als eine das göttliche Wesen verfehlende, von Grund auf der Kritik bedürftige Redeweise hermeneutisch einzuschätzen vermag.

2. Aus dem „Tractatus theologico-politicus" ist die reformatorisch klingende hermeneutische Regel bekannt, die ganze Erkenntnis der Bibel müsse allein aus ihr selbst gewonnen werden: „Tota . . . Scripturae cognitio ab ipsa sola peti debet."[11] Nicht weniger reformatorisch mutet die von Spinoza vertretene Auffassung an, die Göttlichkeit der heiligen Schrift lasse sich allein aus der heiligen Schrift selber beweisen[12]. Sieht man indessen genauer zu, so erweisen sich die reformatorischen Anklänge so ziemlich als

---

[7] F. H. Jacobi über seine Gespräche mit Lessing. In: G. E. Lessing, Werke, hg. v. H. G. Göpfert, VIII, 1979, 569.

[8] F. Schleiermacher, Über die Religion. Reden an die Gebildeten unter ihren Verächtern (PhB 255), 1958, 31.

[9] B. de Spinoza, Opera. Werke, lateinisch und deutsch I, hg. v. G. Gawlick u. F. Niewöhner, 1979, 10.

[10] H.-J. Kraus, Geschichte der historisch-kritischen Erforschung des Alten Testaments von der Reformation bis zur Gegenwart, 1956, 57; in der 2. überarbeiteten und erweiterten Auflage, 1969, 64 heißt es: „historisch-literarischen Hermeneutik".

[11] Spinoza, aaO 234.

[12] AaO 232.

das Gegenteil dessen, was zumindest Luther mit der These intendiert hat, die als Wort Gottes redende Schrift sei sui ipsius interpres[13].

Schon die Auffassung, die Göttlichkeit der Schrift sei allein aus der Schrift zu beweisen, ist nämlich von Spinoza sachlich durch ein Argument begründet worden, das dem reformatorischen Verständnis der particula exclusiva „sola scriptura" entgegengesetzt ist. Denn die allein aus der Schrift zu beweisende Göttlichkeit der Schrift besteht nach Spinoza darin, daß diese die wahren moralischen Lehr-Sätze (vera documenta moralia) lehrt: „ex hoc enim solo ejus divinitas demonstrari potest"[14]. Von eben diesen documenta moralia aber gilt, daß sie auch unabhängig von der Bibel ex notionibus communibus bewiesen werden können[15] und im Grunde sogar nicht anders als allein mit Hilfe des natürlichen Lichtes der Vernunft bewiesen werden müssen[16]. Demgegenüber verfehlt nach Luther eine nur moralische Interpretation der Schrift gerade das, was diese zum Wort Gottes macht: das Evangelium von der Rechtfertigung des Sünders[17], bzw. das, was Christum treibet.

„Sola scriptura" heißt für Spinoza also, daß die Schrift zwar aus sich selbst heraus interpretiert werden soll, dies aber so, daß die Übereinstimmung der Schrift mit den durch bloße Vernunft erkennbaren moralischen Wahrheiten die Göttlichkeit der Schrift beweisen soll. „Sola scriptura" ist ein rein formales Prinzip der Schriftauslegung, das die Funktion hat, zu verhindern, daß der *Sinn* der Schriftaussagen aus einem fremden Kontext bestimmt wird. Der *Sinn* der Schrift soll allein aus der Schrift erhoben werden. Über die *Wahrheit* hat die Schrift indessen nicht zu entscheiden.

3. Das wird besonders deutlich, wenn wir die hermeneutische Methode Spinozas betrachten. Sie besagt, daß keine anderen Prinzipien und Daten zur Auslegung der Schrift und zur Darlegung ihres Inhaltes zuzulassen sind als ausschließlich diejenigen, die aus der Schrift und ihrer „historia" entnommen sind[18]. Eine „historia Scripturae" ist das hermeneutische Postulat, das erfüllt sein muß, wenn die Schrift recht verstanden werden

---

[13] M. Luther, Assertio omnium articulorum per bullam Leonis X. novissimam damnatorum (1520), WA 7, 97, 23.

[14] SPINOZA, aaO 232.   [15] Ebd.

[16] Ebendies zu leisten ist die Aufgabe der „Ethica ordine geometrico demonstrata".

[17] Vgl. z. B. M. Luther, In epistolam Pauli ad Galatas commentarius (1519), WA 2, 462, 23–25: „... hominum verba adeo sunt moralia et sine fide, ut fidei nullo posset beneficio magis servari quam si semel funditus penitusque abrogarentur." Das verbum dei hingegen ist ein „verbum gratiae, remissionis" (453, 2–4).

[18] SPINOZA, aaO 232: „... nulla alia principia neque data ad interpretandam Scripturam et de rebus, quae in eadem continentur, disserendum admiserit nisi ea tantummodo, quae ex ipsa Scriptura ejusque historia depromuntur ..."

soll. Was sich nicht mit größter Deutlichkeit aus einer solchen „historia" der Schrift ergibt, darf auch nicht als Lehre der Schrift ausgegeben werden[19].

Was Spinoza unter „historia Scripturae" versteht, erhellt sich einerseits von den Forderungen her, die sie erfüllen muß, andererseits von der Tatsache her, daß Spinoza die „historia Scripturae", nach der er verlangt, analog zu der als bekannt vorausgesetzten „historia naturae" verstanden wissen will. Wir achten zunächst auf die Forderungen, die eine „historia Scripturae" erfüllen muß.

Spinoza nennt drei solche Forderungen[20]. Eine „historia Scripturae" muß die Ursachen der biblischen Schriften, insbesondere die auch für das neutestamentliche Schrifttum vorauszusetzende hebräische Sprache und ihre Eigentümlichkeiten erforschen. Sie muß sodann die Sentenzen eines jeden biblischen Buches nach Hauptgesichtspunkten ordnen und die aufgrund ihres Kontextes dunklen oder zweideutigen von den klaren Sentenzen unterscheiden. Schließlich muß die „historia Scripturae" die geschichtlichen Umstände (casus) der Entstehung jeder Schrift, das Schicksal (fortuna) ihrer Überlieferung (Textgeschichte) und die Vereinigung der verschiedenen heiligen Schriften zu einem corpus (Kanonsbildung) untersuchen. Erst wenn wir eine diesen Forderungen genügende „historia Scripturae" haben, kann dann auch erforscht werden, was der heilige Geist und die Propheten *lehren* wollten.

Im Zusammenhang der zweiten Forderung betont Spinoza, daß es bei der Auslegung der Schrift ausschließlich um die Frage nach dem aus dem Kontext zu erhebenden *Sinn* (sensus ex contextu orationis) sprachlicher Äußerungen, nicht jedoch um die Frage nach der *Wahrheit* der Sachverhalte geht. Spinoza warnt ausdrücklich davor, die Wahrheitsfrage verfrüht zu stellen und dadurch den Sinn eines Textes zu präjudizieren[21], etwa nach der Weise, „daß nicht sein kann, was nicht sein darf". Die Frage nach der veritas rerum muß bei der Auslegung der Schrift gerade sistiert werden[22].

---

[19] AaO 234: „Regula igitur universalis interpretandi Scripturam est, nihil Scripturae tanquam ejus documentum tribuere, quod ex ipsius historia quam maxime perspectum non habeamus."

[20] AaO 234–240.

[21] AaO 236: „De solo enim sensu orationum, non autem de earum veritate laboramus . . .; sed ne verum sensum cum rerum veritate confundamus, ille ex solo linguae usu erit investigandus vel ex ratiocinio, quod nullum aliud fundamentum agnoscit quam Scripturam."

[22] Vgl. E. Hirsch, Geschichte der neuern evangelischen Theologie I, 1949, 268: „Die Frage nach dem Inhalt der Bibel und die nach der Wahrheit fallen ihm ganz auseinander. Auslegung und Wahrheitserforschung sind verschiedne Dinge geworden." Die unverkennbare Aversion Hirschs gegen den Juden Spinoza verrät sich im folgenden, in mehrfacher Hinsicht problematischen Satz: „Es hat noch rund hundert Jahre gedauert, bis die Theologie – unabhängig von

Die von Spinoza postulierte „historia Scripturae" ist offensichtlich eine
Beschreibung bzw. eine beschreibende Erforschung der Bibel, also ἱστορία
im alten, herodotischen Sinne des Wortes. Doch die „historia", die Spinoza
fordert, hat eine Ordnung, insofern sie das Spätere aufgrund des Früheren
erklärt. Von daher kommt eine genetische Nuance in die Bedeutung des
Begriffs, die zum modernen Begriff der Geschichte überleitet. Eben diese
Bedeutungsnuance gewinnt der Begriff der Historie aber durch die von
Spinoza auch im „Tractatus theologico-politicus" vorausgesetzte geome-
trische Denkweise, die mit dem *an sich Ersten* (und nicht mit dem der
Erkenntnis nach Ersten) anfängt. Ebendies tut ja auch die historia, die alles
von Anfang an erzählen soll. Daß die im Traktat postulierte hermeneutische Methode der Schriftauslegung nur ein Fall des allgemeinen wissenschaftlichen Verfahrens ist, hat Spinoza selber durch die Bemerkung
angedeutet, diese Methode erfordere kein anderes Licht als das natürliche
Licht selbst[23]. Die Auffassung, es bedürfe zum rechten Verständnis der
besonderen Erleuchtung durch ein übernatürliches Licht, das nur den
Gläubigen von Gott geschenkt werde, hat Spinoza mit ätzender Ironie
zurückgewiesen[24]. Das ist um so bemerkenswerter, als Spinoza das, was die
Schrift lehren will, und das, was der heilige Geist lehren will, sehr wohl
parallelisiert[25].

4. Man hat behauptet: „*Die Prinzipien einer historisch-kritischen Hermeneutik werden bei Spinoza zum ersten Male formuliert.*"[26] Wenn das stimmt, wird
die Frage um so wichtiger, welcher methodologischen Grundentscheidung
sich die erstmalige Formulierung der Prinzipien einer historisch-kritischen
Hermeneutik verdankt. Die Antwort ist überraschend. Nicht der Wahrnehmung einer fundamentalen Differenz geschichtlichen Daseins gegenüber der Natur, nicht der Entdeckung der Eigenständigkeit der Geschichte,
sondern der Anwendung der bei der Naturerklärung geltenden Methode
auf die heilige Schrift verdankt die sog. historisch-kritische Methode ihre

---

Spinoza – eine solche Trennung der geschichtlichen und der systematischen Aufgabe als
unvermeidlich erkannte und sich mühte, ihr eine verantwortliche, von dem heimlichen
Zynismus Spinozas freie Gestalt zu finden."

[23] SPINOZA, aaO 264: „Praeterea non dubito, quin unusquisque jam videat hanc methodum
nullum lumen praeter ipsum naturale exigere."

[24] AaO 264–266.

[25] AaO 230: „. . . quid Scriptura quidve Spiritus Sanctus docere vult."

[26] KRAUS (s. Anm. 10), 57. Spinozas theologisch-politischer Traktat ist freilich „bereits so
etwas wie eine Bilanz der ganzen" ihm vorausgegangenen „Entwicklung. Er verarbeitet . . .
vollständig die bisherigen Ergebnisse der Kritik auf allen Gebieten" und „stellt sie darüber
hinaus zum erstenmal in den Zusammenhang der modernen Religionskritik" (K. SCHOLDER,
Ursprünge und Probleme der Bibelkritik im 17. Jahrhundert. Ein Beitrag zur Entstehung der
historisch-kritischen Theologie [FGLP X, 33], 1966, 165).

Entstehung. Spinoza erklärt ausdrücklich, daß die Methode der Schrifter-klärung sich in nichts von der der Naturerklärung unterscheidet, sondern völlig mit dieser übereinstimmt[27].

In diesem Zusammenhang wird verständlich, daß Spinoza die „historia Scripturae" als einen Parallelbegriff zu dem der „historia naturae" einfüh-ren kann. Die Schrift soll *aus* ihrer „historia" so erklärt werden wie die Natur *aus* der „historia naturae"[28]. Und die „historia Scripturae" soll ihrerseits nach Art und Weise der „historia naturae" entstehen[29].

Der Begriff der historia wurde nicht erst von Spinoza auf verschiedene Gegen-standsbereiche bezogen. Bacon, der die historia dem intellektuellen Vermögen der memoria zuordnet[30] – so wie er der phantasia die poiesis und der ratio die philosophia zuordnet –, unterscheidet zwischen historia naturalis und historia civilis (zu der auch die historia ecclesiastica und die historia literaria gezählt werden)[31]. Dabei bezieht sich die historia in allen Fällen auf durch Zeit und Raum begrenzte Individuen, von denen die historia memorierend erzählt[32]. Weil sie auf individua bezogen ist und die impressiones primae individuorum memoriert, setzt Bacon die historia mit der Erfahrung identisch, während die sich mit den notiones abstractae befassende Philosophie mit den Wissenschaften identifiziert wird[33].

Bacons Einteilungen sind für unseren Zusammenhang insofern von einigem Interesse, als sie von ihm auch auf die Theologie angewendet werden. Auch die Theologie besteht aus drei den vernünftigen Seelenvermögen entsprechenden Teilen: nämlich aus der historia sacra, der göttlichen Poesie (Gleichnisse) und aus Geboten und Dogmen als einer Art philosophia perennis[34]. Dabei wird auch die Prophetie zur historia gezählt, weil die göttliche historia gegenüber der menschli-

---

[27] SPINOZA, aaO 230: „. . . dico methodum interpretandi Scripturam haud differre a methodo interpretandi naturam, sed cum ea prorsus convenire."

[28] AaO 240.

[29] AaO 230.

[30] F. BACON, De dignitate et augmentis scientiarum II, c. 1. The Works of Francis Bacon. Faksimile-Neudruck der Ausgabe von Spedding, Ellis und Heath, London 1857–1874, 1963, Bd. I, 494: „Historia ad Memoriam refertur; Poësis ad Phantasiam; Philosophia ad Ratio-nem." Nach BACON (495) gibt es diese und nur diese emanationes der drei facultates animae rationalis.

[31] AaO 495: „Historia aut Naturalis est, aut Civilis. In Naturali, naturae res gestae et facinora memorantur; in Civili, hominum."

[32] AaO 494: *„Historia* proprie individuorum est, quae circumscribuntur loco et tempore." Das gilt, obwohl sie sich auf species zu beziehen scheint, auch für die Naturgeschichte: „. . . non minus recte constituitur narratio de illis in Historia Naturali, quam de hominibus singularibus in Historia Civili. Haec autem omnia ad *Memoriam* spectant."

[33] AaO 495: „Etenim historiam et experientiam pro eadem re habemus, quemadmodum etiam philosophiam et scientias." Vgl. aaO 494: „*Philosophia* individua dimittit, neque impressiones primas individuorum sed notiones ab illis abstractas complectitur . . ."

[34] AaO 495: „Quare et Theologia aut ex Historia Sacra constat; aut ex Parabolis, quae instar divinae Poeseos sunt; aut ex Praeceptis et Dogmatibus, tanquam perenni quadam Philoso-phia."

chen die Prärogative hat, auch zukünftige Ereignisse erzählen zu können[35]. Die historia ist also prinzipiell narrativ.

Setzt man die Einteilungen Bacons auch für Spinoza voraus, so würde die von ihm postulierte historia Scripturae als eine Unterart der historia civilis zu begreifen sein. Doch wichtiger als solche Einordnungen ist der aus Bacons Aufstellungen gewonnene Hinweis, daß die Historie die individuellen Begebenheiten sei es der Natur sei es der Menschheit memorierend erzählt, während die ratio aus den derart dargebotenen Daten die notiones ab illis abstractae bildet und ordnet. Ähnlich kann auch Spinoza sagen, daß die Methode der Naturerklärung vor allem darin besteht, eine Naturgeschichte zusammenzustellen, aus der dann als aus sicheren Daten die Definitionen der Naturdinge abgeleitet werden[36]. Und ebenso sei es für die Erklärung der heiligen Schrift erforderlich, eine saubere historia von ihr auszuarbeiten, um daraus als aus sicheren Daten und Prinzipien den Sinn der Verfasser der Schrift mit gültigen Folgerungen zu erschließen[37]. Die historia ist also die notwendige Vorarbeit für die dann more geometrico darzustellende Lehre. Spinoza schätzt die Schwierigkeiten bei der Ausarbeitung einer solchen historia Scripturae allerdings für so groß ein, daß er im Blick auf die meisten Stellen der Bibel eine sinngerechte Auslegung für unmöglich hält[38]. Dennoch hält er ein rechtes Verständnis der Schrift im Ganzen für möglich, insofern alles, was das Heil betrifft und zur Glückseligkeit notwendig ist, als gewiß erkannt werden kann[39]. Alles übrige – wohlgemerkt das meiste! – ist ohnehin mehr kurios als nützlich[40].

5. Daß die Schrift überwiegend wahrheitsirrelevant ist, hängt nach Spinoza mit der hermeneutischen Eigenart der Akkommodation zusam-

---

[35] Ebd.: „Quod enim ad eam partem pertinet quae redundare videtur, Prophetiam videlicet; ea Historiae genus est: quandoquidem Historia Divina ea polleat supra Humanam praerogativa, ut narratio factum praecedere non minus quam sequi possit."

[36] SPINOZA, aaO 230: „. . . methodus interpretandi naturam in hoc potissimum consistit, in concinnanda scilicet historia naturae, ex qua, utpote ex certis datis, rerum naturalium definitiones concludimus . . ." Zum narrativen Charakter der historia vgl. z.B. aaO 232: „. . . historiae [sc. in Scriptura] miracula potissimum continent, hoc est . . ., narrationes rerum insolitarum naturae . . ."

[37] AaO 230–232: „. . . sic etiam ad Scripturam interpretandam necesse est ejus sinceram historiam adornare, et ex ea tanquam ex certis datis et principiis mentem authorum Scripturae legitimis consequentiis concludere . . ."

[38] Vgl. aaO 260.

[39] AaO 262: „. . . hinc evidentissime sequitur nos mentem Scripturae circa res salutares et ad beatitudinem necessarias certo posse assequi . . ." Selbstverständlich darf man hier nicht an das durch den Tod Christi vermittelte Heil und die Seligkeit der Sündenvergebung denken! Es geht allein um den sich als Nächstenliebe realisierenden Gehorsam des Menschen.

[40] Ebd.

men, die den Ursprung anthropomorpher Rede von Gott darstellt. Bilden doch innerhalb der Schrift wiederum historiae und revelationes den größten Teil der Schrift. Sowohl die in den historiae hauptsächlich erzählten wunderbaren Naturereignisse als auch die Offenbarungen der Propheten sind aber der Urteilskraft bzw. den Anschauungen und Meinungen derer, die sie ausdrücken, angepaßt, akkommodiert. Als solche lassen sie sich mit Hilfe des natürlichen Lichtes der Vernunft zwar identifizieren, nicht aber verstehen und verifizieren[41].

Damit haben wir den für die Anthropomorphismusproblematik entscheidenden Punkt erreicht. Er soll von verschiedenen Seiten aus betrachtet werden.

a) Spinoza legt einerseits größten Wert darauf, daß die Schrift häufig Dinge verhandelt, die aus den Prinzipien des natürlichen Lichtes nicht deduziert werden können[42]. Andererseits stellt er aber scharf heraus, daß die Interpretationsmethode, die die heilige Schrift allein aus der Schrift erklärt, kein anderes Licht erfordert als eben das natürliche Licht selbst, dessen Wesen und Stärke es ist, vergleichsweise Dunkles aus Bekanntem oder als bekannt Vorausgesetztem zu deduzieren und zu erschließen[43]. Auch für die Ermittlung der aus der historia Scripturae zu erhebenden *Lehre* der Schrift verlangt er eine Methode, die dieser Eigenart des natürlichen Lichtes entspricht und deshalb auch bei der Erklärung der Natur aus ihrer historia zur Anwendung kommt[44]. Spinoza beschreibt diese Methode als ein Vorgehen, das vor allem die res maxime universales et toti naturae communes aufsucht, um dann von diesem gradweise zum weniger Allgemeinen fortzuschreiten. Genauso soll auch aus der historia Scripturae zuerst herausgearbeitet werden, was das Allgemeinste und die Basis und das Fundament der ganzen Schrift ist – nämlich die Existenz eines einzigen allmächtigen und allein anzubetenden Gottes, der für alle sorgt und vor-

---

[41] AaO 232: „. . . notandum, quod Scriptura de rebus saepissime agit, quae ex principiis lumine naturali notis deduci nequeunt; ejus enim maximam partem historiae et revelationes componunt: at historiae miracula potissimum continent, hoc est . . ., narrationes rerum insolitarum naturae, opinionibus et judiciis historicorum, qui eas scripserunt, accommodatas; revelationes autem opinionibus etiam prophetarum accommodatae sunt . . . et ipsae revera captum humanum superant."

[42] Ebd.

[43] AaO 264: „Praeterea non dubito, quin unusquisque jam videat hanc methodum nullum lumen praeter ipsum naturale exigere. Hujus enim luminis natura et virtus in hoc potissimum consistit, quod res scilicet obscuras ex notis, aut tanquam notis datis, legitimis consequentiis deducat atque concludat, nec aliud est, quod haec nostra methodus exigit . . ."

[44] AaO 240: „Sed ad hoc etiam methodus et ordo requiritur similis ei, quo ad interpretationem naturae ex ipsius historia utimur."

zugsweise diejenigen liebt, die ihn anbeten und ihren Nächsten lieben wie sich selbst[45].

Von dieser universalis Scripturae doctrina ist dann zu dem weniger Allgemeinen fortzuschreiten, das den communis usus vitae betrifft und über das im Zweifelsfall nach dem Kriterium der universalis Scripturae doctrina zu entscheiden ist[46].

b) Diese vom Allgemeinen als dem Klaren zu dem weniger Allgemeinen als dem zunächst weniger Klaren, aber von dem Allgemeineren her Aufzuklärenden fortschreitende *Methode* zehrt von einer sachlichen Prämisse, die Spinoza am Anfang des Traktates klar ausgesprochen hat. Dort wurden nämlich Prophetie und Offenbarung so definiert, daß auch die natürliche Erkenntnis darunter fällt[47], und zwar keineswegs nur eine in die theologia naturalis gehörende notitia dei naturalis, sondern vielmehr alle cognitio naturalis, die für Spinoza als solche Gotteserkenntnis ist. Doch obwohl auch die scientia naturalis göttlich oder prophetisch genannt zu werden verdient, können ihre propagatores nicht Propheten genannt werden[48]. Denn die Propheten *interpretieren* die Offenbarung so, daß sie auf Autorität hin geglaubt wird, während die Philosophen die Offenbarung so *explizieren*, daß sie daraufhin mit der gleichen Gewißheit erkannt werden kann, mit der sie zuvor von ihnen erkannt worden ist. Während die Philosophen daraufhin wirken, daß die von ihnen Angeredeten ihrerseits zu Philosophen werden, sollen, können und wollen die von den Propheten Angesprochenen ihrerseits gerade nicht zu Propheten werden und durch eigenes Erkennen zu derselben Gewißheit der Erkenntnis gelangen[49]. Sie bleiben

---

[45] Ebd.: „Sicuti enim in scrutandis rebus naturalibus ante omnia investigare conamur res maxime universales et toti naturae communes . . . et ex his gradatim ad alia minus universalia procedimus; sic etiam ex historia Scripturae id primum quaerendum, quod universalissimum quodque totius Scripturae basis et fundamentum est, et quod denique in ipsa tanquam aeterna et omnibus mortalibus utilissima doctrina ab omnibus prophetis commendatur. Exempli gratia, quod Deus unicus et omnipotens existit, qui solus est adorandus et qui omnes curat, eosque supra omnes diligit, qui ipsum adorant et proximum tanquam semet ipsos amant etc." Vgl. aaO 436: „. . . omnia huc tendere debent, nempe dari ens supremum, quod justitiam et charitatem amat cuique omnes, ut salvi sint, obedire tenentur eumque cultu justitiae et charitate erga proximum adorare, atque hinc facile omnia determinantur . . ."

[46] AaO 242: „Hac igitur universali Scripturae doctrina probe cognita procedendum deinde est ad alia minus universalia, . . . quae . . . communem usum vitae spectant . . .; et quicquid circa haec obscurum sive ambiguum in scriptis reperiatur, ex doctrina Scripturae universali explicandum et determinandum est . . ."

[47] AaO 30: „Prophetia sive revelatio est rei alicujus certa cognitio a Deo hominibus revelata. . . . ex . . . definitione sequitur cognitionem naturalem prophetiam vocari posse."

[48] AaO 32: „At quamvis scientia naturalis divina sit, ejus tamen propagatores non possunt vocari prophetae."

[49] Ebd. adnotatio II: „Nam interpres Dei is est, qui Dei decreta ipsi revelata aliis interpretatur, quibus eadem revelata non sunt, quique in iisdem amplectendis sola prophetae

auf Interpretation und die Autorität interpretierender Institutionen angewiesen. Sie – das ist das Volk, das nach Spinoza auf das Seltene und Fremde
erpicht ist und die Gaben der Natur verachtet, eben deshalb aber auch die
allen Menschen gemeinsame natürliche Erkenntnis wenig zu schätzen
weiß. Es will und braucht, um ein Gott gefälliges Leben zu führen,
religiöse Autoritäten – aber keinen Spinoza[50].

c) Die in der Bibel zur Sprache kommenden Offenbarungen sind also
für Spinoza hinsichtlich der Vermittlung ihres Erkenntniswertes ein defi-
zienter Modus von Offenbarung – wie der Philosoph denn auch nicht
müde wird, zu betonen, daß die Autorität der Propheten nur in Fragen des
Lebenswandels und der wahren Tugend von Belang sind, daß uns im
übrigen aber ihre Anschauungen wenig angehen[51]. Nur Gehorsam fordert
die Schrift, die nicht die Unwissenheit, wohl aber den Ungehorsam
verdammt[52]. Dementsprechend ist auch der Glaube nicht auf explizit wahre
Dogmen, sondern nur auf solche Dogmen angewiesen, die zum Gehorsam
gegenüber dem Gebot der Gottes- und Nächstenliebe nötig sind[53]. Demgegenüber ist die natürliche Erkenntnis unmittelbar auf Wahrheit und
Gewißheit bezogen und will diese auch vermitteln. Unter Berücksichti-
gung der von Spinoza selbst gegebenen Definition (rei alicujus certa
cognitio a Deo hominibus revelata) wird man die natürliche Erkenntnis
sogar als Offenbarung im vollen Sinne des Wortes bezeichnen müssen. Sie
ist deshalb auch nicht auf die Akkommodation angewiesen, die das prophetische Reden konstitutiv bestimmt. Die Propheten haben ihre Offenbarungen in Gestalt von Worten und Bildern (verbis vel figuris) empfan-

---

authoritate et fide, quae ipsi habetur, nituntur. Quod si homines, qui prophetas audiunt,
prophetae fierent, sicut ii philosophi fiunt, qui philosophos audiunt, tunc propheta non esset
divinorum decretorum interpres, quandoquidem ejus auditores non ipsius prophetae testimonio et authoritate, sed ipsa divina revelatione et interno testimonio ut ipse niterentur."

[50] Vgl. aaO 22: „Vulgus ergo et omnes, qui cum vulgo iisdem affectibus conflictantur, ad
haec legenda non invito . . ."

[51] AaO 16: „. . . facile determinare potui prophetarum authoritatem in iis tantum pondus
habere, quae usum vitae et veram virtutem spectant, caeterum eorum opiniones nos parum
tangere."

[52] AaO 414: „. . . novimus Scripturae intentum non fuisse scientias docere; hinc enim facile
judicare possumus, nihil praeter obedientiam eandem ab hominibus exigere solamque con-
tumaciam, non autem ignorantiam damnare."

[53] AaO 434: „Sequitur denique fidem non tam requirere vera, quam pia dogmata, hoc est,
talia, quae animum ad obedientiam movent . . .; atqui haec non expresse exigit vera, sed talia
dogmata, quae ad obedientiam necessaria sunt, quae scilicet animum in amore erga proximum
confirment, cujus tantum ratione unusquisque in Deo . . . et Deus in unoquoque est." In
Luthers „Tractatus de libertate christiana" (1520) kann man lesen, wogegen sich diese
Auffassung wendet: „. . . per fidem sursum rapitur supra se in deum, rursum per charitatem
labitur infra se in proximum, manens tamen semper in deo et charitate eius . . ." (WA 7, 69,
14–16) Der Glaube aber lebt nach Luther von der Wahrheit des Wortes Gottes.

gen[54]. Und die waren jeweils, ebenso wie die sie begleitenden Zeichen, der Kapazität und den jeweiligen Lebensanschauungen der Offenbarungsempfänger angepaßt, da sie auf deren Imaginationsvermögen gerichtet waren. Folglich konnte die der prophetischen Offenbarung innewohnende Gewißheit keine mathematische, sondern nur, wie Spinoza sich ausdrückt, eine moralische Gewißheit sein[55].

Mathematische Gewißheit eignet hingegen der natürlichen Erkenntnis, die deshalb auch im vollen Sinn Offenbarung Gottes ist. Sie ist nicht den individuellen Bedingtheiten des Erkennenden akkommodiert und kann deshalb als Kritikerin der anthropomorphen Redeweise der Propheten auftreten. Wie Spinozas ganzes System, so lebt auch seine Hermeneutik von der Voraussetzung, daß der menschliche Geist die Natur Gottes objektiv in sich begreift, er sich folglich Begriffe zu bilden vermag, die die Natur der Dinge und den rechten usus vitae lehren. Insofern ist die so verstandene Natur des menschlichen Geistes die prima causa der göttlichen Offenbarung[56]. In ironischer Parallelisierung zur Lehre von der Verbalinspiration der heiligen Schrift formuliert Spinoza, daß die Natur Gottes selbst und sein Ratschluß uns die natürlichen Erkenntnisse gleichsam diktieren[57]. Sie tun es, insoweit wir an der Natur Gottes partizipieren. Gott selbst muß also vom menschlichen Denken nicht erst durch Analysis sei es des Denkens (Descartes), sei es der Dinge (Aristoteles), sei es der heiligen Schrift gesucht und gefunden werden. Sofern der menschliche Verstand nun klar und deutlich erkennt, steht er immer schon unter dem Diktat Gottes und der Natur. Und dieses Diktat geschieht nicht durch Zeichen, Worte und Figuren, sondern auf eine der Natur des Geistes optimal entsprechende Weise[58] – offensichtlich ist an die Intuition mathematischer Erkenntnis gedacht.

---

[54] Spinoza, aaO 36: „Si . . . sacra volumina percurramus, videbimus, quod omnia, quae Deus prophetis revelavit, iis revelata fuerunt vel verbis vel figuris vel utroque hoc modo, verbis scil. et figuris."

[55] AaO 70: „Cum itaque certitudo, quae ex signis in prophetis oriebatur, non mathematica . . ., sed tantum moralis erat, et signa non nisi ad prophetae persuadendum dabantur, hinc sequitur signa pro opinionibus et capacitate prophetae data fuisse . . .; et ideo signa in unoquoque propheta variabant. Sic etiam ipsa revelatio variabat . . . in unoquoque propheta pro dispositione temperamenti corporis, imaginationis, et pro ratione opinionum, quas antea amplexus fuerat."

[56] AaO 34: „Cum itaque mens nostra ex hoc solo, quod Dei naturam objective in se continet et de eadem participat, potentiam habeat ad formandas quasdam notiones rerum naturam explicantes et vitae usum docentes, merito mentis naturam, quatenus talis concipitur, primam divinae revelationis causam statuere possumus . . ."

[57] AaO 32: „. . . Dei natura, quatenus de ea participamus, Deique decreta eam [sc. cognitionem naturalem] nobis quasi dictant . . ."

[58] AaO 34: „. . . ea enim omnia, quae clare et distincte intelligimus, Dei idea . . . et natura

d) Die natürliche Erkenntnis kann deshalb, wenn sie sich systematisch darstellt, mit Gott selbst beginnen. Hat sie ihn doch immer schon gefunden, und zwar als die causa immanens aller Dinge und insofern auch des klar und deutlich erkennenden Verstandes[59]. „Tschirnhaus berichtet folgenden Ausspruch Spinozas: ‚Die Scholastik begann bei den Dingen; Descartes begann mit dem Denken; ich beginne mit Gott.' Der Grund dieser Argumentation ist offensichtlich. Wenn Gott das *an sich Erste* ist, dann muß mit ihm begonnen werden . . .“[60] Dies gilt um so mehr, als für Spinoza die Ordnung und Verknüpfung der Vorstellungen dieselbe ist wie die Ordnung und Verknüpfung der Dinge[61]. Gott ist aber das an sich Erste, weil er die – einzige – Substanz ist, die von Spinoza als das definiert wird, was in sich ist und durch sich begriffen wird, d. h. als dasjenige, dessen Begriff, um gebildet werden zu können, des Begriffes eines anderen Dinges nicht bedarf[62]. Bedarf Gott aber, um begriffen zu werden, keines Begriffes eines anderen Dinges, dann muß jede anthropomorphe Rede von Gott diesen verfehlen. Sie würde Gott verendlichen, verräumlichen und verzeitlichen und damit die wahre Gotteserkenntnis verfehlen. Denn Wahrheit ist für Spinoza „als solche der Zeit enthoben . . . Und hier zeigt sich nun der eigentliche Sinn der Wendung zur mathematischen Methode in seiner inneren Notwendigkeit. Wenn wir über Gott reden und mit der Bestimmung Gottes anfangen – das müssen wir tun, denn Gott ist das Erste –, dann dürfen wir nicht anthropomorph in der Weise der Vorstellung reden.“[63] Spinoza hat denn auch in seiner Ethik[64] die für die biblische Rede von Gott schlechterdings fundamentale Auffassung, daß zu Gottes Natur Verstand und Wille gehören und daß Gott um bestimmter *Zwecke willen* handelt, als einen das Wesen Gottes verfehlenden Anthropomorphismus

---

nobis dictat, non quidem verbis, sed modo longe excellentiore et qui cum natura mentis optime convenit . . .“

[59] DERS., Ethica ordine Geometrico demonstrata, Opera. Werke II, hg. v. K. BLUMEN-STOCK, 1967, 120: „Deus est omnium rerum causa immanens . . .“ Vgl. aaO 178: „Hinc sequitur Mentem humanam partem esse infiniti intellectus Dei; ac proinde cum dicimus, Mentem humanam hoc, vel illud percipere, nihil aliud dicimus, quam quod Deus . . . hanc, vel illam habet ideam . . .“

[60] W. SCHULZ, Der begriffene Gott. Das System Spinozas und seine Bedeutung für die neuzeitliche Metaphysik (Neue Rundschau 88, 1977, 539–552), 545.

[61] SPINOZA, aaO 168: „Ordo, et connexio idearum idem est, ac ordo, et connexio rerum. . . . Nam cujuscunque causati idea a cognitione causae, cujus est effectus, dependet.“

[62] AaO 86: „Per substantiam intelligo id, quod in se est, et per se concipitur: hoc est id, cujus conceptus non indiget conceptu alterius rei, a quo formari debeat.“

[63] SCHULZ (s. Anm. 60), 545.

[64] SPINOZA, aaO 116: „. . . ostendam, ad Dei naturam neque intellectum, neque voluntatem pertinere.“ Vgl. aaO 148: „Sed dum quaesiverunt ostendere, naturam nihil frustra . . . agere, nihil aliud videntur ostendisse, quam naturam, Deosque aeque, ac homines, delirare.“

aufgedeckt und kritisiert. Die mathematische Methode, die sich nicht mit Zwecken beschäftigt[65], verbietet es, anthropomorph von Gott zu reden. Sie verwehrt es, daß man diejenigen Attribute, die den Menschen vollkommen machen, Gott zuschreibt und andichtet – es sei denn man wolle, was den Elefanten und Esel vollkommen macht, dem Menschen zuschreiben[66]. Die Göttlichkeit Gottes schließt Menschlichkeit aus. Spinoza hat es in einem Brief an Oldenburg in äußerster Zuspitzung gegen das Neue Testament so gesagt: „Wenn übrigens einige Kirchen . . . behaupten, Gott habe menschliche Natur angenommen, so habe ich ausdrücklich angemahnt, daß ich nicht weiß, was sie sagen. Ja, offen gestanden scheint mir, was sie sagen, gerade so unsinnig, als wenn jemand sagen wollte, der Kreis habe die Natur des Quadrates angenommen."[67]

6. Die historische Erinnerung an einige Gedanken jenes Denkers, der zumindest als ein[68], wenn nicht als der Vater der historisch-kritischen Hermeneutik anzusehen ist, hat deutlich gemacht, daß diese Hermeneutik der biblischen Rede von Gott, deren *Sinn* sie zu erforschen sucht, nicht eigentlich *Wahrheit* zuerkennt, bzw. *Wahrheit* nur insoweit zuerkennt, wie die biblischen Texte mit der unabhängig von der biblischen Rede von Gott durch das natürliche Licht der Vernunft bereits erkannten Wahrheit übereinstimmen. Die historisch-kritische Methode tritt als Zwilling der mathematischen Methode ins Dasein. In der Intention der historisch-kritischen Methode liegt es deshalb, Gott selbst als ohne die Vermittlung menschlicher Rede erkennbares Wesen von jeder geschichtlichen Bedingtheit frei zu halten. Die historisch-kritische Hermeneutik verweist bei Spinoza im Akt ihrer Handhabung auf den mos geometricus als die einzig angemessene Weise, von Gott zu reden. Soweit diese Hermeneutik selber zu „positiven" Aussagen über Gott zu gelangen erlaubt, werden auch diese Aussagen durch ein sich dem mos geometricus annäherndes Verfahren gewonnen.

---

[65] AaO 148: „. . . Mathesis . . . non circa fines . . . versatur . . ."

[66] DERS., Opera, hg. v. C. GEBHARDT, IV, (1925) Nachdr. 1972, 148, Brief Nr. 23: „. . . in Philosophia vero, ubi clare percipimus, quod Deo illa attributa, quae hominem perfectum reddunt, tam aegre possunt tribui, & adsignari, quam si ea, quae elephantum, asinumve perficiunt, homini tribueremus: Ibi haec, & his similia verba nullum obtinent locum, nec ibi sine nostrorum conceptuum summa confusione ea usurpare licet."

[67] AaO 309, Brief Nr. 73: „Caeterum quod quaedam Ecclesiae his addunt, quod Deus naturam humanam assumpserit, monui expresse, me, quid dicant, nescire; imo, ut verum fatear, non minus absurde mihi loqui videntur, quam si quis mihi diceret, quod circulus naturam quadrati induerit."

[68] Immerhin konnte man z. B. auch in TH. HOBBES' „Leviathan" (P. III, c. 33) lesen, daß das Licht, das den Ausleger des Pentateuch zu leiten habe, dasjenige Licht sein muß, das uns aus den auszulegenden Büchern selbst entgegenstrahlt und die Erkenntnis der Zeit vermittelt, in denen sie geschrieben sind.

Kurz: *Die historisch-kritische Methode der Schriftauslegung ist ursprünglich eine dem durchgängigen Interesse an der Ungeschichtlichkeit Gottes dienende Methode.*

Dieses erkenntnisleitende Interesse an der Ungeschichtlichkeit Gottes zeigt sich insbesondere an der mit dieser Methode verbundenen Anthropomorphismus-Kritik. Spinozas historisch-kritische Hermeneutik ist geradezu daraufhin angelegt, alle geschichtlichen Bedingtheiten menschlicher Rede von Gott als solche zu identifizieren, um sie sodann als Anthropomorphismen zu kritisieren und unschädlich zu machen. Anthropomorphe Rede von Gott gilt dabei als Ergebnis einer Akkommodation der Offenbarung an den Offenbarungsempfänger, wobei nicht etwa der sich offenbarende Gott, sondern der sich als Offenbarungsempfänger wissende Mensch das – sich als solches freilich nicht wissende – Subjekt dieser Akkommodation ist. Seine individuelle Bestimmtheit und seine besondere soziale und geschichtliche Situation prägen, was er als Offenbarung mitzuteilen weiß. Quidquid recipitur, secundum modum recipientis recipitur. Doch die individuelle, soziale und geschichtliche Bedingtheit des modus recipiendi soll, indem sie als solche erkannt wird, gerade aufgehoben werden oder, sofern dies nicht möglich ist, als Kriterium für die Irrelevanz des Mitgeteilten gelten. Das geschichtliche Sein in seiner Besonderheit hat für das, was als Offenbarung in Betracht kommt, nur per nefas Bedeutung. Es kann nur aufgrund allgemeinerer Daten und allgemeiner Prinzipien erklärt, also nur insofern verstanden werden, als das Besondere seiner Besonderheit beraubt wird. Das Wahre ist das Allgemeine. Und als das Allgemeine ist das Wahre index sui et falsi[69]. Es indiziert mithin auch jeden Anthropomorphismus als eine das Wesen Gottes verfehlende Rede von ihm.

7. Einige hundert Jahre später hat die von Spinoza inaugurierte historisch-kritische Hermeneutik ihre unbestreitbaren Erfolge vorzuweisen. Nach anfänglichen Startschwierigkeiten setzte sie sich, sich selber ständig selbstkritisch kontrollierend und verbessernd, mehr und mehr durch. Und schließlich schien es, als sei ein ganzes Zeitalter „historisch-kritisch" geworden. Dabei wurden freilich auch die mit jener Hermeneutik und ihrer Methodik sozusagen durch Geburt verbundenen Aporien vererbt, als deren eine die hermeneutische Diskreditierung des Anthropomorphismus zu gelten hat. Es dürfte zum Ethos ihres Selbstverständnisses gehören, daß sich die historisch-kritische Hermeneutik dieser ihrer Aporien mit zunehmender Schärfe bewußt wird und sich selbst soweit revidiert, daß die

---

[69] SPINOZA, Ethica, 230: „Sane sicut lux seipsam, et tenebras manifestat, sic veritas norma sui, et falsi est." Der Zusammenhang der Propositiones 40–44 im zweiten Teil der Ethik kann auch als eine kleine Summe der uns beschäftigenden Probleme gelesen werden.

erkannten Aporien überwunden werden können. Inwieweit dabei neue
Aporien eingehandelt werden, mag dann und muß die übernächste Frage
der so schnell nicht arbeitslos werdenden Hermeneutik sein.

Wenn im Folgenden allein die nächstliegende Frage, wie eine positive
hermeneutische Einstellung zur anthropomorphen Rede von Gott gewonnen werden kann, systematisch erörtert werden soll, dann freilich nicht,
um die historisch-kritische Hermeneutik wegen ihrer Geburtsfehler zu
verabschieden[70], sondern um ihr zu jener hermeneutischen Vitalität zu
verhelfen, die nicht durch ein Weniger, sondern nur durch ein Mehr an
historisch-kritischem Problembewußtsein erreicht werden kann. „*Kritischer* müßten mir die Historisch-Kritischen sein"[71], wenn im Blick auf das
Problem des Anthropomorphismus die heilige Schrift endlich sui ipsius
interpres werden soll.

II

„Man eifert so sehr gegen Anthropomorphismen und denkt nicht daran,
daß Christi Geburt der größte und der bedeutungsvollste ist."[72] Kierkegaards Tagebuchnotiz ist nicht nur ein geistreicher Aphorismus, sie trifft
auch exegetisch das Zentrum des mit den Anthropomorphismen der Bibel
aufgeworfenen hermeneutischen Problems. Das soll zunächst im Anschluß
an Hartmut Geses traditionsgeschichtliche Untersuchung der christologischen Aussage des Credo „natus ex virgine" knapp skizziert werden.
Danach soll die anthropomorphe Struktur aller menschlichen Rede freige-
legt werden. Schließlich soll die allgemeine hermeneutische Reflexion mit
der vorangegangenen biblischen Erörterung verbunden und theologisch
fruchtbar gemacht werden.

1. In seiner Analyse des alttestamentlichen Ursprungs der auf Jesus
bezogenen Wendung „natus ex virgine" kommt Gese zu folgendem
Schluß: „Im *natus ex virgine* wird die Einwohnung Gottes in diese Welt
Ereignis in einer nicht zu überbietenden letzten Weise." Die christologische

---

[70] Zur Unmöglichkeit eines solchen Vorgehens vgl. G. EBELING, Die Bedeutung der
historisch-kritischen Methode für die protestantische Theologie und Kirche (1950; in: DERS.,
Wort und Glaube, 1960, 1–49).

[71] K. BARTH, Der Römerbrief, (1922²) 10. Abdr. 1967, XII.

[72] S. KIERKEGAARD, Die Tagebücher I. Ausgewählt, neugeordnet und übersetzt von H.
GERDES, 1962, 140. Zur theologischen Rechtfertigung des Anthropomorphismus vgl. H. M.
KUITERT, Gott in Menschengestalt. Eine dogmatisch-hermeneutische Studie über die Anthropomorphismen der Bibel (BEvTh 45), 1967; F. CHRIST, Das Problem des Anthropomorphismus bei Schleiermacher (Ev.-theol. Diss. Tübingen), 1981 (Masch.).

Wendung könnte, wenn man ihre alttestamentliche Herkunft überlieferungsgeschichtlich betrachtet, gar „nicht stärker mißverstanden werden", als dies durch eine Deutung „im Sinne doketischer Entleiblichung und Sublimation" geschieht. „Nicht Heraushebung Jesu aus dem Menschlichen ist Sinn dieser Überlieferung, sondern das Gegenteil, Hineinsenkung des Heiligen in diese Welt." Isoliert man die neutestamentlichen Aussagen und ihre Rezeption im Credo der Kirche nicht von den alttestamentlichen Überlieferungen, dann wird deutlich, daß die biblischen Texte die „Offenbarung des Eingehens Gottes in die Welt" als einen „Prozeß" bezeugen, der in der Geburt Jesu und in seinem Tod sein unüberbietbares Ziel erreicht hat[73]. Man wird, was Gese einen „Prozeß" nennt, vielleicht besser als die Geschichte des Zur-Sprache-Kommens Gottes bezeichnen. Die biblischen Texte verstehen sich – mehr oder weniger – als Bezeugung dieser Geschichte. In ihnen *kommt zur Sprache,* daß *Gott zur Welt kommt.*

Eine biblische Hermeneutik hat daraus Konsequenzen für die Einschätzung der Funktion anthropomorpher Rede von Gott zu ziehen. Kommt in den biblischen Texten zur Sprache, daß Gott zur Welt kommt, und erreicht die Geschichte des Zur-Welt-Kommens Gottes nach dem Verständnis der neutestamentlichen Evangelien ihr Ziel im Zur-Welt-Kommen des Menschen Jesus und in seiner Geschichte in dieser Welt, dann kann die anthropomorphe Eigenart menschlicher Rede von Gott sachlich nicht verfehlt sein. Man wird dann vielmehr bereits in der formalen Eigenart, daß von Gott anthropomorph geredet wird, einen Ausdruck dessen zu erkennen haben, was die biblischen Texte materialiter zu sagen haben. Das, wovon sie reden wollen, legt einen wohlbedachten Anthropomorphismus geradezu nahe. Wohlgemerkt: wohlbedacht! Denn so wie der zur Welt kommende Gott diese, gerade indem er in sie eingeht, in die Krisis führt und von Grund auf verändert, so wird auch innerhalb der Sprache zwischen Gott entsprechender und Gott widersprechender Rede zu unterscheiden sein, und es werden die Gott zur Sprache bringenden Wörter einen ihre Bedeutung verändernden Gebrauch erfahren. Am deutlichsten kommt das in den johanneischen ἐγώ-εἰμι-Worten zum Ausdruck. Man wird also zu bedenken haben, daß wie jedes von Gott redende Wort, so auch jeder Anthropomorphismus *metaphorische* bzw. *analoge* Geltung hat[74]. Insofern will die Wahl der Wörter wohl bedacht sein. Man darf davon ausgehen, daß sich die in den biblischen Texten zu Worte meldenden Autoren dessen

---

[73] H. Gese, Natus ex Virgine (1971; in: Ders., Vom Sinai zum Zion. Alttestamentliche Beiträge zur biblischen Theologie [BEvTh 64], 1974, 130–146), 146.

[74] Vgl. E. Jüngel, Metaphorische Wahrheit (1974; in: Ders., Entsprechungen: Gott-Wahrheit-Mensch. Theologische Erörterungen [BEvTh 88], 1980, 103–157).

auf ihre Weise durchaus bewußt waren. Unter Beachtung dieses Vorbehal-
tes wird man jedoch sagen dürfen, daß, wenn die heilige Schrift das Recht
hat, sui ipsius interpres zu sein, der Anthropomorphismus theologisch
gerechtfertigt ist.

2. Doch die anthropomorphe Rede von Gott ist nicht nur biblisch
gerechtfertigt, sie ist schlechterdings unvermeidbar. Zumindest implizit ist
jede menschliche Rede anthropomorphe Rede. Dies soll nunmehr durch
eine Besinnung auf den anthropologischen Grundzug der Sprache dargetan
werden[75]. Der Gedankengang folgt einem Hinweis Immanuel Kants.

In seinen „Prolegomena" entfaltet Kant einen Satz aus der „Kritik der
reinen Vernunft", der besagt, daß wir Gott, „dieses von der Welt unterschiedene Wesen [,] nach einer Analogie mit den Gegenständen der Erfahrung denken dürfen . . ., aber nur als Gegenstand in der Idee und nicht in
der Realität . . . Noch mehr, wir können in dieser Idee gewisse Anthropomorphismen . . . ungescheut und ungetadelt erlauben."[76] Bei der Explikation dieser hermeneutischen Lizenz in den „Prolegomena" knüpft Kant an
David Humes Kritik des Theismus an und attestiert ihm, daß sich „seine
gefährlichen Argumente . . . insgesammt auf den Anthropomorphismus"
beziehen. Denn ohne diesen kann nach Hume die Rede von Gott „zu nichts
nützen und zu gar keinen Fundamenten der Religion und Sitten dienen".
Andererseits mache aber die für den Theismus unvermeidbare anthropomorphe Rede von Gott den Theismus „in sich selbst widersprechend"[77].
An diese von Kant als „sehr stark" qualifizierten „Einwürfe des Hume"
knüpft der Königsberger insofern zustimmend an, als auch er einen unkri-
tischen „*dogmatischen* Anthropomorphismus" verwirft, der die aus der
menschlichen Anschauung der Welt gewonnenen Attribute auf Gott überträgt und dabei unsere „Erfahrungserkenntniß" so sehr ausdehnt, daß wir
statt Gott „gar nichts mehr als blos Welt . . . erkennen"[78]. Doch vom
dogmatischen Anthropomorphismus unterscheidet Kant einen *symbolischen*
Anthropomorphismus, den er hermeneutisch für erlaubt hält. Zum symbolischen Anthropomorphismus kommt es, „wenn wir unser Urtheil blos

---

[75] Man tut in diesem Zusammenhang gut, sich der Tatsache zu erinnern, daß frühere
Jahrhunderte von *Anthropologie* sprachen, wenn sie das, was man wohl erst seit dem 17. Jh.
technisch *Anthropomorphismus* nannte (bei Leibniz ist das Wort, das freilich schon bei Epikur
vorbereitet war, noch als Neuprägung erkennbar), meinten. Analog zur altkirchlichen
Bedeutung von θεολογεῖν konnte man z. B. sagen: ἀνθρωπολογεῖ ἡ γραφὴ τὸ θεῖον.

[76] I. Kant, Kritik der reinen Vernunft B 724f. Akademie-Textausgabe III, 1911, 457f.

[77] Ders., Prolegomena zu einer jeden künftigen Metaphysik, die als Wissenschaft wird
auftreten können. Akademie-Textausgabe IV, 1911, 356. Vgl. D. Hume, Dialogues concerning Natural Religion, P. IV.

[78] Kant, Prolegomena, 357.

auf das Verhältniß einschränken, welches die Welt zu einem Wesen haben mag, dessen Begriff selbst außer aller Erkenntniß liegt, deren wir innerhalb der Welt fähig sind. Denn alsdann eignen wir dem höchsten Wesen keine von den Eigenschaften *an sich selbst* zu, durch die wir uns Gegenstände der Erfahrung denken, und vermeiden dadurch den *dogmatischen* Anthropomorphismus; wir legen sie aber dennoch dem Verhältnisse desselben zur Welt bei und erlauben uns einen *symbolischen* Anthropomorphism, der in der That nur die Sprache und nicht das Object selbst angeht."[79]

Kant nennt diesen symbolischen Anthropomorphismus im Anschluß an die scholastische Tradition eine „Erkenntniß . . . *nach der Analogie*", wobei er unter Analogie „nicht etwa, wie man das Wort gemeiniglich nimmt, eine unvollkommene Ähnlichkeit zweier Dinge, sondern eine vollkommne Ähnlichkeit zweier Verhältnisse zwischen ganz unähnlichen Dingen" versteht[80]. Der im Sinne einer analogia proportionalitatis verstandene Anthropomorphismus ermöglicht eine Rede von Gott, in der wir diesen „respectiv auf die Welt und mithin auf uns" bestimmen, „und mehr ist uns auch nicht nöthig"[81].

An Kants Gedanken zum Anthropomorphismus ist zweierlei weiterführend. Zunächst ist die Einsicht hilfreich, daß sich die Aporie, die die anthropomorphe Rede von Gott bislang darstellte, mit Hilfe der alten Analogielehre kritisch fruchtbar machen läßt. Auch theologisch ist die dadurch gegebene Möglichkeit, Gottes *Verhältnis* zur Welt durch innerweltliche *Verhältnisse* zur Sprache zu bringen, mit Kant, wenn auch noch in einem ganz anderen Sinn, so zu beurteilen, daß uns „mehr . . . auch nicht nöthig" ist. Kommt es doch der Theologie – nun freilich im Gegensatz zu Kant – darauf an, mit den biblischen Texten Gottes Zur-Welt-Kommen zur Sprache zu bringen. Dafür aber ist die Einsicht in den *relationalen* Charakter anthropomorpher Rede von Gott, durch die wir Gott „respectiv auf die Welt und mithin auf uns" bestimmen, ein hermeneutischer Gewinn.

Doch darüber hinaus ist an Kants Bemerkung anzuknüpfen, daß der symbolische Anthropomorphismus „nur die Sprache . . . angeht". Man wird sich auch hier mit Kant gegen Kant wenden müssen, insofern der von ihm behauptete Gegensatz zwischen Sprache und dem Objekt problematisch erscheint. Sowohl die sprachanalytische als auch die ontologisch orientierte Philosophie urteilt in dieser Hinsicht behutsamer[82]. Doch die

---

[79] Ebd.   [80] Ebd.   [81] AaO 358.

[82] Vgl. z. B. H. G. GADAMERS hermeneutische These, daß „Sein *Sprache, d. h. Sichdarstellen* ist": Wahrheit und Methode. Grundzüge einer philosophischen Hermeneutik, 1965², 461 u. ö. Für die analytische Philosophie verweise ich auf die vorzügliche Untersuchung von I. U. DALFERTH, Religiöse Rede von Gott (BEvTh 87), 1981. Die Arbeit stellt eine glückliche

Behauptung Kants, daß der symbolische Anthropomorphismus „nur die Sprache . . . angeht", kann uns insofern weiterführen, als sie die Sprache als dasjenige Erkenntnismittel verständlich macht, in dem schon immer eine Relation auf den Menschen gegeben ist. In der Sprache ist nicht nur Gott, sondern alles „respectiv auf die Welt und mithin auf uns" bezogen. Das gilt es nun eigens herauszustellen.

3. Der Anthropomorphismus gehört nicht nur zur Eigenart religiöser Rede. In der anthropomorphen Rede *von Gott* kommt vielmehr nur am intensivsten zum Ausdruck, daß die Sprache in allem, was sie sagt, den Menschen implizit mitaussagt. Insofern geht die Auffassung, daß der explizite Anthropomorphismus eine besonders krasse Form übertragener und deshalb uneigentlicher Redeweise sei, am Wesen der Sprache selber vorbei. Der Vorwurf, daß die anthropomorphe Rede den Menschen zum Maßstab erhebe, ist deshalb schief, weil er stimmt. Er stimmt, ist aber eben deshalb auch schief, weil die Sprache immer schon den Menschen als Maßstab voraussetzt. Martin Heidegger hat treffend bemerkt, daß „die entscheidende Frage . . . weder die Vollzieher des gewöhnlichen Anthropomorphismus noch seine Ablehner" stellen, „die Frage nämlich: ob nicht dieser Maßstab notwendig sei und warum er das sei"[83].

Die Antwort, die eine hermeneutische Besinnung auf die Sprachlichkeit des Menschen nahelegt, wird dahin lauten müssen, daß der Mensch *vor* allem jeweils eigenen Reden immer schon *angesprochen* ist. Der Mensch ist das auf sich selbst angesprochene Wesen. Auf sich selbst angesprochen ist er auch auf alles andere ansprechbar. Als das in diesem Sinn auf sich selbst und anderes angesprochene Wesen hat er Sprache, ist er das ζῷον λόγον ἔχον. Insofern ist die Sprache aber immer, wenn sie *etwas aussagt*, anredend *auf den Menschen bezogen*, der seinerseits redend diesen Bezug mitaussagt, wenn er etwas aussagt. Der Sprache eignet ein anthropomorpher Grundzug.

Man hätte den anthropomorphen Grundzug der Sprache allerdings radikal mißverstanden, wollte man ihn so auffassen, daß der Mensch in der Sprache alles egozentrisch auf sich bezieht und *sich* so *selber* zum Maßstab aller Dinge *macht*. Wenn man überhaupt die Rede vom Maßstab beibehalten will, dann müßte man sagen, daß *die Sprache* den Menschen zum Maßstab macht. Dies aber gerade so, daß der Mensch von sich selber *wegzusehen* und insofern überhaupt so etwas wie Welt zu durchmessen und

Einheit von fundamentaltheologischer Einsicht und analytischer Kompetenz dar – eine im Bereich der Theologie bisher nicht erreichte Leistung.

[83] M. HEIDEGGER, Schellings Abhandlung Über das Wesen der menschlichen Freiheit (1809), hg. v. H. FEICK, 1971, 197.

an sich zu messen vermag. In der Sprache ist der auf sich selbst angesprochene Mensch mit seiner Welt sich selbst derart *zugewendet*, daß er *über sich selbst hinauszugehen* und eben gerade darin Mensch zu sein vermag. Auf sich selber angesprochen werden heißt gerade nicht: auf die eigene *Wirklichkeit* fixiert und abgerichtet, sondern auf die *Möglichkeit* einer Welt ausgerichtet zu werden. Indem der Mensch in diesem fundamentalen Sinne auf sich selbst so angesprochen ist, daß er von sich selbst wegzusehen vermag, ist er – und zwar bis in seine allgemeinsten Abstraktionen hinein – „Maßstab". Gerade auch in der Kunst des Formalisierens und im Entwerfen von Kunstsprachen, denen scheinbar alles Menschliche fremd ist, bleibt der Mensch das Maß, nach dem alles bemessen ist. Von sich wegsehend ist er es. Deshalb wird auch in der explizit anthropomorphen Rede von Gott „nicht Gott auf die Ebene des Menschen herabgezogen, sondern umgekehrt: Der Mensch wird in dem erfahren, was ihn über sich hinaustreibt."[84]

4. Wir verbinden nun dieses allgemeine hermeneutische Argument zugunsten des Anthropomorphismus mit dem zuvor vorgetragenen theologischen Argument, daß die biblischen Texte das Zur-Welt-Kommen Gottes zur Sprache bringen wollen und insofern den Anthropomorphismus rechtfertigen, dessen sie sich bedienen. Im Blick auf das Verständnis dieser Texte wird eine historisch-kritische Hermeneutik zweierlei zu leisten haben. Sie wird einerseits den Anspruch des zu verstehenden Textes und sie wird andererseits das Wesen des verstehenden Menschen immer noch besser zur Geltung zu bringen haben als es ihr bisher gelungen ist.

Der Anspruch der biblischen Texte ist es, secundum dicentem deum zu reden. Die Einsicht in das Wesen des Menschen besagt, daß wir *alles*, wovon wir reden, secundum recipientem hominem zur Sprache bringen. Diese Einsicht verbietet es, die Akkommodation der Offenbarung an die individuelle, soziale und geschichtliche Besonderheit des von Gott redenden Menschen mit Spinoza als einen Mangel zu kennzeichnen, dem more geometrico abgeholfen werden muß. Denn auch der mos geometricus ist nun als eine Gestalt jenes Sehens identifizierbar, in dem der Mensch, weil auf sich selbst angesprochen, von sich selbst wegzublicken und die Welt – nun eben geometrisch – zu durchmessen vermag. Die Tatsache, daß der sich sprachlich äußernde Mensch alles, was er sagt, seinem eigenen Fassungsvermögen entsprechend sagt, ist kein Mangel, sondern die Bedingung dafür, daß er überhaupt zu reden und so der Tatsache, daß er das angesprochene Wesen ist, zu entsprechen vermag.

Der unbestreitbare Grundsatz „Quidquid recipitur, secundum modum

---

[84] AaO 197f.

recipientis recipitur" steht folglich zu dem Anspruch der biblischen Texte, secundum dicentem deum zu reden, nicht im Widerspruch. Historisch-kritische Hermeneutik hat vielmehr, indem sie die biblischen Texte in diesem ihrem Anspruch ernst nimmt, den ansprechenden Grundzug der Sprache mit dem den Menschen *in besonderen Ereignissen* ansprechenden Gott so zusammenzudenken, daß die secundum modum recipientis hominis zur Sprache kommende Wahrheit nicht *trotz* ihrer Geschichtlichkeit, sondern *in* ihrer Geschichtlichkeit Wahrheit genannt zu werden verdient. Die Wahrheit ist konkret. Die biblischen Texte bringen, indem sie den Menschen an seinem Ort zu seiner Zeit auf den zur Welt kommenden Gott ansprechen, das concretissimum universale zur Sprache. Sie taten das zu ihrer Zeit und warten darauf, von Menschen anderer Zeiten in diese Zeit übersetzt zu werden.

5. Insofern die biblischen Texte das Zur-Welt-Kommen Gottes als eine *Geschichte* bezeugen, die als solche die Geschichte des Zur-Sprache-Kommens Gottes ist, und insofern diese Geschichte in der Geburt des Menschen Jesus ihren größten und bedeutungsvollsten Anthropomorphismus hat, ist die anthropomorphe Rede von Gott allerdings einem *hermeneutischen Kriterium* unterworfen, das zwischen tauglichen und untauglichen bzw. verantwortlichen und nicht verantwortlichen Anthropomorphismen zu unterscheiden nötigt. Ja, von diesem Kriterium her ist auch innerhalb der Bibel kritisch zu unterscheiden zwischen dem, was auf Jesus Christus hin, und dem, was von ihm weg führt. Man wird zwar nicht mit Platon nach regelrechten τύποι περὶ θεολογίας verlangen müssen. Wohl aber wird man das Evangelium von dem in Jesus Christus zur Welt gekommenen Gott als diejenige Anrede geltend zu machen haben, an der sich jede sich auf Gott berufende Aussage wird messen lassen müssen. Und das heißt, daß die Rede von Gott und die Rede vom Menschen in der dialektischen Weise zusammengehören, in der sie im Evangelium beieinander sind.

Anthropomorphe Rede von Gott ist folglich einerseits nur dann taugliche und christlich verantwortliche Rede, wenn sie *der Freiheit* des zur Welt *kommenden* Gottes entspricht. Jeder Anthropomorphismus, der die Freiheit des göttlichen Advents in Notwendigkeit verkehren würde, würde auch den konkreten Unterschied zwischen Gott und Welt verfehlen und – wie Kant treffend bemerkt hat – „gar nichts mehr als blos Welt" zur Sprache bringen. Die unbestreitbare hermeneutische Kraft, die dem Anthropomorphismus eignet, darf nicht zur religiösen Verfügung über Gott mißbraucht werden. Daß solche religiöse Verfügung sich in der Regel auch in der Gestalt eines politischen Anthropomorphismus vollzieht, sei hier nur angemerkt.

Anthropomorphe Rede von Gott ist andererseits nur dann taugliche und christlich verantwortliche Rede, wenn sie der *Befreiung des Menschen* durch den in Jesus Christus zur Welt und im λόγος τοῦ σταυροῦ definitiv zur Sprache *gekommenen* Gott entspricht. Jeder Anthropomorphismus, der die durch das Evangelium bezeugte Befreiung des Sünders in religiöse Knechtschaft oder in religiöse bzw. pseudoreligiöse Selbstbefreiung verkehren würde, würde mit dem tiefen Ernst auch die österliche Freude der Wahrheit verkehren, die den Menschen gleichursprünglich auf Gott und auf sich selbst anspricht: indem sie ihn auf die *Menschlichkeit* Gottes anspricht.

Bibliographie Gerhard Ebeling

Unter Benutzung einer Zusammenstellung des Verfassers
zum Druck bearbeitet von

Wilfrid Werbeck

In der Bibliographie speziell verwendete Abkürzungen:
LuSt I = Lutherstudien I (s. Nr. 117)
WG = Wort und Glaube (s. Nr. 49)
WG II = Wort und Glaube II (s. Nr. 107)
WG III = Wort und Glaube III (s. Nr. 138)
WGT = Wort Gottes und Tradition (s. Nr. 79)

1933

1. 36. Christliche Studentenkonferenz in Aarau (16.–18. März) (Neue
   Zürcher Zeitung, 26. 3. 1933, Nr. 541, Bl. 7).

1940

2. Bibelarbeit November: Gespräche Jesu (Jungwerk. Anleitungen für
   die Zusammenkünfte der Mädchen in der evang. Kirchgemeinde 7,
   1940, Nr. 5, 56–59).
3. Rez.: Dietrich Bonhoeffer, Gemeinsames Leben (TEH 61), München
   1939 (VF [1] 1940, Lfg. 1/2, 7–8).
4. Rez.: Friedrich Delekat, Die heiligen Sakramente und die Ordnungen
   der Kirche. Ein Beitrag zur Lehre von der Sichtbarkeit der Kirche
   (FurSt 22), Berlin 1940 (ebd. 8–11).
5. Rez.: Trost und Freude. Ein Jahrgang Predigten. In Gemeinschaft mit
   Freunden hg. v. Georg Merz und Wilhelm Grießbach, München 1940
   (ebd. 11–12).

1942

6. Evangelische Evangelienauslegung. Eine Untersuchung zu Luthers
   Hermeneutik (FGLP X, 1), München: Kaiser 1942, 539 S.

   Fotomechanischer Nachdruck mit einem Vorwort zur Neuausgabe und
   den Berichtigungen und Ergänzungen zur 1. Auflage, Darmstadt: Wiss.
   Buchgesellschaft 1962, VIII, 542 S. (Nachdrucke 1966 und 1969).

1947

7. Kirchenzucht, Stuttgart: Kohlhammer 1947, 59 S.
8. Kirchengeschichte als Geschichte der Auslegung der Heiligen Schrift (SGV 189), Tübingen: Mohr 1947, 28 S.
    Abgedr.: WGT 9–27.
9. Zum 31. Oktober 1517 (Die Stimme der Kirche. Evgl. Gemeindeblatt für Tübingen 1, 1947, Nr. 2, 2).

1950

10. Die Bedeutung der historisch-kritischen Methode für die protestantische Theologie und Kirche (ZThK 47, 1950, 1–46).
    Abgedr.: WG 1–49.
11. Zur Lehre vom triplex usus legis in der reformatorischen Theologie (ThLZ 75, 1950, 235–246).
    Abgedr.: WG 50–68.
12. Zur Frage nach dem Sinn des mariologischen Dogmas (ZThK 47, 1950, 383–391).
    Abgedr.: WGT 175–182.

1951

13. Ich glaube an Jesus Christus. Eine Auslegung des 2. Glaubensartikels. IV: „Niedergefahren zur Hölle, am dritten Tage auferstanden von den Toten, aufgefahren gen Himmel, sitzend zur Rechten Gottes, des allmächtigen Vaters." Vortrag vor der Evangelischen Studentengemeinde in Tübingen, Wintersemester 1950/51, Tübingen 1951, 15 S.
14. Die Anfänge von Luthers Hermeneutik (ZThK 48, 1951, 172–230).
    Abgedr.: LuSt I, 1–68.

1952

15. Zur Geschichte des konfessionellen Problems (ÖR 1, 1952, 98–110).
    Abgedr.: WGT 41–55.

1953

16. Luthers Psalterdruck vom Jahre 1513 (ZThK 50, 1953, 43–99).
    Abgedr.: LuSt I, 69–131.
17. Luthers Auslegung des 14. (15.) Psalms in der ersten Psalmenvorlesung im Vergleich mit der exegetischen Tradition (ebd. 280–339).
    Abgedr.: LuSt I, 132–195.
18. Rez.: Rudolf Bohren, Das Problem der Kirchenzucht im Neuen Testament, Zollikon-Zürich 1952 (ELB März 1953, 178–179).

1954

19. Die Geschichtlichkeit der Kirche und ihrer Verkündigung als theologisches Problem (SGV 207/208), Tübingen: Mohr 1954, 93 S.

   englisch: The Problem of Historicity in the Church and its Proclamation. Translated by Grover Foley, Philadelphia: Fortress Press 1967, VII, 120 S. (darin V f: Preface to the American edition).
   Auszug: Reformation und Protestantismus. Tradition als kirchliches Problem (EvW 9, 1955, 369–371).

20. In memoriam Horst Stephan (ZThK 51, 1954, 1–2).
21. Deutscher Evangelischer Theologentag zu Berlin 3.–6. Januar 1954 (ThLZ 79, 1954, 193–194).
22. Ganze Menschen. Predigt über Jak. 1,2–12 gehalten am 14. 3. 1954 in Tübingen (Predigten für Jedermann 1, Nr. 8), Bad Cannstatt: Müllerschön 1954, 11 S.

   Abgedr.: Christus allein. Beispiele evangelischer Predigt in der Gegenwart, hg. v. O. Müllerschön, Bad Cannstatt 1967, 39–49.

23. Wiederkehr des Nationalsozialismus (Schwäbisches Tagblatt Jahrg. 10, Nr. 250, 27. 10. 1954).

1955

24. Georg Wehrung zum 75. Geburtstag (Schwäbisches Tagblatt Jahrg. 11, Nr. 230, 5. 10. 1955).
25. The Meaning of „Biblical Theology" (JThS 6, 1955, 210–225).

   Abgedr.: On the Authority of the Bible. Some recent Studies by L. Hodgson, C. F. Evans, J. Barnaby, G. Ebeling, D. E. Nineham, London 1960, 49–67.
   deutsch: Was heißt „Biblische Theologie"? (WG 69–89).

26. Die „nicht-religiöse Interpretation biblischer Begriffe" (ZThK 52, 1955, 296–360).

   Abgedr.: Die mündige Welt II, München 1956, 12–73; WG 90–160.
   italienisch: La „interpretazione non-religiosa dei concetti biblici". Traduzione di Giuseppe Ruggieri (dossier-bonhoeffer, Brescia 1971, 59–149).

1956

27. Der Kongreß für Luther-Forschung in Aarhus (Neue Zürcher Zeitung, 4. 9. 1956, Nr. 2442, Bl. 6; Fernausgabe: 7. 9. 1956, Nr. 247, Bl. 2).
28. Theologie und Wirklichkeit (Neue Zürcher Zeitung, 25. 11. 1956, Nr. 3359, Bl. 5; Fernausgabe: 24. 11. 1956, Nr. 324, Bl. 11).

   Abgedr.: ZThK 53, 1956, 372–383; WG 192–202; Kirche und Verkündigung. Aufsätze zum Kerygma der Gegenwart, Berlin 1960, 47–56.

29. Der feste Grund des Glaubens und die Erschütterungen unserer Zeit (Univ. 11, 1956, 1241–1251).

1957

30. Unglaube und Glaube. Predigt über Luk. 18,9–14 (Predigten für Jedermann 4, Nr. 10), Bad Cannstatt: Müllerschön 1957, 12 S.
    Abgedr.: Christus allein. Beispiele evangelischer Predigt in der Gegenwart, hg. v. O. Müllerschön, Bad Cannstatt 1967, 129–138.

1958

31. Was heißt Glauben? (SGV 216), Tübingen: Mohr 1958, 18 S.
    Abgedr.: WG III, 225–235.
32. Pfingsten (Neue Zürcher Zeitung, 25. 5. 1958, Nr. 1521, Bl. 1; Fernausgabe: 25. 5. 1958, Nr. 142, Bl. 1).
    Abgedr.: Kirche und Verkündigung. Aufsätze zum Kerygma der Gegenwart, Berlin 1960, 425–428; WG III, 309–315.
    Auszug: Mut zum Leben (KiZ 13, 1958, 212).
33. Art. „Geist und Buchstabe", RGG³ II, 1958, 1290–1296.
34. Jesus und Glaube (ZThK 55, 1958, 64–110).
    Abgedr.: WG 203–254.
35. Erwägungen zur Lehre vom Gesetz (ebd. 270–306).
    Abgedr.: WG 255–293.
36. Luthers Auslegung des 44. (45.) Psalms (Lutherforschung heute. Referate und Berichte des 1. Internationalen Lutherforschungskongresses Aarhus, 18.–23. August 1956, hg. v. V. Vajta, Berlin 1958, 32–48).
    Abgedr.: LuSt I, 196–220.
37. Kritiker der Kirche: Dietrich Bonhoeffer (Kritik an der Kirche, hg. v. H. J. Schultz, Stuttgart-Olten-Freiburg 1958, 313–318).
    Abgedr.: WG 294–299.

1959

38. Wort Gottes und Sprache (Neue Zürcher Zeitung, 8. 3. 1959, Nr. 684, Bl. 5; Fernausgabe: 7. 3. 1959, Nr. 65, Bl. 10).
    Abgedr.: SBl 12, 22. 3. 1959, Nr. 12, 16f; Das Wesen des christlichen Glaubens (s. Nr. 40), 243–256; Protestantismus heute, hg. v. F. H. Ryssel (Ullstein-Buch 255), Frankfurt/M. 1959, 22–31.
39. Art. „Hermeneutik", RGG³ III, 1959, 242–262.
40. Das Wesen des christlichen Glaubens, Tübingen: Mohr 1959, 256 S. (Nachdrucke: 1960, 1961, 1963). – Siebenstern-Taschenbuch 8: 1964

(Nachdrucke: 1965, 1967); Gütersloher Taschenbücher / Siebenstern 8: 4. Aufl. 1977.

englisch: The Nature of Faith. Translated by Ronald Gregor Smith, London: Collins 1961, 191 S.; Philadelphia: Muhlenberg Press 1961. – Paperback edition: London: Collins 1966; Philadelphia: Fortress Press 1967 (Nachdrucke 1969, 1980).

französisch: L'essence de la foi chrétienne. Traduit par Gwendoline Jarczyk avec la collaboration de Luce Giard, Paris: Éditions du Seuil 1970, 222 S.

holländisch: Christelijk geloof. Vertaling: M. M. Van Hengel-Baauw (Carillon-Speciaal Reeks 5), Amsterdam: ten Have 1963, 238 S.

italienisch: La chiamata all'esistenza nella fede. Premessa di René Marlé S.J. Traduzione di Michele Biscione (Teologia in Cammino 7), Torino: Gribaudi 1971, 207 S.

japanisch: Tokyo: Shinkyo Shuppansha 1963, 290 S.

koreanisch: übersetzt von Hyuk Heu, Seoul 1969 (?), 234 S.

spanisch: La esencia de la fe cristiana. Traducción por Carlos de la Sierra (Coleccion Nuevas Fronteras), Madrid: Marova; Barcelona: Fontanella 1974, 223 S.

Auszüge (aus Kap. IV und V): Der Anführer und Vollender des Glaubens (SBl 12, 2. 8. 1959, Nr. 31, 16 f.31); Die Verkündigung Jesu (Univ. 26, 1971, 269–275); dasselbe spanisch: El mensaje de Jesús (Universitas. Edición Trimestral en Lengua Española 9, 1971/72, 339–344).

41. Die Frage nach dem historischen Jesus und das Problem der Christologie (ZThK.B 1, 1959, 14–30).

Abgedr.: WG 300–318.

42. Unser Vater. Predigt über Matth. 6,9a (Predigten für Jedermann 6, Nr. 10), Bad Cannstatt: Müllerschön 1959, 11 S.

Abgedr.: Vom Gebet (s. Nr. 70) 9–26.

43. Wort Gottes und Hermeneutik (ZThK 56, 1959, 224–251).

Abgedr.: WG 319–348; NLT II: Die Neue Hermeneutik, Zürich-Stuttgart 1965, 109–146.

englisch: Word of God and Hermeneutic (NFT II: The New Hermeneutic, New York-Evanston-London 1964, 78–110).

44. Weltliches Reden von Gott (Frömmigkeit in einer weltlichen Welt, hg. v. H. J. Schultz, Stuttgart-Olten-Freiburg 1959, 63–73).

Abgedr.: Ref. 9, 1960, 195–203; Univ. 15, 1960, 631–640; WG 372–380.

45. Elementare Besinnung auf verantwortliches Reden von Gott (Der Auftrag der Kirche in der modernen Welt. Festgabe zum 70. Geburtstag von Emil Brunner, Zürich-Stuttgart 1959, 19–40).

Abgedr.: WG 349–371.

1960

46. Art. „Luther II. Theologie", RGG³ IV, 1960, 495–520.

47. Die Welt als Geschichte (Mensch und Kosmos. Eine Ringvorlesung der Theologischen Fakultät Zürich, Zürich-Stuttgart 1960, 103–114).
    Abgedr.: WG 381–392.

48. Dein Reich komme. Predigt über Matth. 6,10a (Predigten für Jedermann 7, Nr. 6), Bad Cannstatt: Müllerschön 1960, 8 S.
    Abgedr.: Vom Gebet (s. Nr. 70) 37–50.

49. Wort und Glaube, Tübingen: Mohr 1960, VII, 463 S. – 2. Aufl. 1962. – 3. Aufl. durch ein Register erweitert, 1967, VII, 482 S.
    Abdruck von Nr. 10. 11. 25. 26. 28. 34. 35. 37. 41. 43. 44. 45. 47.
    Erstveröffentlichung von Nr. 50–54.
    englisch: Word and Faith. Translated by James W. Leitch, London: SCM Press 1963, 442 S. (darin 9–11: Preface to English edition); Philadelphia: Fortress Press 1963.
    italienisch: Parola e fede. Traduzione di Giorgio Mion (La Ricerca Religiosa. Studi e Testi 12), Milano: Bompiani 1974, 247 S. (enthält nur Nr. 26. 34. 37. 41. 43–45. 51. 53).

50. Die kirchentrennende Bedeutung von Lehrdifferenzen (WG 161–191).

51. Glaube und Unglaube im Streit um die Wirklichkeit (WG 393–406).
    Abgedr.: Radius. Vierteljahresschrift der Evang. Akademikerschaft in Deutschland 1960, H. 3, 3–9; Glauben heute. Ein Lesebuch zur evangelischen Theologie der Gegenwart, hg. v. G. Otto (Stundenbücher 48), Hamburg 1965, 15–32.
    holländisch in: Hedendaags geloof. Een keuze uit de protestantse theologische literatuur van deze tijd, Hilversum 1966, 15–27.

52. Die Notwendigkeit der Lehre von den zwei Reichen (WG 407–428).

53. Theologische Erwägungen über das Gewissen (WG 429–446).
    Abgedr.: SThU 30, 1960, 180–193; Das Gewissen in der Diskussion, hg. v. J. Blühdorn (WdF 37), Darmstadt 1976, 142–161.

54. Diskussionsthesen für eine Vorlesung zur Einführung in das Studium der Theologie (WG 447–457).

55. Die Evidenz des Ethischen und die Theologie (ZThK 57, 1960, 318–356).
    Abgedr.: WG II, 1–41.
    englisch: Theology and the Evidentness of the Ethical (JTC 2, 1965, 96–129).

1961

56. Zwei Glaubensweisen? (Juden, Christen, Deutsche, hg. v. H. J. Schultz, Stuttgart-Olten-Freiburg 1961, 159–168).
    Abgedr.: WG III, 236–245.

57. Hauptprobleme der protestantischen Theologie in der Gegenwart. Anfragen an die Theologie (ZThK 58, 1961, 123–136).

Abgedr.: ZdZ 15, 1961, 321–329; WG II, 56–71.

englisch: The Chief Problems of Protestant Theology in the Present. Questions Put to Theology (JTC 3, 1967, 152–164).

58. Der Grund christlicher Theologie. Zum Aufsatz Ernst Käsemanns über „Die Anfänge christlicher Theologie" (ebd. 227–244).

Abgedr.: WG II, 72–91.

englisch: The Ground of Christian Theology (JTC 6, 1969, 47–68).

59. Verantworten des Glaubens in Begegnung mit dem Denken M. Heideggers. Thesen zum Verhältnis von Philosophie und Theologie (ZThK.B 2, 1961, 119–124).

Abgedr.: WG II, 92–98.

60. Dein Name werde geheiligt. Predigt über Matth. 6,9b (Predigten für Jedermann 8, Nr. 12), Bad Cannstatt: Müllerschön 1961, 8 S.

Abgedr.: Vom Gebet (s. Nr. 70) 27–36.

1962

61. Das Grund-Geschehen von Kirche (MPTh 51, 1962, 1–4).

Abgedr.: WG III, 463–467.

62. Theologie und Verkündigung. Ein Gespräch mit Rudolf Bultmann (HUTh 1), Tübingen: Mohr 1962, XII, 146 S. – 2. durchgesehene Aufl. 1963.

englisch: Theology and Proclamation. A Discussion with Rudolf Bultmann. Translated by John Riches, London: Collins 1966, 187 S. – Theology and Proclamation. Dialogue with Bultmann, Philadelphia: Fortress Press 1966.

französisch: Théologie et proclamation. Traduit par Renato Delorenzi et Luce Giard, Paris: Éditions du Seuil 1972, 188 S.

italienisch: Teologia e annuncio. Introduzione di Carmelo Failla. Traduzione di Girolamo Brunetti a cura di Carmelo Failla, Rom: Città Nuova editrice 1972, 221 S.

63. Wort Gottes und kirchliche Lehre (MdKI 13, 1962, 21–28).

Abgedr.: WGT 155–174; Konfession und Ökumene, hg. v. H. Ristow und H. Burgert, Berlin 1965, 55–71.

64. Art. „Theologie I. Begriffsgeschichtlich", RGG³ VI, 1962, 754–769.

65. Art. „Theologie und Philosophie I. Problemstrukturen – II. Historisch – III. Dogmatisch", ebd. 782–830.

66. Art. „Tradition VII. Dogmatisch", ebd. 976–984.

67. Dein Wille geschehe. Predigt über Matth. 6,10b (Predigten für Jedermann 9, Nr. 9), Bad Cannstatt: Müllerschön 1962, 8 S.

Abgedr.: Vom Gebet (s. Nr. 70) 51–66.

1963

68. Die Botschaft von Gott an das Zeitalter des Atheismus (MPTh 52, 1963, 8–24).

    Abgedr.: WG II, 372–395.

    englisch: The Message of God to the Age of Atheism (Graduate School of Theology Bulletin, Oberlin College 9, 1964, Nr. 1, 3–14).

69. Worthafte und sakramentale Existenz. Ein Beitrag zum Unterschied zwischen den Konfessionen (ILRef 6, 1963, 5–29).

    Abgedr.: WGT 197–216.

70. Vom Gebet. Predigten über das Unser-Vater, Tübingen: Mohr 1963, 144 S. (Nachdruck 1965). – Siebenstern-Taschenbuch 89: 1967.

    S. 9–66 Abdruck von Nr. 42. 48. 60. 67.

    englisch: On Prayer. Nine Sermons. Introduction by David James Randolph. Translated by James W. Leitch (The Preacher's Paperback Library 6), Philadelphia: Fortress Press 1966, XI, 145 S. – The Lord's Prayer in Today's World, London: SCM Press 1966, 140 S. – Amerikanische Paperback-Ausgabe: On Prayer. The Lord's Prayer in Today's World, Philadelphia: Fortress Press 1978, 111 S.

    italienisch: Sulla preghiera. Prediche sul Padre Nostro. Traduzione di Francesco Coppellotti (Nuovi Saggi Queriniana 9), Brescia: Queriniana 1973, 100 S.

    japanisch: Tokyo: Orion Press 1980.

71. „Sola Scriptura" und das Problem der Tradition (Schrift und Tradition. Untersuchung einer theologischen Kommission. Ökumenischer Rat der Kirchen. Kommission für Glauben und Kirchenverfassung, hg. v. K. E. Skydsgaard und L. Vischer, Zürich 1963, 95–127.172–183).

    Abgedr.: WGT 91–143; Das Neue Testament als Kanon. Dokumentation und kritische Analyse zur gegenwärtigen Diskussion, hg. v. E. Käsemann, Göttingen 1970, 282–335.

1964

72. The New Hermeneutics and the Early Luther (ThTo 21, 1964, 34–46).

73. Kerygma (Theologie für Nichttheologen. ABC protestantischen Denkens, 2. Folge, hg. v. H. J. Schultz, Stuttgart-Berlin 1964, 93–99).

    Abgedr.: WG III, 515–521.

74. Luthers Reden von Gott (Der Gottesgedanke im Abendland, hg. v. A. Schaefer [UB 79], Stuttgart 1964, 35–53).

    Abgedr.: Luther (s. Nr. 76) 280–309.

75. Zeit und Wort (Zeit und Geschichte. Dankesgabe an Rudolf Bultmann zum 80. Geburtstag, hg. v. E. Dinkler, Tübingen 1964,
341–356).

> Abgedr.: Das Zeitproblem im 20. Jahrhundert, hg. v. R. W. Meyer (SD
> 96), Bern-München 1964, 342–361; WG II, 121–137.
> englisch: Time and Word (The Future of Our Religious Past. Essays in
> Honour of R. Bultmann, ed. J. M. Robinson, New York 1971, 247–266).

76. Luther. Einführung in sein Denken, Tübingen: Mohr 1964, VII,
321 S. (Nachdruck 1965). – 2. unveränderte Aufl. 1974. – 3. Aufl.
1978. – 4. Aufl. (UTB 1090) 1981.

> Abdruck von Kap. X: Glaube und Liebe (Martin Luther. 450 Jahre Refor-
> mation, Bad Godesberg [1967] 1970², 69–80).
> englisch: Luther. An Introduction to his Thought. Translated by R. A.
> Wilson, London: Collins 1970, 287 S.; Philadelphia: Fortress Press 1970. –
> Amerikanische Paperback-Ausgabe 1972 (Nachdruck 1977).
> italienisch: Lutero. Un volto nuovo. Traduzione di Giorgio Beari, Roma:
> Herder; Brescia: Morcelliana 1970, 255 S.
> norwegisch: Luther. En innføring i hans tenkning. Oversatt av Svein Aage
> Christoffersen, Oslo: Gyldendal 1978, 211 S.

77. Calvins Vermächtnis (Ref. 13, 1964, 588–590).

78. Der hermeneutische Ort der Gotteslehre bei Petrus Lombardus und
Thomas von Aquin (ZThK 61, 1964, 283–326).

> Abgedr.: WG II, 209–256.
> englisch: The Hermeneutical Locus of the Doctrine of God in Peter
> Lombard and Thomas Aquinas (JTC 3, 1967, 70–111).

79. Wort Gottes und Tradition. Studien zu einer Hermeneutik der Konfessionen (KiKonf 7), Göttingen: Vandenhoeck 1964, 235 S. –
2. Aufl. 1966.

> Abdruck von Nr. 8. 12. 15. 63. 69. 71.
> Erstveröffentlichung von Nr. 80–85.
> englisch: The Word of God and Tradition. Historical Studies interpreting
> the Divisions of Christianity. Translated by S. H. Hooke, London:
> Collins; Philadelphia: Fortress Press 1968, 272 S. (darin 9f: Author's
> Foreword to the English Edition).

80. Über Aufgabe und Methode der Konfessionskunde (WGT 28–40).

81. Rußland und das Abendland in konfessionsgeschichtlicher Sicht
(WGT 56–77).

82. Ist der konfessionelle Gegensatz auch ein philosophischer? (WGT
78–90).

83. Das Neue Testament und die Vielzahl der Konfessionen (WGT
144–154).

84. Das Priestertum in protestantischer Sicht (WGT 183–196).

85. Erwägungen zum evangelischen Sakramentsverständnis (WGT
217–226).

1965

86. Existenz zwischen Gott und Gott. Ein Beitrag zur Frage nach der Existenz Gottes (ZThK 62, 1965, 86–113).

> Abgedr.: WG II, 257–286.
> englisch: Existence between God and God: A Contribution to the Question of the Existence of God (JTC 5, 1968, 128–154).

87. Angenommen: Gott gibt es nicht (SBl 18, 12. 9. 1965, S. 3).

> englisch: What remains if God is eliminated? (The Drew Gateway 37, 1966/67, 20–27).

88. Hermeneutische Theologie? (KiZ 20, 1965, 484–491).

> Abgedr.: WG II, 99–120; Seminar: Die Hermeneutik und die Wissenschaften, hg. v. H.-G. Gadamer und G. Boehm (Suhrkamp Taschenbuch Wissenschaft 238), Frankfurt/M. 1978, 320–343.

1966

89. Gott und Wort, Tübingen: Mohr 1966, 91 S.

> Abgedr.: WG II, 396–432.
> englisch: God and Word. Translated by James W. Leitch, Philadelphia: Fortress Press 1967, VII, 53 S.
> italienisch: Dio e parola. Traduzione di Francesco Coppellotti (Koinonia 6), Brescia: Queriniana 1969, 101 S.

90. Cognitio Dei et hominis (Geist und Geschichte der Reformation. Festgabe Hanns Rückert zum 65. Geburtstag, hg. v. H. Liebing und K. Scholder [AKG 38], Berlin 1966, 271–322).

> Abgedr.: LuSt I, 221–272.

1967

91. Das Verständnis von Heil in säkularisierter Zeit (Kontexte Bd. IV, hg. v. H. J. Schultz, Stuttgart-Berlin 1967, 5–14).

> Abgedr.: WG III, 349–361.

92. Das Problem des Natürlichen bei Luther (Kirche, Mystik, Heiligung und das Natürliche bei Luther. Vorträge des 3. Internationalen Kongresses für Lutherforschung, hg. v. I. Asheim, Göttingen 1967, 169–179).

> Abgedr.: LuSt I, 273–285.

93. Ewiges Leben (Das Glaubensbekenntnis. Aspekte für ein neues Verständnis, hg. v. G. Rein, Stuttgart-Berlin 1967, 67–71).

> Abgedr.: WG III, 455–460; ZdZ 32, 1978, 450–453.

94. Der königliche Mensch. Predigt über Psalm 8 (Predigten für Jedermann 14, Nr. 9), Bad Cannstatt: Müllerschön 1967, 8 S.

95. Gewißheit und Zweifel. Die Situation des Glaubens im Zeitalter nach Luther und Descartes (ZThK 64, 1967, 282–324).

    Abgedr.: WG II, 138–183.

96. Ein fröhliches Geschrei. Luther und die Bibel (DASBl 20, 29. 10. 1967, S. 22).

97. Verstehen und Verständigung in der Begegnung der Konfessionen (BenshH 33), Göttingen: Vandenhoeck 1967, 20 S.

    Abgedr.: WG III, 468–483.

1968

98. Frei aus Glauben (SGV 250), Tübingen: Mohr 1968, 26 S.

    Abgedr.: LuSt I, 308–329.

99. Profanität und Geheimnis (ZThK 65, 1968, 70–92).

    Abgedr.: WG II, 184–208.

100. Rez.: Heinz Zahrnt (Hg.), Gespräch über Gott. Die protestantische Theologie im 20. Jahrhundert. Ein Textbuch, München 1968 (DASBl 21, 22. 9. 1968, S. 16).

101. Psalmenmeditationen, Tübingen: Mohr 1968, 176 S.

    italienisch: Sui salmi. Meditazioni. Traduzione di Francesco Coppellotti (Nuovi Saggi Queriniana 12), Brescia: Queriniana 1973, 123 S.

102. Frömmigkeit und Bildung. Zur 200. Wiederkehr von Schleiermachers Geburtstag (Neue Zürcher Zeitung, 24. 11. 1968, Nr. 727, S. 49–50; Fernausgabe: 24. 11. 1968, Nr. 323, S. 49–50).

    Längere Fassung s. Nr. 112.

103. Was heißt: Ich glaube an Jesus Christus? (Was heißt: Ich glaube an Jesus Christus? Zweites Reichenau-Gespräch, hg. v. der Evang. Landessynode in Württemberg, Stuttgart 1968, 38–77).

    Abgedr.: ZdZ 26, 1972, 360–368. 385–396; WG III, 270–308.

104. Schleiermachers Lehre von den göttlichen Eigenschaften (ZThK 65, 1968, 459–494).

    Abgedr.: WG II, 305–342.
    englisch: Schleiermacher's Doctrine of the Divine Attributes. Translated by James W. Leitch (JTC 7 [Schleiermacher as Contemporary, ed. R. W. Funk], 1970, 125–162; Response and Discussion ebd. 163–175).

1969

105. Der Theologe und sein Amt in der Kirche. Leitsätze (ZThK 66, 1969, 245–254).

    Abgedr.: WG III, 522–532.

106. Die Beunruhigung der Theologie durch die Frage nach den Früchten des Geistes (ebd. 354–368).

Abgedr.: WG III, 388–404.
Gekürzter Vorabdruck: Neue Zürcher Zeitung, 17. 9. 1969, Nr. 570,
S. 23–24; Fernausgabe: 18. 9. 1969, Nr. 257, S. 29–30.

107. Wort und Glaube Bd. II: Beiträge zur Fundamentaltheologie und zur
Lehre von Gott, Tübingen: Mohr 1969, VI, 445 S.

Abdruck von Nr. 55. 57–59. 68. 75. 78. 86. 88. 89. 95. 99. 104.
Erstveröffentlichung von Nr. 108–110.

108. Die Krise des Ethischen und die Theologie. Erwiderung auf W.
Pannenbergs Kritik (WG II, 42–55).

109. „Was heißt ein Gott haben oder was ist Gott?" Bemerkungen zu
Luthers Auslegung des ersten Gebots im Großen Katechismus (WG
II, 287–304).

110. Zum Verständnis von R. Bultmanns Aufsatz: „Welchen Sinn hat es,
von Gott zu reden?" (WG II, 343–371).

111. Memorandum zur Verständigung in Kirche und Theologie (ZThK
66, 1969, 493–521).

Abgedr.: Schrift – Theologie – Verkündigung. Erarbeitet und mit Geneh-
migung des Rates der EKD hg. von dem theologisch-wissenschaftlichen
Arbeitskreis „Schrift und Verkündigung", Gütersloh 1971, 24–49; WG III,
484–514.
englisch: Against the Confusion in Today's Christianity (Hermeneutics
and the Worldliness of Faith. A Festschrift in Memory of Carl Michalson,
ed. Ch. Courtney u. a. [The Drew Gateway 45, 1974/75, 203–229]).

1970

112. Frömmigkeit und Bildung (Fides et communicatio. Festschrift für
Martin Doerne zum 70. Geburtstag, hg. v. D. Rössler u. a., Göttingen 1970, 69–100).

Abgedr.: WG III, 60–95.
Gekürzte Fassung s. Nr. 102.

113. Die Notwendigkeit des christlichen Gottesdienstes (ZThK 67, 1970,
232–249).

Abgedr.: WG III, 533–553.

114. Erwägungen zu einer evangelischen Fundamentaltheologie (ebd.
479–524).

1971

115. Gedenkfeier für Amos Segesser in der Kirche Bassersdorf am 30.
Dezember 1969, Privatdruck 1971.

116. Einführung in theologische Sprachlehre, Tübingen: Mohr 1971, XV,
264 S.

englisch: Introduction to a Theological Theory of Language. Translated by
R. A. Wilson, London: Collins 1973, 221 S.; Philadelphia: Fortress Press
1973.

italienisch: Introduzione allo studio del linguaggio teologico. Traduzione di Luciano Tosti (Biblioteca di Cultura Religiosa 39), Brescia: Paideia Editrice 1981, 238 S.

117. Lutherstudien Bd. I, Tübingen: Mohr 1971, XII, 341 S.
> Abdruck von Nr. 14. 16. 17. 36. 90. 92. 98.
> Erstveröffentlichung von Nr. 118.119.

118. Luther und die Bibel (LuSt I, 286–301).

119. Luthers Glaubensverständnis – Vergangenheit oder Zukunft? (LuSt I, 302–307).

120. Überlegungen zur Theologie in der interdisziplinären Forschung (Interdisziplinäre Studien, hg. vom Zentrum für interdisziplinäre Forschung der Universität Bielefeld, II: Die Theologie in der interdisziplinären Forschung, hg. v. J. B. Metz und T. Rendtorff, Düsseldorf 1971, 35–43).
> Abgedr.: WG III, 150–163.
> italienisch: Riflessioni su una teologia impegnata nel dialogo interdisciplinare (Giornale di teologia 78: La teologia nella ricerca interdisciplinare, Brescia 1974, 62–79).

121. Leitsätze zur Frage der Wissenschaftlichkeit der Theologie (ZThK 68, 1971, 478–488).
> Abgedr.: WG III, 137–149.

1972

122. Schlechthinniges Abhängigkeitsgefühl als Gottesbewußtsein. Zur Interpretation der Paragraphen 4 bis 6 von Schleiermachers Glaubenslehre (Mutuum Colloquium. Festgabe aus Pädagogik und Theologie für Helmuth Kittel zum 70. Geburtstag, hg. v. P. C. Bloth u. a., Dortmund 1972, 89–108).
> Abgedr.: WG III, 116–136.

123. Luther und der Anbruch der Neuzeit (ZThK 69, 1972, 185–213).
> Abgedr.: WG III, 29–59.
> englisch: Luther and the Beginning of the Modern Age (Luther and the Dawn of the Modern Era. Papers for the Fourth International Congress for Luther Research, ed. H. A. Oberman [SHCT 8], Leiden 1974, 11–39).

124. Leitsätze zur Zweireichelehre (ebd. 331–349).
> Abgedr.: WG III, 574–592.

1973

125. Kritischer Rationalismus? Zu Hans Alberts „Traktat über kritische Vernunft", Tübingen: Mohr 1973, 132 S. – Zugleich: ZThK.B 3, 1973, XIV, 118 S.
> italienisch: Razionalismo critico e teologia. Traduzione: Dino Merli, Milano: Jaca Book 1974, 1–118.

126. Lebensangst und Glaubensanfechtung. Erwägungen zum Verhältnis von Psychotherapie und Theologie (ZThK 70, 1973, 77–100).

> Abgedr.: Bethel 11 (Angefochtene Nachfolge), 1973, 89–111; WG III, 362–387.

127. Beobachtungen zu Schleiermachers Wirklichkeitsverständnis (Neues Testament und christliche Existenz. Festschrift für Herbert Braun zum 70. Geburtstag, hg. v. H. D. Betz und L. Schottroff, Tübingen 1973, 163–181).

> Abgedr.: WG III, 96–115.

128. Das Gebet (ZThK 70, 1973, 206–225).

> Abgedr.: WG III, 405–427.

129. Ein Briefwechsel zwischen Wolfhart Pannenberg und Gerhard Ebeling (ebd. 448–473).

130. Die zehn Gebote in Predigten ausgelegt, Tübingen: Mohr 1973, 233 S.

131. Weimarer Lutherausgabe (Frankfurter Allgemeine Zeitung, 26. 9. 1973, Nr. 224, S. 23).

132. Vitales Interesse? (ebd., 5. 11. 1973, Nr. 258, S. 16).

133. Freundesbriefe von Ernst Fuchs, herausgegeben von Gerhard Ebeling (Festschrift für Ernst Fuchs, hg. v. G. Ebeling u. a., Tübingen 1973, 1–66).

134. Askese als politische Bewegung. Kirche im Horizont der Politik (EK 6, 1973, 733–739).

> Abgedr. in ungekürzter Fassung: Kirche und Politik (WG III, 593–610).

1974

135. Ganz Historiker und ganz Theologe. Zum Tode von Hanns Rückert am 3. November (Neue Zürcher Zeitung, 8. 11. 1974, Nr. 486, S. 39; ebenso Fernausgabe).

1975

136. Studium der Theologie. Eine enzyklopädische Orientierung (UTB 446), Tübingen: Mohr 1975, XVI, 190 S. (Nachdruck 1977).

> englisch: The Study of Theology. Translated by Duane A. Priebe, Philadelphia: Fortress Press 1978, X, 196 S.; London: Collins 1979.

137. Antwort an Wolfgang Huber (WPKG 64, 1975, 248–251).

138. Wort und Glaube Bd. III: Beiträge zur Fundamentaltheologie, Soteriologie und Ekklesiologie, Tübingen: Mohr 1975, XIV, 647 S.

> Abdruck von Nr. 31. 32. 56. 61. 73. 91. 93. 97. 103. 105. 106. 111–113. 120–124. 126–128. 134.
> Erstveröffentlichung von Nr. 139–148.

139. Die Klage über das Erfahrungsdefizit in der Theologie als Frage nach ihrer Sache (WG III, 3–28).
140. Zur Existenz theologischer Fakultäten an staatlichen Universitäten (WG III, 164–169).
141. Theologie zwischen reformatorischem Sündenverständnis und heutiger Einstellung zum Bösen (WG III, 173–204).
142. Das Problem des Bösen als Prüfstein der Anthropologie (WG III, 205–224).
143. Der Aussagezusammenhang des Glaubens an Jesus (WG III, 246–269).
144. Luthers Ortsbestimmung der Lehre vom heiligen Geiste (WG III, 316–348).
145. Erwägungen zur Eschatologie (WG III, 428–447).
146. Thesen zur Frage der Auferstehung von den Toten in der gegenwärtigen theologischen Diskussion (WG III, 448–454).
147. Fundamentaltheologische Erwägungen zur Predigt (WG III, 554–573).
148. Kriterien kirchlicher Stellungnahme zu politischen Problemen (WG III, 611–634).
149. Das Leben – Fragment und Vollendung. Luthers Auffassung vom Menschen im Verhältnis zu Scholastik und Renaissance (ZThK 72, 1975, 310–336).

1976

150. Evangelium und Religion (ZThK 73, 1976, 241–258).
    Abgedr.: ZdZ 31, 1977, 121–131.
151. Erfahrungen mit Liedern von Paul Gerhardt (MGD 30, 1976, 108).
    Abgedr.: Paul Gerhardt. Weg und Wirkung, hg. v. M. Jenny und E. Nievergelt, Zürich 1976, 57.
152. Der Lebensbezug des Glaubens. Über die verworrene Lage der Theologie (EK 9, 1976, 517–522).
    Abgedr.: Der Lebensbezug der Theologie (Was ist los mit der deutschen Theologie? Antworten auf eine Anfrage, hg. v. H. N. Janowski und E. Stammler, Stuttgart-Berlin 1978, 9–24).

1977

153. Heinrich Bornkamm. Zum Tode des Kirchenhistorikers (Neue Zürcher Zeitung, 25. 1. 1977, Nr. 20, S. 31; Fernausgabe: 26. 1. 1977, Nr. 21, S. 25).
154. Lutherstudien Bd. II: Disputatio de homine. 1. Teil: Text und Traditionshintergrund, Tübingen: Mohr 1977, XIV, 225 S.

1978

155. Schleiermachers åbenbaringsbegreb. Oppositionsindlæg til Theodor H. Jørgensens disputats „Das religionsphilosophische Offenbarungsverständnis des späteren Schleiermacher", den 20. september 1977 (DTT 41, 1978, 1–10).
156. Vorbemerkung zur Edition (D. Martin Luthers Werke. Kritische Gesamtausgabe. Briefwechsel Bd. 15, Weimar 1978, IX).
157. Schrift und Erfahrung als Quelle theologischer Aussagen (ZThK 75, 1978, 99–116).

    Abgedr.: Bethel 19, 1978, 5–21.

158. Zur gegenwärtigen Lage der Theologie im Hinblick auf ihre Partizipation an den Geisteswissenschaften (Geisteswissenschaft als Aufgabe. Kulturpolitische Perspektiven und Aspekte, hg. v. H. Flashar u. a., Berlin-New York 1978, 99–112).
159. Gespräch mit Gerhard Ebeling (Raymond Mengus, Wirkungen. Gespräche über Dietrich Bonhoeffer mit E. Bethge, G. Ebeling, H. Gollwitzer und W. A. Visser't Hooft [KT 35], München 1978, 66–82).

1979

160. Dogmatik des christlichen Glaubens Bd. I: Prolegomena. Erster Teil: Der Glaube an Gott den Schöpfer der Welt, Tübingen: Mohr 1979, XXVIII, 414 S. – 2., durchgesehene Aufl. 1982.
161. Dogmatik des christlichen Glaubens Bd. II: Zweiter Teil: Der Glaube an Gott den Versöhner der Welt, Tübingen: Mohr 1979, XVII, 547 S.
162. Dogmatik des christlichen Glaubens Bd. III: Dritter Teil: Der Glaube an Gott den Vollender der Welt. – Register, Tübingen: Mohr 1979, XIX, 585 S.
163. Heinrich Bornkamm 26. 6. 1901–21. 1. 1977 (Jahrbuch der Heidelberger Akademie der Wissenschaften für das Jahr 1978, Heidelberg 1979, 63–65).
164. Fides occidit rationem. Ein Aspekt der theologia crucis in Luthers Auslegung von Gal 3,6 (Theologia crucis – Signum crucis. Festschrift für Erich Dinkler zum 70. Geburtstag, hg. v. C. Andresen und G. Klein, Tübingen 1979, 97–135).
165. Verfremdete Weihnacht (Jesus: für heute geboren. Politiker, Wissenschaftler, Autoren antworten auf die Frage: Was bedeutet mir die Geburt Jesu?, Tübingen 1979, 10–13).

1980

166. Religionslose Welt? Religionsloses Christentum? (Unterwegs zur Einheit. Festschrift für Heinrich Stirnimann, hg. v. J. Brantschen und P. Selvatico, Freiburg/Schweiz 1980, 399–408).

167. Damit der Nebel zerreißt. Der Lauf des Evangeliums und der Lauf der Welt (LM 19, 1980, 396–402).

    Abgedr.: Lutherische Beiträge. Vierteljahrsschrift Evang.-Luth. Kirchen in der Schweiz und im Fürstentum Liechtenstein, 1980, H. 3, 2–9; Confessio Augustana – Den Glauben bekennen. 450-Jahrfeier des Augsburger Bekenntnisses, hg. v. R. Kolb (Gütersloher Taschenbücher / Siebenstern 381), Gütersloh 1980, 41–55; Amtsblatt der Evang.-Luth. Kirche in Thüringen 34, 1981, Nr. 3, 23–28.
    Gekürzter Abdruck: Evang. Gemeindeblatt für Augsburg 64, Nr. 27, 6. 7. 1980, 4; Nachrichten der Evang.-Luth. Kirche in Bayern 35, 1980, H. 13, 244–248.

168. Dogmatik und Exegese (ZThK 77, 1980, 269–286).
169. Vorwort (D. Martin Luthers Werke. Kritische Gesamtausgabe. Briefwechsel Bd. 16, Weimar 1980, IX).
170. Hanns Rückert † (D. Martin Luthers Werke. Kritische Gesamtausgabe Bd. 60, Weimar 1980, VII–IX).
171. Gustav Bebermeyer † (ebd. XI–XII).
172. Hans Volz † (ebd. XIII–XV).
173. Vorwort (ebd. XVII).
174. Zu meiner „Dogmatik des christlichen Glaubens" (ThLZ 105, 1980, 721–733).

1981

175. Wachstumsprozeß einer Edition (Frankfurter Allgemeine Zeitung, 11. 3. 1981, Nr. 59, S. 10).
176. The Bible as a Document of the University (The Bible as a Document of the University, ed. H. D. Betz [Polebridge Books 3], Chico/Calif. 1981, 5–23).
177. Wiederentdeckung der Bibel in der Reformation – Verlust der Bibel heute? (ZThK.B 5, 1981, 1–19).
178. Lüge kann Leben zerstören (Auszug aus dem Vortrag am Hamburger Kirchentag 1981: Von der Wahrheit des Glaubens) (Kirchentagstaschenbuch Hamburg '81, hg. v. C. Wolf, Stuttgart 1981, 52–53).
179. Die Wahrheit des Evangeliums. Eine Lesehilfe zum Galaterbrief, Tübingen: Mohr 1981, XIV, 369 S.
180. Die Toleranz Gottes und die Toleranz der Vernunft (ZThK 78, 1981, 442–464).

    Auszug: Freiheit des Erwähltseins (Die Furche 37, Nr. 40, 7. 10. 1981).

1982

181. Zum Verhältnis von Dogmatik und Ethik (ZEE 26, 1982, 10–18).
182. Erneuerung aus der Bibel (Die Bibel in der Welt. Jahrbuch der Deutschen Bibelgesellschaft 19, 1982, 14–26).

183. Lutherstudien Bd. II: Disputatio de homine. 2. Teil: Die philosophi-
     sche Definition des Menschen. Kommentar zu Thesen 1–19, Tübin-
     gen: Mohr 1982.

Als Herausgeber

Zeitschrift für Theologie und Kirche, 47. Jahrgang 1950 – 74. Jahrgang
    1977 (Tübingen: Mohr).
Beiträge zur historischen Theologie, Bd. 12, 1950 – Bd. 57, 1978 (Tübin-
    gen: Mohr).

Als Mitherausgeber

Hermeneutische Untersuchungen zur Theologie, hg. v. Gerhard Ebeling,
    Ernst Fuchs, Manfred Mezger, Bd. 1, 1962 – Bd. 16, 1976; hg. v. Hans
    Dieter Betz, Gerhard Ebeling, Ernst Fuchs, Manfred Mezger, ab Bd. 17,
    1981 (Tübingen: Mohr).
Journal for Theology and the Church, ed. Robert W. Funk in association
    with Gerhard Ebeling, Vol. 1, 1965 – Vol. 7, 1970 (Tübingen: Mohr;
    New York: Harper & Row).
Festschrift für Ernst Fuchs, hg. v. Gerhard Ebeling, Eberhard Jüngel und
    Gerd Schunack, Tübingen: Mohr 1973.
Zeitschrift für Theologie und Kirche, ab 75. Jahrgang, 1978 (Tübingen:
    Mohr).
Friedrich Daniel Ernst Schleiermacher, Kritische Gesamtausgabe, hg. v.
    Hans-Joachim Birkner, Gerhard Ebeling, Hermann Fischer, Heinz Kim-
    merle, Kurt-Victor Selge. Bisher erschienen: Abteilung I Band 7 Teil-
    band 1 und 2, 1980 (Berlin-New York: de Gruyter).
Archiv zur Weimarer Ausgabe der Werke Martin Luthers. Texte und
    Untersuchungen, hg. v. Gerhard Ebeling, Bernd Moeller und Heiko A.
    Oberman. Bisher erschienen: Band 2, 1981 (Köln-Wien: Böhlau).

Anhang

Bei Gerhard Ebeling geschriebene und von ihm gutachtlich betreute
theologische Dissertationen

1. Werner Jetter, Studien zur Geschichte der kirchlichen Tauflehre von
   Augustin bis zum jungen Luther, Tübingen 1952.
2. Klaus-Dietwardt Buchholtz, Die Stellung der Theologie im Lebens-
   werk Isaac Newtons, Tübingen 1955.
3. Reinhold Pietz, Der Mensch ohne Christus. Eine Untersuchung zur
   Anthropologie Caspar Schwenckfelds, Tübingen 1956.
4. Martin Widmann, Der Begriff oikonomia im Werk des Irenäus und
   seine Vorgeschichte, Tübingen 1956.
5. Wilfrid Werbeck, Jacobus Perez von Valencia. Untersuchungen zu
   seinem Psalmenkommentar, Zürich 1958.
6. Siegfried Raeder, Das Hebräische bei Luther, untersucht bis zum Ende
   der ersten Psalmenvorlesung. Eine philologisch-theologische Studie,
   Zürich 1958.
7. Rolf Schäfer, Christologie und Sittlichkeit in Melanchthons frühen
   Loci, Zürich 1959.
8. Johannes Wallmann, Der Theologiebegriff bei Johann Gerhard und
   Georg Calixt, Zürich 1960.
9. Gerhard Krause, Studien zu Luthers Auslegung der Kleinen Propheten, Zürich 1960.
10. Thomas Bonhoeffer, Die Gotteslehre des Thomas von Aquin als
    Sprachproblem, Zürich 1961.
11. Dietz Lange, Christlicher Glaube und soziale Probleme. Eine Darstel-
    lung der Theologie Reinhold Niebuhrs, Zürich 1962.
12. Günther Metzger, Gelebter Glaube. Zum Begriff des Affektes in
    Luthers erster Psalmenvorlesung, Zürich 1962.
13. Friedrich Hertel, Das theologische Denken F. D. E. Schleiermachers
    untersucht an der ersten Auflage seiner Reden „Über die Religion",
    Zürich 1963.
14. Alfred Schindler, Wort und Analogie in Augustins „De trinitate",
    Zürich 1963.
15. Hans Vorster, Das Freiheitsverständnis bei Thomas von Aquin und
    Martin Luther, Zürich 1963.
16. Jürgen Hübner, Die Theologie und die biologische Entwicklungs-
    lehre. Eine Problemskizze als Beitrag zum Gespräch zwischen Theolo-
    gie und Naturwissenschaft, Zürich 1965.
17. Akira Takamori, Typologische Auslegung des Alten Testaments? Eine
    wortgeschichtliche Untersuchung, Zürich 1966.

18. Karl-Wilhelm Thyssen, Der Weg der Theologie Friedrich Gogartens von den Anfängen bis zum Zweiten Weltkrieg, Zürich 1969.
19. Dietrich Kerlen, Assertio. Martin Luthers Anspruch (die Entwicklung von 1517–1525) und der Streit mit Erasmus von Rotterdam um die rechte theologische Redeweise, Zürich 1969.
20. Karl-Heinz zur Mühlen, Nos extra nos. Eine begriffsgeschichtliche Studie zu Luthers Theologie, Zürich 1969.
21. Hans Christian Knuth, Zur Auslegungsgeschichte von Psalm 6, Zürich 1969.
22. Erich Schneider, Die Reaktion der Theologie des 19. Jahrhunderts auf Feuerbachs Religionskritik, Zürich 1970.
23. Thomas Ulrich, Ontologie, Theologie, gesellschaftliche Praxis. Studien zum religiösen Sozialismus Paul Tillichs und Carl Mennickes, Zürich 1970.
24. Ulrich Köpf, Die Anfänge der theologischen Wissenschaftstheorie im 13. Jahrhundert, Zürich 1972.
25. Günter Bader, Mitteilung göttlichen Geistes als Aporie der Religionslehre Johann Gottlieb Fichtes (1792–1807), Zürich 1973.
26. Volker Weymann, Glaube als Lebensvollzug und der Lebensbezug des Denkens. Eine Untersuchung zur Glaubenslehre Friedrich Schleiermachers, Zürich 1974.
27. Edgar Thaidigsmann, Falsche Versöhnung. Religion und Ideologiekritik beim jungen Marx. Vorarbeit zu einer ideologiekritischen Hermeneutik des Evangeliums, Zürich 1974.
28. William James Stuart, Theology and Experience. A Reappraisal of John Wesley's Theology, Zürich 1974.
29. Walter Mostert, Sinn oder Gewißheit? Versuche zu einer theologischen Kritik des dogmatischen Denkens, Zürich 1974.
30. Irmgard Kindt, Der Gedanke der Einheit. Eine Untersuchung zur Theologie Adolf Schlatters und ihren historischen Voraussetzungen, Zürich 1977.
31. Pierre Bühler, Kreuz und Eschatologie. Eine Auseinandersetzung mit der politischen Theologie, im Anschluß an Luthers theologia crucis, Zürich 1979.